V&R

BEG
33

BEITRÄGE ZU
EVANGELISATION UND
GEMEINDEENTWICKLUNG

Herausgegeben von
Michael Herbst, Jörg Ohlemacher und Johannes Zimmermann

Alexander Philipp

Klassische Gemeindegründung – Ein Handlungsinstrument für Kirchen in Transformationsprozessen?

Eine explorative Studie zur Gemeindegründungsszene in der Church of England mit Überlegungen zu einem Transfer in den deutschen landeskirchlichen Kontext

Vandenhoeck & Ruprecht

Bibliografische Information der Deutschen Nationalbibliothek:
Die Deutsche Nationalbibliothek verzeichnet diese Publikation in der Deutschen Nationalbibliografie; detaillierte bibliografische Daten sind im Internet über http://dnb.de abrufbar.

Umschlaggestaltung: Sonnhüter, Niederkrüchten
Druck und Bindung: ⊕ Hubert & Co. BuchPartner, Göttingen
Printed in the EU

Vandenhoeck & Ruprecht Verlage | www.vandenhoeck-ruprecht-verlage.com

ISSN 2567-9066
ISBN 978-3-525-50191-7

Vorwort und Dank

> "I think I would just say, I do love this congregation genuinely. There are people who I disagree with theologically. But […] God has given me a heart for them. I feel incredibly privileged to be here. And I wouldn't be anywhere else. Even on the days when you think, 'This is crazy. This is difficult.' I wouldn't be doing anything else than what I'm doing now."
>
> *Penny Cuthbert, Gemeindegründerin*

Klassische Gemeindegründung ist das Thema dieser hier vorliegenden Forschungsarbeit. Damit untersucht sie zuallererst ein Phänomen, was in der *Church of England* unter dem Begriff des *church planting* gefasst wird. Mein Anliegen war es, die mit diesem Begriff verbundenen innerkirchlichen Hoffnungen, aber auch die damit verbundenen Vorbehalte und Einwände zu erforschen und zu überprüfen. Mein Forschungsansatz führte dazu, dass ein Großteil meiner Forschung Gespräche und Begegnungen mit Menschen beinhaltete, die durch ihre Arbeit mit diesem Thema verbunden sind. Diese Begegnungen ermöglichten mir nicht nur meinen Forschungsgegenstand zu untersuchen, sondern sie gaben mir in besonderer Weise Einblick in die persönlichen Hoffnungen, Herausforderungen, Siege und Niederlagen meiner Gesprächspartner. Ich habe diese Offenheit und das damit verbundene Vertrauen dieser Menschen als ein Privileg erfahren, für das ich zutiefst dankbar bin.

Die vorliegende Arbeit wurde im Frühjahr 2021 von der theologischen Fakultät der Universität Greifswald als Inauguraldissertation angenommen. Die Forschungsarbeit zerfällt in zwei Teile. Der Hauptteil findet sich in dieser Veröffentlichung abgedruckt. Der Anhang, welcher vor allem die Transkripte der geführten Experteninterviews enthält, ist online unter https://www.vandenhoeck-ruprecht-verlage.com/klassische-gemeindegruendung oder dem QR-Code abrufbar. Das benötigte Passwort lautet: 9wHLbi.

Die der Arbeit zugrunde liegenden Forschungen und die Erstellung der Dissertationsschrift war nur durch die Begleitung und Unterstützung zahlreicher Personen und Institutionen möglich. Darum möchte ich mich an dieser Stelle bedanken.

Zuallererst gilt mein Dank meinem Doktorvater Prof. Dr. Michael Herbst für die Betreuung meiner Dissertation. Durch kontinuierliche Gespräche und Rückmeldungen gelang es ihm selbst über viele Kilometer und Ländergrenzen hinweg mich in wunderbarer Weise in meinem Forschungsprojekt zu begleiten. Ich danke ihm für das mir entgegengebrachte Vertrauen, viele wertvolle Gespräche und die sehr gute Betreuung.

Weiter danke ich Prof. Dr. Johannes Zimmermann für die Erstellung des Zweitgutachtens und das Interesse an meiner Arbeit. Mein Dank gilt auch der Konrad Adenauer Stiftung, welche durch die Vergabe eines Promotionsstipendiums und die damit verbundene finanzielle und ideelle Förderung zum Erfolg dieser Arbeit beigetragen hat. Ebenfalls danke ich dem Verein zur Förderung der Erforschung von Evangelisation und Gemeindeentwicklung e. V., der Evangelischen Kirche in Baden und der Nordkirche für die großzügig bereitgestellten Druckkostenzuschüsse.

Ein besonderer Dank gilt allen Gesprächspartnern – Praktikern, Kirchenleitenden und Forschenden – im englischen Forschungsfeld, welche durch ihre Bereitschaft meiner Forschung Zeit und Aufmerksamkeit zur Verfügung zu stellen, diese Arbeit überhaupt erst möglich gemacht haben. Namentlich erwähnen möchte ich Michael Moynagh, Hannah Steele, Paul Bradbury, Tim Thorlby, Tom Conway, Clare Dalpra, Bischof Ric Thorpe, Bischof Martin Warner, Bischof Tim Dakin, Archdeacon Peter Rouch, H Miller, John Valentine, Archie Coates, Chris Rogers, Ben Atkins, Jon March, Tim Matthews, Mark Elson-Dew, Ed Dix, Darren Wolf, Christian Selvaratnam, Jon Finch und das Team von Saint Mary's Southampton, Richard Perkins, Mark Jackson, Marcus Nodder, Kev Murdoch, Jim Walters, Giles Fouhy, Penny Cuthbert, Iono Tyrell, Katie und Ed Stock, Helen Shannon, Erin Clark, Roy Hutchinson, Stu Wright, Sarah MacDonald, Jonny Baker, Adrian Evans, Andy Walton, Chris Thomson, Angus Stephenson, den interviewten Resource Church Gründer, die interviewten Gemeindepfarrern in Southampton und Alexandra und Benjamin Battenberg. Noch einmal besonders herausstellen und bedanken möchte ich mich bei Adam Atkinson, Bob und Mary Hopkins, George Lings, Pete Snow und Andrew Jones. Sie ermöglichten und erleichterten mir durch ihre Netzwerke den Zugang zum Forschungsfeld und waren wichtige Türöffner. Vielen Dank dafür.

In Deutschland danke ich Konstantin von Abendroth, Oberkirchenrat Dr. Matthias Kreplin und Dr. Silke Obenauer, Ellen Penning für hilfreiche Hintergrundgespräche und PD Dr. Sabrina Müller für ein ermutigendes Gespräch zu Forschungsbeginn. Ein besonderer Dank gilt dem Team des Instituts zur Erforschung von Evangelisation und Gemeindeentwicklung und den Mit-Doktoranden und Doktorandinnen für die Weggemeinschaft und ihre kritischen und hilfreichen Rückmeldungen in den Doktorandenkolloquien. Und ein ganz besonderer Dank geht an Clara Witt für die Beratung und Begleitung in Bezug auf die sozialwissenschaftlichen Forschungsinstrumente und an Markus Weimer für das Herstellen von zahlreichen Kontakten im Forschungsfeld. Danke an alle, die das Manuskript Korrektur gelesen haben. Verbliebene Fehler sind allein mein Versäumnis.

Aber auch ohne die Unterstützung von zahlreichen Personen in unserem privaten Umfeld wäre diese Arbeit und der lange Forschungsaufenthalt in England nicht möglich gewesen. Das gilt auf englischer Seite in besonderer Weise für Nathanael und Flurina Sokoll, Toby und Tamara Barklem, Tim und Lulu May, Sheila Akao-Okeng, Sam und Beatrix Brown, Hettie Davies, Mick und Buffy Channon und allen Mitgliedern, dessen was einmal „Bairn“ genannt wurde. Ihr habt uns in der Zeit in England ein zu Hause gegeben. Danke. Auf deutscher Seite gilt dieser Dank zuallererst unseren Familien. Danke, dass ihr uns in dieser Zeit in besonderer Weise mitgetragen habt. Aber auch allen weiteren Unterstützern, welche an dieses Projekt geglaubt und es möglich gemacht haben. Stellvertretend für viele, will ich hier Andreas Rennig, Pascal Würfel und Elias Wendebourg nennen. Ihr habt Großes geleistet. Danke.

Zuletzt, aber dafür am meisten danke ich meiner Frau und meinen Kindern. Danke Eva, dass du dich auf dieses Abenteuer eingelassen hast und es mit zu deinem gemacht hast. Du hast mich angefeuert, ausgehalten und immer unterstützt. Du warst mir Gegenüber und Reisegefährtin. Danke für deine Liebe. Danke Lotta, danke Janne für diese wunderbaren Forschungsjahre, die wir zusammen erleben durften. Ohne euch wäre es nicht gewesen, was es war und immer sein wird. Eine Zeit in meinem Leben ohnegleichen.

Inhaltsverzeichnis

D. Gemeindegründung in der Church of England

F. Verzeichnisse

G. Anhang

A. Einleitung

1. Forschungsinteresse, Fragestellung, Forschungslage und methodische Einführung in die Arbeit

Der gesellschaftliche und religiöse Wandel stellt die etablierten westeuropäischen Kirchen vor enorme Herausforderungen. Hinter Schlagwörtern wie Säkularisierung, Individualisierung, funktionaler Differenzierung, Pluralisierung, Traditionsabbruch und nicht zuletzt der fortschreitenden Digitalisierung verbergen sich langanhaltende gesellschaftliche Veränderungsprozesse. Sie wirken sich in Form sich verändernder Rahmenbedingungen, unmittelbar auf die Situation der etablierten westeuropäischen (Volks-)Kirchen, und damit auch auf die evangelischen Landeskirchen Deutschlands aus:[1] Die Zahl der Kirchenmitglieder sowie deren Verbundenheit zur Kirche sinkt, der Gottesdienstbesuch geht zurück, Kasualien werden seltener nachgefragt und langfristig droht eine erhebliche Verkleinerung finanzieller Spielräume.[2] Diese Entwicklungen betreffen auch die herkömmliche

---

1 Die Einzelaspekte des gesellschaftlichen und religiösen Wandels und deren Auswirkung auf die Kirche wurden in den letzten Jahren in zahlreichen Veröffentlichungen benannt und analysiert. Vgl. zum Beispiel Wohlrab-Sahr, Monika / Karstein, Uta / Schmidt-Lux, Thomas: Forcierte Säkularität. Religiöser Wandel und Generationendynamik im Osten Deutschlands, Berlin, 2011; Hauschildt, Eberhard / Pohl-Patalong, Uta: Kirche, Lehrbuch Praktische Theologie 4, 2. Auflage, Gütersloh, 2018, 55–72; Grethlein, Christian: Kirchentheorie. Kommunikation des Evangeliums im Kontext, Berlin, 2018, 210–228; Pollack, Detlef: Die Selbstorganisationsfähigkeit der evangelischen Kirche, in: Bartels, Matthias / Reppenhagen, Martin (Hg.): Gemeindepflanzung – ein Modell für die Kirche der Zukunft?, BEG 4, Neukirchen-Vluyn, 2006, 121–123; Pollack, Detlef / Rosta, Gergely: Bedingungsfaktoren und Muster religiösen Wandels in der Moderne: Ein multi-paradigmatisches Erklärungsmodell, in: Zeitschrift für Theoretische Soziologie 5, 2016, 214–230; Pickel, Gert: Säkularisierung, Individualisierung oder Marktmodell? Religiosität und ihre Erklärungsfaktoren im europäischen Vergleich, in: Kölner Zeitschrift für Soziologie und Sozialpsychologie 62, 2010, 219–245.

2 Für die Entwicklungen in der Evangelischen Kirche vgl. Pollack, Detlef / Pickel, Gert / Christof, Anja: Kirchenbindung und Religiosität im Zeitverlauf, in: Bedford-Strohm, Heinrich / Jung, Volker (Hg.): Vernetzte Vielfalt. Kirche angesichts von Individualisierung und Säkularisierung. Die fünfte EKD-Erhebung über Kirchenmitgliedschaft, Gütersloh, 2015, 187–207; Schneider, Nikolaus / Bedford-Strohm, Heinrich / Jung: Einleitung, in: Dies. (Hg.): Engagement und Indifferenz. Kirchenmitgliedschaft als soziale Praxis. V. EKD-Erhebung über Kirchenmitgliedschaft, Hannover, 2014, 18. Für die langfristige projizierte Entwicklung in der Evangelischen Kirche, als auch in der katholischen Kirche in Deutschland vgl. Evangelische Kirche in Deutschland / Deutsche Bischofskonferenz: Langfristige Projektion der Kirchenmitglieder und des Kirchensteueraufkommen in Deutschland, Hannover und Bonn, 2019, 8.14. Abrufbar unter https://www.ekd.de/ekd_de/ds_doc/projektion-2060-ekd-vdd-factsheet-2019.pdf, 21. Juli 2020.

Gestalt westeuropäischer Volkskirchen. Wichtige Merkmale des Konzeptes Volkskirche – die flächendeckende Versorgung der Bevölkerung durch ein Parochialsystem und die Zugehörigkeit beziehungsweise Verbundenheit eines größeren Teils der Bevölkerung zur Kirche[3] – sind im Schwinden oder werden sich langfristig nicht mehr aufrechterhalten lassen.[4] Angesichts dieser Entwicklungen mag es als sinnvoller erscheinen in Bezug auf die Evangelische und die Katholische Kirche in Deutschland statt von Volkskirchen zukünftig von „Großkirchen" zu reden.[5]

Neben dem Konzept der Volkskirche sind zugleich weitere kirchliche „Selbstverständnisse" von den sich ändernden „Umweltbedingungen" betroffen. Eberhard Hauschildt und Uta Pohl-Patalong haben mit ihrem Modell des Hybrids „Kirche" darauf hingewiesen, dass Kirche zugleich als Institution, als Organisation und als Bewegung zu verstehen ist.[6] Diese drei Begriffe markieren drei verschiedene

---

3 Wesentliche mit dem Begriff der Volkskirche verbundene Aspekte sind die „Analogie von Zugehörigkeit zur Kirche mit Zugehörigkeit zu einem (Staats-)Volk", die entsprechende volkskirchliche Sozialisierung, ein hoher Grad an Öffentlichkeit der entsprechenden Kirche, ein niederschwelliger Zugang, die innerkirchliche Pluralität, die „Anerkennung und Förderung durch Staat und Gesellschaft", der damit verbundene breite Einfluss der Kirche in der Gesellschaft und eine flächendeckende parochiale Struktur. Vgl. Hauschildt / Pohl-Patalong, Kirche, 164. Für eine Diskussion des Begriffs der Volkskirche angesichts gegenwärtiger Entwicklungen vgl. Fechtner, Kristian: Volkskirche, in: Kunz, Ralph / Schlag, Thomas (Hg.): Handbuch für Kirchen- und Gemeindeentwicklung, Neukirchen-Vluyn, 2014, 161–168.

4 Waren im Jahr 1950 noch 26 Millionen Menschen und damit 52 % der Bevölkerung in Westdeutschland evangelisch, so sind es im Jahr 2019 im wiedervereinigten Deutschland nur noch gut 20 Millionen und damit circa 25 % der Bevölkerung. Im selben Zeitraum ging der Anteil der Katholiken an der Bevölkerung von 44 % in Westdeutschland im Jahr 1950 auf 27 % im wiedervereinigten Deutschland im Jahr 2019 zurück. Vgl. Pollack / Pickel / Christof, Kirchenbindung, 188f.; Kirchenamt der EKD: Gezählt 2020. Zahlen und Fakten zum kirchlichen Leben, Evangelische Kirche in Deutschland, Hannover 2020, 4. Abrufbar unter https://www.ekd.de/ekd_de/ds_doc/Gezaehlt_zahlen_und_fakten_2020.pdf, 21. Juli 2020.

5 Mit der Beschreibung als Großkirche wird angezeigt, dass eine Kirche nicht mehr den Einfluss und die Strahlkraft in der Bevölkerung besitzt, welche mit dem Begriff der Volkskirche assoziiert sind, zugleich aber noch immer signifikante Teile der Bevölkerung mit ihr in Verbindung stehen und sie ein gewisses Maß an gesellschaftlichem Einfluss besitzt. Sie unterscheidet sich damit von den sogenannten Freikirchen, deren Mitglieder lediglich einem geringen Teil der Bevölkerung entsprechen und in einem nur sehr begrenzten Maße in der Öffentlichkeit wahrgenommen werden. Vgl. Hauschildt / Pohl-Patalong, Kirche, 172–174. Hauschildt und Pohl-Patalong nutzen in ihrer Ekklesiologie konsequent den Begriff der Großkirche für die Beschreibung der gegenwärtigen Gestalt der evangelischen Landeskirchen in Deutschland. Vgl. zum Beispiel Hauschildt / Pohl-Patalong, Kirche, 13.71.86.90.172–174. Beachte auch die Ausführungen von Wolfgang Huber zur Entwicklung des Begriffs der Volkskirche und seine Aufnahme des von Bonhoeffer geprägten Begriffs der „Missionskirche" für die Beschreibung der gegenwärtigen Situation der Evangelischen Kirche in Deutschland. Vgl. Huber, Wolfgang: Art. Volkskirche, in: TRE 35, Berlin, 2003, 249–254.

6 Der Begriff der Institution steht dabei für den als gegeben wahrgenommenen und auf Sicherung und Erhaltung religiöser Praxis zielenden Charakter von Kirche. Der Begriff der Organisation hingegen

Grundverständnisse von Kirche und damit drei sich sowohl in ihrer konzeptuellen Begründung als auch in der Praxis entgegenstehende Handlungslogiken von Kirche.[7] Die Institutionslogik geht dabei von einer automatischen kirchlichen Sozialisation bei gleichzeitigem distanziertem Institutionsbezug der Mitglieder aus. „Mitgliedschaft [beruht] weniger auf einem bewussten Entschluss, sondern wird zu einer Sache *sozialer Konvention.*"[8] Die Institution stellt Dienste „für alle" bereit.[9] Die Organisationslogik folgt einer Zielorientierung und setzt dafür auf den Ausbau von Kommunikationswegen, Werbung und Zielgruppenangebote. Zudem werden die Mitglieder in die aktive Zielerreichung eingebunden.[10] Die Bewegungslogik hingegen ist von einer Kommunikation der Nähe und von Zuneigungs- und Angleichungsdynamiken geprägt.[11] Alle drei Logiken sind zugleich aktiv und prägen die gegenwärtige Gestalt der Evangelischen Kirche in Deutschland. Zugleich ist in den letzten Jahrzehnten ein „Schub an Organisationswerdung" zu beobachten.[12] Das heißt, die Organisationslogik gewinnt an Gewicht, während die Institutionslogik zurücktritt.[13] Mit dieser „Organisationswerdung" tritt aber nun die Suche nach Bewältigungsstrategien für den durch den gesellschaftlichen und religiösen

---

steht für eine „Sozialform, die sich zur Bewältigung ihrer Aufgaben arbeitsteilig bestimmter Mittel und Entscheidungsstrukturen bedient." Mit dieser Beschreibung lässt sich Kirche als eine zielorientierte Unternehmung verstehen, die damit in ihrem Erscheinungsbild der modernen „Organisationsgesellschaft" entspricht. Der Begriff der Bewegung schließlich versteht Kirche als einen Zusammenschluss von kleineren Gruppen, welche in ihrem Bezug zur Person Jesu Christi ihre Gemeinsamkeit finden. Der Begriff der Bewegung betont dabei die „Fluidität" und „viel flexiblere Strukturiertheit" im Vergleich zu Institution und Organisation. Vgl. Hauschildt / Pohl-Patalong, Kirche, 138.160–163.181f. 216–219.

7 So formulieren Hauschildt und Pohl-Patalong: „In der Praxis und ihren konzeptualen Begründungen stehen die drei Logiken in aller Regel gegeneinander. *„Eine Theorie, die alle drei Logiken uneingeschränkt in eine Einheit überführen kann, dürfte unseres Erachtens nicht erreichbar sein.*" Sie sprechen von einer „Paradoxie", die sich gerade auch in der Praxis beobachten lässt: „Im Handeln der Gemeinden und Kirchen ebenso wie in den Erwartungen und Beziehungsmustern der Kirchenmitglieder" kommen alle drei Logiken vor. Hauschildt / Pohl-Patalong, Kirche, 216f. Kursive Hervorhebung aus dem Original übernommen.

8 Hauschildt / Pohl-Patalong, Kirche, 158. Kursive Hervorhebung aus dem Original übernommen.

9 Sie übernimmt damit bestimmte Funktionen für die Gesellschaft. Für die Institution Volkskirche ist dabei zum Beispiel an die Bereitstellung einer Kasualversorgung zu denken. Vgl. Hauschildt / Pohl-Patalong, Kirche, 160–163.216.

10 Vgl. Hauschildt / Pohl-Patalong, Kirche, 216.

11 Vgl. ebd., 217.

12 Vgl. ebd., 216. Vgl. auch Grethlein, Kirchentheorie, 15f.201f. und Herbst, Michael: Aufbruch im Umbruch. Beiträge zu aktuellen Fragen der Kirchentheorie, BEG 24, Göttingen, 2018, 184.

13 Zugleich sehen Hauschildt und Pohl-Patalong nicht, dass eines der drei Modelle in nächster Zeit die anderen beiden vollständig verdrängt. Vielmehr nehmen sie das Hybrid-Modell in Form eines „dynamischen Gleichgewichts" zumindest mittelfristig als weiterhin bestimmend an. Vgl. Hauschildt / Pohl-Patalong, Kirche, 217f.

Wandel provozierten kirchlichen Schrumpfungsprozess in den Vordergrund. Dafür liegen innerhalb der evangelischen Kirche verschiedene Entwürfe vor, welche die „Zukunft der Kirche“ ermöglichen sollen. Es stehen zur Diskussion:[14]

(1) Die Stärkung der Ortsgemeinden und damit der Gemeindereligiosität als Grundform der Kirchlichkeit des Protestantismus;[15]

(2) Die Öffnung der Kirche hin zur Gesellschaft und deren gegenwärtigen Bedürfnissen, als eine Überwindung einer an Geselligkeit orientieren Vereinskirchenmentalität;[16]

(3) Die Anpassung der kirchlichen Strukturen durch die Durchführung von Gemeindefusionen und Regionalisierungsprozessen;[17]

(4) Die Ausrichtung an einem marktorientierten, unternehmerischen Handeln durch die Nutzung von Instrumenten der Organisations- und Unternehmens-

---

14 Für zwei exemplarische Zusammenstellungen solcher Entwürfe vgl. Hauschildt / Pohl-Patalong, Kirche, 284–305; Grethlein, Kirchentheorie, 163–185.

15 Dieser Entwurf ist in besonderer Weise mit Isolde Karle verbunden. Vgl. Karle, Isolde: Kirche im Reformstress, 2. Auflage, Gütersloh 2010, 256f. Vgl. auch Hauschildt / Pohl-Patalong, Kirche, 285–289.

16 Unter diesen Stichworten lassen sich verschiedene Einzelentwürfe versammeln. Zum Beispiel das Konzept der „Gemeinde als Herberge“ von Jan Hendriks oder die „Gemeinwesenorientierte Gemeinde“ von Ralf Kötter. Im Hintergrund steht dabei meist der mit Ernst Lange verbundene und auf Dietrich Bonhoeffer bezugnehmende Entwurf der „Kirche für andere“. Vgl. Hendriks, Jan: Gemeinde als Herberge: Kirche im 21. Jahrhundert – eine konkrete Utopie, Gütersloh, 2001; Kötter, Ralf: Das Land ist hell und weit. Leidenschaftliche Kirche in der Mitte der Gesellschaft, 2. Auflage, Berlin, 2015; Lange, Ernst: Kirche für andere. Dietrich Bonhoeffers Beitrag zur Frage einer verantworteten Gestalt der Kirche in der Gegenwart, in: Evangelische Theologie 27, (10) 1967, 513–546; Grethlein, Kirchentheorie, 163–168.182f.; Hauschildt / Pohl-Patalong, Kirche, 293–297.

17 Dieses Anpassen der Strukturen folgt dabei meist einer ökonomischen Argumentation und dient in den meisten Fällen einer möglichst langfristigen Aufrechterhaltung der Versorgungslogik des Parochialsystems. Aber auch inhaltlich begründete Regionalisierungskonzepte liegen vor. Für eine vertiefende Auseinandersetzung vgl. zum Beispiel Nethöfel, Wolfgang / Bölts, Stefan (Hg.): Aufbruch in die Region. Kirchenreform zwischen Zwangsfusion und profilierter Nachbarschaft, Schenefeld, 2008; Pohl, Dieter: Regionale Kooperation und Fusion. Ein Ratgeber für Gemeinden, Gemeindepraxis 3, Leipzig, 2008; Lindner, Herbert / Herpich, Roland: Kirche am Ort und in der Region. Grundlagen, Instrumente und Beispiele einer Kirchenkreisentwicklung, Stuttgart, 2010; Hörsch, Daniel / Pompe, Hans-Hermann (Hg.): Region – Gestaltungsraum der Kirche. Begriffsklärungen, ekklesiologische Horizonte, Praxiserfahrungen, Leipzig, 2012; Ebert, Christhard / Pompe, Hans-Hermann (Hg.): Handbuch Kirche und Regionalentwicklung. Region – Kooperation – Mission, Leipzig, 2014; Herbst, Michael / Pompe, Hans-Hermann: Regiolokale Kirchenentwicklung. Wie Gemeinden vom Nebeneinander zum Miteinander kommen können, 4. Auflage, Dortmund, 2018. Für einen Überblick über die älteren Veröffentlichungen vgl. Hauschildt / Pohl-Patalong, Kirche, 297–300. Vgl. auch ▹ Kapitel 20.2.3.

entwicklung bei gleichzeitiger Konzentration auf zukunftsverheißende Arbeitsgebiete;[18]

(5) Das Modell der kirchlichen Orte, welches eine Verbindung von parochialer Arbeit und funktionalen Diensten vorsieht;[19]

(6) Schließlich die Konzeption des missionarischen Gemeindeaufbaus, welcher den missionarischen Auftrag der Kirche und die Bedeutung des allgemeinen Priestertums aller Glaubenden betont.[20]

Neben der Diskussion dieser Konzeptionen kommt es auch zur Rezeption innovativer Modelle aus dem Ausland und aus dem Bereich anderer Konfessionen.[21] Dabei wird in den letzten Jahren in besonders prominenter Weise auf Entwicklungen in der *Church of England*[22] hingewiesen.[23] Auch die *Church of England* unterliegt einem, durch den gesellschaftlichen und religiösen Wandel bedingten, kirchlichen

---

18 Hier ist an allererster Stelle das Kirchenreformpapier „Kirche der Freiheit" zu nennen. Aber auch Herbert Lindner und seine Konzeption der „Kirche am Ort" ist hier zuzuordnen. Vgl. Huber, Wolfgang (Hg.): Kirche der Freiheit – Perspektiven für die evangelische Kirche im 21. Jahrhundert. Ein Impulspapier des Rates der EKD, Hannover, 2006; Lindner, Herbert: Kirche am Ort. Ein Entwicklungsprogramm für Ortsgemeinden, 2. Auflage, Stuttgart, 2000; Grethlein, Kirchentheorie, 176–182.

19 Dieses Konzept wurde von Uta Pohl-Patalong vorgelegt. Es möchte die Trennung von parochialen und nichtparochialen Strukturen durch die Schaffung kirchlicher Orte überwinden. Jeder kirchliche Ort zeichnet sich durch ein vereinsähnliches kirchliches Leben und inhaltlich definierte, bisher den funktionalen Diensten zugeordnete Arbeitsbereiche aus. Vgl. Pohl-Patalong, Uta: Von der Ortskirche zu kirchlichen Orten. Ein Zukunftsmodell, 2. überarbeitete und erweiterte Auflage, Göttingen, 2006. Vgl. auch Hauschildt / Pohl-Patalong, Kirche, 300–305.

20 Als prägend sind hier Fritz und Christian Schwarz, Manfred Seitz und Michael Herbst zu nennen. Vgl. Schwarz, Fritz / Schwarz, Christian: Theologie des Gemeindeaufbaus. Ein Versuch, Neukirchen-Vluyn, 1984; Seitz, Manfred: Erneuerung der Gemeinde. Gemeindeaufbau und Spiritualität, 2. Auflage Göttingen, 1991; Herbst, Michael: Missionarischer Gemeindeaufbau in der Volkskirche, BEG 8, 4. Auflage, Neukirchen-Vluyn, 2010.

21 Vgl. Grethlein, Kirchentheorie, 202f.239–245.

22 Englische Ausdrücke werden in dieser Arbeit im Fließtext in der Regel kursiv gesetzt. Ausnahmen bilden Ortsnamen, Personennamen, die Namen von Kirchengemeinden, Abkürzungen englischer Begriffe und Zitate in englischer Sprache.

23 Vgl. zum Beispiel Grethlein, Kirchentheorie, 241–243; Müller, Sabrina: Fresh expressions of Church, in: Kunz, Ralph / Schlag, Thomas (Hg.): Handbuch für Kirchen- und Gemeindeentwicklung, Neukirchen-Vluyn, 2014, 450–458; Müller, Sabrina: Fresh Expressions of Church. Ekklesiologische Beobachtungen und Interpretationen einer neuen kirchlichen Bewegung, Zürich, 2016; Schwerpunkt „Fresh expressions of Church – Auf Deutsch?" in: Praktische Theologie 53, (1) 2018. Schwerpunkt „Mixed Economy" in: Pastoraltheologie 109, (1), 2020; Pompe, Hans-Hermann / Todjeras, Patrick / Witt, Carla J. (Hg.): Fresh X – Frisch. Neu. Innovativ: Und es ist Kirche, Neukirchen-Vluyn, 2016.

Schrumpfungsprozess.[24] Zugleich erweist sie sich in ihrer Reaktion auf die dadurch bestehenden Herausforderungen, als besonders experimentierfreudig.

So entwickelten sich in der *Church of England* seit den 1980er Jahren neben den bestehenden Parochialgemeinden alternative Gemeindeformen.[25] Nach einer weiteren merklichen Pluralisierung dieser neuen Gemeindeformen in den 1990er Jahren erfolgte ein Prozess theologischer Reflexion und Einordnung, welcher in dem einflussreichen kirchlichen Bericht *Mission-shaped Church*[26] (2004) seine Zusammenfassung fand. Dabei kam es zu einer Neubewertung von Mission als zentraler Aufgabe der Kirche und der Einsicht, dass aufgrund der gesellschaftlichen Veränderungen der letzten Jahrzehnte das klassische Parochialsystem einer dringlichen, komplementär ausgerichteten Ergänzung um weitere Gemeindeformen bedarf.[27] Diese neuen Gemeindeformen wurden in *Mission-shaped Church* erstmals unter der Bezeichnung der *fresh expressions of church* zusammengefasst und ausführlich skizziert.[28] In der Folge kam es zur strukturellen und kirchenrechtlichen Einbindung dieser „neuen Ausdrucksformen von Gemeinde"[29] sowie zu einer intensiven Förderung derselben von Seiten der Amtskirche. Studien zeigen den inzwischen hohen Verbreitungsgrad der *fresh expressions of church* innerhalb der *Church of England* und bescheinigen der Bewegung beachtliche missionarische Erfolge, was das Interesse innerhalb und außerhalb der Church of England fördert.[30]

Die Rezeption dieser Entwicklungen in der *Church of England* erfolgt im deutschen Kontext in besonders intensiver Weise bei Vertretern[31] des missionarischen Gemeindeaufbaus.[32] Zugleich hat sich in Deutschland ein ökumenisch verankertes

---

24 Vgl. ▹ Kapitel 25.4.

25 Für eine ausführliche Darstellung der im folgenden skizzierten Entwicklung vgl. ▹ Kapitel 5.

26 Vgl. Cray, Graham u. a. (Hg.): Mission-shaped Church. Church planting and fresh expressions of church in a changing context, 2. Auflage, London, 2009.

27 Vgl. ebd., 1–15.29–42.84–103.

28 Vgl. ebd., 43–83.

29 In dieser Arbeit werden als deutsche Übersetzung des englischen Begriffes *fresh expressions of church* die Wendungen „neue Ausdrucksformen von Gemeinde" und „neue gemeindliche Ausdrucksformen" gewählt.

30 Vgl. Lings, George u.a. (Hg.): The Day of Small Things. An analysis of fresh expressions of Church in 21 dioceses of the Church of England, Sheffield, 2016, 38–47. Abrufbar unter https://churcharmy.org/Publisher/File.aspx?ID=204265, 22. Juli 2020; Dalpra, Claire / Vivian, John: Who's there? The church backgrounds of attenders in Anglican fresh expressions of church, Sheffield, 2016, 28–42. Abrufbar unter https://www.churcharmy.org.uk/Publisher/File.aspx?ID=204267, 22. Juli 2020.

31 Aus stilistischen Gründen gebraucht die vorliegende Arbeit das generative Maskulinum. Bei konkreten Personen wird das jeweilige Geschlecht berücksichtigt.

32 Vgl. zum Beispiel Herbst, Michael (Hg.): Mission bringt Gemeinde in Form. Gemeindepflanzungen und neue Ausdrucksformen gemeindlichen Lebens in einem sich wandelnden Kontext, 3. Auflage, Neukirchen-Vluyn, 2008.

und von einer breiten Allianz evangelischer Landeskirchen, katholischer Bistümer und kirchlicher Werke getragenes *fresh expressions of church*-Netzwerk gebildet.[33] Darüber hinaus haben mit der Einrichtung sogenannter „Erprobungsräume“ in der Evangelischen Kirche in Mitteldeutschland und der Evangelischen Kirche im Rheinland, zwei Landeskirchen mit der aktiven Förderung neuer Ausdrucksformen von Gemeinde begonnen.[34] Man kann wohl zurecht sagen, dass die *Church of England* mit der Integration der *fresh expressions of church* in die Amtskirche als eine Art „Labor“ für die anderen westeuropäischen etablierten Kirchen fungiert. Hier wird ein experimenteller kirchlicher Transformationsprozess vollzogen, welcher nicht zuletzt in Deutschland aufmerksam und durchaus kritisch verfolgt wird.[35] Und zum Teil kommt es auch in Deutschland zu ersten experimentellen Schritten, welche direkt oder indirekt an die Entwicklungen in der *Church of England* anknüpfen.[36]

Den Bezugspunkt stellt dabei meist der Begriff der *fresh expressions of church* dar und damit eine von einer innerkirchlichen Bewegung getragene Fülle neuer gemeindlicher Ausdrucksformen. In der deutschen Perspektive kaum im Blick sind hingegen jene neuen Gemeindeformen in der *Church of England*, welche meist mit dem Begriff des *church planting* bezeichnet werden. Bei diesen „Gemeindepflanzungen“ handelt es sich um die Neugründung einer Gemeinde oder aber um die Stärkung von bestehenden Gemeinden durch ein Gemeindegründungsteam, welches meist durch einen ordinierten Geistlichen geleitet wird. Es existiert eine

---

33 Vgl. https://www.freshexpressions.de/fresh-x-verstehen/netzwerk, 22. Juli, 2020.

34 Vgl. https://www.erprobungsraeume-ekm.de; https://erprobungsraeume.de, 22. Juli 2020.

35 Für die kritische Debatte innerhalb der *Church of England* vgl. Hull, John M.: Mission-Shaped Church. A Theological Response, London, 2006; Hull, John M.: Mission-shaped and Kingdom Focused?, in: Steven Croft (Hg.): Mission-shaped Questions: Defining issues for today's Church, London, 2008, 114–132; Percy, Martyn: Old tricks for new dogs? A critique of fresh expressions, in: Nelstrop, Louise / Percy, Martyn (Hg.): Evaluating Fresh Expressions: Explorations in Emerging Church. Responses to the Changing Face of Ecclesiology in the Church of England, Norwich 2008, 27–39; Hull, John M.: Only one way to walk with God: Christian discipleship for new expressions of church, in: Nelstrop, Louise / Percy, Martyn (Hg.): Evaluating Fresh Expressions: Explorations in Emerging Church. Responses to the Changing Face of Ecclesiology in the Church of England, Norwich 2008, 105–120; Davison, Andrew / Milbank, Alison: For the Parish. A Critique of Fresh Expressions, London, 2010. Für eine Zusammenfassung der innerhalb der *Church of England* vorgebrachten Kritik vgl. Müller, Fresh Expressions of Church, 99–104. Für in der deutschen Diskussion vorgebrachte Kritik vgl. Schüssler, Michael: „Fresh X“: Aufbruch in die Kirchenträume von gestern, in: Ökumenische Rundschau 65, (2) 2016, 334–344; Koll, Julia: Fresh Expressions?! Pastoraltheologische Einsichten beim Blick über den Kanal, in: Sommer, Regina / Koll, Julia (Hg.): Schwellenkunde, Einsichten und Aussichten für den Pfarrberuf im 21. Jahrhundert, Kohlhammer, Stuttgart, 2012, 219–236.

36 Vgl. ▹ Kapitel 19.3. und Kapitel 20.3.

church planting-Szene innerhalb der *Church of England*, welche einige Bezugspunkte zur *fresh expressions of church*-Bewegung aufweist, aber nicht vollständig in ihr aufgeht.[37] Dabei bilden *church plants*, welche in dieser Arbeit im Deutschen mit „klassische Gemeindegründungen" wiedergegeben werden,[38] den ältesten Strang neuer gemeindlicher Ausdrucksformen.[39] Sie sind die fünfthäufigste neue Gemeindeform von insgesamt 20 identifizierten *fresh expressions of church*-Typen[40] und sind, seit der Einführung von Justin Welby als Erzbischof von Canterbury im Jahr 2013, ein zentraler Teil der Debatte um die zukünftige Gestalt der *Church of England* geworden.[41] Darüber hinaus dienen klassische Gemeindegründungen seit einigen Jahren als Vehikel für die Gründung von sogenannten *Resource Churches*. Dabei handelt es sich um ein neues Gemeindemodell, welches neue Gemeindegründungen anstoßen und bestehende Gemeinden im eigenen Umfeld in ihrer missionarischen Tätigkeit unterstützen soll.[42]

Die skizzierten Entwicklungen und die damit einhergehende Bedeutung von *church planting* für den von der *Church of England* eingeschlagenen Weg einer missionarisch ausgerichteten kirchlichen Transformationsstrategie führt zu der Frage, ob klassische Gemeindegründung auch für andere westeuropäische Großkirchen ein hilfreiches Instrument für die Bewältigung der, aus dem gesellschaftlichen und religiösen Wandel resultierenden, Herausforderungen darstellt. Das Anliegen dieser Arbeit ist es dieser Frage nachzugehen und damit die folgende Hypothese zu prüfen:

Klassische Gemeindegründung stellt ein Handlungsinstrument für die sich in Transformationsprozessen befindlichen westeuropäischen Großkirchen dar, welches zur Bewältigung der durch den gesellschaftlichen und religiösen Wandel bedingten kirchlichen Veränderungs- und Schrumpfungsprozesse Entscheidendes beitragen kann.

Zur Überprüfung dieser Hypothese sollen folgende Forschungsfragen im Laufe dieser Arbeit beantwortet werden:

- Welche Wurzeln hat klassische Gemeindegründung in England? Wie hat sich diese in der *Church of England* in den letzten Jahrzehnten entwickelt?
- Wie ist klassische Gemeindegründung zu definieren und in welchem Verhältnis steht sie zur *fresh expressions of church*-Bewegung und damit zu den anderen neuen Ausdrucksformen von Gemeinde?

---

37 Vgl. ▹ Kapitel 6.2.3.

38 Vgl. ▹ Kapitel 6.2.3.

39 Vgl. ▹ Kapitel 5.2.

40 Vgl. Lings, Day, 41.

41 Vgl. ▹ Kapitel 5.9.

42 Vgl. ▹ Kapitel 14.

- Wie weit sind klassische Gemeindegründungen in der *Church of England* verbreitet und welche Eigenschaften zeichnen sie aus?
- Welche Institutionen und Personen prägen das Handlungsinstrument der klassischen Gemeindegründung und fördern seine Verbreitung?
- Welche Begründungsstrukturen für klassische Gemeindegründung liegen vor? Welches sind die damit verbundenen Hoffnungen?
- Welche Unterformen klassischer Gemeindegründungen existieren?
- Was sind die Merkmale der neuen Gemeindeform der *Resource Church*? Was soll und kann diese Gemeindeform leisten – und was nicht?
- Wie ist der Gemeindegründungsprozess klassischer Gemeindegründungen zu beschreiben und welche sind die dabei wesentlichen Akteure?
- Welches Kontroversen verbinden sich mit dem Thema klassische Gemeindegründung in der *Church of England*? Welche Kritik gegenüber klassischer Gemeindegründung wird vorgebracht?
- Was sind die tatsächlichen Leistungen, und wo liegen die Begrenzungen des Handlungsinstrumentes klassischer Gemeindegründung?
- Gibt es Potenziale für einen Transfer des kirchlichen Handlungsinstrumentes der klassischen Gemeindegründung in die evangelischen Landeskirchen in Deutschland?

Die bisherige Forschungslage erweist sich dabei als äußerst dürftig. Im englischen Sprachraum liegen bisher keine wissenschaftlichen Forschungsarbeiten vor, die sich explizit und ausführlich mit dem Phänomen der klassischen Gemeindegründung innerhalb der *Church of England* auseinandersetzen.[43] Lediglich eine von Tim Thorlby vorgelegte Studie untersucht anhand von fünf Fallbeispielen im Osten Londons das Phänomen klassischer Gemeindegründung in empirischer Weise.[44] Aufgrund der geringen Zahl an untersuchten Fällen unterliegt diese Studie in ihrer Aussagekraft jedoch einer gewissen Begrenzung.

In Bezug auf die *fresh expressions of church* ist die Forschungslage schon besser. Hier liegen mit „*The Day of Small Things*“[45] und „*Who's there?*“[46] zwei umfangreiche

---

43 Es existieren aber bewegungsinterne Entwürfe, welche besonders in den Anfangsjahren der Gemeindegründungsszene der *Church of England* veröffentlicht wurden und das Anliegen von Gemeindegründung in einem volkskirchlichen Kontext vorstellen und werbend dafür eintreten. Hier sind besonders hervorzuheben: Hopkins, Bob: Church Planting: 1. Models for mission in the Church of England, Nottingham, 1988; Hopkins, Bob (Hg.): Planting New Churches. Guidelines and Structures for Developing Tomorrow's Church, Guildford, 1991.

44 Vgl. Thorlby, Tim: Love, Sweat and Tears. Church planting in east London, Research for the local church 5, London, 2016.

45 Vgl. Lings, Day.

46 Vgl. Dalpra / Vivian, Who's there?

von der *Church Army Research Unit*[47] durchgeführte empirische Untersuchungen vor, in deren Rahmen auch Daten in Bezug auf klassische Gemeindegründung erhoben wurden. Eine ausführliche theologische Begründung der *fresh expressions of church*-Bewegung und deren grundlegender Anliegen wurde von Michael Moynagh unter Mitarbeit von Philip Harrold unter dem Titel „*Church for Every Context*“[48] vorgelegt. Ein theologischer Begründungsversuch für das Gründen neuer Gemeinden liegt mit dem von George Lings veröffentlichten Titel „Reproducing Churches“[49] vor. Eine umfangreiche Arbeit zu Gemeindegründung im westeuropäischen Kontext wurde von Stefan Paas veröffentlicht.[50] Ebenfalls zu beachten sind die Veröffentlichungen des anabaptistischen Theologen Stuart Murray zum Thema Gemeindegründung.[51] Die genannten Titel berühren alle Teilaspekte des Untersuchungsgegenstandes dieser Arbeit, haben dabei aber die *church planting*-Szene der *Church of England* nicht explizit zum Fokus. Dies gilt auch für weitere, kleinere Veröffentlichungen zum Thema *fresh expressions of church*.[52]

Auch im deutschsprachigen Raum gibt es eine wissenschaftliche Auseinandersetzung mit den in der *Church of England* entstehenden neuen Gemeindeformen.[53] Zugleich kann derselbe Befund auch für die wissenschaftliche Debatte im deutschsprachigen Raum gelten: Auch hier liegen einige wissenschaftliche Veröffentlichun-

---

47 Bei der *Church Army Research Unit* handelt es sich um eine empirisch ausgerichtete Forschungseinheit der *Church Army*, welche zahlreiche qualitative und quantitative Untersuchungen in Bezug auf missionarisches kirchliches Handeln, Evangelisation, kirchliche Arbeit mit Jugendlichen und Gemeindewachstum durchgeführt hat. Die *Church Army* ist eine von der *Church of England* anerkannte, 1882 gegründete, kirchliche Organisation, die sich der diakonischen und evangelistischen Arbeit und der theologischen Ausbildung von Ehrenamtlichen verschrieben hat. Vgl. https://churcharmy.org/Articles/516246/What_we_do/Research_Unit/Who_we_are.aspx; https://churcharmy.org/Groups/290554/Church_Army/web/Who_we_are/Our_History/Our_History.aspx, 23. Juli 2020.

48 Vgl. Moynagh, Michael / Harrold, Philip: Church for Every Context. An Introduction to Theology and Practise, London, 2012. Beachte auch die von Moynagh vorgelegte Nachfolgepublikation: Moynagh, Michael: Church in Life. Innovation, Mission and Ecclesiology, London, 2017.

49 Vgl. Lings, George: Reproducing Churches, Abingdon, 2017.

50 Vgl. Paas, Stefan: Church Planting in the Secular West. Learning from the European Experience, The Gospel and our Culture Series 11, Grand Rapids, 2016.

51 Besonders zu beachten sind hier Murray, Stuart: Church Planting. Laying Foundations, Scottdale, 2001; Ders: Planting Churches in the 21st Century. A Guide for Those Who Want Fresh Perspectives and New Ideas for Creating Congregations, Scottdale, 2012.

52 Beispielhaft seien hier folgende Titel genannt: Croft, Steven (Hg.): The Future of the Parish System, London, 2006; Nelstrop, Louise / Percy Martyn (Hg.): Evaluating Fresh Expressions: Explorations in Emerging Church. Responses to the Changing Face of Ecclesiology in the Church of England, Norwich, 2008.

53 Führend ist hier das Institut zur Erforschung von Evangelisation und Gemeindeentwicklung der Universität Greifswald (IEEG). Vgl. https://ieeg.uni-greifswald.de/forschung/aktuelle-forschungsprojekte/fresh-x, 31. Juli 2020.

gen zur *fresh expressions of church*-Bewegung vor[54] – an erster Stelle ist dabei die Forschungsarbeit von Sabrina Müller zu nennen[55] – allerdings kaum eine Veröffentlichung, welche sich explizit mit der Gemeindegründungsszene der *Church of England* auseinandersetzt.[56] Besonders zu beachten snd dabei die beiden folgenden Arbeiten. Bernd Rother untersucht unter dem Titel „Kirche in der Stadt"[57] sogenannte „Urbane Profilgemeinschaften" und meint damit christliche Gemeinschaften, welche ein an der Lebenswelt orientiertes spirituelles Angebot für eine bestimmte urbane Zielgruppe entwickeln.[58] Dabei nimmt er auch Bezug auf die Entwicklung der Gemeindegründungsszene in der *Church of England*, sowie auf deutsche Beispiele von „Gemeindepflanzung".[59] Sabine Schröder, untersucht in ihrer Arbeit Gemeindegründungen im Osten Deutschlands, beschränkt sich dabei aber auf den freikirchlichen Bereich.[60]

Es zeigt sich, dass das Thema der klassischen Gemeindegründung innerhalb der *Church of England* sowohl im englischen als auch im deutschen Sprachraum eine Forschungslücke darstellt. Diese Arbeit möchte dazu beitragen diese Lücke zu schließen.

Methodisch erschien aufgrund der bestehenden dürftigen Forschungslage ein exploratives Vorgehen als angemessen. Ziel des explorativen Vorgehens sollte es sein, die Erfassung und Beschreibung des Forschungsgegenstandes möglich zu machen.

---

54 Vgl. Hempelmann, Heinzpeter / Herbst, Michael / Weimer, Markus (Hg.): Gemeinde 2.0. Frische Formen für die Kirche von heute, 2. Auflage, Neukirchen-Vluyn, 2013; Elhaus, Philipp u. a. (Hg.): Kirche^2. Eine ökumenische Vision, Würzburg, 2013; Müller, Sabrina: Fresh expressions of Church, in: Kunz, Ralph / Schlag, Thomas (Hg.): Handbuch für Kirchen- und Gemeindeentwicklung, Neukirchen-Vluyn, 2014, 450–458; Müller, Fresh Expressions of Church; Schwerpunkt „Fresh expressions of Church – Auf Deutsch?" in: Praktische Theologie 53, (1) 2018. Schwerpunkt „Mixed Economy" in: Pastoraltheologie 109, (1), 2020.

55 Müller untersucht anhand eines empirisch-qualitativen Vorgehens die Ekklesiologie der *fresh expressions of church-Bewegung*. Die von ihr untersuchten Fallbeispiele beinhalten dabei aber keine klassische Gemeindegründung, sondern nehmen andere Typen der neuen gemeindlichen Ausdrucksformen in den Blick. Ähnliches gilt für die von ihr interviewten Gesprächspartner. Auch hier findet sich kein expliziter Vertreter der Gemeindegründungsszene der *Church of England*. Vgl. Müller, Fresh Expressions of Church, 105–144.

56 Am ehesten ist dies für den in der Reihe „Beiträge zu Evangelisation und Gemeindeentwicklung" erschienene Band „Gemeindepflanzung" der Fall. Doch auch schon hier stehen die *fresh expressions of church* im Fokus der Aufmerksamkeit. Vgl. Bartels, Matthias / Reppenhagen, Martin (Hg.): Gemeindepflanzung – ein Modell für die Kirche der Zukunft?, BEG 4, Neukirchen-Vluyn, 2006. Vgl. dazu auch ▹ Kapitel 19.3.

57 Vgl. Rother, Bernd: Kirche in der Stadt. Herausbildung und Chancen von Urbanen Profilgemeinschaften, Neukirchen-Vluyn, 2005.

58 Vgl. Rother, Kirche, 19.

59 Vgl. ebd., 42–48.67–110.

60 Vgl. Schröder, Sabine: Konfessionslose erreichen. Gemeindegründungen von freikirchlichen Initiativen seit der Wende 1989 in Ostdeutschland, Neukirchen-Vluyn, 2007.

Der Forschungsgegenstand wird in dieser Arbeit als die Gemeindegründungsszene der *Church of England* definiert. Es wird also eine innerkirchliche Gruppierung untersucht, welche über einen gewissen Vernetzungs-, aber nur über einen geringen Organisationsgrad verfügt und durch den positiven Bezug zum Thema Gemeindegründung konstituiert wird.[61] Damit ist Gegenstand der Untersuchung, was soziologisch als „Sonderwelt" beziehungsweise als „kleine soziale Lebenswelt" beschrieben werden kann:[62]

> „Eine kleine soziale Lebenswelt oder Sonderwelt ist ein in sich strukturiertes *Fragment* [sic] der Lebenswelt, innerhalb dessen Erfahrungen in Relation zu einem speziellen, verbindlich bereitgestellten intersubjektiven Wissensvorrat statthaben."[63]

Somit lag der Rückgriff auf Methoden nahe, welche in der Soziologie zur Erforschung von „Sonderwelten" zum Einsatz kommen. Es wurde entschieden die Methoden der teilnehmenden Beobachtung[64] und eine Sonderform qualitativer Interviews – das Experteninterview[65] – bei der Erforschung der Gemeindegründungsszene der *Church of England* anzuwenden. Beide Methoden sind in den Sozialwissenschaften und der Ethnographie seit langem erprobt und kommen auch in der Praktischen Theologie zur Anwendung.[66] Sie sind der qualitativ-empirischen Forschung zuzuordnen und entsprachen damit der explorativen Anlage des Forschungsvorhabens.[67]

Darüber hinaus wurde eine einzelne quantitativ ausgelegte Untersuchung eines Fallbeispiels einer klassischen Gemeindegründung durchgeführt. Dies erschien nötig, um die überaus dürftige Datenlage im Bereich der *Resource Churches* zumindest ein Stück weit zu verbessern.[68] Auch wurde klassische Literaturarbeit

---

61 Vgl. ▷ Kapitel 2.2.

62 Vgl. Hitzler, Ronald / Eberle, Thomas S.: Phänomenologische Lebensweltanalyse, in: Flick, Uwe / Kardorff, Ernst von / Steinke, Ines (Hg.): Qualitative Forschung. Ein Handbuch, 10. Auflage, Reinbek bei Hamburg, 2013, 115f.

63 Ebd., 116. Kursive Hervorhebung aus dem Original übernommen.

64 Vgl. ▷ Kapitel 3.3.

65 Vgl. ▷ Kapitel 3.4.

66 Vgl. Scholtz, Christopher P.: Teilnehmende Beobachtung, in: Dinter, Astrid / Heimbrock, Hans-Günter / Söderblom, Kerstin (Hg.): Einführung in die Empirische Theologie. Gelebte Religion erforschen, Göttingen, 2007, 223; Söderblom, Kerstin: Leitfadeninterviews, in Dinter, Astrid / Heimbrock, Hans-Günter / Söderblom, Kerstin (Hg.): Einführung in die Empirische Theologie. Gelebte Religion erforschen, Göttingen, 2007, 266f. Ein Beispiel für die Anwendung beider Methoden stellt die Forschungsarbeit von Sabrina Müller dar. Vgl. Müller, Fresh Expressions of Church, 21–39.

67 Vgl. ▷ Kapitel 3.4.

68 Vgl. ▷ Kapitel 4.3.3.2.

betrieben, wobei auch die Sichtung von Webseiten Teil des methodischen Vorgehens war. Insgesamt orientierte sich das explorative Vorgehen dieser Arbeit an der Forschungsstrategie der *Grounded Theory* und damit einem Prozess, der durch die Wechselwirkung von fortlaufender Datengewinnung bei gleichzeitiger Dateninterpretation bestimmt ist.[69]

Die vorliegende Arbeit ist als Ergebnis dieses Forschungsprozesses zu verstehen. In ihrem Aufbau unterteilt sie sich in sieben größere Teile. Auf diese Einleitung (Teil A) folgen die Darstellung des Forschungsgegenstandes (Teil B) und die Begründung und Darstellung des methodischen Vorgehens (Teil C). Danach folgt der Hauptteil der Arbeit, welcher sich der Darstellung der Gemeindegründungsszene in der *Church of England* widmet (Teil D). Dieser Hauptteil orientiert sich in seiner Gliederung im Wesentlichen an den oben dargestellten Forschungsfragen. Als Einführung wird die Entwicklung der Gemeindegründungsszene und der *fresh expressions of church*-Bewegung in der *Church of England* dargestellt (Kapitel 5). Es folgt eine Definition des Begriffes Gemeindegründung im Raum der *Church of England* und eine Verhältnisbestimmung von klassischer Gemeindegründung zu den *fresh expressions of church.* (Kapitel 6). Daraufhin werden die Verbreitung klassischer Gemeindegründung in der *Church of England* und ihre wesentlichen Eigenschaften dargestellt (Kapitel 7). Im folgenden Kapitel wird auf die wesentlichen Förderer (Promotoren) von klassischer Gemeindegründung eingegangen (Kapitel 8). Nach einer Darstellung verschiedener Begründungstrukturen für Gemeindegründung und deren Diskussion (Kapitel 9) wird in den drei folgenden Kapiteln eine Art Typologie klassischer Gemeindegründung entwickelt (Kapitel 10 bis 12). Einen Schwerpunkt des Hauptteils stellt die Darstellung des *Resource Church* Modells dar, welche auch einen ersten Bewertungsversuch beinhaltet (Kapitel 13). Die folgenden beiden Kapitel widmen sich dem Gemeindegründungsprozess und seinen Akteuren (Kapitel 14) und einer Verhältnisbestimmung von klassischer Gemeindegründung und Kontextualisierung (Kapitel 15). Das vorletzte Kapitel des Hauptteiles stellt vorhandene Anfragen an das Modell der klassischen Gemeindegründung dar und nimmt deren Bewertung vor (Kapitel 16). Der Hauptteil schließt mit einer Darstellung der Leistungen und Begrenzungen des Handlungsinstrumentes der klassischen Gemeindegründung (Kapitel 17).

Den Abschluss der Arbeit (Teil E) bildet eine Untersuchung der Potentiale des kirchlichen Handlungsinstrumentes der klassischen Gemeindegründung im Kontext der deutschen evangelischen Landeskirchen. Es folgen Abbildungs-, Tabellen- und Literaturverzeichnis (Teil F) und der Anhang der Arbeit (Teil G).

---

69 Vgl. ▹ Kapitel 3.5 und Kapitel 4.

B. Der Forschungsgegenstand

2. Die Darstellung des Forschungsgegenstands

Den wesentlichen Kern dieser Arbeit bildet die Beschreibung von klassischer Gemeindegründung in der der *Church of England* und der zu dieser Praxis[1] in Bezug stehenden Gemeindegründungsszene. Damit bildet die Gemeindegründungsszene und die von ihr vollzogene Praxis der klassischen Gemeindegründung den eigentlichen Forschungsgegenstand der Arbeit.

2.1 Der Begriff Gemeindegründung

Die primäre und erste Eingrenzung des Forschungsgegenstandes erfolgt durch den Begriff Gemeindegründung. Im Hintergrund steht hier der englische Begriff *church planting*. Der englische Begriff hat durch das Wort *planting* eine agrarisch-gärtnerische Konnotation, welche durch das deutsche Wort Gemeindegründung nicht wiedergegeben wird. Diese Konnotation wird jedoch vom deutschen Begriff „Gemeindepflanzung" aufgegriffen. Beide Wörter – Gemeindegründung und Gemeindepflanzung – meinen im deutschen Gebrauch dasselbe und werden austauschbar verwendet.[2] Während aber Gemeindepflanzung zwar das englische *church planting* besser wiedergibt, bleibt der Gebrauch im Wesentlichen auf einen kleinen Korpus von Literatur beschränkt, welche sich mit *church planting* in Bezug auf die *Church of England* befasst.[3] In der allgemeinen kirchlichen und freikirchlichen Praxis und der weiteren Literatur[4] wird zuallermeist der Begriff

---

1 Zum Begriff der Praxis in Bezug auf Gemeindegründung vgl. Moynagh / Harrold, Context, 199 und die Ausführungen in ▷ Kapitel 16.4.

2 Vgl. zum Beispiel Sobetzko, Florian / Sellmann, Matthias: Gründer*innen Handbuch für pastorale Start-ups und Innovationsprojekte, Würzburg, 2017, 5.

3 Vgl. z. B. Roschke, Volker (Hg.): Gemeinde pflanzen. Modell einer Kirche der Zukunft, Neukirchen-Vluyn, 2001; Bartels / Reppenhagen, Gemeindepflanzung; Herbst, Mission bringt Gemeinde in Form.

4 Vgl. zum Beispiel folgende Praxisbücher aus dem freikirchlichen Raum: Watling, Marlin: Start. Gemeinden gründen – von der Vision zur Wirklichkeit, Witten, 2011; Keller, Timothy / Thompson, J. Allen: Handbuch zur urbanen Gemeindegründung, Gießen, 2018 (Übersetzung des englischen Originals: Keller, Timothy / Thompson, J. Allen: Redeemer Church Planting Manual, New York, 2002); Schwing, Eide: Gemeindegründung praktisch: Wie Gemeinden gepflanzt werden und wachsen können in Deutschland und darüber hinaus, Nürnberg, 2010. Vgl. weiter Knoblauch, Jörg / Eickhoff, Klaus / Aschoff, Friedrich (Hg.): Gemeinde gründen in der Volkskirche – Modelle der Hoffnung, Moers 1992; Schröder, Konfessionslose; Winkler, Eberhard: Gemeinde zwischen Volkskirche und Diaspora. Eine Einführung in die praktisch-theologische Kybernetik, Neukirchen-Vluyn, 1998, 84f.

Gemeindegründung gebraucht. In dieser Arbeit soll deshalb der deutsche Begriff Gemeindegründung Verwendung finden.[5]

Was meinen aber nun die Begriffe *church planting,* Gemeindegründung, Gemeindepflanzung? Für keinen der Begriffe liegt eine fixierte allgemein anerkannte Definition vor.[6] Hinzu kommt die Schwierigkeit, dass das englische Wort *church* den Bedeutungsumfang der deutschen Wörter Kirche, Kirchengemeinde und Kirchengebäude beinhaltet. Zugleich werden auch alle drei deutschen Wörter oft verkürzt mit dem Begriff Kirche[7] wiedergegeben.[8] Weiter weist Stefan Paas auf das konfessionell unterschiedliche Verständnis des Begriffes *church planting* hin: „For many Christians, Roman Catholics in particular, 'church planting' (*plantatio ecclesiae*) designates the classic activity of the first foundation of the Christian church in the so-called mission fields."[9] Im protestantischen Spektrum hingegen wird *church planting,* beziehungsweise Gemeindegründung allgemein als das Gründen einer neuen Kirchengemeinde verstanden. Hier bietet Sabine Schröder folgende hilfreiche Definition:

> „Unter ‚Gemeindegründung' wird die Bildung einer neuen, rechtlich selbstständigen christlichen Kirchengemeinde verstanden. Diese kann einer bestehenden Glaubensgemeinschaft (Denomination) angehören oder aber zur Kategorie ‚neuere Freikirchen' gehören."[10]

Allerdings werden die deutschen Begriffe Gemeindepflanzung beziehungsweise Gemeindegründung nicht nur wie in der Definition von Schröder für den Prozess der Gemeindegründung verwendet, sondern bezeichnen auch die dabei entstehende

---

Hundertmark, Peter: Gemeinden Gründen! Skizzen für eine Selbstorganisation der Christgläubigen, Annweiler, 2014.

5 Vgl. hierzu auch die Diskussion und Verwerfung argraisch konnotierter Begrifflichkeiten in ▷ Kapitel 11.1.

6 Vgl. Paas, Church Planting, 3.

7 Im Rahmen dieser Arbeit wird der Begriff der Kirche als Bezeichnung für die „Gesamtorganisation Kirche" verwendet, wird also dem Kontext entsprechend als Synonym für die *Church of England* oder die deutschen evangelischen Landeskirchen stehen. Mit dem Begriff der Gemeinde wird hingegen die Kirchengemeinde und damit die „lokal umgrenzte Gemeinschaftsbildung" bezeichnet. Für diese Unterscheidung vgl. Hauschild, Wolf-Dieter: Art. Gemeinde, IV. Kirchengeschichtlich, in: RGG 3, 4. Auflage, Tübingen, 2000, 612. Vgl. ebenfalls Hauschildt / Pohl-Patalong, Kirche, 271–284.

8 „Das Lehnwort ‚Kirche' bezeichnet in der deutschen Sprache Unterschiedliches: ein Gebäude, die kultische Versammlung, die Sozialgestalt des Christentums und ihre Repräsentanten." Grethlein, Kirchentheorie, 31. Vgl. auch Wenz, Gunther: Kirche I. Zum Begriff, in: RGG 4, 4. Auflage, Tübingen, 2001, 997–999.

9 Paas, Church Planting, 3. Kursive aus dem Original übernommen.

10 Schröder, Konfessionslose, 19.

neue Kirchengemeinde. Diese *ist* eine Gemeindegründung. Im Englischen werden diese beiden Bedeutungen durch die Wörter *church planting* und *church plant* unterschieden, wobei ersteres den Prozess, letzteres die entstehende Kirchengemeinde bezeichnet. Unklar ist bei der zweiten Verwendung jedoch, wie lange eine Gemeindegründung eine Gemeindegründung „bleibt". Wird eine Gemeindegründung nach einem bestimmten Zeitraum oder nach dem Ausbilden bestimmter Merkmale zu einer „normalen" Gemeinde? Oder bleibt sie immer eine Gemeindegründung?[11] In diesem Sinne könnten alle christlichen Kirchengemeinden als Gemeindegründungen bezeichnet werden, da sie alle zu einem bestimmten Zeitpunkt neu gebildet wurden.[12]

Als Ausgangspunkt für ein allgemeines Verständnis der Begriffe *church planting*, Gemeindegründung und Gemeindepflanzung in dieser Arbeit, wird auf Schröders Definition des Begriffs Gemeindegründung zurückgegriffen. Zugleich muss diese in dem Sinne erweitert werden, dass unter dem Begriff der Gemeindegründung nicht nur die Bildung einer neuen Kirchengemeinde zu verstehen ist, sondern damit auch die neu entstehende oder entstandene Kirchengemeinde selbst bezeichnet werden kann.

2.2 Der Begriff der „Szene"

Der Begriff der Szene bezeichnet einen „charakteristischen Bereich für bestimmte Aktivitäten".[13] Synonyme für diese Bedeutungsvariante des Wortes sind der Kreis oder das Milieu.[14] Unter dem Begriff Gemeindegründungs-Szene wird also ein soziales Umfeld verstanden, das einen bestimmten Personenkreis umfasst und durch

11 Diese Fragestellungen weisen dabei hohe Ähnlichkeit zur missionstheologischen Diskussion um die Selbstständigkeit und Vollwertigkeit der „Jungen Kirchen" auf. Vgl. Beyerhaus, Peter: Die Selbstständigkeit der Jungen Kirchen als missionarisches Problem, Wuppertal-Barmen, 1956; Neill, Stephen: Art. Junge Kirchen, in: Neill, Stephen / Moritzen, Niels-Peter / Schrupp, Ernst (Hg.): Lexikon zur Weltmission, Wuppertal, 1975, 253–255; Freytag, Justus / Margull, Hans Jochen (Hg.): Junge Kirchen auf eigenen Wegen. Analysen und Dokumente, Neukirchen-Vluyn, 1972; Rzepkowski, Horst: Lexikon der Mission. Geschichte, Theologie, Ethnologie, Graz, 1992, 228. Im englischen Kontext wird diese Fragestellung vor allem in Bezug auf die *fresh expression of church* und unter dem Stichwort der „Reife" (*maturity*) diskutiert. Vgl. z. B. Lings, George: Fresh expressions growing to maturity, in: Steven Croft (Hg.): The Future of the Parish System, Church House Publishing, London, 2006, 138–151. Bei klassischen Gemeindegründungen spielt diese Fragestellung auf Grund des gottesdienstzentrierten Modells von klassischen Gemeindegründungen lediglich eine untergeordnete Rolle. Vgl. ▹ Kapitel 6.2.2 und Kapitel 13.3.

12 Vgl. Schröder, Konfessionslose, 150.

13 Vgl. https://www.duden.de/rechtschreibung/Szene, 28. August 2019.

14 Vgl. ebd., 28.

ähnliche Praktiken, Motivationen und Anschauungen, welche alle auf das Thema Gemeindegründung Bezug nehmen, verbunden ist. Diese Fassung des Forschungsgegenstandes erlaubt es eine Perspektive einzunehmen, welche über einzelne Gemeindegründungen hinausgeht. Vielmehr soll die Gemeindegründungsszene als Ganzes in den Blick genommen und beschrieben werden. Zugleich wird durch den Begriff der Szene angezeigt, dass das untersuchte soziale Umfeld über einen deutlich geringeren Organisationsgrad in Bezug auf ein gemeinsames Veränderungsinteresse verfügt, als dies für den möglichen Alternativ-Begriff der „Bewegung" der Fall ist.[15] So kann der Begriff der Szene auch als „eine Form von lockerem Netzwerk" verstanden werden, „in dem sich unbestimmt viele beteiligte Personen und Personengruppen vergemeinschaften."[16] Dabei ist dieses nicht lokal begrenzt, sondern kann auch ein „weltumspannendes, globales" Netzwerk darstellen.[17] Bestimmend ist dabei, das die Szene verbindende gemeinsame Interesse.[18] In Bezug auf klassische Gemeindegründung in der *Church of England* erscheint nun der Begriff der Szene am geeignesten. Zwar existieren auch hier Akteure, welche ein Veränderungsinteresse verfolgen,[19] zugleich scheint dies aber nicht alle Mitglieder der Szene zu erfassen und im Unterschied zu der *fresh expressions of church*-Bewegung existiert kein nationales, von der Kirchenleitung eingesetztes *fresh expressions of church-Team*[20], welches stellvertretend für dieses Veränderungsinteresse werbend eintritt und nach innen Organisationsimpulse aussendet.[21] Hinzu kommt, dass der Begriff der Gemeindegründungs-Bewegung (*church planting movement*) innerhalb der Gemeindegründungsszene selbst inhaltlich anderweitig belegt ist.[22] Somit wird für diese Arbeit der als in seiner Beschreibung vorsichtigere Begriff der „Szene" verwendet werden.

Auch wird deutlich, dass das Interesse dieser Arbeit primär kein historisches ist, sondern die gegenwärtig stattfindende Praxis von klassischer Gemeindegründung – unter dem Einbezug vorhandener theoretischer Reflexionen über diese Praxis – untersuchen will.

---

15 Nach Hauschildt und Pohl-Patalong ist ein signifikantes Merkmal der „Bewegung" ein sie einendes Veränderungsinteresse. Vgl. Hauschildt / Pohl-Patalong, Kirche, 144.

16 Hitzler, Ronald / Niederbacher, Arne: Leben in Szenen. Formen juveniler Vergemeinschaftung heute, Erlebniswelten 3, 3. Auflage, Wiesbaden, 2010, 15f.

17 Vgl. ebd., 16.

18 Vgl. ebd.

19 Vgl. ▹ Kapitel 9.

20 Vgl. ▹ Kapitel 5.8.

21 Ob mittelfristig dem *Gregory Centre for Church Multiplication* unter Leitung des Bischofs von Islington, Ric Thorpe, eine ähnliche Funktion zukommen wird, ist noch nicht absehbar, erscheint aber durchaus möglich. Vgl. ▹ Kapitel 9.3.1.

22 Der Begriff steht für ein System von Gemeindegründungen, deren Zahl sich durch ein exponentielles Wachstum vergrößert. Vgl. ▹ Kapitel 9.1.1.

2.3 Die Church of England

In dieser Arbeit steht die Gemeindegründungs-Szene innerhalb der *Church of England* im Mittelpunkt. Zu einem besseren Verständnis dieses Kontextes, wird deshalb im Anhang ein Überblick über die für das Thema dieser Arbeit relevanten historischen, theologischen und institutionellen Begebenheiten der *Church of England* gegeben werden.[23] Der eigentliche Forschungsgegenstand, die Gemeindegründungsszene der Church of England, wird im Hauptteil der Arbeit beschrieben werden.

2.4 Fazit und zusammenfassender Vergleich der kirchlichen Situation

Den Untersuchungsgegenstand dieser Arbeit stellt die Praxis der klassischen Gemeindegründung in der *Church of England* und die als Trägerin dieser Praxis auftretende Gemeindegründungsszene der *Church of England* dar. Unter dem Begriff der Gemeindegründung soll zunächst ganz allgemein die Bildung einer neuen, rechtlich selbstständigen christlichen Kirchengemeinde verstanden werden. Diese Definition wird im weiteren Verlauf in Bezug auf den Begriff der „klassischen" Gemeindegründung präzisiert werden. Die Gemeindegründungsszene wird als ein lose verbundenes Netzwerk verstanden, welches durch das gemeinsame Interesse an klassischer Gemeindegründung konstituiert ist, aber über keine zentrale Organisationsstruktur und nur bedingt über ein zentrales Veränderungsinteresse verfügt. Zudem wird durch die Vermeidung des möglichen Alternativbegriffs der „Bewegung" eine inhaltliche Überschneidung mit dem in der Gemeindegründungsszene bereits inhaltlich belegten Begriff des *church planting movement* vermieden.

Eingebettet ist die zu untersuchende Gemeindegründungsszene in die *Church of England*. Für die folgende Untersuchung dieser Gemeindegründungsszene ist deshalb ein grundlegendes Verständnis der Geschichte, der Strukturen und der gegenwärtigen Situation der *Church of England* unabdingbar. Diese nimmt konfessionsgeschichtlich eine Mittelstellung (*via media*) zwischen der Römisch-katholischen Kirche und den Reformatorischen Kirchen ein. Verschiedene innerkirchliche Gruppierungen, welche mehr die protestantischen, die katholischen oder die liberal-modernen Wurzeln der *Church of England* betonen, prägen das heutige Gesicht der *Church of England,* als einer durch eine hohe innerkirchliche Pluralität bestimmten Kirche. Für die kirchliche Struktur sind der Episkopat und die damit einhergehende Gliederung in Diözesen, sowie das immer noch dominierende Parochialsystem

---

23 Vgl. ▹ Kapitel 25.

prägend. Aufgrund der hohen Bedeutung des Episkopats in der anglikanischen Theologie, kommt auch heute noch – trotz Aufnahme synodaler Elemente – dem Bischof, und auf der Ebene der Parochie, dem Priester eine hohe Autorität zu. Während auch in den evangelischen Landeskirchen das Parochialsystem weiterhin dominiert, ist in diesen die Leitungsstruktur doch eindeutig synodal ausgerichtet, was die Autorität und den Einfluss sowohl von Bischöfen und Dekanen, als auch von Gemeindepfarrern im Vergleich zur *Church of England* schwächer erscheinen lässt.

Als *„established church"* steht die *Church of England* in einer besonders engen Verbindung zum englischen Staat. Zugleich verfügt sie im Unterschied zu den – in einer deutlicheren Distanz zum Staat stehenden – deutschen Landeskirchen nicht über die Privilegien der Kirchensteuer und des konfessionellen Religionsunterrichts. Die Finanzierung der kirchlichen Arbeit ist, neben Gewinnen aus dem kirchlichen Grund- und Bodenbesitz und anderer Investments, in besonderer Weise auf die Unterstützung der mit der *Church of England* verbundenen Gemeindeglieder angewiesen. Auch dies stellt einen wichtigen Unterschied zu den evangelischen Landeskirchen dar.[24] In Bezug auf die kirchlichen Abbruchprozesse stehen hingegen beide Kirchen vor sehr ähnlichen Herausforderungen. Zugleich ergibt sich auch hier ein Unterschied durch die in Deutschland bestehende Kirchenmitgliedschaft, welche zumindest in einem formellen Rahmen immer noch ein Viertel der deutschen Bevölkerung an die Evangelische Kirche bindet. Die *Church of England* hingegen ist auf die informelle Verbundenheit eines nur noch geringen und weiter schrumpfenden Teiles der Bevölkerung und auf das Engagement der kirchlich hochverbundenen Mitglieder der Ortsgemeinden verwiesen.

24 So machte im Jahr 2020 die Einnahmen der evangelischen Landeskirchen aus Kollekten und Spenden lediglich 2,8 % (entspricht 344 Millionen Euro) aller Einnahmen aus. Der Anteil der Einnahmen aus Kirchensteuermitteln betrug hingegen 43,1 % (5,29 Milliarden Euro). Die Parochialgemeinden der *Church of England* wiesen dagegen im Jahr 2018 Einnahmen von circa 1 Milliarde Pfund auf. Davon kamen 600 Millionen Pfund aus Spendengeldern. Vgl. Kirchenamt, Gezählt 2020, 34f; Research and Statistics Unit, Parish Finance Statistics 2018, 6.

C. Methodik

3. Die Wahl der Methoden

Für die Wahl der Methoden wurde in dieser Arbeit die Orientierung am Forschungsgegenstand und damit die Gegenstandsangemessenheit der Methoden zum leitenden Kriterium erhoben. Als Forschungsgegenstand dieser Arbeit wurde die „Gemeindegründungsszene in der *Church of England*" bestimmt. Zugleich wurde in der Darstellung des Forschungsinteresses deutlich, dass das Kernanliegen dieser Arbeit in der Beschreibung der gegenwärtigen Gemeindegründungsszene und einer Überprüfung der Leistungen des Instrumentes der klassischen Gemeindegründung am Beispiel der *Church of England* für die Kirchenentwicklung besteht. Aus diesen Anliegen ergaben sich die wichtigsten Voraussetzungen für die Wahl der Methode. Sie musste eine möglichst umfassende Beschreibung der gegenwärtigen Gemeindegründungszene in der *Church of England* gewährleisten und die Überprüfung der Leistungen des Instrumentes Gemeindegründung für die Kirchenentwicklung ermöglichen. Zusätzliche, einschränkend wirkende Voraussetzungen für die Wahl der Methoden waren die im Rahmen einer Dissertation zur Verfügung stehenden zeitlichen und finanziellen Ressourcen.

Weiter galt es zu bedenken, dass die Gemeindegründungsszene einer stetigen Entwicklung unterliegt und somit die zur Auswertung zur Verfügung stehende Literatur maximal den Ist-Zustand zum jeweiligen Entstehungszeitpunkt festhalten konnte. Damit konnte der Rückgriff auf vorhandene Literatur lediglich *ein* Hilfsmittel zur Umsetzung des beschriebenen Forschungsanliegens sein, welches zugleich ergänzungsbedürftig erschien. Aktuelle Entwicklungen konnten nur durch eine Beobachtung und Beschreibung der aktuellen Praxis festgehalten werden. Es bedurfte damit des Rückgriffs auf Methoden, die eine Beschreibung des Ist-Zustandes der Gemeindegründungsszene im Untersuchungszeitraum[1] möglich machten.

Die hier geschilderten Voraussetzungen machen deutlich, dass diese Arbeit in ihrem Kern ein empirisches Interesse verfolgt. Sie will beschreiben, was aktuell als „Gemeindegründungsszene" in der *Church of England* wahrnehmbar ist. Sie will damit darstellen, was soziologisch als „Sonderwelt" beziehungsweise als „kleine soziale Lebenswelt" beschrieben werden kann:[2] „Eine kleine soziale Lebenswelt oder Sonderwelt ist ein in sich strukturiertes *Fragment* der Lebenswelt, innerhalb

---

1 Der Untersuchungszeitraum dieser Arbeit umfasst die Zeit von September 2017 bis Oktober 2019. Vgl. auch die ausführliche Darstellung des Forschungsverlaufs in ▻ Kapitel 4.

2 Vgl. Hitzler, Ronald / Eberle, Thomas S.: Phänomenologische Lebensweltanalyse, in: Flick, Uwe / Kardorff, Ernst von / Steinke, Ines (Hg.): Qualitative Forschung. Ein Handbuch, 10. Auflage, Reinbek bei Hamburg, 2013, 115f.

dessen Erfahrungen in Relation zu einem speziellen, verbindlich bereitgestellten intersubjektiven Wissensvorrat statthaben."[3] Damit beschäftigt sich diese Arbeit mit der Wahrnehmung und Beschreibung dessen, was in den Sozialwissenschaften als „alltägliche"[4] oder „soziale Wirklichkeit"[5] bezeichnet wird:

> „Soziale Wirklichkeit lässt sich als Ergebnis gemeinsam in sozialer Interaktion hergestellter Bedeutungen und Zusammenhänge verstehen. Beides wird von den Handelnden in konkreten Situationen im Rahmen ihrer subjektiven Relevanzhorizonte [...] interpretiert und stellt damit die Grundlage für ihr Handeln und ihre Handlungsentwürfe dar."[6]

Dieses Anliegen legte die Wahl von Methoden nahe, welche besonders in den Sozialwissenschaften und der Ethnographie zum Einsatz kommen, da sich diese beiden Wissenschaften seit jeher mit der Beschreibung von sozialen Lebenswelten beschäftigen. Als gewinnversprechender Weg erschien dabei die Kombination der beiden Methoden der teilnehmenden Beobachtung und des Experteninterviews. Beide Methoden werden zur Wahrnehmung und Beschreibung von sozialer Wirklichkeit eingesetzt und sind auch für eine fachfremde Person erlern- und handhabbar. Zudem lag mit der Arbeit von Sabrina Müller ein Beispiel vor, bei dem beide Methoden erfolgreich für die Beschreibung eines Teilaspektes der *fresh expressions of church*-Bewegung Anwendung fanden.[7] Da die Gemeindegründungsszene als Teil der *fresh expressions of church*-Bewegung verstanden werden kann, wurde dies als Hinweis aufgefasst, dass diese Methoden auch in der Untersuchung der Gemeindegründungsszene erfolgreich Anwendung finden könnten.

3.1 Qualitative Forschung

Die teilnehmende Beobachtung und das Experteninterview sind beides Methoden, die der qualitativen Forschung entstammen. Dies macht es erforderlich die

3 Hitzler, Ronald / Eberle, Thomas S.: Phänomenologische Lebensweltanalyse, in: Flick, Uwe / Kardorff, Ernst von / Steinke, Ines (Hg.): Qualitative Forschung. Ein Handbuch, 10. Auflage, Reinbek bei Hamburg, 2013, 116. Kursive Hervorhebung aus dem Original übernommen.

4 Vgl. Heimbrock, Hans-Günter / Meyer, Peter: Einleitung: Im Anfang ist das Staunen, in: Dinter, Astrid / Heimbrock, Hans-Günter / Söderblom, Kerstin (Hg.): Einführung in die Empirische Theologie. Gelebte Religion erforschen, Göttingen, 2007,11.

5 Vgl. Flick, Uwe / Kardorff, Ernst von / Steinke, Ines: 1. Was ist qualitative Forschung? Einleitung und Überblick, in: Dies. (Hg.): Qualitative Forschung. Ein Handbuch, 10. Auflage, Reinbek bei Hamburg, 2013, 14. 20.

6 Flick / Kardorff / Steinke: Was ist qualitative Forschung?, 20.

7 Vgl. Müller, Fresh Expressions of Church, 25.31.

Grundannahmen und Voraussetzungen dieses Stranges empirischer Erkenntnisgewinnung darzustellen, bevor in einem späteren Schritt die beiden Methoden der teilnehmenden Beobachtung und des Experteninterviews näher dargestellt werden.

Qualitative Forschung kann zunächst als Gegenüber zur quantitativen Forschung beschrieben werden. Das Ziel von quantitativer Forschung ist das Aufstellen allgemeingültiger Gesetze. Dafür fragt sie nach Korrelationen, das heißt nach Beziehungen zwischen zwei oder mehreren Phänomenen und versucht durch die Isolierung von Ursache und Wirkung, Kausalitätsbeziehungen zwischen den untersuchten Phänomenen herzustellen.[8] Kausalität bedeutet dabei, dass Phänomen A eindeutig als Ursache für Phänomen B identifiziert und der Einfluss anderer Faktoren ausgeschlossen werden kann. Diese Isolierung von Ursache und Wirkung erfolgt über den Einsatz von Methoden, die im Kern als vergleichend-statistische Verfahren beschrieben werden können. Diese Verfahren arbeiten mit sogenannten „harten", letztlich durch Zählung erhobenen Daten.[9] Quantitative Methoden sind auf ein hohes Maß an Standardisierung und auf die Unabhängigkeit des Forschungsgegenstandes vom Forscher und anderer Einflüsse angewiesen, um sogenannte Störfaktoren auszuschließen und die Vergleichbarkeit und Wiederholbarkeit des Verfahrens zu gewährleisten.[10] Quantitative Verfahren operieren oft mit einer großen Zahl an untersuchten Objekten oder Versuchspersonen, da dies die Repräsentativität, das heißt die Allgemeingültigkeit der Ergebnisse erhöht. In bestimmten Disziplinen geht der Einsatz quantitativer Verfahren mit der Verwendung experimenteller Versuchsanordnungen einher, da diese es ermöglichen Störfaktoren in einem bestimmten Maß auszuschließen.[11]

Qualitative Forschung hingegen

> „hat den Anspruch, Lebenswelten ‚von innen heraus' aus der Sicht der handelnden Menschen zu beschreiben. Damit will sie zu einem besseren Verständnis sozialer Wirklichkeit(en) beitragen und auf Abläufe, Deutungsmuster und Strukturmerkmale aufmerksam machen."[12]

Der Erkenntnisgewinn liegt in der Aufdeckung dessen, was „Nichtmitgliedern verschlossen" bleibt und „den Akteuren selbst in der Regel nicht bewusst" ist.[13] Da

---

8 Vgl. Flick, Uwe, Qualitative Sozialforschung. Eine Einführung, vollständig überarbeitete und erweiterte Neuausgabe, Reinbek bei Hamburg, 2007, 23f.

9 Vgl. Flick / Kardorff /Steinke, Was ist qualitative Forschung?, 25.

10 Vgl. ebd.

11 Vgl. Flick, Sozialforschung, 24.

12 Flick / Kardorff / Steinke, Was ist qualitative Forschung?, 14.

13 Vgl. ebd., 14.

qualitative Forchung im Unterschied zur quantitativen Forschung nicht grundsätzlich auf Verallgemeinerung abzielt, sind ihre Methoden durch eine möglichst große Offenheit gegenüber dem Forschungsgegenstand und eine größere Nähe des Forschers zum Forschungsgegenstand gekennzeichnet. Dies hat zur Folge, dass viele Methoden der qualitativen Forschung im Unterschied zu Methoden der quantitativen Forschung als weniger objektiv in ihrem Bezug zum Untersuchungsgegenstand wahrgenommen werden.[14]

Der Hintergrund für diese Distanz der qualitativen Forschung gegenüber „objektivistischen Methoden und normativen Konzepten"[15] bilden bestimmte Grundannahmen dieses Forschungszweiges. Die in den Blick genommene Wirklichkeit wird als eine Mehrzahl sozialer Wirklichkeiten verstanden, welche als Ergebnis „beständig ablaufender sozialer Konstruktionsprozesse" entstehen.[16] Davon abgeleitet steht „die Analyse von Kommunikations- und Interaktionssequenzen mit Hilfe von Beobachtungsverfahren und anschließenden sequentiellen Textanalysen" im Mittelpunkt der Methodologie.[17] Aufgrund des spezifischen Wirklichkeitsverständnisses werden dann auch „Theorie-, Konzept- und Typenbildung in der qualitativen Forschung selbst explizit als Ergebnis einer perspektivischen Re-Konstruktion der sozialen Konstruktion der Wirklichkeit gesehen."[18] Weitere Kennzeichen sind das Interesse für das „Alltagsgeschehen" und das „Alltagswissen" der Untersuchten und die Berücksichtigung der „Kontextualität" der gewonnenen Daten.[19] Die Datenerhebung erfolgt im natürlichen Kontext und deren Auswertung berücksichtigt diesen Kontext.

Ein weiterer Unterschied zur quantitativen Forschung ist die Bewertung der subjektiven Wahrnehmung und Reflexivität des Forschers. Diese werden in positiver Weise als wichtige Erkenntnisquellen verstanden.[20] Das Erkenntnisprinzip der qualitativen Forschung kann als das „Verstehen von komplexen Zusammenhängen" beschrieben werden und steht damit jener, in der quantitativen Forschung angestrebten, Isolierung einzelner „Ursache-Wirkungs-Beziehungen" gegenüber.[21] Damit einhergeht eine möglichst große Offenheit gegenüber dem Forschungsgegenstand. Es geht um „den Nachvollzug der Perspektive des anderen" im „Sinne des ‚methodisch-kontrollierten Fremdverstehens'."[22] Ausgangspunkt für qualitative

---

14 Vgl. Flick / Kardorff / Steinke, Was ist qualitative Forschung?, 17.
15 Ebd., 17.
16 Vgl. ebd., 20.
17 Vgl. ebd.
18 Ebd., 21.
19 Vgl. ebd., 23.
20 Vgl. ebd., 23. Ebenso Flick, Sozialforschung, 29.
21 Vgl. Flick / Kardorff / Steinke, Was ist qualitative Forschung?, 23.
22 Vgl. ebd., 23.

Studien ist oft die Untersuchung einzelner Fälle. Diese werden dann in einem zweiten Schritt durch Vergleichen und Verallgemeinern zusammengefasst.[23] Während quantitative Forschung auf eine bereits bestehende und fixierte Vorstellung des Untersuchungsgegenstandes angewiesen ist, erweist sich qualitative Forschung als offen „für das Neue im Untersuchten, das Unbekannte im scheinbar Bekannten".[24]

Die dargestellten Grundlagen und Annahmen machen deutlich, dass sich ein qualitativer Forschungsansatz insbesondere für die Wahrnehmung und Darstellung komplexer Zusammenhänge und die Beschreibung sozialer Lebenswelten eignet und „immer dort zu empfehlen [ist], wo es um die Erschließung eines bislang wenig erforschten Wirklichkeitsbereichs (‚Felderkundung') [...] geht."[25] Damit erschien es im Hinblick auf das Forschungsinteresse und den Forschungsgegenstand dieser Arbeit als stringent auf Methoden aus dem Bereich der qualitativen Forschung zurückzugreifen.

Zugleich muss deutlich gemacht werden, dass die qualitative Forschung aufgrund der genannten Grundannahmen und ihrer Methoden ebenso wie auch die quantitative Forschung bestimmten Begrenzungen unterliegt. Dies betrifft unter anderem die begrenzte Verallgemeinerbarkeit der gewonnenen Ergebnisse. Einen Legitimitätsstreit zwischen beiden Forschungsrichtungen gilt es dabei aber hinter sich zu lassen. Vielmehr sollte aufgrund des Gegenstandes und der Fragestellung entschieden werden, welche Methoden aus welchem der beiden Forschungsbereiche als angemessen erscheinen.[26] Dabei kann sich auch die Verbindung von quantitativer und qualitativer Forschung in unterschiedlichsten Gewichtungen als höchst fruchtbar erweisen.[27]

So dienen in dieser Arbeit die teilnehmende Beobachtung und insbesondere das Experteninterview zwar als Hauptmethoden zur Wahrnehmung und Beschreibung der Gemeindegründungsszene in der *Church of England*, doch erfolgt darüber hinaus eine Ergänzung durch klassische Literaturarbeit, den Rückgriff auf quantitativ ausgerichtete Studien und die Durchführung einer einzelnen, exemplarischen quantitativ ausgerichteten Gottesdienstbefragung. Man spricht bei diesem Vorgehen von einer *Methodentriangulation*.[28] Dieser Begriff kann zum einen die Verwendung verschiedener qualitativer Methoden und das aufeinander Beziehen ihrer

23 Vgl. ebd., 22.

24 Ebd., 17.

25 Flick / Kardorff / Steinke, Was ist qualitative Forschung?, 25.

26 Vgl. ebd., 25.

27 Vgl. Flick, Sozialforschung, 41–49.

28 Vgl. Flick, Uwe: Triangulation in der qualitativen Forschung, in: Flick, Uwe / Kardorff, Ernst von / Steinke, Ines (Hg.): Qualitative Forschung. Ein Handbuch, 10. Auflage, Reinbek bei Hamburg, 2013, 309.

Ergebnisse bezeichnen, zum anderen aber eben auch die Verwendung von qualitativen und quantitativen Methoden in einem Forschungsvorhaben.[29] Das Ziel der Methodentriangulation liegt weniger in einer erhöhten Validität und Objektivität als in einem tieferen Verständnis des Untersuchungsgegenstandes und damit in einer Ausweitung des Erkenntnisgewinns.[30]

3.2 Die Anwendung empirischer Methoden in der praktisch-theologischen Forschung

Es wurde darauf hingewiesen, dass die teilnehmende Beobachtung und das Experteninterview dem sozialwissenschaftlichen beziehungsweise ethnographischen Methodenkanon entstammen. Vor diesem Hintergrund kann gefragt werden, ob hier eine Übernahme fachfremder Methoden erfolgt und ob diese als legitim eingestuft werden kann.[31] Dieser Anfrage ist entgegenzuhalten, dass es geradezu als paradigmatisch für die Praktische Theologie erscheint, in ihren verschiedenen Teildisziplinen auf eine Vielzahl von Methoden und Erkenntnissen aus anderen Fächern zurückzugreifen und sie für ihre eigenen Zwecke anzuwenden.[32] So sind spätestens seit der empirischen Wende in den 70er Jahren des vergangenen Jahrhunderts Methoden der empirischen Sozialforschung fest in der praktisch-theologischen Forschung etabliert.[33]

Zugleich gilt es den rechten Umgang mit den empirischen Methoden in der Praktischen Theologie zu bedenken. Ein gangbarer Weg, insbesondere für diese Arbeit, stellt die von Schleiermacher vorgenommene Verhältnisbestimmung von außertheologisch gewonnenen Erkenntnissen und deren theologischer Qualifizierung dar. Nach Schleiermacher hat Theologie, insbesondere die Praktische Theologie, die Erkenntnisse theologieunabhängig erhobenen, empirischen Wissens

---

29 Vgl. Flick, Triangulation, 309.

30 Vgl. ebd., 311.

31 Einen prominenten Vertreter dieser kritischen Haltung gegenüber der Nutzung empirischer Methoden in der Praktischen Theologie stellt Paul Tillich dar. Vgl. Heimbrock, Hans-Günter / Meyer, Peter: Praktische Theologie als Empirische Theologie. Theologie, Erfahrung und empirische Forschung, in: Dinter, Astrid / Heimbrock, Hans-Günter / Söderblom, Kerstin (Hg.): Einführung in die Empirische Theologie. Gelebte Religion erforschen, Göttingen, 2007, 25f.

32 Ein Beispiel stellt die Poimenik dar. Hier wurde und wird unter anderem auf Erkenntnisse der Psychologie zurückgegriffen. Vgl. Grethlein, Christian: Art. Praktische Theologie. III. Als akademische Disziplin, in: RGG 6, 4. Auflage, Tübingen, 2003, 1564. Es bleibt zu fragen, ob es überhaupt so etwas wie facheigene theologische Methoden gibt. Dies muss für die moderne universitäre Theologie wohl bestritten werden. Vielmehr greift diese in all ihren Teildisziplinen auf genuin nicht-theologische Methoden zurück. Vgl. Heimbrock, Empirie, 49.

33 Vgl. Grethlein, Art. Praktische Theologie. III. Als akademische Disziplin, 1564.

wahrzunehmen.[34] Die Aufgabe der Theologie ist es dann, diese Erkenntnisse im Sinne ihrer eigenen Interessen zu nutzen und zu qualifizieren.[35] Für diese Arbeit heißt dies, dass Methoden der qualitativen Sozialforschung für die Gewinnung von Daten und Kenntnissen benutzt werden, welche eine Beschreibung der Gemeindegründungsszene in der *Church of England* möglich machen. Die theologische Aufgabe dieser Arbeit wird es sein, die Motivationen, Ziele und Leistungen der, die Gemeindegründungsszene bestimmenden, Akteure und den von ihnen erbrachten Beitrag zur Kirchenentwicklung zu bewerten.

Die qualitative Sozialforschung stellt nun einen sehr breiten Kanon an Methoden zur Verfügung. Für diese Arbeit wurden die beiden Methoden teilnehmende Beobachtung und das Experteninterview ausgewählt. Die Wahl dieser beiden Methoden liegt in den jeweiligen Stärken der beiden Methoden begründet. So eignet sich die teilnehmende Beobachtung in besonderer Weise für ein exploratives Vorgehen, welches gerade dort angemessen erscheint, wo bisher kaum Erkenntnisse über einen Forschungsgegenstand vorliegen und der Forschungsgegenstand im weitesten Sinne als eine von Menschen betriebene soziale Praxis verstanden werden kann, Menschen also Handlungen durchführen, die beobachtet werden können. Das Experteninterview hingegen eignet sich besonders für die rekonstruierende Untersuchung einer Lebenswelt, indem es Experten über das ihnen eigene Spezialwissen zu dieser Lebenswelt befragt. Damit decken die beiden Methoden zwei wesentliche Aspekte des Forschungsgegenstandes der Gemeindegründungsszene der *Church of England* ab. Diese stellt nämlich wie oben dargestellt eben eine solche „kleine Lebenswelt“ dar, welche sich zugleich in einer sozialen Praxis, nämlich zum Beispiel der Feier von Gottesdiensten und Durchführung anderer Gemeindeveranstaltungen, ausdrückt. Die aufeinander bezogene Anwendung dieser beiden Methoden ermöglicht eine möglichst umfangreiche Untersuchung des Forschungsgegenstandes. Im Folgenden werden beide Methoden und die sie auszeichnenden Vorzüge und Begrenzungen dargestellt.

3.3 Einführung in die teilnehmende Beobachtung

Die teilnehmende Beobachtung beschreibt die längerfristige Teilnahme an der Alltagspraxis oder der Lebenswelt der zu untersuchenden Gruppe, „um sie in ihren alltäglichen Vollzügen beobachten zu können.“[36] Die Beobachtungen und

34 Vgl. Heimbrock, Empirie, 46f.

35 Vgl. ebd., 47.

36 Lüders, Christian: Beobachten im Feld und Ethnographie, in: Flick, Uwe / Kardorff, Ernst von / Steinke, Ines (Hg.): Qualitative Forschung. Ein Handbuch, 10. Auflage, Reinbek, 2013, 384f.

die daraus gewonnenen Erkenntnisse werden in Protokollen festgehalten.[37] Diese Protokolle stellen den eigentlichen Datensatz dar. Ihre Wurzeln hat diese Methode in Anthropologie, Ethnologie und den Sozialreformbewegungen der Wende des 19. auf das 20. Jahrhundert. Im 20. Jahrhundert wurde die Methode vor allem in den USA eingesetzt und in methodologischen Diskussionen reflektiert.[38] Nach einem langen Schattendasein kam die teilnehmende Beobachtung seit Ende der 1990er Jahre dann auch vermehrt in Deutschland zum Einsatz.[39]

Die Methode zeichnet sich durch die Spannung von Einfachheit und Komplexität aus. Ihre Einfachheit liegt in der Verwendung der Wahrnehmungsfähigkeit des Forschenden als zentralem Forschungsinstrument begründet. Dies lässt sie als universell zugängliche Methode erscheinen. Die Komplexität ergibt sich gerade aus dieser Fokussierung auf den Forscher selbst und die damit verbundene Subjektivität der Wahrnehmung. Dies zeigt sich zum Beispiel an der, die Methode von Anfang an begleitenden, Diskussion um die Beziehung des Forschenden zum Feld. Hier besteht ein nichtauflösbarer Rollenkonflikt „des teilnehmenden Beobachters, der als distanzierter Beobachter seinen wissenschaftlichen Standards und Aufgaben folgen muss, zugleich aber in den jeweiligen Situationen sozial und kulturell verträglich handeln muss."[40] Durch unterschiedliche Gewichtung der beiden namensgebenden Worte „teilnehmen" und „Beobachtung" wurde der Versuch unternommen, verschiedene Typen von teilnehmender Beobachtung zu entwickeln. Die „Teilnahme" betonenden Typen stellen dabei den Nachvollzug der untersuchten Alltagswelt durch den Forscher in den Vordergrund, während die „Beobachtung" betonenden Typen eine deutliche Distanz zum Geschehen wahren, um das Forschungsfeld nicht zu sehr zu beeinflussen.[41] Zugespitzt zeigt sich die Problematik der Beziehung des Forschenden zum Feld an der Diskussion um den Begriff des *going native*. Dieser Begriff bezeichnet den „Verlust der kritischen Außenperspektive und die unhinterfragte Übernahme der im beobachteten Feld geteilten Sichtweisen."[42] Während das *going native* von zahlreichen Vertretern der Methode der teilnehmenden Beobachtung kritisch betrachtet wird, sehen andere gerade darin die Möglichkeit die Forschung verfälschende Vorverständnisse abzulegen.[43]

Das bereits angedeutete Problem der Subjektivität des Beobachters lässt sich genauer unter dem Begriff der Selektivität der Wahrnehmung fassen. Diese „basiert darauf, dass der Beobachter aus der Vielfalt der in einem bestimmten Moment

37 Vgl. ebd., 387.

38 Vgl. ebd., 385f.

39 Vgl. ebd., 388f.

40 Lüders, Beobachten, 386.

41 Vgl. Flick, Sozialforschung, 283.

42 Ebd., 291.

43 Vgl. Girtler, Roland: Methoden der Feldforschung, 4. Auflage, Wien, 2001, 78f.

vorhandenen Umweltreize nur einen bestimmten Teil aufnehmen kann."[44] Dabei wird die Selektivität durch eine Vielzahl von Faktoren beeinflusst, wie zum Beispiel vorhergehende Beobachtungen oder Vorurteile.[45] Die Selektivität wirkt sich auch auf die Aufzeichnungen der Beobachtungen auf. Hier liegen die Gründe in der lückenhaften Erinnerung und im „Übersetzungsprozess der beobachteten Ereignisse in Sprache."[46] Weiter ist beim Einsatz der teilnehmenden Beobachtung als Methode zu beachten, dass durch die Anwesenheit des Forschers das Forschungsfeld mehr oder weniger stark beeinflusst wird und es zu Störungen des zu untersuchenden Feldes kommen kann.[47]

Für die teilnehmende Beobachtung gibt es keine einheitlichen methodologischen Regeln. Vielmehr ist es „das situationsangemessene Handeln des Beobachters, sein geschulter Blick und seine Fähigkeiten, heterogenes Material zu einer plausiblen Beschreibung zu verdichten"[48], welche die Qualität der durchgeführten Studien bestimmen. Diese und andere Einsichten führten in jüngerer Zeit zu einem weiter gefassten Verständnis der teilnehmenden Beobachtung als eine *„flexible, methodenplurale kontextbezogene Strategie"*,[49] welche verschiedene Verfahren umfasst. Dieses neue Verständnis wird mit dem Begriff Ethnographie bezeichnet.[50]

Aufgrund der kaum möglichen Standardisierbarkeit und des ungesicherten methodologischen Status wurde die teilnehmende Beobachtung in Deutschland oft lediglich als ergänzende und vorbereitende Methode in der Forschung eingesetzt.[51] Diese Art von Zurückhaltung mag heute nicht mehr als gerechtfertigt erscheinen, da inzwischen zahlreiche Studien durchgeführt wurden, welche die teilnehmende Beobachtung als Hauptinstrument einsetzten und damit wichtige Forschungsergebnisse erzielten.[52] Trotzdem liegt gerade in diesem explorativen und ergänzenden Gebrauch eine der großen Stärken der Methode. In diesem Sinne eingesetzt, kann

---

44 Atteslander, Peter: Methoden der empirischen Sozialforschung, 13. Auflage, Berlin, 2010, 102.

45 Vgl. ebd., 102.

46 Ebd., 102.

47 Vgl. Wolff, Stephan: Wege ins Feld und ihre Varianten, in: Flick, Uwe / Kardorff, Ernst von / Steinke, Ines (Hg.): Qualitative Forschung. Ein Handbuch, 10. Auflage, Reinbek bei Hamburg, 2013, 341. Dies gilt nicht exklusiv für die teilnehmende Beobachtung, sondern betrifft auch weitere Methoden der qualitativen Forschung.

48 Für dieses hier anklingende, spezifische Verständnis teilnehmender Beobachtungen ist auf Clifford Geertz und das von ihm entwickelte Forschungsprogramm der „Dichten Beschreibung" zu verweisen. Vgl. Wolff, Stephan: Clifford Geertz, in: Flick, Uwe / Kardorff, Ernst von / Steinke, Ines (Hg.): Qualitative Forschung. Ein Handbuch, 10. Auflage, Reinbek bei Hamburg, 2013, 84–96.

49 Lüders, Beobachten, 389. Kursive Hervorhebungen wurden aus dem Original übernommen.

50 Vgl. ebd., 389.

51 Vgl. ebd., 388.

52 Vgl. ebd., 388.

die teilnehmende Beobachtung zur ersten Erkundung eines Forschungsfeldes dienen, aus deren Erkenntnissen sich dann zum Beispiel Themenfelder und Leitfragen für qualitative Interviews ableiten lassen. Oder aber die teilnehmende Beobachtung wird als begleitendes Forschungsinstrument benutzt, welche eine fortwährende Überprüfung der mittels anderer Methoden gewonnenen Erkenntnisse durch Beobachtungen im Feld ermöglicht. Diese beiden Varianten, die Nutzung der teilnehmenden Beobachtung als vorbereitendes und begleitendes Forschungsinstrument, kamen für die vorliegende Arbeit zum Einsatz.

3.4 Einführung in das Experteninterview

Das Experteninterview stellt die zweite wesentliche, der qualitativen Forschung entstammende, Methode dar, welche in dieser Arbeit verwendet wurde. Sie ist der Methodenkategorie „qualitativer Interviews" zuzuordnen. Die Grundannahme der Methode ist, dass Menschen über ein besonderes Wissen in Bezug auf die sozialen Kontexte verfügen, in denen sie agieren.[53] Sie sind somit Experten für ihre eigene Lebenswelt: „Experte beschreibt die spezifische Rolle des Interviewpartners als Quelle von Spezialwissen über die zu erforschenden sozialen Sachverhalte."[54] Gläser und Laudel grenzen das Experteninterview von anderen qualitativen Interviews ab. Dies geschieht über die drei Elemente „Ziel der Untersuchung", „Zweck der Interviews" und „Rolle des Interviewpartners".[55] Das Ziel der mithilfe von Experteninterviews durchgeführten Untersuchungen liegt in der Rekonstruktion von sozialen Situationen oder Prozessen. Die Interviews dienen dem Zweck „das besondere Wissen der in die Situationen und Prozesse involvierten Menschen zugänglich zu machen."[56] Die Experten sind dabei nicht Objekt der Untersuchung, sondern stellen das Medium dar, durch welches das spezifische Wissen für den Forscher zugänglich wird.[57] Den Experten kommt zwar häufig eine „besondere, mitunter sogar exklusive Stellung" in dem zu untersuchenden Kontext zu, aber sie müssen keineswegs zwingend einen besonderen allgemein anerkannten „sozialen Status" innehaben.[58] Gläser und Laudel ordnen das Experteninterview aufgrund seiner

53 Vgl. Gläser, Jochen / Laudel, Grit: Experteninterviews und qualitative Inhaltsanalyse als Instrumente rekonstruierender Untersuchungen, 4. Auflage, Wiesbaden, 2010, 11.

54 Ebd., 12.

55 Vgl. ebd., 13.

56 Ebd.

57 Vgl. ebd., 12.

58 Vgl. ebd., 13.

Zugehörigkeit den rekonstruierenden Untersuchungen der qualitativen Forschung zu.[59]

Das Experteninterview ist Teil des Methodenspektrums der qualitativen Interviews. Diese gehören – wie im Grunde alle qualitativ-soziologischen Erhebungsmethoden – zu den beobachtenden Methoden.[60] Im Unterschied aber zum Beispiel zur teilnehmenden Beobachtung erfolgt die Beobachtung nicht in der „natürlichen Umgebung"[61], sondern im Rahmen von Befragungen. In diesen Befragungen wird die „Forschungsfrage in Fragen an Gesprächspartner übersetzt".[62] Mündliche Befragungen werden als Interviews bezeichnet. Hier gibt es eine Vielzahl verschiedener Typen und Typisierungen. Beim Experteninterview handelt es sich in der Regel um nichtstandardisierte Leitfadeninterviews mit Einzelpersonen.[63] Das heißt, dass weder die Fragen des Interviewers noch die Antworten des Interviewpartners letztgültig festgelegt sind. Dies erlaubt eine möglichst große Offenheit während des Interviews gegenüber dem zunächst unbekannten Wissen des Experten. Zugleich wird durch den Leitfaden abgesichert, dass alle wichtigen Aspekte des zu untersuchenden Forschungsfeldes zur Sprache kommen.[64] Das Einzelinterview macht die Gesprächsführung im Gegensatz zum Gruppeninterview für den Interviewer handhabbarer. Die Interviews werden in der Regel durch eine Audioaufnahme festgehalten. Diese Aufnahmen werden transkribiert. Die dadurch entstehenden Transkripte stellen den zu untersuchenden Datensatz dar.

Für die Auswertung dieses Datensatzes sind beim Experteninterview unterschiedliche Verfahren in Gebrauch. Gläser und Laudel unterteilen diese in die vier Kategorien: die freie Interpretation, sequenzanalytische Methoden, das Kodieren und die qualitative Inhaltsanalyse.[65] Im Rahmen dieser Arbeit wurde das Kodieren

---

59 Vgl. ebd., 37. Gläser und Laudel sehen in der Sozialforschung zwei generelle Forschungsstrategien sich gegenüberstehen. Eine als quantitativ, nomothetisch-deduktive und theorietestende zu bezeichnende, nach Kausalzusammenhängen suchende, relationsorientierte Strategie und eine qualitative, induktive, thoriegenerierende, nach Kausalmechanismen suchende mechanismenorientierte, rekonstruierende Strategie. Erstere ermöglicht die Identifizierung signifikanter Zusammenhänge zwischen Phänomen und Auftretungsbereichs, kann aber weder die Richtung des Kausalzusammenhangs noch den zwischen Ursache und Wirkung vermittelnden Kausalmechanismus bestimmen. Letztere identifiziert eben diese Kasualmechanismen, kann aber den Bereich, in dem diese auftreten und die Verbreitung der zugrundeliegenden Bedingungen nicht eindeutig eingrenzen. Beide Forschungsstrategien sind als komplementär zu betrachten. Vgl. Gläser / Laurel, Experteninterviews, 26f.

60 Vgl. ebd., 38f.

61 Vgl. ebd., 39.

62 Vgl. ebd.

63 Vgl. ebd., 43.

64 Vgl. ebd.

65 Vgl. Gläser / Laudel, Experteninterviews, 44.

als Auswertungsverfahren gewählt. Hintergrund dieser Entscheidung war, dass das Kodieren in besonderer Weise eine thematisch orientierte Aufschlüsselung der untersuchten Transkripte erlaubt. Diese Eigenschaft erschien als in besonderer Weise hilfreich, um eine darstellende Beschreibung der Gemeindegründungszene in der *Church of England* aufgrund der geführten Interviews zu ermöglichen. Hinzu kommt, dass das Kodieren inzwischen ein weit verbreitetes und etabliertes Verfahren ist,[66] für das professionelle, computergestützte Analysesoftware zur Verfügung steht.

Beim Kodieren werden Textpassagen mit einem Kode versehen. Dieser Kode, welcher entweder aus einem Stichwort oder eine Ziffernfolge besteht, repräsentiert ein für die Untersuchung wichtiges Thema. Dasselbe Thema betreffende Textstellen werden mit demselben Kode versehen. Durch das thematische Anordnen der Kodes, durch das Erstellen von übergeordneten Kategorien und durch das Vergeben von Subkodes entsteht ein hierarchisches Kodesystem. Dieses erlaubt dann zum Beispiel die vergleichende Betrachtung aller mit demselben Kode versehener Textstellen.[67]

Das Kodieren als Auswertungsverfahren geht auf das, von Barney Glaser und Anselm Strauss in den 60er Jahren des letzten Jahrhunderts in den USA entwickelte Forschungsverfahren der *Grounded Theory* zurück.[68] Gläser und Laudel sehen jedoch Anhaltspunkte, dass sich das Kodieren inzwischen zu einem von der *Grounded Theory* unabhängigen Auswertungsverfahren weiterentwickelt hat.[69] In dieser Arbeit erfolgte das Kodieren jedoch nach dem von Straus und Glaser entwickelten Verfahren des theoretischen Kodierens. Zudem wurden weitere leitende Prinzipien der *Grounded Theory* auf den für diese Arbeit unternommenen Forschungsprozess angewandt. Diese werden im nächsten Schritt dargestellt.

3.5 Einführung in die Grounded Theory

Die *Grounded Theory* kann im Deutschen als „gegenstandsbegründete" oder „verankerte Theorie" übersetzt werden.[70] Sie wird zum Teil als Methode[71], zum Teil als methodenoffene Forschungsstrategie oder aber auch als Methodologie selbst

66 Vgl. ebd., 45.

67 Vgl. ebd. 45f.

68 Vgl. ebd. 45.

69 Vgl. ebd.

70 Vgl. Böhm, Andreas: Theoretisches Codieren: Textanalyse in der Grounded Theory, in: in: Flick, Uwe / Kardorff, Ernst von / Steinke, Ines (Hg.): Qualitative Forschung. Ein Handbuch, 10. Auflage, Reinbek bei Hamburg, 2013, 476.

71 Vgl. ebd., 475.

gesehen.[72] Die *Grounded Theory* konzipiert die ihr eigenen „Forschungsprozesse als kreatives Konstruieren von Theorien bei fortlaufender Überprüfung an den Daten."[73] Grundlage hierfür ist die von Glaser und Strauss getroffene Unterscheidung zwischen „formalen" und „gegenstandsbezogenen" Theorien.[74] Formale Theorien finden sich meist im Bereich quantitativer Forschung. Ihnen kommt ein höheres Maß an Verallgemeinerbarkeit zu. Gegenstandsbezogene Theorien hingegen nehmen lediglich ein spezifisches Gegenstandsfeld in den Blick und sind nur sehr begrenzt verallgemeinerbar. In den Augen von Strauss und Glaser schränkt dies aber nicht ihren Wert ein, da „die Güte einer Theorie nicht in der formalen Verallgemeinerbarkeit besteht, welche die Daten primär abbildet, sondern darin, dass sie den Daten eine Gestalt gibt, indem die Beziehungen zwischen diesen erfasst und kreativ rekonstruiert werden."[75] Durch Vergleichen von Theorien mehrerer solcher spezifischer Bereiche kann dann die Verallgemeinerbarkeit im Verlauf des Forschungsprozesses erhöht werden.[76] Eine wichtige Rolle spielt dabei die „theoretische Sättigung". Diese dient als Bewertungskriterium dafür, ob die Stufe der Verallgemeinerbarkeit erreicht ist. Dies ist dann der Fall, „wenn neue empirische Befunde zu keiner relevanten Veränderung in der bereits entwickelten Theorie führen."[77]

Das in der Grounded Theory zur Anwendung kommende Verfahren kann als induktiv-deduktives Vorgehen beschrieben werden.[78] Dieses Verfahren wird in der Regel mit den drei Begriffen „Komparative Analyse", „Theoretisches Sampling" und „Theoretisches Kodieren" beschrieben.[79] Die Komparative Analyse meint dabei den Prozess ständiger Vergleichsbildung. Das heißt, dass Datengewinnung und Dateninterpretation miteinander verschränkt sind und sich gegenseitig beeinflussen.[80] Dies wird an der Ausgestaltung des Verfahrens zur Datengewinnung – dem Theoretischen Sampling – deutlich. Bereits nach der Untersuchung eines Falles

---

72 Vgl. Mädler, Inken: Ein Weg zur gegenstandsbegründeten Theoriebildung: Grounded Theory, in: Dinter, Astrid / Heimbrock, Hans-Günter / Söderblom, Kerstin (Hg.): Einführung in die Empirische Theologie. Gelebte Religion erforschen, Göttingen, 2007, 242f.

73 Ebd., 242.

74 Vgl. ebd., 244.

75 Ebd.

76 Vgl. ebd.

77 Ebd.

78 Induktiv meint in diesem Zusammenhang die „Entwicklung von Begriffen, Kategorien und Beziehungen aus dem Text", während deduktiv „die Überprüfung gefundener Begriffe, Kategorien und Beziehungen am Text, vornehmlich an anderen Passagen oder Fällen als denjenigen, aus denen sie entwickelt wurden", meint. Vgl. Flick, Sozialforschung, 394; Inken, Weg, 244.

79 Vgl. Inken, Weg, 244.

80 Vgl. Inken, Weg, 244.

wird mit der Auswertung – dem Theoretischen Kodieren – begonnen. Die Ergebnisse dieser Auswertung beeinflussen die Auswahl der nächsten Fälle.[81] Dies wird solange fortgesetzt, bis die theoretische Sättigung erreicht ist.

Das Verfahren der Dateninterpretation wird als Theoretisches Kodieren bezeichnet. Dieses unterteilt sich in drei Schritte, die als „Offenes Kodieren", „Axiales Kodieren" und „Selektives Kodieren" bezeichnet werden. Das offene Kodieren stellt den ersten Schritt dar. Hier geht es um das Finden einer möglichst großen Anzahl von potentiellen Kategorien, die durch das Vergeben von Stichworten oder Ziffern, sogenannten Kodes benannt werden. Als Hilfsmittel wird dabei auf theoriegenerierende W-Fragen zurückgegriffen, mit deren Hilfe einzelne Textpassagen identifiziert und abgegrenzt werden.[82] In einem nächsten Schritt – dem axialen Kodieren – werden die vergebenen Kodes durch das Bilden von Begriffsachsen systematisiert. Dabei wird nach Bedingungen, Interaktionen, Strategien und Konsequenzen gefragt.[83] Beim selektiven Kodieren geht es schließlich um die Identifizierung der für die Theoriebildung wichtigen Schlüsselkategorien.[84] Diese werden durch ständiges Vergleichen im Laufe des Forschungsprozesses immer klarer erkennbar. Sie bilden einen wichtigen Ausgangspunkt für die Planung weiterer Datenerhebungsrunden und lenken die Auswahl der nächsten Fälle.[85] Die Grounded Theory ist bei der Datenerhebung nicht auf eine bestimmte Methode festgelegt und somit verschiedenen Methoden gegenüber offen. Diese müssen lediglich ihre gesammelten Daten in Form von Texten vorlegen, damit das theoretische Kodieren möglich wird.

Die Stärke der *Grounded Theory* liegt in ihrer Offenheit gegenüber dem Untersuchungsgegenstand. Im Unterschied zu quantitativen Verfahren, welche einen festen Begriff des Untersuchungsgegenstandes vor Beginn der Untersuchung benötigen und vorab aufgestellte Theorien durch die Anwendung quantitativer Methoden überprüfen, erfolgt das Verstehen und das Generieren von Theorien bei der *Grounded Theory* aus dem Untersuchungsgegenstand selbst heraus. Zugleich unterliegt die *Grounded Theory* aber auch einigen Begrenzungen und Schwächen. Eine grundlegende Schwierigkeit liegt darin begründet, dass die *Grounded Theory* oft weniger als Methode, denn als Kunstlehre gesehen wird, welche nur begrenzt durch Vermittlung zu erlernen sei, sondern sich erst in ihrer praktische Anwendung gänzlich erschließe.[86] Eine weitere Schwäche liegt in der Frage nach der Validität der mithilfe der *Grounded Theory* erstellten Theorien begründet. Dies betrifft nicht so

81 Vgl. ebd.

82 Diese sind: Was? Wer? Wie? Wo? Wann? Wie lange? Wie stark? Warum? Wozu? Womit? Vgl. Inken, Weg, 245.

83 Vgl. ebd.

84 Vgl. ebd.

85 Vgl. ebd., 246.

86 Vgl. Flick, Sozialforschung, 401.

sehr ihren Geltungsbereich, da dieser von Strauss und Glaser von vorneherein als eingeschränkt gesehen wird. Vielmehr steht hier die „innere Konsistenz des Theoriebildungsprozesses" im Mittelpunkt.[87] Ist es für Dritte möglich die vorgenommene Theoriebildung nachzuvollziehen? Oder entsteht der Eindruck eines durch den Forscher vorgenommenen „intellektuellen Sprunges" zwischen den vorliegenden Daten und den daraus entwickelten Theorien? Abhilfe kann hier eine nachvollziehbare Darstellung des Theoriebildungsprozesses schaffen.[88] Auch gibt die Methode „kaum Anhaltspunkte dafür, woran die Auswahl von Textstellen und Fällen zu orientieren und wonach der Abbruch von Kodierung (und Sampling) zu richten ist."[89] Letztlich muss der Forscher diese „Auswahl- und Abbruchentscheidungen" anhand der von ihm aus dem Material entwickelten Theorien treffen und entscheiden, ob die theoretische Sättigung erreicht ist. [90]

87 Vgl. Inken, Weg, 250.

88 Vgl. ebd.

89 Flick, Sozialforschung, 401.

90 Vgl. ebd.

4. Der Forschungsverlauf

Im Folgenden soll der Forschungsverlauf dieser Arbeit dargestellt werden. In diesem schlägt sich das am Forschungsgegenstand ausgerichtete Vorgehen nieder. So kam es an mehreren Stellen im Forschungsverlauf zu „Richtungsentscheidungen", bei denen aufgrund der zuvor gewonnenen Erkenntnisse bestimmte Themenfelder verstärkt in den Blick genommen oder aber weitere Untersuchungsmethoden ergänzend hinzugezogen wurden. Die folgenden Ausführungen sollen der Nachvollziehbarkeit dieser Entscheidungen dienen. Der Forschungsverlauf lässt sich zunächst schematisch wie folgt zusammenfassend darstellen.[1]

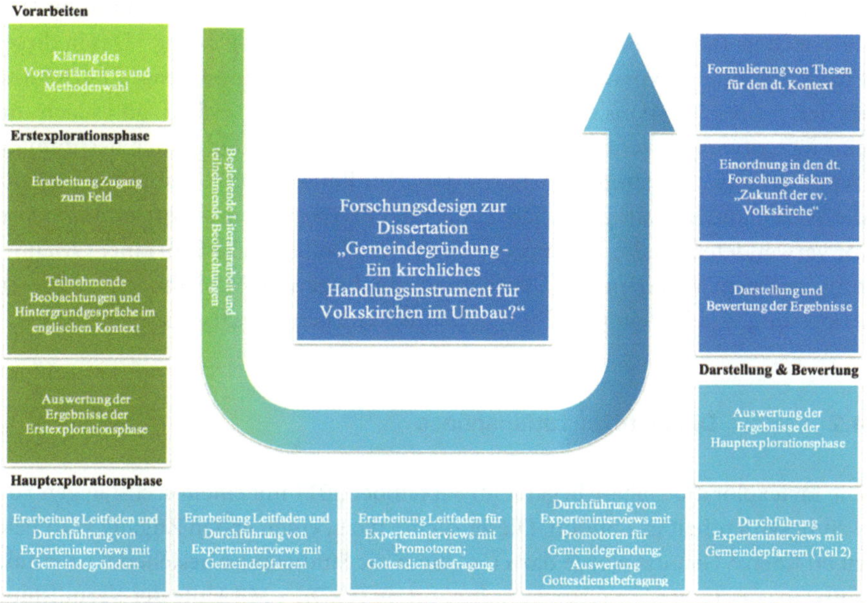

Abbildung 1 Schematische Darstellung des Forschungsverlaufs

Der Forschungsverlauf zerfällt in vier Phasen: die Vorarbeiten, die Erstexplorationsphase, die Hauptexplorationsphase und die Phase der Darstellung und Bewer-

1 Bei der Erstellung des Forschungsdesigns im Vorfeld der Untersuchung erfolgte eine lose Orientierung am Forschungsdesign, das Sabrina Müller für ihre Arbeit zum Thema „Fresh Expressions of Church" entwickelte. Zugleich wurde es für die Bedürfnisse der eigenen Untersuchung angepasst und ergänzt. Vgl. Müller, Fresh Expressions of Church, 22f.

tung. Die beiden Explorationsphasen können unter dem Begriff der Feldforschung subsumiert werden und stellen den Untersuchungszeitraum dieser Arbeit dar. Dieser umfasst die Zeit von September 2017 bis Oktober 2019. Die vierte Phase war vor allem durch das Erstellen der Dissertationsschrift geprägt. Auf jede dieser Phasen soll nun im Folgenden näher eingegangen werden.

4.1 Vorarbeiten

In einer ersten Phase kam es zur Klärung des Vorverständnisses des Untersuchungsgegenstandes und zur Wahl der Methoden und der Erarbeitung der für ihren Einsatz nötigen Kenntnisse. Die Erarbeitung des Vorverständnisses erfolgte dabei unter Rückgriff auf Literatur und in Reflexion von Beobachtungen im Rahmen der Teilnahme an einer fünftägigen Studienreise nach London im Jahr 2016 zu den Themen *fresh expressions of church* und *church planting*.[2] Das in dieser Phase gewonnene Vorverständnis sah Gemeindegründung in enger Beziehung zu den *fresh expressions of church* stehend. Zugleich war unklar, ob es sich um eine eigenständige Szene handelt, oder ob Gemeindegründung einen bestimmten Typus der *fresh expressions of church* darstellt. Bei der Methodenfindung spielte die Auseinandersetzung mit Sabrina Müllers Dissertationsschrift und den von ihr verwendeten Methoden eine entscheidende Rolle.[3] Es kam zu einer Orientierung an ihrem Vorgehen, der Übernahme von ihr gewählter Methoden und deren Anpassung und Erweiterung hinsichtlich des eigenen Forschungsgegenstandes.

4.2 Die Erstexplorationsphase

Die Erstexplorationsphase begann im September 2017 mit einem sechstägigen Forschungsaufenthalt in London. Dieser diente dazu, einen ersten Zugang zum Feld zu eröffnen.[4] Genutzt wurde dazu ein durch die Studienreise bestehender Kontakt zum *Gregory Centre for Church Multiplication* (CCX)[5]. Mit Hilfe der Vermittlung

---

2 Diese fand im Frühjahr 2016 im Rahmen des Lehrvikariats in der Evangelischen Landeskirche in Baden statt.

3 Vgl. Müller, Fresh Expressions of Church, 21–39.

4 Für eine ausführliche Darstellung der Herausforderungen des Feldzugangs in der qualitativen Forschung vgl. Wolff, Wege, 334–349.

5 Das *Gregory Centre for Church Multiplication* (damals noch *Centre for Church Planting and Growth*) wird von Bishop Ric Thorpe geleitet und dient der Förderung von Gemeindegründung durch Schulung und Begleitung der Gemeindegründer in der Diözese von London als auch in anderen Diözesen der *Church of England*. Vgl. ▷ Kapitel 9.3.1.

von Mitarbeitenden des CCX gelang die Kontaktaufnahme mit verschiedenen Gemeindegründern. Mitarbeitende des CCX fungierten dabei wie auch im weiteren Forschungsverlauf als *gatekeeper*[6] zu bestimmten Teilgebieten des Forschungsfeldes. Daneben wurden weitere, bereits bestehende Kontakte zu einzelnen Gemeindegründern für den Feldzugang genutzt.

Mit der Übersiedlung nach London Ende Oktober 2017 begann der dauerhafte Aufenthalt im Forschungsfeld. Bis Anfang März 2018 erfolgte eine erste intensive Exploration desselben. Dabei wurde im Wesentlichen auf die teilnehmende Beobachtung als leitende Methode zurückgegriffen. Ergänzt wurde dies durch unstrukturierte, nichtstandardisierte Hintergrundgespräche, welche mit einzelnen Gemeindegründern geführt wurden, sowie durch die Auswertung wissenschaftlicher Literatur zum Thema.

Insgesamt wurden in der bis Anfang März 2018 andauernden Erstexplorationsphase teilnehmende Beobachtungen in zehn Gemeindegründungen innerhalb der *Church of England* in London durchgeführt.[7] Mit einer weiteren teilnehmenden Beobachtung wurde die Gemeinde Holy Trinity Brompton (HTB) in den Blick genommen, welche als wichtige Initiatorin für Gemeindegründungen gilt.[8] Die teilnehmenden Beobachtungen fanden dabei in unterschiedlicher Intensität statt. Meist handelte es sich um den Besuch eines Sonntagsgottesdienstes der Gemeinde.[9] Bei einzelnen Gemeinden wurden jedoch eine andere öffentliche Veranstaltung beziehungsweise eine Vielzahl unterschiedlicher Gemeindeveranstaltungen mit Hilfe der teilnehmenden Beobachtung untersucht.[10] Mit zehn Gemeindegründern und -gründerinnen wurden Erstgespräche geführt. Zusätzlich wurden mit Hilfe der teilnehmenden Beobachtung zwei Treffen einer Ostlondoner *Church Planting*

6 Als „gatekeeper" beziehungsweise „Türsteher" werden in der qualitativen Feldforschung Personen in Organisationen oder Gruppen bezeichnet, welche die Grenzbeziehungen der jeweiligen Gruppe oder Organisation pflegen und entscheidend den Zugang zur Gruppe oder Organisation regeln. Vgl. Wolff, Wege, 342.

7 Dies umfasste folgende Gemeindegründungen: Grace Church Hackney, Inspire London, All Hallows Bow, The Sanctuary (Abendgottesdienstgemeinde von St John's Holborn), Holy Trinity Sydenham, Church@Five East Finchley, Holy Trinity Brompton, St Matthias Canning Town, The Anchorage, St Peter's Bethnal Green. Vgl. ▹ Kapitel 25.1.

8 Vgl. ▹ Kapitel 9.1.1.

9 Dies war bei folgenden Gemeindegründungen der Fall: Grace Church Hackney, Inspire London, All Hallows Bow, The Sanctuary (Abendgottesdienstgemeinde von St John's Holborn), Holy Trinity Sydenham, Church@Five, Holy Trinity Brompton, St Matthias Canning Town, The Anchorage.

10 Bei der King's Cross Church fand die teilnehmende Beobachtung im Rahmen einer *Worship Night* statt. Die Gemeindegründung St Peter's Bethnal Green wurde durch teilnehmende Beobachtung in sechs Gottesdiensten und zweimalig beim Adventsliedersingen *Carols on Columbia Road* untersucht.

Learning Community[11], und ein siebenwöchiger, vom CCX angebotener *Church Planting Course*[12] untersucht. Hinzu kamen teilnehmende Beobachtungen an der von HTB veranstalteten zweitägigen *Alpha Conference*[13] und an einem eintägigen *National Anglican Pioneer Gathering*[14].

Leitend für die Auswahl der in der Erstexplorationsphase in den Blick genommenen Gemeindegründungen und Gesprächspartner waren sowohl inhaltliche als auch pragmatische Aspekte. Ausgangspunkt für die ersten teilnehmenden Beobachtungen und Erstgespräche war der bereits bestehende oder vermittelte Kontakt. Aufgrund der dabei gewonnenen Erkenntnisse und einer ersten Auswertung von Literatur wurde ein Kategoriensystem mit verschiedenen Variablen entwickelt und im weiteren Forschungsverlauf stetig angepasst. Dieses Kategoriensystem wurde ab Mitte der Erstexplorationsphase leitend für die weitere Fallauswahl.[15] So wurde versucht bei der Auswahl der untersuchten Gemeindegründungen eine möglichst große Varianz innerhalb der einzelnen Kategorien (theologische Strömung, Jahr der Gründung, spezifischer Ort in London, Art der Gründung, sendende Gemeinde beziehungsweise Zugehörigkeit zu einem bestimmten Netzwerk und Gründungsgeneration) zu erreichen.[16] Als pragmatische und damit einschränkend wirkende

---

11 Dabei handelt es sich um Treffen der hauptamtlichen Mitarbeiter der seit 2010 von St Paul's Shadwell ausgegangenen Gemeindegründungen in Ostlondon. Vgl. Thorlby, Love, 2–6.

12 Vgl. ▹ Kapitel 9.1.1.

13 Die jährlich von HTB durchgeführte *Alpha Conference* findet zu Schulungszwecken für den von HTB entwickelten und inzwischen in einer Vielzahl von Ländern und Konfessionen durchgeführten Glaubenskurs Alpha statt. Der Alpha Kurs ist Kernstück des von HTB und HTB Netzwerkgemeinden betriebenen Modells von Gemeindeaufbau und kommt auch in von HTB ausgehenden Gemeindegründungen regelmäßig zum Einsatz. Vgl. https://www.alpha.org, 18. November 2019. Für eine wissenschaftliche Darstellung des Alpha Kurses vgl. zum Beispiel Häuser, Götz: Einfach vom Glauben reden. Glaubenskurse als zeitgemäße Form der Glaubenslehre für Erwachsene, Neukirchen-Vluyn, 2004, 123–139; Sautter, Jens Martin: Spiritualität lernen. Glaubenskurse als Einführung in die Gestalt christlichen Glaubens, BEG 2, 3. Auflage, Neukirchen-Vluyn, 2008, 170–209; Für eine empirische Untersuchung vgl. Hofmann, Beate: Sich im Glauben Bilden. Der Beitrag von Glaubenskursen zur religiösen Bildung und Sprachfähigkeit Erwachsener, Leipzig, 2013.

14 Beim *National Anglican Pioneer Gathering* handelt es sich um ein Treffen der *Anglican Community of Pioneers*. Als *Pioneer Ministers* werden in der *Church of England* Personen bezeichnet, welche neue, kontextbezogene Ausdrucksformen von Kirche initiieren und diese leiten. *Pioneer Minister* umfassen dabei sowohl ordinierte als auch nicht ordinierte Personen und es existieren unterschiedliche Ausbildungswege und Autorisierungsmodelle. Vgl. Baker, Jonny: The Pioneer Gift, in: Baker, Jonny / Ross, Cathy (Hg): The Pioneer Gift. Explorations in mission, Norwich, 2014, 2.

15 Die Fallauswahl entwickelte sich somit in der Erstexplorationsphase immer stärker von einem intuitiv-pragmatisch gelenkten hin zu einem kriterien- und kategoriengelenkten Prozess. In diesem Prozess drückt sich die durch die Exploration des Forschungsfeldes voranschreitende Weiterentwicklung des Vorverständnisses des Begriffes *church planting* aus.

16 Vgl. die Überblick gebende Tabelle in ▹ Kapitel 25.2.

Aspekte müssen die Zugänglichkeit[17], der Rückgriff auf bereits bestehende Kontakte und die Vermittlung weiterer Kontakte durch eben diese und die Beschränkung auf London genannt werden.[18] Zwei der durch teilnehmende Beobachtung untersuchten Gemeindegründungen wurden auf Grund der sich im Forschungsverlauf präzisierenden Definition von Gemeindegründung im nachhinein anderen Typen der *fresh expressions of church* zugeordnet.[19]

Das bei den teilnehmenden Beobachtungen und Erstgesprächen „Wahrgenommene" wurde in Memos festgehalten. Diese Memos wurden mithilfe der „Freien Interpretation"[20] ausgewertet. Die dabei gewonnenen Erkenntnisse wurden mit der, bis dahin ausgewerteten, Literatur trianguliert. Durch diesen Prozess kam es zur Identifizierung der für den Untersuchungsgegenstand relevanten Themenfelder und Fragestellungen sowie zu einer Überarbeitung des bis dahin angewandten Kategoriensystems, als auch zu einer Anpassung des Vorverständnisses des Begriffs Gemeindegründung. Diese Erkenntnisse wurden in einem *mindmap*-artigen Schema festgehalten und geordnet. Dieses Schema diente wiederum als Grundlage für die Erstellung eines Leitfadens für die Experteninterviews mit Gemeindegründern und einer Gemeindegründerin und wurde im weiteren Forschungsverlauf auf Grund neuer Erkenntnisse immer wieder überarbeitet.

Das durch die Erstexplorationsphase erlangte, überarbeitete Verständnis für den Begriff *church planting* in Bezug auf die *Church of England* lautete wie folgt: Unter dem Begriff Gemeindegründung ist in der *Church of England* die Nachbildung einer bestehenden, gottesdienstzentrierten Form von Gemeinde an einem anderen Ort durch eine Gruppe von Christen zu verstehen.[21]

---

17 Der Begriff der Zugänglichkeit bezeichnet im Falle qualitativer Forschung die Erreichbarkeit und die Bereitschaft von Personen und Institutionen sich an dem Forschungsvorhaben zu beteiligen. Vgl. Merkens, Hans: Auswahlverfahren, Sampling, Fallkonstruktion, in: Flick, Uwe / Kardorff, Ernst von / Steinke, Ines (Hg.): Qualitative Forschung. Ein Handbuch, 10. Auflage, Reinbek bei Hamburg, 2013, 288.

18 Die Entscheidung, sich in der Erstexplorationsphase auf den Großraum London zu beschränken, war davon motiviert, dass es durch die räumliche Nähe möglich war, in einem kurzen Zeitraum eine Vielzahl verschiedener Gemeindegründungen in den Blick zu nehmen. Zudem gilt London als Zentrum des *church plantings* innerhalb der *Church of England*. Vgl. Lings, Day, 69. In der Hauptexplorationsphase wurden in der Fallauswahl auch Gemeindegründungen und Gemeindegründer und -gründerinnen außerhalb von London berücksichtigt.

19 Es handelt sich dabei um Church@Five, Finchley und The Sanctuary in Hoxton. Church@Five muss *dem fresh expressions of church*-Typ *Community Development* Plant zugeordnet werden. Vgl. Lings u. a., Day, 221. Bei The Sanctuary handelt es sich um die Etablierung eines Abendgottesdienstes aus dem Inneren der bereits bestehenden Gemeinde St John's Hoxton, so dass hier nicht von einer klassischen Gemeindegründung gesprochen werden kann. Vgl. ▹ Kapitel 13. zur Definition und Abgrenzung von Gemeindegründung in Bezug auf Zweitgottesdienstgemeinden.

20 Vgl. Gläser / Laudel, Experteninterviews, 44f.

21 Vgl. dazu auch ▹ Kapitel 6.2.3.

4.3 Die Hauptexplorationsphase

Die Hauptexplorationsphase dauerte von März 2018 bis Oktober 2019. Der dauerhafte Aufenthalt im Forschungsfeld hielt bis August 2019 an. In dieser Zeit wohnte ich mit meiner Familie in Ost-London. Im August 2019 erfolgte die Übersiedlung zurück nach Deutschland. Die Hauptexplorationsphase zerfiel in mehrere Abschnitte. Nach der Auswertung der Erstexplorationsphase wurde entschieden, die bis dahin identifizierten Themenfelder und Fragestellungen zunächst durch das Führen von Experteninterviews mit Gemeindegründern und -gründerinnen näher zu erforschen. Die Einschränkung auf diese Gruppe als Interviewpartner erfolgte auf Grund der Erwartung, dass hier die größte Expertise in Bezug auf das Forschungsfeld vorliegen würde.

4.3.1 Experteninterviews mit Gemeindegründern und einer Gemeindegründerin

Die Hauptexplorationsphase begann mit der Erstellung des Leitfadens für die Experteninterviews mit Gemeindegründern und -gründerinnen. Dieser Prozess der Leitfadenerstellung erfolgte dabei nach dem von Cornelia Helfferich vorgeschlagenen Vierschritt „Sammeln, Prüfen, Sortieren, Subsumieren".[22] Zunächst wurden die in der Erstexplorationsphase identifizierten, für den Forschungsgegenstand relevanten Themenfelder und Fragestellungen in mögliche Leitfragen übersetzt. Diese wurden dann anhand der Aspekte „Vorwissen" und „Offenheit der Frage" überprüft,[23] gegebenenfalls angepasst oder verworfen. Schließlich wurden die Fragen verschiedenen Themenblöcken zugeordnet und in Haupt- und Unterfragen unterteilt. Die Hauptfragen dienten als Erzählaufforderung für das jeweilige Themenfeld. Die Unterfragen dienten als sogenannte Aufrechterhaltungsfragen.[24] Sie wurden lediglich in das Interview eingebracht, wenn der Interviewpartner die betreffenden Aspekte nicht selbst angesprochen hatte.[25] Der durch diesen Prozess gewonnene

22 Vgl. Helfferich, Cornelia: Die Qualität qualitativer Daten. Manual für die Durchführung qualitativer Interviews, 4. Auflage, Wiesbaden, 2011, 182–185.

23 Diese Prüfaspekte dienen dazu sicherzustellen, dass es durch das Interview nicht zu einer bloßen Bestätigung bereits vorhandener Wissensstände kommt. Vgl. Helfferich, Qualität, 182.

24 Aufrechterhaltungsfragen oder Detailfragen dienen zur Aufrechterhaltung des Gesprächsflusses und sollen sicherstellen, dass eine Fragestellung vollumfänglich beantwortet wurde.

25 Dieses Vorgehen entspricht dem klassischen Vorgehen bei nichtstandardisierten leitfadengestützten qualitativen Interviews. Vgl. Helfferich, Qualität, 186; Gläser / Laudel, Experteninterviews, 145. Zudem wurde die Reihenfolge der Fragen der jeweiligen Interviewsituation angepasst. Für dieses Vorgehen vgl. Gläser / Laudel, Experteninterviews, 174. Für allgemeine Richtlinien zur Gesprächsführung im Experteninterview vgl. Gläser / Laudel, Experteninterviews, 172–190.

Leitfaden diente als Grundlage für die Experteninterviews.[26] Er unterlief im Laufe der acht Interviews mit Gemeindegründern leichten Anpassungen, die vor allem die Struktur und das Verhältnis von Haupt- zu Unterfragen betrafen.

Die Auswahl der Interviewpartner für die Experteninterviews erfolgte nach dem Prinzip des theoretischen Samplings der *Grounded Theory*. Das heißt, dass nach jedem Interview eine Auswertung erfolgte und die dadurch neu gewonnenen Erkenntnisse die weitere Auswahl der Experten beeinflusste.[27] Den Ausgangspunkt bildete dabei das überarbeitete Kategoriensystem der Erstexplorationsphase. Dieses wurde nach jeder Interviewauswertung ebenfalls überprüft. Die im Laufe der Forschung gewonnenen Erkenntnisse führten zu einer unterschiedlichen Gewichtung der Kategorien oder ihnen zugeordneter Aspekte. Dies bedeutet, dass im abschließend vorliegenden Sample einzelne Aspekte bestimmter Kategorien aufgrund der ihnen im Forschungsverlauf zugeordneten Bedeutung in stärkerem Maße repräsentiert sind. Dies betrifft zum Beispiel die Zugehörigkeit von fünf der acht Interviewpartner zum HTB Netzwerk und damit zur evangelikal-charismatischen Strömung.[28] Ähnlich verhielt es sich auch mit dem Modell der *Resource Church*.[29] Dieses gewann im Forschungsverlauf zunehmend an Bedeutung und wurde als wichtiger Teilaspekt des Forschungsgegenstandes identifiziert. Dies beeinflusste dann auch die Auswahl der Interviewpartner. So wurde, nachdem bereits zu Beginn der Interviewreihe ein Gründer einer *City Centre Resource Church* befragt wurde, gegen Ende der Interviewreihe ein weiterer Gründer dieses Modells in das Sample aufgenommen. Bei anderen Kategorien wurde hingegen auf eine möglichst gleichmäßige Verteilung der verschiedenen Aspekte der Kategorie geachtet. So wurde bei der Art der Gründung auf eine möglichst gleichmäßige Repräsentation der im Forschungsverlauf als Haupttypen identifizierten Modi „Gründung", „Revitalisierung" und „Wiedereröffnung" durch die Interviewpartner Wert gelegt.[30] Der Grund hierfür ist, dass es im Forschungsverlauf nicht feststellbar war, ob in der Praxis eine dieser Arten dominiert. Auch beim Alter der Gründung wurde auf eine möglichst breite Varianz geachtet. Bei den Variablen Gründungsgeneration

26 Für den Leitfaden vgl. ▹ Kapitel 26.2.2.

27 Dieses Vorgehen einer direkten Auswertung vor Führung weiterer Interviews war bei einem Experteninterview mit einem Gemeindegründer nicht möglich, da aus terminlichen Gründen am selben Tag ein zweites Experteninterview durchgeführt werden musste.

28 Diese Überrepräsentation scheint aufgrund der im Forschungsverlauf gewonnenen Erkenntnisse gerechtfertigt: HTB und das HTB Netzwerk stellen die wirkmächtigsten Initiatoren von Gemeindegründung in der *Church of England* dar und bestimmen die innerkirchliche Wahrnehmung von Gemeindegründungen in der *Church of England* maßgeblich. Vgl. ▹ Kapitel 9.1.1.

29 Für eine ausführliche Beschreibung des *Resource Church* Modells vgl. ▹ Kapitel 14.

30 Die, als Spezialfall zu verstehende, Gründung einer zweiten Gottesdienstgemeinde wurde auf Grund des ihr zukommenden Sonderstatus in der Selektion der Interviewpartner nicht beachtet. Vgl. für weitere Erläuterungen zu dem Grenzfall der Zweitgottesdienstgemeinde ▹ Kapitel 13.

und Ort der Gründung liegt im Sample eine Dominanz einzelner Aspekte vor. So sind fünf von acht Gemeindegründern in London tätig. Dies spiegelt zum einen die bereits erwähnte Bedeutung der Diözese von London als ein Zentrum der Gemeindegründungszene wider, liegt aber zugleich auch in dem pragmatischen Aspekt der leichteren geographischen Zugänglichkeit begründet. Die Dominanz der Gründungsgeneration „Tochter" im Sample dürfte einer Dominanz dieser Generation in der Praxis entsprechen.[31] Bei der Kategorie städtischer Raum wurde lediglich darauf geachtet, dass die drei Aspekte Stadtzentrum, urbaner und suburbaner Raum repräsentiert sind.[32] Dass im Sample lediglich eine Gemeindegründerin interviewt wurde entspricht dem Befund, dass Gemeindegründer in den allermeisten Fällen Männer sind und dass bei der Gemeindegründung *The Anchorage* die Mitgründerin aus privaten Gründen nicht für ein Interview zur Verfügung stand.[33]

Tabelle 1 Interviewpartner Experteninterviews mit Gemeindegründern

#	Interviewpartner (Kurzform) *Name der Gemeindegründung*	Jahr der Gründung	Ort der Gemeindegründung / städtischer Raum	Theologische Strömung	Art der Gründung	Zugehörigkeit zu Netzwerk	Generation	Gemeindemodell
1	Benedict Atkins (CP1) *St Matthias Canning Town*	2017	Ost-London / Urban	Charismatic Evangelical	Revitalisierung	HTB	Urenkel	Gebietsorientierte Gemeinde
2	Gemeindegründer 2 (CP2) *anonymisiert*	anonymisiert	Großstadt außerhalb Londons / Stadtzentrum	Charismatic Evangelical	anonymisiert	HTB	anonymisiert	Netzwerkorientierte Gemeinde, City Centre Resource Church

31 Dies hat logische Gründe. Die direkte Ausgründung aus einer nicht selbst gegründeten sendenden Gemeinde ist immer als Tochtergründung zu bewerten. Zugleich gründet in der Praxis nicht jede Tochtergründung wiederum selbst oder das Ausgründen der nächsten Generation erfolgt erst im Abstand von einigen Jahren. Somit kommt es zu einer Dominanz der ersten Generation.

32 Gemeindegründungen kommen besonders häufig im urbanen und suburbanen Raum vor. Die relativ hohe Anzahl von im Stadtzentrum verorteten Gemeindegründungen im Sample ist auf den Einbezug des *City Centre Resource Church* Modells in der Interviewreihe zurückzuführen. Vgl. Lings, Day, 134.

33 Die Studie *The Day of Small Things* kam zu dem Ergebnis, dass über 85 % aller untersuchten Gemeindegründungen von Männern geleitet wurden. Vgl. Lings, Day, 106.

3	John March (CP3) *St Luke's Kentish Town*	2012	Nord-London / Urban	Charismatic Evangelical	Wiedereröffnung	HTB	Tochter	Mischform zwischen netzwerk- und gebietsorientierter Gemeinde
4	James Walters (CP4) *The Anchorage*	2016	Zentral-London / Stadtzentrum	Liberal Catholic	Gründung	-	-	Netzwerkorientierte Gemeinde
5	Andrew Jones (CP5) *Grace Church Hackney*	2004	Ost-London / Urban	Open Evangelical	Gründung	Ehemals SHB[34]	Tochter	Netzwerkorientierte Gemeinde
6	Adam Atkinson (CP6) *St Peter's Bethnal Green*	2010	Ost-London / Urban	Charismatic Evangelical	Revitalisierung	HTB	Enkel	Mischform zwischen netzwerk- und gebietsorientierter Gemeinde
7	Tim Matthews (CP7) *Love Church Bournemouth*	2014	Bournemouth / Stadtzentrum	Charismatic Evangelical	Wiedereröffnung	HTB	Tochter	Netzwerkorientierte Gemeinde, City Centre Reosource Church
8	Penny Cuthbert (CP8) *St John's the Baptist Caversham*	2018	Caversham / Suburban	Open Evangelical	Revitalisierung	-	Tochter	Gebietsorientierte Gemeinde

Die Interviews mit Gemeindegründern wurden als Einzelinterviews geführt. Vor Beginn des Interviews wurde vom Interviewpartner eine Einverständniserklärung zur Nutzung der durch das Interview generierten Daten unterschrieben.[35] Für alle Interviews fand ein persönliches Treffen statt. Ein Interview wurde aus Zeitgründen abgebrochen, jedoch einige Tage später via Skype fortgesetzt und erfolgreich zum Abschluss gebracht. Die Interviewsprache war Englisch. Bei allen Interviews wurde eine Audioaufnahme erstellt, welche dann, ebenfalls in Englisch, transkribiert wurde. Diese Transkripte wurden den Interviewpartnern auf deren Wunsch hin zur Durchsicht zur Verfügung gestellt. Wo diese „faktische Fehler“[36]

34 SHB steht für die Londoner Gemeinde St Helen's Bishopsgate.

35 Vgl. ▹ Kapitel 26.2.1.

36 Vgl. dazu die Einverständniserklärung in ▹ Kapitel 26.2.1.

feststellten, nahmen sie Korrekturen am Interviewtransskript vor.[37] Die vorgenommenen Änderungen wurden übernommen. Auf Wunsch eines Gesprächspartners wurde ein Interview anonymisiert.[38] Die Durchführung der Experteninterviews fand im Zeitraum von März bis September 2018 statt.

Die einzelnen Experteninterviews wurden nach dem auf der *Grounded Theory* beruhenden oben dargestellten Kodierungsverfahren computergestützt ausgewertet.[39] Die dabei verwendeten Kodes wurden zum Teil induktiv aus den Interviewtransskripten gewonnen, zum Teil deduktiv auf Grund der durch die Erstexplorationsphase gewonnenen Erkenntnisse von außen an die Interviewtransskripte herangetragen. Durch Subsumierung einzelner Kodes entwickelte sich im Laufe der Auswertung ein komplexes Kategoriensystem.[40] Wurden in einer Interviewauswertung neue, bisher noch nicht bestehende Kodes generiert, so wurden diese auch auf die bereits kodierten Interviews angewandt.

4.3.2 Zwischenauswertung und Planung des weiteren Vorgehens

Die aus den Experteninterviews mit Gemeindegründern gewonnenen Erkenntnisse wurden leitend für den Fortgang der Hauptexplorationsphase. Es wurden vier für das Forschungsfeld besonders wichtige Themenkomplexe identifiziert, für welche weiterer Forschungsbedarf gesehen wurde. Diese waren (1) die Frage nach dem Verhältnis von Konversions- und Transferwachstum in klassischen Gemeindegründungen, (2) das Themenfeld Kritik an klassischen Gemeindegründungen, (3) das *City Centre Resource Church* Modell und (4) die Rolle von Einzelpersonen und Institutionen bei der Förderung von Gemeindegründungen in der *Church of England*. Es wurde entschieden die genannten Punkte eins bis drei anhand des Gründungsprozesses einer klassischen Gemeindegründung nach dem *City Centre Resource Church* Modell vertiefend zu untersuchen. Der vierte Punkt wurde durch eine zweite Reihe von Experteninterviews, diesmal mit Promotoren und Promotorinnen von Gemeindegründung, weiter untersucht.

---

37 Hierbei handelte es sich in den allermeisten Fällen um marginale Änderungen, welche zuallermeist das Auffüllen von im Transkriptionsprozess als nichtverständlich markierten Satzteilen oder die Änderung einzelner falsch transkribierter Wörter betrafen.

38 Dabei handelt es sich um Transkript 1.2. Vgl. ▹ Kapitel 26.2.3.2.

39 Dabei kam die Analysesoftware MAXQDA Analytics Pro 2018 zum Einsatz. Vgl. https://www.maxqda.de/was-ist-maxqda, 21. November 2019.

40 Vgl. dafür ▹ Kapitel 26.2.4.

4.3.3 Untersuchung der Gründung einer City Centre Resource Church

Die Entscheidung für die weitere Untersuchung der identifizierten Themenkomplexe auf das Fallbeispiel einer Gemeindegründung nach dem Modell der *City Centre Resource Church* zurückzugreifen erschien aus folgenden Gründen als gerechtfertigt: *City Centre Resource Churches* nehmen durch ihre besondere personelle und finanzielle Ausstattung, den Anspruch weitere Gemeindegründungen zu initiieren und ihr oft überdurchschnittliches Wachstum eine prominente Stellung unter den verschiedenen Gemeindegründungsmodellen in der *Church of England* ein. Sie stehen damit im Zentrum der kontroversen Debatte um Gemeindegründungen in der *Church of England*. Daraus abgeleitet wird angenommen, dass sich die kontroverse, kircheninterne Debatte um das Thema Gemeindegründung und die dabei verwendeten Argumente im spezifischen Fall der Gründung von *City Centre Resource Churches* zugespitzt abbildet. Sie eignen sich somit in besonderer Weise für eine Fallstudie, die Einstellungen von Gemeindepfarrern und Gemeindepfarrerinnen gegenüber Gemeindegründungen erhebt. Ein weiterer Grund für die Wahl einer *City Centre Resource Church* für diese Untersuchung lag darin, dass zum Untersuchungszeitpunkt noch keine größeren wissenschaftlichen Untersuchungen zu diesem Modell vorlagen.[41] Es bot sich deshalb an, eine Gründung nach diesem Modell in den Blick zu nehmen, insbesondere auch im Hinblick auf die Frage nach dem Verhältnis von Transfer- und Konversionswachstum.

Bei der untersuchten Gemeindegründung handelt es sich um die *City Centre Resource Church* Saint Mary's in Southampton.[42] Diese wurde als Revitalisierung in die bestehende Parochialgemeinde Saint Mary's im Stadtzentrum von Southampton hineingegründet. Das offizielle Gründungsdatum war der 30. September 2018. Methodisch erfolgte die Untersuchung durch Experteninterviews mit Gemeindepfarrern der *Church of England*, deren Parochien im Stadtgebiet von Southampton liegen, sowie durch eine einmalige Befragung der Gottesdienstbesucher der neu gegründeten *City Centre Resource Church*.

---

41 Lediglich im Rahmen einer von der *Church Army Research Unit* verantworteten, online veröffentlichten Studie zu kirchlicher Arbeit mit jungen Erwachsenen wurde eine Gemeindegründung nach dem Modell der *City Centre Resource Church* untersucht. Vgl. Church Army's Research Unit: "Not as difficult as you think". Mission with Young Adults, 2018, 4.7. Abrufbar unter https://churcharmy.org/Publisher/File.aspx?ID=202434, 21. November 2019. Vgl. Ebenso https://www.churcharmy.org/Groups/297513/Church_Army/ms/Young_Adults_research/Harbour_Church/Harbour_Church.aspx, 21. November 2019.

42 Vgl. https://saintmaryschurch.org, 21. November 2019.

4.3.3.1 Erste Interviewreihe mit Gemeindepfarrern

Die Experteninterviews mit Gemeindepfarrern hatten zum Ziel, Einstellungen von Gemeindepfarrern und -pfarrerinnen gegenüber Gemeindegründungen in der *Church of England* zu erheben, darzustellen und zu interpretieren. Den Anlass für die Untersuchung der Einstellungen von Gemeindepfarrerinnen und Pfarrern gegenüber Gemeindegründungen bildeten die zuvor durchgeführten Experteninterviews mit Gemeindegründern und einer Gemeindegründerin in der *Church of England*. Gesprächspartner dieser Interviewreihe berichteten von Widerständen, vor allem durch andere Geistliche der *Church of England*, gegenüber ihrem Gemeindegründungsprojekt. Im Rahmen der Untersuchung des Handlungsinstruments der Gemeindegründung in der *Church of England* erschien es wesentlich, diese Widerstände inhaltlich näher zu bestimmen und zu den bisherigen Erkenntnissen in Bezug zu setzen. Methodisch wurde wiederum auf Experteninterviews zurückgegriffen, da sie als qualitative Interviews die für dieses Forschungsvorhaben nötige Offenheit in der Fragestellung bieten. Insgesamt wurden Experteninterviews mit drei Gemeindepfarrerinnen und -pfarrern der *Church of England* in Southampton geführt. Diese fanden im September 2018 statt und damit unmittelbar vor der offiziellen Eröffnung der *City Centre Resource Church*.

Der Leitfaden für diese Interviewreihe entstand unter Berücksichtigung der aus den Experteninterviews mit Gemeindegründern gewonnenen Erkenntnisse über Gründungsprozesse. Die Themenblöcke des Leitfadens umfassten die Bereiche

- Generelle Einstellung gegenüber dem Thema Gemeindegründung,
- Beschreibung des Kommunikations- und Informationsprozess der Gründung,
- Erwartungen und Befürchtungen der Gemeindepfarrer,
- die Person des Gemeindegründers,
- der erwartete Einfluss der Gründung auf die persönliche Arbeit und die jeweilige Kirchengemeinde der Interviewpartner,
- der erwartete Einfluss der Gemeindegründung auf die Stadtgesellschaft und andere Kirchen,
- eine Bewertung des bisherigen Gründungsprozesses.[43]

Die Auswahl der Interviewpartner fand unter Absprache mit der zuständigen Diözesanleitung statt. So wurde dem für Southampton zum Zeitpunkt der Untersuchung zuständigen Suffraganbischof Jonathan Frost eine Liste mit elf Ortsgemeinden im näheren Umkreis von Saint Mary's vorgelegt, verbunden mit der Bitte, die Anfrage bei den jeweiligen Gemeindepfarrerinnen und -pfarrern für ein Experteninterview zu unterstützen. Dieser Schritt schien nötig, da aufgrund des

43 Vgl. den in ▹ Kapitel 26.3.2.1. dargestellten Interviewleitfaden.

kontroversen Themas erwartet wurde, dass potentielle Interviewpartner leichter einer Teilnahme zustimmen würden, wenn die Kirchenleitung über die Interviews informiert wäre und diese unterstützte. Das Bischofsbüro bat darum, vier Gemeinden wegen Vakanz von dieser Liste zu streichen, so dass insgesamt sieben Gemeindepfarrerinnen und -pfarrer für ein Experteninterview angefragt wurden. Von diesen sieben erklärten sich vier dazu bereit, ein Interview durchzuführen. Eine intendierte Ausweitung der Interviewanfrage auf andere Gemeindepfarrer und –pfarrerinnen jenseits der ursprünglich vorgelegten Auswahl scheiterte am nicht mehr vorhandenen zeitlichen Spielraum für weitere Interviews sowie einer misslingenden Kommunikation mit der Kirchenleitung. Ein Interviewpartner zog nachträglich sein Einverständnis zurück, so dass letztlich drei Interviews ausgewertet werden konnten. Eines dieser Interviews wurde bei einem persönlichen Treffen aufgenommen, die anderen Interviews wurden per Telefongespräch geführt. Die Experteninterviews dieser Teiluntersuchung wurden vollständig anonymisiert. Dies erschien als nötiger Schritt, um eine möglichst offene Gesprächsatmosphäre zu ermöglichen. Aufgrund der Anonymisierung der Interviews können hier nur wenige Angaben zu den Interviewpartnern gemacht werden. Es handelt sich bei ihnen um Gemeindepfarrer bzw. -pfarrerinnen („*priest in charge*" / „*incumbent*") von Parochien der *Church of England* in Southampton. Unter den Interviewpartnern sind beide Geschlechter vertreten.[44] Die Interviewpartner wurden darum gebeten, sich einer der folgenden Glaubenstraditionen innerhalb der Church of England zuzuordnen: *Anglo Catholic, Modern Catholic, Liberal Catholic, Central / Broad, Open Evangelical, Charismatic Evangelical, Conservative / Reformed Evangelical.* Die Interviewpartner ordneten sich jeweils mehr als einer Kategorie zu, so dass insgesamt folgende Glaubenstraditionen vertreten waren: *Modern Catholic, Liberal Catholic, Charismatic Evangelical, Conservative / Reformed Evangelical.* Die Interviews wurden nach demselben Vorgehen, wie es für die Experteninterviews mit Gemeindegründern beschrieben wurde, ausgewertet. Im weiteren Verlauf dieser Arbeit werden die drei Gemeindepfarrer mit den Synomymen Vicar 1, Vicar 2 und Vicar 3 bezeichnet.[45]

Die in dieser Teiluntersuchung erreichte Samplegröße von drei Interviews ist selbst für eine qualitative Untersuchung klein. Die Gründe für die geringe Größe des Samples wurden oben angeführt. Aufgrund der geringen Anzahl von Interviews fällt es schwer zu beurteilen, ob bei dieser Teiluntersuchung eine Sättigung erreicht werden konnte. Es kann aber ausgesagt werden, dass die durch die Interviews

44 Aus Gründen der Anonymisierung wird im Folgenden der Plural bei beiden Geschlechtern beibehalten und von „Experteninterviews mit Gemeindepfarrern und -pfarrerinnen" gesprochen beziehungsweise das generative Maskulinum verwendet.

45 Die Reihenfolge der Bezeichnung entspricht der Reihenfolge der durchgeführten Interviews in der ersten Interviewreihe.

gewonnenen Inhalte zumindest einen Teil der Perspektiven und Einstellungen von Gemeindepfarrern und -pfarrerinnen gegenüber Gemeindegründungen repräsentieren und diese auch bei anderen Gemeindepfarrerinnen und -pfarrern anzutreffen sein werden.

4.3.3.2 Befragung der Gottesdienstteilnehmer der City Centre Resource Church

Bereits in den Experteninterviews mit Gemeindegründern und einer Gemeindegründerin war das Thema Transferwachstum als ein wichtiger Kritikpunkt gegenüber Gemeindegründungen genannt worden.[46] Dies wurde durch die Experteninterviews mit den Gemeindepfarrern und -pfarrerinnen noch einmal verstärkt. Diese äußerten Bedenken in Bezug auf ein möglicherweise stattfindendes Transferwachstum. Wie bereits beschrieben lagen zum Untersuchungszeitraum nur eine sehr geringe Anzahl an Studien zu diesem Thema vor. So erschien es als sinnvoll anhand der neu gegründeten *City Centre Resource Church* durch die Durchführung einer Gottesdienstbefragung zu überprüfen, ob und in welchem Maße die Bedenken im konkreten Fall als gerechtfertigt erschienen.

Neben der Klärung des Verhältnisses von Transfer- und Konversionswachstum, war eine möglichst umfangreiche Analyse der lebensweltlichen Hintergründe der Gottesdienstbesucher ein Ziel der Befragung. Mit letzterem sollten Hinweise gesammelt werden, in wie weit es der neu gegründeten *City Centre Resource Church* gelingt, die von diesem Modell angestrebten Ziele[47] zu erreichen. Zudem wurde eine größtmögliche Vergleichbarkeit mit der bereits genannten Studie *Who's There?*[48] angestrebt. Aus diesem Grund wurden große Teile des in besagter Studie verwendeten Fragebogens und das Vorgehen übernommen.[49] Zugleich wurde der Fragebogen um weitere Fragen ergänzt. Dieser wurde daraufhin dem Leiter der *City Centre Resource Church* vorgelegt, welcher selbst um die Ergänzung zweier Fragen bat.[50] Diese wurden mit in den Fragebogen aufgenommen.[51] Insgesamt wurde versucht, die Umfrage in größtmöglicher Abstimmung mit der Gemeindeleitung von Saint Mary's umzusetzen, um so möglichst Belastungen und Störungen des

46 Für eine ausführliche Behandlung des Begriffs des Transferwachstums vgl. ▹ Kapitel 17.1.2 und Kapitel 17.2.2.

47 Für eine Darstellung dieser Ziele vgl. ▹ Kapitel 14.3.1.

48 Vgl. Dalpra / Vivian, Who's there?

49 Die Übernahme von Teilen des Fragebogens erfolgte mit freundlicher Genehmigung der Autoren der Studie.

50 Dabei handelt es sich um Frage 3.3.1. nach dem Berufssektor und um die Ergänzung der Antwortmöglichkeit „Prefer not to say" bei der Frage nach dem Geschlecht (Frage 3.1. im Fragebogen).

51 Der verwendete Fragebogen ist in ▹ Kapitel 27.1.1 dargestellt.

gottesdienstlichen Lebens der Gemeinde zu vermeiden. Zur weiteren Vorbereitung der Gottesdienstbefragung wurde im Vorfeld eine Test-Befragung in einer deutlich kleineren Gemeindegründung in London durchgeführt, so wie eine einmalige teilnehmende Beobachtung in den Gottesdiensten der *City Centre Resource Church* vorgenommen. Die Befragung selbst wurde am Sonntag den 24. März 2019, in allen drei an diesem Tag stattfindenden Gottesdiensten durchgeführt. Die Gottesdienstzeiten waren 09:15, 10:30 und 18:30 Uhr. Die Auswertung der Umfrage erfolgte computergestützt.[52] Die Ergebnisse der Umfrage finden sich im Anhang dieser Arbeit.[53] Die Gemeindeleitung wurde über die Ergebnisse der Umfrage in Kenntnis gesetzt.

4.3.3.2.1 Methodisches Vorgehen

Es wurden zwei Fragebögen erstellt. Ein Fragebogen für Erwachsene und Jugendliche ab dem Alter von elf Jahren. Ein zweiter Fragebogen für Kinder im Alter von fünf bis zehn Jahren. Bei beiden Fragebögen wurde die Fragestruktur der Fragebögen der von Dalpra und Vivian vorgelegten Studie *Who's there?*[54] übernommen. Der Fragebogen für Jugendliche und Erwachsene wurde um eigene Fragen ergänzt, der Fragebogen für Kinder leicht angepasst. Der Gottesdienst wurde während der Abkündigungen unterbrochen und ein Mitglied der Gemeindeleitung informierte die Gottesdienstbesucher über die Umfrage. Dabei wurde dargestellt, was die Ziele der Umfrage sind, dass die Teilnahme freiwillig ist, dass die Anonymität der Teilnehmenden gewahrt werden wird und dass die Fragebögen nur von mir, als Forschendem, eingesehen und ausgewertet werden.

Die Fragebögen wurden den Gottesdienstteilnehmern durch ehrenamtliche Helfer ausgehändigt und wieder eingesammelt. Die Fragebögen für Kinder wurden von Mitarbeitern des Kindergottesdienstes den Eltern der Kinder übergeben, mit der Bitte, falls sie an der Umfrage teilnehmen möchten, diese zusammen mit oder für ihre Kinder auszufüllen. Es waren alle Anwesenden eingeladen an der Umfrage teilzunehmen, auch Haupt- und Ehrenamtliche der Gemeinde.

Die Gottesdienstbesucher wurden von mir in jedem Gottesdienst gezählt. Im 09:15 Uhr Gottesdient wurden 26 Personen gezählt, im 10:30 Uhr Gottesdienst wurden 249 Personen gezählt, von denen mindestens 23 im Alter von 0 bis 7 Jahren waren und im 18:30 Uhr Gottesdienst wurden 85 Personen gezählt. In diesem letzten Gottesdienst waren keine Personen unter elf Jahren anwesend.

Ein Teil der eingesammelten Umfragebögen waren lediglich teilausgefüllt. Als Kriterium für die Berücksichtigung eines Bogens in der Auswertung wurde festge-

52 Hierfür kam das Programm Microsoft Excel zum Einsatz.

53 Vgl. ▹ Kapitel 27.2.

54 Vgl. Dalpra, / Vivian, Who's there?, 72f.

legt, dass der kirchliche Hintergrund der Person durch den Bogen erschließbar war. Das heißt, dass entweder durch die Beantwortung der Frage 4.1. oder der Fragen 5.1. bis 5.4. die betreffende Person einer der drei Kategorien *churched*, *de-churched* oder *non-churched* zugeordnet werden konnte. War diese Zuordnung nicht möglich, so wurde der Fragebogen von der Auswertung ausgeschlossen. Alle Fragebögen bei denen eine solche Zuordnung möglich war wurden ausgewertet, auch wenn andere Teile des Fragebogens nicht ausgefüllt waren. Die Wahl der eindeutigen Identifizierung des kirchlichen Hintergrunds der Person als Einschlusskriterium deckt sich mit dem Hauptziel der Untersuchung Informationen über das Verhältnis von Transfer- und Konversionswachstums zu erhalten.

Im 09:15 Uhr Gottesdienst wurden 16 Fragebögen abgegeben, von denen aber nur elf ausgewertet werden konnten. Aufgrund der geringen Rate von auswertbaren Fragebögen (42,3 % der Gesamtbesucherzahl), erschienen verlässliche Rückschlüsse nicht möglich. Es wurde von einer Auswertung des 09:15 Uhr Gottesdienstes abgesehen. Im 10:30 Uhr Gottesdienst wurden 177 Umfragebögen abgegeben. Davon mussten 22 von einer Auswertung ausgeschlossen werden. Aus zwei der Bögen war ersichtlich, dass die betreffenden Personen bereits am 09:15 Uhr Gottesdienst teilgenommen hatten. Damit bleiben 153 auswertbare Fragebögen aus dem 10:30 Uhr Gottesdienst was 62,25 % der 249 teilnehmenden Personen entspricht.

Im 18:30 Uhr Gottesdienst wurden 78 Fragebögen abgegeben. Davon mussten fünf von einer Auswertung ausgeschlossen werden. 14 Bögen waren mit „No“ markiert, das heißt, dass diese Personen bereits am 10:30 Uhr Gottesdienst teilgenommen hatten. 59 Umfragebögen verblieben und konnten ausgewertet werden. Das entspricht 83, % der Personen, die ausschließlich im 18:30 Uhr Gottesdienst anwesend waren. Für die beiden ausgewerteten Gottesdienste zusammen gaben 63,47 % der anwesenden Personen einen verwertbaren Fragebogen ab.

4.3.3.2.1.1 Vorgehen bei der Auswertung von Fragebögen

Um eine einheitliche Auswertung der Fragebögen zu gewährleisten wurden folgende Regeln angewandt:

- Im Falle weiterer auf dem Fragebogen vorgefundener Notizen, welche Informationen zu nicht beantworteten Fragen gaben, wurden diese Informationen auf die Fragen angewandt.
- Wenn Q 2.2. nicht beantwortet wurde, aber Q 2.1. mit “No, I attend this church at least once a month.” beantwortet wurde, wurde bei Q 2.2. die Antwortmöglichkeit “A few times a year.” gewertet.
- Wenn bei Q 3.3. sowohl die Antwortmöglichkeit “I am a full-time student.” als auch die Antwortmöglichkeit “I work part-time.” angekreuzt wurde, wurde nur die Antwort “I am a fulltime student.” gewertet

- Wenn bei Q 3.3.1. mehr als eine Antwortmöglichkeit angekreuzt wurde, wurde nur die erste angekreuzte Antwort gewertet.
- Wenn bei Q 3.6. mehrere Antwortmöglichkeiten angekreuzt wurden, wurde nur die erste Antwort gewertet.
- Wenn eine Person unter Q 2.2. "one-off-visitor" ankreuzte und durch Antworten in Q 5 mit dem Hintergrund „churched" identifiziert werden konnte, aber keine Antwort unter Q 4.1. gegeben hatte, so wurde Q 4.1. mit (D) gewertet.
- Personen, die unter Q 4.1. (A) angekreuzt hatten, aber durch Antworten unter Q5 angaben, in einem bestimmten Zeitabschnitt ihres Lebens Teil einer Kirchengemeinde gewesen zu sein, wurden als *de-churched* identifiziert, das heißt bei Q 4.1. wurde (B) gewertet.[55]
- Wenn eine Person unter Q 4.2. mehrere Antwortmöglichkeiten angekreuzt hatte, und eine davon war "I attended Alpha", so wurde nur diese Antwortmöglichkeit gewertet.
- Wenn eine Person unter Q 4.2. sowohl "Someone invited me" als auch "Social Media/Websited in Q 4.2. only " angekreuzt hatte, wurde nur ersteres gewertet.
- Wenn eine Person unter Q 4.3. sowohl "because I changed church ..." als auch "because of a different reason" angekreuzt hatte, so wurde nur ersteres gewertet.
- Wenn eine Person unter Q 4.3. die fünfte Antwortmöglichkeit ankreuzte und die dazugehörige Notiz aussagte, dass sie gerade erst in die Gegend gezogen war und dies der Grund war warum sie nun Saint Mary's besucht, dann wurde unter 4.3. die erste Antwortmöglichkeit gewertet. Wurde unter Antwortmöglichkeit 5 bei Q 4.3. Informationen wie zum Beispiel "Needed change" oder "God led me here" oder ähnliches gegeben, so wurde Antwortmöglichkeit 3 gewertet.

4.3.3.2.2 Aussagekraft und Begrenzungen der Untersuchung

Diese Untersuchung ist eine „Momentaufnahme" der Gottesdienstbesucher am Sonntag 24. März 2019 in der *City Centre Resource Church* Saint Mary's. Es ist daher nicht möglich die Aussage zu treffen, dass die Ergebnisse für alle Sonntagsgottesdienste von Saint Mary's repräsentativ sind, noch ist es möglich, aus den Ergebnissen repräsentative Rückschlüsse für das Modell der *City Centre Resource Church* zu ziehen. Das erstere hätte eine Langzeitstudie mit Befragungen der Gottesdienstbesucher über mehrere Wochen hinweg erfordert, das letztere eine Befragung der Gottesdienstbesucher in einer repräsentativen Zahl von *City Centre Resource Churches*. Beides war im Rahmen einer Dissertation nicht möglich.

Weitere Begrenzung sind die Nicht-Auswertbarkeit des 09:15 Uhr Gottesdienstes, sowie eine unterschiedliche Rücklaufrate verwertbarer Fragebögen im 10:30 Uhr

---

55 Dies entspricht dem Vorgehen der Autoren der Studie *Who's there?*. Vgl. Dalpra / Vivian, Who's there?, 21.

und 18:30 Uhr Gottesdienst. Beides muss bei Vergleichen zwischen den unterschiedlichen Gottesdiensten berücksichtig werden. Hinzu kommt, dass für Frage-Items jenseits des kirchlichen Hintergrundes ein geringerer Prozentsatz von Antworten zur Verfügung steht. Dies hängt damit zusammen, dass die Identifizierbarkeit des kirchlichen Hintergrundes zum Einschlusskriterium erhoben wurde, auch wenn andere Frage-Items nicht beantwortet wurden. Die jeweilige Abweichung wird aber in der Auswertung unter dem Stichwort „Keine Antwort" dargestellt.

Vergleicht man die durchgeführte Untersuchung aber mit den anderen vorhandenen Studien so zeigt sich ihr Wert. Zunächst handelt es sich bei den anderen zur Verfügung stehenden Studien ebenfalls um Momentaufnahmen der jeweiligen Gottesdienstgemeinde und keineswegs um Langzeitstudien. Abgesehen von der fehlenden Repräsentativität, da nur ein Fallbeispiel untersucht wurde, entspricht die hier durchgeführte Studie in ihrer Aussagekraft also den zur Verfügung stehenden Studien. Auch wurde durch die von Dalpra und Vivian durchgeführte Studie deutlich, dass eine Befragung von Gottesdienstbesuchern zu einem deutlich genaueren Ergebnis bei der Analyse des kirchlichen Hintergrundes führt, als es eine bloße Befragung der Gemeindeleiter ermöglicht.[56] Und da gerade für das Modell der *City Centre Resource Church* zum Zeitpunkt der Untersuchung lediglich eine weitere Einzelfallstudie vorlag, welche den kirchlichen Hintergrund der Gottesdienstbesucher durch eine Befragung derselben beleuchtete, erscheint sie, auch wenn es sich wiederum nur um eine Einzelfallstudie handelt, von hohem Wert. Denn sie liefert zumindest weitere Hinweise für eine Antwort auf die Frage nach dem Verhältnis von Konversions- und Transferwachstum und bezieht sich dabei nicht auf eine Befragung von Gemeindeleitern, sondern befragte die Teilnehmer der Gottesdienste. Weiter kann die Untersuchung durch die Abfrage anderer Items zumindest für den Einzelfall von Saint Mary's Aussagen treffen, inwiefern Saint Mary's als eine Repräsentantin des *City Centre Resource Church* Modells, andere wichtige Ziele des *City Centre Resource Church* Modells erreicht.

Zu guter Letzt entsprechen die durch die Umfrage erzielten Ergebnisse, was den Anteil von Gottesdienstbesuchern angeht, die einen nicht-kirchlichen oder ehemals kirchlichen Hintergrund haben, dem durch die zur Verfügung stehenden Studien vorgegebenen Rahmen. Dies spricht für die Validität der Befragung.

4.3.3.3 Zweite Interviewreihe mit Gemeindepfarrern

Den Abschluss dieses Teilforschungsprojektes bildete die erneute Durchführung von Experteninterviews mit den bereits zu Beginn befragten Gemeindepfarrern.

56 Vgl. Dalpra / Vivian, Who's There?, 36f.

Ziel war es zu ergründen, ob sich bei den Interviewpartnern wesentliche Einstellungsveränderungen seit offizieller Gründung der *City Centre Resource Church* ergeben hatten. Aus diesem Grund griff der Leitfaden für diese Interviewreihe im Wesentlichen die Themen des ersten Leitfadens erneut auf.[57] Diese Experteninterviews wurden telefonisch im Zeitraum von Juli bis Oktober 2019 durchgeführt.[58] Die weitere Durchführung und Auswertung erfolgte nach dem bereits dargestellten Vorgehen.

4.3.4 Experteninterviews mit Promotoren für Gemeindegründung

Neben den Experteninterviews mit Gemeindegründern und einer Gemeindegründerin wurden auch Experteninterviews mit *Promotoren* für Gemeindegründung geführt. Diese Interviewreihe hatte mehrere Ziele. Sie diente im Besonderen der Vertiefung des in der Interviewreihe mit Gemeindegründern und einer Gemeindegründerin identifizierten Themenkomplexes der Rolle von Einzelpersonen und Institutionen bei der Förderung von Gemeindegründung in der *Church of England.* Dafür wurde auf das Promotorenmodell[59] zurückgegriffen. Daneben ermöglichte diese Interviewreihe die Überprüfung, Vertiefung und Erweiterung der bis zu diesem Zeitpunkt gewonnenen Erkenntnisse. Gerade für dieses zweite Anliegen erschien es hilfreich, Experteninterviews mit Personen zu führen, welche durch ihre Promotorenrolle eine über die Gemeindeebene hinausgehende Perspektive einbringen konnten.

4.3.4.1 Das Promotorenmodell

Für die Auswahl der Gesprächspartner in dieser Interviewreihe spielte ihre Rolle als Promotoren für Gemeindegründung eine wesentliche Rolle. Mit dem Begriff des Promotors wird auf ein Modell aus der Betriebswirtschaftslehre zurückgegriffen. Ursprünglich von Eberhard Witte begründet[60] und von Jürgen Hauschildt und Hans Georg Gemünden weiterentwickelt[61], stellt es inzwischen einen Standard in

---

57 Vgl. ▹ Kapitel 26.3.3.1.

58 Die Länge dieses Zeitraums hat ihren Grund in der schlechten Erreichbarkeit einzelner Interviewpartner in den Sommermonaten.

59 Vgl. den nächsten Abschnitt.

60 Vgl. Witte, Eberhard: Organisation für Innovationsentscheidungen. Das Promotoren-Modell, Kommission für wirtschaftlichen und sozialen Wandel 2, 1973, Göttingen.

61 Vgl. zum Beispiel Hauschildt, Jürgen / Gemünden, Hans Georg (Hg.): Promotoren. Champions der Innovation, 2. erweiterte Auflage, Wiesbaden, 1999.

der betriebswirtschaftlichen Innovationsforschung dar.[62] Die betriebswirtschaftliche Innovationsforschung widmet sich der Fragestellung, wie Fortschritt geschieht. Fortschritt wird dabei als „Gesamtvorgang einer Neuerung" verstanden.[63] Dieser Gesamtvorgang zerfällt in zwei Teile: Invention und Innovation.[64] Während Invention die Erfindung eines neuen „Produktes, Produktionsmittels oder Produktionsverfahrens" bezeichnet, meint Innovation „den Durchbruch zur Nutzung der Erfindung".[65]

Nach Witte sind Promotoren nun „Personen, die einen Innovationsprozeß [sic] aktiv und intensiv fördern".[66] Promotoren sind also nicht die Erfinder einer Neuerung, sondern die Personen, die durch Überwindung bestehender Innovationsbarrieren den Einsatz der Neuerung ermöglichen. In seinem Grundmodell sieht Witte vor allem zwei Barriere-Typen der Innovation entgegenstehen: Die Willensbarrieren und die Fähigkeitsbarrieren. Willensbarrieren bezeichnen dabei vor allem die menschlichen „Beharrungskräfte des Status quo" aber auch die „auf entgegengesetzte Veränderungen drängenden Kräfte".[67] Willensbarrieren können durch die gezielte „Korrektur des Anreizsystems" einer Organisation oder Organisationseinheit überwunden werden:[68] „Es werden denjenigen Personen Vorteile eingeräumt, die ihren Widerstand gegen die Innovation aufgeben, und es werden Nachteile für diejenigen Personen angekündigt, die an ihrem Widerstand festhalten."[69]

Fähigkeitsbarrieren hingegen ergeben sich nicht aus dem Widerstand menschlicher Beharrungskräfte, sondern im Wesentlichen aus dem sich aus der Innovation ergebenden strukturellen Nichtwissen der Organisation.[70] Gerade weil es sich bei der Innovation um die Durchsetzung einer Neuerung handelt, ist damit zu rechnen, dass das nötige Wissen und die nötigen Fähigkeiten zur effektiven Nutzung dieser Neuerung noch nicht vorhanden sind. Wenn zusätzlich das Innovationsproblem auch noch „komplex strukturiert ist", das heißt „eine Mehrzahl von Problemfeldern berührt, die miteinander integrativ verknüpft sind", erscheinen die Fähigkeitsbarrieren zur Durchsetzung der Neuerung als besonders hoch.[71] Nach Witte können

62 Vgl. Hauschildt, Jürgen / Salomo, Sören / Schultz, Carsten / Kock, Alexander: Innovationsmanagement, 6. Auflage, München, 2016, 183–210.

63 Vgl. Witte, Organisation, 2.

64 Vgl. ebd., 4.

65 Vgl. ebd., 2.4. Vgl. dazu auch grundlegend: Rogers, Everett: Diffusion of Innovations, 5. Auflage, New York 2003.

66 Witte, Organisation, 15f.

67 Vgl. ebd., 6f.

68 Vgl. ebd., 7.

69 Ebd.

70 Vgl. ebd., 8.

71 Vgl. Witte, Organisation, 8.

Fähigkeitsbarrieren nur durch das Vorhandensein von „Fachwissen, das intellektuell in der Lage ist, die neuen und komplexen Aufgaben sachgerecht zu lösen", ausgeräumt werden.

Witte sieht nun in den Promotoren die Personen, welche die beschriebenen Innovationsbarrieren durch die ihnen eigenen Positionen und Fähigkeiten überwinden.[72] Er unterscheidet dabei zwischen Macht- und Fachpromotor und ordnet sie den beiden genannten Innovationsbarrieren zu.[73] Als Machtpromotor bezeichnet er „diejenige Person, die einen Innovationsprozeß [sic] durch hierarchisches Potential aktiv und intensiv fördert"[74] und somit zur Überwindung von Willensbarrieren beiträgt.[75] Dank seiner Position innerhalb der Hierarchie der Organisation ist es dem Machtpromotor möglich, Anhänger einer Innovation zu schützen und Gegner dieser Innovation mit Sanktionen zu belegen.[76] Zur Durchsetzung der Innovation nutzt der Machtpromotor dabei ebenso „weiche" Führungsinstrumente wie zum Beispiel seine Überzeugungs- und Begeisterungskraft, als auch „harte" Führungsinstrumente wie zum Beispiel Belohnungs- und Sanktionsmaßnahmen.[77]

Als Fachpromotor bezeichnet Witte diejenige Person, „die einen Innovationsprozeß [sic] durch objektspezifisches Fachwissen aktiv und intensiv fördert."[78] Ihr Beitrag besteht in der Überwindung der vorhandenen Fähigkeitsbarrieren. Der Fachpromotor kombiniert eine fachliche Mindestkenntnis über das Innovationsobjekt, welche ihm einen Wissensvorsprung gegenüber anderen Personen der Organisation einräumt, mit einer das Innovationsobjekt fördernden Aktivität.[79] Diese besteht im Wesentlichen im Einsatz der ihm durch sein Expertenwissen zukommenden Argumentationskraft gegenüber „Innovationswilligen und Opponenten".[80] Hierarchische Macht zur Durchsetzung der Innovation steht dem Fachpromotor jedoch nicht zur Verfügung.[81]

Witte geht davon aus, dass Macht- und Fachpromotor zur Durchsetzung einer Innovation aufeinander angewiesen sind, da nur durch ihre Zusammenarbeit sowohl Willens- als auch Fähigkeitsbarrieren überwunden werden können.[82] Macht- und Fachpromotoren bilden dann eine sogenannte „Gespann-Verknüpfung".[83] Neben

---

72 Vgl. ebd., 15f.

73 Vgl. ebd., 17.

74 Ebd.

75 Vgl. ebd., 17f.

76 Vgl. ebd. 17.

77 Vgl. ebd.

78 Ebd., 18.

79 Vgl. ebd., 19.

80 Vgl. ebd.

81 Vgl. ebd.

82 Vgl. ebd., 20f.

83 Vgl. Witte, Organisation, 21.

dieser Zusammenarbeit von Fach- und Machtpromotor ist auch die Personalunion beider möglich. Dabei handelt es sich um eine Person, „die einen Innovationsprozeß [sic] sowohl durch hierarchisches Potential als auch durch objektspezifisches Fachwissen aktiv und intensiv fördert."[84]

Das hier dargestellte, von Witte entwickelte, Promotorenmodell erfuhr seit seiner Einführung zwei wesentliche Erweiterungen. Jürgen Hauschildt und Alok K. Chakrabarti identifizierten den Prozesspromotor, Hans Georg Gemünden den Beziehungspromotor, als weitere Rollen im Promotorenmodell.[85] Der Prozesspromotor wird dann benötigt, wenn es sich um ein sehr komplexes Innovationsprojekt handelt (Problemkomplexität), oder der Innovationsprozess in einem komplexen System umgesetzt werden muss (Systemkomplexität).[86] Prozesspromotoren kommt die Aufgabe zu, eine dritte Innovationsbarriere zu überwinden, welche als „Barriere des Nicht-Dürfens" beschrieben wird.[87] Dabei handelt es sich vor allem um *„organisatorische und administrative Widerstände"*, welche gegen die neue Idee gerichtet sind.[88] Der Prozesspromotor greift dabei auf seine bei ihm in besonderer Weise vorhandene „Organisationskenntnis" zurück,[89] und stellt die für den Innovationsprozess nötigen Verbindungen zwischen einzelnen Personen her. Dies gilt insbesondere für die Verknüpfung von Fach- und Machtpromotor.[90] Den Prozesspromotor zeichnet unter anderem sein diplomatisches Geschick, die Übersetzungsleistung der die Innovation beschreibenden Sprache in die traditionelle Unternehmenssprache und die gezielte Ansprache für den Innovationsprozess wichtiger Personen aus.[91]

Der Beziehungspromotor weist in seiner Beschreibung Ähnlichkeiten zum Prozesspromotor auf. Im Unterschied zu diesem besteht seine Funktion aber nicht in der systeminternen Verknüpfungsleistung, sondern in der Förderung innovationsorientierter Zusammenarbeit mit externen Partnern.[92] Dabei hilft er

---

84 Ebd., 19.

85 Vgl. Hauschildt u. a., Innovationsmanagement, 189f.

86 Vgl. Hauschildt, Jürgen / Kirchmann, Edgar: Zur Existenz und Effizienz von Prozeßpromotoren, in: Hauschildt, Jürgen / Gemünden, Hans Georg (Hg.): Promotoren. Champions der Innovation, 2. erweiterte Auflage, Wiesbaden, 1999, 93.

87 Vgl. ebd.

88 Vgl. ebd.

89 Vgl. ebd.

90 Vgl. Hauschildt, Jürgen / Chakrabarti, Alok K.: Arbeitsteilung im Innovationsmanagement in: Hauschildt, Jürgen / Gemünden, Hans Georg (Hg.): Promotoren. Champions der Innovation, 2. erweiterte Auflage, Wiesbaden, 1999., 78; Hauschildt / Kirchmann, Prozeßpromotoren, 93.

91 Vgl. Hauschildt / Kirchmann, Prozeßpromotoren, 93.

92 Vgl. Gemünden, Hans Georg / Walter, Achim: Beziehungspromotoren – Schlüsselpersonen für zwischenbetriebliche Innovationsprozesse, in: Hauschildt, Jürgen / Gemünden, Hans Georg (Hg.): Promotoren. Champions der Innovation, 2. erweiterte Auflage, Wiesbaden, 1999, 119.

„Barrieren der Zusammenarbeit mit externen Innovationspartnern“ zu überwinden.[93] Diese Barrieren können als Barriere des „Nicht-Voneinander-Wissens“, „Nicht-Zusammenarbeiten-Könnens“, „Nicht-Zusammenarbeiten-Wollens“ und „Nicht-Zusammenarbeiten-Dürfens“ beschrieben werden.[94] Die Barriere des Nicht-Voneinander-Wissens beschreibt die Problematik, dass mögliche Innovationspartner aufgrund unterschiedlichster Gründe nicht bekannt sind.[95] Die Barriere des Nicht-Zusammenarbeiten-Könnens beschreibt den Fall, dass eine mögliche und angestrebte Zusammenarbeit möglicher Innovationspartner aufgrund unterschiedlicher Voraussetzungen und Einstellungen, welche nicht überbrückt oder vermittelt werden können, misslingt.[96] Ein Grund für das Auftreten der Barriere des Nicht-Zusammenarbeiten-Wollens liegt in der Wahrung persönlicher oder organisationaler Interessen begründet, die eine Zusammenarbeit ausschließen.[97] Die Barriere des Nicht-Zusammenarbeiten-Dürfens wiederum tritt auf, wenn unternehmenseigene Gebote und Verbote eine Zusammenarbeit ausschließen oder aber Machtopponenten oder eine Drittpartei die Zusammenarbeit verbieten.[98] Der Beziehungspromotor überwindet diese Barrieren durch das „Erreichen und Zusammenbringen von Personen, die Dialogführung mit Personen, das Steuern ihrer Interaktionsprozesse, und das Fördern sozialer Bindung zwischen den Partnern.“[99] Die dem Beziehungspromotor eigene Machtquellen „bestehen in seinem bereits vorhandenen Netzwerk und seinen Fähigkeiten, dieses Netzwerk zu nutzen und neue Netzwerkbeziehungen zu knüpfen.“[100]

Jede der dargestellten Promotoren übernimmt eine für die Durchsetzung des Innovationsprozesses spezifische Funktion. Zugleich ist, wie bereits bei Witte im Promotoren-Grundmodell angenommen, die Verbindung verschiedener Promotorenrollen in einer Person möglich. Auch kommt die Personalunion mehrerer Promotorenrollen in der Praxis gehäuft vor.[101] Jedoch umfassen diese Kombinationen selten mehr als zwei der vier Promotorenrollen.[102]

Nun ist zu fragen, ob dieses Promotorenmodell auch im kirchlichen Bereich Anwendung finden kann. Dies gilt insbesondere, da es aus der Betriebswirtschaftslehre stammt und damit die Entwicklung von neuen Produkten und Dienstleistungen

93 Vgl. ebd.
94 Vgl. ebd., 119f.
95 Vgl. ebd.
96 Vgl. ebd., 120.
97 Vgl. ebd.
98 Vgl. ebd., 119.
99 Ebd., 120f. Im Original kursiv hervorgehoben.
100 Ebd., 122.
101 Vgl. Hauschildt u. a., Innovationsmanagement, 196.
102 Vgl. ebd.

den Hintergrund für den verwendeten Innovationsbegriff bilden dürften. Vor dem Hintergrund dieser Frage erscheint der Rückgriff auf den Begriff der „sozialen Innovation"[103] als hilfreich, welcher wie folgt definiert werden kann:

> „Soziale Innovationen sind neue Wege, Ziele zu erreichen, insbesondere neue Organisationsformen, neue Regulierungen, neue Lebensstile, die die Richtung des sozialen Wandels verändern, Probleme besser lösen als frühere Praktiken, und die deshalb wert sind, nachgeahmt und institutionalisiert zu werden."[104]

Der Begriff der sozialen Innovation bezeichnet demnach Innovationen, welche gerade nicht auf der Erfindung eines neuen materiellen Produktes oder einer Technologie beruhen, sondern auf ein neues Verhalten zurückgehen, welches zum Beispiel durch eine neue Organisationsform bedingt wird. Damit wird es möglich den Innovationsbegriff von rein materiellen Erfindungen und deren Verbreitung (technische Innovationen) zu lösen und zu erweitern.[105] In der Folge existieren neben „nahezu rein technischen Innovationen" auch „sozio-technische"[106] und eben „soziale Innovationen".[107]

Der Begriff der sozialen Innovation bietet nun die Möglichkeit Veränderungsprozesse in Organisationen und Institutionen oder ganz allgemein in Systemen zu beschreiben, welche auf eine Veränderung von Praktiken oder Organisationsformen zurückzuführen sind. Damit wird es möglich, klassische Gemeindegründung innerhalb der *Church of England* als soziale Innovation zu verstehen. Denn diese stellt vor dem Hintergrund des seit Jahrhunderten die innerkirchliche Gemeindelandschaft bestimmenden und regulierenden Parochialsystems eine neue Praxis dar (Invention), welche durch ihre zahlenmäßige Verbreitung (Diffusion) die bisherige Organisationsform in signifikanter Weise verändert (Innovation).[108] Dabei kommt

---

103 Für eine grundlegende Einführung vgl. Zapf, Wolfgang: Über soziale Innovation, in: Ders.: Modernisierung, Wohlfahrtsentwicklung und Transformation. Soziologische Aufsätze 1987 bis 1994, Berlin, 1994, 23–40. Vgl. auch Gillwald, Katrin: Konzepte sozialer Innovation. WZB Discussion Paper No. P 00-519, Berlin, 2000. Abrufbar unter http://hdl.handle.net/10419/50299, 06. August 2020; Moulaert, Frank / Martinelli, Flavia / Swyngedouw, Erik / Gonzalez, Sara: Towards Alternative Model(s) of Local Innovation, in: Urban Studies. 42, (11) 2005, 1669–1990; Howaldt, Jürgen / Jacobsen, Heike (Hrsg.): Soziale Innovation. Auf dem Weg zu einem postindustriellen Innovationsparadigma, Wiesbaden 2010.

104 Zapf, Innovation, 33.

105 Vgl. ebd.

106 Damit werden Innovationen bezeichnet, welche aus einer Verbindung technischer und sozialer Inventionen zurückzuführen sind. Vgl. Zapf, Innovation, 32.

107 Vgl. ebd.

108 Für eine genauere Analyse des Innovationspotentials klassischer Gemeindegründugn vgl. ▷ Kapitel 15.1.6.2 und Kapitel 18.3.

es zu keinem radikalen Umbruch, jedoch aber zu einer signifikanten Veränderung der bisherigen Praxis und Organisationsform, wie sich zum Beispiel anhand der Einführung des kirchenrechtlichen Instrumentes der *Bishop's Mission Order* zeigen lässt. Auch dies ist ein Merkmal sozialer Innovationen: Sie zeichnen sich dadurch aus, dass sie „anerkannte Ziele durch die Anwendung neuer Mittel besser erreichen [...], als bisherige Praktiken."[109] Da nun das Promotorenmodell nicht auf einen technischen Innovationsbegriff festgelegt ist, sondern grundsätzlich auch bei sozialen Innovationen zur Anwendung kommen kann,[110] erscheint die Verwendung des Modells in dieser Arbeit als legitim und mit einem heuristischen Potential verbunden.

4.3.4.2 Die Auswahl der Interviewpartner

Die Experteninterviews mit Gemeindegründern und einer Gemeindegründerin zeigten, dass in der Förderung von Gründungsprozessen von Gemeindegründungen Personen der übergemeindlichen Ebene eine entscheidende Rolle spielen. Dies betrifft besonders den zuständigen Diözesan- oder Suffraganbischof, der als Machtpromotor auftritt, als auch Personen, welche in ihrer Funktion als Prozess- und Beziehungspromotoren bezeichnet werden können. Hier muss zuallererst der Bischof von Islington, Ric Thorpe, genannt werden. Als Fachpromotor können zunächst die Gemeindegründer und -gründerinnen gelten. Zugleich müssen auch Personen, die über Expertenwissen zum Thema Gemeindegründung verfügen, aber lediglich in beratender Funktion in Gemeindegründungsprozesse involviert sind, als Fachpromotoren bezeichnet werden.

Für die Auswahl der Experten für diese Interviewreihe war ihre Funktion als Promotoren für Gemeindegründung ein maßgebliches Kriterium. Bei der Auswahl wurde versucht, alle vier Promotorenrollen zu bedenken. Die der jeweiligen Person zuzuordnende Promotorenrolle war entweder durch die Ergebnisse der Interviewreihe mit Gemeindegründern und einer Gemeindegründerin ersichtlich, oder sie ergab sich aus den durch die teilnehmenden Beobachtungen oder das Literaturstudium gewonnenen Erkenntnissen. Einen Sonderfall stellen die Gesprächspartner Bob und Mary Hopkins und George Lings dar. Sie müssen zunächst als Fachpromotoren eingeordnet werden. Zugleich kommt ihnen unter den Interviewpartnern eine Sonderrolle zu. Diese liegt darin begründet, dass sie die Gemeindegründungsszene als auch die *fresh expressions of church*-Bewegung von

---

109 Zapf, Innovation, 33.

110 Vgl. Hauschildt, Jürgen: Zur Weiterentwicklung des Promotoren-Modells, in: Hauschildt, Jürgen / Gemünden, Hans Georg (Hg.): Promotoren. Champions der Innovation, 2. erweiterte Auflage, Wiesbaden, 1999, 263f.

Anfang an aktiv mitgestaltet, als auch reflektierend begleitet haben. Somit verfügen sie über Einsichten zur Entwicklung beider Strömungen seit deren Beginn.

Es folgt nun ein tabellarischer Überblick über die Interviewpartner der Interviewreihe mit Promotoren für Gemeindegründung.

Tabelle 2 Interviewpartner Promotoren

#	Interviewpartner (Kurzform)	Promotorenrolle	Funktion
1	Mary (P1.1.) und Bob Hopkins (P1.2.)	Fachpromotoren	Leiter Anglican Church Planting Initiatives, Mitarbeiter von Fresh Expressions UK
2	Richard Perkins (P2)	Fachpromotor	Director of Church Planting des Gemeindegründungsnetzwerkes Co-Mission
3	Ric Thorpe (P3)	Fach-, Prozess- und Beziehungspromotor	Bischof von Islington, Bischof für Gemeindegründung der Diözese London, Vorsitzender des Beirats von Fresh Expressions UK
4	Dr. George Lings (P4)	Fachpromotor	Revd. Canon, Ehemaliger Leiter der Church Army Research Unit
5	Mark Elsdon-Dew (P5)	Prozess- und Beziehungspromotor	Leiter Kommunikation bei Holy Trinity Brompton
6	Archie Coates (P6)	Fach-, Prozess- und Beziehungspromotor	Revd., Vicar of St Peter's Brighton, Leiter des HTB-Netzwerkes
7	Martin Warner (P7)	Machtpromotor	Bischof von Chichester
8	Tim Dakin (P8)	Machtpromotor	Bischof von Winchester

Neben den genannten Auswahlkriterien war das bereits für die Interviewreihe mit Gemeindegründern und einer Gemeindegründerin dargestellte Vorgehen in der Auswahl der Interviewpartner, der Durchführung und der Auswertung der Interviews leitend. Das heißt, dass die durch ein Interview gewonnenen Erkenntnisse auf den Auswahlprozess weiterer Interviewpartner als auch auf die Interviewführung selbst Einfluss nahmen.

Der für diese Interviewreihe erstellte Leitfaden wurde mithilfe derselben, bereits bei den Experteninterviews mit Gemeindegründern und einer Gemeindegründerin verwendeten, Methode im Januar und Februar 2019 erstellt. Grundlage bildeten dabei die bis zu diesem Zeitpunkt gewonnenen Erkenntnisse. Ein wichtiges Ziel dieser Interviewreihe stellte die Vertiefung und Überprüfung eben dieser bereits gewonnener Erkenntnisse dar. Aus diesem Grund wurden zentrale Fragekomplexe aus dem Leitfaden der Experteninterviews mit Gemeindegründern und einer Gemeindegründerin übernommen und angepasst. Daneben wurde ein besonderer Schwerpunkt auf das Modell der *City Centre Resource Church* gelegt, da dieses, wie bereits beschrieben, im Laufe der Hauptexplorationsphase an Bedeutung gewann.

Im Zeitraum von März bis Juli 2019 wurden sieben Experteninterviews geführt. Einer der Interviewpartner entzog nachträglich sein Einverständnis zur

Verwendung des Interviews. Zur Kompensation wurden zwei weitere Interviews mit Ersatzpersonen, welche dieselbe Promotorenrolle repräsentieren geführt. Dies geschah – deutlich nach Abschluss der Feldforschungsphase – im März 2020. Die meisten Interviews mit Promotoren wurden im persönlichen Gespräch und als Einzelinterviews geführt. Aus terminlichen Gründen wurde das Interview mit Bob und Mary Hopkins mit Hilfe der Kommunikationssoftware Skype geführt. Die beiden im März 2020 durchgeführten Interviews wurden aufgrund der zu diesem Zeitpunkt im Zuge der Corona-Krise herrschenden Reisebeschränkungen als Telefoninterview beziehungsweise ebenfalls mit Hilfe der Kommunikationssoftware Skype geführt. Wie bei den anderen Interviews auch wurden die Transkripte auf deren Wunsch den Gesprächspartnern zur Durchsicht und Berichtigung „faktischer Fehler“ zur Verfügung gestellt. Dann wurden diese unter Anwendung des bereits geschilderten Verfahrens kodiert und ausgewertet.

4.3.5 Begleitende teilnehmende Beobachtungen

Während der Hauptexplorationsphase wurden weiterhin teilnehmende Beobachtungen in Gemeindegründungen und sendenden Gemeinden,[111, 112] aber auch in anderen Typen der *fresh expressions of church* durchgeführt.[113, 114] Letztere dienten der Überprüfung der in dieser Arbeit vorgelegten Definition von Gemeindegründung und damit auch der Abgrenzung von anderen missionarisch orientierten Initiativen in der *Church of England*. Die durchgeführten teilnehmenden Beobachtungen variierten in ihrer Intensität. In den meisten Fällen umfassten sie die Teilnahme an Gottesdiensten sowie ein unstrukturiertes Hintergrundgespräch mit dem Gemeindegründer oder einem anderen Hauptamtlichen. Einzelne Gemeindegründungen wurden jedoch intensiver untersucht, indem hier teilnehmende Beobachtungen in einer Vielzahl verschiedener Gemeindeveranstaltungen und über einen längeren Zeitraum hinweg durchgeführt wurden.[115] Dies trifft auf die

---

111 Bei sendenden Gemeinden handelt es sich um die Gemeinden, welche neue Gemeindegründungen initiieren. Vgl. ▹ Kapitel 15.2.1.

112 Eine Übersicht der durch teilnehmende Beobachtungen in der Hauptexplorationsphase untersuchten Gemeindegründungen findet sich in ▹ Kapitel 25.2.

113 Für die in dieser Arbeit vorgenommene Verhältnisbestimmung von Gemeindegründung (*church planting*) und *fresh expressions of church* in der *Church of England* vgl. ▹ Kapitel 6.3.

114 Durch teilnehmende Beobachtungen untersuchte *fresh expressions of church* umfassten eine von Grace Church Hackney initiierte *messy church* in Bethnal Green, London, die *café church* Kahaila in Shoreditch, London, sowie das *alternative worship* Netzwerk Grace in Ealing, London.

115 Zugleich begleitete der Forscher während des Forschungsaufenthaltes ein anglikanischen Gemeindegründungsteam in besonders intensiver Weise. Da in Bezug auf dieses Engagement der Grenzfall des in der Forschung umstrittenen *going native* vorliegt, wurde in dieser Arbeit auf eine Nutzung der dabei gemachten Erfahrungen vollständig verzichtet.

Gemeindegründungen St Peter's Bethnal Green, Grace Church Hackney und King's Cross Church zu. Bei der Gemeindegründung nach dem Revitalisierungsmodell St Paul's Harringay wurde der Gründungsprozess durch teilnehmende Beobachtungen über einen Zeitraum von neun Monaten hinweg, von Januar 2018 bis zur offiziellen Gründung im September 2018 begleitet. Dies umfasste die teilnehmende Beobachtung in monatlichen Vorbereitungstreffen des Gründungsteams, Hintergrundgespräche mit dem Gemeindegründer und die teilnehmende Beobachtung des bereits vor Gründung bestehenden Sonntagsgottesdienstes und des durch die Revitalisierung neu etablierten Gottesdienstes.

Neben diesen Gemeindegründungen wurden eine Vielzahl mit dem Forschungsgegenstand in Verbindung stehende Institutionen und Konferenzen besucht.[116] Wie bereits für die Erstexplorationsphase dargestellt, wurden die Beobachtungen in Memos festgehalten und mit den Erkenntnissen der Experteninterviews abgeglichen.

4.4 Die Phase der Darstellung und Bewertung

Die Phase der Darstellung und Bewertung dauerte von Oktober 2019 bis August 2020. Sie war durch die finale Sichtung, Auswertung und Zusammenführung der Ergebnisse geprägt, welche sich dann in der Erstellung dieser Dissertationsschrift niederschlug. Wie bereits geschildert wurden in dieser Phase aus genannten Gründen zwei weitere Experteninterviews geführt.

---

116 Dies umfasste die Teilnahme an der akademisch ausgerichteten *New Contextual Church Conference* am St *John's College* in Durham im April 2018, die Teilnahme am jährlichen fünftägigen Treffen der HTB-Netzwerkgemeinden *Focus* im Juli 2018, die Teilnahme an der HTB *Leadership Conference* in den Jahren 2018 und 2019, die Teilnahme an den vom *Gregory Centre for Church Multiplication* veranstalteten *Church Planting Conferences* in den Jahren 2018 und 2019, die Teilnahme an der von mehreren Gemeindegründungsnetzwerken des konservativ-evangelikalen Flügels veranstalteten Gemeindegründungskonferenz *Planting Collective* im Mai 2019, die Teilnahme am *National Estate Churches Network Gathering* im September 2018, die Teilnahme an einem Studientag zum Thema *The Desecularisation of the City im Januar 2019*, die Teilnahme an den *Pioneer Conversation Days* der *Church Mission Society* im März 2019, der Besuch des Ausbildungsseminars für anglikanische Geistliche *St Mellitus* in London, die Teilnahme an einer Schulungseinheit von Gemeindegründern des Gemeindegründungsnetzwerkes *Co-Mission* in London, die Teilnahme an zwei Treffen einer *Church Planting Learning Community* in Ost-London, den Besuch des *Church Revitalisation Trust* in London sowie zahlreiche Hintergrundgespräche mit Praktikern und Theoretikern der Gemeindegründungsszene und der *fresh expressions of church*-Bewegung und zu diesen Themen akademisch Forschenden.

4.5 Begrenzungen und Forschungshindernisse

Zur Darstellung des Forschungsverlaufes gehört auch ein Eingehen auf Forschungshindernisse und den sich aus dem Vorgehen ergebenden Begrenzungen dieser Arbeit.

Forschungshindernisse traten vereinzelt in der Hauptexplorationsphase auf. Diese betrafen vor allem den bereits geschilderten Verlust zweier Experteninterviews aufgrund des Rückzugs des Einverständnisses der Interviewpartner. Im Falle der Experteninterviews mit Gemeindepfarrern und -pfarrerinnen wiegt dieser Verlust schwer, da dadurch die Größe des Samples bedeutend kleiner wurde. Die aus diesen Interviews abgeleiteten Aussagen stehen unter dem Vorzeichen, dass hier nicht entschieden werden kann, ob eine Sättigung erreicht wurde. Bei den Experteninterviews mit Promotoren für Gemeindegründung konnte der Verlust eines bereits geführten Interviews durch die Durchführung zweier weiterer Interviews mit gleichwertigen Gesprächspartnern mehr als ausgeglichen werden. Zugleich ist für diese Interviewreihe anzumerken, dass der Versuch einen Interviewpartner für ein Experteninterview aus *der Strategy & Development Unit* der *Church Commissioners*[117] zu gewinnen misslang. Ein solches Experteninterview wäre von hohem Wert, insbesondere für den Themenbereich der City Centre *Resource Church*, gewesen, da die *Strategy & Development Unit* der *Church Commissioners* einen entscheidenden Einfluss bei der Vergabe von Fördergeldern hat, welche von Diözesen oft zur Gründung einer *City Centre Resource Church* genutzt werden. Bei den Experteninterviews mit Gemeindegründern und einer Gemeindegründerin standen zwei angefragte Gemeindegründer für ein solches Interview nicht zur Verfügung, beziehungsweise reagierten nicht auf die Anfrage. Abgesehen von diesen Hindernissen zeigten aber alle anderen Experten und Gesprächspartner große Offenheit und Bereitschaft und standen für Gespräche und Interviews zur Verfügung.

Während der Gottesdienstbefragung in der *City Centre Resource Church* Saint Mary's in Southampton kam es im 09:30 Uhr Gottesdienst zu einer ablehnenden Reaktion und Unmutsbekundungen einzelner Gottesdienstbesucher. Diese standen im Bezug zu den mit der Gründung der *City Centre Resource Church* einhergehenden Veränderungen in der Gemeinde, die auch die bestehende Gottesdienstgemeinde

---

117 Bei den *Church Commissioners* handelt es sich jenes Kuratorium, welches Vermögenswerte der *Church of England* verwaltet und aus diesen Vermögenswerten erzielte Gewinne zur Finanzierung der Arbeit der *Church of England* einsetzt. Die *Strategy & Development Unit* ist eine Abteilung innerhalb dieser Stiftung, welche insbesondere den Einsatz von Geldern zur Förderung von diözesanen Wachstumsstrategien überwacht. Vgl. https://www.churchofengland.org/about/leadership-and-governance/church-commissioners-england/how-we-are-governed/staff#na, 29. November 2019.

betrafen, welche den Hauptanteil der Besucher des 09:30 Uhr Gottesdienstes stellt. Es kam zu einem deutlich geringeren Rücklauf auswertbarer Fragebögen in diesem Gottesdienst, so dass von einer Auswertung dieses Gottesdienstes abgesehen wurde.

Die Begrenzungen dieser Arbeit liegen in den zur Verfügung stehenden zeitlichen und finanziellen Ressourcen und den gewählten Methoden begründet. So wäre es wünschenswert gewesen, die exemplarisch durchgeführte Gottesdienstbefragung in einer *City Centre Resource Church* auf weitere Gemeindegründungen dieses Typs auszuweiten und so für dieses Modell repräsentative Ergebnisse zu erreichen. Dies erschien jedoch mit den im Rahmen einer Dissertation zur Verfügung stehenden zeitlichen und finanziellen Mitteln nicht umsetzbar. Darüber hinaus wären weitere qualitative Teiluntersuchungen von Interesse gewesen, wie zum Beispiel eine qualitative Befragung von Gründungsteammitgliedern. Dies hätte die Möglichkeit geboten, zu einem vertieften Verständnis der sie leitenden Motivationen zu gelangen. Auch wäre eine, wie von Stefan Paas angemahnte, qualitative Befragung von Personen, die sich Gemeindegründungen anschließen oder sich in diesen taufen lassen, wünschenswert gewesen. Eine solche Befragung hätte zu einem tieferen Verständnis des durch Gemeindegründung erreichten Konversionswachstums beitragen können.[118]

Eine weitere Begrenzung dieser Arbeit liegt in der Tatsache begründet, dass es sich beim Forschungsgegenstand der Gemeindegründungsszene in der *Church of England* um ein sich stetig weiter entwickelndes Forschungsfeld handelt. Das heißt, dass aus dieser Untersuchung abgeleitete Beschreibungen und Kategorisierungen durch Fortentwicklung der tatsächlichen Praxis an Angemessenheit verlieren können.

118 Vgl. Paas, Church Planting, 150–152.

D. Gemeindegründung in der Church of England

5. Die Entwicklung der Gemeindegründungszene und der fresh expressions of church-Bewegung in der Church of England seit den 1970er Jahren bis heute

Die Gemeindegründungsszene in der *Church of England* und die *fresh expressions of church*-Bewegung sind in ihrer Geschichte eng miteinander verbunden. Dies hat Auswirkungen auf die Abgrenzung beider Strömungen voneinander. Aus diesem Grund soll zunächst ein Überblick über die historischen Entwicklungen gegeben werden, bevor in einem nächsten Schritt eine genaue Definition für das dieser Arbeit zugrundeliegende Verständnis von Gemeindegründung im Kontext der *Church of England* vorgestellt wird.

Eine unabhängige, ausführliche und vollständige historische Darstellung der hier beschriebenen Entwicklungen und Ereignisse[1] liegt bis heute nicht vor.[2] Als Hauptquellen müssen zwei kleinere von George Lings und Stuart Murray verfasste Beiträge,[3] welche rückblickartig die Entwicklungen der 1990er Jahre und der 2000er Jahre zusammenfassen, sowie eine kurze, von George Lings verfasste Gesamtdarstellung zur Geschichte von *church planting* und *fresh expressions of church* in der *Church of England*[4] dienen. Für beide Autoren, George Lings und Stuart Murray, gilt, was George Lings in der Einführung zu seiner Darstellung der Geschichte der *fresh expressions of church* und Gemeindegründungen in der *Church of England* schreibt:[5] Sie blicken auf die Ereignisse nicht als unbeteiligte Beobachter zurück, sondern haben diese als aktive Teilnehmer selbst mitbestimmt.[6]

1 Eine solche Darstellung kann auch in dieser Arbeit nicht geleistet werden.

2 Sabrina Müller bietet einen informativen und übersichtlichen Abriss der Entwicklungen, konzentriert sich dabei aber auf die *fresh expressions of church*-Bewegung und muss dabei ebenso auf die Berichte von Lings und Murray zurückgreifen. Vgl. Müller, Fresh Expressions of Church, 65–104.

3 Vgl. Lings, George / Murray, Stuart: Church Planting: Past, Present and Future, Nachdruck, Cambridge, 2008; Lings, George / Murray, Stuart: Church Planting in the UK Since 2000. Reviewing the First Decade, Cambridge, 2012.

4 Vgl. Lings, George: A History of Fresh Expressions and Church Planting in the Church of England, in: Goodhew, David (Hg.): Church Growth in Britain. 1980 to the Present, Ashgate Contemporary Ecclesiology Series, Farnham, 2012, 161–177.

5 Vgl. Lings, History, 161.

6 George Lings war unter anderem an der Verfassung der beiden einflussreichen Berichte *Breaking New Ground* und *Mission-shaped Church* beteiligt und kann aufgrund seiner statistischen Expertise als eine Art „Kartograph" der Gemeindegründungsszene und der *fresh expressions of church*-Bewegung gelten. Vgl. Harris, Patrick (Hg.): Breaking New Ground. Church Planting in the Church of England, London,

Dies bringt die Gefahr mit sich, dass durch die persönliche Beteiligung gefärbte „Zerrbilder" entstehen, birgt jedoch auch den Vorteil, dass hier Personen aus der Innenansicht schreiben und dadurch über sonst nicht zugängliches Wissen verfügen.[7] Aus Mangel an Alternativen wird in der folgenden Darstellung neben der Analyse der wichtigsten offiziell von der *Church of England* herausgegebenen Berichte, verstärkt auf die Texte von Lings und Murray zurückgegriffen. Zusätzlich wird die Darstellung durch einzelne Aussagen aus den geführten Experteninterviews ergänzt.

5.1 Vorausgehende Entwicklungen

George Lings identifiziert sechs Entwicklungen in den Jahrzehnten vor 1980, welche nach seinem Dafürhalten den Boden für Gemeindegründungen innerhalb der *Church of England* bereiteten.[8] Diese sind (1) die im 20. Jahrhundert entstehende ökumenische Bewegung, (2) die Hauskreisbewegung (*small group movement*), (3) die seit den 1960er Jahren erstarkende innerkirchliche Laienbewegung (*Lay Leadership movement*), (4) die Ausbreitung der charismatischen Bewegung innerhalb der *Church of England* seit dem Jahr 1964, (5) die liturgischen Revisionen der 1960er Jahre und (6) der wachsende Einfluss der aus den USA stammenden Gemeindewachstumsbewegung (*Church Growth Movement*) in der *Church of England* seit dem Jahr 1975.[9]

Das Entstehen der ökumenischen Bewegung trug zu einer Wahrnehmung der verschiedenen Denominationen und Konfessionen als provisorische Gebilde bei und führte in diesem Sinne auch zu einer Akzeptanz kirchlicher Vielfalt innerhalb einer Denomination:[10] „In recognizing other ways to do and be church, we could no longer think there was only one way. Here was a harbinger of untidy yet acceptable diversity."[11] Lings These lautet also, dass eine durch die ökumenische Bewegung geförderte positive Wahrnehmung anderer Denominationen und

---

1994, iii; Cray, Mission-shaped Church, vi. Stuart Murray entstammt der Täuferbewegung, war als Gemeindegründer in Ostlondon tätig. Er ist Berater für Gemeindegründung und Autor mehrerer Publikationen zum Thema. Vgl. https://www.bristol-baptist.ac.uk/us/meet-the-team/teaching-staff/stuart-murray-williams, 14. Januar 2019.

7 Vgl. Lings, History, 161.

8 Eine weiter ausgreifende Darstellung anderer vorbereitender Faktoren wie zum Beispiel eine Darstellung historischer Vorbilder und Anknüpfungspunkte für Gemeindegründung innerhalb der Geschichte der *Church of England* kann hier nicht geleistet werden.

9 Vgl. Lings, History, 162f.

10 Vgl. ebd., 162.

11 Ebd.

Konfessionen und ihrer Unterschiedlichkeit sich auch positiv auf das inneranglikanische „Klima" auswirkte. Auch innerkirchliche Unterschiede konnten nun vor dem Lichte der ökumenischen Annäherung deutlich positiver bewertet werden. Auf diese Weise bereitete die ökumenische Bewegung mittelbar auch den Boden für die Anerkennung neuer und vielfältiger gemeindlicher Formen außerhalb des institutionalisierten Parochialsystems. Die sich seit den 1970er Jahren ausbreitende Hauskreisbewegung[12] förderte das Entstehen von vertraulicheren Beziehungen zwischen Gemeindegliedern und stärkte eine gemeinschaftlich gelebte Nachfolge. Die in der Regel von Ehrenamtlichen geleiteten Hauskreise stärkten eine Gemeindekultur, bei der das Priestertum aller Glaubenden im Zentrum steht[13] und forderten zugleich das Verständnis von Kirche als reiner Gottesdienstgemeinde heraus.[14] Sie stellen damit einen wichtigen Baustein für die später entstehende *fresh expressions of church*-Bewegung dar, welche zu einem großen Teil von Ehrenamtlichen getragen wird. Die Laienbewegung wiederum stärkte ebenfalls das Priestertum aller Glaubenden und damit die Dienstgemeinschaft zwischen Geistlichen und Gemeindegliedern. Dadurch erhielten die Ehrenamtlichen größeren Einfluss und mehr Gewicht bei der Gestaltung der gemeindlichen Arbeit. Eine Entwicklung, von der später auch die Gemeindegründungsszene profitierte und die sie auch selbst weiter förderte, da Gemeindegründungen in den allermeisten Fällen mithilfe eines Gründungsteams von Ehrenamtlichen durchgeführt werden.[15] Auch die charismatische Bewegung setzte auf die Beteiligung von Gemeindegliedern in der Gestaltung und Leitung der gemeindlichen Arbeit, indem sie mit der Lehre von den „Geistesgaben" die normalen Gemeindeglieder ermächtigte und die Teilhabe am Gemeindeleben erhöhte.[16] Zudem sollten charismatisch geprägte Gemeinden zu einem wichtigen Motor von Gemeindegründungsinitiativen innerhalb der *Church of England* werden.[17] Die in den 1960er Jahren durchgeführten liturgischen Reformen öffneten die Tür zu einer größeren Freiheit in der liturgischen Gestaltung von Gottesdiensten und bereiteten damit den Weg für alternative und kontextuell angepasste Liturgien, wie sie in vielen Gemeindegründungen und *fresh expressions*

---

12 Als Hauskreise bezeichnet man eine Gruppe von ungefähr 10 bis 15 Christen, welche sich meist in wöchentlichem Rhythmus in privaten Räumlichkeiten zu Austausch, Bibellesen und Gebet treffen. Hauskreise sind in der Regel an eine christliche Gemeinde angebunden und dienen als Raum für Gemeinschaft und geistliches Wachstum. Seit den 1970er Jahren sind Hauskreise fester Bestandteil des missionarischen Gemeindeaufbaus. Für einen Überblick vgl. Herbst, Michael: Art. Hauskirche/Hauskreise, in: RGG 3, Tübingen, 2000, 1482; Herbst, Gemeindeaufbau, 406–409.

13 Vgl. Lings, History, 162.

14 Vgl. ebd.

15 Vgl. ebd.

16 Vgl. ebd.

17 Vgl. ebd.

of church zum Einsatz kommen.[18] Die Verbreitung der Gemeindewachstumsbewegung förderte schließlich einen Paradigmenwechsel im kirchlichen Denken, weg von einer institutionellen Sicht von Kirche und dem damit verbundenen Fokus auf Bewahrung und Stabilität, hin zu einem Ansatz der Wachstum und damit Aktivität und Dynamik in den Vordergrund stellte.[19]

Mit Sabrina Müller ist ergänzend darauf hinzuweisen, dass eine im Laufe des 20. Jahrhunderts erfolgte Veränderung im Missionsverständnis und Missionsbegriff innerhalb der *Church of England* als weitere wichtige Faktoren in den Blick genommen werden müssen.[20] Diese umfassen im Mindesten die mit dem Begriff from *missions to mission* bezeichnete Verschiebung im Missionsverständnis,[21] die Neufassung des Missionsbegriffs durch die *Missio Dei* und die Entwicklung der anglikanischen *Five Marks of Mission*. Für die zu Beginn des 20. Jahrhunderts stattfindende Verschiebung im Missionsverständnisses war vor allem die Weltmissionskonferenz in Edinburgh im Jahr 1910 von großer Bedeutung. Hier erfolgte die Abkehr des im 19. Jahrhundert vorherrschenden Missionsverständnis als Übersee-Mission:

> „Infolgedessen wurde Mission als persönliche Verantwortung in die Kirchengemeinde zurückgegeben und konnte nicht mehr an Missionswerke als Übersee-Aufgabe delegiert werden. Ebenfalls wurde das Bewusstsein geweckt, dass die Kirche in ihrem Wesen missionarisch ist."[22]

Damit wurde die Grundlage für ein missionarisches Anliegen geschaffen, wie es dann deutlich später für die Gemeindegründungsszene und die *fresh expressions of church*-Bewegung prägend sein würde.

Wesentlich war auch die Aufnahme der den Missionsbegriff im 20. Jahrhundert neu füllenden Theologie der *Missio Dei*.[23] Die *Missio Dei* greift den von Karl Barth erstmals formulierten Gedanken auf, „dass Mission eine Aktivität Gottes sei"[24] und begründet damit ein trinitätstheologisches Missionsverständnis.

---

18 Vgl. ebd., 163.

19 Vgl. ebd. Vgl. dazu auch Lings, Reproducing Churches, 21–25.

20 Vgl. für eine ausführliche Darstellung Müller, Fresh Expressions of Church, 65–70.

21 Vgl. Yates, Timothy: Anglicans and Mission, in: Sykes, Stephen/ Booty, John / Knight, Jonathan (Hg): The Study of Anglicanism, 2. Auflage, London / Minneapolis, 1998, 491.

22 Müller, Fresh Expressions of Church, 66.

23 Für eine ausführliche Darstellung des Gedankens der *Missio Dei* vgl. Vicedom, Georg F.: Missio Dei. Einführung in eine Theologie der Mission, München, 1958. Ebenso Margull, Hans Jochen: Mission als Strukturprinzip. Ein Arbeitsbuch zur Frage missionarischer Gemeinde, Genf, 1965.

24 Vgl. Müller, Fresh Expressions of Church, 67.

> „[…] denn im Unterschied zu ekklesiozentrischen Missionskonzeptionen soll der dreieinige Gott als das eigentliche ‚Subjekt' von Mission begriffen werden: Er ist Sendender und Gesandter zugleich, und die Kirche wird in sein weltumspannendes Heilshandeln hineingenommen; d. h. sie ist nicht selbst Subjekt, Ursprung oder Ziel der Mission."[25]

Daraus folgt zum einen, dass Mission zu allererst als ein Handeln Gottes zu verstehen ist, das auch außerhalb der Kirche geschehen kann. Die Aufgabe der Kirche ist es, sich an dem missionarischen Handeln Gottes zu beteiligen. Dieser Gedanke wurde später für die *fresh expressions of church*-Bewegung leitend und in Aufnahme einer Formulierung des ehemaligen Erzbischofs von Canterbury Rowan Williams aus dem Jahr 2003 zu einer Art Mantra der Bewegung: „Mission, it's been said, is finding out what God is doing and joining in."[26] Zum anderen wirkt die *Missio Dei* einer evangelistischen Engführung von Mission entgegen.[27] Vielmehr wird Mission nun als ein vieldimensionaler Begriff verstanden, der genauso diakonisches wie evangelistisches Engagement beinhaltet. Dieses Verständnis wird auch in den vom *Anglican Consultative Council* zwischen 1984 und 1990 entwickelten *Five Marks of Mission* deutlich. Dabei handelt es sich um fünf Kennzeichen, welche seit den 1990er Jahren sowohl in der *Church of England* als auch in der weltweiten Anglikanischen Gemeinschaft als Maßstab für Mission gelten.[28] Sie lauten wie folgt:

> „The mission of the Church is the mission of Christ
> 1. To proclaim the Good News of the Kingdom
> 2. To teach, baptise and nurture new believer
> 3. To respond to human need by loving service
> 4. To transform unjust structures of society, to challenge violence of every kind and pursue peace and reconciliation
> 5. To strive to safeguard the integrity of creation, and sustain and renew the life of the earth"[29]

---

25 Grünschloß, Andreas: Art. Missio Dei, in: RGG 5, Tübingen, 2002, 1271.

26 Archbishop's Presidential Address – General Synod, York, http://aoc2013.brix.fatbeehive.com/articles.php/1826/archbishops-presidential-address-general-synod-york-july-2003, 13. Februar 2020. Vgl. ebenso Müller, Fresh Expressions of Church, 69.

27 Vgl. Grünschloß, Missio Dei, 1271.

28 Vgl. Müller, Fresh Expressions of Church, 66.

29 The Five Marks of Mission – Anglican Communion, http://www.anglicancommunion.org/mission/marks-of-mission.aspx, 13. Februar 2020.

Auch in der *fresh expressions of church*-Bewegung stellen die *Five Marks of Mission* einen zentralen Bezugspunkt dar, „da sie eine breite Basis für Mission bieten und eine grosse [!] Vielfalt an missionarischem Handeln zulassen."[30]

Über die bereits dargestellten missionstheologischen Entwicklungen des 20. Jahrhunderts wirkten noch weitere Missionstheologen auf das Missionsverständnis der *Church of England* und auch der *fresh expressions of church*-Bewegung ein. In Bezugnahme auf Steven Croft nennt Müller Roland Allen,[31] John V. Taylor,[32] Vincent Donovan[33] und David Bosch[34] als prägende Figuren.[35] Am einflussreichsten war aber wohl Lesslie Newbigin (1909–1998). Dieser war ein britischer Theologe, welcher 1974 aufgrund seiner Pensionierung nach jahrzehntelanger Tätigkeit in der Mission nach Großbritannien zurückkehrte. Zuvor hatte er als Missionar und Bischof von Madras in Südindien gewirkt und sich zugleich in der ökumenischen Bewegung engagiert.[36] Durch die nach seiner Rückkehr entstehenden missionstheologischen Schriften trug Newbigin entscheidend dazu bei, die Situation der Kirchen in Westeuropa als missionarische Herausforderung zu begreifen.[37] Laut

30 Müller, Fresh Expressions of Church, 67.

31 Roland Allen (1868–1947) war ein anglikanischer Geistlicher, welcher unter anderem als Missionar in China arbeitete. Mit seinem Einsatz für die Selbstständigkeit indigener Gemeinden und Kirchen beeinflusste er die Pfingstbewegung, die Befreiungstheologie und das chinesische *Three Self Movement*. Vgl. Jeffrey, Robert: Art. Allen, Roland, in: RGG 1, 4. Auflage, Tübingen, 1998, 311f. Vgl. hierzu auch ▹ Kapitel 10.2.2.

32 John Vernon Taylor (1914–2001) war Bischof von Winchester in der *Church of England*. Zuvor arbeitete er als Missionar in Uganda und war Generalsekretär der anglikanischen Missionsgesellschaft *Church Mission Society*. Sein Buch *The Go-Between God* (1972) beschäftigt sich mit der Lehre vom Heiligen Geist und war in der *Church of England* von einigem Einfluss. Vgl. Rowell, Geoffrey / Stevenson, Kenneth / Williams, Rowan (Hg.): Love's Redeeming Work: The Anglican Quest for Holiness, Oxford, 2003, 714; Taylor, John V.: The Go-Between God, Wiederabdruck, London 2004.

33 Vincent J. Donovan (gest. 2000) war ein katholischer Priester und Missionar unter dem Stamm der Massai in Tanzania. Über seine Missionstätigkeit berichtet er in dem Buch *Christianity Rediscovered* (1978). Vgl. Bowen, John P.: „What Happened Next?" Vincent Donovan, Thirty-five Years On, in: International Bulletin of Missionary Research 33, (2) 2009, 79; Donovan, Vincent J.: Christianity Rediscovered, Wiederabdruck, London, 2001.

34 David J. Bosch (1929–1992) war ein südafrikanischer Missionstheologe, welcher vor allem durch sein Werk *Transforming Mission* (1991) erheblichen Einfluss auf die westliche Missionstheologie ausübte. Vgl. Saayman, Willem: Art. Bosch, in: RGG 1, 4. Auflage, Tübingen, 1998, 1702; Bosch, David J.: Transforming Mission. Paradigm Shifts in Theology of Mission, Amercian Society of Mission Series 16, 10. Auflage, Maryknoll, 1996.

35 Vgl. Müller, Fresh Expressions of Church, 70.

36 Vgl. Jackson, E. M.: Art. Newbigin, in: RGG 6, 4. Auflage, Tübingen, 2003, 273.

37 Vgl. Müller, Fresh Expressions of Church, 69.

Müller sind die Werke Newbigins ein fester Bezugspunkt für die *fresh expressions of church*-Bewegung und werden immer wieder zitiert.[38]

Gerade in Bezug auf Newbigin stellt sich die Frage, welche Rolle die spätestens seit den 1970er Jahren immer deutlicher zu Tage tretenden kirchlichen Abbruchprozesse für das Entstehen der Gemeindegründungsszene spielten. Nach der Einschätzung von Lings sollten die mit den 1970er und 1980er Jahren einsetzenden unten beschriebenen Entwicklungen nicht als eine durch Verlustängste bestimmte kirchliche Reaktion auf die feststellbaren Niedergänge verstanden werden.[39] Vielmehr kommt Lings zum Schluss, dass sie als unmittelbare Folge der langfristigen oben beschriebenen Veränderungen zu verstehen sind, welche als für das kirchliche Leben positiv erfahren wurden: „They sprang from hope and discovery, not from pessimism and desperation.“[40] Dagegen betonen andere, dass es gerade der Rückgang an finanziellen Möglichkeiten war, welcher innerhalb der *Church of England* für die nötige Offenheit gegenüber neuen Gemeindeformen sorgte.[41] Möglich ist, dass beide Sichtweisen ihr Recht haben und eine kirchliche von Aufbruch bestimmte Basis-Bewegung auf eine aufgrund finanziellen Drucks nach alternativen Handlungsmöglichkeiten Ausschau haltende Kirchenleitung traf.

5.2 Erste Gemeindegründungen in den 1970er und 1980er Jahren

Die wahrscheinlich erste Gemeindegründung datiert George Lings auf das Jahr 1969.[42] Sie fand in einer von sozialem Wohnungsbau geprägten Nachbarschaft namens Kingsmead, im Bezirk Hackney in Ostlondon statt und wurde von Ted

---

38 Als besonders Einflussreiche Werke nennt Müller *Foolishness to the Greeks, The Gospel in a Pluralist Society, The Open Secret und The Household of God.* Vgl. Müller, Fresh Expressions of Church, 70. Vgl. Newbigin, Lesslie: Foolishness to the Greeks: The Gospel and Western Culture, Grand Rapids, 1986; Newbigin, Lesslie: The Gospel in a Pluralist Society, Nachdruck, Grand Rapids, 1991; Newbigin, Lesslie: The Open Secret: An Introduction to the Theology of Mission, 2. Auflage, Grand Rapids, 1995; Newbigin, Lesslie: The Household of God: Lectures on the Nature of Church, Eugene, 2009.

39 Vgl. Lings, History, 164.

40 Lings, History, 164.

41 Vgl. Bärend, Hartmut: Die Gemeindepflanzungsbewegung in England – ein Signal für unsere Kirche!, in: Roschke, Volker (Hg.): Gemeinde Pflanzen. Modell einer Kirche der Zukunft, Neukirchen-Vluyn, 2001, 5; Grethlein, Kirchentheorie, XIII, Fußnote 4. Vgl. auch Woodhead / Brown, Church, 101–107.

42 Auch vor 1969 gab es innerhalb der *Church of England* Gemeindegründungsprozesse. Hier sind zum Beispiel das *Daughter Church Movement* der 1930er und 1950er Jahre zu nennen. Im Zuge von neu erschlossenen Siedlungsflächen kam es zur Gründung von neuen Parochialgemeinden. Die neu entstehenden Gemeinden wurden meist zunächst einer in der Nähe liegenden Parochie unterstellt, welche einen *curate* zur Betreuung der neu entstehenden Gemeinde entsandte. Im Unterschied zum hier untersuchten *church planting* waren diese Gemeindegründungsprozesse jedoch nicht primär missionarisch bestimmt und auch nicht von einer Gemeindewachstumstheologie geprägt,

Longman initiiert und durchgeführt.[43] In den 1970ern und frühen 1980er Jahren kam es dann zu einzelnen Fällen von Gemeindegründung. Diese resultierten zum Teil aus der notwendigen kirchlichen Versorgung von größeren Neubaugebieten oder der pastoralen Neuorganisation von Gemeindegebieten. Der hauptsächliche Grund lag jedoch in der Wahrnehmung, dass manche Parochien so groß waren, dass die zuständigen Kirchengemeinden bestimmte Teilgebiete der Parochie nicht hinreichend missionarisch erreichten.[44] Diese Wahrnehmung wurde von zwei Untersuchungen gestützt, welche David Wasdell Mitte der1970er Jahre in Bezug auf das Parochialsystem durchführte.[45] In diesen kam er zum Schluss, dass mit wachsender Größe der Parochie, die Parochialgemeinde an missionarischer und pastoraler Effektivität einbüßte.[46] Als Lösung schlug er die Schaffung kleinerer, ehrenamtlich geleiteter Kirchengemeinden in den verschiedenen Teilgebieten der Parochie vor.[47] Die Logik dahinter entsprach dem Denken, dass bei einer höheren Anzahl von Gemeinden ein besseres Verhältnis von Gemeindegliedern zur Gesamtzahl der Einwohner einer Parochie entstehen würde und sich damit die sichtbare Präsenz der Gemeinde und damit ihre missionarische Effektivität erhöhen würde.

Die von Wasdell vorgelegten Untersuchungen blieben nicht ohne Einfluss auf die wenigen Gemeindegründer dieser Zeit.[48] So stellte die Wahrnehmung, dass es trotz oder gerade wegen des Parochialsystems kirchlich unerreichte Gebiete gab, den Hauptgrund für in dieser Phase vorgenommene Gemeindegründungen dar. Den prominentesten Fall stellte dabei die Gründung von acht Teilgebietsgottesdienstgemeinden in der die ganze Stadt umfassenden Parochie von Chester-le-Street dar. Diese fanden im Zeitraum von 1971 bis 1984 unter den beiden Gemeindepfarrern Patrick Blair und Ian Bunting statt.[49] Weitere wichtige Gründungen waren die Revitalisierung einer bestehenden Gemeinde in Birmingham im Jahr 1983, für welche ein Gründungsteam erstmals die Grenzen einer Parochie überschritt, sowie zwei von Holy Trinity Brompton in den Jahren 1985 (St Barnabas Kensington) und 1987 (St Mark's Battersea Rise) durchgeführte Revitalisierungen mit sehr großen

---

sondern folgten der Versorgungslogik des Parochialsystems. Vgl. Lings, History, 164. Vgl. ebenfalls Transkript 4.3., Z. 817–824. Transkript 4.7., Z. 235–250; Transkript 4.8.; Z. 162–177.

43 Vgl. Lings, History, 164.

44 Vgl. ebd., 164f.

45 Vgl. Wasdell, David: Let my People Grow. Urban Church Project Work paper No 1, 1974; Wasdell, David: Divide and Conquer. Urban Church Project Work paper No 2, 1975.

46 Vgl. Lings, History, 163.

47 Vgl. ebd.

48 Vgl. Lings, History, 163–165. Vgl. auch Transkript 4.1.1., Z. 410–448.

49 Vgl. Lings, History, 165. Vgl. ebenso Walker, Geoffrey / Bunting, Ian: Twenty Years On: Chester-le-Street Today, in: Hopkins, Bob (Hg.): Planting New Churches. Guidelines and Structures for Developing Tomorrow's Church, Guildford, 1991, 148–157.

Gründungsteams (ca. 100 und ca. 60 bis 70 Personen), welche Dekanats- und sogar Diözesangrenzen überschritten.[50]

Im Zeitraum von 1971 bis 1982 lag die durchschnittliche Gründungsrate für die *Church of England* laut George Lings bei 3,6 Gemeindegründungen pro Jahr.[51] Diese stieg im Jahr 1984 auf insgesamt neun gegründete Gemeinden.[52] Im selben Jahr erschien die erste für den englischen Kontext geschriebene Veröffentlichung zum Thema mit dem Titel *How to plant churches*, herausgegeben von Monica Hill.[53] In den Jahren 1985 bis 1988 fanden dann durchschnittlich 17 Gemeindegründungen pro Jahr statt. Zur selben Zeit entstand um das Ehepaar Bob und Mary Hopkins ein erstes loses Netzwerk von Gemeindegründern.[54]

Ebenfalls in dieser Zeit lokalisiert Lings einen Paradigmenwechsel im Denken vieler missionarisch orientierter Protagonisten jener Zeit. Lag der Fokus, angestoßen durch die Gemeindewachstumsbewegung bis dahin auf dem Wachstum bestehender Gemeinden, so wurde dieser nun hin zur Gründung vieler neuer Gemeinden verschoben.[55] Lings schreibt dazu:

> „The change of mindset from an emphasis on more people in church to creating more churches is a large one. It encompasses a shift from thinking in terms of addition to a mindset of multiplication. It involves a reversal of mission direction from inwards to outwards. It marks a shift from a managerial mindset to a horticultural awareness."[56]

Das Streben nach Wachstum war weiterhin ein wichtiger Bestandteil des neuen Paradigmas. Man setzte nun aber nicht mehr (nur) auf die qualitative Verbesserung der gemeindlichen Arbeit mit der Hoffnung, dass dadurch die Attraktivität der Gemeinde gesteigert und Menschen angezogen würden. Vielmehr rückte nun das Multiplizieren von Gemeinden in den Vordergrund. Für Lings stellt dies eine Umkehrung des Modus der missionarischen Bemühungen dar. Diese können nämlich bis zu diesem Punkt als eine nach Innen zielende Bewegung beschrieben werden. Menschen sollten zu den bestehenden Gemeinden hinzukommen. Jetzt sandte man Gemeindegründungsteams aus den Gemeinden hinaus. Man vollzog also eine nach

50 Vgl. Hopkins, Bob: Church Planting: 1., 9f.

51 Vgl. Lings, History, 165.

52 Vgl. ebd.

53 Vgl. Hill, Monica (Hg.): How to plant churches, London 1984. Es versammelt die Beiträge einer zuvor stattgefundenen Denominationen-übergreifenden Konferenz zum Thema Gemeindegründung, welche durch die *British Church Growth Association* organsiert worden war. Vgl. auch Cray, Mission-shaped Church, 16.

54 Vgl. Lings, History, 165.

55 Vgl. ebd.

56 Lings, History, 165.

Außen zielende Bewegung.[57] Lings beschreibt dieses neue Paradigma mit dem Bild einer gärtnerischen Betätigung (*horticultural paradigm*) der Kirche.[58] Sie wird nun nicht mehr vorwiegend als Institution oder Organisation wahrgenommen, sondern als Organismus, dessen wichtigste Aufgabe in der Selbstvermehrung besteht. Es ist wichtig zu beachten, dass dieser Paradigmenwechsel aber noch nicht das Modell änderte, wie gemeindliche missionarische Arbeit strukturiert wurde. Bob Hopkins kommentiert dies wie folgt:

> „Through the 70s and 80s all sorts of early initiatives were developing or multiplying faith communities. And at that time there were very few of them, that had large enough resources to give away a team of more than ten to twelve people. And so, in that sense classic church planting in the earliest examples was […] seeking to establish church and many of them because of our framework of understanding at that time in the 70s were […] fairly attractional. We assumed, that if we relocated to somewhere different, then providing that the sort of the church we did was more contemporary, more connected with modern styles, then that would be the main way of drawing in people. […] Yes, classic church planting in the early phase had certainly a more attractional characteristic. But most of the pioneers of that stage, I would say, fairly soon within a decade recognised that there was a limit to how far that attractional model based-[59] The other way I would describe it- Typically, it was Sunday centred, building centred, and pastor centred. […] my analysis would be that Classical Church Planting, yes, could be described in those three ways: we understood church as an event, that happened on a special day on the week, in a special building, even if it was a school or a community centre. It was building located and […] pastor led, even if it had a team […]“[60]

Es fand eine Bewegung nach außen, hin zu neuen Orten statt. Doch die dort neu gegründeten Gemeinden orientierten sich an dem bisherigen bekannten Modell

57 Vgl. Lings, Reproducing Churches, 26.

58 Vgl. ebd., 25.

59 Der an einen Buchstaben oder an ein Wort anschließende Bindestrich markiert in den Transkripten und diesen entnommenen Zitaten einen Wort- oder Satzabbruch. Vgl. ▹ Kapitel 26.1.

60 Transkript 4.1.1., Z. 145–172.

von Gemeinde als einer attraktional[61] ausgerichteten Gottesdienstgemeinde.[62] Eine Orientierung an der Zielgruppe oder zu erreichenden Subkultur fand nur in Einzelfällen statt.[63]

5.3 Beschleunigte Gründungsaktivität und erster Höhepunkt (1987–1991)

Im Jahr 1987 wurde unter der Leitung von Bob und Mary Hopkins die erste *Anglican Church Planting Conference* in den Räumen von Holy Trinity Brompton in London abgehalten. Die folgenden Konferenzen (1988, 1989, 1991) verzeichneten ein stetiges Wachstum, welches im Jahr 1991 bis auf 700 Teilnehmer anstieg.[64] Die Konferenzen dienten dem Austausch, der Vernetzung und der Theorieentwicklung in der nun entstehenden Gemeindegründungsszene.[65] 1988 und 1989 legte Bob Hopkins zwei kurze Bände zum Thema Gemeindegründung innerhalb der *Church of England* vor. Diese stellten erstmals verschiedene Modelle von Gemeindegründung im anglikanischen Kontext vor, setzten sich mit Einwänden und Kritik auseinander und legten, unter Rückgriff auf von George Lings gesammeltes Material, in statistischer Weise die Verbreitung von Gemeindegründungen

61 Moynagh unterscheidet zwischen drei missionarischen Vorgehensweisen von Gemeinden: *Attractional, Engaged* und *Incarnational. Attractional* beschreibt, dass Gemeinden versuchen mit einer möglichst attraktiven und qualitativ hochwertigen Gemeindearbeit, die Aufmerksamkeit von Menschen zu gewinnen um sie in die von der Gemeinde angebotenen Gottesdienste und Programme einzuladen, mit dem Ziel, dass sie sich in der Gemeinde beheimaten. Es handelt sich um eine sogenannte „Komm-Struktur". *Engaged* beschreibt die Hinwendung einer Gemeinde zu ihrem Kontext. Diese erfolgt oft durch diakonische Arbeit. Damit ist aber die Hoffnung verbunden, dass die Menschen, welche von dieser diakonischen Arbeit profitieren im Gegenzug beginnen den sonntäglichen Gottesdienst der Gemeinde zu besuchen. Dies ist eine „Geh-und-Komm-Struktur". *Incarnational* schließlich beschreibt die Sendung von Christen in einen Kontext hinein, mit dem Ziel in Bezug auf und in Wechselwirkung mit dem Kontext dort Gemeinde entstehen zu lassen. Die neue Gemeinde gewinnt dabei ihre Form ganz aus dem Kontext. Sie inkarniert sich. Hier handelt es sich um eine reine „Geh-Struktur". Vgl. Moynagh / Harrold, Context, xvif. Herbst hingegen weist darauf hin, dass es sich bei den Begriffen attraktional und inkarnatorisch nicht um radikale Alternativen handeln kann. Vielmehr braucht es ein Miteinander beider Formen. Vgl. Herbst, Gemeindeaufbau, 514.

62 Vgl. auch Transkript 4.4.1., Z. 116–142. Besonders Z. 138–142: "An existing form of church was literally taken up from one place and put down into another place. So place and confidence about a way of being church already. These, I think, have become enduring marks of church planting."

63 Vgl. Transkript 4.1.1. Z. 180–214.218–222.

64 Vgl. Lings, History, 166.169.

65 Vgl. ebd., 168.

innerhalb der *Church of England* dar.[66] Die Anzahl neu gegründeter Gemeinden innerhalb der *Church of England* vervielfachte sich in diesem Zeitraum und erreichte mit 40 Neugründungen im Jahr 1991 einen ersten Höhepunkt.[67] Die neu gegründeten Gemeinden traten dabei in verschiedensten sozialen Kontexten auf, wobei die schwächste Verbreitung im ländlichen Raum stattfand.[68] Mit diesem rasanten Anstieg der Gründungsaktivität kam es aber auch zu zunehmender Kritik an der sich entwickelnden Gemeindegründungsszene. So wurde Gemeindegründern vorgeworfen, sie würden *sheep steeling* betreiben.[69] Das heißt das Wachstum der von ihnen gegründeten Gemeinde beruhe auf dem Wechsel von Gemeindegliedern anderer Parochien hin zu der neuen Gemeindegründung.[70] Zu diesem als Transferwachstum zu bezeichnenden Phänomen traten weitere Befürchtungen hinzu: Da Gemeindegründungen stark mit dem evangelikalen Spektrum der *Church of England* in Verbindung gebracht wurden und man einen Anstieg der Zahl evangelikal geprägter Pfarrer wahrnahm, wuchs die Angst mancher Geistlicher anderer theologischer Strömungen vor einer Übernahme („takeover") der *Church of England* durch die evangelikale Bewegung.[71] Zudem wurde der Vorwurf laut, Gemeindegründungen würden das Parochialsystem untergraben und es letztlich zugrunde richten.[72] Nach George Lings wurden diese Befürchtungen durch das als arrogant erscheinende und die traditionellen Strukturen der *Church of England* geringschätzende Verhalten einzelner Gemeindegründer genährt.[73] Auch führte die Postulierung radikaler Reformideen, wie zum Beispiel die Aussetzung des Parochialprinzips für einen bestimmten Zeitraum, zu starker Kritik gegenüber der Gemeindegründungsszene.[74]

Das Jahr 1991 kann in mehrfacher Weise als ein wichtiger Höhe- und Wendepunkt in der Geschichte der Gemeindegründungsszene in der *Church of England* beschrieben werden. So hielt der kurz zuvor zum Erzbischof von Canterbury ernannte

66 Vgl. Hopkins, Bob: Church Planting: 1.; Hopkins, Bob: Church Planting: 2. Some experiences and challenges, Nottingham, 1989.

67 Vgl. Lings, History, 168.

68 Vgl. Lings, History, 166f. Vgl ebenso Harris, Ground, 50; Lings, George: A Time to Plant – Recent Church Planting Statistics, in: Hopkins, Bob: Planting New Churches. Guidelines and Structures for Developing Tomorrow's Church, Guildford, 1991, 162f.

69 Vgl. Lings, History, 167.

70 Lings berichtet, dass dieser Vorwurf auch dann laut wurde, wenn betreffende Personen zuvor gar nicht aktiv am Gemeindeleben einer anderen Gemeinde teilgenommen hatten, sondern lediglich im Gebiet einer bestimmten Gemeinde lebten. Vgl. Lings, History, 167.

71 Vgl. Lings, History, 167.

72 Vgl. ebd.

73 Vgl. ebd.

74 Vgl. ebd.

George Carey an der mit 700 Teilnehmern bisher größten inneranglikanischen Gemeindegründungskonferenz den Hauptvortrag.[75] Gemeindegründung war damit erstmals von der Peripherie in das Zentrum inneranglikanischer Aufmerksamkeit geraten. Zugleich markierte das Jahr wie bereits beschrieben den vorläufigen Höhepunkt an Gründungsaktivitäten. Lings geht davon aus, dass im Jahr 1991 mindestens 15.000 Personen Teil einer anglikanischen Gemeindegründung innerhalb des Vereinigten Königreiches waren.[76] Weiter kam es zu Bemühungen, das bisher lose Beziehungsnetzwerk der Szene zu verfestigen und ihr weitere Ressourcen zur Verfügung zu stellen, was zur Gründung von *Anglican Church Planting Initiatives* (ACPI) unter der Leitung von Bob und Mary Hopkins führte.[77] Wichtig ist in diesem Zusammenhang anzumerken, dass bis zu diesem Zeitpunkt die Gemeindegründungsszene als Graswurzelbewegung agierte. Gründungsinitiativen gingen von Einzelpersonen oder einzelnen Gemeinden aus.[78] Die institutionelle Förderung von Gemeindegründungen setzte erst deutlich später ein.

Zugleich entstand im selben Jahr auch die erste große, auch außerhalb der *Church of England* wahrgenommene, Kontroverse um das Thema Gemeindegründung. Im Zeitraum von 1990 bis 1991 kam es zu vier Parochialgrenzen überschreitenden (*cross-boundary*) Gemeindegründungen, welche ohne Einverständnis der betroffenen Gemeindepfarrer oder des zuständigen Bischofs durchgeführt wurden.[79] Die Stelleninhaber (*incumbents*) der Parochien, deren Grenzen verletzt worden waren, protestierten lautstark gegen dieses Vorgehen und auch die Nationale Presse wurde auf diesen inneranglikanischen Konflikt aufmerksam.[80] Parallel zu dieser Kontroverse war die *Church of England* durch zwei weitere Ereignisse bereits in Aufruhr. Zum einen war die polarisierende Debatte um die Ordination von Frauen in vollem Gange.[81] Zum anderen wurde die *Church of England* durch einen Finanzskandal erschüttert. Durch Fehlinvestitionen der *Church Commissioners* in den Immobilienmarkt und dessen Zusammenbruch im Jahr 1990 verlor die *Church of England* circa 800 Millionen Pfund an Investitionen.[82]

75 Vgl. ebd., 169. Die Beiträge der Konferenz wurden als Sammelband von Bob Hopkins unter dem Titel Planting New Churches herausgegeben. Vgl. Hopkins, Planting new Churches.

76 Vgl. Lings, History, 168.

77 Vgl. Lings, History, 169. Vgl. auch Transkript 4.1.1., Z. 26–53.

78 Vgl. Transkript 4.1.1., Z. 384–394.

79 Vgl. Lings, History, 170.

80 Vgl. ebd.

81 Letzlich wurde ein auf einen Kompromiss zielender Lösungsvorschlag verabschiedet: Nach diesem war es möglich, dass einzelne Gemeinden, welche die Frauenordination ablehnten, die episkopale Aufsicht des eigentlich zuständigen Diözesanbischofes verließen und sich unter die Aufsicht von Bischöfen begaben, welche ebenfalls der Frauenordination gegenüber negativ eingestellt waren. Zugleich wurde die Frauenordination eingeführt. Vgl. Lings, History, 170.

82 Vgl. ebd.

In dieser aufgeheizten gesamtkirchlichen Lage stellte sich nun die Frage, ob das Gründen neuer Gemeinden ein legitimes Vorgehen innerhalb der *Church of England* darstellte, oder ob es eine Gefahr für das Parochialsystem darstellte und darum stärker beschränkt werden sollte.[83] Die bischöfliche Synodenkammer (*House of Bishops*) der Generalsynode beauftragte 1991 eine Arbeitsgruppe unter dem Vorsitz des Bischofs von Southwell, Patrick Harris, mit der Erarbeitung eines Berichtes, welcher 1994 unter dem Namen *Breaking New Ground*[84] vorgestellt wurde.

5.4 Breaking New Ground (1994)

Laut George Lings, der selbst Teil der eingerichteten Arbeitsgruppe und maßgeblich an der Erstellung des Berichts beteiligt war,[85] lag der Hauptzweck des Dokuments darin, Bischöfen und Diözesen orientierende Leitlinien im Umgang mit Gemeindegründungen an die Hand zu geben. Es sollten aber keine beschränkenden oder bindenden Regeln aufgestellt werden.[86] Nach Lings' Wahrnehmung befürworteten alle Mitglieder der Arbeitsgruppe trotzt der Beheimatung in unterschiedlichen theologischen Traditionsströmen im Prinzip das Gründen neuer Gemeinden innerhalb der *Church of England*. „All members wanted it [church planting] to be a developing part of future English Anglicanism."[87] Nach Lings ging es um die Frage, wie die von der Gemeindegründungsszene ausgehenden energievollen, aber auch das System potentiell destabilisierenden Impulse in solcher Weise kanalisiert werden konnten, dass sie für das kirchliche Leben hilfreich sein würden.[88]

Diese „Agenda" wurde in der Erstellung des Reports konsequent umgesetzt. So stellt der Vorsitzende der Arbeitsgruppe Bischof Patrick Harris in seiner Einführung zum Bericht klar, dass die kirchenrechtlichen Gegebenheiten es durchaus zulassen, dass Bischöfe Gemeindegründungen in ihren Diözesen fördern und ermöglichen.[89] Gründungsprozesse sollen dabei durch umfangreiche Konsultations- und Kommunikationsprozesse von Spannungen und möglichen Verletzungen freigehalten werden.[90] Harris ruft zur Zusammenarbeit auf und verurteilt sowohl das aggressive

---

83 Vgl. ebd.

84 Vgl. Harris, Ground.

85 Vgl. Harris, Ground, iii; Lings, George: New Ground in Church Planting, A Personal Commentary on Breaking New Ground the Report Commissioned by the House of Bishops on Church Planting, Nottingham, 1994, 3f.

86 Vgl. Lings, Commentary, 4f.

87 Ebd., 4f.

88 Vgl. ebd., 4: "How could these high energy, but potentially destabilizing influences be helpfully channeled back into the life of the Church?"

89 Vgl. Harris, Ground, v.

90 Vgl. ebd.

und nicht kooperative Vorgehen einiger Gründer („aggressive empire building"), als auch die unkooperative Blockadehaltung („last ditch defensiveness") einiger Gemeindepfarrer.[91] Schließlich spricht er sich im Namen der Arbeitsgruppe dafür aus Gemeindegründung nicht als eine Aushöhlung des Parochialprinzips, sondern als eine das Parochialsystem ergänzende („supplementary") Strategie zu verstehen.[92] Gemeindegründung stütze den für das Parochialprinzip leitenden Gedanken der Verpflichtung der Kirche zum Dienst an allen Mitgliedern der Gesellschaft.[93]

Mit diesen einleitenden Sätzen schafft es der Bericht Gemeindegründung als mögliche und berechtigte Ausdrucksform anglikanischen kirchlichen Lebens zu etablieren. Durch das Verständnis einer ergänzenden Strategie wird der Vorwurf entkräftet, Gemeindegründungen führten zu einer Schwächung des Parochialsystems. Zugleich erscheint dies als Eingeständnis, dass das Parochialsystem bestimmten Begrenzungen unterliegt und darum eben einer Ergänzung bedarf. Dies ist dann das Thema des ersten Kapitels des Berichts. Anhand der drei Begriffe Gebiet, Nachbarschaft und Netzwerk wird ausgeführt, worin die ergänzende Eigenschaft von Gemeindegründung besteht.[94] Dabei wird die Parochie mit dem Begriff „Gebiet" in Verbindung gebracht, Gemeindegründung mit den Begriffen „Nachbarschaft" und „Netzwerk".[95] Die Parochie stelle durch ihren Bezug auf ein abgegrenztes Gebiet die pastorale Grundversorgung und zugleich die Heterogenität der *Church of England* sicher, verhindere aber auch die unkontrollierte Ausbreitung einzelner theologischer Strömungen.[96] Zugleich sei es aber inzwischen durch den kulturellen Wandel dazu gekommen, dass andere soziologische Konstrukte, wie die Nachbarschaft und das Netzwerk eine größere Rolle für die heutige Gesellschaft spielen.[97] Für viele Menschen sei die unmittelbare Nachbarschaft oder das Netzwerk, in dem sie sich bewegten, von größerer Bedeutung für ihr alltägliches Leben, als das historisch entstandene und als Parochie bezeichnete Gebiet, in dem sie ihren Wohnsitz haben. Einzelne Nachbarschaften und Netzwerke könnten nun durch das gezielte Gründen von Nachbarschafts- und Netzwerkgemeinden erreicht werden.[98]

Nach *Breaking New Ground* sind es dabei die Bischöfe, welche eine zentrale Rolle bei der strategischen Planung von diesen neuen Gemeindegründungen spielen sol-

91 Vgl. ebd.

92 Vgl. ebd., vi.

93 Vgl. ebd., vi: "[...] a commitment to a ministry to all members of the community [...]"

94 Vgl. Harris, Ground, 1.

95 Vgl. ebd., 2.4.

96 Vgl. ebd., 1f.

97 Vgl. ebd., 2f.

98 Vgl. ebd., 4.

len. Das dabei entstehende Zusammenspiel von Parochie und Gemeindegründung soll ebenfalls durch den zuständigen Bischof austariert und gefördert werden.[99]

Des weiteren bietet *Breaking New Ground* eine Definition des Begriffspaares *church planting*, sowie sechs vorläufige Kennzeichen von Gemeindegründungen.[100] Als Basisdefinition versteht *Breaking New Ground* unter Gemeindegründung (*church planting*) den Wechsel („transposition“) einer Gruppe von Christen („group of Christians“) hin zu einem neuen Ort („place“) unter Leitung einer autorisierten Person, um dort Gottesdienste zu feiern („worship“) – wobei diese die Predigt des Wortes („preaching the Word“) und die Feier der beiden Sakramente („celebration of the two dominical sacraments“) beinhalten sollen – und im alltägliche Leben („common life“) Gemeinde zu sein.[101]

Die weiteren Kapitel von *Breaking New Ground* stellen verschiedene Modelle von Gemeindegründung, verschiedene Beziehungsverhältnisse zu den jeweiligen Sendungsgemeinden, Fallbeispiele und die rechtlichen Begebenheiten vor. Das Schlusskapitel schlägt Leitlinien für verschiedene kirchliche Bereiche vor.

Der Bericht *Breaking New Ground* stellte eine Zäsur für das Thema Gemeindegründung innerhalb der *Church of England* dar. Bis dahin war die Vereinbarkeit von Parochialsystem und Gemeindegründungen und die kirchenrechtliche Legitimität von Gemeindegründungen bezweifelt worden. Zudem war es als fraglich erschienen, ob sich das Gründen neuer Gemeinden überhaupt mit den zwei Dominanten traditioneller anglikanischer Identität, dem Parochialsystem und der episkopalen Leitungsstruktur, vereinen ließe. Durch *Breaking New Ground* wurde Gemeindegründung nun als legitimer Bestandteil anglikanischen kirchlichen Lebens in England anerkannt. „It wasn't until Breaking New Ground in '94 that it was officially agreed that Anglicans could plant churches. Before that we were more of an underground group trying to bring about an acceptance of the whole vision and change.“[102] Der Bericht rief bei seiner Veröffentlichung keine nennenswerte Kritik hervor, was sicherlich auch an seinem auf Schlichtung zielenden Charakter lag. Eine Rolle spielt aber vielleicht auch, dass in den folgenden Jahren die Zahl von Gemeindegründungen insgesamt eher rückläufig war und damit das Thema nicht mehr im Vordergrund der kirchlichen Debatte stand.

---

99 Vgl. ebd.

100 Vgl. ebd., 5f.

101 Vgl. Harris, Ground, 5.

102 Transkript 4.1.1., Z. 49–53.

5.5 Enttäuschte Erwartungen und beginnende Diversifizierung (1994–2004)

War zu Beginn der 1990er Jahre ein erster Höhepunkt erreicht, so flachte die Zahl der Neugründungen in den späteren 1990er Jahren ab.[103] Herrschte zu Beginn des Jahrzehnts in vielen Denominationen in Großbritannien eine Gründungs-Euphorie, so schlug diese im späteren Verlauf in Enttäuschung und Frustration um. Dies hing vor allem mit der unrealistisch hohen Zielsetzung von 20.000 neu gegründeten Gemeinden zusammen, die von, an der *DAWN-Strategie*[104] beteiligten Gemeinden und Denominationen ausgegeben worden war.[105] Nicht nur war das Ziel von 20.000 neuen Gemeinden weit verfehlt worden, zusätzlich waren auch deutlich mehr Gemeinden geschlossen als neu gegründet worden.[106] Zudem war die innerhalb der *Church of England* durchgeführte Dekade der Evangelisation (*Decade of Evangelism*) ohne großen Effekt geblieben.[107]

In Bezug auf das Thema Gemeindegründung identifizieren Lings und Murray in diesem Zeitraum folgende Entwicklungen: Vereinzelt kam es in manchen Diözesen auf kirchenleitender Ebene zur Erstellung von Gemeindegründungskonzepten. In den meisten Fällen sah die Kirchenleitung ihre Rolle aber nicht im Entwickeln von Gemeindegründungsstrategien und -programmen, sondern in der Förderung einzelner von Gemeinden ausgehender Initiativen.[108] Gemeindegründung wurde nun als eine mögliche Option neben vielen anderen gesehen und die allgemeine innerkirchliche Akzeptanz von Gemeindegründung stieg deutlich.[109]

Am Ende der 1990er und Anfang der 2000er Jahre kam es dann wieder zu einem Anstieg von Neugründungen und zu einer Pluralisierung von verschiedenen Modellen von Gemeindegründung.[110] Diese Pluralisierung wurde nach der Beobachtung

---

103 Im Zeitraum von 1992 bis 2000 wurden nach George Lings 205 neue Gemeinden innerhalb der *Church of England* gegründet. Vgl. Lings / Murray, Past, 7.

104 Bei DAWN (Disciple a Whole Nation – in England wurde der Name *Challenge 2000* benutzt) handelte es sich um ein auf den Philippinen und Guatemala entwickeltes Gemeindegründungsprogramm, welches in einer massiven, denominationenübergreifenden Gemeindegründungstätigkeit den Schlüssel zur (Re-)Christianisierung von Ländern sah. Vgl. Harris, Ground, 52f.

105 Vgl. Lings / Murray, Past, 3.

106 Lings und Murray gehen von 1867 neu gegründeten und 2757 geschlossenen Gemeinden in den von ihnen angefragten Denominationen im Zeitraum zwischen 1989 und 1998 aus. Vgl. Lings / Murray, Past, 7.

107 Vgl. Lings, History, 167. Für mehr Informationen zur Dekade der Evangelisation vgl.: Warren, Robert: Signs of Life: How goes the Decade of Evangelims, London, 1996, 42.

108 Vgl. Lings / Murray, Past, 7.

109 Vgl. ebd.

110 Vgl. ebd.

von Lings und Murray von einem Reflexionsprozess innerhalb der Gemeindegründungsszene begleitet: Bisher war die Etablierung eines, wenn auch besonders auf die Zielgruppe zugeschnittenen Gottesdienstes zentrales Ziel von Gemeindegründungen gewesen. Zusätzlich stellte die Etablierung des Gottesdienstes meist den ersten zentralen Schritt im Gründungsprozess dar.[111] Im Gegensatz dazu begannen nun in den späten 1990er Jahren Gründungsinitiativen andere Ausgangspunkte für den Gründungsprozess zu wählen. „The automatic priority of worship was questioned."[112] Dies wurde begleitet von einer neuen Aufmerksamkeit für bisher unerreichte Bevölkerungsgruppen. Diese wurden zu einem neuen leitenden Motiv für die Gründung neuer Gemeinden, neben dem weiterhin wichtigen Motiv in, als kirchlich unerreicht eingestufte, geographische Gebiete hineinzugründen.[113] Auch kam es ab 1994 zur Gründung von Netzwerkgemeinden, welche nicht mehr in Bezug zu einer Parochie standen.[114] Damit wurde der in *Breaking New Ground* formulierten Erkenntnis Rechnung getragen, dass in einer modernen und mobilen Gesellschaft das Wohngebiet (*territory*) für das Leben vieler Menschen nur noch eine untergeordnete Rolle spielt. Prägender sind hingegen Beziehungsnetzwerke, welche sich meist um gemeinsame Interessen und eine geteilte Lebenswelt herum bilden und Menschen aus unterschiedlichen Lokalitäten verbinden. Lings geht für den Zeitraum von 1999 bis 2005 von 34 in der *Church of England* bestehenden Netzwerkgemeinden aus.

Der erneute Anstieg von Gründungsinitiativen Anfang der 2000er Jahre und die sich andeutende Ausdifferenzierung der verschiedenen Gründungsmodelle führten zur Erarbeitung eines Nachfolgeberichts zu *Breaking New Ground*.[115] Dieser wurde im Jahr 2004 unter dem Namen *Mission-shaped Church* veröffentlicht.[116]

---

111 Vgl. ebd., 21.

112 Ebd., 21.

113 Vgl. Lings, History, 169, besonders Fußnote 25.

114 Vgl. ebd., 171. Der Begriff der Netzwerkgemeinde bezeichnet dabei eine Form von Gemeinde, welche sich nicht mehr primär auf ein geographisches Gebiet bezieht, sondern auf eine bestimmte Personengruppe. Diese ist durch gemeinsame Interessen, ein gemeinsam geteiltes Lebensgefühl oder einer ähnlichen Lebensweltorientierung von anderen Gruppen abgegrenzt. Eine Netzwerkgemeinde kann Menschen aus einem weiten Umkreis anziehen. Vgl. Cray, Mission-shaped Church, 62–67. Vgl. Lings, Day, 222. Zum Begriff der Netzwerkgemeinde vgl. die Ausführungen in ▹ Kapitel 12.2.

115 Nach Lings waren es 387 Gründungen in den Jahren 1999 bis 2005. Vgl. Lings, History, 172.

116 Vgl. Cray, Mission-shaped Church.

5.6 Mission-shaped Church (2004)

Wie bereits *Breaking New Ground* stellt *Mission-shaped Church* eine Reaktion auf die damaligen Entwicklungen in der Gemeindegründungsszene in der *Church of England* dar.[117] Gaben bei *Breaking New Ground* vier unautorisierte, Parochialgrenzen verletzende Gemeindegründungen den Anstoß, so lag der Anlass bei *Mission-shaped Church* in der Wahrnehmung der sich stark ausdifferenzierenden Gemeindegründungszene und der daraus entstehenden Formenvielfalt begründet. Das Anliegen der Arbeitsgruppe war es nun, diese Veränderungen genauer in den Blick zu nehmen, diese zu bewerten und Rückschlüsse für die *Church of England* zu ziehen.[118]

Der vom *Mission and Public Affairs Council* der *Church of England* in Auftrag gegebene und 2004 der Synode vorgestellte Bericht ist dabei in seiner Bedeutung kaum zu überschätzen. Er stellt einen Wendepunkt in der missionarischen Entwicklung der *Church of England* dar und teilt diese in ein davor und danach. Der damalige Erzbischof von Canterbury, Rowan Williams, sieht in seinem Vorwort zu dem Bericht die *Church of England* an einer Wasserscheide:

> „Many feel that, as various streams of development over the past decade or so begin to flow together, we are at a real watershed. The essence of this is in the fact that we have begun to recognize that there are many ways in which the reality of 'church' can exist."[119]

Die Herausforderung bestehe darin, wie mit dieser Vielfalt produktiv umgegangen werden könne, so dass sich das Evangelium weiter verbreite.[120] Williams spricht sich für einen Mittelweg aus, der weder die neuen Formen zwingt sich den Begebenheiten des alten Systems anpassen zu müssen, noch eine völlige Abkehr vom bisher Bewährten verlangt. Vielmehr sieht Williams durch eine sehr weite und einfache Definition des Begriffs „Kirche" hinreichenden theologischen Spielraum für verschiedene Ausdrucksformen von Gemeinde gegeben, die nebeneinander existieren können:

> „If ‚church' is what happens when people encounter the Risen Jesus and commit themselves to sustaining and deepening that encounter in their encounter with each other, there is plenty of theological room for diversity and rhythm and style, so long as we have ways

117 Wiederum war George Lings maßgeblich an der Ausarbeitung beteiligt. Vgl. Cray, Mission-shaped Church, vi.xii.

118 Vgl. ebd., x.

119 Ebd., v.

120 Vgl. Cray, Mission-shaped Church, v.

of identifying the same living Christ at the heart of every expression of Christian life in common.«[121]

In der folgenden Einleitung skizziert Bischof Graham Cray als Leiter der Arbeitsgruppe die wichtigsten Einsichten von *Mission-Shaped Church*. Als wichtigste Empfehlung des Berichts sieht er eine Revision der von *Breaking New Ground* vorgegebenen Bewertung von Gemeindegründung als einer das Parochialsystem ergänzenden Strategie.[122] Vielmehr stehe der Übergang in eine *mixed economy* von Parochial- und Netzwerkgemeinden an.[123] Der zuerst von Rowan Williams benutzte Begriff der *mixed economy* beschreibt das gleichberechtigte Zusammenspiel von gebietsorientierten Parochialgemeinden, lebensweltlich ausgerichteten Netzwerkgemeinden und an einem spezifischen Ort orientierten Nachbarschaftsgemeinden.[124] Das Zusammenwirken dieser verschiedenen Gemeindeformen wird auf regionaler Ebene, zum Beispiel auf der Ebene von Dekanaten verortet.[125] George Lings identifiziert hier einen Paradigmenwechsel im Verständnis des Verhältnisses von Parochialsystem und neuen Gemeindeformen: von einem supplementären Verständnis von neuen Gemeindeformen im Sinne einer einseitigen Ergänzung des die kirchliche Landschaft dominierenden Parochialsystems durch neue Gemeindeformen, hin zu einem komplementären Verständnis. In diesem stützen sich nun Parochialsystem und neue Gemeindeformen gegenseitig und stehen in einem gleichberechtigten, partnerschaftlichen Verhältnis zu einander:

---

121 Ebd.

122 Vgl. Ebd., x.

123 Vgl. ebd.

124 Vgl. Smith, Alan (Hg.).: Fresh Expressions in the Mission of the Church: Report of an Anglican-Methodist Working Party, London, 2012, 7. Müller, Fresh Expressions of Church, 94–96. Croft, Steven: Serving, sustaining, connecting: Patterns of ministry in the mixed economy Church, in: Ders. (Hg.): The Future of the Parish System, London, 2006, 75. Sabrina Müller spricht in Bezug auf die *mixed economy* von einer „kirchlichen Biodiversität", Michael Herbst von einer „regiolokalen Kirchenentwicklung". Lings kommt im Rückblick zu dem Schluss, dass die Rede von der *mixed economy* als eine Art Denkrahmen und Türöffner fungierte, der das Etablieren neuer nichtparochialer Gemeindeformen erleichterte. Die *mixed economy* stellte in seinen Augen aber nie eine einheitliche nationale kirchliche Strategie dar. Vielmehr wurde sie in den verschiedenen Diözesen sehr unterschiedlich rezipiert. Vgl. Müller, Sabrina: Eine kurze Geschichte der Mixed Economy of Church: kybernetische Chance oder Stolperstein?, in: Pastoraltheologie 109, (1) 2020, 16; Herbst, Michael: Mixed Economy in der EKD?, in: Pastoraltheologie 109, (1) 2020, 84; Lings, George: „Mixed Economy" aus Parochien und „Fresh Expressions of Church", in: Pastoraltheologie 109, (1) 2020, 19.24–26.32.35.48. Vgl. auch Pohl-Patalong, Uta: Parallel, confrontational oder common learning economy?, in: Pastoraltheologie 109, (1) 2020, 51–68. Hermann, Maria: Warum auch noch Ökumene? Mixed Economy und die komplexe Vielfalt der Konfessionen, in: Pastoraltheologie 109, (1) 2020, 91–99.

125 Vgl. Cray, Mission-shaped Church, x.

> „The 1994 word ‚supplement' now had to be changed to ‚complement'. The difference is profound. To supplement is to provide a minor addition to something major. To complement is about two different realities needing each other for mutual benefit."[126]

Weitere wichtige Einsichten des Berichts bestehen darin, dass die gesellschaftlichen Veränderungen der letzten Jahrzehnte die Kirche in ihrem Dienst herausfordern und eine theologisch durchdachte kirchliche Reaktion erfordern. Dies geschieht im Bericht unter Rückgriff auf die theologische Figur der *Missio Dei* und einer aus der Inkarnation Jesu abgeleiteten Theologie der Inkulturation.[127] Schließlich kommt es durch die Wahrnehmung der zunehmenden Pluralisierung der Gemeindegründungsszene und der Entwicklung weiterer neuer Gemeindeformen zu der Begriffsneuschöpfung *fresh expressions of church*. Dieser wird als neuer Überbegriff für die entstehenden neuen Gemeindeformen eingeführt.[128] Der Begriff Gemeindegründung (*church planting*) hingegen wird nun in prozesshafter Weise als Beschreibung des Gründungs- beziehungsweise Entstehungsvorgangs neuer Gemeindeformen verstanden.[129]

Dass *Mission-shaped Church* im Vergleich zu *Breaking New Ground* von viel grundsätzlicherer Natur ist, zeigt sich in den im Bericht ausführlich verhandelten Themen. Zunächst wird ein Überblick über die sozialen und gesellschaftlichen Veränderungen der letzten 30 Jahre gegeben. In diesem Zusammenhang wird Großbritannien, wie auch das Gros der westlichen Länder, durch die Beschreibung als Netzwerk-[130], Konsum-[131] und nach-christentümlicher Gesellschaft[132] charakterisiert. Die Kirche müsse nun die Entkirchlichung und Pluralisierung der Gesellschaft anerkennen und in Reaktion darauf die bisherige „Komm-Struktur" durch eine „Geh-Struktur" ergänzen.[133] Kirche solle zu den Menschen gehen und in Anerkennung dessen „wie sie sind" („how they are") Kirche bei ihnen sein.[134]

In einem zweiten Kapitel werden die Entwicklungen in der Gemeindegründungsszene seit dem Bericht *Breaking New Ground* nachvollzogen. Neben der Pluralisierung der Gemeindeformen, wird im Besonderen die kritische Zurückweisung von Gemeindegründungsansätzen genannt, welche nicht neue Formen in Bezug

---

126 Lings, History, 173.

127 Vgl. Cray, Mission-shaped Church, xf.

128 Vgl. Cray, ebd., xi.

129 Vgl. Cray, ebd.

130 Vgl. Cray, ebd., 4–7.

131 Vgl. Cray, ebd., 9–11.

132 Vgl. Cray, ebd., 11f.

133 Vgl. ebd. Vgl. hierzu die von Moynagh vorgenommene Differenzierung zwischen den Begriffen Attraktional, Engaged und Inkarnatorisch. Vgl. Moynagh / Harrold, Context, xvif.

134 Vgl. Cray, Mission-shaped Church, 12.

auf ihren Kontext erschufen („create"), sondern bestehende Gemeindeformen am anderen Ort „nachbildeten" („clone").[135] In der Praxis sieht der Bericht schon ein verändertes Vorgehen am Werk: Anstatt mit einem feststehenden Plan zu beginnen und ein fixiertes, an der Sendungsgemeinde orientiertes Modell von Kirche nachzubilden, orientierten sich die Gründungsinitiativen nun stärker am Kontext und entwickelten das entstehende Modell von Kirche in Reaktion auf diesen.[136]

Das dritte Kapitel des Berichts widmet sich dann der Definition der Begriffe *church planting* und *fresh expressions of church*. Zunächst wird eine Definition von Bob Hopkins aus dem Jahr 1991 aufgegriffen: „Church Planting is creating new communities of Christian faith a part of the Mission of God, to express his Kingdom in every geographic and cultural context."[137] Diese wird mit der in *Breaking New Ground* vorgelegten Definition ins Gespräch gebracht und weiterentwickelt. In der Reflexion der Erkenntnis, dass kontextsensible Gemeindegründung nicht schon im Vorhinein das Resultat des Gründungsprozesses kennen kann und unter Rückgriff auf das biblische Bild vom Samen, der erst sterben muss um zu leben (1. Kor 15,38) wird die neue Definition deutlich inkarnatorischer gefasst. Zusätzlich wird der Begriff *church planting* auf die Bezeichnung für den Entstehungsprozess neuer Gemeindeformen hin eingeschränkt. Daraus ergibt sich folgende Definition: „Church planting is the process by which a seed of the life and message of Jesus embodied by a community of Christians is immersed for mission reasons in a particular cultural or geographic context."[138]

Der Begriff *fresh expressions of church* wird dann als neue Bezeichnung für das aus dem Prozess der Gründung entstehende Resultat eingeführt. Dabei bezieht man sich auf den Vorspruch der *Declaration of Assent*, welche Geistliche der *Church of England* bei ihrer Ordinierung zu leisten haben.[139] In dieser heißt es „The Church of England […] professes the faith uniquely revealed in the Holy Scriptures and set forth in the catholic creeds, which faith the Church is called upon to proclaim *afresh* in each generation."[140] Damit wurde dieser neugebildete Begriff zugleich mit der Tradition und der Geschichte der *Church of England* verbunden. Eine Definition des Begriffes wurde nicht vorgenommen, vielmehr wurden im vierten

135 Vgl. Cray, Mission-shaped Church, 20. Vgl. hierfür auch Murray, Foundations, 120; Murray, Stuart: Planting Churches, 14.134–138.

136 Vgl. Cray, Mission-shaped Church, 24.

137 Ebd., 29.

138 Ebd., 32.

139 Vgl. ebd., 34.

140 Zitiert nach Cray, Mission-chaped, Church, 34. Die kursive Hervorhebung wurde hinzugefügt. Vgl. Church of England – Declaration of Assent, https://www.churchofengland.org/prayer-and-worship/worship-texts-and-resources/common-worship/ministry/declaration-assent, 14. Februar 2020.

Kapitel des Berichts zwölf unterschiedliche Typen von *fresh expressions of church* vorgestellt.[141] Einer dieser Typen wird mit dem Titel *traditional church plants* beschrieben.[142] Durch verschiedene Merkmale charakterisiert, stellt dieser Typ nun die Form von Gemeindegründung dar, welche sich am Modell der Sendungsgemeinde orientiert.[143] Dieses noch Anfang der 1990er Jahre prägende Modell von Gemeindegründung wird nun lediglich als eine von vielen neuen gemeindlichen Ausdrucksformen verstanden.

Das fünfte Kapitel des Berichts liefert eine ausführliche theologische Grundlegung für eine „missionarische Kirche" und greift dabei im Besonderen auf die Trinitätslehre, die *Missio Dei*, die Christologie, die Pneumatologie und eine Theologie der Inkulturation zurück. Die Ekklesiologie wird dabei der Missiologie nachgeordnet: „It is not the Church of God that has a mission in the world, but the God of mission who has a Church in the world."[144] Zusätzlich wird postuliert, dass die Kirche ein göttliches Mandat zur Reproduktion innehat.[145] Ekklesiologisch verankert wird diese missionstheologische Grundlegung durch Aufgreifen der altkirchlichen *notae ekklesiae*[146] und durch den Bezug auf spezifischere Merkmale anglikanischer Ekklesiologie.[147]

Im sechsten Kapitel wird eine Methodologie für eine missionarische Kirche entwickelt. Einen wichtigen Aspekt stellt dabei das zweifache Hören („double listening") dar. Dieses beachtet sowohl den Kontext, in dem die neue gemeindliche Ausdrucksform entsteht, als auch die kirchliche Überlieferung, wie sie in Evangelium und kirchlicher Tradition zum Ausdruck kommt.[148] Damit verbunden wird der Leitsatz formuliert, dass der Kontext die Gestalt der Kirche formen sollte („context should shape the church").[149] Im siebten Kapitel werden eine Reihe praktischer Fragen besprochen.[150] Im achten Kapitel werden Empfehlungen für das weitere Vor-

---

141 Eine genauere Begriffsbestimmung erfolgte erst in den Jahren nach Erscheinen von Mission-shaped Church. Vgl. Müller, Fresh Expressions of Church, 41f.

142 Vgl. Cray, Mission-shaped Church, 71–73.

143 Vgl. ebd., 71.

144 Ebd., 85.

145 Vgl. ebd., 93f.

146 Vgl. ebd., 96–99.

147 Genannt werden die *Declaration of Assent*, das *Lambeth Quadrilateral*, die zwei Sakramente Taufe und Abendmahl, der Episkopat, Verständnis als Nationalkirche und die verschiedenen Ebenen anglikanischer Zugehörigkeit von der Ortsgemeinde bis hin zur Anglikanischen Gemeinschaft. Vgl. Cray, Mission-shaped Church, 99–102.

148 Vgl. ebd., 104f.

149 Vgl. ebd., 105.

150 Diese umfassen eine neue kirchenrechtliche Regelung für Netzwerkgemeinden, die Anerkennung von neuen Initiativen als Kirchengemeinden, die Bedeutung lokaler und bischöflicher Leitung, die

gehen für die Bereiche diözesane Strategieplanung, Ökumene, Leitung, Ausbildung und Finanzierung gegeben.

5.7 Die kritische Rezeption von Mission-shaped Church

In der Folge seiner Veröffentlichung entwickelte sich *Mission-shaped Church* zu einem kirchlichen Bestseller[151] und wurde weit über die Grenzen der *Church of England* hinaus wahrgenommen.[152] Innerhalb der *Church of England* sorgte der Bericht durch den neu etablierten Begriff *fresh expressions of church* für die verstärkte Formierung und innerkirchliche Wahrnehmung einer neuen Bewegung von kontextsensiblen neuen Ausdrucksformen von Gemeinde. Der Bericht erntete aber nicht nur Zuspruch, sondern wurde auch scharf kritisiert.[153] Sabrina Müller identifiziert dabei als wichtigste Kritiker die Theologen John M. Hull, Martyn Percy, Alison Milbank, Andrew Davison und Roger Walton.[154] Auf die von den ersten Vier vorgetragene Kritik soll in Kürze eingegangen werden.[155]

In seinem Beitrag *Missions-Shaped Church. A Theological Response*[156] wirft Hull den Autoren von *Mission-shaped Church* zunächst vor, die Bedeutung der für den Bericht wichtigen Begriffe *church*, *mission* und *kingdom* nicht hinreichend geklärt zu haben und unscharf zu gebrauchen.[157] So werde nicht klar, ob die Kirche nun das Objekt der Mission Gottes sei, oder aber das Instrument dieser Mission.[158] Als Folge dieses unscharfen Gebrauchs der Begriffe sieht Hull, dass *Mission-shaped Church* einseitig das Wachstum der Kirche als Resultat der Mission Gottes propagiere, aber zugleich entschuldige, dass die Kirche nicht in gleicher Weise soziale Ungerechtigkeiten adressiere, da sie ja nicht das Reich Gottes selbst sei:

Rolle von Dekanaten bei der Entwicklung der *mixed economy*, und die Frage nach der Erhaltung der Einheit der Kirche.

151 Vgl. Croft, Steven: Gemeindepflanzung in der Anglikanischen Kirche. Von „Breaking New Ground" (1994) zu „Mission-shaped Church" (2004), in: Bartels, / Reppenhagen, Gemeindepflanzung, 94.

152 Vgl. Cray, Mission-shaped Church, viif; Ebenso Lings, History, 174. Eine deutsche Übersetzung wurde von Michael Herbst herausgegeben. Vgl. Herbst, Mission bring Gemeinde in Form.

153 Vgl. Müller, Fresh Expressions of Church, 99.

154 Vgl. ebd.

155 Diese schreiben vor einem anglikanischen Hintergrund. Roger Walton gehört der Methodistischen Kirche an. Für seinen kritischen Beitrag vgl. Walton, Roger: Have we got the Missio Dei Right?, in: Epworth Review 35 (33), 2008, 39–51.

156 Vgl. Hull, John M.: Mission-Shaped Church. A Theological Response, SCM Press, 2006, London.

157 Vgl. ebd., 1.5.

158 Vgl. ebd., 1.

> „The church is to be a sign and an expression, even an agent of the Kingdom when it is a question of the inevitable and pre-destined growth of the church, but when it is a question of the church exhibiting good news for the poor and the breaking down of social boundaries in the interests of justice, then the church is only a human institution which cannot be expected to do anything but lag behind the kingdom.“[159]

Für Hull steht bei *Mission-shaped Church* eine Gemeindewachstumsideologie im Vordergrund, welche insgeheim zur Uniformität einer christentümlichen Gesellschaft zurück möchte und den Hauptzweck von Mission in der Erschaffung von immer mehr Gemeinden sieht. Damit propagiere der Bericht gerade nicht eine *mission-shaped church*, sondern eine *church-shaped mission.*[160] Die Armen dagegen würden durch das in *Mission-shaped Church* von Donald McGavran aufgegriffene *Homogenous Unit Principle*[161] bevormundet und in Abhängigkeit gehalten.[162] Auch drücke der Bericht keine positive Wertschätzung gegenüber der modernen, religiös pluralen Gesellschaft aus.[163] Hull selbst sieht die Notwendigkeit einer Ergänzung des Parochialsystems durch neue Ausdrucksformen von Gemeinde.[164] Diese sollten jedoch der Vision einer prophetischen Kirche verpflichtet sein und im Kampf gegen die Armut in einem für ihn wahren Sinne an der *Missio Dei* teilnehmen.[165]

Auch Martyn Percy äußert sich gegenüber der *fresh expressions of church*-Bewegung kritisch. In seinem Buchbeitrag *Old tricks for new dogs? A critique of fresh expressions*[166] versteht er *fresh expressions of church* zunächst als Ausdruck der Idee von Nischen- beziehungsweise Zielgruppenkirchen.[167] Er sieht sie der kirchlichen Traditionsströmung der *Open Evangelicals* entspringen und unterstellt, dass sie sowohl die der Strömung eigene Begeisterung für alles Neue als auch die Sehnsucht nach der wahren Kirche des Neuen Testaments bedienen:

---

159 Ebd., 5f.

160 Vgl. Hull, Response, 36.

161 Das von Donald McGavran eingeführte *Homogenous Unit Principle* postuliert, dass Menschen leichter zum Christentum übertreten, wenn sie nicht zugleich sozio-kulturelle Grenzen überwinden müssen. In der Folge sollten sich Gemeinden möglichst nur um eine Zielgruppe bemühen. Für eine ausführliche Beschreibung des *Homogenous Unit Principles* vgl. ▹ Kapitel 12.5.

162 Vgl. Hull, Response, 14–16.36.

163 Vgl. ebd., 7f.11.16.19.

164 Vgl. ebd., ixf.36.

165 Vgl. ebd., 30f.36.

166 Vgl. Percy, Martyn: Old tricks for new dogs? A critique of fresh expressions, in: Nelstrop, / Percy, Fresh Expressions, 27–39.

167 Vgl. ebd., 27.

> „What binds the members of such groups together is the sense that they are participating in something that is simultaneously fresh, new, original and culturally relevant on the one hand; and on the other, securely located in the past (that is, the scriptures).“[168]

Percy hegt den Verdacht, dass die neuen Ausdrucksformen von Gemeinde trotz einer gegenläufigen Rhetorik, die einen missionarischen Anspruch vermittle, letztlich lediglich einen bestimmten Typ von Christen versammelten.[169] Diese stünden der institutionalisierten Kirche kritisch gegenüber, vermieden dieser gegenüber jegliche tiefergehende Verpflichtung und suchten lediglich die Erfüllung ihrer eigenen Spiritualität.[170]

Von dieser Haltung gehen nach Percy einige Gefahren aus. So sieht er bei vielen *fresh expressions of church* nicht nur eine mangelnde Verantwortung der Kirche, sondern auch dem lokalen Kontext gegenüber. Dies könnte zu einer Zerstörung des von der Kirche über Jahrhunderte durch das Parochialsystem angesammelte sozialen Kapitals führen.[171] Denn im Unterschied zu der auf Sichtbarkeit und dauerhafter Verpflichtung angelegten Arbeit der Parochialgemeinden, würden die *fresh expressions of church* kaum von ihrer Umgebung wahrgenommen und ließen eine echte Verbindung mit ihrem Kontext vermissen.[172] Auch sei die kirchliche Erinnerungsgemeinschaft durch die von den *fresh expressions of church* geförderte, von Individualismus, Konsumentenorientierung und „multiple-choice“ geprägte Spiritualität gefährdet.[173] Mit ihrer Rhetorik des Neuen und Alternativen grenzten sich die *fresh expressions of church* von der weiteren Kirche ab, auf welche sie aber für ihr eigenes Überleben zugleich dringend angewiesen seien.[174] Weiter wirft Percy den *fresh expressions of church* vor, eine neue kirchliche „Marke“ errichtet zu haben, ohne dass klar wäre, was denn nun wirklich eine *freh expressions of church* ausmache: „Almost everything can be a fresh expression […].“[175] Für Percy stellt die *fresh expressions of church*-Bewegung somit keinen vielversprechenden missionarischen Aufbruch dar, sondern sei eine verwinkelte Straße voller Sackgassen.[176] Auch wenn er Anzeichen sieht, dass *fresh expressions of church* einen positiven, wenn auch moderaten Beitrag für das kirchliche Leben leisten können, so sieht Percy die Hauptaufgabe der Kirche doch darin, das Parochialsystem zu stärken und durch

168 Ebd., 28.
169 Vgl. ebd., 31.
170 Vgl. ebd.
171 Vgl. Percy, Tricks, 32.
172 Vgl. ebd., 31f.
173 Vgl. ebd., 32.35.
174 Vgl. ebd., 35.
175 Ebd.
176 Vgl. ebd., 34f.

die Aufrechterhaltung dieser, auf Beständigkeit und Verantwortlichkeit hin angelegten, institutionalisierten Form kirchlichen Lebens, einer konsumorientierten Spiritualität entgegenzuwirken.[177]

Die wohl ausführlichste Kritik an *Mission-shaped Church* und der *fresh expressions of church*-Bewegung üben der Theologe Andrew Davison und die Theologin Alison Milbank in ihrem Buch *For the Parish. A Critique of Fresh Expressions.*[178] Sie verstehen *fresh expressions of church* als außerparochiale Gemeinden, welche in keinem Bezug zu den Parochien stehen, in deren Gebiet sie sich treffen.[179] Im Unterschied zu den Parochien, welche nach ihnen ein Modell christlicher Gemeinschaften darstellten, das für alle offen ist, sehen sie die *fresh expressions of church* als durch ein gemeinsames Interesse verbundene Gruppen („special interest groups").[180] Davison und Milbank sehen darin eine zu kritisierende Angleichung an die Konsumkultur der modernen Gesellschaft.[181] Dem Bericht *Mission-shaped Church* werfen sie tiefgreifende methodologische und theologische Schwächen vor, die zur Akzeptanz der Werte von Individualismus und Kapitalismus führten:

> „[...] it is done, we argue, on the basis of a defective methodology, an inadequate theology, and by accepting the very choice-led individualism from which Christianity should seek to liberate us. It is a capitulation to market values rather than [...] a counter-cultural vision of the kingdom."[182]

Mission-shaped church und die *fresh expressions of church*-Bewegung propagierten eine sich vollziehende, aber unangemessene Trennung von der die Kirche bestimmenden Form und deren Inhalt.[183] Diese Trennung widerspreche sowohl theologischen als auch philosophischen Prinzipien. Form und Inhalt seien immer aufeinander bezogen.[184] Mit der von *Mission-shaped Church* angemahnten Formenvielfalt der Kirche gingen demnach wesentliche Inhalte verloren, welche die *Church of England* auszeichnen.[185] Auch kritisieren die beiden Autoren, dass *Mission-shaped Church* die Rolle der Kirche für das Erlösungswerk Gottes vernachlässige. Die Kirche sei auch Ziel der Erlösung Gottes, nicht nur ein Teil der Mittel

177 Vgl. ebd., 39.
178 Vgl. Davison, Andrew / Milbank, Alison: For the Parish. A Critique of Fresh Expressions, London, 2010.
179 Vgl. ebd., vii.
180 Vgl. Davison / Milbank, Parish, vii.64–66.
181 Vgl. ebd., vii.
182 Ebd., vii.
183 Vgl. ebd., 1.
184 Vgl. ebd., 1f.
185 Vgl. ebd., 16f.

für das Erlösungswerk Gottes:[186] „Fresh Expression thinking typically ignores the Church as part of the goal of salvation and marginalizes the Church as part of the means."[187] Sie widersprechen damit auch Hull und werfen ihm vor, mit der *fresh expressions of church*-Bewegung darin übereinzustimmen, dass die Lehre von der Kirche der Mission untergeordnet werden müsse.[188] Davison und Milbank sehen darin eine unzulässige Überhöhung der Mission. Dies führe dazu, dass die wertvollen Praktiken und Traditionen der überkommenen Kirche dem Missionsgedanken zum Opfer fielen.[189] Dies zeige sich zum einen in einem Angriff auf das Parochialsystem, welche sich in Form der von *Mission-shaped Church* verfolgten Flucht in Zielgruppenkirchen äußere.[190] Zum anderen in besonderem Maße in einem Angriff auf die von der *Church of England* offiziell beschlossenen Liturgien.[191]

Davison und Milbank sind der Meinung, dass die *Church England* nur durch das Parochialsystem und unter Beibehaltung der kirchlichen Traditionen fähig ist ihren Auftrag zu erfüllen. Beides sehen sie durch die *fresh expressions of church*-Bewegung in Gefahr und fürchten die *Church of England* könnte zu einer Nischenkirche verkümmern. „[…] an important choice is offered to the Church of England: to embrace her historic mission to evangelize and serve the whole people of this country, or to decline into a sect."[192]

Die dargestellte Kritik forderte die *fresh expressions of church*-Bewegung heraus und führte zu verteidigenden Reaktionen. So antwortete zum Beispiel Graham Cray ausführlich auf die in *For the Parish* vorgebrachte Kritik.[193] Dabei wirft er Davison und Milbank vor sowohl *Mission-shaped Church* als auch die *fresh expressions of church* misszuverstehen, ja gegen eine Karrikatur anzuschreiben.[194] Cray stellt klar, dass *Mission-shaped Church* keinen Angriff auf das Parochialsystem der *Church of England* darstelle. Vielmehr sei es und verbleibe auch weiterhin ein essentieller und zentraler Bestandteil der *Church of England*.[195] Im Gegensatz zu der Darstellung von Davison würde die große Mehrzahl der *fresh expressions of church* gerade von Parochien initiiert und stünde so in einem engen Bezug zu diesen.[196]

---

186 Vgl. ebd., 42.

187 Ebd.

188 Vgl. ebd., 50f.

189 Vgl. ebd., 54.

190 Vgl. ebd., 64f.

191 Vgl. ebd., 96f.

192 Davison / Milbank, Parish, vii.

193 Vgl. Cray, Graham: For the Parish by Andrew Davison and Alison Milbank – A Response, in: Anvil 27, (1) 2010, 9–24.

194 Vgl. ebd., 9.

195 Vgl. ebd., 10.

196 Vgl. ebd.

Dem Vorwurf der Anwendung einer fehlerhaften Methodologie, welche zu unrecht Form und Inhalt trennen würde, hält Cray entgegen, dass es in *Mission-shaped Church* eine solche Trennung nie vorgenommen worden sei.[197] Vielmehr ginge es *Mission-shaped Church* um die Inkulturation des Evangeliums und damit um das Aufgreifen wichtiger Erkenntnisse aus der Missionstheologie für den britischen Kontext.[198] Cray stellt heraus, dass *Mission-shaped Church* davor warnt, spezifische kulturbedingte Formen der Kirche mit der universellen Gestalt des Evangeliums zu verwechseln.[199] Auch betont Cray, dass *Mission-shaped Church* neben der Inkulturation des Evangeliums zugleich den gegenkulturellen Auftrag der Kirche betone.[200] Weiter sieht Cray zwei grundlegend unterschiedliche Ansätze wirken: „*For the Parish* appears to promote the local church as a parallel alternative community [...]. The parish church acts as a politically charged act of resistance to the 'forces of the age'."[201] Cray sieht gerade hier die Gefahr, dass die Kirche in eine orthodoxe Sekte verkümmert, welche in keinem Bezug mehr zur Mehrheit der Bevölkerung stehe.[202] *Mission-shaped Church* hingegen sieht die Hinwendung zur Kultur als den notwendiger Ausgangspunkt für eine dann mögliche Mission, welche einen transformativen Charakter haben könne.[203]

Dem von *For the Parish* vorgetragenen Vorwurf, *fresh expressions of church* förderten die Bildung kleiner homogener Gruppen und würden damit die Heterogenität der Kirche unterwandern, hält Cray entgegen, dass gerade viele Parochien lediglich eine bestimmte Gruppe von Menschen ansprechen würden. Demgegenüber sei es durch eine Vielzahl neuer Formen von Gemeinde möglich eine wahrhaft heterogene Kirche zu werden.[204] Die Einheit der Kirche hänge nicht an der einen Form: „Unity in Christ can be expressed in more ways than all being together at the same service at the same time."[205] Dem Vorwurf, dass *Mission-shaped Church* die Rolle der Kirche im Erlösungswerk Christi herunterspiele, hält Cray entgegen, dass der Bericht sehr wohl festhalte, dass die Kirche sowohl die Frucht der Mission Gottes ist als auch die Gemeinschaft darstellt, durch die er an der Welt erlösend handelt.[206] Er sieht dagegen bei Davison und Milbank die Gefahr das Königreich

---

197 Vgl. ebd., 11.
198 Vgl. ebd, 11.
199 Vgl. ebd, 11.
200 Vgl. ebd., 12.
201 Ebd., 19.
202 Vgl. Cray, Response, 19.
203 Vgl. ebd.
204 Vgl. ebd., 15.
205 Ebd., 17.
206 Vgl. ebd., 13.

Gottes vollständig in der Kirche aufzulösen.[207] Versöhnend betont Cray, dass er das Anliegen von Davison und Milbank, für ein vitales Parochialsystem einzustehen, teilt.[208] Auch sieht er Einheit in der Forderung nach einem gegenkulturellen und die Kultur transformatierenden Handeln der Kirche.[209]

Den von Percy vorgetragenen Vorwürfen – die *fresh expressions of church* seien vornehmlich von den *Open Evangelicals* initiiert, würden sich hauptsächlich an Christen wenden, ließen eine tiefere Verbindung mit ihrem Kontext vermissen und könnten durch keine klare Definition näher bestimmt werden – müssen die Erkenntnisse von inzwischen vorliegenden empirischen Untersuchungen entgegengehalten werden. Diese weisen nach, dass *fresh expressions of church* in allen kirchlichen Traditionsströmen verbreitet sind, sich oft über Jahre um eine intensive Beziehung mit ihrem jeweiligen Kontext bemühen, einen überaus hohen Anteil an kirchendistanzierten Personen aufweisen können und durch klare Kriterien von anderen missionarischen Unternehmungen abgrenzbar sind.[210]

Die gegenüber *Mission-shaped Church* und der *fresh expressions of church*-Bewegung vorgebrachte Kritik führte zu einer fruchtbaren theologischen Auseinandersetzung, die zu weiteren theologischen Klärungen führte. Das von Moynagh vorgelegte Grundlagenwerk *Church for Every Context* und der 2012 der Generalsynode vorgelegte Bericht *Fresh Expressions in the Mission of the Church* können als Ergebnisse dieses Prozesses verstanden werden.[211]

5.8 Auf dem Weg zur mixed economy (2004 bis 2012)

Trotz der dargestellten Kritik fasste das in *Mission-shaped Church* formulierte Programm einer missionarischen Kirche immer stärker Fuß in der *Church of England*. Dies lag zum einen daran, dass die in *Mission-shaped Church* beschriebenen neuen Formen von Gemeinde schon längst Teil der *Church of England* waren und nun durch die Verbreitung des Berichts verstärkte Aufmerksamkeit erfuhren. Zum anderen förderte der damalige Erzbischof Rowan Williams die Verbreitung des

---

207 Vgl. ebd., 15.

208 Vgl. ebd., 20.

209 Vgl. ebd., 21.

210 Vgl. Lings, Day, 18f..88–92.116f-118. Vgl. auch ▷ Kapitel 7.

211 Moynagh legt eine umfassende theologische Begründung für am Kontext ausgerichtete Gemeinden vor und geht dabei auch auf die an Mission-shaped Church vorgetragene Kritik ein. Vgl. Moynagh / Harrold, Context, 152.158f.170f.329. Der Bericht *Fresh Expressions in the Mission of Church* beschäftigt sich vornehmlich mit ekklesiologischen Fragen, setzt sich aber auch mit der von Hull, Percy, Milbank und Davison vorgetragenen Kritik auseinander. Vgl. Smith, Alan (Hg.): Fresh Expressions in the Mission of the Church. Report of an Anglican-Methodist Working Party, London, 2012. Vgl. auch Müller, Fresh Expressions of Church, 103f.

Gedankens einer *Mission-shaped Church* aktiv.[212] So gründete er noch im Jahr 2004 das *Fresh-Expressions-Team*, welches zunächst von dem späteren Bischof Steven Croft und im Anschluss daran von Bischof Graham Cray geleitet wurde.[213] Das *Fresh-Expressions-Team* machte es sich zur Aufgabe, die Konzepte der *fresh expressions of church* und der *mixed economy* in der *Church of England* weiter bekannt zu machen. Es fungierte dabei als Netzwerkknoten, erarbeitete Ausbildungsmaterialien und -kurse, warb vor kirchenleitenden Personen für die neu entstehende Bewegung und trug so maßgeblich zur Formierung der *fresh expressions of church*-Bewegung innerhalb der *Church of England* und der Methodistenkirche bei.[214] Als Resultat wird die *fresh expressions of church*-Bewegung heute von einem breiten Netzwerk kirchlicher Gruppen getragen, das alle innerkirchlichen theologischen Strömungen umfasst.[215] Wichtige Entwicklungen der folgenden Jahre beinhalten die genauere Bestimmung des Begriffes der *fresh expressions of church*,[216] die Entstehung und Anerkennung des neuen kirchlichen Berufsfeldes der *Pioneer Ministry*[217] und der dazugehörenden Ausbildungswege[218] und die Etablierung des kirchenrechtlichen Instruments der *Bishop's Mission Order*.[219] Letzeres dient der kirchenrechtlichen Anerkennung nicht parochial verorteter Gemeindeformen.[220] Zusätzlich entstanden seit der Veröffentlichung von *Mission-shaped Church* hunderte neuer *fresh expressions of church*, und es wurden weiter neue gemeindliche Ausdrucksformen identifiziert, von denen sich besonders das Modell der *Messy Church* rasant verbreitete.[221]

Lings und Murray beobachten, dass es in Folge der Veröffentlichung von *Mission-shaped Church* zu einer Verschiebung im Diskurs der missionarisch orientierten Kreise innerhalb der *Church of England* kam:

---

212 Vgl. Müller, Fresh Expressions of Church, 92.

213 Vgl. Lings, History, 176.

214 Vgl. Müller, Fresh Expressions of Church, 92f. Vgl. auch Cray, Mission-shaped Church, vii; Lings, History, 176.

215 Vgl. Cray, Mission-shaped Church, vii.

216 Vgl. Müller, Fresh Expression of Church, 41–46.

217 Als *Pioneer Ministers* werden in der *Church of England* Personen bezeichnet, welche neue, kontextbezogene Ausdrucksformen von Kirche initiieren und diese leiten. *Pioneer Ministers* umfassen dabei sowohl ordinierte als auch nicht ordinierte Personen und es existieren unterschiedlichste Ausbildungswege und Autorisierungsmodelle. Vgl. Baker, Jonny: The Pioneer Gift, in: Baker, Jonny / Ross, Cathy (Hg): The Pioneer Gift. Explorations in mission, Norwich, 2014, 2.

218 Vgl. Cray, Mission-shaped Church, viif.

219 Vgl. Cray, Mission-shaped Church, vii. Vgl. ebenso Lings, History, 175.

220 Durch Ausstellung einer *Bishop's Mission Order* ist es einem Bischof möglich, dass dem Stelleninhaber einer Parochie allein zukommende Recht der *cure of souls* zugunsten einer nichtparochial gebundenen Gemeindeform zu beschneiden. Vgl. die Darstellung in ▻ Kapitel 25.3.4.

221 Vgl. Lings, History, 175.

„The literature of the past decade suggests that fresh expressions and emerging church are en vogue. Very few books on church planting have been published, but there have been many on the emerging church, fresh expressions and 'mission-shaped' subjects. [...] Courses at some theological colleges have also followed this trend, replacing church planting modules with modules on missional church, pioneer ministry or emerging church."[222]

Erhielten die durch die *Mission-shaped Church* nun verstärkt ins Blickfeld gerückten *fresh expressions of church* zwar die größere kirchliche Aufmerksamkeit, so kam es trotzdem weiterhin zu Aktivitäten auf dem Feld dessen, was *Mission-shaped Church* nun unter dem Begriff des *traditional church planting* fasste. Beispielsweise gründete und revitalisierte allein Holy Trinity Brompton zwischen 2005 und 2012 neun Gemeinden im Großraum London.[223] Von großer Bedeutung ist dabei die Revitalisierung von St Paul's Shadwell im Jahr 2005 durch Ric Thorpe, den späteren Bischof von Islington. Von St Paul's Shadwell wurden zwischen den Jahren 2010 bis 2014 drei weitere Gemeinden im Osten Londons revitalisiert und ein bis dahin noch nicht bestehender Abendgottesdienst in einer vierten Gemeinde etabliert.[224] St Paul's Shadwell wurde dadurch zum Modell eines neuen Gemeindegründungstyps, der seit der zweiten Hälfte der 2010er Jahre unter dem Namen der *Resource Church* zunehmend Verbreitung findet.[225]

In diesem Zusammenhang ist auch die wiederum von Holy Trinity Brompton ausgehende Revitalisierung von St Peter's Brighton zu nennen, welche im Jahr 2009 unter der Leitung von Archie Coates von statten ging. Hier handelte es sich um die erste Gemeindegründung durch Holy Trinity Brompton außerhalb von London und die erste Gründung des Typs *City Centre Resource Church.*[226] Aber auch in anderen Teilen der *Church of England* entstanden in den Jahren nach *Mission-shaped Church* neue Gemeinden im Modus des *traditional church planting.*[227]

---

222 Lings / Murray, Church Planting in the UK since 2000, 10.

223 Diese Gründungen umfassen St Paul's Shadwell (2005), St Mark's Tollington Park (2005), Holy Trinity Swiss Cottage (2006) – jetzt unter dem Namen The Lighthouse Church – St John's Hampton Wick (2010), St Alban's Fulham (2010), St Francis Dalgarno Way (2010), St Luke's Kentish Town (2011), Holy Trinity Clapham (2012) und St Paul's Hounslow West (2012). Vgl. https://www.htb.org/network, 20. Januar 2020.

224 Vgl. hierzu Thorlby, Love, 34.

225 Vgl. ▷ Kapitel 14.2.1.

226 Vgl. ▷ Kapitel 14.2.1.

227 Vgl. zum Beispiel die Geschichte der Network Church Sheffield. Vgl. https://ncsheffield.org/about/abouthistory, 20. Januar 2020.

5.9 Strategische Einbindung von fresh expressions of church und church planting auf kirchenleitender Ebene (2013 bis 2020)

Mit dem Wechsel im Amt des Erzbischofs von Canterbury von Rowan Williams zu Justin Welby kam es zu einer neuen Schwerpunktsetzung. Unter Justin Welby wurde das kirchliche Reformprogram *Renewal and Reform* auf den Weg gebracht. Es baut auf drei, von der Generalsynode im Jahr 2010 verabschiedeten Zielsetzungen auf. Diese lauteten wie folgt: (1) „Contribute as the national church to the common good", (2) „Facilitate the growth of the church in numbers and depth of discipleship", (3) „Re-imagine the church's ministry".[228] *Renewal and Reform* griff diese Ziele auf und konkretisierte sie.[229] Zusätzlich wurde es ein erklärtes Ziel, den kirchlichen Schrumpfungsprozess zu stoppen und in sein Gegenteil zu kehren.[230] Dafür wurden verschiedene Maßnahmen ergriffen, welche auch die Schaffung eines kirchlichen Förderprogrammes für von Diözesen initiierte und verantwortete Wachstumsstrategien beinhalten. Dieses trägt den Namen *Strategic Development Funding* (SDF) und steht seit dem Jahr 2014 auf gesamtkirchlicher Ebene zur Verfügung.[231] Es stellt Gelder bereit, welche durch die *Church Commissioner* aus Vermögenswerten der *Church of England* generiert wurden mit dem Ziel Projekte zu fördern, die zu einem numerischen und geistlichen Wachstum der *Church of England* beitragen.[232] In einem zweistufigen Verfahren können sich Diözesen der *Church of England* um die durch das SDF zur Verfügung gestellten Fördergelder bewerben. Dafür müssen sie jedoch detailliert darüber Auskunft geben, welche Projekte mit den Geldern gefördert werden sollen, was die zu erwartenden Resultate derselben sein werden und wie die Projekte in eine die ganze Diözese umgreifende Wachstumsstrategie eingebunden sind.[233] Durch den Fokus auf Wachstum beinhalten die Projektanträ-

---

228 Vgl. Nye, William: A vision and narrative for Renewal and Reform, 2016, 1. Abrufbar unter https://www.churchofengland.org/sites/default/files/2017-11/gs_2038_-_a_vision_for_renewal_and_reform.pdf, 20. Januar 2020.

229 Vgl. Nye, Vision, 3.

230 „One of the clear and intended outcomes of this work is to reverse the decline of the Church of England so that we become a growing church, in every region and for every generation." Nye, Vision, 3.

231 Vgl. Strategy & Development Unit der Church Commisioner der Church of England: Strategic Development Funding. Guidance Note, Version 08/2018, 1. Abrufbar unter https://www.churchofengland.org/sites/default/files/2018-08/Strategic%20Development%20Funding%20Guidance%20Note_0.pdf, 20. Januar 2020.

232 Vgl. ebd.

233 Vgl. ebd., 2–4.

ge von Diözesen oftmals die Förderung *von fresh expressions of church, traditional church plants, pioneer minister*-Stellen und *Resource Churches.*[234]

Parallel zu dieser Entwicklung auf gesamtkirchlicher und diözesaner Ebene kam es innerhalb der Diözese von London zur Ernennung eines Suffraganbischofs für Gemeindegründung. Dabei wurde der seit 1923 vakante Sitz des Bischofs von Islington im Jahr 2015 wiederhergestellt („revived").[235] Dieser Bischofssitz wurde mit Ric Thorpe besetzt, der zuvor als Gemeindegründer die ostlondoner Gemeinde St Paul's Shadwell revitalisiert und als Berater für Gemeindegründung des Bischofs von London fungiert hatte.[236] Als Bischof von Islington hat Ric Thorpe keine Verantwortung für ein geographisches Gebiet, wie es normalerweise bei Suffraganbischöfen der Fall ist. Stattdessen verantwortet er als „Bischof für Gemeindegründung" die Etablierung von 100 neuen gottesdienstlichen Gemeinschaften („new worshipping communities") in der Diözese von London bis ins Jahr 2020[237] und fördert die Umsetzung von Gemeindegründungen in anderen Diözesen der *Church of England.* Zudem ist er maßgeblich an der Gründung und Ernennung von *Resource Churches* in der gesamten *Church of England* beteiligt.[238]

Die mit der Revitalisierung von St Peter's Brighton eingeleitete Neuorientierung der von Holy Trinity Brompton verfolgten Gemeindegründungsstrategie hin zu Gründungen des *City Centre Resource Church* Typs, setzte sich in den Jahren nach 2012 fort. Allein bis ins Jahr 2019 wurden insgesamt 21 *City Centre Resource Churches* außerhalb Londons durch das HTB Netzwerk gegründet.[239] Als Motor dieser Gründungsaktivität dient der *Church Revitalisation Trust*, ein seit 2017 bestehender gemeinnütziger Verein, welcher innerhalb des HTB Netzwerkes die Funktion einer „Agentur für Gemeindegründung" übernimmt.[240]

Weitere wichtige Entwicklungen dieser Jahre waren ein einsetzender Evaluierungsprozess der *fresh expressions of church*-Bewegung, welcher zur Veröffentlichung verschiedener Studien in den Jahren 2013 und 2016 führte.[241] Ein der

---

234 Vgl. zum Beispiel das auf der Märzsynode 2018 der Diözese von Winchester vorgestellten Strategic Development Programme der Diözese Winchester mit dem Namen *Mission Action*. Abrufbar unter https://cofewinchester.contentfiles.net/media/documents/document/2018/03/DS_18_01a_SDF_Programme_Overview_-_Diocesan_Synod_150318.docx.pdf, 20. Januar 2020.

235 Vgl. https://www.london.anglican.org/directory/ric-thorpe, 20. Januar 2020.

236 Vgl. ebd.

237 Vgl. ebd.

238 Vgl. Transkript 4.3., Z. 710f.

239 Vgl. ▷ Kapitel 14.2.2.

240 Vgl. https://crtrust.org/about, 21. Januar 2020. Vgl. auch ▷ Kapitel 9.2.1.

241 Vgl. Church Army's Research Unit: Church Growth Research Project. Report on Strand 3b. An analysis of fresh expressions of Church and church plants begun in the period 1992–2012, 2013. Abrufbar unter https://www.churchofengland.org/sites/default/files/2019-06/church_growth_research_fresh_expressions_-_strand_3b_oct13_-_the_report.pdf, 27. August, 2020; Dadswell, David /

Generalsynode der *Church of England* im Jahr 2019 vorgelegter Bericht kam zu dem Schluss, dass bis zu 5000 *fresh expressions of church* und andere missionarische Projekte in der Church of England existieren könnten.[242]

Im Jahr 2018 veröffentlichte das *House of Bishops* der Generalsynode eine Erklärung mit dem Titel *Church Planting and the Mission of the Church.*[243] Bei ihr handelt es sich um eine Art Verhältnisbestimmung der Bischöfe der *Church of England* zu dem Thema Gemeindegründung. Der Text gliedert sich dabei in drei Abschnitte: Zunächst erfolgt eine Einführung in das Thema. Der Hauptteil widmet sich der Praxis von Gemeindegründung in der *Church of England* und schließt mit der Nennung von zehn Prinzipien für Gemeindegründung. Abschließend wird an das, die Mission der Kirche immer wieder neu ausrichtende, Handeln des Heiligen Geistes erinnert.

Die Einleitung nennt zuerst die vier altkirchlichen *notae ecclesiae* als Leitplanken für das Handeln der Kirche in der Welt.[244] In diesem Zusammenhang wird im Besonderen darauf abgehoben, dass die Kirche dann als eine „apostolische" Kirche zu verstehen ist, wenn sie sich an der apostolischen Sendung beteiligt. Dies kann durch eine Vielfalt an verschiedenen Wegen geschehen. Eine Möglichkeit stellt dabei das Gründen neuer Gemeinden dar.[245] Dieses wird als komplementär zu und nicht als Ersatz für andere missionarische Unternehmungen verstanden. Dabei wird Mission im Sinne der *Five Marks of Mission* verstanden und festgestellt, dass bei Gemeindegründungen besonders die ersten beiden Kennzeichen im Fokus stehen.[246] Die Bischöfe sehen sich der Mission und dem Gemeindewachstum verpflichtet und wollen dabei auf traditionelle, wie auch neue Formen setzten. Für die traditionellen Formen stehen dabei die Parochien, Seelsorgestellen und die konfessionellen Schulen, während für die neuen Formen *church plants* und *fresh expressions of church* genannt werden.[247] Es wird betont, dass Bischöfe eine leitende Rolle in der Förderung von Mission und Gemeindewachstum haben und dabei

---

Ross, Cathy: Church Growth Research Project: Church Planting, Cuddesdon, 2013. Abrufbar unter https://www.churchofengland.org/sites/default/files/2019-06/cgrp_church_planting_from_cgrd_website.pdf, 27. August 2020; Lings, Day; Dalpra, / Vivian, Who's there?

242 Vgl. Cracknell, Heather u. a.: A Mission-Shaped Church and Fresh Expressions 15 years on. GS 2142, 2019, 2. Abrufbar unter https://www.churchofengland.org/sites/default/files/2019-06/GS%202142 %20Mission%20Shaped%20Church.pdf, 21. Januar 2020.

243 Vgl. The House of Bishops: Church Planting and the Mission of the Church. A Statement by the House of Bishops, 2018. Abrufbar unter https://www.churchofengland.org/sites/default/files/2018-06/CHURCH%20PLANTING%20AND%20THE%20MISSION%20OF%20THE%20CHURCH%20-%20June%202018_0.pdf, 14. Februar 2020.

244 Vgl. ebd., 1.

245 Vgl. ebd.

246 Vgl. ebd.

247 Vgl. ebd., 2.

die Pluralität verschiedener nebeneinanderstehender Formen als neue Normalität anerkennen.[248] So heißt es: „This pattern of diversity is the ‚new' normal."[249]

Im Hauptteil wird zunächst daran erinnert, dass jede christliche Gemeinde irgendwann einmal selbst „gegründet wurde". Zugleich wird an vergangene Perioden intensiver Kirchenbautätigkeit erinnert, was ebenfalls als Gemeindegründung verstanden werden könne.[250] Dabei seien diese neuen Gemeinden als neue Parochien in das Parochialsystem integriert worden. Das Parochialsystem habe dadurch immer wieder nötige Anpassungen durchlaufen, welche halfen sich neuen gesellschaftlichen und sozialen Gegebenheiten anzupassen. Eine solche Anpassung erfolge heute auch, nur eben mit den Mitteln *Bishops' Mission Order*, *church revitalisation* und *church planting*.[251]

Die Bischöfe verpflichten sich Gemeindegründungen zu fördern und nicht zu hindern, sofern die im Dokument dargelegten Prinzipien und Leitlinien eingehalten werden.[252] Die Bischöfe sehen Gemeindegründung als in allen Traditionsströmungen in der *Church of England* möglich und ermutigen alle Traditionsströmungen sich am Gründen neuer Gemeinden zu beteiligen.[253] Sie fordern die volle Einbindung von Gemeindegründungen in die Strukturen der *Church of England* und sprechen sich dafür aus, das Aussenden, Gründen und Leiten von Gemeindegründungen und anderen *fresh expressions of church* als normalen Teil des Pfarrdienstes zu verstehen.[254] Gemeindegründungen sollen Beratungen mit den bereits vor Ort existierenden Gemeinden vorausgehen. Über die Zulassung der Gründung soll aber allein der zuständige Bischof entscheiden, welcher dafür die im Dokument dargelegten Prinzipien beachtet.[255] Diese lassen sich wie folgt zusammenfassen:[256]

(1) Die *Church of England* verpflichtet, sich Gemeindegründungen zu fördern und existierenden Gemeinden über die Ziele und Vorteile von Gemeindegründungen zu informieren. (2) Die für Gemeindegründungen Verantwortlichen sollen in bestmöglicher Weise mit benachbarten Gemeinden zusammenarbeiten und sie in ihrem Dienst unterstützen sowie die Arbeit der jeweiligen Diözese finanziell mittragen. (3) Ebenso sollen auch die benachbarten Gemeinden oder die Parochie, in der die Gemeindegründung stattfindet, die Gemeindegründung willkommen heißen und unterstützen. (4) Gemeindegründungen sollen klare missionarische

248 Vgl. ebd., 1.
249 Ebd., 2.
250 Vgl. House of Bishops, Church Planting, 2.
251 Vgl. ebd.
252 Vgl. ebd., 3.
253 Vgl. ebd., 3f.
254 Vgl. ebd., 3.
255 Vgl. ebd., 4.
256 Vgl. ebd., 4f.

Ziele und Absichten vorweisen können. (5) *Resource Churches* sollen eine Strategie vorlegen können, welche beschreibt, in welcher Weise sie ihren Aufgaben nachkommen wollen und in welcher Art und Weise weitere Gemeindegründungen erfolgen sollen. Dabei soll der zuständige Bischof unterstützend an der Strategieentwicklung mitwirken. (6) Erfolgt die Gemeindegründung in eine bestehende Gemeinde hinein („graft"), so sollen die vorhandene theologische Tradition und die damit einhergehenden Praktiken soweit wie möglich erhalten werden. Daneben sollen neue gemeindliche Formen entwickelt werden, welche die missionarische Effektivität der Kirchengemeinde erhöhen. (7) Gemeindegründungsvorhaben sollen vom Erfolg und den Fehlern anderen Gemeindegründungen lernen. (8) Nachbargemeinden sollen ebenfalls von den Erfahrungen und Gaben der Gemeindegründung lernen und ihr eigenes missionarisches Handeln dadurch weiterentwickeln. (9) Gemeindegründungsnetzwerke sollen in ihrer Arbeit darauf zielen, verschiedene kirchliche Traditionsströmungen zu verbinden, um Unterstützung und Lernerfolge möglichst weit zu streuen. (10) Kirchengemeinden sollen in besonderem Maße versuchen, Partnerschaften zwischen sehr und weniger gut ausgestatteten Gemeinden zu etablieren, um in besonderem Maße die missionarische Arbeit der Letzteren zu fördern.

Das Dokument schließt mit dem Verweis auf die Unruhe stiftende („disruptive") Kraft des Geistes Gottes, welche die Form und den Dienst der Kirche immer wieder verändert habe. Dies betrifft auch Gemeindegründung und so wird das Dokument unter den Vorbehalt gestellt, dass es schon bald wieder überholt sein könnte.[257]

Die Erklärung ist von einem deutlich anderen Charakter als die beiden hier ebenfalls besprochenen Berichte *Breaking New Ground* und *Mission-shaped Church*. Dies zeigt sich allein schon an der Kürze (5 Seiten!) und der thesenhaften Form des Dokuments, aber besonders auch an seinem Inhalt. *Breaking New Ground* und *Mission-shaped Church* können als Reaktion der *Church of England* auf ihr neue und als Institution fremde Entwicklungen verstanden werden. Hier ging es im Grunde um die Fragen, ob und wie Gemeindegründungen und neue Ausdrucksformen von Gemeinde Teil der *Church of England* sein können und was dies für die bisherigen Strukturen der Institution, wie zum Beispiel das Parochialsystem bedeutet.

Die Erklärung der Bischöfe erscheint hingegen als ein abschließender Kommentar gegenüber einer bereits länger in der *Church of England* etablierten Praxis von Gemeindegründung. So wird die durch das Aufkommen von Gemeindegründungen und anderen neuen Ausdrucksformen von Gemeinde entstandene Pluralität an Gemeindeformen als der neue Normalzustand beschrieben:

---

257 Vgl. House of Bishops, Church Planting, 5.

> „In the Church of England today, bishops undertake to pursue and support the full range of contributions to mission and church growth [...], creating and normalising a pattern of diversity, of parish and other traditional forms alongside newer forms. This pattern of diversity is the ‚new normal'."[258]

Zugleich wird anhand der im Dokument aufgestellten Leitprinzipien für Gemeindegründung deutlich, dass dieser Normalzustand in der Praxis noch immer zu Konflikten führen kann. Die Erklärung versucht hier durch Empfehlungen für die an Gründungsprozessen beteiligten Hauptakteure einheitliche Standards für ein geregeltes Vorgehen festzulegen. Dabei wird deutlich, dass die Hauptkonfliktlinien zwischen den Sendungsgemeinden und den Gemeindegründungsteams auf der einen und den empfangenden Gemeinden und den Nachbargemeinden der Gemeindegründung auf der anderen Seite liegen.[259] Als mögliche Konfliktpunkte erscheinen der Umgang unterschiedlicher kirchlicher Traditionsströmungen miteinander, die Einbettung der Gemeindegründung in die vorhandenen kirchlichen Strukturen, die Verteilung und Bereitstellung von Ressourcen und die übergemeindliche Zusammenarbeit.[260] Auffällig ist, dass das Thema Transferwachstum nicht genannt wird.[261]

Als wichtig erscheint, dass in der Erklärung die Rolle der Bischöfe im Bezug auf Gemeindegründung immer wieder betont wird. Nach der Erklärung ist die Förderung von Mission und Gemeindewachstum als ein wichtiger Bestandteil ihres bischöflichen Auftrages zu verstehen.[262] Auch stellen sie Schlüsselpersonen für die Förderung der innerkirchlichen Pluralität an Gemeindeformen dar.[263] Zusammen mit den anderen kirchenleitenden Organen einer Diözese ist es ihre Aufgabe, aktiv nach Möglichkeiten für Gemeindegründungen und andere missionarische Unternehmungen zu suchen und diese öffentlich zu unterstützen.[264] Im besonderen Maße sind sie als Leitungspersonen bei der Etablierung sogenannter *Resource Churches* gefragt.[265] Gemeindegründungen werden als möglicher Bestandteil einer diözesanen missionarischen Strategie genannt.[266]

---

258 House of Bishops, Church Planting, 2.

259 Vgl. ebd., 5.

260 Vgl. ebd., 5f.

261 Für eine Ausführliche Beschreibung und Bewertung des Begriffs Transferwachstum Vgl. ▷ Kapitel 17.1.2 und Kapitel 17.2.2.

262 Vgl. House of Bishops, Church Planting, 2.

263 Vgl. ebd.

264 Vgl. ebd., 3f.

265 Vgl. ebd., 5.

266 Vgl. ebd., 4.

Ungeklärt erscheint in dem Dokument hingegen das Verhältnis von Gemeindegründung (*church planting*) und neuen Ausdrucksformen von Gemeinde (*fresh expressions of church*). So werden die *fresh expressions of church* einmal als eine Art Unterform von Gemeindegründung verstanden,[267] einmal jedoch als auf einer Ebene mit Gemeindegründung stehend genannt.[268] Durchgehend steht aber der Begriff *church planting* im Vordergrund. Hier spiegelt sich der vielfältige Gebrauch der Begriffe *church planting* und *church plant*, sowie die nicht abschließend geklärte Verhältnisbestimmung zu den *fresh expressions of church* in der *Church of England* wider. Dies wird im Folgenden Kapitel näher untersucht werden.

Insgesamt stellt die Erklärung den aktuellen Stand des Themas Gemeindegründung in der *Church of England* dar: Gemeindegründung ist zum Normalfall geworden, ohne dass dadurch alle Konflikte ausgeräumt wären. Bischöfe sehen Gemeindegründung immer mehr als ein potentielles Instrument für diözesane, missionarisch ausgerichtete, Entwicklungsstrategien. Das die Gemeindegründungsszene seit den 2010er Jahren verstärkt prägende Modell der *Resource Church* wird als eine Form von Gemeindegründung genannt. Die Betonung des Begriffs *church planting* kann als Ausdruck einer Verschiebung der Interessen auf nationalkirchlicher Ebene gedeutet werden.

Diese Interessensverschiebung wird auch von George Lings diagnostiziert. Unter dem ehemaligen Erzbischof von Canterbury Rowan Williams standen die *fresh expressions of church* deutlich im Mittelpunkt der Aufmerksamkeit der nationalkirchlichen Institutionen. Dies zeigt sich insbesondere in der Förderung des *Fresh-Expressions-Teams* durch Gelder, über welche der Erzbischof von Canterbury verfügt.[269] Diese Förderung lief nun kürzlich aus.[270] Lings kommt zu der Einschätzung, dass nun das Gründen beziehungsweise Ernennen von *Resource Churches*[271] im Fokus der nationalkirchlichen Organe liegt.[272] Lings sieht diesen Strategiewechsel kritisch und verweist auf die bisher fehlenden Untersuchungen über die Effektivität dieses Modells.[273] Zugleich betont Lings, dass bis 2017 zehn Diözesen verkündeten, verstärkt *fresh expressions of church* fördern zu wollen und es Pläne gibt die Anzahl der *Pioneer Minister* in der *Church of England* von 1500 auf 6000 zu

---

267 Dies entspricht dem im nächsten Kapitel dargestellten Gebrauch 5 des Begriffs *church planting* in der *Church of England*. Vgl. ▷ Kapitel 6.1.5.

268 Dies entspricht dem im nächsten Kapitel dargestellten Gebrauch 4 des Begriffs *church planting* in der *Church of England*. Vgl. ▷ Kapitel 6.1.4.

269 Vgl. Lings, Mixed Economy, 33f.46.

270 Vgl. ebd., 46.

271 Für das Modell der *Resource Church* vgl. ▷ Kapitel 14. Beachte auch ▷ Kapitel 9.3.3.

272 Vgl. Lings, Mixed Economy, 46.

273 Vgl. ebd., 46f.

erhöhen und somit zu vervierfachen.[274] Die durch *Mission-shaped Church* angestoßenen Veränderungen wirken also weiter und prägen sowohl diözesanes als auch nationalkirchliches Leitungshandeln.

5.10 Reflexion und Fazit

Die dargestellten Entwicklungen machen deutlich, dass sich *church planting* und *fresh expressions of church* im Laufe der Jahre von einer exotischen Erscheinung am kirchlichen Rand, welche von einer kleinen Gruppe getragen wurde, zu einem fest in die Institution integrierten und von einer breiten Bewegung gestützten, immer noch neuen, aber anerkannten Bestandteil der *Church of England* entwickelt haben. Dies wird auch durch Aussagen von Gemeindegründern gestützt. Sie beobachten eine positive Entwicklung in der kirchlichen Wahrnehmung von Gemeindegründung.[275] Ebenso teilt George Lings diese Einschätzung:

> „With the rise of the HTB London model, the appointment of Bishop Ric Thorpe in London and him having a national role now for promoting church planting, church planting has […] come from the edge to quite near of the centre, at least of the thinking of people like the Church Commissioners and those who make the Strategic Development Fund bids."[276]

Die Einbindung in strategische auf Wachstum zielende diözesane Programme zeigt, dass Gemeindegründungen und andere neue Ausdrucksformen von Gemeinde von Seiten der Kirchenleitung das Potential unterstellt wird, zu einer Umkehr des anhaltenden Schrumpfungsprozesses der *Church of England* beizutragen. Dies zeigt, dass Gemeindegründung in der *Church of England* von vielen Akteuren inzwischen als ein kirchliches Handlungsinstrument verstanden wird, welches zum Erreichen strategischer Ziele, wie zum Beispiel der Abmilderung und Umkehr des vorherrschenden Schrumpfungsprozesses eingesetzt werden kann.

Zu fragen ist in diesem Zusammenhang, ob der durch den gesellschaftlichen und religiösen Wandel ausgelöste Schrumpfungsprozess einer Großkirche wie der *Church of England* durch den Einsatz von Gemeindegründung und anderen neuen Ausdrucksformen von Kirche tatsächlich aufgehalten werden kann. Gerade in der Gemeindegründungsszene gibt es einige Vertreter, die dem Instrument der

---

274 Vgl. ebd., 45.47.

275 Vgl. Transkript 1.3.1., Z. 308–324.373–378. Vgl. ebenso Transkript 1.5., Z. 121–130.

276 Transkript 4.4.2., Z. 113–158. Besonders Z. 137–144. Zitate aus den Transkripten, welche im Hauptteil wiedergegeben werden, wurden von den Besonderheiten gesprochener Sprache bereinigt. Markiert wird dies dort durch Auslassungszeichen: […].

Gemeindegründung in dieser Hinsicht einiges zutrauen.[277] Auf der anderen Seite stehen Stimmen, wie zum Beispiel Linda Woodhead, welche jegliche kirchliche Missionsanstrengungen als vergebliche Mühe sehen. Diese könnten die durch den gesellschaftlichen und religiösen Wandel ausgelösten massiven kirchlichen Abbrüche niemals ausgleichen.[278] Diese stellten lediglich den Versuch der Einführung von „Management-Methoden" in der Kirche und damit die Wandlung von einer religiösen Institution zu einer auf ein bestimmtes Ziel („Wachstum") hin ausgerichteten Organisation dar.[279] Darüber hinaus habe gerade Gemeindegründung den Effekt den volkskirchlichen Charakter der *Church of England* zu diskreditieren und diese langfristig in eine kleine aber unbedeutende Sekte religiös hochengagierter Menschen zu verwandeln.[280] Dieser Weg sei abzulehnen. Vielmehr gelte es, durch Aufgabe überkommener theologischer Vorstellungen den verlorengegangenen Anschluss an die gesellschaftliche Entwicklung zurückzugewinnen und somit wieder zum Status einer für alle zugänglichen Volkskirche zurück zu gelangen.[281]

In der Tat kann bezweifelt werden, dass durch missionarische Anstrengungen, wie zum Beispiel klassische Gemeindegründung oder die Etablierung von anderen neuen gemeindlichen Ausdrucksformen, der gegenwärtige Schrumpfungsprozess der *Church of England* aufgehalten oder gar in sein Gegenteil verkehrt werden könnte. Dies liegt in dem Wandel von vormals christentümlichen, hin zu nach-christentümlichen westeuropäischen Gesellschaften begründet: Die christlichen Kirchen haben ihre Funktion als die westeuropäischen Gesellschaften umfänglich prägende Institutionen auf absehbare Zeit verloren und damit auch die Aussicht auf eine Grundverbundenheit des allergrößten Teils der Bevölkerung mit der Kirche.[282]

Auf der anderen Seite muss aber auch bestritten werden, dass die primäre Aufgabe der Kirche darin besteht, gesellschaftliche Bedürfnisse durch die zur Verfügungstel-

---

277 So heißt es auf der Homepage des *Church Revitalisaton Trust* – der Gemeindegründungsagentur des Holy Trinity Brompton Netzwerks – beispielsweise wie folgt: „The Church Revitalisation Trust is a charity set up in early 2017 by Holy Trinity Brompton to be a catalyst for a momentum of church planting that will see 100 City Centre Resource Churches (CCRCs) planted in strategic cities across the country, bringing revitalisation to the Church and seeing communities transformed. We dare to believe that, whilst being led by the Spirit, we can play our small part in reversing the tide of church decline and see the Kingdom of God grow in the UK." Vgl. https://crtrust.org/about, 29. August 2020.

278 Vgl. Woodhead / Brown, Church, 63–70.94f. Vergleiche für eine Diskussion der hier angedeuteten Debatte um das Verhältnis von Angebot und Nachfrage ▷ Kapitel 10.3.2.

279 Vgl. Woodhead / Brown, Church, 95f.105–109.

280 Vgl. Woodhead / Brown, Church, 129–133.

281 Vgl. ebd., 68–70.

282 Für eine ausführlichere Darstellung der These von der nach-christentümlichen Gesellschaft vgl. ▷ Kapitel 10.3.3.

lung institutionalisierter Religion[283] zu erfüllen und dafür wesentliche Inhalte des christlichen Glaubens aufzugeben, wie Woodhead und auch Percy es fordern.[284] Vielmehr ist es Auftrag der Kirche „an Christi Statt und also im Dienst seines eigenen Wortes und Werkes durch Predigt und Sakrament die Botschaft von der freien Gnade Gottes auszurichten an alles Volk."[285] Wo dies geschieht, da erfüllt sie ihren Auftrag, auch wenn dies nicht zugleich bedeuten muss, dass sie mit dieser Botschaft Gehör findet oder gar wächst.[286]

Die These dieser Arbeit ist nun, dass das Handlungsinstrument der klassischen Gemeindegründung Wesentliches dazu beitragen kann, dass die Kirche diesen Auftrag erfüllen kann. Vor diesem Hintergrund wird es eine wesentliche Aufgabe dieser Arbeit sein, die tatsächlichen Leistungen und Begrenzungen des kirchlichen Handlungsinstrumentes der klassischen Gemeindegründung herauszuarbeiten.

---

283 Für eine ausführlichere Darstellung des Institutionsbegriffs vgl. ▹ Kapitel 20.1.

284 Vgl. Herbst, Gemeindeaufbau, 200–209. Insbesondere 206–209.

285 Barmen VI. Oder eben in den Worten der anglikanischen *Declaration of Assent*: „The Church of England […] professes the faith uniquely revealed in the Holy Scriptures and set forth in the catholic creeds, which faith the Church is called upon to proclaim afresh in each generation." Zitiert nach Cray, Mission-chaped, Church, 34.

286 Vgl. hierzu die Darstellung in ▹ Kapitel 10.3.2.

6. Definition und Abgrenzung von Gemeindegründung in der Church of England

Die oben dargestellte Geschichte der Gemeindegründungsszene und der *fresh expressions of church*-Bewegung in der *Church of England* zeigt, dass beide eng miteinander verbunden sind. Die *fresh expressions of church*-Bewegung hatte ihren Ursprung in der Gemeindegründungsszene der 1980er und 1990er Jahre und entstand durch die kritische Zurückweisung eines bis dahin vorherrschenden Gemeindegründungsmodells, welches bestehende Formen kirchengemeindlicher Arbeit nachbildete. Stattdessen bemühte man sich nun um die stärkere Kontextualisierung neuer gemeindlicher Ausdruckweisen. Zugleich ging die Gemeindegründungsszene nicht vollständig in der nun entstandenen *fresh expressions of church*-Bewegung auf. Auch widerstrebte Teilen der Gemeindegründungsszene, die durch *Mission-shaped Church* vorgenommene Einordnung des bis dahin vorherrschenden Gemeindegründungsmodells als eines Typs der *fresh expressions of church*.[1] Zu diesem Schluss kommen auch David Dadswell und Cathy Ross, wenn sie in Bezug auf die Diözese von London schreiben:

> „London diocese has a reputation, which was confirmed in interviews, that Fresh Expressions are just what active parishes normally do anyway.[2] Their preferred model of initiating new forms of church is church planting. This was seen as differentiated from Fresh Expressions so the language, concepts, understandings of Fresh Expressions and church planting are blurred. This can lead to some confusion in communication, understanding and approaches, which may need some clarification or may just need to be lived with and negotiated accordingly."[3]

Hier wird deutlich, dass gerade in der Diözese von London ein Verständnis vorherrscht, welches *church planting* und *fresh expressions of church* als eigenständige und damit voneinander unterschiedene missionarische Unternehmungen versteht. Es erfolgt eine Abgrenzung, ohne dass zugleich eine eindeutige Bestimmung der Begriffe vorgenommen wird. Daran wird zweierlei deutlich: Zum einen, dass das Verhältnis von *fresh expressions of church* und *church planting* in der *Church of England* nicht abschließend geklärt ist. Zum anderen, dass es auch an einer eindeutigen

---

1 Vgl. die Beschreibung des Typs *traditional church plant*. Cray, Mission-shaped Church, 71–73.

2 Vgl. auch Transkript 4.5., Z. 23–34 und Transkript 1.2., Z. 19–721 für ein ähnlich gelagertes Verständnis.

3 Ross / Dadswell, Church Planting, 38.

Definition dessen, was in der *Church of England* unter Gemeindegründung (*church planting*) zu verstehen ist, mangelt. Vielmehr existieren im Raum der *Church of England* mindestens fünf verschiedene Verwendungsweisen des Begriffs *church planting*. Für jede dieser Verwendungen spielt eine jeweils anders konnotierte Verhältnisbestimmung zu den *fresh expressions of church* eine wichtige Rolle. Sie lauten:

(1) *church planting* als Vorläufer der *fresh expressions of church*-Bewegung;
(2) die Verwendung von *church planting* als Bezeichnung für den Entstehungsprozess neuer Ausdrucksformen von Gemeinde – *fresh expressions of church* als Bezeichnung für das Ergebnis dieses Prozesses;
(3) *(traditional) church planting* als ein Typ der *fresh expressions of church*;
(4) *fresh expressions of church* und *church planting* als zwei sich gegenüberstehende missionarische Unternehmungen, welche durch ein gemeinsames Anliegen verbunden sind, sich aber im Grad der Kontextualisierung und weiterer Merkmale unterscheiden;
(5) *church planting* als Überbegriff für eine Vielzahl von missionarisch orientierten Unternehmungen innerhalb der *Church of England*, welche auch die *fresh expressions of church* miteinschließen.

Jede dieser fünf Varianten wird im Folgenden ausführlicher vorgestellt werden. In einem anschließenden Schritt wird dann das dieser Arbeit zugrundeliegende Verständnis des Begriffs *church planting* bestimmt werden.

6.1 Fünf gebräuchliche Verwendungen des Begriffs church planting im Kontext der Church of England

6.1.1 Church planting als Vorläufer der fresh expressions of church-Bewegung

Diese Perspektive nimmt eine historische Sicht ein. Sie sieht in der Gemeindegründungsszene der 1980er und 1990er Jahre den Vorläufer der sich spätestens mit der Veröffentlichung von *Mission-shaped Church* und der Gründung des *Fresh-Expressions-Teams* formierenden *fresh expresssions of church*-Bewegung. Aus dieser Perspektive kommt es zu einer Ablösung der Gemeindegründungsszene der *Church of England*, durch die neu entstandene *fresh expressions of church*-Bewegung,

Für diese Sicht spricht, dass es prägende Köpfe der Gemeindegründungsszene waren, welche die Entstehung der *fresh expressions of church*-Bewegung mitgestalteten.[4] Auch wird diese Perspektive dadurch gestützt, dass Lings und Murray in der Literatur und der theologischen Ausbildung der 2000er Jahre eine Ablösung des Schwerpunktes Gemeindegründung durch das neue Thema *fresh expressions of church* beobachten.[5] Zudem entspricht diese Sichtweise der theologischen Bewertung von *Mission-shaped Church*, welche zu dem Schluss kommt, dass ein reines Nachbilden von bereits bestehenden Gemeindemodellen zu kritisieren und darum durch kontextsensiblere Formen von Gemeindegründung abzulösen sei.

Dagegen zeigt aber zum Beispiel die intensive Gründungsaktivität von Holy Trinity Brompton nach dem Prinzip der Nachbildung bestehender und bewährter Formen von Gemeinde, dass gerade auch in den Jahren nach 2004 diese ursprüngliche Form von Gemeindegründung weiterhin praktiziert wurde. Auch die Beobachtungen von Dadswell und Ross widersprechen der These einer Ablösung der Gemeindegründungsszene durch die *fresh expressions of church*-Bewegung. Es kann festgehalten werden, dass ein Verständnis von *church planting* als der Vorläuferbewegung der *fresh expressions of church*-Bewegung in einem historischen Sinne sein Recht hat. Von einer vollständigen Ablösung der Gemeindegründungsszene durch die *fresh expressions of church*-Bewegung kann aber nicht die Rede sein.

6.1.2 Church planting als Begriff für den Entstehungsprozess neuer Ausdrucksformen von Gemeinde – fresh expressions of church als Ergebnis dieses Prozesses

Dieses durch *Mission-shaped Church* vorgeschlagene Verständnis[6] will *church planting* als Begriff für den Gründungs- beziehungsweise Entstehungsprozess von neuen Gemeindeformen verstehen. Der Begriff *church plant* (Gemeindegründung), welcher bis zu *Mission-shaped Church* das Ergebnis dieses Prozesses beschrieb, wird nun nicht mehr als weit genug empfunden, um das ganze bekannte Spektrum neuer Ausdrucksformen von Gemeinde zu beschreiben.[7] Deshalb wird vorgeschlagen, für die vielfältigen Ergebnisse von Gründungsprozessen den Begriff *fresh expressions of church* zu verwenden.

Die Stärke dieses Verständnisses liegt in der begrifflich sichtbar werdenden Unterscheidung des Entstehungsprozesses von neuen gemeindlichen Ausdrucksformen

---

4 Vgl. die Darstellung in ▷ Kapitel 5. George Lings trug durch seine Mitarbeit an *Mission-shaped Church* maßgeblich zur Schaffung eines theologischen Gerüstes für die sich formierende *fresh expressions of church*-Bewegung bei. Bob und Mary Hopkins, die sehr stark zur Vernetzung der Gemeindegründungsszene beitrugen, gehörten zu den ersten Mitgliedern im 2004 entstehenden *fresh expressions of church*-Team. Vgl. Transkript 4.1.1., Z 59–63.

5 Vgl. Lings / Murray, Church Planting in the UK since 2000, 10.

6 Vgl. Cray, Mission-shaped Church, 31f. Vgl. ▷ auch Kapitel 5.6.

7 Vgl. Cray, Mission-shaped Church, 31f.

und dessen Ergebnis. Die Schwäche aber liegt darin, dass der *in Mission-shaped Church* markierte Paradigmenwechsel auf sprachlicher Ebene nur zum Teil mitvollzogen, ja durch die Beibehaltung des Begriffs *church planting* sogar unterwandert wird. Wenn der Begriff *church plant* als nicht mehr geeignet erscheint, die vielfältigen neuen Ausdrucksformen von Gemeinde zu beschreiben, und durch den Begriff *fresh expressions of church* ersetzt wird, dann sollte auch der Begriff *church planting* ersetzt werden. Denn eine Vielzahl von neuen gemeindlichen Ausdrucksformen setzten wohl zwangsläufig auch eine Vielzahl unterschiedlicher Entstehungsprozesse voraus. Es wäre nur stringent auch hierfür einen neuen Begriff einzuführen.

Zudem besteht die Gefahr, dass die neue, nämlich auf den Entstehungsprozess beschränkte Verwendung von *church planting*, nicht verstanden wird, und gerade dadurch jene unscharfe Verwendung der Begriffe begünstigt wird, welche Ross und Dadswell beobachten. Dies wird dadurch verstärkt, dass *Mission-shaped Church* selbst zu dieser unscharfen Verwendung beiträgt, indem für den Begriff *church planting* noch eine weitere Verwendung neben der Bezeichnung des Entstehungsprozesses vorgeschlagen wird. *Mission-shaped Church* sieht beim Begriff *fresh expressions of church* die Schwäche, dass damit neue Ausdrucksformen von Gemeinde sowohl innerhalb bestehender Formen, wie zum Beispiel einer Parochie, als auch das neue Entstehen solcher Formen außerhalb bereits bestehender gemeindlicher Formen bezeichnet werden können. Der Begriff trennt nicht zwischen diesen beiden Realitäten. Deswegen empfiehlt *Mission-shaped Church* sowohl von *planting* und *expressions* zu sprechen.[8] Hier wird also der Begiff *planting* doch wieder in einer Weise der Ergebnisbeschreibung verwendet, nämlich als möglicher Unterscheidungsbegriff für neue, außerhalb einer Parochie entstandene Formen von Gemeinde. Dieser Gebrauch legt damit aber ein Verständnis nahe, das *fresh expressions of church* und *church planting* doch wieder auf einer Ebene als zwei sich gegenüberstehende Unternehmungen sieht. Das Anliegen von *Mission-shaped Church* war es aber gerade dies durch die ursprünglich angedachte, lediglich auf den Prozess bezogene Verwendung des Begriffes *church planting* zu vermeiden.

In der Praxis findet eine Verwendung des Begriffes *church planting* für den Entstehungsprozess neuer gemeindlicher Ausdrucksformen statt. Nur konnte sich der Vorschlag nicht durchsetzen damit einzig und allein den Entstehungsprozess zu beschreiben. Dies wird an den weiteren im Folgenden beschriebenen Verwendungen des Begriffs *church planting* deutlich.

---

8 Vgl. Cray, Mission-shaped Church, 34.

6.1.3 Traditional church planting als ein Typ der fresh expressions of church

Eine weitere auf *Mission-shaped Church* zurückgehende Bestimmung des Begriffs *church planting* ordnet diesen als einen von vielen verschiedenen Typen der *fresh expressions of church* ein.[9] Dafür wird der Begriff *church plant* um das Adjektiv „*traditional*" ergänzt.[10] Zugleich kommt es auch häufig zu einem verkürzten Gebrauch des Begriffs und es wird nur von *church plant* beziehungwseise *church planting* gesprochen, auch wenn damit die Einordnung als ein Typ der *fresh expressions of church* gemeint ist.[11] Durch diese Verwendung in *Mission-shaped Church* wird das in den 1980er und frühen 1990er Jahren dominierende Prinzip von Gemeindegründung als eine legitime Variante der *fresh expressions of church* bewertet. Es wird davon ausgegangen, dass diese Form von Gemeindegründung weiterhin betrieben wird. Doch steht sie unter dem ebenfalls in *Mission-shaped Church* geäußerten Vorbehalt, dass ein reines Nachbilden bereits bestehender Formen von Gemeinde zu hinterfragen ist, da dies einer tatsächlich erfolgenden Inkulturation entgegen stünde.[12] Die wichtigsten Charakteristika eines *traditional church plants* sind laut *Mission-shaped Church*:[13]

- Die häufige Verortung innerhalb der Parochie der Sendungsgemeinde.
- Die Aufrechterhaltung von engen Verbindungen zur Sendungsgemeinde, bei gleichzeitiger Anerkennung, dass es sich hierbei um eine eigenständige Gemeinde (*congregation*) handelt.
- Der Anlass zur Gründung liegt in der Identifikation eines geographischen Gebietes oder einer sozialen Gruppe, welche durch die Sendungsgemeinde nicht erreicht wurde.
- Die Gründung mithilfe eines Gründungsteams, welches eventuell von einem Pfarrer in der letzten Stufe seiner Ausbildung (*curate*) geleitet wird.
- Eine dem öffentlichen Start (*public launch*) vorangehende Untersuchung (*mission audit*) des Kontextes oder der Zielgruppe.
- Das Finden eines Versammlungsortes – meist ein säkulares, öffentliches Gebäude – als wichtiger Teil der Vorbereitungsphase.
- Die Nachbildung des gottesdienstlichen Stils der sendenden Gemeinde.

9 In *Mission-shaped Church* wurden ursprünglich zwölf verschiedene Typen identifiziert. Lings geht in seinen Untersuchungen aber von inzwischen 20 identifizierbaren Typen aus. Vgl. Cray, Mission-shaped Church, 44; Lings, Day, 40f.

10 Vgl. Cray, Mission-shaped Church, 32.71–73.

11 Vgl. für einen Gebrauch des verkürzten Begriffs Lings, Day, 40.

12 Vgl. Cray, Mission-shaped Church, 30f.

13 Vgl. für die folgende Zusammenfassung ebd., 71f.

- Eine öffentliche, oft gottesdienstliche Veranstaltung als offizieller Beginn der neuen Gemeinde.
- Eine bewusst einfache Gemeindestruktur zu Beginn, welche aber Kleingruppen beinhaltet. Diese dienen der Jüngerschaft (*discipleship*) und der pastoralen Versorgung (*pastoral care*).
- Eine Beteiligung an der Finanzierung der Gemeindegründung durch die Sendungsgemeinde.

Von diesen Merkmalen als besonders entscheidend hervorzuheben sind die Fokussierung auf die Etablierung eines Gottesdienstes (Suche nach Versammlungsort, *Launch*) und die Orientierung am Gottesdienststil der sendenden Gemeinde. Unter dem Begriff *replants* wird auch die Wiedereröffnung eines zuvor geschlossenen kirchlichen Gebäudes durch ein Gemeindegründungsteam und das Hineingründen in eine Gemeinde mit noch bestehender Gottesdienstgemeinde (*transplant / graft*) als eine weitere Form von *traditional church planting* verstanden.[14]

Diese Unterordnung von *church planting*[15] als eines Typs der *fresh expressions of church* findet sich auch in den durch die *Church Army Research Unit* veröffentlichten Studien zu den *fresh expressions of church* wieder. Diese wurden maßgeblich von George Lings mitgestaltet.[16] Die Stärke dieses Verständnisses liegt darin, dass dadurch zum einen der sich seit dem Ende der 1990er Jahre vollziehende Paradigmenwechsel anerkannt wird: Es gibt nun eine Vielzahl verschiedener neuer Ausdrucksformen von Gemeinde. Gemeindegründung nach den oben dargestellten Merkmalen muss deswegen eine Einordnung in die verschiedenen Typen erfahren. Zum anderen erkennt diese Einordnung die Realität an, dass es eben weiterhin zu Gemeindegründungen nach diesem Schema kommt. Es besteht in diesem Bereich eine Kontinuität, die auch nicht durch die in *Mission-shaped Church* geäußerte Kritik an einem reinen Nachbilden bereits bestehender gemeindlicher Formen abbrach.

Und doch steht diesem Gebrauch der Einordnung als ein Typ der *fresh expressions of church* die oben dargestellte Sicht aus der Gemeindegründungsszene gegenüber, welche sich einer Ein- und Unterordnung entzieht. Dies führt zu dem vierten Verständnis des Begriffs *church planting* als einer eigenständigen von den *fresh expressions of church* unterschiedenen missionarischen Unternehmung.

---

14 Vgl. Cray, Mission-shaped Church, 73.

15 Dabei wird oft statt *traditional church plant* auch die Kurzform *church plant* benutzt. Vgl. zum Beispiel Lings, Day, 210.

16 Vgl. Church Army's Research Unit: An analysis of fresh expressions of Church and church plants begun in the period 1992–2012. Church Growth Research Project, Reoprt on Strand 3b, 2013. 7.25; Lings, Day, 1.40; Dalpra / Vivian, Who's there?, 9.32.

6.1.4 Fresh expressions of church und church planting als eigenständige missionarische Unternehmungen

Für diese Sicht spricht der in *Mission-shaped Church* diagnostizierte Paradigmenwechsel hin zu inkulturierten Ausdrucksformen von Gemeinde. Die Ausrichtung am jeweiligen Kontext wird zum bestimmenden Faktor und führt zu einer Pluralisierung der Formen. *Traditional church planting* aber widersteht dieser Hinwendung zum Kontext, da hier weiterhin die Nachahmung bereits bestehender Gemeindeformen den dominierenden Faktor darstellt. Aus dieser Sicht erscheint es dann nur konsequent, die Unterordnung von *(traditional) church planting* als eine der *fresh expressions of church* aufzugeben. Vielmehr erscheinen dann *church planting* und *fresh expressions of church* als zwei zu unterscheidende missionarische Unternehmungen auf Augenhöhe, welche zwar durch gemeinsame Ziele verbunden sind, aber verschiedene Ansätze wählen um diese zu erreichen. Diesen Weg der Bestimmung beider Begriffe schlagen auch Tina Hodgett und Paul Bradbury in einer von ihnen vorgenommenen Ausdifferenzierung des neuen kirchlichen Berufsbildes des *pioneer minister* ein.[17] Hodgett und Bradbury sprechen von vier verschiedenen Berufungen („vocation") für *pioneer ministers.* Sie unterscheiden *church replicators, pioneer adaptors, pioneer innovators und pioneer activists.*[18] Diese verteilen sich über ein Spektrum hinweg, welches sie als *Pioneer Spectrum* bezeichnen.

Als Unterscheidungskriterium dient der nötige Kontextualisierungsgrad und damit auch der Innovationsgrad, der durch die *Pioneer Minister* verfolgten missionarischen Projekte. An einem Ende des Spektrums stehen die *church replicators.* Diese bilden („replicate") bereits bestehender Modelle von Kirche an einem neuen Ort nach.[19] Dies trifft nach Hodgett und Bradbury besonders auf *traditional church plants* zu.[20] Es findet hierbei keine wirkliche Innovation statt. Dennoch erscheint die Replikation von bestehenden Modellen für sie legitim sofern es sich dabei um den gleichen Kontext wie bei der Sendungsgemeinde handelt.[21] *Pioneer adaptors* hingegen sorgen für die Anpassung bekannter Modelle von Gemeinde an einen neuen Kontext. Als Beispiele nennen Hodgett und Bradbury die Adaption des *messy church* Modells an die Zielgruppe der Senioren oder in Bezug auf Angehörige des Militärs.[22] Innovation geschieht hier in einem geringen Maße. Sie wird

17 Vgl. Hodgett, Tina / Bradbury, Paul: Pioneering Mission is … a spectrum, in: Anvil 34 Nr. 1, 2018, 30–34.

18 Vgl. ebd., 32f.

19 Vgl. ebd., 32.

20 Vgl. ebd., 33.

21 Vgl. ebd., 32.

22 Vgl. Hodgett / Bradbury, Spectrum, 32.

durch den neuen Kontext angestoßen, der eine Anpassung des bereits existierenden Modells nötig macht. *Pioneer innovators* hingegen schaffen neue, bisher noch nicht existierende Modelle von Gemeinde. Die Innovation entsteht dabei durch die Auseinandersetzung mit dem Kontext und geschieht außerhalb der bisherigen kirchlichen Strukturen.[23]

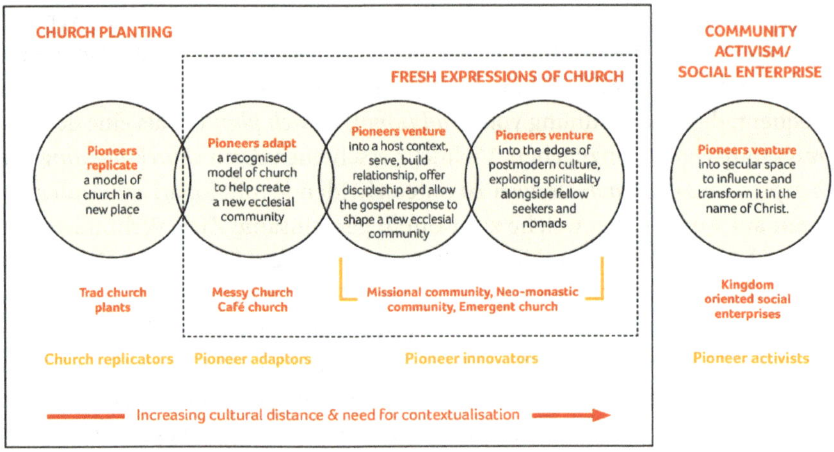

Abbildung 2 Pioneer Spectrum nach Hodgett und Bradbury[24]

In ihrem Modell des *pioneer spectrums* steht nun die Nachbildung bereits bestehender Modelle von Kirche außerhalb des Bereiches, den Hodgett und Bradbury mit den *fresh expressions of church* identifizieren.[25] Der Bereich der *fresh expressions of church* wird mit der Adaption und Innovation neuer Modelle von Gemeinde aufgrund einer stattfindenden Kontextualisierung gleichgesetzt. *Traditional church plants* leisten dies nach Hodgett und Bradbury nicht, da sie sich stärker an einem bekannten Modell als am Kontext orientieren. So stehen sich *traditional church*

23 Vgl. ebd. Die Rolle des *pioneer activists* sehen Bradbury und Hodgett am den *church replicators* gegenüberliegenden Ende des Spektrums. Hier handelt es sich um Personen, deren Berufung es ist in säkular geprägten Kontexten zu wirken und diese durch christliche Werte zu prägen, ohne dabei auf die Gründung einer Gemeinde abzuzielen: „There are also those we call ‚pioneer activists', whose gift and vocation is to shape a place in ways that seek to align a community, network or industry with the values of the Kingdom. Seeing themselves as missionaries, but without the expressed intention of planting a church, these pioneers are nevertheless creating highly innovative Kingdom responses to the pressing issues of our communities." Hodgett / Bradbury, Spectrum, 32.

24 Vgl. ebd., 33.

25 Vgl. ebd., 33.

plants und *fresh expressions of church* gegenüber. Sie teilen das Ziel neue Gemeinden zu formen, unterscheiden sich aber durch den Grad der Kontextualisierung.

Die Stärke dieses Verständnisses liegt in der Unterscheidung nach Kontextualisierungsgrad. Damit ist ein singuläres Kriterium gefunden, welches erlaubt eine klare Trennung zwischen am Kontext orientierten und an bereits bestehenden Modellen von Gemeinde orientierten missionarischen Unternehmungen zu vollziehen. Da seit *Mission-shaped Church* die Orientierung am Kontext in den Vordergrund rückte, erscheint es als konsequent, den durch *Mission-shaped Church* eingeführten Begriff der *fresh expressions of church* nur als Bezeichnung solcher Gemeindeformen zu verwenden, welche diese Orientierung am Kontext auch umsetzten. Zugleich wird zu fragen sein, ob die von Hodgett und Bradbury eingeführte Einteilung bei einer genaueren Überprüfung wirklich bestehen kann. So wird zu prüfen sein, ob es nicht auch bei anderen Typen, welche Hodgett und Bradbury im Bereich der *fresh expressions of church* verorten, zu einer stärkeren Orientierung an bestehenden Modellen als am jeweiligen Kontext kommt.

6.1.5 Church planting als Überbegriff

In einer fünften Variante wird nun *church planting* als Überbegriff verwendet, dem verschiedene missionarische und gemeindebildende Unternehmungen untergeordnet werden. Diese Verwendung findet sich ebenfalls bei Hodgett und Bradbury. Bei ihnen bildet der Begriff *church planting* die Klammer um die sich gegenüberstehenden *traditional church plants* und *fresh expressions of church.*[26] Denn beiden ist gemein, dass sie auf die Bildung von neuen Gemeinden zielen. Es geht also um Gemeindegründung, auch wenn der Weg dahin ein anderer ist und die entstehenden Modelle von Gemeinde sehr unterschiedlich aussehen können. In dieser Verwendungsvariante besteht eine große Nähe zum in *Mission-shaped Church* vorgeschlagenen Gebrauch des Begriffs *church planting* als Beschreibung des Entstehungsprozesses von neuen Ausdrucksformen von Kirche (Verwendungsvariante 2). Eine völlige Übereinstimmung liegt aber nicht vor, da es denkbar ist, dass im hier dargestellten Gebrauch alle durch *church planting* entstehenden Gemeinden als *church plants* bezeichnet werden. Dies lehnt der Gebrauch nach Variante zwei aber ausdrücklich ab.

Bei dieser Variante handelt es sich um den allgemeinsten Gebrauch des Begriffes *church planting*. Dies ist dann auch der Gebrauch, wie er außerhalb der *Church of England* in einem protestantisch geprägten Umfeld am häufigsten zur Anwendung kommt. Seine Stärke liegt darin, dass er über den Kontext der *Church of England* hinaus am anschlussfähigsten erscheint. Zugleich liegt hier auch das Problem:

26 Vgl. Hodgett / Bradbury, Spectrum, 33.

Innerhalb der *Church of England* kann ein solcher sehr allgemein gefasster Gebrauch des Begriffs *church planting* zu einer Vereinnahmung der *fresh expressions of church*-Bewegung führen. Dies würde aber zumindest von Teilen eben dieser Bewegung kritisch zurückgewiesen werden.

6.2 Das Verständnis von Gemeindegründung in dieser Untersuchung

Für diese Arbeit haben die fünf vorgestellten Verwendungen des Begriffs Gemeindegründung in der *Church of England* eine unterschiedlich große Bedeutung. Diese Arbeit untersucht die Gemeindegründungsszene innerhalb der *Church of England*. Sie ist damit an dem interessiert was in fortlaufender Kontinuität zu dem in den 1980er und 1990er Jahren prägendem Verständnis von Gemeindegründung steht. Damit erscheinen vor allem Verständnis 3 und Verständnis 4 von einer höheren Relevanz zu sein. Ausgehend davon soll nun eine nähere Definition des für diese Arbeit relevanten Begriffs von Gemeindegründung in Bezug auf die *Church of England* erfolgen.

6.2.1 Orientierung an einem bestehenden Modell von Gemeinde oder Orientierung am Kontext als ein Kriterium der Unterscheidung

In der ersten, dritten und vierten der fünf dargestellten Verwendungen des Begriffs *church planting* erfolgt die nähere Bestimmung der Begriffe *church planting* und *fresh expressions of church* mithilfe der Unterscheidung, ob bei der entstehenden Gemeinde die Nachbildung eines bereits existierenden Modells von Gemeinde dominiert, oder eine stärkere Orientierung am Kontext erfolgt. Die Nachbildung eines bereits bestehenden Modells von Gemeinde wird mit den Begriffen *church planting* oder *traditional church planting* in Verbindung gebracht. Die stärkere Orientierung am Kontext wird meist mit dem Begriff *fresh expressions of church* verbunden.

Diese Unterscheidung stellt einen ersten wichtigen Baustein für die Klärung der Frage dar, wie in dieser Arbeit der Begriff *church planting* in Bezug auf die *Church of England* zu verstehen ist. Ergänzend zu dieser Unterscheidung zwischen einer Orientierung an einem bestehenden Modell von Gemeinde und einer Orientierung am Kontext, muss die von Michael Moynagh dargestellte Unterscheidung zwischen einer *worship-first journey* und einer *serving-first journey*[27] hinzugenommen werden.

---

27 Vgl. Moynagh / Harrold, Context, 205–221.

6.2.2 Die Unterscheidung zwischen worship-first und serving-first journey als weiteres Unterscheidungskriterium

Bei der *worship-first journey* ist der erste zentrale Schritt des Gründungsprozesses – nach einer Phase der Vorbereitung – die Gründung einer neuen Gottesdienstgemeinde.[28] Dabei wird der erste öffentlich gefeierte Gottesdienst als Gründungsereignis der neuen Gemeinde angesehen.[29] Der Gottesdienst ist die Hauptveranstaltung im Gemeindeleben und dient als „Schaufenster" für Besucher, welche noch nicht Teil der Gemeinde sind.[30] Dementsprechend muss der Gottesdienst ein gewisses Maß an Zugänglichkeit für Kirchendistanzierte vorweisen können, so dass es für die Gemeindeglieder denkbar erscheint, ihre Freunde und Bekannte einzuladen. Diesen „eingeladenen" Besuchern wird auch die Möglichkeit geboten, an einem Glaubenskurs teilzunehmen und als Resultat dessen, sich eventuell zu dem dort vorgestellten christlichen Glauben zu bekennen.[31] Im Anschluss daran werden sie Teil einer von der Gemeinde angebotenen Kleingruppe und nehmen auch in anderen Bereichen des Gemeindelebens verstärkt teil.[32] Nach Moynagh wird dieses Modell vor allem im Bereich der *traditional church plants* angewendet.[33] Es ist im Kern attraktional, zielt also darauf, durch attraktiv gestaltete Gottesdienste und Programme Menschen anzuziehen.[34]

Abbildung 3 A worship-first Journey (Michael Moynagh)[35]

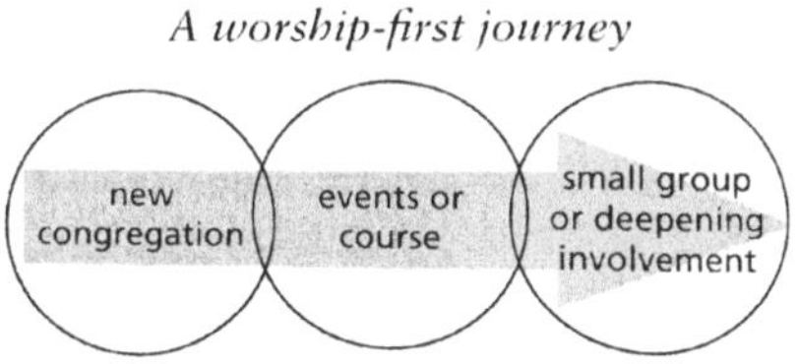

Die *serving-first journey* hingegen beginnt mit dem bereits in *Mission-shaped Church* dargestellten „doppelten Hören".[36] Dabei geht es um das aufmerksame Kennenlernen des Kontextes und der Menschen, welche im Fokus stehen, sowie um die Hinwendung zu Gott in der Erwartung, dass er bereits in diesem Kontext

28 Vgl. ebd., 206.
29 Vgl. ebd., 207.
30 Vgl. ebd., 206.
31 Vgl. ebd.
32 Vgl. ebd.
33 Vgl. Moynagh / Harrold, Context, 207.
34 Vgl. die Begriffsklärung in ▹ Kapitel 5.2.
35 Vgl. Moynagh / Harrold, Context, 206.
36 Vgl. ebd., 208; Cray, Mission-shaped Church, 104f.

erkennbar am Werk ist.[37] Im folgenden Schritt – „loving and serving" – steht der Beziehungsaufbau im Mittelpunkt. Dieser wird durch ein Eingehen auf die Nöte der Menschen durch das Einnehmen einer dienenden Haltung ergänzt.[38] Aus diesem Beziehungsaufbau und dem damit verbundenen Dienst entsteht Gemeinschaft, und damit einhergehend ein wachsendes Maß an Vertrauen und ein Gefühl der Zugehörigkeit zu einer Gruppe.[39] Nun wird Raum dafür geschaffen, dass Personen die Möglichkeit haben, den Glauben zu erkunden.[40] Dies kann durch verschiedene formelle Angebote, aber auch durch informelle Gespräche geschehen. Wenden sich Menschen dem Glauben zu und beginnen in der Nachfolge Christi zu leben, so bringt dies die Frage der Beheimatung mit sich. Dies fordert dann dazu heraus, zusammen mit ihnen eine Form von Gemeinde zu entwickeln, die dem Kontext angemessen ist.[41] Einen weiteren Schritt stellt die Reproduktion des dargestellten Prozesses durch die Aussendung eines neuen Gründungsteams dar.[42]

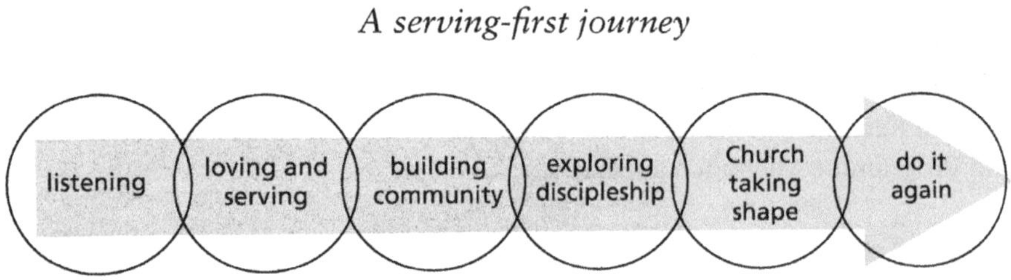

Abbildung 4 A serving-first Journey (Michael Moynagh)[43]

Moynagh betont, dass es sich sowohl beim gottesdienstzentrierten Gründungsprozess (*worship-first journey*) als auch beim kontextzentrierten Gründungsprozess (*serving-first journey*) um theoretische Modelle handelt, welche Prozesse vereinfachen und verallgemeinern.[44] So kommt es in der Praxis auch zu Mischformen.[45] Trotzdem erscheint das Modell des gottesdienstzentrierten Gründungsprozesses als ein hilfreicher Baustein für die Näherbestimmung des Verständnisses von *church planting* in dieser Arbeit, da es das bisherige Unterscheidungskriterium, nämlich

37 Vgl. Moynagh / Harrold, Context, 208.
38 Vgl. ebd.
39 Vgl. ebd.
40 Vgl. ebd., 209.
41 Vgl. ebd., 208f.
42 Vgl. ebd., 210.
43 Vgl. Moynagh / Harrold, Context, 208.
44 Vgl. ebd., 206.219.
45 Vgl. ebd., 219.

die Nachbildung eines bereits bestehenden Modells von Gemeinde durch die Fokussierung auf den Gottesdienst, ergänzt. Nun kann eine Definition des Begriffes *church planting* vorgenommen werden.

6.2.3 Definition des Begriffs Gemeindegründung

Wie gezeigt wurde wird der Begriff *church planting* im Raum der *Church of England* mindestens in einem fünffachen Sinne verwendet. Da der Forschungsgegenstand dieser Arbeit aber die Gemeindegründungsszene innerhalb der *Church of England* ist, haben lediglich zwei Varianten größere Bedeutung: Das durch den Begriff *traditional church plants* beschriebene Verständnis von *church planting* als ein Typ der *fresh expressions of church* (Verständnis 3) und das Verständnis von Gemeindegründung als eigenständige, der *fresh expressions of church*-Bewegung gegenüberstehende missionarische Unternehmung (Verständnis 4). Auf *church planting* als historischem Ausgangspunkt der *fresh expressions of church*-Bewegung (Verständnis 1) hingegen soll in dieser Arbeit nur in dem Rahmen Bezug genommen werden, als dass dies zu einem besseren Verständnis der heutigen Gemeindegründungsszene beiträgt. Die in *Mission-shaped Church* vorgeschlagene Verengung des Begriffs als Beschreibung des Gründungsprozesses neuer gemeindlicher Ausdrucksformen (Verständnis 2) konnte sich, wie gezeigt wurde, weder in der Literatur noch in der Praxis durchsetzen. Die Verwendung von *church planting* als Überbegriff (Verständnis 5) kommt in der Praxis und auch innerhalb der Gemeindegründungsszene vor, würde dann aber alle Typen der *fresh expressions of church* beinhalten und erscheint damit für diese Arbeit als ungeeignet, da zu weit gefasst. Vielmehr soll ein engerer Begriff von Gemeindegründung in dieser Arbeit in den Blick genommen werden, für den die in den Bedeutungsvarianten drei und vier wichtige Nachbildung einer bestehenden Form von Kirche konstituierend ist. Weiter konkretisiert wird dieses Verständnis durch den Verweis auf die Gottesdienstzentriertheit dieser Gemeindegründungen im Sinne einer *worship-first journey*. Somit kann das in dieser Arbeit Anwendung findende Verständnis des Begriffs Gemeindegründung (*church planting*) in Bezug auf die *Church of England* wie folgt definiert werden:

> Der in dieser Arbeit im Zentrum stehende Begriff von Gemeindegründung beschreibt die im Raum der *Church of England* stattfindende Nachbildung einer bestehenden, gottesdienstzentrierten Form von Gemeinde an einem anderen Ort oder zu einer anderen Zeit durch eine Gruppe von Christen mit dem Ziel, kirchenferne Menschen zu erreichen.

Die Formulierung „an einem anderen Ort oder zu einer anderen Zeit" lässt es zu, dass auch das Gründen von neuen Gottesdienstgemeinden, welche dasselbe Gebäude wie bereits bestehende Gemeinden nutzen, als Gemeindegründung verstanden werden kann. Die Fokussierung auf kirchenferne Menschen schließt das Entstehen von neuen Gemeinden aufgrund von Gemeindespaltungen als Teil der Definition aus.

6.2.4 Überprüfung der Definition anhand der geführten Interviews

Dass dies eine hinreichende und tragfähige Definition darstellt, kann mit Hilfe der mit Gemeindegründern und einer Gemeindegründerin geführten Experteninterviews gezeigt werden. In den meisten Interviews zeigt sich die Gottesdienstzentriertheit des Gründungsprozesses und des Gemeindemodells.[46] Besonders deutlich wird dies im Interview mit CP3.[47] Über die Wiedereröffnung der über Jahre geschlossenen Kirche St Luke's in Nordlondon sagt er:

> „[...] we opened the doors for the first act of worship in there for twenty years and two hundred and fifty people showed up out of nowhere. [...] I don't know where they came from, I don't know who they were, but they came. [...] I was formally installed as the vicar in January 2012. And so that's when we celebrate our birthday, because that's the first time Sunday worship happened in the church. Six months after that we started an evening service."[48]

Im Interview mit CP1 lässt sich hingegen eine Mischform zwischen einem gottesdienst- und einem kontextzentrierten Gründungsprozess erkennen:

> „And then the plan from there was to spend the first year not really doing anything. Just moving in, settling in, getting to know the neighbours. Join in the clock-work rhythm and seeing a whole year of seasons through. 'Cause that's the best way to learn the neighbourhood to spend a whole year's worth of rhythms. [...] And then [...] the plan was about a year in to [...] start a public gathering. [...] But in reality, that happened about four months in, when the parish church here asked me to take on the leadership of it. [...] And so, we changed up a gear a bit quicker. But we're still very disciplined at saying: 'Okay, just 'cause we've got a building there, that doesn't mean that we do loads of churchy things.

46 Vgl. Transkript 1.4., Z.162–203; Transkript 1.5., Z. 202–213; Transkript 1.6., Z. 539–598; Transkript 1.7., Z. 198–209; Transkript 1.8., Z. 350–379.

47 Im Folgenden werden die Befragten Gemeindegründer (*church planter*) durch das Kürzel CP und eine der Interviewreihenfolge entsprechende Zahl gekennzeichnet. Das gleiche gilt für die interviewten Promotoren, welche durch das Kürzel P und die der Interviewreihenfolge entsprechende Zahl gekennzeichnet werden. Die beiden Gesprächspartner des ersten Promotoreninterviews (Transkripte 4.1.1. und 4.1.2.) werden dabei durch die Kürzel P1.1. (entspricht IP1 in den Transkripten) und P1.2. (entspricht IP2 in den Transkripten) voneinander unterschieden.

48 Transkript 1.3.1., Z. 440–451.

The priority for this year is to listen, learn the neighbourhood, meet people, don't invite anyone to church, unless they ask to come.' [...] And then the next stage was to grow that core team. [...] And as that core grows, you then put that core into a publicly accessible space and allow other people to find you there. Which was what we did with our Sunday service in that building."[49]

Zwei Gemeindegründer sprechen explizit an, dass es zu einer Nachbildung bestehender Modelle von Gemeinde kommt. So äußert sich zum Beispiel CP3 wie folgt:

„Because we've come from one kind of church to another, I think we are much more like a franchise in some senses, 'cause we were taking a particular kind of way of doing church and the people that had come with us were from there."[50]

Auch kommen die interviewten Promotoren zu einer ähnlichen Einschätzung. So betont P1.2., dass die Kultur der Sendungsgemeinde durch das Gründungsteam in die Gemeindegründung hineingetragen wird. Dies sei besonders dann der Fall, wenn es sich um größere Gründungsteams handelt.[51] P3 betont die hohe Ähnlichkeit der Gemeindegründung mit der Sendungsgemeinde, sieht aber zugleich die Möglichkeit, dass es im Laufe der Zeit und durch eine Auseinandersetzung mit dem Kontext zu einer Kontextualisierung kommt:

„Everything they know is from the [sending] church. So, they're quite likely to do the worship the same, the teaching the same, the ministry the same, the liturgy the same, the outreach the same, 'cause that's all they've known. And the amount of research you do is going to subvert that in the new area because you're going to say, 'Actually, do we need to do this differently?', and so you're asking the incarnational question, 'What does it look like here?'"[52]

49 Transkript 1.1., Z. 42–78.

50 Transkript 1.3.1., Z. 1052–1056. Vgl. auch Transkript 1.2., Z. 524–529. Ebenso Transkript 4.6., Z. 470–483.

51 Vgl. Transkript 4.1.1., Z. 1047–1068; Transkript 4.1.2., Z. 10–23. Vgl. ebenso Transkript 4.2., Z. 862–879; Transkript 4.6., Z. 468–483. Auch P6 betont die Wichtigkeit der Sendungsgemeinde und des Gründungsteams im Gründungsprozess. Durch die Auswahl der angestellten Teammitglieder wird dabei deutlich, dass es sich um ein gottesdienstzentriertes Modell handelt, da diese mit ihrer jeweiligen Aufgabenbeschreibung ein gottesdienstzentriertes Modell voraussetzen. Vgl. Transkript 4.6., Z. 113–142. Vgl. ebenso Transkript 4.6., Z. 385–399.

52 Transkript 4.3., Z. 583–591.

Für zwei Gemeindegründer (CP3, CP4) erscheint die Aussendung des Gründungsteams durch eine andere Gemeinde als ein wichtiger Teil der Definition von Gemeindegründung.[53] CP4 lehnt aufgrund dieses Verständnisses sogar die Selbstbezeichnung als *church plant* ab und spricht lieber vom Entstehen einer „gottesdienstfeiernden Gemeinschaft" („worshipping community").[54]

Fragt man die Gemeindegründer hingegen nach ihrem Verständnis des Begriffes *church planting*, so zeigt sich, dass kaum ein reflektierter und präziser Gebrauch vorhanden ist. Sie antworten meist mit einer allgemeinen Definition wie sie dem Begriffsverständnis von *church planting* als allgemeinem Überbegriff (Verständnis 5) entspricht. So äußert sich CP2 wie folgt:

> „What is church planting? Well, I guess at its simplest level, it's starting a new church of some form or another. Now, where that is doesn't really matter, and quite how that happens doesn't really matter, but [...] if you take the analogy of planting, it's taking your seed and putting it into the ground and watching it grow. So, if we use that as an analogy of an image, if you will, a church plant is taking a seed, a group of people of some form or other, putting it somewhere different, and hopefully watching it grow. But it takes many different forms. There are many different plants."[55]

CP5 bleibt ebenfalls sehr allgemein: „I think it's about bringing a Christian community into existence that didn't [...] exist before."[56]

Fragt man die Gemeindegründer nach dem Verhältnis der Begriffe *church planting* und *fresh expressions of church*, dann zeigt sich ein sehr gemischtes Bild. So werden zum Beispiel Gemeinsamkeiten betont (CP1, CP2)[57] und Unterschiede vor allem auf der sprachlichen Ebene verortet (CP1).[58] Es wird festgestellt, dass die Begriffe in unterschiedlichen Kreisen unterschiedliche Bedeutungen haben und nicht wirklich verständlich ist, was der Begriff *fresh expressions of church* aussagt (CP2).[59] Andere betonen die durch die Begriffe repräsentierte und auch nötige Vielfalt von missionarischen Unternehmungen, bei gleichzeitiger Verwendung des Begriffes *church planting* als Überbegriff für diese Unternehmungen (CP6).[60] Bei zwei Gemeindegründern erscheint der Begriff *fresh expressions of church* durch ein

53 Vgl. Transkript 1.3.1. Z. 1012–1016; Transkript 1.4., Z. 260–270.

54 Vgl. Transkript 1.4., Z. 260–264.

55 Transkript 1.2., Z. 705–715.

56 Transkript 1.5., Z. 1055–1057. Vgl. auch Transkript 1.1.2., Z. 446–458; Transkript 1.6., Z. 1000–1002; Transkript 1.7., Z. 884–886; Transkript 1.8., Z. 911–913.

57 Vgl. Transkript 1.1.1., Z. 490–503; Transkript 1.3.1., Z. 1028–1041.

58 Vgl. Transkript 1.1.1., Z. 490–503.

59 Vgl. Transkript 1.2., Z. 719–721.

60 Vgl. Transkript 1.6., Z. 1021–1028.

größeres Maß der vorgenommenen Kontextualisierung definiert zu werden (CP3, CP8).[61]

Es zeigt sich, dass die befragten Gemeindegründer überwiegend keine tiefergehende Verhältnisbestimmung der Begriffe *fresh expressions of church* und *church planting* vornehmen können. Dies setzt sich zum Teil bei den Promotoren für Gemeindegründung fort, insbesondere bei denen, die durch Einbindung in ein Gemeindenetzwerk oder eine auf Gemeindegründung zielende Institution eine große Nähe zur Praxis von Gemeindegründung ausweisen (P2, P5, P6). P2 entzieht sich einer Differenzierung der Begriffe, indem er sich auf den von ihm selbst gebrauchten Begriff „starting new churches" zurückzieht.[62] Sein Verständnis erweist sich dabei dem Verständnis von *church planting* als allgemeinem Überbegriff (Verständnis 5) entsprechend, das heißt, dass sowohl gottesdienstzentrierte als auch am Kontext ausgerichtete Modelle darin eingeschlossen sind. Zugleich bevorzugt P2 aber ein gottesdienstzentriertes Modell.[63]

P5 geht davon aus, dass beide, *fresh expressions of church* und *church planting*, dazu dienen Parochien neu zu beleben („reinvigorate"). Eine Differenzierung ergibt sich lediglich daraus, dass das eine (*church planting*) von außen geschehe, das andere von innen heraus (*fresh expressions of church*).[64] Zugleich versteht P5 *church planting* als ein gottesdienstzentriertes Modell. So markiert der erste öffentliche Gottesdienst (*launch*) den Beginn der Existenz der Gemeinde.[65] P6 sieht mindestens eine Verbindung, wenn nicht sogar die Einheit zwischen beiden Begriffen.[66]

Dem gegenüber stehen die Promotoren 1, 3 und 4, welche alle sehr ausdifferenzierte Begriffs- und Verhältnisbestimmungen vornehmen können, welche sich mit den fünf oben dargestellten Verwendungen des Begriffs *church planting* im Raum der *Church of England* decken. Dies mag nicht verwundern, handelt es sich bei den Promotoren 1 und 4 doch um Bob und Mary Hopkins und George Lings, und somit um die Personen, die die in *Mission-shaped Church* vorgenommenen Begriffsbestimmungen maßgeblich geprägt haben. Bei Ric Thorpe (P3) ist zu erwarten, dass er im Rahmen seiner Funktionen als Bischof für Gemeindegründung und als Vorsitzender des Beirats von *Fresh Expressions UK* mit den verschiedenen Begriffsfüllungen vertraut ist.

---

61 CP3 spricht von einer höheren Freiheit bei den *fresh expressions of church* inkarnatorisch zu wirken. CP8 beschreibt die *fresh expressions of church* als eine Art Kirche zu sein, die nicht dem gängigen Bild von Kirche entspricht, da sie sich am Kontext orientieren. Vgl. Transkript 1.3.1., Z. 1028–1049; Vgl. Transkript 1.8., Z. 913–920.

62 Vgl. Transkript 4.2., Z. 37–45.

63 Vgl. Transkript 4.2., Z. 862–879. Und besonders Z. 865f.

64 Vgl. Transkript 4.5., Z. 29–34.

65 Vgl. Transkript 4.5., Z. 626–641.

66 Vgl. Transkript 4.6., Z. 37–44.

P1.2. folgt zunächst der Begriffsbestimmung von *Mission-shaped Church*, welche *fresh expressions of church* als Überbegriff, *church planting* als Beschreibung des Gründungsprozesses und *traditional church planting* als eine Unterkategorie dieser *fresh expressions of church* versteht.[67] Zugleich gesteht er zu, dass heute auch ein anderer Gebrauch existiert, der *fresh expressions of church* und *church planting* als zwei getrennte missionarische Unternehmungen versteht.[68] Für die Beschreibung des Begriffs *traditional church planting* nutzt P1.2. neben dem Begriff der *worship-first journey* auch die Begriffe attraktional, sonntagszentriert, gebäudezentriert und pfarrerzentriert.[69]

P4 stimmt mit dieser Wahrnehmung überein. So sieht auch er mit dem Begriff *traditional church planting* ein Gründungsmodell beschrieben, welches das Modell der Sendungsgemeinde nachahmt und dabei zugleich gottesdienstzentriert ist.[70] Aber er stellt fest, dass ein die Begriffe *church planting* und *fresh expressions of church* gegenüberstellender Gebrauch existiert, welcher nicht der Intention von Mission-shaped Church entspricht.[71] Er lehnt diese Gegenüberstellung ab, sieht er doch bei beiden Begriffen dasselbe missionarische Anliegen im Hintergrund stehen.[72] Lediglich in den zur Verfügung stehenden Ressourcen und im Entstehungsprozess sieht er Unterschiede.[73]

P3 hingegen versteht die Begriffe *church planting* und *fresh expression of church* als Beschreibung sich gegenüberstehender Unternehmungen. Sie verbindet das gemeinsame Ziel kirchenferne Menschen zu erreichen. Doch während *church planting* sich an einer bestehenden Form von Kirche orientiert, entstehen *fresh expressions of church* aus ihrem Kontext heraus.[74] Damit demonstriert P3 genau den Gebrauch der Begriffe, den P1.2. und P4 eigentlich ablehnen. Zugleich kann P3 auch dem Gebrauch von *church planting* als ein Typ der *fresh expressions of church* zustimmen, wie dies durch *Mission-shaped Church* vorgeschlagen wurde.[75]

In der Analyse der Interviews zeigt sich also, dass auf der Ebene der Gemeindegründer und bei den Promotoren, welche in einer großen Nähe zur Praxis von Gemeindegründung stehen, weitestgehend ein allgemeines Verständnis von *church*

67 Dabei bvorzugt er den Begriff *classic church planting* anstatt *traditional church planting*. Vgl. Transkript 4.1., Z. 139–143.249–253.272f.

68 Vgl. Transkript 4.1.1., Z. 247–270.

69 Vgl. Transkript 4.1.1., Z. 159–164.

70 Vgl. Transkript 4.4.1., Z. 396–404.695–700.

71 Vgl. Transkript 4.4.1., Z. 33–58.

72 Vgl. Transkript 4.4.1., Z. 58–62. Dies deckt sich auch mit der Ansicht von CP3. Vgl. Transkript 1.3.1., Z. 1033–1049.

73 Vgl. Transkript 4.4.1., Z. 74–49.

74 Vgl. Transkript 1.3., Z. 39–66.

75 Vgl. Transkript 1.3., Z. 85–96.

planting vorherrscht. Eine Reflexion des Verhältnisses von *church planting* und *fresh expressions of church* findet nur in einem begrenzten Maße statt. Für manche Gemeindegründer scheint sogar unklar zu sein, für was der Begriff *fresh expressions of church* steht. Dagegen ist das Reflexionsniveau der Promotoren, welche in Bezug auf beide missionarische Unternehmungen eine übergeordnete Rolle einnehmen, sehr hoch. Sie äußern sich differenziert zu den Begriffen und sprechen sich für unterschiedliche Verwendungen aus. Die von den Gemeindegründern geschilderte Praxis bestätigt die zwei Merkmale von Gemeindegründung, nämlich den gottesdienstzentrierten Entstehungsprozess und die Orientierung an einem bestehenden Modell von Gemeinde. Dies deckt sich auch mit den Aussagen der meisten Promotoren. Hier bleibt noch zu fragen, ob die Entsendung des Gründungsteams durch eine andere Gemeinde als ein weiterer Kernbestandteil der hier vorgenommenen Definition von Gemeindegründung gesehen werden müsste. Da aber, wie der Fall von CP4 zeigt, auch ohne eine solche Aussendung die beiden Kernelemente der hier vorgelegten Definition erfüllt sein können, ergibt sich keine Notwendigkeit hier eine Verengung vorzunehmen. In der Praxis wird die Entsendung durch eine Gemeinde zwar der weitaus häufigere Fall sein, doch kann es auch ohne diese zur Gründung einer Gemeinde kommen, welche einem gottesdienstzentriertem Gemeindemodell folgt und sich damit am bestehenden Modell von Kirche orientiert.

6.3 Church planting und fresh expressions of church – Der Versuch einer abschließenden Verhältnisbestimmung

Für diese Arbeit wurde ein Verständnis von Gemeindegründung in Bezug auf die *Church of England* erarbeitet, welchem die Nachbildung einer bestehenden, gottesdienstzentrierten Form von Gemeinde durch eine Gruppe von Christen als Kern zugrunde liegt. Damit werden das allgemeine Verständnis von Gemeindegründung als Überkategorie (Verständnis 5), das Verständnis als historische Vorläuferbewegung der *fresh expressions of church*-Bewegung (Verständnis 1) und das Verständnis als bloße Beschreibung des Gründungsprozesseses neuer Ausdrucksformen von Kirche (Verständnis 2) ausgeklammert. Diese Verständnisse existieren, stehen aber nicht im Fokus dieser Arbeit. Mit der gefundenen Definition kann aber bisher noch nicht entschieden werden, ob Gemeindegründung in der *Church of England* nun eine den *fresh expressions of church* gegenüberstehende Unternehmung ist (Verständnis 4), oder ob sie ein Typ der *fresh expressions of church* darstellt (Verständnis 3). Für den Versuch einer Klärung muss zunächst die Diskussion innerhalb der *fresh expressions of church*-Bewegung beachtet werden, bevor auf die Sicht der Gemeindegründungsszene eingegangen werden soll.

Die Diskussion innerhalb der *fresh expressions of church*-Bewegung lässt sich exemplarisch anhand der Positionen von Lings auf der einen und Hodgett und

Bradbury auf der anderen Seite darstellen. Für beide Positionen ist die nach 2004 entstandene genauere Definition der *fresh expressions of church* durch die vier Begriffe *missional, contextual, formational* und *ecclesial* grundlegend.[76] Die deutsche *fresh expressions of church*-Bewegung schlägt als Übersetzung der vier Begriffe ins Deutsche „missional, kontextuell, lebensverändernd und gemeindebildend“ vor.[77] Missional meint dabei, dass sie hauptsächlich Menschen dienen sollen, welche aktuell in keinem Bezug zur Kirche stehen.[78] Kontextuell beschreibt, dass sie danach streben eine Passung mit dem Lebenskontext der Menschen zu erreichen, denen sie dienen möchten.[79] Lebensverändernd (*formational*) beschreibt das Anliegen, eine Begegnung mit dem christlichen Glauben zu ermöglichen und zur Christus-Nachfolge zu ermutigen.[80] Gemeindebildend (*ecclesial*) schließlich beschreibt die Intention zu einer vollwertigen, eigenständigen Kirchengemeinde zu werden.[81]

Für Lings stellen nun die beiden Begriffe *missional* und *ecclesial* die entscheidenden Kriterien dar.[82] Solange eine kirchliche Unternehmung die Intention hat Menschen zu dienen, welche aktuell in keinem Bezug zur Kirche stehen„ und eine eigenständige Gemeinde zu *werden*, erfüllt sie für ihn die Basisdefinition der *fresh expressions of church*.[83] Der Begriff contextual spielt weiterhin eine Rolle, erscheint aber nachgeordnet, in dem Sinne, dass er dem missionalen und gemeindebildenden Faktor dient. So heißt es unter Punkt 2 in den erweiterten Kriterien zur Auswahl der untersuchten Fälle in *The Day of Small Things*:

> „Has the starting group tried to **engage with non-church goers**? There was intention to create a fresh expression of Church (fxC), not to do an outreach project from an existing

---

76 Vgl. z. B. Moynagh, Michael: Missional, Contextual, Formational, Ecclesial. Toward a Theology of Fresh Expressions of Church, in: Moldenhauer, Christiane / Monsees, Jens (Hg.): Die Zukunft der Kirche in Europa, Göttingen, 2016, 51–57. Moynagh / Harrold, Context, xiv–xvi.

77 Vgl. https://www.freshexpressions.de/fresh-x-verstehen/faq/, 31. Januar 2020.

78 Vgl. Moynagh, Missional, 51.

79 Vgl. ebd. Der Begriff „missional“ erfuhr seit Ende der 1990er Jahre durch die Veröffentlichung *Missional Church. A Vision for the Sending of the Church in North America* in der theologischen und kirchlichen Diskussion eine weite Verbreitung. Er steht in Bezug zum traditionelleren Begriff *missionary*, soll diesen aber zugleich ablösen. „Der bisher unbekannte Begriff soll dabei das missionarische Wesen der Kirche und einen Paradigmenwechsel von der sendenden Kirche zur gesandten Kirche zum Ausdruck bringen: Kirche ist wesenhaft missionarisch.“ Reppenhagen, Martin: Auf dem Weg zu einer missionalen Kirche. Die Diskussion um die „Missional Church“ in den USA, BEG 17, Neukirchen-Vluyn, 2011, 17. Vgl. auch Guder, Darrel L (Hg.): Missional Church. A Vision for the Sending of the Church in North America, The Gospel and our Culture Series 1, Grand Rapids, 1998.

80 Vgl. Moynagh / Harrold, Context, 51f.

81 Vgl. ebd., 52.

82 Vgl. Lings, Day, 15.17; Transkript 4.4.1., Z. 54–62.

83 Für die von Lings verantworteten Studien wurde ein weiterer ausdifferenzierterer Kriterienkatalog erstellt. Vgl. Lings, Day, 18.

> church. The aim was to help the Christians sent out to start the fxC to understand a culture and context and adapt to fit it, not make the local/indigenous people change and adapt to fit into an existing church context.“[84]

Die Hauptintention liegt also darin mit kirchenfernen Menschen zu interagieren. Die Kontextualisierung soll dieses Anliegen möglich machen. Sie ist also ersterem untergeordnet. Dieses Verständnis lässt es zu, die Nachbildung eines bestehenden Modells von Gemeinde in einem neuen Kontext, welcher aber dem Ausgangskontext entspricht, als eine *fresh expressions of church* zu verstehen.

Nun sind auch für Hodgett und Bradbury die Begriffe *missional* und *ecclesial* Grundvoraussetzung für eine Beschreibung der *fresh expressions of church*. Darüber hinaus ist aber der Begriff *contextual* für sie von besonderem Gewicht. Nur was eine Anpassung an den Kontext erfährt oder in Reaktion auf den Kontext neu entsteht, fällt für sie in den Bereich der *fresh expressions of church*.[85] Die Nachbildung eines bestehenden Modells von Gemeinde an einem neuen Ort steht für sie hingegen explizit außerhalb des Bereichs der *fresh expressions of church*.[86]

Auf den ersten Blick erscheint die Position von Hodgett und Bradbury als die überzeugendere. Sie stellt den Begriff *contextual* auf eine Ebene mit den Begriffen *missional* und *ecclesial* und betont dadurch die Notwendigkeit der Kontextualisierung. Zugleich bleiben Hodgett und Bradbury aber in der Umsetzung dieses Unterscheidungskriteriums inkonsequent. So führen sie als Beispiele für eine Anpassung eines bestehenden Modells von Kirche an einen neuen Kontext die *fresh expressions of church*-Typen *messy church* und *café church* an. Diese liegen damit innerhalb des von ihnen abgesteckten Bereichs der *fresh expressions of church*. Ursprünglich als eine neue Ausdrucksform von Kirche für eine spezifische Zielgruppe entwickelt, handelt es sich aber gerade bei der *messy church* um ein Modell von Kirche, welches oft ohne größere Anpassungen übernommen und im gleichen oder einem ähnlichen Kontext eingesetzt wird.[87] In diesem Sinne müsste es also nach ihren Kriterien außerhalb des Bereichs der *fresh expressions of church* stehen und zusammen mit den *traditional church plants* genannt werden. Ähnliches dürfte auch

---

84 Lings, Day, 18. Hervorhebung aus Original übernommen.

85 Vgl. die Abgrenzung des *fresh expressions of church*-Bereichs in dem von ihnen entwickelten *pioneer spectrum*: Hodgett / Bradbury, Spectrum, 33.

86 Vgl. Hodgett / Bradbury, Spectrum, 33.

87 Die Studie *The Day of Small Things*, spricht in Bezug auf die drei *fresh expressions of church*-Typen *church planting, messy church* und *café church* von einem „franchise“. Vgl. Lings, Day, 95. Daneben kommt es auch zur Anpassung an neue Kontexte, wie Hodgett und Bradbury selbst schreiben. Vgl. Hodgett / Bradbury, Spectrum 32.

auf den Typ der *café church* zutreffen.[88] Zudem kommt es auch bei Gemeindegründungen der Kategorie *traditional church plant* zu kleineren Anpassungen an den Kontext, auch wenn das gottesdienstzentrierte Modell bestehen bleibt.[89] Ebenso kommt die Studie *The Day of Small Things* zu dem Schluss, dass es auch zunehmend im *traditional church planting*-Typ zu einer stärkeren Kontextualisierung kommt.[90] Auch die Unterscheidung eines gottesdienstzentrierten und eines kontextzentrierten Gottesdienststils kann bei Hodgett und Bradbury nicht als Kriterium dienen, da gerade der Typ der *messy church* auch einem gottesdienstzentrierten Modell von Kirche zugeordnet werden könnte beziehungsweise eine Mischform darstellt.

Betrachtet man schließlich den Faktor der Innovation, welcher bei Hodgett und Bradbury sehr eng mit dem Begriff der Kontextualisierung verbunden ist, so lässt sich auch hier die von ihnen vorgenommene Trennung nicht vollständig nachvollziehen. Zwar scheint auf den ersten Blick bei der Nachbildung bestehender, gottesdienstzentrierter Modelle von Gemeinde keine Innovation zu geschehen. Doch muss der größere Rahmen in Betracht gezogen werden. Innerhalb eines volkskirchlichen Systems, welches weitgehend nach dem Parochialprinzip strukturiert ist, stellen auch gottesdienstzentrierte Gemeindegründungen eine Innovation dar, weil sie das Parochialprinzip unterlaufen und durchbrechen. Dies geschieht zum Beispiel durch das Gründen von Gemeinden, welche eine Netzwerkorientierung vorweisen und damit auf die Bedürfnisse von Menschen vor dem Hintergrund einer von Mobilität, Individualismus, Segmentierung und Konsum geprägten Gesellschaft eingehen.

Auch bleibt der von Hodgett und Bradbury benutzte Innovationsbegriff unterbeleuchtet. Ihr Verständnis von Innovation erscheint das zu meinen, was man eigentlich als Invention bezeichnet.[91] Eine Invention ist die „Erfindung" einer neuen kirchlichen Form in Reaktion auf einen neuen oder veränderten Kontext. Innovation hingegen meint die Verbreitung und Durchsetzung dieser „kirchlichen Erfindung". Dies kann dann auch die Anpassung an ähnliche Kontexte beinhalten, aber eben auch die unangepasste Übernahme in gleiche Kontexte. So gibt es auch im Bereich der *fresh expressions of church* so etwas wie *best practice*. Das heißt

---

88 Lings und Murray differenzieren zwischen neuen sich verbreitenden Modellen (*messy church, café church, clusters*) und kontextspezifischeren *fresh expressions of church*, welche aufgrund ihres Kontextualisierungsgrades keine größere Verbreitung erfahren haben. Vgl. Lings / Murray, Church Planting in the UK Since 2000, 5.

89 Vgl. zum Beispiel die bewusste Anpassung der gottesdienstlichen Gestaltung, welche die Grace Church Hackney vornahm. Dadurch wird versucht auf die Lebensweltorientierung der Zielgruppe, das künstlerisch orientierte Milieu in Ostlondon, einzugehen. Vgl. Transkript 1.5., Z. 215–225.252–266. Vgl. auch Transkript 1.1.2., Z. 38–71; Transkript 1.3.1, Z. 878–933; Transkript 4.3., Z. 583–592. Vgl. auch ▹ Kapitel 16.4.

90 Vgl. Lings, Day, 96.

91 Vgl. ▹ Kapitel 4.3.4.1.

auch in diesem Bereich gibt es Handlungsmodelle, welche je nach Kontext eine Orientierung für missionales und gemeindebildendes kirchliches Handeln geben können.[92] Letztlich stellen auch Schemata wie die *worship-first* oder *serving-first journey* Beispiele von *best practice* dar. Sie sind Handlungsmodelle, die Orientierung geben. Es zeigt sich also deutlich, dass die von Hodgett und Bradbury vertretene Sicht mit Schwierigkeiten belegt ist und es ihr an innerer Konsistenz mangelt. Es erscheint damit sinnvoller Gemeindegründung im Sinne einer Orientierung an einem bestehenden, gottesdienstzentrierten Modell von Gemeinde weiterhin als Teil der *fresh expressions of church* zu sehen. Damit wird hier der Position von Lings gefolgt, wie sie auch in *Mission-shaped Church* vertreten wird.

Allerdings herrscht auch auf Seiten der Gemeindegründer in dieser Frage keineswegs Einheit. Es wurde gezeigt, dass hier eine Vielfalt von Verhältnisbestimmungen vorkommt:

- Die Wahrnehmung, dass die Begriffe *church planting* und *fresh expressions of church* dasselbe bezeichnen und austauschbar sind.
- Die Unterscheidung beider Unternehmungen anhand des Kontextualisierungsgrades.
- Abgrenzungsbestrebungen gegenüber der *fresh expressions of church*-Bewegung und die Unklarheit, was unter dem Begriff der *fresh expressions of church* zu verstehen ist.

Im Hintergrund dieser vielfältigen und oftmals unscharfen Verhältnisbestimmungen dürfte der in der Gemeindegründungsszene der *Church of England* vorherrschende Pragmatismus stehen, welcher nur wenig Interesse an reflexiv-theoretischen Diskursen hat.[93]

Insgesamt lässt sich sagen, dass in einem theologischen Sinne *church planting* als Teil der *fresh expressions of church*-Bewegung gesehen werden kann. Zugleich erscheint die Unterscheidung unterschiedlicher Typen anhand des Kontextualisierungsgrades, wie sie Hodgtett und Bradbury vornehmen[94] sowie anhand einer gottesdienstzentrierten oder kontextzentrierten Entstehungsform im Sinne einer Binnendifferenzierung als sinnvoll.[95] Dabei müssen aber alle Typen der *fresh expressions of church* in den Blick genommen und anhand der jeweiligen Kriterien bewertet werden.

---

92 Vgl. dazu die Rezeption des *Cynefin Frameworks* bei Moynagh und sein Verständnis von Gemeindegründung als Tätigkeit (*practice*). Moynagh / Harrold, Context, 198–203.

93 Vgl. Transkript 4.4.1., Z. 212–219.

94 Dieses Kriterium wurde bereits zuvor in einer vereinfachten Weise von Bob Hopkins in seiner Rede von *progression* und *pioneer planting* angewandt. Vgl. Transkript 4.4.1. Z. 841–880. Für eine leicht abweichende Darstellung vgl. Hopkins, Church Planting,17–22; Harris, Ground, 7f.

95 Vgl. dazu auch Transkript 4.1.1., Z. 254–270.

Trotz dieser theologischen Einordnung von *church planting* als Teil der *fresh expressions of church* kommt es sowohl innerhalb der Gemeindegründungsszene als auch innerhalb der *fresh expressions of church*-Bewegung zu der Wahrnehmung, dass sich hier zwei missionarische Unternehmungen gegenüberstehen, die voneinander zu unterscheiden sind. Diese Wahrnehmung ist anzuerkennen. Zugleich bleibt zu fragen, ob ein weiterer Grund für die dargestellten Abgrenzungsbemühungen auch vorhandene Stereotype und Vorurteile gegenüber der anderen Seite sein könnte. Hier wäre eine weitere Untersuchung, welche das Selbstverständnis und den Habitus der jeweiligen Gruppierung untersucht, von besonderem Gewinn.

In dieser Arbeit wird nun *church planting* als ein Typ der *fresh expressions of church* verstanden, welcher durch die Nachbildung eines bestehenden, gottesdienstzentrierten Modells von Gemeinde gekennzeichnet ist. Es bietet sich an, diese spezifische Verwendung durch das Aufgreifen der in *Mission-shaped Church* verwendeten Begriffe *traditional church plant* und *traditional church planting* deutlich zu machen. An dieser Stelle muss aber darauf eingegangen werden, dass neben dem Begriff *traditional church plant(ing)* („traditionelle Gemeindegründung") auch die Begriffe *inherited church planting*[96] und *classic(al) church planting* („klassische Gemeindegründung") in Gebrauch sind.[97] Alle drei bezeichnen dabei dasselbe. Dabei stellt *traditional church planting* den Begriff dar, welcher am häufigsten in der Literatur Verwendung findet.[98] Zugleich weist Bob Hopkins zurecht daraufhin, dass dieser Begriff wegen des Attributs „traditionell" leicht die Assoziation weckt, dass es sich hier um ein Modell handelt, welches heute nicht mehr gebräuchlich ist.[99] Der Begriff *classic church planting* hingegen erscheint von dieser Konnotation weitestgehend frei. In ihm kommt am deutlichsten zum Ausdruck, dass es sich hier um ein schon lange gebräuchliches und neueren Ansätzen vorausgehendes Modell handelt, welches zugleich noch immer Anwendung findet.

Da sich in der englischsprachigen Literatur der Begriff *traditional church planting* durchgesetzt zu haben scheint, soll dieser in der englischen Nennung beibehalten und nicht durch einen der anderen beiden Begriffe ersetzt werden. Wird in dieser Arbeit jedoch der deutsche Begriff verwendet, um den Untersuchungsgegenstand dieser Arbeit zu benennen, so wird fortan von „klassischer Gemeindegründung" die Rede sein.

---

96 Dieser Begriff lässt sich in etwa mit „ein überkommenes Modell von Gemeindegründung" übersetzen.

97 Vgl. Transkript 4.1.1., Z. 140–143; Transkript 4.3., Z. 85–96.

98 Vgl. zum Beispiel Cray, Mission-shaped Church, 71; Lings, Day, 82; Moynagh / Harrold, Context, 197.207.

99 Vgl. Transkript 4.1.1., Z. 140–143.

6.4 New Worshipping Communities, New Contextual Churches und andere Überbegriffe

Neben den hier ausführlich behandelten Begriffen *church planting* und *fresh expressions of church* sind weitere Begriffe im Gebrauch, welche im weitesten Sinne das Feld der Gemeindegründung in der *Church of England* beschreiben. Von besonderer Wichtigkeit sind dabei die Begriffe *new worshipping communities*, *emerging church*, *missional communities* und *new contextual churches*.[100] Auf jeden von ihnen soll kurz eingegangen werden.

Der Begriff *new worshipping community* wird im Allgemeinen als Überbegriff gebraucht. Er beschreibt das, was durch das Verständnis 5 des Begriffes *church planting* abgedeckt wird, ohne den Begriff „Kirchengemeinde" (*church*) zu verwenden. Der Vorteil dieses Begriffes liegt darin, dass den damit bezeichneten Gebilden nicht gleich der Status der Kirchengemeinde zugesprochen werden muss. Zudem ist er im Unterschied zu den Begriffen *church planting* und *fresh expressions of church* nicht kontrovers besetzt. Auch lässt es sich durch die Verwendung des Begriffs *new worshipping community* vermeiden eine genaue Verhältnisbestimmung der Begriffe *church planting* und *fresh expressions of church* vornehmen zu müssen.[101] Er wird damit gerne von kirchenleitenden Personen gebraucht oder aber von Praktikern, die sich selbst nicht als Teil der Gemeindegründungsszene oder der *fresh expressions of church*-Bewegung sehen.[102] Prominentestes Beispiel innerhalb der kirchlichen Kommunikation ist die Gründung oder Erneuerung von 100 *worshipping communities* als Teilziel der *Capital Vision 2020* der Diözese von London.[103]

Der Begriff *emerging church* beziehungsweise *emerging church conversation* beschreibt eine in verschiedenen Denominationen vornehmlich im protestantischen Bereich in den USA und Großbritannien in den 1990er Jahren aufkommende und bis heute fortdauernde religiöse Bewegung.[104] Den Ausgangspunkt bildete dabei

---

100 Darüber hinaus spielt der Begriff des *new monasticism* eine Rolle. Da aber in diesem Fall stärker die Wiederentdeckung monastischer Traditionen als ein missionarisches Anliegen im Vordergrund stehen, wird dies hier nicht weiter behandelt. Für eine knappe Beschreibung vgl. Moynagh / Harrold, Context, xiii.

101 Vgl. dazu zum Beispiel den Gebrauch des Begriffs in offiziellen kirchlichen Dokumenten wie zum Beispiel dem Antrag in der Generalsynode der *Church of England* im Jahr 2019 anlässlich des Erscheinens von *Mission-shaped Church* 15 Jahre davor. Vgl. Cracknell, A Mission-Shaped Church, 1.

102 Vgl. Transkript 1.4., Z. 260–270.

103 Vgl. https://www.london.anglican.org/mission/capital-vision-2020/create-renew-100-worshipping-communities, 3. Februar 2020.

104 Vgl. Todjeras, Patrick: The "Emerging Church" Conversation. A Movement and a Religious Expression in Western Christianity, in: International Review of Mission 108, (2) 2019, 295.

die Annahme, dass bisherige Konzepte gemeindlichen Lebens und gelebten christlichen Glaubens für Menschen, welche durch eine postmoderne Weltanschauung geprägt sind, nicht mehr anschlussfähig sind.[105] Es kam in der Folge innerhalb der Bewegung zu Ab- und Loslösungsprozessen gegenüber bisherigen religiösen Überzeugungen und Praktiken.[106] Auch kam es zur Entwicklung unterschiedlicher Subströmungen in der Bewegung, von denen Teile für eine radikale Kontextualisierung des Evangeliums in einer von der Postmoderne geprägten Kultur eintreten.[107] Damit ergibt sich eine gemeinsame Schnittfläche von Teilen der *emerging church*-Bewegung mit der sich in der *Church of England* formierenden *fresh expressions of church*-Bewegung. Zugleich weist Moynagh darauf hin, dass viele Protagonisten der *emerging church conversation* oft außerhalb der etablierten Denominationen stehen und zu ihnen ein von Kritik geprägtes Verhältnis pflegen.[108] Der Hauptfokus beider Bewegungen unterscheidet sich damit so stark, dass der Begriff *emerging church* nicht als möglicher Ersatz für den Begriff *fresh expressions of church* dienen kann.

Der Begriff der *missional communities*[109] beschreibt Gruppen, welche sich durch die intensive Pflege der gruppeninternen Beziehungen bei gleichzeitiger Hinwendung zu einem Missionskontext auszeichnen.[110] Sie sind oft von einer mittleren Größe, liegen also zwischen der Größe von Kleingruppen (bis circa 12 Personen) und dem von mittelgroßen Gottesdiensten (50 bis 70 Personen).[111] Der Fokus der Gruppe kann sowohl auf einem geographischen Gebiet, wie zum Beispiel einer Nachbarschaft, aber auch auf einer bestimmten Zielgruppe, wie zum Beispiel jungen Familien, liegen.[112] Viele dieser Gruppen stehen in Bezug zu oder sind Teil von etablierten Gemeinden und haben nicht immer die Intention selbst Gemeinde zu werden.[113] Wie *traditional church plants* werden *missional communities* von manchen als ein Typ der *fresh expressions of church* gewertet, während sie für andere eine eigenständige Bewegung darstellen.[114] Dies kann hier nicht weiter

---

105 Vgl. ebd.

106 Vgl. ebd.

107 Vgl. ebd., 293f.

108 Vgl. Moynagh / Harrold, Context, xi.

109 Diese werden auch als *communities in mission* oder *cluster* bezeichnet. Vgl. Moynagh / Harrold, Context, xiii; Lings, Day, 86; Hopkins, Bob / Breen, Mike: Clusters. Creative mid-sized missional communities, 2007. Vgl. auch Herbst, Gemeindeaufbau, 505–510.

110 Vgl. Moynagh / Harrold, Context, xiii.

111 Vgl. ebd.

112 Vgl. ebd.

113 Vgl. ebd.

114 Vgl. Lings, Day, 86; Moynagh / Harrold, Context, xiii. Vgl. ebenfalls Transkript 4.1.1., Z. 234–247; Transkript 4.3., Z. 40–84; Transkript 1.3.1., Z. 798–806; Transkript 1.6., Z. 1023–2028; Transkript 1.8., Z. 920–927.

diskutiert werden. Entscheidend ist, dass sie durch dieselbe Zielsetzung mit der Gemeindegründungsszene und der *fresh expressions of church*-Bewegung verbunden sind.[115]

Der Begriff *new contextual churches* schließlich wurde von Moynagh als neuer Überbegriff für die in diesem und den letzten Abschnitten behandelten Begriffe eingeführt:[116]

> „'New contextual church' is used here as an umbrella term to describe the birth and growth of Christian communities that serve people mainly outside the church, belong to their culture, make discipleship a priority and form a new church among the people they serve.“[117]

Der Vorschlag eines solchen neuen Überbegriffs erscheint sinnvoll, könnte dies doch zu einer Beilegung der Debatte um die Verhältnisbestimmung der Begriffe *church planting* und *fresh expressions of church* beitragen. Allerdings bleibt abzuwarten, ob sich der Begriff in der Praxis durchsetzen kann.

6.5 Fazit

Es bleibt festzuhalten, dass sich bisher keine abschließenden, von allen Beteiligten anerkannten und gebrauchten Begriffsbestimmungen durchsetzen konnten. Auch kann bei der Verhältnisbestimmung der Begriffe *church planting* und *fresh expressions of church* zwar theologisch für eine Unterordnung des ersteren in Form des Begriffs *traditional church planting* unter letzteren argumentiert werden. Doch steht dies in Kontrast zu einem Gebrauch in der Praxis, welcher beide Begriffe als zu voneinander zu unterscheidende, wenn auch durch ein gemeinsames Anliegen verbundene Unternehmungen versteht.

Das in dieser Arbeit in den Fokus genommene Verständnis von *church planting* beschreibt Gemeindegründung als eine im Raum der *Church of England* stattfindende Nachbildung einer bestehenden, gottesdienstzentrierten Form von Gemeinde an einem anderen Ort oder zu einer anderen Zeit durch eine Gruppe von Christen, mit dem Ziel kirchenferne Menschen zu erreichen. Dieses Verständnis wird in dieser Arbeit durch die Verwendung der Begriffe *traditional church planting* bezie-

---

115 Für eine profilierte Beschreibung des Konzepts der *missional communities* vergleiche Breen, Mike: Leading Missional Communities. Rediscovering the power of living on mission together, Pawleys Island, 2013.

116 Vgl. Moynagh / Harrold, Context, x–xviii.

117 Ebd., xiv.

hungsweise klassische Gemeindegründung von den anderen Bedeutungsvarianten des Begriffs *church planting* abgehoben.

7. Verbreitung und Eigenschaften von klassischer Gemeindegründung in der Church of England

In der groß angelegten Studie *The Day of Small Things*, welche sich über den Zeitraum von 2012 bis 2016 erstreckte, hat die *Church Army Research Unit* das Phänomen der *fresh expressions of church* ausführlich untersucht. Dafür wurden in einem quantitativen Vorgehen die Leiter aller in 21 Diözesen der *Church of England* identifizierbaren *fresh expressions of church* per Fragebogen befragt.[1] Die Studie umfasste 1109 für die Auswertung berücksichtigte *fresh expressions of church*, welche zwischen den Jahren 1992 und 2014 begonnen wurden und in den untersuchten 21 der 42 Diözesen der *Church of England* verortet sind.[2] Dabei wurde auch der *fresh expressions of church*-Typ *traditional church plant* in den Blick genommen. Dieser Typ entspricht dem, was in dieser Arbeit unter dem Begriff klassische Gemeindegründung gefasst wird. Aufgrund der Ergebnisse der Studie lässt sich ein recht gutes Bild von der Verbreitung dieses Typs in der *Church of England* zeichnen. Die wichtigsten Daten sollen im Folgenden dargestellt und wo möglich durch die Ergebnisse weiterer Studien ergänzt werden.

7.1 Verbreitung und Eigenschaften von fresh expressions of church im Allgemeinen

Insgesamt hatten die untersuchten *fresh expressions of church* eine Besucherzahl von 50.600 Personen.[3] Dies entspricht der Gottesdienstbesucherzahl zweier durchschnittlich großer Diözesen in der *Church of England*.[4] Im Schnitt hat eine *fresh expression of church* die Größe von 50 Teilnehmern.[5] Dies ist weniger als es für die durchschnittliche Parochie der Fall ist.[6] Doch kommen für jedes Teammitglied, welches an der Gründung einer *fresh expressions of church* beteiligt ist, durchschnittlich 2,6 Personen hinzu. Das entspricht einer Wachstumsrate von im Schnitt 260 % seit Beginn der jeweiligen *fresh expression of church*.[7]

---

1 Vgl. Lings, Day, 10.
2 Vgl. ebd.
3 Vgl. ebd.
4 Vgl. ebd.
5 Vgl. ebd.
6 Vgl. ebd.
7 Vgl. ebd., 10.46.

Insgesamt wurden 21 verschiedene Typen von neuen gemeindlichen Ausdrucksformen identifiziert. Davon wiesen 14 Typen einen höheren Verbreitungsgrad auf und wurden einer besonders intensiven Auswertung unterzogen. Die vier häufigsten Typen waren *messy church* (360 Fälle), *café church* (151 Fälle), *children focused church* (148 Fälle) und *(traditional) church plants* (132 Fälle).[8] Dies entspricht einem Anteil von 32,5 % für die *messy churches*, 13,6 % für die *café churches*, 13,3 % für die *children focused churches* und 11,9 % für die *traditional church plants.*[9]

Für eine Bewertung der missionarischen Effektivität greift die Studie *The Day of Small Things* auf das bereits in *Mission-shaped Church* eingeführte Schema von *churched*, *de-churched* und *non-churched* zurück.[10] Der Begriff *churched* bezeichnet dabei Personen, welche bereits regelmäßig eine Kirchengemeinde besuchten, bevor sie sich der untersuchten Kirchengemeinde oder neuen gemeindlichen Ausdrucksform anschlossen. Als *de-churched* werden die Personen bezeichnet, welche in einer früheren Lebensphase regelmäßig eine Kirchengemeinde besuchten, aber unmittelbar bevor sie sich der untersuchten Gemeinde zuwandten, keinen regelmäßigen Kontakt mehr zur Kirche hatten. Als *non-churched* werden schließlich diejenigen

---

8 Vgl. Lings, Day, 40. Innerhalb der Studie wird sowohl von *church plants* als auch von *traditional church plants* gesprochen. Beides meint dasselbe.

9 Vgl Lings, Day, 41. Es gilt zu beachten, dass eine *fresh expression of church* oft mehreren Typen zugeordnet wurde.

10 In Untersuchungen zu missionarischen Initiativen in der *Church of England* wird besonders häufig auf das dreigliedrige Schema von *churched*, *de-churched* und *non-churched* zurückgegriffen. Dabei werden letztere auch manchmal als *un-churched* bezeichnet. Das Schema bezieht sich auf eine Untersuchung von Philip Richter und Leslie Francis aus dem Jahr 1996: Richter, Philip / Francis, Leslie: Gone But Not Forgotten: Church Leaving and Returning, 2. Auflage, Darton, London, 1998. In *Mission-shaped Church* wird auf Grundlage der Untersuchung von Richter und Francis von den drei erwähnten Hauptgruppen gesprochen. Was später als *churched* bezeichnet wird, fasst dabei die in *Mission-shaped Church* beschriebenen Gruppen der Gottesdienstbesucher zusammen, die entweder regelmäßig, das heißt monatlich, oder aber unregelmäßig, das heißt weniger häufig als monatlich an gottesdienstlichen Angeboten teilnehmen. Die Gruppe der *de-churched* bezeichnet Personen, welche zu einem bestimmten Zeitpunkt in ihrem Leben regelmäßig am Gemeindeleben einer Kirchengemeinde teilgenommen haben, dies aber heute nicht mehr tun. Sie unterteilen sich in Personen, welche der Kirche neutral bis positiv gegenüber eingestellt sind und für eine Wiederaufnahme der Teilnahme am Gemeindeleben grundsätzlich offen sind (*open de-churched*) und in Personen, welche der Kirche kritisch gegenüberstehen (*closed de-churched*). Die als *non-churched* bezeichnete Gruppe beschreibt Personen, welche in ihrem Leben zu keinem Zeitpunkt regelmäßig Gottesdienste besucht oder am Gemeindeleben einer Kirchengemeinde teilgenommen haben. Einzelne Kontakte mit Kirche, zum Beispiel der Besuch einer kirchlichen Bestattung oder Trauung, kommen aber auch in dieser Gruppe vor. *Mission-shaped Church* geht davon aus, dass ohne Berücksichtigung von Angehörigen anderer Religionen etwa 20 % der englischen Bevölkerung der Gruppe der *churched*, etwa 40 % der Gruppe der *de-churched* und etwa 40 % der Gruppe der *non-churched* zuzurechnen sind. Vgl. Cray, Mission-shaped Church, 36–39. Vgl. auch Lings, Day, 224; Dalpra / Vivian, Who's there?, 4f.26f.

bezeichnet, welche in ihrem Leben noch nie regelmäßig Gottesdienste besuchten oder sich als Teil einer christlichen Gemeinde empfunden haben. Die Studie *The Day of Small Things* kommt nun aufgrund der Einschätzung der Leiter der untersuchten *fresh expressions of church* zu dem Ergebnis, dass im Schnitt 40 % der Teilnehmer über einen kirchlichen Hintergrund verfügen (*churched*), 27 % einen vormals kirchlichen Hintergrund haben (*de-churched*) und 33 % keinen kirchlichen Hintergrund aufweisen (*non-churched*).[11] Nach diesem Ergebnis erreichen *fresh expressions of church* mehrheitlich Menschen, welche nicht mehr in einem regelmäßigen Kontakt mit Kirche sind oder noch nie einen solchen hatten. Allerdings beruhen diese Zahlen lediglich auf den Einschätzungen der befragten Leiter. Dass sie nach unten korrigiert werden müssen, zeigen die Ergebnisse der ebenfalls von Mitarbeitern der *Church Army Research Unit* durchgeführten und im Jahr 2016 veröffentlichten Studie *Who's there?*.[12] In dieser Studie wurden quantitative Teilnehmerbefragungen per Fragebogen in einem repräsentativen Sample von *fresh expressions of church* durchgeführt.[13] Aufgrund dieses Vorgehens kann hier von einem hohen Grad an tatsächlicher Übereinstimmung mit den realen Verhältnissen ausgegangen werden. In dieser von Claire Dalpra und John Vivian verantwortete Studie wurden die Leiter der für die Untersuchung ausgewählten *fresh expressions of church* zunächst erneut nach ihrer Einschätzung des kirchlichen Hintergrundes der Besucher gefragt. Bereits hier ergab sich eine größere Anpassung. So gingen die Leiter dieses Mal im Schnitt von einem Anteil von 50 % an Personen mit einem kirchlichen Hintergrund, 22 % an Personen mit einem vormals kirchlichen Hintergrund und 28 % an Personen ohne jeglichen kirchlichen Hintergrund aus.[14] Es zeigt sich bei dieser erneuten Einschätzung eine deutliche Steigerung des Anteils der Personen mit einem bestehenden kirchlichen Hintergrund.[15] Die direkte Befragung der Teilnehmer ergab schließlich einen nochmals erhöhten Anteil dieser Kategorie (59 %) während der Anteil der Personen mit einem vormals kirchlichen Hintergrund auf 20 % und der Anteil der Personen ohne kirchlichen Hintergrund auf 21 % sank.[16]

---

11 Vgl. Lings, Day, 44.

12 Durch den Vergleich der beiden Studien wird sehr deutlich, dass die Leiter den missionarischen Erfolg ihrer Initiativen deutlich überschätzen. Vgl. Lings, Day, 10; Vivian / Dalpra, Who's there?, 38.

13 Dafür wurde je ein Viertel aller identifizierbaren *fresh expressions of church* in insgesamt sechs Diözesen untersucht. Vgl. Dalpra / Vivian, Who's there?, 19.66–71.

14 Vgl. ebd., 36.

15 Dalpra und Vivian gehen neben einer Reihe von anderen Gründen auch davon aus, dass die bevorstehenden Teilnehmerbefragungen sich auf die Einschätzungen der Leiter auswirkten. Vgl. Dalpra / Vivian, Who's there?, 36.

16 Vgl. Dalpra / Vivian, Who's there?, 37. Dalpra und Vivian kommen zu dem Schluss, dass auch ein Teil der Personen, welche als *churched* zu bezeichnen sind, Phasen in ihrer Biographie verzeichnen können, in denen sie unter die Kategorien *de-churched* und *non-churched* zu zählen gewesen wären.

Diese Daten zeigen, dass über 40 % der von *fresh expressions of church* erreichten Personen zuvor keinen regelmäßigen Kontakt mehr oder noch nie regelmäßigen Kontakt zur Kirche hatten. Trotz der nicht geringen Abweichung zu den weit höheren Annahmen der Leiter der *fresh expressions of church* handelt es sich hier immer noch um ein äußerst beachtliches Ergebnis.[17]

Dies gilt auch im Vergleich zu den von Dalpra und Vivian in einer Kontrolluntersuchung in parochialen sonntäglichen Gottesdienstgemeinden gewonnenen Daten.[18] Hier zeigt sich zunächst, dass in den Parochien der Anteil von Personen mit vormals kirchlichem Hintergrund (*simple de-churched*) leicht höher liegt (26 %) als in den untersuchten *fresh expressions of church* (20 %).[19] Dagegen ist der Anteil an Teilnehmern ohne vormaligen kirchlichen Hintergrund (*simple non-churched*) in den *fresh expressions of church* deutlich höher (18 %) als in der parochialen Kontrollgruppe (6 %).[20] Allerdings können Dalpra und Vivian auch zeigen, dass es durch die meist erst kurze Zeitspanne von wenigen Jahren, in denen die meisten *fresh expressions of church* existieren, zu Verzerrungen kommt. Diese wirken sich zu Ungunsten der *fresh expressions of church* aus. So wurden in der Kontrollgruppe auch Personen den Kategorien *de-* und *non-churched* zugeordnet, welche zum Beispiel vor 30 Jahren begonnen hatten, regelmäßig die Gottesdienste der Parochialgemeinden zu besuchen, davor aber noch nie, oder nicht mehr regelmäßigen

---

Aufgrund dieser Beobachtung entwickeln sie zusätzlich die Kategorien der *complex de-churched* und *complex non-churched*. Dies ändert jedoch nichts daran, dass diese Personen bereits vor dem Besuch einer der untersuchten *fresh expressions of church* wieder regelmäßigen Bezug zu einer Kirchengemeinde hatten. Vgl. Daplra / Vivian, Who's there?, 25f.

17 Vgl. dazu Paas, welcher vor dem Hintergrund der Tauf- und Kircheneintrittsstatistiken mehrerer westeuropäischer protestantischer Kirchen zu folgender Schlussfolgerung kommt: „In other words, a British, Dutch, or German church with a hundred members may expect on the average to welcome one initiate or returnee in every 5–10 years. This does not raise the bar for church plants to insurmountable heights! In fact, a church plant with 50 members that enfolds one "true" convert (i. e., not a switcher or transfer) per year into the Christian community is doing a significantly above-average job already in terms of evangelistic growth." Paas, Church Planting, 163. Vgl. dazu auch ▷ Kapitel 10.3.2.

18 Hier ist anzumerken, dass diese Kontrollgruppe lediglich aus 12 Kirchengemeinden eines Dekanats in der Diözese Sheffield bestand. Es muss daher offen bleiben ob die Ergebnisse dieser Kontrollgruppe über dieselbe Wertigkeit verfügen wie sie für die Gruppe der untersuchten *fresh expressions of church* angenommen werden kann. Vgl. Vivian / Dalpra, Who's there?, 47.

19 Die Zahlen für das Verhältnis der drei Kategorien, welche die unterschiedliche Kirchlichkeit der Besucher der *fresh expressions of church* darstellen, weichen in diesem Vergleich leicht von den oben genannten Zahlen ab, da Vivian und Dalpra für den Vergleich mit der parochialen Kontrollgruppe ein komplexeres Schema verwenden, als es im Vergleich zwischen den Schätzungen der Leiter der *fresh expressions of church* und den Ergebnissen der Teilnehmerbefragung der Fall war. Vgl. Dalpra / Vivian, Who's there?, 50.

20 Vgl. ebd.

Kontakt zu einer christlichen Gemeinde hatten.[21] Um eine bessere Vergleichbarkeit herzustellen, bildeten Vivian und Dalpra deswegen noch einmal Subgruppen. Diesen wurden nur die Personen zugeordnet, welche innerhalb der letzten zehn Jahren zu den untersuchten Gemeinden oder *fresh expressions of church* dazugestoßen waren. In diesem Vergleich hatte die parochiale Kontrollgruppe nun auch einen geringeren Anteil an Personen, welche schon einmal Teil einer Gemeinde waren, aber zu Beginn ihrer Teilnahme an Gottesdiensten in einer der Parochialgemeinden keinen regelmäßigen Kontakt mehr zur Kirche hatten (*simple de-churched*). In den Parochialgemeinden lag der Wert dieser Kategorie nun bei 12 %, bei den *fresh expressions of church* aber immer noch bei 19 %.[22] Bei der Kategorie der *non-churched* (*simple non-churched*) lag der Wert bei den Parochialgemeinden nun sogar nur bei 2 %, während die *fresh expressions of church* immer noch auf 18 % kamen.[23]

Aus diesem Vergleich ergeben sich bei aller angebrachter Zurückhaltung doch starke Hinweise darauf, dass *fresh expressions of church* im Schnitt einen deutlich größeren missionarischen Erfolg aufweisen können als dies bei normalen Parochialgemeinden der Fall ist. Ein wesentlicher Einflussfaktor dürfte dabei der weitaus höhere Anteil von Kindern und jugendlichen Teilnehmern in den *fresh expressions of church* darstellen. Bei diesen machen die 0 bis 17jährigen insgesamt 39 % der Teilnehmer aus. In der parochialen Kontrollgruppe beträgt der Anteil dieser Altersgruppe lediglich 13 %.[24] Umgekehrt ist es der Fall, dass in den Parochien 65 % der Besucher 55 Jahre oder älter sind. In den *fresh expressions of church* gilt dies nur für 22 %.[25] Eine Aufschlüsselung des kirchlichen Hintergrundes nach Altersgruppen für die untersuchten *fresh expressions of church* zeigt nun, dass es gerade die Altersgruppen der Kinder und Jugendlichen und auch der jungen Erwachsenen sind, welche einen besonders hohen Anteil an Personen aufweisen, die keinerlei kirchlichen Hintergrund haben (*simple non-churched*).[26]

Es kann also festgehalten werden, dass die vorliegenden Daten dafür sprechen, dass *fresh expressions of church* einen deutlich höheren missionarischen Erfolg vorweisen können, als dies für normale parochiale Gemeinden der Fall ist. Darüber hinaus fällt es ihnen anscheinend wesentlich leichter die jüngeren Generationen anzusprechen. Sie erreichen damit Zielgruppen, welche in den parochialen Gemeinden generell unterrepräsentiert sind.

---

21 Vgl. ebd., 48f.

22 Vgl. ebd.

23 Vgl. ebd., 51.

24 Vgl. Vivian / Dalpra, Who's there?, 53.

25 Vgl. ebd.

26 Die Altersgruppe der fünf bis zehnjährigen enthält 31 % *simple non-churched*, die Altersgruppe der 11 bis 17jährigen sogar 36 % *simple non-churched* und die Altersgruppe der 18 bis 24jährigen hat einen Anteil von 30 % *simple non-churched*. Vgl. Vivian / Dalpra, Who's there?, 31.

7.2 Eigenschaften des Typs traditional church plant

Der für diese Arbeit relevante Typ der *traditional church plants* unterscheidet sich durch eine Vielzahl von Merkmalen in besonderer Weise von anderen *fresh expressions of church*-Typen.[27] Diese Merkmale spiegeln das spezifische, sich von vielen anderen *fresh expressions of church* abhebende Profil von *traditional church plants* als Nachbildungen bestehender, gottesdienstzentrierter Modelle von Gemeinde wider. So haben *traditional church plants* die im Schnitt höchste Teilnehmerzahl von 103 Personen und werden am häufigsten mit einer Teamgröße von 20–49 Personen oder sogar von über 50 Personen begonnen.[28] Zugleich ist er der Typ, der am seltensten mit einer Teamgröße von ein bis zwei oder drei bis zwölf Personen begonnen wird.[29] Der Grund für diese Zahlen dürfte im gottesdienstzentrierten traditionellen Gemeindemodell begründet liegen. Dieses bedarf einer kritischen Masse und erlaubt durch das spezifische Veranstaltungsformat eine höhere Skalierung der Besucherzahl, als dies bei anderen neuen gemeindlichen Ausdrucksformen der Fall ist. Letztere sind oft in einem besonderen Maße auf Intimität und die Pflege von Beziehungen angewiesen.[30] In diesem Zusammenhang spricht die Studie von Hinweisen auf eine den jeweiligen Typen der *fresh expressions of church* eigene natürliche Größe oder einen Größenbereich (*natural unit size / range*).[31] Zu beachten ist auch, dass gerade in der ebenfalls in der Studie untersuchten Diözese von London einige *traditional church plants* über eine weit überdurchschnittliche Größe verfügen, was die Statistik zusätzlich beeinflusst.[32]

Traditional church plants haben den höchsten Anteil an Teilnehmern mit einem kirchlichen Hintergrund (*churched*).[33] Sie befinden sich auf dem vorletzten Platz, wenn es um das Erreichen der *non-churched* geht, und sind etwas überdurchschnittlich im Erreichen der *de-churched* Gruppe.[34] Die für die Studie *The Day of Small*

---

27 Vgl. Lings, Day, 124.

28 Vgl. ebd.

29 Vgl. ebd.

30 Vgl. Lings, Day, 83f. Dafür spricht auch, dass 46 % aller *fresh expressions of church* eine Form von Plateau erreichen und nicht mehr weiter wachsen. Vgl. Lings, Day, 87f.

31 Vgl. ebd., 83f.

32 Vgl. ebd., 83.

33 Vgl. ebd., 124.

34 Vgl. ebd., 90–92.124. Wichtig ist, dass auch hier Vivian und Dalpra die vermutlich deutlich genaueren Zahlen zu bieten haben. Allerdings erscheint das ihnen zur Verfügung stehende Sample der *traditional church plants* im Vergleich zu den anderen von ihnen untersuchten Typen der *fresh expressions of church* als nicht besonders groß. Zudem war die Diözese von London, welche besonders viele *traditional church plants* aufweisen kann, nicht Teil ihrer Untersuchung. Trotzdem handelt es sich hier um die besten zur Verfügung stehenden Daten. Vgl. Vivian / Dalpra, Who's there?, 19.66–71. Als die Zahlen von Vivian und Dalpra weitestgehend stützend erscheinen die Ergebnisse

Things befragten Leiter von *traditional church plants* gehen im Schnitt von einem Anteil von 51,7 % *churched*, 28,5 % *de-churched* und 19,5 % *non-churched* aus. Vivian und Dalpra kommen bei ihrer auf Teilnehmerbefragung beruhenden Studie auf einen Anteil von 6 % *non-churched*, 19 % *de-churched* und 75 % *churched*.[35]

Der geringe Anteil an Personen der Kategorie *non-churched* weist eine hohe Ähnlichkeit zum ebenfalls gottesdienstzentrierten Modell der *multiple Sunday congregations* auf.[36] Bei beiden Typen wird der gottesdienstzentrierte Stil und die Orientierung an einem bestehenden Modell von Kirche der wesentliche Faktor sein:

> „It might be that the church plants and multiple congregations – by their congregational style, known preference for Sunday, and often for using an existing church building – may unintentionally have created a difficult gap to cross for those not used to church."[37]

Darüber hinaus könnte ein weiterer Faktor Auswirkungen haben. Wie auch im von Vivian und Dalpra vorgenommenen Vergleich aller *fresh expressions of church*-Typen mit einer Kontrollgruppe von Parochialgemeinden, könnte auch hier der unterschiedlich große Anteil von Kindern und Jugendlichen an den Besuchern eine wichtige Rolle spielen. Wie schon angemerkt ist der Anteil der Personen mit keinerlei kirchlichem Hintergrund (*non-churched*) bei Kindern und Jugendlichen besonders groß. Die Ergebnisse der Studie *The Day of Small Things* weisen nun darauf hin, dass *traditional church plants* im Vergleich zu anderen *fresh expressions of church* einen unterdurchschnittlichen Anteil von Besuchern unter 16 Jahren haben.[38] Hier könnte ein Zusammenhang bestehen. Zugleich entspricht der hohe Anteil von Erwachsenen dem Fokus und Vorgehen von *traditional church plants*.[39]

---

der von Thorlby durchgeführten Untersuchung. Thorlby kommt in den von ihm untersuchten fünf Gemeinden im Osten Londons im Schnitt auf 80 % *churched*, die restlichen 20 % machen die Gruppe der *de-* und *non-churched* aus. Vgl. Thorlby, Love, 87; Lings, Day, 92.

35 Für die Gruppe der *non-churched* und *de-churched* wurden jeweils lediglich die Werte der von Vivian und Dalpra genutzten Untergruppen der *simple de-churched* und *simple non-churched* genannt. Die anderen Gruppen (*complex de-* und *non-churched,* sowie *grown up in fresh expression of church*) wurden zu den *churched* dazugezählt. Vgl. Vivian / Dalpra, Who's there?, 32.

36 Dies ist für die Studie *The Day of Small Things* aussagbar. In der Studie von Vivian und Dalpra wurde lediglich eine *multiple Sunday congregation* untersucht, so dass hier kein aussagekräftiges Ergebnis vorliegt.

37 Lings, Day, 90f.

38 Dieser ist jedoch immer noch größer als der Durchschnitt der Gesamtbevölkerung. Vgl. Lings, Day, 104.

39 Vgl. ebd.

Traditional *church plants* weisen ein vergleichsweise geringes Nettowachstum von 152 % im Vergleich zur Startgröße auf.[40] Hier gilt es jedoch zu bedenken, dass das für *traditioanl church plants* typische Gründen mithilfe großer Startteams das Nettowachstum negativ beeinflusst.[41] Sie haben den höchsten Wert für einen wöchentlichen Rhythmus, was die Hauptveranstaltung der *fresh expressions of church* angeht (96 %). Diese ist bei den *traditional church plants* ein Gottesdienst, welcher fast ausschließlich (99 %) sonntags stattfindet.[42] Sie werden in den allermeisten Fällen und mehr als alle anderen *fresh expresssions of church* durch männliche, ordinierte Geistliche geleitet.[43] Fast alle diese Eigenschaften passen gut zu dem gottesdienstzentrierten Modell der *traditional church plants.*[44] Nur der hohe Wert bei Leitung durch Männer irritiert und lässt sich nicht allein dadurch erklären, dass immer noch weit mehr ordinierte Geistliche in der *Church of England* Männer sind.[45] Hier werden weitere Faktoren eine Rolle spielen. So ist es vorstellbar, dass gerade die hohe Verbreitung von *traditional church plants* im evangelikalen Spektrum der *Church of England* für diesen Zusammenhang von Bedeutung ist.[46] Wie beschrieben lehnt ein Teil des evangelikalen Spektrums die Frauenordination ab, was per se die Leitung von klassischen Gemeindegründungen durch Frauen ausschließt.[47] Zusätzlich ist vorstellbar, dass darüber hinaus bestimmte Rollenmuster[48] wirksam

---

40 Vgl. ebd., 103.

41 Vgl. ebd.

42 Vgl. ebd., 196.

43 85 % der untersuchten *traditional church plants* wurden von Männern geleitet. Vgl. Lings, Day, 106.124.

44 Vgl. ebd., 107f.

45 Der Anteil der weiblichen Geistlichen der *Church of England* lag im Jahr 2014 bei 27 %, im Jahr 2018 bei 30 %. Zudem besteht ein Gefälle in der finanziellen Versorgung von Frauen und Männern im ordinierten Dienst in der *Church of England.* Obwohl nur 30 % der ordinierten Geistlichen im Jahr 2018 Frauen waren, machte ihr Anteil an den im Ehrenamt ordinierten (non stipendiary / self supporting ministers) 50 % aus. Vgl. https://www.churchofengland.org/more/media-centre/news/ministry-statistics-published; https://www.churchofengland.org/sites/default/files/2019-08/Ministry%20Statistics%202018 %20FINAL%20report.pdf, 9. 7. Februar 2020.

46 Zugleich sind *traditional church plants* der Typ, der in den anderen Traditionen fast am wenigsten zur Umsetzung kommt. Vgl. Lings, 118f.124.

47 Vgl. ▹ Kapitel 25.5. Vgl. hierzu auch Dadswell / Ross, Church Planting, 47f.

48 Die ungleichmäßige Verteilung von Männern und Frauen in der Leitungsrolle betrifft eine Vielzahl an Typen der *fresh expression of church.* So ist feststellbar, dass sich in Bezug auf das Geschlecht der Leitungsperson bei den näher untersuchten *fresh expressions of church* zwei Gruppen bilden lassen, die jeweils vornehmlich von Frauen oder vornehmlich von Männern geleitet werden. Die erste Gruppe umfasst die Typen, welche entweder viele Kinder oder aber Senioren als Teilnehmer haben. Bei ihnen besteht eine hohe Wahrscheinlichkeit der Leitung durch Frauen. Dies gilt besonders für die Typen *church based on <5s* (78 %) und *messy church* (74 %). Die zweite Gruppe hingegen wird

sind. Dieser Fragestellung konnte aber im Rahmen dieser Arbeit leider nicht weiter nachgegangen werden.[49]

Bei den die Reife und die Eigenständigkeit der *fresh expressions of church* kennzeichnenden Markern der Selbstleitung/Selbstverwaltung (*self-governing*), Selbstfinanzierung (*self-financing*) und Selbstverbreitung (*self-reproducing*)[50] nehmen die traditional *church plants* bei den beiden erst genannten den ersten, bei dem letztgenannten einen der vordersten Plätze ein.[51] Dieses gute Abschneiden scheint damit im Zusammenhang zu stehen, dass *traditional church plants* die größten Gründungsteams haben und generell die größte Gemeindegröße erreichen und somit schneller und leichter finanziell unabhängig werden können. Zudem entsprechen sie durch ihr gottesdienstzentriertes Modell am ehesten dem traditionellen Gemeindebild, was Unabhängigkeit in der Leitung als Selbstverständlichkeit erscheinen lässt. Hinzu kommt, dass ein Drittel aller *traditional church plants* „Revitalisierun-

---

meist von Männern geleitet. Diese Gruppe umfasst in absteigender Reihenfolge die Typen *church plants* (85 %), *network church* (74 %), *alternative worship* (72 %), *youth church* (71 %), *community development plants* (68 %), *multiple Sunday congregations* (65 %) und *all age worship* (61 %). Der Vergleich beider Gruppen erscheint als Hinweis darauf, dass hier traditionelle Rollenmuster wirksam sind. Vgl. Lings, Day, 106f.

49 Ross und Dadswell gehen in ihrer qualitativen Untersuchung von 27 Gemeindegründungen unter anderem der Frage nach, warum auch in den Teilen des evangelikalen Spektrums, welche ein positives Verhältnis zur Frauenordination pflegen, trotzdem kaum Frauen Gemeindegründungen leiten. Sie kommen allerdings zu keinem eindeutigen Ergebnis. Sie fassen ihre Beobachtungen wie folgt zusammen: „Therefore, it might be that the combination of a lack of role models and a cultural assumption that men, particularly with their wives, are the natural leaders has given rise to the present situation. There also seems to be some dissonance between the espoused theological understanding regarding women in leadership and the practice on the ground. This situation may need close monitoring with some pro-active steps." Dadswell / Ross, Church Planting, 48.

50 Diese Marker sind der vom Missionstheoretiker Henry Venn (1796–1873) eingeführten *Three Self Formula* entlehnt. Sie wurde von Venn als Kriterium für die Bewertung der Eigenständigkeit indigener Kirchen entwickelt. Venn wollte damit die von ihm und dem Amerikaner Rufus Anderson (1796–1880) in der Missionsbewegung des 19. Jahrhunderts propagierte Idee eigenständiger indigener Kirchen stärken. Vgl. Shenk, Wilbert R. Venn, Henry, in: RGG 8, 4. Auflage, Tübingen, 2005, 930f; Shenk, Wilbert R.: Anderson, Rufus, in: RGG1, Tübingen, 1998, 468. In der Debatte um die ekklesiologische Bewertung der *fresh expressions of church* in der *Church of England* wird die *Three Self Formula* häufig als Messinstrument für die Frage verwendet, ob und ab wann *fresh expressions of church* als eigenständige Kirchengemeinden verstanden werden sollten. Vgl. zum Beispiel Cray, Mission-shaped Church, 120–123; Lings, George: Fresh expressions growing to maturity, in: Croft, Future, 144f. Auch Michael Moynagh nennt diese Marker, kritisiert sie aber zugleich als zu statisch und damit unbrauchbar für die Anwendung auf kontextuelle Gemeinden, welche zum Teil nur für eine kurze Zeit bestehen. Vgl. Moynagh / Harrold, Context, 405f.

51 Vgl. Lings, Day, 124.

gen" (*transplants*) und ein weiteres Achtel „Aufpfropfungen" (*grafts*) darstellt.[52] Das heißt, dass die Gründung in eine bestehende Gemeinde hinein erfolgt. Dabei kann das Gründungsteam größer (*transplant*), aber auch kleiner (*graft*) als die bestehende Gottesdienstgemeinde sein. Hier ist bereits von vorneherein durch die bereits bestehende gemeindliche Struktur die Unabhängigkeit in der Leitung gegeben, auch wenn zum Teil die Sendungsgemeinde für einen bestimmten Zeitraum finanzielle Unterstützung bereitstellt.[53]

Traditional church plants setzten auf klassische Methoden in der Bibelauslegung[54] und haben die höchsten Werte bei der Frage, ob bereits Taufen durchgeführt und das Abendmahl gefeiert wurde.[55] Auch diese Merkmale erscheinen als Folge eines gottesdienstzentrierten Gemeindemodells gut erklärbar.

Im Bereich Nachfolge setzten *traditional church plants* vor allem auf Kurse und Kleingruppen.[56] Sie schneiden außerordentlich gut bei der Anwendung verschiedener Möglichkeiten der Evangelisation ab.[57] Sie setzen dabei in besonderer Weise auf Glaubenskurse, das persönliche Einladen von Menschen zu Gottesdiensten und anderen Veranstaltungen und die Beziehungspflege zu Kirchendistanzierten.[58] Aber auch was diakonisches Engagement angeht, weisen sie überdurchschnittliche Werte auf.[59] An dieser Stelle zeigt sich ein auffälliger Kontrast. Während nämlich *traditional church plants* und auch *cluster churches* einen deutlich höheren Anteil an Teilnehmern mit kirchlichem Hintergrund (*churched*) vorweisen, zeigen sie doch die höchsten Werte in Bezug auf unternommene evangelistische Bemühungen.[60] Umgekehrt können die *fresh expressions of church*-Typen mit hohem Anteil von Teilnehmern mit einem nichtkirchlichen Hintergrund (*non-churched*) nur wenige

52 Dies stellt den höchsten Anteil bei allen *fresh expressions of church*-Typen dar. Vgl. Lings, 100.124. Für die Begriffe „Revitalisierung und *graft* vgl. die Darstellung in ▹ Kapitel 11.2.3.

53 Thorlby kommt in seiner Untersuchung zu dem Ergebnis, dass die empfangenden Parochien durch die vollzogenen *grafts* und *transplants* mittel- bis langfristig finanziell deutlich besser aufgestellt waren, als dies zuvor der Fall war. Vgl. Thorlby, Love, 85. Vgl. hierfür ebenfalls die Darstellung in ▹ Kapitel 11.2.3.

54 Dies sind Predigt, öffentliche Lesung, Lesen in Kleingruppen und Lesen als Einzelperson. Vgl. Lings, Day, 124.

55 Vgl. ebd.

56 Vgl. ebd., 114f.124.

57 Vgl. ebd., 117.124.

58 Vgl. ebd., 116.

59 Vgl. ebd. Auch Thorlby bescheinigt den von ihm untersuchten fünf Gemeindegründungen im Osten Londons ein diakonisches Engagement in Bezug auf ihren Kontext. Er sieht sogar Hinweise darauf, dass möglicherweise ein positiver Zusammenhang zwischen einem solchen diakonischen Engagement und dem Erreichen von kirchendistanzierten Menschen bestehen könnte. Vgl. Thorlby, Love, 89.

60 Vgl. Lings, Day, 117.

beziehungsweise nur bestimmte evangelistische Bemühungen vorweisen.[61] Dies könnte als Hinweis darauf verstanden werden, dass bestimmte Typen nur bestimmte evangelistische Bemühungen zulassen: „It might seem that in these types an external evangelistic need and inner confidence to do so are inversely related, or it may be that only certain types of evangelistic approach fit with the style of these fxC."[62]

Auch bei den Gründungsmotiven unterscheiden sich die *traditional church plants* von den anderen *fresh expressions of church*. In dieser Frage wurden in der Studie vier Oberkategorien gebildet:

(1) Die erste Kategorie steht für wachstumsorientierte (*growth based*) Motivationen.[63] Das heißt, dass der Ausgangsimpuls zur Gründung in dem Anliegen lag, mehr Menschen zu erreichen. Diese Kategorie wird noch einmal danach unterteilt, ob dabei die jeweilige Diözese die Initiative ergriffen hat ((1.1.) *Diocesan Initiative*) oder der Impuls von einer in der Sendungsgemeinde vorherrschenden „Wachstumsphilosophie" ((1.2) *Growth Philosophy*) ausging.[64]

(2) Die zweite Kategorie (*Geography based*) sammelt Motivationen, denen entweder die nicht zureichende geographische Abdeckung der jeweiligen Parochie durch die bestehende Gemeinde zu Grunde liegt ((2.1.) *Inadequate Penetration of the Parish*), oder die auf die Entwicklung eines Neubaugebiets als Anlass zur Gründung zurückgehen ((2.2.) *New Housing Opportunity*).[65]

(3) Eine dritte Kategorie steht für das bestehen räumlicher Kapazitätsgrenzen in der sendenden Gemeinde (*Physically Restricted at sending church*) als Auslöser einer Gemeindegründung.[66]

(4) Die vierte Kategorie sammelt Gründe, welche in der wachsenden Pluralität und Segmentierung der Gesellschaft begründet liegen (*Culture based*). Sie hat als Unterkategorien zum einen die Motivation, eine größere Bandbreite an gemeindlichen Formen zu schaffen ((4.1.) *Provide Increased Diversity*), zum anderen die Motivation eine spezifische, bisher nicht erreichte Bevölkerungsgruppe anzusprechen ((4.2.) *Unreached People Group*).[67]

Traditional church plants weisen nun die höchsten Werte in der Unterkategorie „durch Diözesen initiierte Initiativen" (1.1.), in der Kategorie „Kapazitätsgrenzen in

---

61 Vgl. ebd.

62 Lings, Day, 117.

63 Vgl. ebd.

64 Vgl. ebd.

65 Vgl. ebd.

66 Vgl. ebd.

67 Vgl. ebd.

der Sendungsgemeinde“ (3) und in der Unterkategorie „Neubaugebiet“ auf (2.2.).[68] Die Motivation der „geographisch unzureichenden Abdeckung der Parochie“ wird sogar doppelt so oft genannt wie bei den meisten anderen *fresh expressions of church*.[69] Dagegen haben *traditional church plants* die schlechtesten Werte in den Unterkategorien „Diversität gemeindlicher Formen“ und „bisher nicht erreichte Bevölkerungsgruppe“.[70] Der hohe Wert im Bereich der von Diözesen initiierten Initiativen erscheint im Zusammenhang damit zu stehen, dass *church plants* wesentlich häufiger (54 %) Parochialgrenzen überschreiten, als das die 14 häufigsten *fresh expresssions of church*-Typen im Schnitt tun (28 %). Sie sind somit wesentlich häufiger auf die Zusammenarbeit mit der diözesanen Kirchenleitung angewiesen.[71]

Die geographisch unzureichende Abdeckung des Parochialgebietes ist ein gerade mit den Anfängen der Gemeindegründungsszene in der *Church of England* eng verbundenes Motiv. Es erscheint damit nicht als überraschend, dass hier *traditional church plants* den höchsten Wert erreichen. Auch erklärt sich vor diesem Hintergrund der hohe Wert bei den Neubaugebieten, da hier letztlich dieselben Annahmen leitend sein werden. Die schwachen Werte im Bereich von Motiven, die auf der Wahrnehmung der zunehmenden Diversität der Gesellschaft beruhen, lassen sich wahrscheinlich aus der Eigenschaft von *traditional church plants* ableiten, ein bereits bestehendes gottesdienstzentriertes Modell von Gemeinde nachzubilden:

> „It may well be that what contributes to the low figure for diversity is that church plants have had a tendency to emulate the style of the sending church, thus diversity might almost be seen to compromise their values. If they are sometimes accused of a lack of contextualising in their arrival, then this data about starting motives is congruent with that danger. Similarly, they are clearly the least likely to choose the motive of starting in order to connect with an unreached people group. If that is typical, it is as though they don’t firstly think culturally, but rather focus on where they came from, and by spotting gaps where their desire to grow and their way of being church can overlap and occur again.“[72]

Zugleich ist feststellbar, dass jüngere Beispiele des Typs *traditional church plant* mehr Wert auf Kontextualisierung legen. Darauf weisen zumindest Daten von

68 Vgl. ebd., 93f.
69 Vgl. ebd., 93.
70 Vgl. Lings, Day, 94.
71 Vgl. ebd., 93.
72 Ebd., 94.

sieben der zwölf Gemeindegründungen hin, die nach dem Jahr 2000 in Ostlondon gegründet wurden.[73]

Traditional church plants sind in der Mehrzahl stärker auf ein Gebiet hin (*neighbourhood*) ausgerichtet, als dass sie auf bestimmte Netzwerke (*networks*) zielen, die in einer mobilen Gesellschaft ortsunabhängig entlang gemeinsamer Interessen oder einer ähnlichen Lebensweltorientierung entstehen.[74] Diese mehrheitliche Orientierung der *traditional church plants* an einem Gebiet mag Spiegel der bestimmenden Gründungsmotivationen sein.[75] Zugleich handelt es sich hier um graduelle Unterschiede, welche auch vom jeweiligen Kontext abhängig sind. So ist davon auszugehen, dass *traditional church plants* häufig beide Orientierungen vorweisen können, wenn auch in unterschiedlicher Ausprägung. Weiter kann Thorlby zeigen, dass die von ihm in Ostlondon untersuchten Gemeindegründungen, welche der zweiten Generation angehören, einen höheren Bezug zum direkten lokalen Kontext aufweisen als ihre Sendungsgemeinde, welche selbst eine Gemeindegründung der ersten Generation ist.[76] Außerdem wird weiter unten gezeigt werden, dass *traditional church plants* im Stadtzentrum von Großstädten viel stärker netzwerkartig ausgerichtet sind, als in anderen geographischen Kontexten.

Im Vergleich zu den anderen *fresh expressions of church*-Typen liegen *traditional church plants* bei der Frage, ob sie kontinuierlich weiterwachsen, ein Wachstumsplateau erreichen oder aber schrumpfen, weitgehend im Mittelfeld. 31,3 % der untersuchten Gemeindegründungen wuchsen weiterhin, 39,3 % erreichten eine von drei Arten eines Wachstumsplateaus, während 29,5 % zunächst wuchsen, dann aber zu schrumpfen begannen.[77] Im Vergleich dazu weisen die *traditional church plants* jedoch die vierthöchste Sterblichkeitsrate auf. So kam die Untersuchung zum Schluss, dass 15,9 % der untersuchten *traditional church plants* eingestellt wurde.[78] Diese Zahl mag überraschen, müssten doch *church plants* durch Eigenschaften wie die überdurchschnittliche Größe und das frühe Erreichen finanzieller Unabhängigkeit stabiler als die übrigen *fresh expressions of church* sein. Hier muss deswegen beachtet werden, dass *traditional church plants* den ältesten *fresh expressions of*

---

73 Vgl. ebd. Auch Thorlby kommt in seiner Untersuchung von fünf Ostlondoner Gemeindegründungen, welche zwischen 2005 und 2014 gegründet wurden, zu dem Schluss, dass ein gewisser Grad an Kontextualisierung stattgefunden hat. Vgl. Thorlby, Love, iv. Ebenso sehen Dadswell und Ross Hinweise auf eine tiefergehende Kontextualisierung bei Gemeindegründungen der zweiten und dritten Generation des Holy Trinity Brompton Netzwerkes. Vgl. Dadswell / Ross, Church Planting, 59.

74 Vgl. Lings, Day, 97.

75 Vgl. ebd.

76 Vgl. Thorlby, Love, 86f.

77 Vgl. Lings, Day, 86.

78 Vgl. ebd.

church-Typ darstellen und damit bei ihnen ein deutlich längerer Untersuchungszeitraum zu Grunde liegt, als dies zum Beispiel bei den *messy churches* der Fall ist. Dies könnte Auswirkungen auf die vergleichsweise hohe Sterblichkeitsrate haben.[79]

Erwähnenswert ist auch, dass Leiter von *traditional church plants* besonders selten den vom *fresh expressions of church*-Team entwickelten *Mission-shaped Ministry Course* als Aus- oder Fortbildungsmodul belegt hatten.[80] Dies ist insofern naheliegend, als dass dieser Kurs besonderen Wert auf Kontextualisierung legt und damit nicht zum Modell der *traditional church plants* zu passen scheint. Zugleich scheint aber eine positive Korrelation zwischen dem Besuch des *Mission-shaped Ministry* Kurses durch den Leiter einer *fresh expressions of church* und dem Anteil von Teilnehmern mit nichtkirchlichem Hintergrund (*non-churched*) zu bestehen.[81]

Was die Geographie angeht, so kommen *traditional church plants* in allen großstädtischen Kontexten sowie in den Vorstädten (*suburban*) überdurchschnittlich häufig vor.[82] Im städtischen, sowie im ländlichen Bereich sind *traditional church plants* dagegen deutlich unterrepräsentiert.[83] Generell erreichen *fresh expressions of church* im Zentrumsbereich von Großstädten mit Abstand die größten Teilnehmerzahlen.[84] Dies dürfte aber vor allem an den *fresh expressions of church*-Typen *network church*, *multiple Sunday congregation* und *church plant* liegen, welche überdurchschnittlich oft in diesem Gebiet vorkommen und alle drei über hohe Teilnehmerzahlen verfügen.[85] Hier wird ein Zusammenhang mit dem besonders von *traditional church plants* und *multiple sunday congregations* und auch zum Teil von den *network churches* präferierten gottesdienstzentrierten Gemeindemodell[86] und der damit einhergehenden Skalierbarkeit bestehen. Gestützt wird diese Vermutung dadurch, dass im Zentrum von Großstädten eine Netzwerkorientierung stark überwiegt.[87] Das heißt, dass diese drei Typen wahrscheinlich Menschen aus dem gesamten Stadtgebiet anziehen, was ihnen prinzipiell ein größeres Wachstumspotenzial beschert.[88] Ein weiterer stützender Hinweis besteht darin, dass *network churches*, *traditional church plants* und *multiple sunday congregations* einen besonders hohen Anteil an Besuchern mit kirchlichem Hintergrund (*churched*) aufweisen,

---

79 Vgl. ebd., 120.

80 Generell war der *mission-shaped-ministry*-Kurs überraschend selten von den Leitern der untersuchten *fresh expressions of church* belegt worden. Vgl. Lings, Day, 165f.

81 Vgl. Lings, Day, 167f.

82 Vgl. ebd., 136.

83 Vgl. ebd.

84 Vgl. ebd., 137.

85 Vgl. ebd., 83.135.136.

86 Vgl. ebd., 222f.

87 Vgl. ebd., 138f.

88 Vgl. dazu Transkript 1.1.1., Z. 688–741. Beachte hierzu ebenso die Darstellung des *Resource Church* Modells in ▻ Kapitel 14.1.2.

und dieser Anteil nach geographischem Gebiet aufgeschlüsselt, im Stadtzentrum von Großstädten bei weitem am höchsten ist.[89]

Die dargestellten Besonderheiten des Typs *traditional church plant* spiegeln sich auch im direkten Vergleich der untersuchten Diözesen wider. So weisen die beiden Londoner Diözesen einen überproportional hohen Anteil an *traditional church plants* auf.[90] Dies bildet sich, in den in der Untersuchung allgemein für alle *fresh expressions of church*-Typen festgestellten statistischen Besonderheiten der Hauptstadt ab. Weit überdurchschnittlich überschreiten *fresh expressions of church* in der Hauptstadt parochiale Grenzen (62 %) und haben einen sehr hohen Anteil an *transplants* (28 %) und *grafts* (7 %).[91] Alle *transplants* sind dabei dem Typ *traditional church plant* zuzuordnen.[92] Die Gründungsteams sind in London deutlich größer und überdurchschnittlich oft werden kirchliche Gebäude benutzt.[93] Ebenso sind die Teilnehmerzahlen generell deutlich höher, was direkt auf die hohe Anzahl an *traditional church plants* zurückzuführen ist.[94] Dabei ist der Anteil an Menschen mit kirchlichem Hintergrund (*churched*) in den *fresh expressions of church* in London am höchsten und der Anteil an Menschen mit keinem kirchlichen Hintergrund (*non-churched*) am niedrigsten.[95] Leiter von *fresh expressions of church* in London sind überdurchschnittlich oft ordinierte, in Vollzeit arbeitende Männer und besonders häufig in den *traditional church plants* anzutreffen.[96] Über London hinaus verfügen noch vier weitere Diözesen über eine überdurchschnittliche Zahl an *traditional church plants*: Sheffield (18 %), Chelmsford (16 %), Ely (15 %) und Guildford (12 %).

7.3 Reflexion und Fazit

Anhand der hier vorgestellten Untersuchungsergebnisse wird deutlich, dass *traditional church plants* sich in vielen Aspekten von einem Großteil der übrigen *fresh expressions of church*-Typen abheben. Mit dieser Feststellung könnte man

89 Für den Typ *multiple Sunday congregations* liegen leider nur auf Befragung der Leiter gestützte Daten vor. Für die anderen beiden Typen kann auf Daten aus Gottesdienstbefragungen zurückgegriffen werden. Vgl. Lings, Day, 89.141; Dalpra / Vivian, Who's there?, 32f.34.

90 41 % der *fresh expressions of church* in London sind dem Typ *traditional church plant* zuzuordnen. 36 % der insgesamt untersuchten *traditional church plants* waren in London verortet. Vgl. Lings, Day, 69.

91 Vgl. Lings, Day, 69.

92 Vgl. ebd.

93 Vgl. ebd., 70.

94 Vgl. ebd.

95 Vgl. ebd., 71.

96 Vgl. ebd., 69.

zunächst wiederum dafür plädieren, dass sie doch als eigenständige missionarische Unternehmung den übrigen *fresh expressions of church*-Typen gegenüber zu stellen sind. Allerdings konnte auch gezeigt werden, dass in einer größeren Zahl einzelner Eigenschaften Übereinstimmung mit bestimmten anderen Typen herrscht. Zudem gilt es zu bedenken, dass viele Unterschiede gradueller Natur sind. Auch zeigen sich ebenfalls deutliche Unterschiede zwischen anderen Typen der *fresh expressions of church*. Dies alles spricht für das Verständnis der *traditional church plants* als eines, wenn sich auch durch viele Besonderheiten auszeichnenden, Typs der *fresh expressions of church*.

Hervorzuheben ist dabei, dass klassische Gemeindegründungen einen deutlich geringeren Anteil an Personen mit einem nicht-kirchlichen Hintergrund, aber einen deutlich höheren Anteil an Personen mit einem kirchlichen Hintergrund vorweisen. Dies kann ihnen als missionarische Schwäche ausgelegt werden und könnte auf den gottesdienstzentrierten Ansatz zurückzuführen sein. Auf der anderen Seite weisen klassische Gemeindegründungen mit die höchsten Werte im Bereich der Selbstleitung, Selbstfinanzierung und Selbstverbreitung auf, was als ein Hinweis für eine hohe ekklesiologische Qualität gedeutet werden kann. Dies wiederum muss als ein großer Vorteil des gottesdienstzentrierten Modells verstanden werden und bildet damit das Gegenstück zum schlechten Abschneiden in Bezug auf das Erreichen von Personen mit einem nicht-kirchlichen Hintergrund.

Die für diese Arbeit in Experteninterviews befragten Gemeindegründer zeigen sich meist eher vorsichtig in Bezug auf die Einschätzung des Anteils an Personen mit einem nicht-kirchlichen Hintergrund.[97] Trotzdem liegt dieser meist noch deutlich höher als der von Dalpra und Vivian durch die Gottesdienstbefragung ermittelte Gesamtdurchschnitt. Es kann daher vermutet werden, dass auch hier zum Teil eine Differenz zwischen der von den Gemeindeleitern eingeschätzten und der tatsächlichen Verteilung vorliegt. Da das Anliegen der Experteninterviews keine quantitativ ausgerichtete Befragung war, soll aber auf eine weitere Auswertung der unten dargestellten Einschätzungen verzichtet werden. Durch die Studie *Who's there?* liegen hier verlässlichere Zahlen vor.

---

97 Vergleiche folgende Tabelle.

Tabelle 3 Kirchlicher Hintergrund der Gottesdienstbesucher der jeweiligen Gemeindegründung nach Einschätzung der interviewten Gemeindegründer[98]

Gemeindegründer	Churched in %	De-churched in %	Non-churched in%
CP1	66	31	2
CP2	61	20–30	9–19
CP3	85	15[99]	
CP4	45	45	10
CP6	60	30	10
CP7	33	33	33
CP8	80	10	10
CP5	Keine genauen Angaben, geht aber davon aus, dass hauptsächlich *churched* und *de-churched* derreicht werden.		

Für das in dieser Arbeit ebenfalls untersuchte *Resource Church* Modell liegen in den oben dargestellten Untersuchungen leider keine gesonderten Ergebnisse vor. Dies zeigt den dringlichen Forschungsbedarf in Bezug auf dieses Modell. Die durch eine Einzelfalluntersuchung vorliegenden Daten zu einer einzelnen *City Centre Resource Church,* werden im entsprechenden Kapitel vorgestellt werden.[100]

Insgesamt lässt sich mit der Auswertung der vorliegenden Studien feststellen, dass alle *fresh expressions of church*-Typen einen wichtigen Beitrag zum missionarischen Auftrag der *Church of England* leisten und sich gerade durch ihre unterschiedlichen Eigenschaften gegenseitig ergänzen.

98 Vgl. Transkript 1.1.1., Z. 400f.452–464. Transkript 1.2., Z. 265–278; Transkript 1.3.1., Z. 842–875; Transkript 1.4., Z. 421–424; Vgl. Transkript 1.5., Z. 493–495.500–525; Transkript 1.6., Z. 751f. Transkript 1.7., Z. 354–376; Transkript 1.8., Z. 527–534.

99 CP3 differenzierte bei der Einschätzung der Verteilung nicht zwischen *de-* und *non-churched.*

100 Vgl. ▹ Kapitel 14.3.2.

8. Exemplarische Darstellung von drei klassischen Gemeindegründungen

Im Folgenden werden drei Beispiele von klassischer Gemeindegründung in der *Church of England* dargestellt. Die drei Beispiele stehen exemplarisch für die drei Modi von Gemeindegründung und in ihrer Darstellung werden weitere Merkmale und Themen klassischer Gemeindegründung aufgegriffen, welche in den folgenden Kapiteln ausführlicher behandelt werden. In diesem Teil folgt lediglich ein Hinweis auf das entsprechende Kapitel. Der Schwerpunkt des folgenden Teils liegt damit ganz auf der am Einzelfall orientierten Vertiefung dessen, was im vorangegangenen Kapitel durch die Darstellung der zur Verfügung stehenden statistischen Daten ganz allgemein beschrieben wurde.

8.1 Begründung der Auswahl und der gewählten Methode

Für die Auswahl dieser drei Beispiele waren sowohl inhaltliche als auch pragmatische Gründe leitend. So erschien es als sinnvoll, die drei in dieser Arbeit identifizierten Modi von klassischer Gemeindegründung anhand dreier Beispiele darzustellen. Die folgenden Beispiele ermöglichen es die Besonderheiten jedes Modus in besonders deutlicher Form darzustellen und schienen aus diesem Grund in besonderer Weise als geeignet. Zusätzlich lagen zu diesen drei Beispielen, durch die mit den jeweiligen Gemeindegründern geführten Experteninterviews, hinreichend Informationen zum Gründungsprozess vor. Zur Gemeindegründung St Peter's Bethnal Green lag zudem eine Beschreibung sowie weitere Daten durch die von Tim Thorlby durchgeführte Untersuchung vor.[1] Zudem waren diese Gemeindegründungen auch mit dem Instrument der teilnehmenden Beobachtung intensiv untersucht worden, so dass hier Aussagen über das Gemeindeleben, insbesondere die Gottesdienstgestaltung getroffen werden können. Die gewählten Beispiele bieten darüber hinaus eine gewisse Varianz in Bezug auf die Kategorien theologische Strömung, Jahr der Gründung, Verhältnis zur sendenden Gemeinde beziehungsweise Zugehörigkeit zu einem bestimmten Netzwerk und Gründungsgeneration. Zugleich wird in Kauf genommen, dass alle drei Beispiele in London verortet sind und alle drei Gemeindegründer männlich sind.

Methodisch wird für die Darstellung der drei Beispiele auf die geführten Experteninterviews, zur Verfügung stehende Literatur und Internetquellen Bezug

1 Vgl. Thorlby, Love, 40–51.

genommen. Die Beschreibung der gottesdienstlichen Aktivitäten und weiterer Gemeindeveranstaltungen beruht darüber hinaus auf durch teilnehmende Beobachtungen gewonnenen Erkenntnissen.

8.2 Grace Church Hackney

8.2.1 Entstehung und Entwicklung

Die Grace Church Hackney[2] wurde im Jahr 2004 durch den Gemeindegründer Andrew Jones und ein Gründungsteam von 55 Personen gegründet.[3] Es handelt sich dabei um eine Gründung, das heißt es wurde weder eine bestehende Parochie revitalisiert noch ein zuvor geschlossenes Kirchengebäude wiedereröffnet. Vielmehr entstand eine neue Kirchengemeinde.[4]

Vor der Gründung arbeitete Andrew Jones als Geistlicher in der anglikanischen Kirchengemeinde St Helen's Bishopsgate.[5] Diese Kirchengemeinde gehört dem konservativ-evangelikalen Spektrum der Church of Egland an und ist zugleich ein Zentrum für klassische Gemeindegründung. Sie befindet sich im Finanzdistrikt von London und fungiert als eine Netzwerkgemeinde, welche Gottesdienstbesucher und Gemeindeglieder aus ganz London anzieht.[6]

In den Jahren 2002 und 2003 erwog Andrew Jones die Möglichkeit, als Geistlicher in der von Tim Keller gegründeten Redeemer Presbyterian Church in New York zu arbeiten, verwarf dies aber. Stattdessen wurde ihm von beiden Kirchengemeinden – St Helen's Bishopsgate und der Redeemer Presbyterian Church – gemeinsam angeboten, als Gemeindegründer einer neuen Gemeinde in London zu fungieren.[7] Andrew Jones nahm dieses Angebot an und zusammen mit seiner Frau sammelte er ein Gemeindegründungsteam um sich. Dieses bestand hauptsächlich aus Gemeindegliedern von St Helen's Bishopsgate, welche bereits zuvor in einem intensiven persönlichen Kontakt zu Andrew Jones standen. Zusätzlich wurde ein „Visions-Treffen" in der Gemeinde St Helen's Bishopsgate abgehalten, bei dem über die Gründungspläne informiert und für die Teilnahme am Gründungsprojekt geworben wurde.[8]

---

2 Vgl. https://www.gracechurchhackney.org.uk, 06. August 2020.

3 Vgl. Transkript 1.5., Z. 19.87–90.

4 Vgl. hierzu die Darstellung der Modi klassischer Gemeindegründung in ▻ Kapitel 11.

5 Vgl. Transkript 1.5., Z. 25–33.35–37.

6 Vgl. auch die ausführlichere Darstellung in ▻ Kapitel 9.1.2.

7 Vgl. Transkript 1.5., Z. 25–33.

8 Vgl. Transkript 1.5., Z. 40–49.

In der Folge wurden mit dem entstehenden Gründungsteam monatliche Vorbereitungstreffen abgehalten, in denen für die Gemeindegründung gebetet und das weitere Vorgehen besprochen wurde.[9] Ein größerer Teil des Gründungsteams lebte zu diesem Zeitpunkt bereits im „East End" Londons, so dass dieser Teil Londons zum Zielpunkt der Gemeindegründung wurde. Es wurde eine Zielgruppe für die Gemeindegründung identifiziert – „[...] a person, who would self-describe as politically left wing, socially liberal, culturally quite sophisticated, maybe interested in spirituality, but maybe not so interested in institutional church"[10] – und nach einem geeigneten Gottesdienstort gesucht. Diese Suche gestaltete sich als herausfordernd, da die örtlichen anglikanischen Gemeindepfarrer der Gründungsidee überwiegend skeptisch gegenüberstanden.[11] Schließlich erlaubte ein Gemeindepfarrer der Gemeindegründung sein Kirchengebäude für die regelmäßige Feier eines Abendgottesdienstes zu nutzen, so dass die Gemeindegründung am 18. April 2004 ihren Eröffnungsgottesdienst feiern konnte.[12]

Von Anfang an lag der Hauptfokus der Gemeindearbeit auf der Gestaltung des Gottesdienstes. Dies zeigt sich zum Beispiel darin, dass schon zum Zeitpunkt der Gründung eine Teilzeitstelle für einen Kirchenmusiker eingerichtet wurde.[13] Wichtige Entwicklungsschritte waren dabei, dass nach zwei Jahren die Entscheidung getroffen wurde, das Abendmahl in einem wöchentlichen Rhythmus zu feiern.[14] Nach drei Jahren gelang es, die Gemeindearbeit aus eigenen Mitteln zu finanzieren. Bis dahin erfuhr die Gemeindegründung finanzielle Unterstützung durch die beiden Gemeinden St Helen's Bishopsgate und Redeemer Presbyterian Church.[15] Dabei bleibt das Thema Finanzen aber auch heute noch eine dauerhafte Herausforderung.[16] Ebenfalls nach drei Jahren wurde ein zweiter Geistlicher von der Gemeinde eingestellt. Von der Gründung im Jahr 2004 bis ins Jahr 2010 wuchs die Gemeindegründung auf circa 150 mit der Gemeinde verbundene Personen.[17]

---

9 Vgl. Transkript 1.5., Z. 56–59.

10 Transkript 1.5., Z. 77–80.

11 Andrew Jones führt als Gründe für diese Skepsis sowohl eine kritische Sichtweise gegenüber dem Thema Gemeindegründung als auch gegenüber der konservativ-evangelikalen Prägung der Sendungsgemeinde St. Helen's Bishopsgate an. Vgl. Transkript 1.5., Z. 121–153.

12 Vgl. Transkript 1.5., Z. 19.152–198.

13 Darüber hinaus wurde eine weitere Teilzeitstelle für die Bereiche „Arbeit mit Kindern" und „Verwaltung" geschaffen.Vgl. Transkript 1.5., Z. 248–251.547–550.

14 Vgl. Transkript 1.5., Z. 685–691.

15 Vgl. Transkript 1.5., Z. 535–540.

16 In den ersten drei Jahren wurde die Gemeindegründung durch ihre Sendungsgemeinde St Helen's Bishopsgate und die Redeemer Presbyterian Church in New York unterstützt. Vgl. Transkript 1.5., Z. 691–698.824–843.

17 Vgl. Transkript 1.5., Z. 471f.

Im Jahr 2010 initiierte die Grace Church Hackney eine klassische Gemeindegründung, welche ein geschlossenes Kirchengebäude im Ostlondoner Stadtteil Dalston wiedereröffnete.[18] Zu diesem Zweck formten 45 Gemeindeglieder, darunter 10 Kinder, sowie der zweite Geistliche der Gemeinde ein Gründungsteam, verließen die Grace Church Hackney und eröffneten St Barnabas Dalston wieder.[19] Daraufhin stellte die Grace Church Hackney neben Andrew Jones erneut einen weiteren Geistlichen an.[20] Im Jahr 2012 war eine Nutzung des bisherigen Kirchengebäudes nicht mehr möglich, so dass sich die Grace Church Hackney seither im Kirchengebäude einer benachbarten Parochie zum Abendgottesdienst versammelt. Das Fehlen eigener Gemeinderäume wird als Herausforderung und Entlastung zugleich empfunden.[21]

Als weitere wichtige Entwicklungen der letzten Jahre werden von Andrew Jones der Anstieg des durchschnittlichen Alters der Gemeindebesucher sowie eine Ausweitung des Einzugsgebietes der Gemeinde angegeben.[22] Gegenwärtig sind circa 100 Erwachsene und 30 Kinder mit der Gemeinde verbunden.[23] Zu einem normalen Sonntagsgottesdienst kommen nach Andrew Jones Angaben circa 70 Personen.[24]

8.2.2 Zielgruppe und Orientierung

Grace Church Hackney muss als Gemeinde mit einer klaren Netzwerkorientierung[25] beschrieben werden. Die Gemeindeglieder und Gottesdienstbesucher wohnen nur zu einem geringen Teil in direkter Nachbarschaft zum gottesdienstlichen Versammlungsort. Räumlicher Fokuspunkt der Gemeinde ist der Ostlondoner Bezirk Hackney. Zugleich wohnen inzwischen viele Gemeindeglieder auch außerhalb Hackneys, was von Andrew Jones unter anderem auf den angespannten Wohnungsmarkt in London zurückgeführt wird.[26] Dennoch dient der Bezirk Hackney weiterhin als Bezugspunkt und identitätsstiftendes Merkmal für die Gemeinde. Dies geschieht weniger in einem direkt räumlichen Sinne, als vielmehr dadurch, dass

---

18 Vgl. Transkript 1.5., Z. 703–706.

19 Vgl. Transkript 1.5., Z. 703–706. Vgl. auch http://www.saintbarnabasdalston.org.uk, 05. August 2020.

20 Vgl. Transkript 1.5., Z. 734–736.

21 Vgl. Transkript 1.5., Z. 736–750.813–823.

22 Vgl. Transkript 1.5., Z. 754–773.

23 Vgl. Transkript 1.5., Z. 473f.

24 Vgl. Transkript 1.5., Z. 475–477.

25 Der Begriff der Netzwerkorientierung drückt aus, dass sich die Gemeinde in ihrer Arbeit nicht wie eine Parochialgemeinde an einem geographischen Gebiet, sondern an einer speziellen Zielgruppe orientiert. Vgl. hierzu die ausführlichere Darstellung in ▹ Kapitel 12.2.

26 Vgl. Transkript 1.5., Z. 754–766.

das mit diesem Bezirk verbundene urbane und künstlerisch geprägte Lebensgefühl Teil der gemeindlichen Identität ist:

> „I remember somebody saying, 'Is Grace Church Hackney a state of mind rather than a particular place?' Particularly as quite a lot of our people, who lived in Hackney, kind of moved to other areas of the city. But nonetheless continue to identify with the [...] ethos of the borough and the ethos of the church and have continued to connect with us."[27]

Dem entspricht auch die Zielgruppe der Gemeinde: Es handelt sich dabei um gut ausgebildete, einer liberalen Orientierung folgende, an Kunst und Spiritualität interessierte, eher junge Großstädter und damit um Personen, die dem urban-kreativen Milieu zuzurechnen sind.[28] Andrew Jones geht davon aus, dass es vornehmlich Personen mit einem kirchlichen oder ehemals kirchlichen Hintergrund sind, welche sich der Gemeinde anschließen. Personen ohne jeglichen kirchlichen Hintergrund seien vergleichsweise selten.[29] In seinen Augen stellt die Gemeinde einen „sicheren Ort" für die Menschen dar, die die Kirche verlassen haben, nun aber ein erneutes Interesse am christlichen Glauben entwickelt haben.[30]

8.2.3 Aktivitäten

Die wichtigste Veranstaltung im Gemeindeleben stellt der Gottesdienst dar. Er findet Sonntag abends um 17:15 Uhr im Kirchengebäude der anglikanischen Kirchengemeinde, St Anne's Hoxton, im Bezirk Hackney statt. Der Gottesdienstablauf folgt im Wesentlichen den Elementen der traditionellen Liturgie der *Church of England*.[31] Zugleich werden von den Geistlichen keinerlei liturgische Gewänder, sondern Alltagskleidung getragen. Auch erfolgt die Predigt nicht von der Kanzel, sondern wird vor dem Altar stehend oder vom Ambo aus gehalten. Statt Gesangbüchern werden sorgfältig arrangierte Liedblätter ausgegeben. Diese enthalten die gesamte Liturgie sowie die Liedtexte und bieten somit einen verständlichen Zugang zum gottesdienstlichen Geschehen, auch für neue Gottesdienstbesucher. Ehrenamtliche beteiligen sich an der Gestaltung der Gottesdienste.[32] Musikalisch wird der Gottesdienst von einer Band begleitet, welche meist traditionelle, aber auch einige neuere Kirchenlieder intoniert. Bewusst wird dabei auf Liedgut aus dem Bereich

---

27 Transkript 1.5., Z. 399–405.
28 Vgl. Transkript 1.5., Z. 77–80.
29 Vgl. Transkript 1.5., Z. 489–498.
30 Vgl. Transkript 1.5., Z. 493–496.
31 Vgl. Transkript 1.5., Z. 252–265.
32 Dies geschieht zum Beispiel durch die Gestaltung von Lesung und Fürbittegebet.

der modernen *Praise and Worship*-Bewegung[33] verzichtet.[34] Am ehesten kann der musikalische Stil als „ekklektisch" bezeichnet werden und ist von einem hohen künstlerischen Anspruch gekennzeichnet. Der Gottesdienst hat in der Predigt und im wöchentlich gefeierten Abendmahl seine beiden Höhepunkte. Gottesdienstbesucher werden vor Beginn des Gottesdienstes vor dem Kirchengebäude von ehrenamtlichen Mitarbeitern begrüßt. Nach dem Gottesdienst werden Getränke und zum Teil ein kleiner Imbiss angeboten. Zugleich wird den Gottesdienstbesuchern ein gewisser Grad an Anonymität zugestanden. Während des Mittelteils des Gottesdienstes findet parallel ein Kindergottesdienst statt. Zum Abendmahl kehren die Kinder und die Kindergottesdienstmitarbeiter in den Kirchenraum zurück, um am Abendmahl teilzunehmen.

Die Gestaltung und die Ästhetik des Gottesdienstes sind an den Bedürfnissen der Zielgruppe des urban-kreativen Milieus ausgerichtet. Dies betrifft
- die Wahl des frühen Sonntagabends als Gottesdienstzeit,
- die bewusste Verbindung von dezidierter liturgischer Gestaltung auf der einen und Zwanglosigkeit und Dialogorientierung betonende Rahmenelemente auf der anderen Seite,
- der hohe künstlerische Anspruch der musikalischen Begleitung bei gleichzeitigem Verzicht auf populärmusikalische Elemente,
- die persönliche Begrüßung und Ermöglichung der Kontaktaufnahme bei gleichzeitig zugestandener Möglichkeit Distanz zu wahren,
- die Wahl eines Kirchengebäudes als Gottesdienstort und damit eines von religiöser Architektur und Ästhetik geprägten Gottesdienstortes,
- die gleichzeitige Zentralstellung von Predigt und Abendmahl im Gottesdienst und damit die Betonung von Intellekt und Sinnlichkeit zugleich.[35]

Ein weiterer zentraler Baustein des Gemeindelebens stellen die wöchentlich stattfindenden Hauskreise der Gemeinde dar. Diese verteilen sich über weite Teile Ostlondons und finden zum Teil aber auch in anderen Teilen Londons statt. Die Hauskreise werden vornehmlich von den hochverbundenen Gemeindegliedern besucht. Der Schwerpunkt dieser Kleingruppen liegt in der Nachfolge und damit in dem Anliegen, dass die Gemeindeglieder ein mündiges und lebendiges Christsein leben.[36] Eine starke Außenorientierung weißt die Veranstaltung *Table Talk* auf. Dabei handelt es sich um eine Gesprächsgruppe zum christlichen Glauben, welche von

33 Der Begriff der *Praise and Worship Music* beschreibt einen Typ modernen kirchlichen Liedguts, welcher vor allem in evangelikalen Gemeinden, aber auch darüber hinaus in anderen kirchlichen Traditionsströmungen genutzt wird. Vgl. dazu auch ▹ Kapitel 14.1.3.

34 Vgl. Transkript 1.5., Z. 236–252.

35 Vgl. Transkript 1.5., Z. 215–299.

36 Vgl. Transkript 1.5., Z. 361–393.1149–1162.

Andrew Jones angeboten wird und wöchentlich in einem Pub in Hackney stattfindet. An diesen Pub-Abenden nehmen meist Menschen teil, welche den christlichen Glauben „erkunden“ oder sich erst kürzlich der Gemeinde angeschlossen haben. Im Unterschied zum Format „Glaubenskurs“[37] werden dabei die Themen von der Gruppe bestimmt. Diese trifft sich so lange, wie von Seiten der Teilnehmer Interesse an der Fortsetzung der Treffen besteht.[38] Auch hier sind die Bedürfnisse der Zielgruppe für die Form des Veranstaltungsformates leitend. Andrew Jones fasst dies wie folgt zusammen:

> „I think – to state it negatively – […] we're non-programmatic and non-strategic. So, I think again, because of the demographic. They don't tend to respond well to, 'Here is a course for you to do, which we've taken of the shelve in our local diocesan office or Christian book store.' They're kind of just suspicious against a sold package. So again, we encourage people to be in conversation with their friends, to be relational. And we're trying to make all our meetings inclusive and comfortable as far as we're able to for somebody who's not used to be there and not Christian.“[39]

Darüber hinaus bietet die Gemeinde in unregelmäßigen Abständen Seminare und Kursformate zu bestimmten Themen des christlichen Glaubens an.[40] Auch hat die Gemeinde eine *fresh expression of church* nach dem *Messy Church* Modell initiiert. Im diakonischen Bereich werden die Gemeindeglieder vornehmlich aufgefordert sich in lokalen von der Gemeinde unabhängigen sozialen oder diakonischen Projekten zu beteiligen und somit ihrem diakonischen Auftrag nachzukommen.[41]

---

37 Bei Glaubenskursen handelt es sich um ein an der Erwachsenenbildung orientiertem oder einer evangelistischen Ausrichtung folgenden Angebotsformat, welches eine Einführung in den christlichen Glauben oder einzelne mit dem christlichen Glauben in Bezug stehende Themen zum Inhalt hat. Glaubenskurse folgen dabei meist einem wöchentlichen Rhythmus sind aber auf einen Zeitraum von einigen Wochen hin begrenzt. In England wie in Deutschland stehen eine Vielzahl an unterschiedlichen Glaubenskursen zur Verfügung. Innerhalb der *Church of England* und international ist dabei der Alpha Kurs besonders weit verbreitet. Weitere Beispiele für in der *Church of England* verbreitete Kurse sind der Emmaus Kurs und *Christianity Explored*. Für einen Überblick vgl. Häuser, Glauben; Sautter, Spiritualität; Zimmermann, Johannes (Hg.): Darf Bildung missionarisch sein? Beiträge zum Verhältnis von Bildung und Mission, BEG 16, Neukirchen-Vluyn, 2010; Monsees, Jens / Witt, Carla J. / Reppenhagen, Martin: Kurs halten. Erfahrungen von Gemeinden und Einzelnen mit Kursen zum Glauben, Neukirchen-Vluyn, 2015. Zum Alpha Kurs vgl. auch ▹ Kapitel 9.1.1.

38 Vgl. Transkript 1.5., Z. 440–465.

39 Transkript 1.5., Z. 429–439.

40 Vgl. Transkript 1.5., Z. 1165–1172.

41 Zugleich initiierte die Gemeinde vor einigen Jahren in Zusammenarbeit mit anderen Gemeinden und Partnern die Einrichtung einer Lebensmittel-Tafel in Hackney. Vgl. Transkript 1.5., Z. 648–652; https://www.gracechurchhackney.org.uk/serve, 05. August 2020.

8.2.4 Verhältnis zur Sendungsgemeinde, Einbindung in Netzwerke und kirchenrechtlicher Status

Das Verhältnis zur Sendungsgemeinde – St Helen's Bishopsgate – kann als „distanziert" beschrieben werden. Andrew Jones erklärt dies damit, dass sich die Gemeindegründung sowohl in ihrer Theologie als auch in der Gestaltung des Gemeindelebens, insbesondere in der Gottesdienstgestaltung, von der Prägung der Sendungsgemeinde fortentwickelt hat.[42] Dies wird zum einen mit der Ausrichtung an einer anderen Zielgruppe, aber auch mit der persönlichen Entwicklung von Andrew Jones sowie einem geringen Interesse von Seiten der Sendungsgemeinde in Kontakt zu bleiben, erklärt. Andrew Jones beschreibt dies wie folgt:

> „We kind of love our mum, but we left home. So, we don't really have any contact, I think. People who know the two churches or visit the churches don't necessarily see a family likeness. So maybe that's a way putting it. […] I think it's partly […] St Helen's doesn't seek to establish a strong network amongst its planted churches. So, […] I'm really grateful that they never sought to interfere or control, even though sometimes things happen, that I'm sure that […] they would disagree with […] But they've never sought to be invasive or controlling […] I think the wider network of which St Helen's is a part is probably more conservative than we are. And we sought to kind of embed ourselves in the Deanery of Hackney. And we're kind of happily to be Anglican."[43]

Besonders zu Beginn der Gemeindegründung bestand eine hohe Verbundenheit mit dem *City to City*-Netzwerk.[44] Aber auch hier kam es aufgrund einer durch die Grace Church Hackney vollzogenen Loslösung von konservativ-evangelikalen Positionen zu einer Distanzierung.[45]

Der kirchenrechtliche Status der Gemeinde ist durch eine *Bishop's Mission Order* abgesichert.

8.2.5 Zusammenfassung

Grace Church Hackney stellt ein Beispiel einer Gemeindegründung nach dem Modus der Gründung dar. Im Fokus der Gemeindegründung steht das kreativ-urbane Milieu im ostlondonder Bezirk Hackney. Der Einzugsbereich erstreckt sich inzwischen aber auf weitere Teile Londons. Die Gemeinde weist eine klare

42 Vgl. Transkript 1.5., Z. 265–274.362–393.

43 Transkript 1.5., Z. 565–585.

44 Beim *City to City* Netzwerk handelt es sich um das international agierende Gemeindegründungsnetzwerk der Redeemer Presbyterian Church. Vgl. die ausführlichere Darstellung in ⊳ Kapitel 9.2.3.

45 Vgl. Transkript 1.5., Z. 588–612.

Netzwerkorientierung auf. Das Gemeindeleben ist an dieser Netzwerkorientierung und der klar umrissenen Zielgruppe ausgerichtet. Zentrale Veranstaltung ist der Gottesdienst, welcher in einem gemieteten Kirchenraum am Sonntagabend stattfindet. Die Aktivitäten der Gemeinde unter der Woche erscheinen als sehr reduziert. Zugleich wird über ein Hauskreissystem das Entstehen verbindlicher Beziehungen zwischen den Gemeindegliedern abgesichert. Die Gottesdienstgestaltung und der Charakter der weiteren Gemeindeaktivitäten orientieren sich an den Polen „Offenheit/Zugänglichkeit/Milieusensibilität“ auf der einen und „Anschluss an die kirchliche Tradition“ auf der anderen Seite. Bleibende Herausforderungen im Gemeindeleben sind das Fehlen eigener Gemeinderäume und die Sicherstellung einer dauerhaften Finanzierung der Gemeinde.

8.3 St Peter's Bethnal Green

8.3.1 Entstehung und Entwicklung

Bei St Peter's Bethnal Green[46] handelt es sich um eine Gemeindegründung im Modus der Revitalisierung, welche im Jahr 2010 durch den Gemeindegründer Adam Atkinson und ein Gründungsteam von 20 Personen durchgeführt wurde.[47] Die Kirchengemeinde St Peter's ist eine Parochialgemeinde der *Church of England,* welche im Londoner East End im Stadtteil Bethnal Green liegt und seit dem Jahr 1841 besteht.[48] Ebenso wie der Ostlondoner Bezirk Hackney ist auch Bethnal Green in den letzten Jahren von einer rasch voranschreitenden Gentrifizierung[49] betroffen, gilt aber zugleich auch weiterhin als ein stark sozial benachteiligter Stadtteil mit einem hohen Migrationsanteil. Alteingesessene „East Ender“, bengalische Einwanderer und eine wachsende Zahl von jungen gut ausgebildeten Akademikern (*young professionals*) stellen die drei prägenden Bevölkerungsgruppen des Stadtteils dar.[50]

---

46 Diese Gemeindegründung wird auch in der von Tim Thorlby durchgeführten Studie zu klassischen Gemeindegründungen im Osten Londons ausführlich dargestellt. Vgl. Thorlby, Love, 40–51.

47 Vgl. Transkript 1.6., Z. 101.117–122.

48 Vgl. Thorlby, Love, 41.

49 Der Begriff der Gentrifizierung bezeichnet die bauliche und infrastrukturelle Modernisierung und damit die Aufwertung eines Stadtquartiers, in deren Folge sich meist gut ausgebildete und einkommensstarke Haushalte im entsprechenden Quartier ansiedeln und durch die dadurch weiter verstärkte Steigerung der Lebenshaltungskosten die bisherigen Quartierbewohner verdrängen. Es handelt sich dabei um ein Phänomen städtischer Segregation. Vgl. Eiffler, Felix: Kirche für die Stadt. Pluriforme urbane Gemeindeentwicklung unter den Bedingungen urbaner Segregation, BEG 29, Göttingen, 2020, 139.

50 Vgl. Thorlby, Love, 41. Vgl. auch Transkript 1.6., Z. 832–869.

Die Kirchengemeinde St Peter's war seit dem Jahr 2001 vakant und wurde durch eine Pfarrerin in Teilzeit betreut.[51] Die Gottesdienstgemeinde umfasste 20 bis 30 Personen und versammelte sich um 10 Uhr am Sonntag morgen für einen eucharistischen Gottesdienst in anglokatholischer Tradition.[52] Weiter bestimmend für das gemeindliche Leben waren an Geselligkeit orientierte Zusammenkünfte.[53] Durch Vermietung von Räumen konnte die Gemeinde ihre eigenen Kosten decken, hatte allerdings nicht genügend Geld zur Verfügung, um eine volle Pfarrstelle zu finanzieren, und führte nur einen geringen Anteil an die Diözese ab.[54]

Der Gemeindegründer Adam Atkinson arbeitete in den Jahren 2007 bis 2010 als *curate* in der Kirchengemeinde St Paul's Shadwell, welche im selben Stadtbezirk – Tower Hamlets – wie St Peter's Bethnal Green liegt. St Paul's Shadwell war im Jahr 2005 durch ein Gemeindegründungsteam von Holy Trinity Brompton unter der Leitung des Geistlichen Ric Thorpe revitalisiert worden und stellt die erste Gemeindegründung der großen, im Westen London's liegenden Netzwerkgemeinde Holy Trinity Brompton in Ostlondon dar.[55] Adam Atkinson wohnte während seiner Zeit als *curate* bei St Paul's Shadwell im Pfarrhaus der Kirchengemeinde St Peter's Bethnal Green, da dieses von der Gemeinde selbst nicht genutzt wurde und damit zur Vermietung zur Verfügung stand.[56] Am Ende seiner Arbeit als *curate* strebten Ric Thorpe und Adam Atkinson eine von St Paul's Shadwell ausgehende Gemeindegründung an, welche von Adam Atkinson durchgeführt werden sollte.[57] St Peter's Bethnal Green wurde als möglicher Ort für eine Gemeindegründung im Modus der Revitalisierung identifiziert. Es begann ein Konsultationsprozess, an dem die Gemeindeleitung von St Paul's Shadwell, die Gemeindeleitung von St Peter's Bethnal Green und kirchenleitende Personen beteiligt waren. Als problematisch erwies sich in dieser Situation, dass sowohl der für das Gebiet zuständige Suffraganbischof, als auch der Erzdiakon des Gebietes zu diesem Zeitpunkt aus Krankheitsgründen nicht im Dienst waren und nur deren kommissarische Vertreter in den Prozess einbezogen werden konnten.[58] Im September 2009 machte die Gemeindeleitung von St Paul's Shadwell dem *Parochial Church Council* von St Peter's Bethnal Green offiziell das Angebot einer „Partnerschaft" zwischen den beiden Gemeinden. Diese würde beinhalten, dass Adam Atkinson die Pfarrstelle von St Peter's Bethnal Green

51 Vgl. Thorlby, Love, 41; Transkript 1.6., Z. 21–26.

52 Vgl. Thorlby, Love, 41f; Transkript 1.6., Z. 21–26.145–151.

53 Vgl. Thorlby, Love, 42; Transkript 1.6., Z. 351–356.

54 Vgl. Thorlby, Love 42. Vgl. dazu auch ▷ Kapitel 25.3.1.

55 Für eine ausführliche Schilderung der Gemeindegründung St Paul's Shadwell vgl. Thorlby, Love, 16–37.

56 Vgl. Thorlby, Love, 42.44; Transkript 1.6., Z. 16–21.

57 Vgl. Thorlby, Love, 42. Transkript 1.6., Z. 16–28.

58 Vgl. Thorlby, Love, 43; Transkript 1.6., Z. 37–44.

besetzen und zugleich ein Gründungsteam von St Paul's Shadwell zur Revitalisierung der Gemeinde mitbringen würde.[59] Die Gemeindeleitung von St Peter's war in ihrer Haltung gegenüber der vorgeschlagenen „Partnerschaft" uneinig und es kam zu keiner Zustimmung. Erst nachdem der damalige Bischof von London – Richard Chartres – sich hinter die vorgeschlagene Partnerschaft stellte und vorschlug, dass Adam Atkinson zunächst auf ein Jahr befristet als *priest-in-charge* die Pfarrstelle von St Peter's besetzen sollte, stimmte die Gemeindeleitung von St Peter's dem Vorschlag im Frühjahr 2010 zu.[60]

In einem vom Bischof von London geleiteten Gottesdienst im Juni 2010 wurde die Partnerschaft zwischen den beiden Gemeinden offiziell besiegelt und Adam Atkinson in sein neues Amt eingeführt.[61] Zusammen mit ihm schloss sich ein Gemeindegründungsteam von ungefähr 20 Personen St Peter's an. Von diesen hatte ein Teil zuvor die Gemeinde St Paul's Shadwell besucht, während sich der weitere Teil aus Personen zusammensetzte, die zuvor Gemeindeglieder anderer Kirchengemeinden waren. Viele von ihnen lebten aber bereit im Stadtteil Bethnal Green oder in dessen Nähe.[62] Weitere Personen schlossen sich im Laufe des Sommers dem Gründungsteam an.[63] Während die bestehende Gottesdienstgemeinde von St Peter's der anglokatholischen Tradition angehörte, bestand das Gründungsteam aus Personen, die sich mit der evangelikal-charismatischen Strömung identifizierten. Auch der Gemeindegründer, Adam Atkinson, gehörte der evangelikal-charismatischen Strömung an. Von Beginn an wurde entschieden, beiden Strömungen Raum zu geben und eine „cross tradition church" zu werden.[64]

Während des ersten Jahres wurde der traditionelle anglokatholische Gottesdienst mit einigen wenigen Veränderungen weitergeführt.[65] Das Gründungsteam nahm an diesem Gottesdienst teil und die Gottesdienstgemeinde wuchs in den ersten sechs Monaten auf circa 50 Gottesdienstbesucher an.[66] Unterstützt wurde die Gemeindegründung in dieser Phase von Adam's Frau Heather, welche in ehrenamtlicher Funktion Leitungsaufgaben übernahm. Zusätzliche Unterstützung kam an einem Tag in der Woche von einem Geistlichen, der selbst der anglokatholischen Strömung entstammt, sowie einem Kirchenmusiker in Vollzeit.[67] Es wurde versucht sowohl die bisherige Prägung der Gemeinde beizubehalten, als auch zugleich einen

59 Vgl. Thorlby, Love, 42.
60 Vgl. ebd.; Transkript 1.6., Z. 44–49.
61 Vgl. Thorlby, Love, 43; Transkript 1.6., Z. 92–99.
62 Vgl. Thorlby, Love, 43; Transkript 1.6., Z. 46–49.117–122.
63 Vgl. Thorlby, Love, 43; Transkript 1.6., Z. 125–150.
64 Vgl. Thorlby, Love, 43.
65 Vgl. ebd., 46; Transkript 1.6., Z. 150–157.
66 Vgl. Thorlby, Love, 46.
67 Vgl. ebd., 44; Transkript 1.6., Z. 197–207.

Veränderungsprozess zu initiieren.[68] Einzelne Gemeindeglieder verließen während des ersten Jahres die Gemeinde, weil sie mit den durch das Gründungsteam angestoßenen Veränderungen nicht einverstanden waren. Der allergrößte Teil der traditionellen Gottesdienstgemeinde verblieb jedoch in der Gemeinde.[69]

Nach einem Jahr wurde Adam Atkinson gänzlich als Inhaber der Pfarrstelle eingeführt (*incumbent*).[70] Ebenfalls nach einem Jahr wurde ein weiteres Gottesdienstangebot etabliert, welches neben dem bestehenden, der anglo-katholischen Tradition folgenden Gottesdienst, nun die charismatisch-evangelikale Tradition betonte. In Abstimmung mit der bestehenden Gottesdienstgemeinde wurde entschieden, dass beide Gottesdienste am Sonntag morgen aufeinander folgen und durch eine gemeinsame „tea time“ zwischen den Gottesdiensten verbunden sein sollten.[71]

Auch im weiteren Gemeindeleben wurde dieser Ansatz einer „*cross tradition church*“ umgesetzt. Dabei werden weniger wie bei den Gottesdiensten Parallelangebote entwickelt, welche beiden Traditionsströmungen ihren eigenen Raum geben. Vielmehr werden gemeinsame Aktivitäten durchgeführt, welche meist auf bereits bestehenden Traditionen der Gemeinde beruhen, aber durch kleinere Änderungen und Anpassungen auch für Menschen ohne einen hochkirchlichen Hintergrund zugänglich gemacht werden und zugleich den Stadtteil selbst in den Blick nehmen.[72] Finanziell konnte die Gemeinde seit der Revitalisierung deutlich an Spielraum und Stabilität gewinnen.[73]

8.3.2 Zielgruppe und Orientierung

Das Ziel der Gemeinde ist es, als eine „ecclectic church“,[74] nicht nur verschiedenen kirchlichen Traditionsströmungen in der Gemeinde Raum zu geben, sondern auch Menschen unterschiedlicher Herkunft, Alters und sozialen Hintergrundes zu erreichen. Dies geschieht durch verschiedene Angebote, welche jeweils an einer Zielgruppe ausgerichtet sind. So erreicht der „hochkirchliche“ Gottesdienst, welcher am Sonntagmorgen um 10:00 Uhr gefeiert wird vor allem ältere, eher traditionell orientierte Menschen. Diese repräsentieren die ursprüngliche Bevölkerung des Stadtteils. Der darauffolgende, evangelikal-charismatisch orientierte Gottesdienst spricht vor allem junge Erwachsene und junge Familien an. Sie entstammen meist

68 Vgl. Thorlby, Love, 46; Transkript 1.6., Z. 309–327.

69 Vgl. Transkript 1.6., Z. 445–474.

70 Vgl. Thorlby, Love, 44.

71 Vgl. ebd., 47; Transkript 1.6., Z. 539–598.

72 Vgl. Thorlby, Love, 47.

73 Vgl. ebd., 49.

74 Vgl. https://www.stpetersbethnalgreen.org, 06. August 2020.

der erst in jüngerer Zeit im Stadtteil präsenten, aber stetig wachsenden Gruppe der *young professionals*. Nach der von Thorlby im Jahr 2015 durchgeführten Studie hat die Gemeinde einen regelmäßigen Gottesdienstbesuch von insgesamt circa 150 Personen, welche sich auf die verschiedenen Gottesdienste aufteilen.[75] In einer von Thorlby durchgeführten einmaligen Gottesdienstbefragung hatten 73 Prozent der Gottesdienstbesucher einen kirchlichen Hintergrund, während 27 Prozent einen ehemals kirchlichen oder einen nicht-kirchlichen Hintergrund hatten.[76] Fast 70 Prozent der Gottesdienstbesucher wohnt im Stadtteil Bethnal Green, welcher aber ein deutlich größeres Gebiet als das gemeindliche Parochialgebiet umfasst.[77] Die restlichen Gottesdienstbesucher wohnen in anderen Stadtteilen Ostlondons.[78] Thorlby spricht in Bezug auf diesen und ähnliche Befunde von „sub-regional network churches" beziehungsweise Netzwerkkirchen mit lokalen Wurzeln, zu denen auch St Peter's zu zählen ist.[79]

Mitglieder der Bevölkerungsgruppe mit einem bengalischen Hintergrund, welche in den allermeisten Fällen zugleich Muslime sind, werden hingegen mit den Gottesdiensten nicht erreicht. Zum Teil nutzen diese aber ein diakonisches Angebot der Gemeinde, welches Jugendliche und jungen Erwachsene bei der Suche nach einer Ausbildungsstelle oder einem Arbeitsplatz unterstützt.[80]

8.3.3 Aktivitäten

Die beiden sonntäglichen Gottesdienste bilden den Fokalpunkt der Gemeindearbeit. Zugleich dient der die beiden Gottesdienste verbindende Kirchenkaffee als Begegnungsort und Brücke zwischen den beiden Gottesdienstgemeinden und stärkt die Einheit der Gemeinde.[81] Dabei wird parallel zum evangelikal-charismatischen geprägten Gottesdienst ein Kindergottesdienst angeboten.[82] Zusätzlich findet in einem monatlichen Rhythmus ein „Lobpreisabend" in der evangelikal-charismatischen Tradition statt.[83] Die Gemeinde verfügt über einige Hauskreise, welche aber keinen expliziten Schwerpunkt der Gemeindearbeit

75 Vgl. Thorlby, Love, 49.

76 Vgl. ebd., 50.

77 Vgl. ebd.

78 Vgl. ebd.

79 Vgl. ebd., 35f. In dieser Arbeit wird in diesem Zusammenhang von Mischformen zwischen gebiets- und netzwerkorientierter Gemeinde beziehungsweise von Netzwerkgemeinden mit einer mittleren Reichweite gesprochen. Vgl. dazu ▹ Kapitel 12.3.

80 Vgl. Thorlby, Love, 48; Transkript 1.6., Z. 651–655.

81 Vgl. Transkript 1.6., Z. 568–584.

82 Vgl. Transkript 1.6., Z. 584–598.

83 Vgl. Thorlby, Love, 47; Transkript 1.6., Z. 604–613.

darstellen.[84] Als besonders aktiv erweist sich die Gemeinde in ihrem sozial-diakonischen Engagement. Sie setzt dabei auf das Instrument des *community organizing*[85] und hat auf diese Weise eine Vielzahl an sozialen Projekten umgesetzt.[86] Besonders hervorzuheben ist das Förder- und Mentoringprogramm „*Spear*", welches Jugendliche und junge Erwachsene bei der Suche nach einem Ausbildungs- oder Arbeitsplatz unterstützt.[87] Immer wieder wird zudem der Alpha Kurs in der Gemeinde durchgeführt und die Gemeinde nutzt sehr bewusst die verschiedenen Anlässe des Kirchenjahres, um mit Menschen außerhalb der Gemeinde in Kontakt zu kommen.[88]

8.3.4 Verhältnis zur Sendungsgemeinde, Einbindung in Netzwerke und kirchenrechtlicher Status

St Peter's Bethnal Green ist seit Durchführung der Revitalisierung – ebenso wie die Sendungsgemeinde St Paul's Shadwell – Teil des Holy Trinity Brompton-Netzwerkes und nimmt an der jährlichen Sommerfreizeit des Netzwerkes namens „*Focus*" teil. Das Verhältnis zur Sendungsgemeinde ist als freundschaftlich und „auf einer Augenhöhe" zu bezeichnen. Die Hauptamtlichen von St Peter's treffen sich dreimal im Jahr mit den Hauptamtlichen der Sendungsgemeinde und anderen von St. Paul's Shadwell initiierten Gemeindegründungen.[89] Der kirchenrechtliche Status von St Peter's ist der einer Parochialgemeinde in der *Church of England.*

8.3.5 Zusammenfassung

St Peter's Bethnal Green stellt ein gelungenes Beispiel einer klassischen Gemeindegründung nach dem Revitalisierungsmodell dar. Ein besonderes Augenmerk im Gründungsprozess lag darauf, beiden Glaubenstraditionen genügend Raum zu geben, zugleich die Einheit der Gemeinde zu stärken und einen Veränderungsprozess im Gemeindeleben zu beginnen. Nach einer Anfangsphase, in der lediglich der traditionell geprägte Gemeindegottesdienst fortgesetzt wurde, wurde nach dem *multiple Sunday congregations*-Modell[90] ein zweiter, evangelikal-charismatisch orientierter Gottesdienst eingeführt. Die gemeinsame Begegnungszeit zwischen

---

84 Vgl. Transkript 1.6., Z. 613–621.

85 Dies ist eine Form der Gemeinwesenarbeit beziehungsweise des Quartiermanagments.

86 Vgl. Thorlby, Love, 48; Transkript 1.6., Z. 637–662.

87 Vgl. Thorlby, Love, 48; Transkript 1.6., Z. 651–655.

88 Vgl. Thorlby, Love, 47f; Transkript 1.6., Z. 662–667.

89 Vgl. Transkript 1.6., Z. 651–655. Vgl. Transkript 1.6., Z. 1185–1191.

90 Für eine Darstellung des *multiple Sunday congregations*-Modells vgl. ▹ Kapitel 13.1.

den beiden Gottesdiensten dient als Brücke und Scharnier zwischen beiden Gottesdienstgemeinden. In den übrigen Gemeindeaktivitäten wird ein die beiden Gottesdienstgemeinden verbindender Ansatz verfolgt, bei dem sich die Gemeinde besonders im sozial-diakonischen Bereich engagiert.

8.4 St Luke's Kentish Town

8.4.1 Entstehung und Entwicklung

Bei St Luke's Kentish Town[91] handelt es sich um eine Gemeindegründung im Modus der Wiedereröffnung, welche in den Jahren 2011 und 2012 durchgeführt wurde.[92] Dabei eröffnete der Gemeindegründer Jon March zusammen mit einem Gemeindegründungsteam von 40 Personen ein Kirchengebäude wieder, das seit 1991 geschlossen gewesen war.[93]

Die Kirche St Luke's in Kentish Town, einem Stadtteil im Norden Londons, war im Jahr 1991 wegen eines einsturzgefährdeten Daches geschossen worden.[94] Da für die Reparaturarbeiten kein Geld zur Verfügung stand, wurde die gleichnamige Parochialgemeinde mit der Nachbargemeinde fusioniert und die Gemeindeglieder besuchten fortan die Gottesdienste der Nachbargemeinde.[95] In den Jahren nach der Schließung wurde das Kirchengebäude von St Luke's von der westlondoner Gemeinde Holy Trinity Brompton als möglicher Zielort einer Gemeindegründung in den Blick genommen. Da jedoch das Dach weiterhin einsturzgefährdet war und die Reparatur als vergleichsweise teuer erschien, wurde von der Durchführung einer Gemeindegründung abgesehen.[96] Um die Jahrtausendwende wurden die Kosten der nötigen Reparaturarbeiten an der Kirche von der gemeinnützigen Organisation *The Churches Conservation Trust*[97] übernommen und durchgeführt. Die Kirche blieb aber weiterhin geschlossen.[98]

Im Jahr 2008 wurde Holy Trinity Brompton der durchgeführten Reparaturarbeiten gewahr, so dass die Kirche nun wieder als möglicher Zielort einer Ge-

---

91 Vgl. https://www.slkt.org.uk, 06. August 2020.

92 Vgl. Transkript 1.3.1., Z. 24–27.

93 Vgl. Transkript 1.3.1., Z. 66f.497f.

94 Vgl. Transkript 1.3.1., Z. 66–86.

95 Vgl. Transkript 1.3.1., Z. 265–259.

96 Vgl. Transkript 1.3.1., Z. 87–93.102–116.

97 The *Churches Conservation Trust* in eine gemeinnützige Organisation, welche sich um den baulichen Erhalt von Kirchen in England bemüht. Sie arbeitet dafür mit den *Church Commissionern* der *Church of England* zusammen. Vgl. https://www.visitchurches.org.uk/what-we-do/about-us.html, 06. August 2020.

98 Vgl. Transkript 1.3.1., Z. 122–132.

meindegründung in Frage kam.[99] Daraufhin fragte der leitende Pfarrer von Holy Trinity Brompton den zu diesem Zeitpunkt bei Holy Trinity Brompton als *curate* arbeitenden Jon March, ob er sich vorstellen könnte das Kirchengebäude im Rahmen einer Gemeindegründung wiederzueröffnen, was dieser bejahte.[100] Zugleich gab es zur selben Zeit Pläne in der Diözese das Kirchengebäude zu verkaufen.[101] Dieser Interessenskonflikt führte zu zweieinhalb Jahren andauernden Verhandlungen zwischen Holy Trinity Brompton und der Diözese über eine mögliche Wiedereröffnung des Kirchengebäudes durch die Durchführung einer klassischen Gemeindegründung.[102] Erst durch eine Intervention des damaligen Bischofs von London – Richard Chartres – kam es schließlich zu der Entscheidung, dass das Kirchengebäude nicht verkauft werden sollte, sondern im Rahmen einer von Jon March durchgeführten Gemeindegründung wiedereröffnet werden würde.[103] Im Gegenzug verpflichtete sich die Gemeindegründung eine sechsstellige Summe als Ablöse für die durchgeführten Reparaturarbeiten zu zahlen, wofür ein Kredit aufgenommen wurde.[104]

Nach mehrmonatigen Reparatur- und Renovierungsarbeiten wurde im Dezember 2011 ein erster *carol service*[105] gefeiert. Der offizielle Eröffnungsgottesdienst der Gemeinde fand im Januar 2012 statt.[106] Das Gemeindegründungsteam, welches zusammen mit Jon March die Wiedereröffnung der Kirche durchführte, bestand größtenteils aus Gemeindegliedern von Holy Trinity Brompton, welche zum größeren Teil bereits im Norden Londons lebten und in drei Hauskreisen organisiert waren.[107] Im ersten Jahr nach Wiedereröffnung des Kirchengebäudes experimentierte die neu entstandene Gemeinde mit einer Vielzahl an evangelistisch und diakonisch ausgerichteten Angeboten.[108] Nach circa 18 Monaten setzte ein Prozess der Fokussierung und Konsolidierung ein, welcher zur Identifizierung spezifischer Kernaktivitäten führte und den Sonntagsgottesdienst in den Fokus der Gemeinde rückte.[109]

---

99 Vgl. Transkript 1.3.1., Z 137–142.

100 Vgl. Transkript 1.3.1., Z. 59–66.172–180.

101 Vgl. Transkript 1.3.1., Z. 162–172.

102 Vgl. Transkript 1.3.1., Z. 189–196.

103 Vgl. Transkript 1.3.1., Z. 216–242.

104 Hinzu kam ein weiterer sechsstelliger Betrag, der für weitere Reparaturarbeiten und die Wiederherstellung des Gebäudes als Kirchenraum aufgebracht werden musste. Transkript 1.3.1., Z. 369–378.

105 Dabei handelt es sich um einen festlichen Adventsgottesdienst, bei dem besonders das gemeinsame Singen von Advents- und Weihnachtsliedern im Fokus steht.

106 Vgl. Transkript 1.3.1., Z. 25–27.463–467.

107 Vgl. Transkript 1.3.1., Z. 458–498.

108 Vgl. Transkript 1.3.1., Z. 576–597.

109 Vgl. Transkript 1.3.1., Z. 595–609.753–779.

Prägend für die letzten Jahre war, dass die Gemeinde einen Umbruch bei leitenden haupt- und ehrenamtlichen Mitarbeitern erlebte. Ein Grund dafür war, dass der langjährige *curate* der Gemeinde zunächst für einen kurzen Zeitraum zu Holy Trinity Brompton wechselte, um dann mit Unterstützung von Holy Trinity Brompton und St Luke's Kentish Town die Gründung einer *City Centre Resource Church* in Southampton durchzuführen.[110] Im Jahr 2018 wurde St Luke's selbst von der Diözese von London in den Status einer *Resource Church* erhoben.[111]

8.4.2 Zielgruppe und Orientierung

Die Gemeinde hat sich drei Arbeitsschwerpunkte gesetzt, welche zugleich für eine Ausrichtung an drei Zielgruppen stehen: „Kreativität", „Familienleben" und „soziale Transformation".[112] Der Bereich Kreativität nimmt besonders junge gut ausgebildete Erwachsene, welche in kreativ-orientierten Berufen arbeiten, in den Blick. „Familienleben" steht für die im Stadtteil und in der weiteren Umgebung lebenden Familien. Dabei handelt es sich meist um junge Familien mit kleinen Kindern, da Wohnraum sehr hochpreisig ist und viele Familien nach einiger Zeit in Bezirke weiter außerhalb oder in die Vorstädte ziehen. Mit dem Bereich soziale Transformation werden besonders ältere, oftmals einsame Menschen im Stadtteil in den Blick genommen.

Die Gemeinde bietet sowohl einen Sonntagmorgen- als auch einen Sonntagabendgottesdienst an. Beide Gottesdienste sind evangelikal-charismatisch geprägt. Während des Morgengottesdienstes findet parallel ein Kindergottesdienst statt. Insgesamt besuchen nach Angabe von Jon March durchschnittlich 180 Personen die von der Gemeinde an einem Sonntag angebotenen Gottesdienste.[113] Nach Auskunft von Jon March wird der Abendgottesdienst hauptsächlich von akademisch gebildeten jungen Erwachsenen besucht, welche aus einem größeren Einzugsbereich stammen. Die Besucher des Morgengottesdienstes hingegen sind im Stadtteil wohnhaft und sind in Alter und sozio-ökonomischem Status diverser als dies für den Abendgottesdienst der Fall ist. Am Morgen nehmen vor allem (junge) Familien und ältere Leute teil.[114] Damit stellt St Luke's ebenfalls wie St Peter's eine Mischform aus gebiets- und netzwerkorientierter Gemeinde dar.

---

110 Vgl. Transkript 1.3.1., Z. 97–138.

111 Vgl. https://www.london.anglican.org/articles/london-diocese-announces-first-resource-churches, 05. August 2020.

112 Vgl. Transkript 1.3.1., Z. 755–757.

113 Vgl. Transkript 1.3.1., Z. 809–811.

114 Vgl. Transkript 1.3.2., Z. 46–70.

8.4.3 Aktivitäten

Neben den beiden Gottesdiensten konzentriert sich die Gemeinde auf Angebote, die den drei Arbeitsschwerpunkten der Gemeinde entsprechen. Im Bereich „Familienleben" wird eine Eltern-Kind-Gruppe angeboten. Im Bereich „Kreativität" veranstaltet die Gemeinde regelmäßige Konzerte mit Bands in der Kirche, sowie in Zusammenarbeit mit anderen Gemeinden ein jährliches Kunst- und Kultur-Festival im Stadtteil. Im Bereich „soziale Transformation" wird ein Mittagstreff für Senioren angeboten, sowie eine Gruppe für Frauen, welche sozialer Benachteiligung ausgesetzt oder in anderer Weise schutzbedürftig sind.[115] Auch führt die Gemeinde in regelmäßigen Abständen den Alpha Kurs durch.[116]

8.4.4 Verhältnis zur Sendungsgemeinde, Einbindung in Netzwerke und kirchenrechtlicher Status

Jon March beschreibt die Verbindung zur Sendungsgemeinde Holy Trinity Brompton als unabhängig, aber sehr verbunden.[117] Die Gemeinde ist Teil des Holy Trinity Brompton-Netzwerkes und nimmt ebenfalls wie St Peter's am jährlich stattfindenden Sommerfestival *Focus* teil. Der kirchenrechtliche Status ist der einer Parochialgemeinde. Dafür wurde vor Wiedereröffnung von St Luke's eine neue Parochie geschaffen, welche lediglich aus den umliegenden Straßenzügen besteht. Diese wurden dem Parochialgebiet der Nachbargemeinde entnommen.[118]

8.4.5 Zusammenfassung

St Luke's Kentish Town stellt ein Beispiel für eine klassische Gemeindegründung nach Art der Wiedereröffnung dar. Vor und während der Gründungsphase stand die Wiedereröffnung des Kirchenraumes im Zentrum der Aufmerksamkeit. Divergierende Interessen führten zu einer langen Verhandlungsphase, welche erst durch das Eingreifen des Bischofs von London zu einem für die Gemeindegründung positiven Abschluss kamen. Die Wiedereröffnung des Kirchengebäudes ging mit der Übernahme finanzieller Risiken einher. Erst nach erfolgreicher Gründung kam es zu einem reflexiven Prozess über die Gestaltung des Gemeindelebens, welcher dann zu einer Konsolidierung und Fokussierung führte. Die Gemeinde konzentriert sich heute auf drei wesentliche Arbeitsbereiche, mit denen sie verschiedene Zielgruppen im Stadtteil anspricht. Die Gemeinde weist eine die Eigenständigkeit

---

115 Vgl. Transkript 1.3.1., Z. 770–779.

116 Vgl. Transkript 1.3.1., Z. 546f.

117 Vgl. Transkript 1.3.1., Z. 555–571.

118 Vgl. Transkript 1.3.1., Z. 252–286.

betonende, aber trotzdem von hoher Verbundenheit geprägte Beziehung zu ihrer Sendungsgemeinde Holy Trinity Brompton auf.

8.5 Fazit

Die drei Beispiele machen deutlich, dass bei klassischer Gemeindegründung, je nach Gründungsmodus, unterschiedliche Herausforderungen in den Vordergrund rücken. Während bei der „Gründung" vor allem die Suche nach einem gottesdienstlichen Versammlungsraum im Vordergrund steht und bei der „Wiedereröffnung" die bauliche Wiederherstellung des Kirchengebäudes und die damit zusammenhängende Finanzierung einen großen Teil der Aufmerksamkeit bindet, sind es bei der „Revitalisierung" Vermittlungs-und Veränderungsprozesse, die dominieren. Verbindend für alle drei Beispiele ist der hohe Stellenwert der Gottesdienste im Gemeindeleben. Zugleich ist auch bei allen drei Gemeinden bei den gemeindlichen Aktivitäten eine Orientierung am jeweiligen Kontext zu beobachten. Im Hinblick auf die Sendungsgemeinde sind zwei der Gemeinden weiterhin verbunden, während bei einer Gemeinde ein Distanzierungsprozess stattgefunden hat. Dies spiegelt sich auch in der jeweiligen Frömmigkeitstradition und Gottesdienstgestaltung der Gemeindegründung wider. So kam es in der Grace Church Hackney zur Distanzierung von für das konservativ-evangelikale Spektrum wichtigen Positionen. Die beiden Gemeindegründungen St Peters und St Luke's gehören dagegen weiterhin dem evangelikal-charismatischen Spektrum an, was sich besonders deutlich in ihrer Gottesdienstgestaltung äußert. Zugleich gelang es bei der Revitalisierung von St Peter's auch die anglokatholische Tradition der Gemeinde zu bewahren. Dies muss als eine besondere Leistung dieser Gemeindegründung nach dem Revitalisierungsmodell hervorgehoben werden.

9. Promotoren für klassische Gemeindegründung in der Church of England

In diesem Kapitel soll auf wichtige Akteure der Gemeindegründungsszene der *Church of England* eingegangen werden. Diese umfassen Gemeinden und deren Netzwerke, kirchliche Institutionen und Einzelpersonen. Die folgende Darstellung erscheint nötig, da die genannten Gemeinden, Institutionen und Personen die Gemeindegründungsszene prägen und zu einer Vielzahl der in dieser Arbeit untersuchten Aspekte in Verbindung stehen. Es wird im weiteren Verlauf der Arbeit immer wieder auf sie Bezug genommen werden. Die hier vorgestellten Akteure übernehmen die Funktion von Promotoren[1] für klassische Gemeindegründung in der *Church of England.* Wo es die vorliegenden Daten erlauben, wird die ihnen zukommende Promotorenrolle benannt und beschrieben werden. Dabei konzentriert sich die folgende Darstellung auf die Promotoren, welche für die jetzige Gestalt[2] der Gemeindegründungsszene prägend sind oder aber durch ihren Beitrag noch immer einen nachhaltigen und andauernden Einfluss auf diese ausüben.

Die Auswahl der hier dargestellten Promotoren erfolgte unter Berücksichtigung der gesichteten Literatur und der geführten Experteninterviews. Dafür wurde in den Experteninterviews mit Gemeindegründern und einer Gemeindegründerin nach Schlüsselpersonen (*key players*) für den Gründungsprozess, sowie nach der jeweiligen Sendungsgemeinde und der Mitgliedschaft in Gemeindegründungsnetzwerken gefragt.[3] In den Interviews mit Promotoren wurde nach Unterstützern von klassischer Gemeindegründung in der *Church of England* gefragt.[4] Über diese Textstellen hinaus wurde mit Hilfe des beschriebenen Kodierverfahrens jedes Interviewtranskript nach weiteren Hinweisen[5] auf Personen und mit ihnen in Verbindung stehende Organisationen, welche eine Promotorenfunktion übernehmen, untersucht. Die daraus resultierenden Ergebnisse wurden mit der ausgewerteten Literatur trianguliert.

---

1 Vgl. hierzu ▹ Kapitel 4.3.4.1.

2 Darunter wird in dieser Arbeit der Untersuchungszeitraum dieser Arbeit verstanden. Vgl. dazu ▹ Kapitel 4.

3 Vgl. den in ▹ Kapitel 26.2.2 dargestellten Interviewleitfaden.

4 Vgl. den in ▹ Kapitel 26.4.2 dargestellten Interviewleitfaden.

5 Als Hinweise auf eine Promotorenfunktion galten dabei die für die verschiedenen Promotoren typischen Eigenschaften und Verhaltensweisen. Vgl. hierzu die Darstellung in ▹ Kapitel 4.3.4.1.

9.1 Die Gemeindegründungsszene prägenden Gemeinden und deren Netzwerke

Es gibt eine größere Zahl von Kirchengemeinden in der *Church of England*, welche klassische Gemeindegründungen initiiert und durchgeführt haben.[6] Die Zahl der Gemeinden, die durch eine konstante, über viele Jahre andauernde Gründungstätigkeit eine überdurchschnittlich große Zahl an klassischen Gemeindegründungen hervorgebracht haben, wird hingegen sehr viel kleiner sein. Auf eine Auswahl dieser besonders sendungsstarken Gemeinden soll im Folgenden näher eingegangen werden.[7]

9.1.1 Holy Trinity Brompton und das HTB Netzwerk

Die Gemeinde Holy Trinity Brompton (HTB) ist eine Kirchengemeinde der *Church of England* in der Diözese London. Sie liegt im wohlhabenden Stadtteil South Kensington, der an den Hyde Park angrenzt und in dem sich ebenfalls mehrere renommierte Londoner Museen und die Royal Albert Hall befinden. Obwohl formal eine Parochialgemeinde, fungiert HTB als eine Netzwerkgemeinde, welche Menschen aus dem gesamten Londoner Großraum zu ihren Gottesdiensten und Veranstaltungen anzieht.[8] Die Gemeinde bietet an inzwischen fünf Gottesdienstorten jeweils mehrere über den Tag verteilte Sonntagsgottesdienste an.[9] Sie kann damit den Modellen der *multiple Sunday congregations* und *multisite churches* zugerechnet werden.[10] Sie ist mit ca. 4000 bis 5000 Gottesdienstbesuchern wohl eine der größten Gemeinden in der *Church of England*.[11] International ist die Gemeinde

6 Genaue Zahlen liegen nicht vor. Allerdings lässt die Untersuchung *The Day of Small Things* aufgrund der ermittelten Zahl von 132 klassischen Gemeindegründungen in der Hälfte der Diözesen der *Church of England* die Vermutung zu, dass die Zahl der „aussendenden" Gemeinden wohl im hohen zweistelligen Bereich liegen muss und vielleicht sogar dreistellig sein könnte. Vgl. Lings, Day, 82.

7 Bei dieser Auswahl wurde versucht insbesondere auch Kirchengemeinden außerhalb von London zu beschreiben, welche in größerem Umfang klassische Gemeindegründungen initiieren. Weitere hier nicht ausführlich behandelte Zentren für klassische Gemeindegründung stellen zum Beispiel die Kirchengemeinden All Saints Woodford Wells und St Paul's Ealing dar, welche beide im Großraum London liegen und Teil des Gemeindenetzwerkes *New Wine* sind. Vgl. https://www.asww.org.uk/copy-of-sundays-1; https://stpaulsealing.com/community/extended-church-families, 11. März 2020.

8 Für den Begriff der Netzwerkgemeinde vgl. ▷ Kapitel 12.2.

9 Vgl. https://www.htb.org/services, 20. Februar 2020. Vgl. ebenso Cartledge, Mark J. u. a.: Megachurches and Social Engagement, Global Pentecostal and Charismatic Studies 33, Leiden, 2019, 126.

10 Für diese Modelle Vgl. ▷ Kapitel 13.1 und Kapitel 13.2.

11 Cartledge u. a., Megachurches, 126.

vor allem wegen des Alpha Kurses bekannt.[12] Dieser Glaubenskurs wurde 1977 mit dem Ziel den Glauben der Teilnehmer zu vertiefen in der Gemeinde entwickelt.[13] Nach der Umgestaltung zu einem „glaubenweckenden" Kurs durch den Pfarrer Nicky Gumbel Anfang der 1990er Jahre, verbreitete sich der Kurs über Länder- und Konfessionsgrenzen hinweg.[14] Der Alpha Kurs sowie HTB selbst sind der charismatischen Glaubenstradition zuzuordnen.[15] Von hoher Bedeutung für diese Prägung war dabei der Leiter der charismatischen Vineyard Gemeinden, der Amerikaner John Wimber. Er sprach in den 1980er und 1990er Jahren wiederholt als Gastprediger bei HTB und übte prägenden Einfluss auf Sandy Millar aus. Dieser war von 1985 bis 2005 Gemeindepfarrer von Holy Trinity Brompton.[16]

Sowohl unter Sandy Millar als auch unter seinem aktuellen Nachfolger Nicky Gumbel initiierte HTB zahlreiche klassische Gemeindegründungen in der *Church of England*.[17] Die ersten beiden von HTB ausgehenden Gemeindegründungen erfolgten dabei in den Jahren 1985 und 1987. Sie stellten zugleich die ersten Gemeindegründungen in der *Church of England* dar, welche Dekanats- beziehungsweise Diözesangrenzen überschritten.[18] Wie bereits dargestellt, handelte es sich dabei um Gemeindegründungen nach dem Revitalisierungsmodell, welche mit sehr großen Gründungsteams erfolgten.[19] Es kam zu zahlreichen weiteren Gemeindegründungen. Diese folgten meist ebenfalls dem Revitalisierungsmodell oder stellten die Wiedereröffnung geschlossener Kirchengebäude dar. Auch war HTB Veranstaltungsort der ersten anglikanischen Gemeindegründungskonferenzen Ende der 1980er und Anfang der 1990er Jahre.[20] Während sich Holy Trinity Brompton in den 1980er, 1990er und 2000er Jahren auf das Gründen von Gemeinden in London konzentrierte, steht seit den 2010er Jahren das Gründen von sogenannten *City Centre Resource Churches* außerhalb von London im Fokus. Dabei handelt es sich um oftmals schnell wachsende Gemeinden, welche selbst zu Zentren für weitere Gemeindegründungen werden sollen.[21] Zwischen der ersten von HTB initiierten

12 Vgl. Gumbel, Nicky: Telling others. The Alpha Initiative, London, 2018. Vgl. ebenso https://www.alpha.org; https://alphakurs.de, 09. April 2020.

13 Vgl. Sautter, Spiritualität, 170.

14 Vgl. ebd.

15 Vgl. Cartledge u. a., Megachurches, 122f; Sautter, Spiritualität, 170.

16 Vgl. Cartledge u. a., Megachurches, 123f.

17 Vgl. ebd., 124. Vgl. ebenso Transkript 4.3., Z. 772–775.

18 Vgl. die Darstellung in ▷ Kapitel 5.2.

19 Dabei handelte es sich um die Revitalisierung von St Barnabas Kensington im Jahr 1985 mit ca 100 Personen und die Revitalisierung von St Mark's Battersea Rise 1987 mit ca 60 bis 70 Personen im Gründungsteam. Vgl. Hopkins, Church Planting: 1, 9f.

20 Vgl. Lings, History, 166.169.

21 Vgl. ▷ Kapitel 14.2.1.

Gründung in den 1980er Jahren und dem Jahr 2014 war HTB an 39 Gemeindegründungen beteiligt.[22] Seitdem sind zahlreiche weitere Gründungen hinzugekommen. Dadurch, dass viele der von HTB initiierten Gemeindegründungen wiederum selbst Gemeinden gründen, entwickelte sich ein umfangreiches Netzwerk von Gemeinden, welche alle in Bezug zu HTB stehen und Teil des *HTB Network* sind.[23]

Das HTB Netzwerk wird von Archie Coates geleitet. Er ist zugleich Gemeindepfarrer von St Peter's Brighton, der ersten und mit über 1000 Gottesdienstbesuchern bisher größten von HTB gegründeten *City Centre Resource Church*.[24] St Peter's Brighton stellt innerhalb des HTB Netzwerkes die Gemeinde mit der höchsten Gründungsaktivität neben Holy Trinity Brompton selbst dar. Daneben war auch St Paul's Shadwell unter der Leitung von Ric Thorpe ein weiterer wichtiger Ausgangspunkt für Gemeindegründungen in Ostlondon. Als zentrale Veranstaltung des HTB Netzwerkes gilt das jährlich stattfindende Sommerfestival *Fokus*, zu dem die Gemeinden des HTB Netzwerkes für eine Woche zusammenkommen. *Fokus* dient auch der Ankündigung neuer Gemeindegründungen. Die jeweiligen Gründungsteams werden dabei beauftragt und, unter der Beteiligung des Bischofs von London[25] und anderer kirchenleitender Personen, für ihren Dienst gesegnet.[26] Zur Netzwerkpflege gehören auch weitere Treffen für die Gemeindeleiter der von HTB gegründeten Gemeinden.[27] Holy Trinity Brompton unterhält mit dem *Church Revitalisation Trust* seit 2017 eine Art „Agentur für Gemeindegründung".[28] Auf diese wird im weiteren Verlauf näher eingegangen werden.[29] Daneben veranstaltet HTB jährliche Konferenzen zum Alphakurs und die *Leadership Conference*,[30] welche ebenfalls jährlich in der Royal Albert Hall in London stattfindet. Auch stieß HTB die Gründung des St Mellitus Colleges an, welches 2007 in London gegründet wurde und auch heute noch in einem engen Bezug zu HTB steht.[31]

---

22 Vgl. Cartledge u. a., Megachurches, 125.

23 Aktuell listet HTB 54 Gemeinden innerhalb der *Church of England* als Teil des HTB Netzwerkes. Zum Netzwerk gehören auch eine Gemeinde in Kuala Lumpur und eine Gemeinde in Nairobi. https://www.htb.org/network, 20. Februar 2020.

24 Vgl. Cartledge u. a., Megachurches, 125; Transkript 4.6., Z. 1–21.

25 Seit 2018 ist die Bischöfin von London Sarah Mullaly. Sie ist damit die erste Frau im Amt des Bischofs von London.

26 Vgl. https://www.churchtimes.co.uk/articles/2018/10-august/news/uk/htb-planters-seek-to-bless-the-west, 20. Februar 2020.

27 Vgl. Interview 1.2., Z. 105–118.

28 Vgl. https://crtrust.org/about, 20. Februar 2020.

29 Vgl. ▹ Kapitel 9.2.1.

30 Vgl. https://www.leadershipconference.org.uk, 20. Februar 2020.

31 Für das St Mellitus College beziehungsweise für die dort Lehrenden konnte für das Handlungsinstrument der klassischen Gemeindegründung keine Promotorenfunktion nachgewiesen werden. Zugleich entfaltete das *College* seit seiner Gründung eine große reformerische Kraft innerhalb des

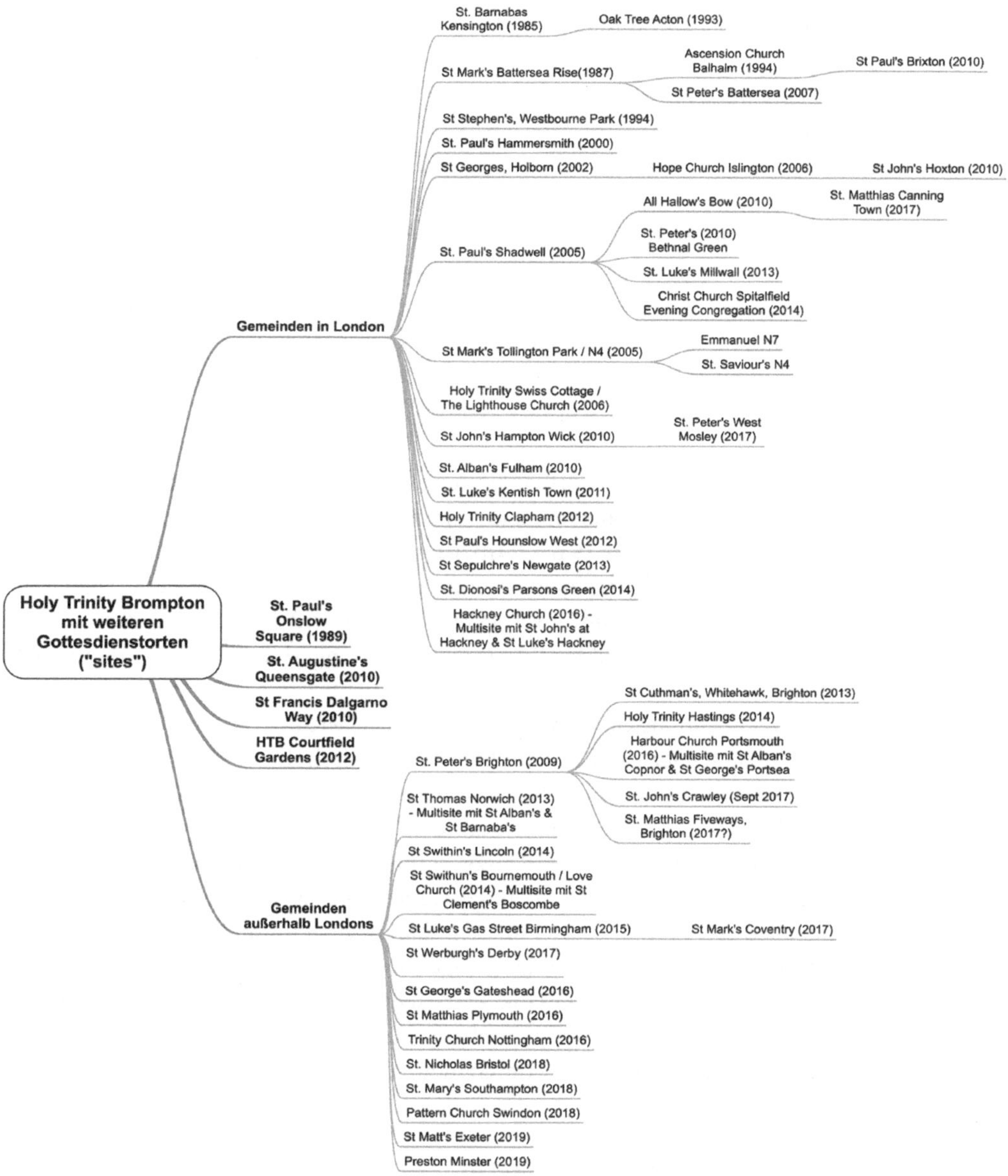

Abbildung 5 HTB Gemeindegründungen und Netzwerk. Stand 20.02.2020.[32]

Ausbildungssystems der *Church of England,* insbesondere in Bezug zur Aufwertung des praktischen Teils der Ausbildung. Vgl. ▻ Kapitel 25.3.6.

32 Für die der Grafik zugrunde liegenden Daten vgl. https://www.htb.org/network, 20. Februar 2020.

Der leitende Pfarrer von HTB, Nicky Gumbel, ist ein starker Förderer von klassischen Gemeindegründungen und kann als Beziehungspromotor für Gemeindegründung beschrieben werden.[33] So unterhalten er und andere Leitungspersonen von HTB gute Kontakte zum jeweiligen Bischof von London. Mark Elsdon-Dew, der Direktor für Kommunikation bei HTB, beschreibt das Verhältnis zum Bischof von London in Bezug auf Gemeindegründung wie folgt:

> „I mean originally we planted a lot in London. So then we would be talking to our own Bishop of London. So we would have the relationship all the time and we would say to the bishop, '[…] If you hear of a church that is struggling and you need us to help, we are here to help.' So the bishop would contact us and then we would have a process, whereby we would help the church under the bishop. We know the bishop very well, because it's our bishop and there would be that going on."[34]

Diese guten Kontakte zur Diözesanleitung ermöglicht es den Leitungspersonen von HTB Gründungsgelegenheiten zu identifizieren und diese mit einem potentiellen Gemeindegründer, der in den allermeisten Fällen als *curate* bei HTB selbst oder bei einer der Netzwerkkirchen arbeitet, zu vermitteln.[35] Die enge Zusammenarbeit mit dem Bischof von London förderte, gerade in den Jahren, in denen Richard Chartres dieses Amt ausfüllte, die enorme Gründungsaktivität von HTB innerhalb Londons.[36]

Auch weitere für die Gemeindegründungsszene wichtige Personen haben Verbindungen zu HTB. Dazu zählen zum Beispiel der Bischof von Islington, Ric Thorpe, welcher als *curate* bei HTB arbeitete und im Jahr 2005 eine von HTB initiierte Gemeindegründung nach dem Revitalisierungsmodell in St Paul's Shadwell in Ostlondon umsetzte.[37] Der gegenwärtige Erzbischof von Canterbury, Justin Welby, war, bevor er sich zum Geistlichen der *Church of England* ausbilden ließ, ein Gemeindeglied von HTB und wird von den interviewten Promotoren als Befürworter von klassischer Gemeindegründung angeführt.[38]

HTB stellt den größten Initiator klassischer Gemeindegründungen im Raum der *Church of England* dar und betreibt, im Zusammenspiel mit dem *Church Revitalisation Trust,* das Gründen von Gemeinden so professionell wie kein anderer

---

33 Vgl. Cartledge u. a., Megachurches, 124.

34 Transkript 4.5., Z. 97–105. Vgl. auch Transkript 4.4.1., Z. 917–922; Transkript 1.3.1., Z. 220–224.

35 Vgl. Transkript 1.3.1., Z. 59–66.175–180; Transkript 1.7., Z. 17–46.

36 Auf die Amtszeit von Richard Chartress als Bischof von London von 1995 bis 2017 entfallen die meisten der durch HTB in London initiierten Gemeindegründungen. Vergleiche die oben dargestellte Grafik. Vgl. auch Dadswell / Ross, Church Planting, 39.

37 Vgl. https://www.london.anglican.org/directory/ric-thorpe, 05. Juni 2019; Thorlby, Love, 18.

38 Vgl. Transkript 4.1.2., Z. 667–681; Transkript 4.3., Z. 775–779.

Akteur. Das HTB Netzwerk kommt damit innerhalb der *Church of England* wohl dem am nächsten, was man in Gemeindegründungskreisen als *church planting movement* beschreibt.[39] Zugleich steht HTB durch seine Aktivitäten im Zentrum der inneranglikanischen Debatte um das Thema Gemeindegründung und zieht damit auch immer wieder Kritik auf sich.[40]

9.1.2 St Helen's Bishopsgate

St Helen's Bishopsgate ist ebenfalls eine sehr große Londoner Gemeinde mit überdurchschnittlicher Gründungsaktivität im Bereich klassische Gemeindegründung.[41] Die Gemeinde liegt in der City of London und damit im Bankendistrikt der britischen Hauptstadt. Sie fungiert ebenso wie HTB als Netzwerkkirche und bietet nach dem *multiple Sunday congregation* Modell vier Gottesdienste im Verlauf eines gewöhnlichen Sonntages an. Sie steht in der Tradition der konservativ evangelikalen Strömung. St Helen's gründet sowohl Gemeinden innerhalb der *Church of England* als auch im freikirchlichen Bereich. Im Raum der *Church of England* gingen seit 2001 sieben Gemeindegründungen von St Helen's aus.[42] Dabei liegt der Anteil der tatsächlichen Gründungen[43] im Unterschied zu HTB deutlich höher, der Anteil der Revitalisierungen ist dagegen niedriger als bei HTB. Drei dieser Gründungen haben wiederum Gemeindegründungen initiiert.[44] Alle diese Gemeindegründungen befinden sich im Großraum von London. Im Unterschied zu HTB, welches sehr gute Kontakte zu Personen der Kirchenleitung unterhält und nach eigener Darstellung nur im Einverständnis mit dem zuständigen Bischof Gemeinden gründet,[45] steht St Helen's im Ruf, auch ohne Einverständnis kirchen-

---

39 Darunter versteht man eine sich durch eine Art Schneeballsystem immer weiter erhöhende Zahl von Gemeindegründungen. Es beruht auf der Idee, dass Gemeindegründungen ihrerseits wiederum gründen und somit die Zahl der Gründungen exponentiell steigt. Vgl. Stetzer, Ed / Im, Daniel: Planting Missional Churches. Your Guide to Starting Churches that Multiply, 2. Auflage, Nashville, 2016, 355–358. Vgl. auch Keller, Timothy: Center Church. Doing Balanced, Gospel-Centered Ministry in Your City, Grand Rapids, 2012, 355–367.

40 Vgl. Transkript 4.4.2., Z. 144–148; Transkript 4.1.1., Z. 293–313; Transkript 4.1.2., Z. 188–191.

41 Vgl. Dadswell / Ross, Church Planting, 21f. Vgl. auch Transkript 4.3., Z.770f.

42 Dies sind Christ Church Mayfair (2001), St Peter's Barge Canary Wharf (2003), Grace Church Hackney (2004), Trinity Islington (2007), Euston Church (2010), Grace Church Greenwich (2015) und St Nicholas Cole Abbey (2016).

43 Vgl. für die Begriffe der „Gründung" und der „Revitalisierung" die Darstellung in ▹ Kapitel 11.

44 Grace Church Hackney sandte 2010 ein Gründungsteam aus, welches die geschlossene Kirche St Barnabas Dalston in Ostlondon wiedereröffnete. Trinity Islington etablierte 2015 einen Abendgottesdienst in der Gemeinde Christ Church in Crouch End. 2018 sandte Christ Church Mayfair ein Gründungsteam aus, welches die Kirchengemeinde St Paul's Harringay im Norden von London revitalisierte.

45 Vgl. Transkript 4.5., Z. 61f.65–67.

leitender Personen Gemeinden zu gründen. In den letzten Jahren scheint sich dies aber verändert zu haben und es kommt zu einer stärkeren Zusammenarbeit mit der Diözese von London.[46] Auch wurde St Helen's Bishopgate neben HTB zu einer von zwei *National Resource Churches* ernannt.[47]

Im Unterschied zu HTB bildet die Gemeinde St Helen's weniger starke Netzwerkstrukturen für die von ihr initiierten Gemeindegründungen aus. So beschränkte sich die Gemeinde in den 2000er Jahren vor allem auf finanzielle Unterstützung ihrer Gemeindegründungen in den ersten zwei bis drei Jahren.[48]

9.1.3 St Thomas Sheffield und mit ihr in Verbindung stehende Gemeindegründungen

In Sheffield kam es seit 1998 zu einer erhöhten Gründungsaktivität. Diese hatte ihren Ausgangspunkt in der Gemeinde St Thomas Crookes. Bei St Thomas Crookes handelt es sich um eine Gemeinde, welche seit 1982 als ökumenischer Gemeindezusammenschluss von Anglikanern und Baptisten besteht.[49] Ende der 1990er Jahre begann St Thomas Crookes eine Gemeindegründung in einem Nachtclub im Stadtzentrum von Sheffield.[50] 2003 zog die Gemeindegründung auf ein Grundstück in einem Gewerbegebiet und die Gemeindegründung nahm den Namen St Thomas Philadelphia an.[51] St Thomas Philadelphia ging 2009 eine Partnerschaft mit einer freikirchlichen Hauskirche namens Kings Centre in Sheffield ein. Seitdem nennt sich die Gemeinde Network Church Sheffield.[52] 2011 begann die Network Church Sheffield eine Gemeindegründung im Stadtzentrum von Sheffield unter dem Namen City:Base. Diese wurde im Jahr 2015 unabhängig und fungiert nun unter dem Namen St Philip's.[53]

St Thomas Philadelphia hat den Status eines *extra-parochial place* und nutzt damit ein kirchenrechtliches Instrument, welches im Normalfall die seelsorgerlichen

---

46 Vgl. Dadswell / Ross, Church Planting, 21.39.

47 Dies bedeutet, dass beiden Gemeinden eine verstärkte Rolle für das Gründen von Gemeinden in der gesamten *Church of England* zukommen soll. Ihnen werden dafür zusätzliche Ressourcen zur Verfügung gestellt. https://www.london.anglican.org/articles/london-diocese-announces-first-resource-churches 05. Juni 2019.

48 Vgl. Transkript 1.5., Z. 573–585.

49 Dabei handelt es sich um eine Local Ecumenical Partnership (LEP) Vgl. https://stthomascrookes.org/about/the-stc-story/, 21. Februar 2020.

50 Vgl. ebd.; https://ncsheffield.org/about/abouthistory, 21. Februar 2020.

51 Vgl. https://stthomascrookes.org/about/the-stc-story; https://ncsheffield.org/about/abouthistory, 21. Februar 2020.

52 Vgl. https://ncsheffield.org/about/abouthistory, 21. Februar 2020.

53 Vgl. ebd.; https://www.stphilipssheffield.org/info/about-us, 21. Februar 2020.

Tätigkeiten in öffentlichen Einrichtungen wie zum Beispiel Schulen und Universitäten regelt. St Philip's hingegen erhielt eine *Bishop's Mission Order*. Weiterhin anzumerken ist hier, dass das Konzept der *missional communities* in St Thomas Crookes unter der Leitung des damaligen Gemeindepfarrers Mike Breen entwickelt wurde.[54] Auch heute noch arbeitet die Gemeinde mit diesem Prinzip.[55]

9.1.4 Holy Trinity Leicester

Bei Holy Trinity Leicester handelt es sich um eine große, charismatisch geprägte Parochialgemeinde im Stadtzentrum der mittelenglischen Großstadt Leicester. Die Gemeinde ist Teil des Gemeindenetzwerkes *New Wine*. Zwischen 2015 und 2016 war Holy Trinity insgesamt an vier klassischen Gemeindegründungen in Leicester beteiligt.[56] Drei davon stellten Revitalisierungen dar,[57] bei einer handelte es sich um eine Gründung.[58] Zusätzlich kam es zur Gründung einer *school based church*.[59] Eine der klassischen Gemeindegründungen hat bereits wiederum gegründet und weitere Gemeindegründungen sind in Planung.[60] Holy Trinity Leicester stellt damit ein sich neu entwickelndes Zentrum für klassische Gemeindegründung in der *Church of England* dar.

54 Vgl. https://stthomascrookes.org/about/the-stc-story/, 21. Februar 2020. Für den Begriff der missional communities vgl. ▹ Kapitel 6.4.

55 Vgl. https://stthomascrookes.org/about/the-stc-story/, 21. Februar 2020.

56 Die folgenden Informationen beruhen auf einem Gespräch mit John McGinley, der bis 2019 Gemeindepfarrer von Holy Trinity Leicester war und jetzt in einer koordinierenden Rolle in Bezug auf Gemeindegründung und das *Resource Church* Modell sowohl weiterhin für Holy Trinity Leicester als auch für die Diözese von Leicester arbeitet.

57 Dabei handelt es sich um St John the Baptist Church in Clarendon Park, Church of the Nativity in Aylestone, Holy Apostles Church Leicester.

58 Hierbei handelt es sich um eine Kirchengemeinde für junge Erwachsene mit meist afrikanischem oder karibischem Migrationshintergrund namens IMPRINT. Vgl. https://www.weareimprint.org/leicester, 11. März 2020.

59 Dabei handelt es sich um eine Schule im Abbey Rise Estate in Leicester. Für den *fresh expressions of church*-Typus der *school-based church* vgl. Cray, Mission-shaped Church, 67–69.

60 Im Jahr 2019 gründete die IMPRINT Church eine weitere Gemeinde im Zentrum von London. Vgl. https://www.weareimprint.org/london, 11. März 2020.

9.2 Netzwerke, Agenturen und Initiativen

9.2.1 Church Revitalisation Trust

Der *Church Revitalisation Trust* (CRT) ist ein gemeinnütziger Verein und zugleich auch ein privatrechtliches Unternehmen mit engen Verbindungen zu Holy Trinity Brompton.[61] Der CRT dient als Vehikel zur Gründung von *City Centre Resource Churches* und sieht in diesen ein wichtiges Instrument zur Evangelisierung des Vereinigten Königreiches und für eine erwünschte Wende im anhaltenden Niedergang der *Church of England*. Das Ziel liegt in der Gründung von 100 *City Centre Resource Churches*. So beschreibt das Leitbild des CRT dessen Aufgabe wie folgt:

> „To play our part in the evangelisation of the nation, the revitalisation of the Church and the transformation of society by helping to plant 100 new City Centre Resource Churches in key cities across the nation – church plants that will become hubs for resourcing, planting and regeneration within their dioceses and communities – leading to a reversal in the long-term decline of the *Church of England*."[62]

Der CRT fungiert als eine Art Agentur für Gemeindegründung innerhalb des HTB Netzwerkes und übernimmt spezifische Funktionen, die zuvor direkt bei HTB angesiedelt waren. Zugleich gibt es eine große Nähe zwischen beiden Organisationen. Dies zeigt sich durch personelle und örtliche Überschneidungen.[63] Kernfunktionen des CRT sind die Auswahl und Ausbildung von Gemeindegründern und Lobpreisleitern für das *City Centre Resource Church* Modell, die aktive Gestaltung und unterstützende Begleitung von Gründungsprozessen von *City Centre Resource Churches*, die Vernetzung der *City Centre Resource Churches* mit dem HTB Netzwerk und die Interessensvertretung gegenüber der Kirchenleitung.[64] Die Auswahl von Gemeindegründern und Lobpreisleitern erfolgt durch die aktive Suche nach geeigneten Personen innerhalb und außerhalb des HTB Netzwerkes. Dafür werden

---

61 Vgl. https://crtrust.org/about, 21. Februar 2020.

62 Vgl. https://crtrust.org/vision-and-mission, 06. Juni 2019.

63 So ist Sarah Jackson als Geschäftsführerin des CRT gelistet und zugleich Teil des „senior leadership teams" von HTB. Ebenso wird Mark Elsdon-Dew als „Communications Director" von beiden Organisationen geführt. Nicky Gumbel ist Pfarrer von HTB und Kuratoriumsmitglied des CRT. Der CRT hat seinen Sitz in Räumlichkeiten von HTB. Vgl. https://www.htb.org/leadership-team; https://crtrust.org/trustees; https://crtrust.org/team, 06. Juni 2019.

64 Diese Kontaktpflege geschieht zum Beispiel durch vom CRT organisierte Empfänge für Bischöfe der *Church of England* im Umfeld anderer größerer Veranstaltungen, wie zum Beispiel der Synodenversammlung der *Church of England* oder der von HTB organisierten *Leadership Conference*. Vgl. Church Revitalisation Trust (Hg.): CRT Magazine, 001, 2019, 8f.; Abrufbar unter https://crtrust.org/news, 15. April 2020.

besonders die von HTB und den verbundenen Netzwerkgemeinden geschaffenen Ausbildungsstrukturen für potentielle Gemeindeleiter und Gemeindegründer genutzt.[65] Diese müssen ordinierte Geistliche der *Church of England* sein. Während des Untersuchungszeitraums waren nur Männer als Leiter von HTB gegründeten *City Centre Resource Churches* eingesetzt.[66] In Vorbereitung auf die Gründung einer *City Centre Resource Church* durchlaufen die identifizierten Gemeindegründer das sogenannte *Accelerator Programme* des CRT. Dieses beinhaltet die Weiterentwicklung der persönlichen Leitungskompetenz des zukünftigen Gemeindegründers, das Erlangen von Erfahrung im Einsatz von evangelistischen Kursen und sozialdiakonischen Programmen und das Erlernen von, auf den gemeindlichen Dienst abgestimmten, administrativen und operationalen Kompetenzen.[67]

In der Begleitung von Gemeindegründungen nach dem *City Centre Resource Church* Modell ist der CRT an der Auswahl des zukünftigen Gemeindegründers beteiligt und bestimmt in Absprache mit den weiteren Beteiligten den zeitlichen Rahmen der Vorbereitungsphase und das offizielle Gründungsdatum. Weiter unterstützt der CRT durch den Einsatz von Experten die Diözese und den Gemeindegründer auf administrativer Ebene, zum Beispiel bei der Erstellung von Förderanträgen, bei der Planung und Durchführung von Umbau- und Renovierungsmaßnahmen an Gebäuden und bei der Öffentlichkeitsarbeit[68] der neuen *City Centre Resource*

65 Es wird von „leadership pipelines" gesprochen. Vgl. https://alpha.org.uk/developing-young-leaders, 25. August 2020.

66 Der weit überdurchschnittliche Anteil an Männern in wichtigen Leitungspositionen ist einer der gängigen Vorwürfe gegenüber dem HTB Netzwerk. Zugleich pflegt HTB als Teil der charismatischen Strömung in der *Church of England* ein positives Verhältnis zur Frauenordination und zur Leitung durch Frauen. Einige Gemeinden des HTB Netzwerkes werden von Pfarrerinnen geleitet oder beschäftigen weibliche *curates*. Einige *City Centre Resource Churches* haben die Ehefrauen des Gemeindepfarrers in einer offiziellen Co-Leitungsfunktion eingesetzt. Dadswell und Ross vermuten das Fehlen weiblicher Rollenmodelle und die immer noch vorherrschende traditionelle Ansicht, dass Männer, wenn auch in Co-Leitung mit ihren Frauen als natürliche Leiter anzusehen sind, als Ursache für das weitestgehende Fehlen von Frauen in gemeindlichen Leitungspositionen. Vgl. Dadswell / Ross, Church Planting, 47f.

67 Vgl. https://crtrust.org/accelerator-programme, 06. Juni 2019.

68 Diese wird sehr bewusst betrieben und weist durch professionelle Gestaltung von Internetauftritt und intensive Nutzung von Sozialen Medien Züge eines „Kirchenmarketings" auf. Für eine Einführung zum Begriff des Kirchenmarketings vgl. Aus der Au, Christina: Corporate Identity – Kirche als Marke, in: Kunz, Ralph / Schlag, Thomas (Hg.): Handbuch für Kirchen- und Gemeindeentwicklung, Neukirchen-Vluyn, 2014, 208–220. Vgl. auch Meyns, Christoph: Kirchenreform und betriebswirtschaftliches Denken. Modelle – Erfahrungen – Alternativen, Gütersloh, 2013, 34–47; Wiesenberg, Markus: Strategische Kommunikation deutscher Großkirchen. Von kirchlicher Publizistik zur strategischen Kirchenkommunikation, Wiesbaden, 2019; Errichiello, Oliver / Zschiesche, Arnd: Die Kirche als Marke stark machen. Ein Basis-Leitfaden für kirchliche Gemeinden und Organisationen, Wiesbaden, 2020.

Church. Der CRT unterstützt den Gemeindegründer bei der Auswahl weiterer Teammitglieder und stellt eine Anschubfinanzierung für die Gemeindegründung zur Verfügung.[69] Nach offizieller Gründung der *City Centre Resource Church* dient der CRT als Netzwerkknoten, welcher für spezifische Fragestellungen und Problemlagen den Kontakt zu erfahrenen Gemeindegründern und anderen Experten vermitteln kann und so auf Anfrage weiter am Entwicklungsprozess der *City Centre Resource Church* beteiligt ist. Auch fördert der CRT die Einbindung der *City Centre Resource Churches* in das HTB Netzwerk, indem es jährliche Klausurtreffen aller *City Centre Resource Church* Gemeindegründer organisiert und die Teilnahme an der jährlichen *Leadership Conference* und dem Sommerfestival *Focus* bewirbt.[70]

Innerhalb des CRT sind besonders die Vorsitzende Sarah Jackson und der Direktor für Kommunikation Mark-Elsdon Dew als Promotoren für Gemeindegründung zu nennen.[71] Sie fungieren als Prozess- und Beziehungspromotoren, indem sie den Kontakt zwischen kirchenleitenden Personen und potentiellen Gemeindegründern herstellen. Die Mitarbeiter des CRT im Gesamten fungieren als Fachpromotoren, da sie ihr spezifisches, in der Begleitung von Gründungsprozessen erworbenes Fachwissen bei der Gründung von *City Centre Resource Churches* einfließen lassen.

Zusammenfassend kann man die Rolle des CRT auch mit dem Begriff des „Inkubators" beschreiben.[72] Dieser aus der Innovationstheorie stammende Begriff beschreibt eine Teileinheit einer Organisation, deren Zweck darin besteht Innovationen hervorzubringen: „[Incubators] are organized and supported by the power center in order to create innovation at its own margins."[73] Zu diesem Zweck wird ein Inkubator von der Organisation mit besonderen personellen und finanziellen Ressourcen ausgestattet.[74] Die Konzentration von personellen und finanziellen Ressourcen im CRT, und der Auftrag die neue Gemeindeform der Resource Church zu

---

69 Vgl. Transkript 1.2., Z. 126–129; Transkript 4.5., Z. 548–562. Vgl. auch Church Revitalisation Trust (Hg.): CRT Magazine 002, 2019, 18f.22f. Abrufbar unter https://crtrust.org/news, 15. April 2020. Vgl. auch Transkript 1.3.1., Z. 227–234.

70 Vgl. Church Revitalisation Trust (Hg.): CRT Magazine 001, 2019, 8f. Abrufbar unter https://crtrust.org/news, 15. April 2020.

71 Vgl. Interview 1.2., Z. 123–129.

72 Paas nimmt neben dem Begriff des Inkubators auch den Begriff des „Freihafens" (*Free Haven*) und des „Labors" (*Laboratory*) aus der Innovationstheorie auf. Der Begriff des Freihafens beschreibt einen „unregulierten, gegenkulturellen Ort, an dem eine milde Form von Anarchie herrscht." Er steht in weiter Entfernung zu jedem Machtzentrum und eröffnet aufgrund der fehlenden Kontrolle einen Experimentierraum, welcher möglicherweise neue Innovationen hervorbringt. Labore hingegen sind Orte, in denen Personen unterschiedlichen Hintergrunds und unterschiedlicher Expertise zusammenarbeiten, um gemeinsam ein Problem zu lösen. Dabei wird gerade in der Diversität des Personenkreises ein hohes innovatorisches Potential gesehen. Vgl. Paas, Church Planting, 226–233.

73 Vgl. ebd., 233.

74 Vgl. ebd.

verbreiten und auch weiterzuentwickeln, sprechen dafür, dass dieser die Funktion eines solchen Inkubators übernimmt.

9.2.2 Co-Mission

Bei Co-Mission handelt es sich um ein Gemeindegründungsnetzwerk in London, welches von Richard Coekin, einem Geistlichen der *Church of England*, gegründet wurde.[75] Es gehört dem konservativ-evangelikalen Spektrum an.[76] Ähnlich wie St Helen's Bishopsgate gründet Co-Mission sowohl innerhalb der *Church of England* als auch im freikirchlichen Bereich Gemeinden. Und ebenso wie St Helen's Bishopsgate wird auch Co-Mission vorgeworfen, auch ohne Autorisierung durch die Kirchenleitung der *Church of England* Gemeindegründungen vorzunehmen.[77] Es existieren Gemeindegründungen, welche in Kooperation von Co-Mission und St Helen's Bishopsgate oder einer der von St Helen's Bishopsgate ausgegangenen Gemeindegründungen durchgeführt wurden.[78] Co-Mission listet insgesamt 28 vom Netzwerk unterstützte Gemeindegründungen auf. Davon sind sieben Teil der *Church of England*.[79] Aufgrund der Zugehörigkeit zum konservativ evangelikalen Spektrum setzt Co-Mission lediglich Männer für die Leitung von Gemeindegründungen ein.[80] Co-Mission bietet ein Schulungsprogramm für den vollzeitlichen Dienst an, welches offen für Frauen und Männer ist. Dieses beinhaltet die begleitende Mitarbeit in einer dem Co-Mission Netzwerk angehörenden Gemeinde. Die von Co-Mission ebenfalls angebotene Gemeindegründungsschulung aber steht lediglich Männern offen. Neben einer einführenden Trainingswoche zu Beginn, besteht die Schulung aus 14tägig- stattfindenden Schulungseinheiten zu verschiedenen Themen, welche von den Gemeindegründern über drei Jahre hinweg parallel zur Gründungs- und Entwicklungphase der eigenen Gemeindegründung besucht werden. Bei Gründungen, welche innerhalb der *Church of England* stattfinden sollen, handelt es sich bei den Gemeindegründern in der Regel um in der *Church of England* ordinierte Geistliche. Co-Mission veranstaltet ein jährlich stattfindendes mehrtägiges Netzwerktreffen für seine Gemeinden mit dem Namen *Revive*.[81] Auch

---

75 Vgl. https://co-mission.org/about, 21. Februar 2020. Vgl auch Dadswell / Ross, Church Planting, 10.22.

76 Dadswell / Ross, Church Planting, 39.

77 Dadswell / Ross, Church Planting, 38f.

78 Dies ist zum Beispiel für Christ Church Mayfair und St Paul's Harringay der Fall.

79 Dies sind Christ Church Mayfair, Grace Church Muswell Hill, St Peter's Harringay, St Andrew's Chelsea, St John's Chelsea, St Michael's Fulwell, St Peter's Fulham. Vgl. https://co-mission.org/our-churches, 24. Februar 2020.

80 Vgl. Dadswell / Ross, Church Planting, 47.

81 Vgl. ebd., 22.

wenn einzelne überdurchschnittlich große Gemeinden wie zum Beispiel Christ Church Mayfair mit mehreren hundert Gottesdienstbesuchern Teil des Co-Mission Netzwerkes sind, sind die meisten durch Co-Mission initiierten Gemeindegründungen doch eher von einer kleinen bis mittleren Größe.[82] Innerhalb von Co-Mission konnte im Rahmen dieser Arbeit lediglich einer Person eine klare Promotorenrolle zugeordnet werden. Dabei handelt es sich um den Interviewpartner Richard Perkins (P2). In seiner Funktion als *director for church planting* bildet er vornehmlich Gemeindegründer aus und begleitet sie während des Gründungsprozesses. Damit ist ihm die Rolle eines Fachpromotors zuzuweisen.

9.2.3 City to City UK

City to City UK[83] ist Teil des von der Redeemer Presbyterian Church in New York City gegründeten *City to City* Netzwerkes. Die Redeemer Presbyterian Church wurde durch Timothy Keller, einem reformierten Geistlichen, gegründet.[84] Keller sieht aufgrund der weltweit fortschreitenden Urbanisierung Großstädte als wichtige strategische Knotenpunkte für die Kommunikation des Evangeliums[85] im 21. Jahrhundert.[86] Als zentrales Instrument für die Verbreitung des Evangeliums sieht er dabei das Gründen von „evangeliumszentrierten Gemeinden" in Großstädten auf der ganzen Welt.[87] Diese Gründungsarbeit wird durch das von der Redeemer Presbyterian Church gegründete Gemeindegründungsnetzwerk *City to City* gefördert.[88] *City to City* unterteilt sich in länderübergreifende und nationale Netzwerke. Diese fördern Gemeindegründung durch Aus- und Fortbildungsangebote, vernetzen Gemeindegründer und stellen zum Teil weitere Ressourcen, auch finanzieller Art,

82 Vgl. ebd.

83 Vgl. https://redeemercitytocity.com/about, 21. Februar 2020.

84 Vgl. https://www.redeemer.com/learn/about_us/redeemer_history, 21. Februar 2020.

85 Der von Ernst Lange geprägte Begriff der „Komunikation des Evangeliums" hat sich in den letzten Jahren in der deutschen Praktischen Theologie als Grundbeschreibung des kirchlichen Auftrages durchgesetzt. Er beschreibt die Verkündigung des Evangeliums von Jesus Christus als ein wechselseitiges, dialogisches Geschehen zwischen Sender und Empfänger und betont dabei die Vielfalt der Kommunikationsmodi. Vgl. Domsgen, Michael / Schröder, Bernd: Vorwort, in: Dies. (Hg.): Kommunikation des Evangeliums. Leitbegriff der Praktischen Theologie, Arbeiten zur Praktischen Theologie 57, Leipzig, 2014, 7–10. Zugleich ist mit der Wendung keine spezifische, inhaltliche Füllung des Begriffs Evangelium verbunden, was ein Grund für seine hohe Anschlussfähigkeit darstellt.

86 Vgl. Keller, Center Church, 88.

87 Vgl. ebd., 355–378.

88 Vgl. https://redeemercitytocity.com/about, 21. Februar 2020.

zur Verfügung.[89] Es sind lediglich einzelne Gemeindegründungen in der *Church of England* Teil des *City to City UK* Netzwerkes[90] und somit ist auch der Einfluss des desselben auf die Gemeindegründungsszene der *Church of England* als begrenzt anzusehen. Allerdings werden die von Timothy Keller vertretenen Argumente für Gemeindegründungen als einem zentralen Instrument der Evangelisation von der anglikanischen Gemeindegründungsszene in höherem Maße rezipiert.[91] Das *City to City UK* Netzwerk ist dem evangelikal-konservativen Spektrum zuzurechnen.

9.2.4 New Wine

Bei *New Wine* handelt es sich um ein Gemeindenetzwerk in der charismatischen Tradition. Vom anglikanischen Geistlichen David Pytches 1989 gegründet, nahm es wesentliche Einflüsse von der *Vineyard* Bewegung und deren Leiter John Wimber auf.[92] Dem Netzwerk gehören nach eigenen Angaben international über 2000 Gemeinden verschiedener Denominationen und Konfessionen an, auch Gemeinden der *Church of England*.[93] New Wine sieht es als Teil seiner Aufgabe, Gemeinden des Netzwerkes bei der Durchführung von Gemeindegründungen zu unterstützen.[94] Dies geschieht durch das Bereitstellen von finanzieller Unterstützung und auch durch Schulungsangebote.[95] *New Wine* übernimmt ähnlich dem HTB Netzwerk eine Art Netzwerkfunktion für charismatisch orientierte Gemeinden in der *Church of England*.[96] Einige Gemeinden innerhalb des *New Wine* Netzwerkes haben sich zu Zentren für klassische Gemeindegründung entwickelt, und in den letzten Jahren eine größere Zahl von Gemeindegründungen hervorgebracht.[97] Nach P3 sind es die Gemeindepfarrer eben dieser Gemeinden, welche zu den aktivsten Förderern von

---

89 So erhielt die Gemeindegründung Grace Church Hackney eine finanzielle Förderung durch die Redeemer Presbyterian Church. Vgl. Transkript 1.5., Z. 546f.694–696.

90 So war zum Beispiel Grace Church Hackney Teil des Netzwerkes, zog sich aber wegen theologischen Differenzen daraus zurück. Pete Nicholas, einer der beiden leitenden Pfarrer der Gemeindegründung Inspire Saint James Clerkenwell, ist Mitglied der Steuerungsgruppe des *City to City UK* Netzwerkes. Vgl. Transkript 1.5., Z. 588–610; https://citytocityuk.com/steering-group; https://inspiresaintjames.org/staff, 21. Februar 2020.

91 So werden Artikel von Timothy Keller zum Beispiel im, vom *Gregory Centre for Church Multiplication* angebotenen, Church Planting Course verwendet. Vgl. auch Transkript 1.1.2., Z. 611f; Transkript 1.7. Z. 454–548.665–667.

92 Vgl. https://www.new-wine.org/about, 21. Februar 2020.

93 Vgl. https://www.new-wine.org/find-a-church, 21. Februar 2020.

94 Vgl. Transkript 4.3., Z. 779–788.

95 Vgl. https://www.new-wine.org/mission-areas/church-pioneering-planting, 21. Februar 2020.

96 Vgl. Transkript 1.1.1., Z. 194–201.

97 Dabei handelt es sich um die oben dargestellte Kirchengemeinde Holy Trinity Leicester, sowie um die bereits genannten Kirchengemeinden All Saints Woodford Wells unter der Leitung von Paul Harcourt und St Paul's Ealing unter der Leitung von Mark Melluish. Ebenso muss St Mary's

klassischer Gemeindegründung innerhalb des *New Wine* Gemeindenetzwerkes gehören.[98] Ihre genauere Funktion konnte im Rahmen dieser Arbeit nicht untersucht werden.

9.2.5 Anglican Church Planting Initiatives

Bei *Anglican Church Planting Initiatives* (ACPI) handelt es sich um einen gemeinnützigen Verein, welcher von Bob und Mary Hopkins im Jahr 1991 ins Leben gerufen wurde.[99] ACPI bietet Beratung und Schulungen für die Bereiche Gemeindegründung, *fresh expressions of church*, Gemeindewachstum und Leiterschaft an. Diese Beratungs- und Schulungstätigkeit wird vornehmlich von Bob und Mary Hopkins selbst getragen. Beide treten damit als Fachpromotoren auf, welche in Beratungsprozessen und durch das Veröffentlichen von Artikeln und Büchern Fachwissen zur Verfügung stellen.[100] Besonders in den 1980er und 1990er Jahren fungierten Bob und Mary Hopkins auch als wichtiger Bezugspunkt und Netzwerkknoten für die sich in der *Church of England* formierende Gemeindegründungsszene. Ihnen kam von daher zumindest in der Anfangsphase die Funktion von Beziehungspromotoren zu.[101]

9.2.6 George Lings und die Church Army Research Unit

Auch George Lings muss als ein Fachpromotor verstanden werden. Zum einen gestaltete er die beiden, in ihrer Bedeutung kaum zu unterschätzenden, Dokumente *Breaking New Ground* und *Mission-shaped Church* maßgeblich mit. Zum anderen trug er in seiner Funktion als Leiter der *Church Army Research Unit* und durch die Durchführung empirischer Studien dazu bei, den Wissensstand in Bezug auf klassische Gemeindegründung und neue gemeindliche Ausdrucksformen deutlich zu vergrößern.[102] Darüber hinaus erarbeitete er einen theologischen Begründungsver-

---

Bryanston Square unter der Leitung von John Peters genannt werden, deren Gründungstätigkeit aber mehrheitlich international ausgerichtet ist.

98 Vgl. Transkript 4.3., Z. 779–788.

99 Vgl. Lings, History, 169. Vgl. auch https://acpi.org.uk/about, 21. Februar 2020.

100 Dabei reicht der Wirkungsbereich über die *Church of England* hinaus bis nach Deutschland.

101 Vgl. Lings, History, 165f. Vgl. auch die Darstellung in ▷ Kapitel 5.2 und Kapitel 5.3.

102 Von besonderer Bedeutung sind dabei die bereits dargestellten Studien *The Day of Small Things* und *Who's there?* Darüber hinaus veröffentlichte Lings aber zahlreiche Fallbeschreibungen von neuen gemeindlichen Ausdrucksformen, sowie qualitativ orientierte Untersuchungen. Vgl. dafür die von der Church Army Research Unit herausgegebene *Encounters on the Edge*-Reihe. Abrufbar unter https://churcharmy.org/Articles/517054/What_we_do/Research_Unit/Encounters_on_the.aspx, 08. August 2020.

such für Gemeindegründung.[103] Der direkte Einfluss dieses Wirkens auf die Ebene der Praktiker mag dabei begrenzt sein, doch wird Lings von der Kirchenleitung als ein wichtiger Gesprächspartner wahrgenommen.[104]

9.3 Kirchenleitung und Kirchliche Institutionen

9.3.1 Der Bischof von Islington und das Gregory Centre for Church Multiplication

Ein weiterer wichtiger Promotor für das *City Centre Resource Church* Modell ist der Bischof von Islington, Richard Charles „Ric" Thorpe. Der von ihm besetzte Suffraganbischofssitz von Islington in der Diözese von London war seit 1923 unbesetzt geblieben. Er wurde auf Betreiben des damaligen Bischofs von London, Richard Chartress, im Jahr 2015 wiederhergestellt. Daraufhin wurde Ric Thorpe im selben Jahr als neuer Bischof von Islington eingeführt. Anders als bei den anderen Suffraganbischöfen der *Church of England* besteht die Funktion von Ric Thorpe nicht in der bischöflichen Aufsicht eines geographisches Gebietes, sondern in der Förderung von Gemeindegründungen innerhalb der Diözese von London und – auf Einladung anderer Diözesanbischöfe – in weiteren Diözesen der *Church of England*.[105] In dieser Funktion hat Bischof Ric Thorpe das *Gregory Centre for Church Multiplication* (CCX) gegründet, welches bis zum Jahr 2019 unter dem Namen *Centre for Church Planting and Growth* (CCPG) fungierte.[106] Dieses unterstützt Bischof Ric Thorpe in der Förderung von Gemeindegründungen durch Interessensvertretung und in der Ausbildung von Gemeindegründern.

Bischof Ric Thorpe war vor seiner Ernennung zum Bischof von Islington Berater für Gemeindegründung des Bischofs von London und zugleich Gemeindegründer und -pfarrer von St Paul's Shadwell.[107] Während dieser Zeit initiierte St Paul's vier Gemeindegründungen nach dem Revitalisierungsmodell.[108] Die Einsetzung von Ric Thorpe als Bischof für Gemeindegründung ist als ein maßgeblicher Förderungsfaktor für klassische Gemeindegründung in der *Church of England* im

103 Vgl. Lings, Reproducing Churches.

104 Vgl. Transkript 4.8., Z. 150–156.543–548. Für die Bedeutung von Ling's Expertise in Bezug auf die Gemeindegründungsszene und die *fresh expressions of church*-Bewegung vgl. auch Müller, Fresh Expressions of Church, 35f.

105 Vgl. https://www.london.anglican.org/directory/ric-thorpe, 06. Juni 2019.

106 Vgl. https://www.ccx.org.uk/about, 21. Februar 2020.

107 Vgl. https://www.london.anglican.org/directory/ric-thorpe, 06. Juni 2019.

108 Vgl. Vgl. https://www.london.anglican.org/directory/ric-thorpe, 05. Juni 2019; Thorlby, Love, 18. Für den Begriff der Revitalisierung vgl. ▷ Kapitel 11.2.3.

Allgemeinen, und für die Entwicklung und Durchsetzung des Modells der *City Centre Resource Churches* im Speziellen anzusehen.[109] So übernimmt der Bischof von Islington die Funktion eines wichtigen Prozess- und Beziehungspromotors für Gemeindegründung. Seine bischöfliche Stellung ermöglicht es ihm gegenüber anderen Bischöfen für das Gründen von Gemeinden werbend einzutreten. Durch seine guten Kontakte in die Gemeindegründungsszene, insbesondere zum HTB Netzwerk, ist es dem Bischof von Islington möglich, Macht- und Fachpromotoren, das heißt Bischöfe und Gemeindegründer beziehungsweise Bischöfe und Gemeindegründungsnetzwerke miteinander in Kontakt zu bringen. P1.1. kommt in Bezug auf die Rolle des Bischofs von Islington zu folgender Einschätzung:

> „And I think the fact that the church has appointed the first bishop for church planting in Ric Thorpe, that has helped a lot […] Well, he is going around sharing with bishops and diocesan senior teams how things could work."[110]

P1.2. ergänzt wie folgt:

> „Yeah, I think Mary's answer should be the first point and the most important. 'Cause I think that has brought about the greatest level of change in diocesan culture and thinking across the UK. […] And the important thing is that although Ric Thorpe is just an assistant bishop in the London Diocese, the fact it's the capital of the UK and London Diocese is seen to have a wider influence and the way his role was established meant that he […] had […] a national profile. It's been extremely important."[111]

Darüber hinaus muss der Bischof von Islington auch als Fachpromotor verstanden werden, da er durch seine Erfahrungen als Gemeindegründer über spezifisches Fachwissen verfügt. Dieses Fachwissen wird in einem vom Bischof von Islington entwickelten Gemeindegründungskurs an Gemeindegründer und -gründerinnen und ihre Gründungsteams weitergegeben. Der Kurs favorisiert dabei das Modell der klassischen Gemeindegründung. Er wird dreimal jährlich vom CCX in London und auch in anderen Diözesen der *Church of England* angeboten[112] und von einem Team durchgeführt, welches Expertise aus den Bereichen Gemeindegründung, Coaching und Unternehmensführung vereint.[113] Daneben bietet das CCX in Zu-

---

109 Vgl. Transkript 4.1.2., Z. 324–337; Transkript 4.3., Z. 710f; Transkript 4.4.2., Z. 138–144. Vgl. auch Transkript 1.7. Z. 131–135; Transkript 1.8., Z. 261–265.742–748. Vgl. dazu auch die Darstellung in ▹ Kapitel 14.2.1.

110 Transkript 4.1.2., Z. 324–328.

111 Transkript 4.1.2., Z. 329–337.

112 Vgl. http://www.ccx.org.uk/plant-course, 23. Februar 2020.

113 Vgl. http://www.ccx.org.uk/about, 23. Februar 2020.

sammenarbeit mit der *Church Mission Society* in Oxford ein Ausbildungsprogramm für ehrenamtliche *Pioneer Ministers* in der Diözese von London an und veranstaltet eine jährlich stattfindende Gemeindegründungskonferenz.[114]

Der Bischof von Islington und das CCX fungieren als einer der wichtigsten Knotenpunkte innerhalb der Gemeindegründungsszene der *Church of England*. Durch ihre Arbeit kam es zu einem Erstarken von klassischer Gemeindegründung auch außerhalb der Diözese von London, die traditionell ein Zentrum für klassische Gemeindegründung darstellt.

9.3.2 Diözesan- und Suffraganbischöfe der Church of England

Eine überaus wichtige Promotorenfunktion nehmen einzelne Diözesan- und Suffraganbischöfe der *Church of England* ein, welche klassischer Gemeindegründung positiv gegenüberstehen. Sie initiieren, beziehungsweise autorisieren klassische Gemeindegründungen und setzen diese auch gegen Widerstände durch.[115] Sie übernehmen damit die Funktion von Machtpromotoren.[116]

Ihr Handeln erfolgt dabei aber nicht nur in Bezug auf das Gründen von einzelnen Gemeinden. Vielmehr sorgen sie dafür, dass klassische Gemeindegründung in Form eines kirchlichen Handlungsinstruments, neben anderen neuen Ausdrucksformen von Gemeinde, zur Umsetzung von diözesanen Veränderungsprozessen und Wachstumsstrategien genutzt wird, und es dadurch zu einer expliziten und strategischen Förderung von klassischer Gemeindegründung kommt.

So sieht zum Beispiel P3 bei klassischen Gemeindegründungen ein großes Potential vorliegen, diözesane Veränderungsprozesse anzustoßen oder zu beschleunigen. Er begründet dies wie folgt:

> „Well, [church planting] does it at scale. […] It's big. […] So has an impact. And because of that it's exciting. […] Everyone can see the impact and so […] I think it's healthily disruptive. So [it] actually changes the status quo. So, the thing about […] institutional denominations is, that we get stuck. And so, we need shaking out of something. And so, something large like a traditional church plant actually means that we […] can make an impact and change in the status quo. […] The third reason is because […] the growth happens quicker. And so it does change the stats much quicker."

---

114 Vgl. http://www.ccx.org.uk/pioneer-overview; http://www.ccx.org.uk/planting-conference, 23. Februar 2020.

115 Vgl. Transkript 1.2., Z. 14–25; Transkript 1.3.1., Z. 22–223; Transkript 1.6., Z. 44–51; Transkript 1.7., Z. 17–37; Transkript 4.7., Z. 103–125; Transkript 4.8., Z. 242–252.476–489.

116 Für eine detaillierte Beschreibung der Funktion von Bischöfen und Kirchenleitung im Gründungsprozess klassischer Gemeindegründungen vgl. ▷ Kapitel 15.2.4.

Es sind Argumente wie diese, welche Diözesan- und Suffraganbischöfe dazu veranlassen, klassische Gemeindegründung in einem strategischen Sinne einzusetzen.[117]

Als ein wichtiger Vertreter für einen solchen strategischen Einsatz von klassischer Gemeindegründung als kirchliches Handlungsinstrument kann der ehemalige Bischof von London, Richard Chartres, gelten. Während seiner Zeit als Bischof von London (1995–2017) förderte er die Durchführung von klassischen Gemeindegründungen und setzte dabei, wie bereits beschrieben, unter anderem auf eine intensive Zusammenarbeit mit Holy Trinity Brompton. Da es sich dabei vornehmlich um Revitalisierungen bestehender Parochialgemeinden und Wiedereröffnungen zuvor geschlossener Kirchengemeinden handelte,[118] kann davon ausgegangen werden, dass hier klassische Gemeindegründung bewusst als Alternative zu gemeindlichen Fusions- und Konsolidierungsprozessen eingesetzt wurde. Zugleich kam es während seiner Amtszeit zur Entwicklung der diözesanen Entwicklungsstrategie *Capital Vision 2020*, welche die Etablierung oder Erneuerung von 100 gottesdienstlichen Gemeinschaften (*new worshipping communities*) vorsah.[119] Dieses Ziel wurde insbesondere durch die Durchführung von klassischen Gemeindegründungen vorangetrieben. Auch wurde bereits erwähnt, dass Richard Chartres maßgeblich an der Wiedereinführung des Bischofsitzes von Islington und dessen Profiliierung in Bezug auf die Förderung von Gemeindegründung beteiligt war. Zudem fungiert Richard Chartres bis heute als Schirmherr für den von HTB gegründeten *Church Revitalisation Trust*.[120]

Aber auch außerhalb der Diözese von London kommt es zu einem strategischen Einsatz von klassischer Gemeindegründung durch die jeweilige Kirchenleitung. Dies trifft in besonderem Maße auf die Verbreitung des *Resource Church* Modells zu, wie im späteren Verlauf der Arbeit gezeigt werden wird.[121] Zudem weisen traditionelle Gemeindegründungen unter den 14 gängigsten neuen Ausdrucksformen von Gemeinde den höchsten Wert im Bereich „auf diözesane Initiative zurückgehend" auf.[122] Auch dies kann als Hinweis darauf verstanden werden, dass klassische Gemeindegründungen von kirchenleitenden Personen im Sinne eines kirchlichen Handlungsinstrumentes eingesetzt werden.

---

117 Transkript 4.3., Z. 678–689.

118 Vgl. Transkript 4.5., Z. 40–45.60–71.

119 Vgl. https://www.london.anglican.org/mission/capital-vision-2020/create-renew-100-worshipping-communities, 12. Juni 2020.

120 Vgl. https://crtrust.org/patrons, 12. Juni 2020.

121 Vgl. ▷ Kapitel 14.2.

122 Vgl. Lings, Day, 93f.

9.3.3 Die Church Commissioner und die Resource Strategy and Development Unit

Wie bereits dargestellt stellen die *Church Commissioners* als Verwalter der Vermögenswerte der *Church of England* gegenwärtig unter dem Namen *Strategic Development Funding* (SDF) Gelder für kirchliche Innovationsprojekte zur Verfügung. Diese sind von Diözesen für Projekte abrufbar, welche auf ein numerisches und geistliches Wachstum zielen. Verantwortet und betreut wird der Prozess der Vergabe der Gelder des *Strategic Development Funding* von der *Resource Strategy and Development Unit* der *Church Commissioner*.[123] Ihr steht der „Leiter für Strategie und Entwicklung", Philip James, vor.[124]. Die *Resource Strategy und Development Unit* berät Diözesen darin, wie die ihnen zur Verfügung stehenden Ressourcen am effektivsten zur Förderung geistlichen und numerischen Wachstums eingesetzt werden können. Darüber hinaus betreut und berät sie die Diözesen bei Projektanträgen für das SDF. Ein wichtiger Bestandteil vieler Anträge ist die Etablierung von *Resource Churches*. Projektanträge, welche die Gründung von *Resource Churches* beinhalteten, wurden häufig mit hohen Summen im sechs- bis siebenstelligen Bereich bedacht.[125] Auch erhielt die Diözese von London 2017 von den *Church Commissioners* Fördermittel in Höhe von 8,69 Millionen Britischen Pfund zur Unterstützung von 19 in der Diözese ernannten *Resource Churches*.[126]

Die Vergabepolitik der *Church Commissioner* in Bezug auf das *Strategic Development Funding* zeigt, dass klassische Gemeindegründungen nach dem Modell der *Resource Church* in ihren Augen mit großen Summen förderungswert sind. Die *Church Commissioner* können damit als Machtpromotoren für klassische Gemeindegründung verstanden werden: Sie machen von der ihnen zur Verfügung

---

123 Vgl. die Richtlinien zur Beantragung der Förderung durch den Strategic Development Fund, abrufbar unter https://www.churchofengland.org/sites/default/files/2019-07/SDF%20-%20Guidance%20-%20July%202019_3. pdf; Die Vergabekommission hingegen setzt sich Hauptsächlich aus einzelnen *Church Commissionern* und Personen des *Archbishops Council* zusammen. Vgl. https://www.churchofengland.org/sites/default/files/2019-11/SDF%20QA%20briefing%20-%20July%202019_4.pdf, 23. Februar 2020.

124 Vgl. https://www.churchofengland.org/about/leadership-and-governance/church-commissioners-england/how-we-are-governed/staff#na, 23. Februar 2020.

125 So förderten die *Church Commissioner* zum Beispiel die Gründung der *City Centre Resource Church* Pattern Church in Swindon mit 1,5 Millionen Britischen Pfund, sowie einen Antrag der Diözese Blackburn, welcher die Gründung der *City Centre Resource Church* Preston Minster beinhaltet, mit 1,5 Millionen Britischen Pfund. Vgl. The Church Commissioners: The Church Commissioners Annual Report 2018. Supporting the work and Mission of the Church of England, London, 2019, 16. Abrufbar unter https://www.churchofengland.org/sites/default/files/2019-05/Church%20Commissioners%20Annual%20Report%202018.pdf, 23. Februar 2020.

126 Vgl. https://www.churchtimes.co.uk/articles/2018/23-november/news/uk/london-diocese-to-fund-19-resource-churches, 23. Februar 2020.

stehenden Entscheidungsgewalt über den Einsatz finanzieller Mittel Gebrauch um klassische Gemeindegründungen besonders nach dem Modell der *City Centre Resource Churches* zu fördern.

9.4 Fazit

Die Darstellung der wichtigsten Promotoren im Bereich klassischer Gemeindegründung in der *Church of England* zeigt, dass einige überdurchschnittlich große Gemeinden und Gemeindenetzwerke eine wichtige Rolle bei der Verbreitung klassischer Gemeindegründungen spielen. Sie initiieren neue Gründungen und unterstützen diese mit Ressourcen. Sie stellen Fachwissen zur Verfügung und werben gegenüber der Kirchenleitung für klassische Gemeindegründung. Als besonders bedeutsam erscheint in diesem Zusammenhang die Arbeit des Bischofs von Islington und des von ihm gegründeten *Centre for Church Multiplication*. Wie beschrieben stellt Bischof Ric Thorpe einen zentralen Knotenpunkt zwischen den gründungsbereiten Gemeinden und ihren Netzwerken und der bischöflichen Leitungsebene dar. Die Bischöfe wiederum und auch die *Church Commissioners* sind als Machtpromotoren zu beschreiben. Durch den Einsatz der ihnen zur Verfügung stehenden Mittel und Entscheidungsgewalt können sie klassische Gemeindegründungen intensiv fördern.

Ein Ergebnis der Studie *The Day of Small Things* war, dass klassische Gemeindegründungen vor allem eine Angelegenheit des evangelikalen Spektrums der *Church of England* sind.[127] Dies zeigt sich auch in Bezug auf die Promotoren. Fast alle hier dargestellten Promotoren entstammen dem evangelikalen Spektrum. Promotoren mit Verbindungen zum anglokatholischen Spektrum finden sich vor allem auf der kirchenleitenden Ebene.[128] Für das liberale Spektrum (*Central / Broad Church*) hingegen konnten keine Promotoren identifiziert werden. Weiter fällt auf, dass keiner der dargestellten Promotoren dem akademischen Betrieb entstammt. Dies könnte ein Hinweis darauf sein, dass hier eventuell eine Lücke in der Darstellung besteht. Zugleich wurde aber bereits festgestellt, dass zumindest auf der Ebene der theologischen Ausbildung in der *Church of England* eine größere Distanz zwischen

---

127 Vgl. Lings, Day, 118. Vgl. auch die Darstellung in ▻ Kapitel 7.2.

128 Ein Beispiel stell der Bischof von Chichester, Martin Warner, dar. Vgl. das mit ihm geführte Experteninterview (Transkript 4.7). Auch der jetzige Erzbischof von York, Stephen Cottrell, weist einen Bezug zu klassischer Gemeindegründung auf. Vgl. Transkript 4.1.2., Z. 427–431.

akademischer Theologie und Kirche besteht, als dies in Deutschland der Fall ist. Dies könnte auch auf den Bereich klassische Gemeindegründung zutreffen.[129]

Insgesamt lässt sich zeigen, dass die Verbreitung von klassischer Gemeindegründung in der *Church of England* durch das Zusammenspiel verschiedener Promotoren, welche auf unterschiedlichen kirchlichen Ebenen anzusiedeln sind, gefördert wird. Einzelnen Promotoren, wie zum Beispiel den Bischöfen Richard Chartres und Ric Thorpe und auch Leitungspersonen von HTB, kommt dabei eine besonders hohe Bedeutung zu.

---

129 Diese These wird dadurch gestützt, dass nach George Lings bereits innerhalb der Gemeindegründungsszene eine gewisse Distanz zwischen „Praktikern" und „Theoretikern" besteht. Vgl. Transkript 4.4.1., Z. 212–219.

10. Begründungsstrukturen für Gemeindegründung

Bevor weiter detailliert auf die Gemeindegründungsszene der *Church of England* eingegangen werden kann, sollen hier zunächst verschiedene Begründungsstrukturen für Gemeindegründung vorgestellt werden. Eine wichtige Begründungsstruktur für Gemeindegründung, gerade auch in der Gemeindegründungsszene in der *Church of England*, ist der Verweis auf die im Neuen Testament geschilderte Gemeindegründungspraxis, insbesondere der Bezug auf die Missionsreisen des Paulus. Deswegen wird zunächst diese biblische Begründungsstruktur besprochen und ihre Verwendung in der Gemeindegründungsszene kritisch diskutiert werden. In einem nächsten Schritt wird unter Bezug auf Stefan Paas auf geschichtliche Entwicklungen eingegangen werden, welche maßgeblich zu der Formierung einer protestantischen überkonfessionellen Gemeindegründungsbewegung beigetragen haben. Damit in Zusammenhang stehen drei von Stefan Paas identifizierte Motive für Gemeindegründung in Westeuropa. Diese sollen dargestellt und ihr Einfluss auf die Gemeindegründungsszene der *Church of England* überprüft werden. Schließlich wird auf den von George Lings vorgelegten Entwurf einer umfassenden theologischen Begründungsstruktur für Gemeindegründung einzugehen sein.

10.1 Neutestamentliche Begründungsstrukturen und ihre Verwendung in der Gemeindegründungsszene

Der britische Gemeindegründer und Theologe Stuart Murray stellt fest, dass in Gemeindegründungskreisen eine gängige Begründungsstruktur in der Bezugnahme zu neutestamentlichen Texten besteht.[1] Dies geschieht nach Murray in zweifacher Weise: Zum einen wird versucht biblische Argumente zu finden, die eine Legitimation für das heutige Gründen von Gemeinden darstellen.[2] Dabei wird nach Murray vor allem auf den Missionsbefehl (Mt 28,19f.), die Bedeutung der Evangelisation für die Ausbreitung der Urkirche und die vermeintliche Zentralstellung der Kirche im Neuen Testament rekurriert.[3] Zum anderen sucht man nach biblischen Leitlinien, welche Orientierung geben, wie und welche Gemeinden gegründet werden sollen.[4] Hier wird nach Murrays Beobachtung vor allem die Apostelgeschichte in den Blick

1 Vgl. Murray, Foundations, 66.
2 Vgl. ebd., 67.
3 Vgl. ebd., 67f.
4 Vgl. ebd., 67.

genommen und teilweise sogar als eine Art Handbuch für Gemeindegründung gelesen: „The obvious and popular starting place for those searching for New Testament perspectives is the book of Acts, which has sometimes been treated as a church planting manual […].“[5] Murray steht dem Versuch, die Legitimität heutiger Gemeindegründungen aus dem Neuen Testament in direkter Weise abzuleiten und zugleich aus der Beschäftigung mit biblischen Texten Richtlinien für die heutige Gemeindegründungspraxis zu gewinnen, kritisch gegenüber. Er sieht darin eine hermeneutische Naivität am Werk, welche den Kontext, in dem die neutestamentlichen Bücher entstanden sind, weitestgehend ignoriert. Seiner Ansicht nach kommt es in der Folge häufig zu illegitimen Rückschlüssen und Ableitungen in Bezug auf die heutige Gemeindegründungspraxis.[6] Er stellt sich diesem von ihm festgestellten Biblizismus entgegen und plädiert dafür, Begründungsstrukturen für Gemeindegründung zu wählen, welche dem heutigen Kontext entstammen.[7] Eine biblische Begründungsstruktur könne es nur in mittelbarer Weise geben.[8]

Die von Murray identifizierten Begründungsversuche in Rückbezug auf das Neue Testament stehen auch Am Anfang der Gemeindegründungsszene der *Church of England*. Dies wird zum Beispiel an der ersten für den englischen Kontext geschriebenen Veröffentlichung zum Thema Gemeindegründung, *How to Plant Churches*, deutlich. So stellt die Herausgeberin Monica Hill eine direkte Verbindung zwischen dem Missionsbefehl und dem Gründen von Gemeinden her, sieht Evangelisation und Gemeindegründung im Neuen Testament Hand in Hand gehen und betont die Zentralstellung der Kirche für die Mission im Neuen Testament.[9] Ein weiteres Kapitel der Veröffentlichung beschäftigt sich mit „*Biblical Guidelines for Church Planting from a Church Growth Perspective*“.[10] Auch in dem ersten, in Bezug auf die *Church of England*, veröffentlichten Buch zum Thema Gemeindegründung, *Church Planting. 1. Models for Mission in the Church of England*, unternimmt der Verfasser Bob Hopkins einen biblischen Begründungsversuch. Mit Bezug auf 1. Kor 3,6-9 wird Gemeindegründung zur biblischen Praxis erklärt, um dann im Folgenden unter Bezug auf neutestamentliche Passagen wichtige Prinzipien für Gemeindegründung aus dem biblischen Text zu gewinnen.[11] So zeige sich an der Urgemeinde in Jerusalem eine besondere Effektivität neugegründeter Gemeinden in Bezug auf Evangelisation. Dieser evangelistische Erfolg führe zugleich zur Gründung

5 Murray, Foundations, 74.

6 Vgl. ebd., 68.73.

7 Vgl. ebd., 66.

8 Vgl. ebd., 70.

9 Vgl. Hill, Monica. A Biblical Introduction, in: Hill, Churches, 12.17.19.

10 Vgl. Pointer, Roy: Biblical Guidelines for Church Planting from a Church Growth Perspective, in: Hill, Churches, 20–33.

11 Vgl. Hopkins, Church Planting. 1., 11–13.

neuer Gemeinden.[12] Weiter finde sich in den Erzählungen der Apostelgeschichte ein Muster von Sammlung und Sendung, welches auch heute noch ein wichtiges Prinzip für Gemeindegründung darstelle, ebenso wie der Einsatz von Gemeindegründungsteams, welche sich besonders in der paulinischen Mission identifizieren ließen.[13]

Aber auch in der heutigen Gemeindegründungsszene der *Church of England* lässt sich feststellen, dass in Bezug auf Gemeindegründung mit Verweisen auf das Neue Testament argumentiert wird. Dieser Rückbezug zielt sowohl auf Legitimierung, als auch auf das Ableiten von Leitlinien für die gegenwärtige Gemeindegründungspraxis. So argumentiert zum Beispiel P2 für die Legitimität von Gemeindegründung wie folgt:

> „[…] first of all: it's clearly a biblical pattern. […] it is implicit within the Great Commission. Because Jesus' command of 'make disciples' […] takes place within the context of local congregations. […] It's clearly modelled by the apostles throughout the book of Acts."[14]

Und CP1 ist der Meinung, dass man der Bibel wichtige Prinzipien für Gemeindegründung entnehmen kann:

> „The core competences required to plant a church are in the Bible though, I believe. So […] there's lots of wisdom out there on […] how to get the right systems in place to plant a church without too many things going wrong. Actually, I think, biblical principles of showing up somewhere, seeing who receives you, communicating the gospel, then gathering more people is really all it takes."[15]

Ähnlich wie Murray sieht auch Stefan Paas viele solcher Bezugnahmen auf neutestamentliche Texte kritisch. Nach Paas ist eine direkte Ableitung des Begriffes *church planting* aus den biblischen Texten nicht möglich. Paas zeigt, dass in den Versen 1. Kor 3,5-7, die in Gemeindegründungskreisen gemeinhin als Ausgangspunkt für die Rede von Gemeinde*pflanzung* gelten, eben nicht Gemeinde als Objekt des beschriebenen Prozesses von pflanzen, gießen und gedeihen zu verstehen ist, sondern dass es hier mit 1. Kor 3,5 der Glaube ist, der gepflanzt und gegossen wurde und

---

12 Vgl. ebd., 11.

13 Vgl. Hopkins, Church Planting. 1., 11–13.

14 Transkript 4.2., Z. 122–130.

15 Transkript 1.1.2., Z. 190–197. Vgl. Ebenso Transkript 1.1.1. Z. 118–123; Transkript 4.1.1., Z. 653–659.752–757; Transkript 4.3., Z. 424–428.

schließlich gediehen ist.[16] Nach Paas muss Gemeinde stattdessen als Resultat dieses Pflanzungsprozesses verstanden werden.[17] Er zeigt aber zugleich, dass mit 1. Kor 3,9 und 1. Kor 8,7 zumindest indirekt eine Verknüpfung der Pflanzenmetaphorik mit dem im Neuen Testament noch nicht systematisierten Konzept von Gemeinde vorliegt.[18] Paas unterstreicht, dass das Entstehen von Gemeinden eine natürliche Folge der evangelistischen Bemühungen der ersten Christen war.[19] Es gab noch keine Gemeinden, zugleich mussten die neu gewonnenen Gläubigen gesammelt und unterrichtet werden. Gemeinden entstanden damit als Folge von Evangelisation in einer absoluten „Pioniersituation".[20] Wie auch Murray weist Paas aber daraufhin, dass eine große Differenz zwischen dieser Pioniersituation und dem heutigen Kontext westlicher Gesellschaften besteht: „However, this apostolic practice in pioneer territories cannot be transplanted without further argument to areas where there have been churches for centuries already."[21] Wird diese Unterscheidung nicht getroffen, so kommt es nach Paas' Beobachtung zu einem gedanklichen Kurzschluss, der Evangelisation und Gemeindegründung beziehungsweise Gemeindewachstum als ein und dasselbe versteht:

> „In evangelical church planting literature this plain historical observation is often obscured, because of the tendency to read Donald McGavran's identification of evangelism with church growth […] into the New Testament."[22]

Für Paas und Murray stellt das Gründen von Gemeinden in sogenannten Pionierkontexten, in denen noch keine Kirchen und Kirchengemeinden bestehen, eine logische und legitime Folge missionarischer Bemühungen dar. Für alle Kontexte, in denen es bereits existierende Gemeinden gibt, brauche es anderweitige Begründungen. Der bloße Verweis auf die neutestamentliche Praxis greift hier zu kurz:

> „All these arguments presume a necessary and unbreakable connection between evangelism and church planting, while ignoring the gap between New Testament pioneer practice and our post-Christendom mission in 'old' territory. As soon as this difference is recognized, church planting cannot be defended solely on the basis of evangelistic

---

16 Vgl. Paas, Church Planting, 11f.
17 Vgl. Paasebd., 13.
18 Hier verwendet Paulus die Begriffe „Feld" und „Weinberg" Vgl. Paas, Church Planting, 12f.
19 Vgl. ebd., 245.
20 Vgl. Paas, Church Planting, 246.
21 Ebd., 245.
22 Ebd., 246.

practice. We need to decide anew in every context whether evangelism should involve church planting or rather should lead to inviting converts into existing churches."[23]

Dass eine Beschäftigung mit neutestamentlicher Praxis von Mission und Gemeindegründung trotzdem fruchtbar sein kann und im Sinne „inspirierender Perspektiven"[24] auch etwas für die heutige Praxis von Gemeindegründung austragen kann, zeigt Michael Moynagh. So analysiert er in seinem Grundlagenwerk *Church for Every Context* die paulinische Gemeindegründungspraxis, versucht dabei aber nicht vorschnell direkte Schlüsse für die Gegenwart zu ziehen.[25] Zwar beleuchtet er die paulinische Mission unter Bezug auf die Themenfelder, die ihn im späteren Verlauf seines Grundlagenwerkes beschäftigen, wie zum Beispiel die *mixed economy* oder die Frage nach den homogenen Gemeinden.[26] Trotzdem gelingt es ihm, die biblischen Texte im Sinne einer inspirierenden Perspektive zu lesen und das Ableiten von direkten Handlungsanweisungen zu vermeiden, oder gar heutige Fragestellungen in die biblischen Texte einzutragen. Ein Beispiel dafür stellt die in missionarisch-orientierten Kreisen diskutierte Unterscheidung zwischen attraktional („Komm-Struktur") und inkarnatorisch („Geh-Struktur") ausgerichteten Missionsbemühungen dar.[27] Während in der *fresh expressions of church*-Bewegung meist die Vorzüge der Geh-Struktur betont werden, erkennt Moynagh in Auseinandersetzung mit der Apostelgeschichte, dass in den missionarischen Bemühungen der Urkirche beide Strukturen eine Rolle spielten und dort in einer fruchtbaren Wechselbeziehung zueinander standen.[28] Moynagh nimmt diese „Entdeckung" zum Anlass die gegenwärtig vorliegende, auf eine klare Abgrenzung zielende, Unterscheidung zwischen attraktional und inkarnatorisch ausgerichteten missionarischen Strukturen, zu hinterfragen. Stattdessen plädiert Moynagh für ein zyklisches Verständnis, in dem sich Komm- und Geh-Struktur gegenseitig bedingen.[29] Dieses und weitere Beispiele[30] zeigen, dass ein Gebrauch der biblischen Texte im Sinne

23 Ebd., 248f.

24 Murray sieht eine auf das Gewinnen von „Richtlinien" zielende Beschäftigung mit der Praxis neutestamentlicher Gemeindegründung kritisch. Bei Beachtung der Kontextdifferenz könne das Neue Testament aber auch auf heutige Gemeindegründungspraxis inspirierend wirken: „Acts is a significant resource for contemporary church planting, but as a source of inspiration, encouragement, warning, and reflection, rather than of blueprints and unwarranted conclusions." Murray, Foundations, 77.

25 Vgl. Moynagh / Harrold, Context, 3–27.

26 Vgl. Moynagh / Harrold, Context, 7–12.20–23.

27 Vgl. ebd., xvif.

28 Vgl. ebd., 4–7.

29 Vgl. ebd., 7.

30 So beleuchtet Moynagh unter der Überschrift „Sustaining the ‚mixed economy'" zum Beispiel das Verhältnis der beiden neutestamentlichen Gemeinden Jerusalem und Antiochien und fragt danach,

eines kritischen Reflexionsrahmens für die heutige Gemeindegründungspraxis möglich und sinnvoll ist.

10.2 Stefan Paas: Drei Paradigmen von Kirchen- und Gemeindegründung

Nach der Auffassung von Stefan Pass müssen, kirchengeschichtlich betrachtet, drei Paradigmen in Bezug auf das Konzept Gemeindegründung unterschieden werden. Er benennt diese als das „klassische Paradigma", das „moderne evangelikale Paradigma" und das „spätmoderne evangelikale Paradigma".[31] Alle drei sind voraussetzungsvoll für heutige Begründungsstrukturen von Gemeindegründung und sollen deshalb im Folgenden dargestellt werden.

10.2.1 Das klassische Paradigma: Kirchen- statt Gemeindegründung

Als klassisches Paradigma bezeichnet Paas ein bis in die Neuzeit hinein dominierendes Verständnis von *church planting*, bei welchem nicht die Gründung einer lokalen Gemeinde, sondern die Etablierung der institutionalisierten Kirche im Mittelpunkt steht. Diese Form betrifft vor allem Gebiete, in denen zuvor keine kirchlichen Strukturen vorhanden waren:

> „Throughout the larger part of Christian history, the ‚planting of the church' (*plantatio ecclesiae*) meant the institution of the church in areas where institutional Christianity was not yet present, usually after a pioneer stage of evangelization and gathering."[32]

Seinen Ausgangspunkt hat dieses Verständnis in einer eher universal ausgerichteten Ekklesiologie, wie sie sich ab dem zweiten Jahrhundert entwickelte.[33] Aufgrund der Betonung der Universalität der Kirche muss, in Bezug auf dieses Paradigma, im Deutschen eigentlich von Kirchengründung und nicht von Gemeindegründung gesprochen werden, da letzteres lediglich die Ortsgemeinde meint.[34] Paas spricht

---

ob die neutestamentliche Beschreibung des Verhältnisses der beiden Gemeinden zueinander Lernperspektiven für das Miteinander traditioneller und neu gegründeter Gemeinden in der heutigen Zeit beinhaltet. Vgl. Moynagh / Harrold, Context, 7–12.

31 Vgl. Paas, Church Planting, 16.31.43.

32 Paas, Church Planting, 16. Kursive Hervorhebung aus dem Original übernommen.

33 Vgl. ebd.

34 Der englische Begriff *church planting* kann sowohl die Etablierung der Kirche als Institution, als auch als einzelne Ortsgemeinde bezeichnen.

davon, dass in der Folge im Mittelalter eine Identifikation von Mission und Kirchengründung bestand. Diese zeige sich insbesondere in den Missionunternehmungen in Mittel- und Osteuropa im Früh- und Hochmittelalter, welche mit der Unterwerfung verschiedener Stämme durch christliche Herrscher einhergingen: „After a tribe had sworn loyalty to the Christian king, baptism was administered and priests were appointed – and thus the church was planted."[35] Diese Pflanzung der Kirche muss als eine Ausweitung der einen, einmal von Gott in die Welt „gepflanzten", universalen Kirche in neue Gebiete verstanden werden.[36]

Ein erstes, richtungsändernd wirkendes Ereignis in Bezug auf die Rede von Kirchen- und Gemeindegründung, stellte die Reformation dar. Durch die Scheidung in unterschiedliche Konfessionen[37] war die Rede von der einen universalen Kirche nur noch schwer möglich, so dass man auf der protestantischen Seite dazu überging, nicht mehr von der einen Pflanzung der universalen Kirche, sondern von der Pflanzung lokaler Kirchen(-gemeinden) zu sprechen.[38] Diese wurden nun auch in katholisch geprägten Gebieten vorgenommen und stellten den ersten Schritt einer Neudefinition des Begriffes Kirchenpflanzung dar: „[…] this was one of the first steps towards a redefinition of *church planting* as the confessionally driven multiplication of congregations within a territory that was officially Christianized a long time ago."[39]

Nichtsdestotrotz dominierte aber in der protestantischen Theologie weiterhin das klassische Paradigma der *plantatio ecclesiae*, welches nun aber vor allem auf die beginnende, und im 19. Jahrhundert zu einem Höhepunkt kommende, Überseemission bezogen wurde.[40] Es ging auch hier darum, dass in den als heidnisch wahrgenommenen Gebieten eine institutionalisierte Kirche errichtet wurde. Dies

35 Paas, Church Planting, 20.

36 Vgl. ebd., 22. Anklänge an dieses Verständnis, welches nach Paas auch heute noch die katholische Theologie dominiert, finden sich auch bei P7, welcher dem anglo-katholischen Spektrum nahesteht. So spricht er sich dagegen aus, den Begriff *church planting* zu nutzen, da im Gebiet der *Church of England* ja durch das Parochialsystem bereits zahlreiche Kirchengemeinden bestehen. Der Begriff *church planting* meine eher die Errichtung eines neuen kirchlichen Außenpostens in einem Gebiet ohne bisherige kirchliche Präsenz. Vgl. Paas, Church Planting, 28–30; Transkript 4.7. Z. 10–25.

37 Die Darstellung von Paas hat hier die Schwäche, dass sie das Schisma von 1054, und damit die zunehmende Distanzierung zwischen der Katholischen und der Orthodoxen Kirche nicht in die Überlegungen mit einbezieht.

38 Vgl. Paas, Church Planting, 22.

39 Ebd. Kursive Hervorhebung aus dem Original übernommen.

40 Paas zeigt anhand des lutherischen Missionswissenschaftlers Gustav Warneck, dass zumindest in der protestantischen Missionswissenschaft das klassische Paradigma über einen längeren Zeitraum wirksam blieb, auch wenn in der Missionspraxis das moderne Paradigma an stetigem Einfluss gewann. Auf katholischer Seite hingegen blieb das Verständnis des klassischen Paradigmas bis heute bestehen. Vgl. Paas, Church Planting, 24–26.28–30.

geschah in der Regel durch einen Prozess von drei Phasen: Die auf Konversion zielende Evangelisierung der Bevölkerung, die Sammlung der neuen Christen durch Taufe und Gemeinschaftsbildung und die Gründung einer verfassten Kirche durch die Errichtung kirchlicher Strukturen und Institutionen.[41] Das klassische Paradigma schloss nicht aus, dass auch in bereits seit langem christianisierten Gesellschaften Mission nötig war. Hier ging man aber davon aus, dass diese im Modus seelsorgerlicher Begleitung durch die etablierten kirchlichen Strukturen erfolgte.[42]

10.2.2 Das moderne Paradigma: Gemeinde- statt Kirchengründung

Paas führt das Entstehen des, von ihm identifizierten, modernen Paradigmas von Gemeindegründung[43] auf die Missionsbewegung des 19. Jahrhunderts zurück. Wesentliche Einflussfaktoren waren dabei der zersplitterte europäische Protestantismus, die Aufklärung und eine Orientierung an dem, durch die Reformation erstmals aufgekommenen, Verständnis der Vermehrung neuer Gemeinden, in einem bereits seit langem christianisierten Gebiet.[44]

Das moderne, evangelikale Paradigma unterscheidet sich dabei durch folgende Merkmale vom klassischen Paradigma: (1) Der Fokus verschob sich von Kirchen- zu Gemeindegründung. Den Hintergrund für diese Entwicklung bildete die Erweckungs-[45] und Missionsbewegung[46] des 18. und 19. Jahrhunderts. Neube-

---

41 Vgl. ebd., 31.

42 Vgl. ebd.

43 Paas benutzt den Begriff *church planting* bzw. Gemeindegründung in einem weiten, umfassenden Sinne, wie er dem dargestellten fünften Verständnis des Begriffs Gemeindegründung in der *Church of England* entspricht. Vgl. ▹ Kapitel 6.1.5.

44 Vgl. Paas, Church Planting, 31.

45 Als Erweckungsbewegung werden Frömmigkeitsbewegungen bezeichnet, welche seit dem frühen 18. Jahrhundert den europäischen und nordamerikanischen Protestantismus in verschiedenen Wellen prägten. Erweckung wird dabei als „immer neue Aufrüttelung des Christen aus religiöser Lethargie zu einer bibelbezogenen und christozentrischen strengen geistlichen Lebensführung" verstanden. Es kam zu einer erneuten Betonung der Sündhaftigkeit des Menschen und seiner Angewiesenheit auf die Rechtfertigungsgnade Gottes. Vgl. Graf, Friedrich Wilhelm: Art. Erweckung/Erweckungsbewegung, in: RGG 2, 4. Auflage, Tübingen, 1999, 1490.

46 Als Missionsbewegung wird eine, vom europäischen und nordamerikanischen Protestantismus ausgehende, Phase intensiver missionarischer Unternehmungen im 19. Jahrhundert bezeichnet. Sie richtete sich vor allem auf die, als heidnisch wahrgenommenen, Länder des globalen Südens und Ostens, und wurde meist durch Missionsgesellschaften organisiert. Sie erfolgte zum Teil Hand in Hand mit der, vor allem durch die europäischen Mächte betriebenen Kolonialisierung, kritisierte diese aber auch. Merkmale der Missionsbewegung des 19. Jahrhunderts sind die empfundene Dringlichkeit von Mission, und der damit einhergehende hohe Grad an Organisation und Planung. Diese lassen sich in konzentrierter Form auch in dem, von John Raleigh Mott auf der Weltmissionskonferenz von Edinburgh im Jahr 1910 formulierten, Diktum der „Evangelisation der Welt in dieser Generation"

kehrte wurden in Gemeinschaften, Kleingruppen, Zirkeln und Klassen gesammelt. Daraus entwickelten sich eigenständige Gemeinden.[47] Zugleich kam es in Europa im 19. Jahrhundert in Folge der Zersplitterung des Protestantismus zu einer Welle denominational bestimmter Gemeindegründungen, welche sich zugleich auf die Überseemission übertrug und dort das klassische Konzept der *plantatio ecclesiae* weiter untergrub.[48]

Als ein weiteres Merkmal (2) weist Paas den „modernen" Charakter des Paradigmas aus. Darunter versteht er die Fokussierung auf die Erlösung Einzelner durch ein Konversionserlebnis.[49] Die Betonung von Individuum und Erfahrung seien typische Merkmale der Moderne. Dies treffe auch auf den hohen Grad an strategischer Planung und Organisation bei der Durchführung der Missionsbemühungen zu.[50]

Daran schließt sich ein drittes Merkmal an, welches Paas mit dem Begriff „organisches Wachstum" bezeichnet (3).[51] Paas beschreibt damit eine Denkschule von Gemeindegründung, welche unter Rückgriff auf biologische oder organische Metaphern auf die Multiplizierung von Gemeinden bei gleichzeitiger Reduktion ekklesiologischer Strukturen zielte. Er führt diesen Ansatz auf den Missionstheologen Roland Allen (1868–1947)[52] zurück. Dieser forderte in Bezug auf die Überseemission die Verbreitung des Evangeliums nicht mehr den Missionswerken zu überlassen, sondern dabei auf neu gegründete indigene Gemeinden zu setzen.[53] Nur dadurch käme es zu einer sich beschleunigenden Evangelisation des jeweiligen Gebietes. Zudem entspreche dieses Modell am ehesten der paulinischen Mission, wie man sie im Neuen Testament vorfände.[54] Hintergrund für Allens Forderung stellte die oft dauerhafte Abhängigkeit indigener Gemeinden von westlichen Partnerkirchen oder Missionsgesellschaften dar. Dies führte dazu, dass die neugegründeten Gemeinden zum Teil in der zweiten der drei Phasen des klassischen Paradigmas

---

wiederfinden. Vgl. Feldtkeller, Andreas: Art. Mission. II. Christentum. 2. Kirchengeschichtlich, in: RGG 5, 4. Auflage, Tübingen, 2002, 1282f.

47 Vgl. Paas, Church Planting, 32.

48 Vgl. ebd., 33.

49 Vgl. ebd., 34.

50 Vgl. ebd.

51 Vgl. ebd., 35–37.

52 Roland Allen war ein anglikanischer Geistlicher, welcher unter anderem als Missionar in China arbeitete. Mit seinem Einsatz für die Selbstständigkeit indigener Gemeinden und Kirchen beeinflusste er die Pfingstbewegung, die Befreiungstheologie und das chinesische *Three Self Movement*. Vgl. Jeffrey, Robert: Art. Allen, Roland, in: RGG 1, 4. Auflage, Tübingen, 1998, 311f.

53 Vgl. Paas, Church Planting, 35f.

54 Diese These wird von Allen zum ersten Mal in seiner Schrift *Missionary Methods. St Paul's or Ours?* im Jahr 1912 vorgetragen. Vgl. Allen, Roland: Missionary Methods. St Paul's or Ours? A Study of the Church in the Four Provinces, 4. Auflage, London, 1956.

verharrten und in den Augen der westlichen Missionare nicht als eigenständige Kirchen wahrgenommen werden konnten.[55]

Nach Paas kommt es in Allan's Ansatz zu einem Zusammenziehen der zweiten und dritten Phase des klassischen Paradigmas.[56] Die Sammlung der neuen Christen und die Kirchengründung werden zu einem Prozess, da mit Kirchengründung hier nun nicht mehr die Etablierung einer nationalen Kirche verstanden wird, sondern die Gründung von indigenen Ortsgemeinden im Mittelpunkt steht. Diese sind umgehend als „Kirche" im eigentlichen Sinne zu begreifen, und übernehmen von sich aus die weitere Evangelisation und damit einhergehend das Gründen weiterer Gemeinden und das Errichten kirchlicher Strukturen.[57]

Als ein viertes Merkmal des modernen Paradigmas nennt Paas schließlich den „wissenschaftlichen Ansatz" (4).[58] Mit diesem Begriff fasst Paas den Einfluss der, sich seit der Mitte des 20. Jahrhunderts formierenden Gemeindewachstumsbewegung (*church growth movement*) auf das moderne Gemeindegründungsparadigma zusammen. Als Gründervater der Gemeindewachstumsbewegung gilt der amerikanischer Theologe Donald McGavran (1897–1990). Dieser gründete nach seinem Einsatz als Missionar in Indien das *Institute of Church Growth* am *Fuller Theological Seminary* in Kalifornien.[59] McGavran propagiert eine auf Konversion zielende Evangelisation als wichtigste Aufgabe der Kirche.[60] Diese Evangelisation steht für ihn dabei in direktem Bezug zu einem numerischen Gemeindewachstum. Denn neu gewonnene Gläubige sollen in die Gemeinde integriert werden. Erst dann komme Evangelisation zu ihrem Ziel.[61]

Durch diese enge Verbindung von Evangelisation und Gemeindewachstum werden bei McGavran das numerische Wachstum bestehender Gemeinden und auch das Gründen von neuen Gemeinden zu einem Kernpunkt erfolgreicher Evangelisation: Das Wachstum von Gemeinden zeigt den Erfolg der evangelistischen Verkündigung.[62] In der Folge wird Gemeindewachstum zum Fokuspunkt der Überlegungen McGavran's. Durch den Rückgriff auf sozialwissenschaftliche Methoden sollen Faktoren für Gemeindewachstum identifiziert und durch deren Anwendung das Wachstum von Gemeinden gefördert werden. Es ist dieser „wissenschaftliche" Ansatz, den Paas als Beitrag der Gemeindewachstumsbewegung zum modernen

55 Vgl. Paas, Church Planting, 35.

56 Vgl. ebd., 38f.

57 Vgl. ebd., 36.

58 Vgl. ebd., 37–42.

59 Vgl. Shenk, Wilbert R.: Art. Church Growth Movement, in: RGG 2, 4. Auflage, Tübingen, 1999, 365.

60 Vgl. Herbst, Gemeindeaufbau, 257.

61 Vgl. ebd., 258.

62 Vgl. Paas, Church Planting, 39.

Gemeindegründungsparadigma sieht.[63] Zugleich zeigt Paas auch, dass dieser Ansatz dabei aber eher selten tatsächlichen wissenschaftlichen Standards entspricht und die daraus abgeleiteten Annahmen kaum einer eingehenden Überprüfung standhalten können.[64]

Darüber hinaus zeichnet sich die Gemeindewachstumsbewegung, neben einigen wenigen „evangelikalen Basissätzen", durch einen weitest gehenden Verzicht auf ekklesiologische und missionstheologische Festlegungen aus.[65] Diese bewusste theologische Unterbestimmung zielt darauf, dass sich möglichst viele Konfessionen und Denominationen der Konzeption anschließen mögen.[66] Als Folge sieht Paas eine „ekklesiologische Entleerung" vorliegen. Insbesondere in Bezug auf den McGavran Schüler Peter Wagner stellt er fest:

> „[…] Wagner effectively abolishes ecclesiology. ‚Church' is completely swallowed by ‚evangelism'; its only function is to be as efficient as possible as a recruitment agency. In this discourse church planting is therefore no longer a *result* of evangelization as in the classic model, but an *instrument* of it: world evangelisation happens by the multiplication of congregations. […] In the words of Peter Wagner: ‚The single most effective evangelistic methodology under heaven is planting new churches […].“[67]

Paas sieht im Ansatz der Gemeindewachstumsbewegung insgesamt eine fortgesetzte Radikalisierung der von ihm zuvor zusammengetragenen Merkmale des modernen Gemeindegründung-Paradigmas. Durch die von McGavran vorgenommene enge Verbindung von Evangelisation und Gemeindewachstum sieht Paas nun die beiden ersten Phasen des klassischen Paradigmas der *plantatio ecclesiae* in eins fallen: „In other words, evangelism and gathering – the first two stages of the classic process of church planting – have become virtually identical.“[68]

Zusammenfassend beschreibt Paas das von ihm identifizierte moderne Paradigma von Gemeindegründung als eine auf Vervielfachung von Gemeinden zielende Strategie, welche unter Mission vor allem Evangelisation versteht und den drei Phasen-Prozess des klassischen Paradigmas zu einer einzigen Bewegung zusammenzieht: „[...] the classic model of *plantatio ecclesiae*, with its three stages of evangelism, gathering, and constitution/planting, has collapsed into a single movement of evangelism-as-planting.“[69] Eine Folge dieser Verkürzung ist nach Paas,

63 Vgl. ebd., 38.

64 Vgl. ebd., 146–180.

65 Vgl. Herbst, Gemeindeaufbau, 256.

66 Vgl. ebd.

67 Paas, Church Planting, 40. Kursive Hervorhebungen aus dem Original übernommen.

68 Ebd., 39.

69 Ebd., 42. Kursive Hervorhebungen aus dem Original übernommen.

dass in Gebieten mit einer langen christlichen Präsenz, wie zum Beispiel Europa, Gemeindegründung zu einem ersten Schritt der Evangelisation wird, um vor allem „nominelle" Christen zu evangelisieren.[70] Paas sieht diese Verkürzung vor allem bei Gemeindegründungsprogrammen vorliegen, welche von nordamerikanischen Evangelikalen in Europa betrieben werden und hinterfragt deren Plausibilität.[71]

Auch die Gemeindegründungsszene in der *Church of England* ist in ihrem Ursprung vom Denken dieses modernen Paradigmas geprägt. Dies zeigt sich wiederum an der ersten britischen Veröffentlichung zum Thema Gemeindegründung, *How to plant Churches*, welche von der britischen *Church Growth Association* mitverantwortet wurde und deren Beiträge der Gemeindewachstumsbewegung verpflichtet sind.[72] Und auch Bob Hopkins greift in der ersten, auf den Bereich der *Church of England* zielenden, Veröffentlichung zum Thema Gemeindegründung wesentliche Gedanken des modernen Paradigmas auf, indem er Gemeindegründung nicht nur als Ziel einer vorangehenden Evangelisation, sondern auch umgekehrt Gemeindegründung als ein Instrument von Evangelisation versteht.[73] Hier wird also die von Paas diagnostizierte Verkürzung des klassischen drei Phasen-Modells nachvollzogen, indem Gemeindegründung und Evangelisation zu ein und derselben Sache verschmelzen. Direkt im Anschluss daran wird dann auch auf Donald McGavran Bezug genommen:

> „In summary, we see a cycle in which church planting is both the end and the beginning of evangelism. I believe it can be the very matrix of the life of evangelism and mission, a view supported by Donald McGavran who has been quoted as saying that '... actually church planting is the most effective method of evangelism under Heaven'."[74]

Neben dem Bezug auf die Gemeindewachstumsbewegung und deren „wissenschaftlichen Ansatz", lassen sich auch die anderen von Paas identifizierten Aspekte des modernen Paradigmas in Hopkins kurzem Entwurf wiederfinden. Das Gründen einzelner Gemeinden in einem vor langer Zeit christianisiertem Land steht im Mittelpunkt (Verschiebung von Kirchen- zu Gemeindegründung).[75] Dieses zielt auf die Konversion Einzelner und bedarf der Organisation und Planung, weswegen verschiedene Gemeindegründungsmodelle identifiziert und statistische Untersu-

70 Vgl. ebd.

71 Vgl. ebd., 43f.

72 Vgl. besonders Pointer, Guidelines, 20–33; Griffiths, Michael: Evangelism and Church Planting – Future Directions for Church Growth, in: Hill, Churches, 122–131.

73 Vgl. Hopkins, Church Planting. 1., 6f.

74 Ebd., 7.

75 Vgl. ebd., 3.

chungen vorgenommen werden (der „moderne" Charakter des Paradigmas).[76] Dies alles geschieht unter Zuhilfenahme organischer und biologischer Metaphern (Merkmal „organisches Wachstum").[77] In wie weit die heutige Gemeindegründungsszene diesem Paradigma noch folgt, soll in einem späteren Schritt untersucht werden. Zunächst muss noch auf das von Paas identifizierte dritte, als „spätmodern" bezeichnete Gemeindegründungs-Paradigma eingegangen werden.

10.2.3 Das spätmoderne Paradigma: Gemeindegründung als Innovation

Als spätmodernes Paradigma beschreibt Paas das Aufgreifen von Gemeindegründung durch protestantische westeuropäische Volks- und Großkirchen. Dies geschehe in Reaktion auf die kirchlichen Schrumpfungsprozesse und im Modus kirchlicher Innovation.[78] In der Darstellung dieses Paradigmas konzentriert sich Paas auf die *Church of England* und zeichnet in groben Zügen die Entstehungsgeschichte der Gemeindegründungsszene in und außerhalb der *Church of England* und das Entstehen der *fresh expressions of church*-Bewegung nach.[79] Dabei sieht er gerade in der *fresh expressions of church*-Bewegung eine innovative kirchliche Reaktion auf die Pluralisierung der Gesellschaft. Auch wenn Paas nicht jede neue Ausdrucksform von Kirche als Gemeindegründung begreift, so sieht er doch in dieser Bewegung einen entscheidenden Umschwung vom modernen Paradigma, welches Gemeindegründung primär als Instrument der Evangelisation versteht, zum spätmodernen Paradigma. Letzteres versteht Gemeindegründung primär als kirchlichen Innovationsprozess, zielt aber zugleich auch weiterhin auf Evangelisation:

> „Deeply rooted in the concept of *fresh expressions* is an awareness of rapid culture change and the increasing pluralization of society. Although not all *fresh expressions* are church plants, this opens at least in theory a perspective on innovation as an important reason for *church planting.* [...] this is connected with a classic emphasis on evangelism, namely reaching out to those who are outside the church."[80]

---

76 Vgl. ebd., 6.26.28f.

77 Vgl. ebd., 14–22.

78 Vgl. Paas, Chuch Planting, 44.46.

79 Vgl. ebd., 44–47.

80 Ebd., 47. Kursive Hervorhebung aus dem Original übernommen.

Mit der Ausstrahlung der *fresh expressions of church*-Bewegung in andere europäische Kirchen hinein wird Gemeindegründung damit zum „Laboratorium missionarischer und ekklesiologischer Erneuerung“ etablierter westeuropäischer Kirchen.[81]

Inwieweit dieses spätmoderne und auch das moderne Paradigma in der Gemeindegründungsszene der *Church of England* heute noch wirksam sind, soll im nächsten Schritt nachvollzogen werden. Dafür soll das von Paas entwickelte Schema von drei Grundmotiven für Gemeindegründung in Westeuropa Verwendung finden. Dieses wird nun vorgestellt werden.

10.3 Drei Grundmotive für Gemeindegründung in Westeuropa

Stefan Paas leitet aus den, von ihm identifizierten, modernen und spätmodernen Paradigmen von Gemeindegründung drei Hauptmotive für Gemeindegründung im heutigen Westeuropa ab. Diese bezeichnet er als *„Planting Better Churches“*, *„Planting More Churches“* und *„Planting New Churches“*.[82] Alle drei Motive werden im Folgenden vorgestellt, und auf ihr Vorkommen in der heutigen Gemeindegründungsszene der *Church of England* hin überprüft.[83]

10.3.1 Planting Better Churches – Konfessionell begründete Gemeindegründung

Unter dem Stichwort *„Planting Better Churches“* sammelt Stefan Paas Argumente für Gemeindegründung, welche sich auch durch den Begriff „konfessionell begründete Gemeindegründung“[84] zusammenfassen lassen. Darunter versteht Paas Gemeindegründung, welche als Reaktion auf eine wahrgenommene Schwäche der in einem Gebiet oder Land bereits existierenden Kirchen und Gemeinden betrieben wird.[85] Diese wahrgenommene Schwäche betrifft entweder die „Verwässerung“ des

81 Vgl. ebd.

82 Vgl. Paas, Church Planting, 49.

83 Paas macht deutlich, dass diese Motive immer in einer Mischform vorliegen. Vgl. Paas, Church Planting, 49. Dies lässt sich auch bei den für diese Arbeit geführten Experteninterviews beobachten. Wegen der besseren Übersichtlichkeit wird jedoch die von Paas vorgenommene differenzierte Darstellung auch hier verfolgt.

84 Paas diskutiert auch die möglichen Alternativbegriffe *sectarian church planting* und *denominational church planting*, kommt aber zum Schluss, dass ersterer Begriff zu negativ, letzterer Begriff zu positiv besetzt sein könnte. Vielmehr sei mit *confessional church planting* ein weitestgehend neutraler Begriff gefunden, welcher zugleich die historische Dimension solch begründeter Gemeindegründung wiederspiegele. Vgl. Paas, Church Planting, 54–57.

85 Vgl. ebd., 52.

Evangeliums durch eine falsche Glaubenslehre der existierenden Kirchen oder aber fehlende oder unzureichende Bemühungen in der Evangelisation der Bevölkerung:

> „Church planting in Europe is needed because of the failure, by and large, of existing churches to evangelize their nations properly. New churches, pure in doctrine and lifestyle, must replace (or at least complement) churches that have become heretic or lazy or both."[86]

Paas sieht dieses Motiv vor allem bei evangelikalen und freikirchlichen Gemeindegründungen vorliegen, welche sich um eine Reevangelisierung Europas bemühen.[87]

Eine abgeschwächte Version dieses Arguments sieht Paas in einem Ansatz, der dafür argumentiert, Gemeindegründungen zu betreiben, um eine größere Vielfalt an Gemeinden in einer Stadt oder einem Gebiet zu erreichen.[88] Sofern diese Vielfalt auch konfessionelle Vielfalt umfasst, ist dieser Begründungsansatz ebenso dem konfessionellen Motiv zuzuordnen.

Den Ursprung konfessionell begründeter Gemeindegründung sieht Paas in der Reformation und der daraus folgenden Aufsplitterung des europäischen Protestantismus. Es kam zur Bildung verschiedener, durch unterschiedliche Bekenntnisse getrennter, Konfessionen.[89] Diese Entwicklung ist unter dem Begriff der „Konfessionalisierung" zu fassen.[90] Paas zeigt anhand kirchengeschichtlicher Beispiele, wie der Täuferbewegung des 16. Jahrhunderts, den Baptisten in Großbritannien im 17. Jahrhundert, dem Pietismus im 17. und 18. Jahrhundert und dem Methodismus im 18. und 19. Jahrhundert, dass dieses konfessionelle Motiv in den letzten 500 Jahren ein wichtiger Grund für die Entstehung neuer Gemeinden in Europa war.[91] Er kommt zum Schluss, dass konfessionell begründete Gemeindegründung ein immer wiederkehrendes Phänomen in Europa darstellt.[92] Auch heute noch sei dies eine leitende Gründungsmotivation. Als Beispiele nennt er, neben den vom nordamerikanischen Evangelikalismus betriebenen Gemeindegründungsprogrammen, auch das Entstehen zahlreicher Migrationskirchen in Europa, welche zum Teil auch mit dem Anspruch entstünden, das Evangelium nach Europa zurück zu bringen.[93]

---

86 Ebd.

87 Vgl. ebd.

88 Vgl. ebd.

89 Vgl. ebd., 59.

90 Der Begriff der Konfessionalisierung steht für „die Formung von Staat, Gesellschaft und Kultur als Folge von Konfessionsbildung im Sinne der Ausbildung von dogmatischen Lehrsystemen". Vgl. Klueting, Harm: Art. Konfessionalisierung, in: RGG 4, 4. Auflage, Tübingen, 2001, 1547.

91 Vgl. Paas, Church Planting, 62–83.

92 Vgl. ebd., 88.

93 Vgl. ebd.

Nach Paas haben alle diese Erneuerungsbewegungen – die historischen wie die heutigen Beispiele – drei Elemente gemeinsam:

> „[...] (a) a critical diagnosis of the existing churches in Europe, (b) a contagious joy of having discovered what Christianity is all about [...] and (c) a mission of (re)evangelizing Europe by the application of this newly found gospel resulting in individual conversions and new churches.“[94]

Paas unterzieht das Motiv der konfessionell begründeten Gemeindegründung einer kritischen Bewertung. Den von ihm untersuchten historischen Bewegungen bescheinigt Paas einen missionarischen Eifer, welcher Evangelisation und diakonisches Engagement miteinander verband.[95] Nach Paas' Auffassung trugen sie auch wesentlich dazu bei, dass Mission als eine Aufgabe der lokalen Gemeinde verstanden wurde: „[...] the early Protestant church planters were pioneers of a missionary ecclesiology. Their mobilization of ordinary Christians put mission back into the heart of the congregation.“[96] Ebenfalls äußerst positiv bewertet Paas die von ihnen im Gegensatz zu den vom Klerus dominierten Amtskirchen betriebene Ermächtigung gewöhnlicher Christen, und macht bei ihnen eine, die kirchliche Praxis als auch die Theologie bestimmende Innovationskraft aus, welche langfristig auch die etablierten Kirchen beeinflusst hätte.[97]

Heutige konfessionell begründete Gemeindegründung sieht Paas jedoch wesentlich kritischer. So bewertet er die evangelistischen Bemühungen neuerer Gemeindegründungen in Westeuropa als ambivalent. Diese zielten oft auf die Mitglieder der jeweiligen Großkirchen, da sie diese als Traditionschristen verstünden, welchen es an einer echten Konversion mangele. Diese Sicht sei auf der einen Seite gerechtfertigt, da ein Großteil der Menschen, die einer der westeuropäischen Großkirchen angehören, keine eigene religiöse Praxis pflegten, geschweige denn an kirchlichen Veranstaltungen teilnehmen würden. Dies lasse den Wunsch, diese Menschen mit dem Evangelium von Jesus Christus neu zu konfrontieren, als legitim erscheinen.[98] Zugleich geht Paas davon aus, dass in der Praxis neue Gemeindegründungen durch das Abwerben aktiver und gläubiger Mitglieder der Großkirchen wachsen, diese aber aufgrund einer Tauftheologie, welche lediglich die Erwachsenentaufe anerkennt, von den neuen evangelikalen Gemeindegründungen als „echte“ Konvertiten

94 Ebd.

95 Vgl. ebd., 85.

96 Ebd., 89.

97 Vgl. ebd., 85f.

98 Vgl. Paas, Church Planting, 92.

gesehen werden.[99] Paas bezeichnet dies als Proselytismus[100] und kommt zu dem Schluss, dass diese Praxis im zunehmend säkular geprägten Westeuropa die eigentliche Aufgabe weitestgehend unbearbeitet lasse.[101] Weiter kritisiert Paas, dass es sich viele der neueren Gemeindegründungen zur Aufgabe gemacht haben zur Reevangelisierung Europas beizutragen.[102] Paas sieht dies als ein Projekt, welches zum einen einer biblischen und theologischen Legitimation entbehre, und zum anderen jenseits menschlicher Machbarkeit liege.[103]

Damit verbunden merkt Paas an, dass die meisten neueren Gemeindegründungen in ihrer Evangelisation einen erweckungszentrierten Ansatz wählten, da dies dem historischen Ursprung konfessionell ausgerichteter Gemeindegründung entspreche.

> „In this context, conversion was essentially an intensification of religious beliefs that were somehow familiar to the general population. Turning from nominal to regenerated Christianity meant not a change of religion [...], but a deeper experience of what one actually believed all along."[104]

Ein erweckungszentrierter Evangelisationsansatz bedarf nach Paas aber einer christlich geprägten Kultur, welche über ein Basiswissen in Bezug auf den christlichen Glauben verfügt, und auch ein gewisses Maß an christlichen Glaubenssätzen für wahr hält, und dadurch dem christlichen Glauben gegenüber grundsätzlich offen eingestellt ist.

> „In short, the basic structure of evangelical church planting theory assumes a fertile ground for conversions (a revivalist approach) and a general cultural sympathy for the kind of changes that kingdom-minded communities bring about."[105]

Dies sei in weiten Teilen Europas aufgrund einer zunehmenden Säkularisierung nicht mehr gegeben.[106] Stattdessen bedürfe es in diesem Kontext eines wahrhaft

---

99 Vgl. ebd., 92f.

100 In einem modernen missionswissenschaftlichen Verständnis bezeichnet der Begriff Proselytismus systematisch betriebene „auf innerchristliche Konfessionswechsel zielende Bemühungen". Vgl. Grundmann, Christoffer H.: Art. Proselyten/Proselytismus. III: Missionswissenschaftlich, in: RGG 6, 4. Auflage, Tübingen, 2003, 1719.

101 Vgl. Paas, Church Planting, 93.

102 Vgl. ebd., 97f.

103 Vgl. ebd., 98–100.

104 Ebd., 102.

105 Ebd.

106 Vgl. ebd.

missionarischen Ansatzes, welcher nicht nur aus Evangelisation und Gemeindegründung bestünde, sondern vielmehr darauf ziele, die noch übrige christliche Prägung der europäischen Kultur zu erhalten und zu stärken.[107]

Als letztes widmet sich Paas dem Verhältnis von konfessionell begründeter Gemeindegründung und der Einheit der Kirche. Paas plädiert hier für eine Einheit in Vielfalt, welche strukturelle und konfessionelle Unterschiede zulässt, aber auf die Zusammenarbeit verschiedener Denominationen und Konfessionen in ihrem missionarischen Anliegen setzt.[108] Zunächst sollte aber geprüft werden, ob eine neue Gemeindegründung überhaupt nötig sei.

> „In my opinion every new church planting project challenges its mother church or its denomination with this question: are we still convinced that our confessional identity justifies our independent existence? Is there still enough reason to extend our denominational presence in yet another area? Only if this question can be answered with integrity and clarity, and with full attention to the local situation, may a church plant be justified in areas where there are churches already.“[109]

Stattdessen könnte der Gemeindegründer seine Dienste auch zunächst den bereits existierenden Kirchengemeinden anbieten.[110]

Kommt man zum Schluss, dass die Gründung einer weiteren Gemeinde gerechtfertigt ist, so müsse dies in dem Bestreben geschehen, den bereits existierenden Gemeinden zu helfen die Aufgabe der Mission ebenfalls verstärkt wahrzunehmen.[111] Zum anderen sollte die Einheit der Kirche betont werden: Für Paas umfasset dies den Verzicht auf öffentlich geäußerte Kritik an anderen Gemeinden und Kirchen, die Teilnahme in bereits bestehenden, lokalen kirchlichen Netzwerken, den Besuch von Gottesdiensten und weiteren Veranstaltungen von anderen Gemeinden, den Verzicht auf die Anwerbung aktiver Mitglieder anderer Gemeinden, das Bestreben mit anderen Gemeinden zu kooperieren und die öffentliche Würdigung der Leistungen der bereits bestehenden Gemeinden.[112]

Auch in der heutigen Gemeindegründungsszene der *Church of England* ist das konfessionelle Motiv ein Argument für das Gründen von Gemeinden. Den Hintergrund hierfür bildet die inneranglikanische Ökumene der unterschiedlichen theologischen Traditionsströme, welche in dieser Arbeit in die drei Großgruppen Evangelikales Spektrum, anglokatholisches Spektrum und Central / Broad Church

107 Vgl. Paas, Church Planting, 105.
108 Vgl. ebd., 107.
109 Ebd., 108.
110 Vgl. ebd., 107.
111 Vgl. ebd., 108f.
112 Vgl. ebd., 109.

gegliedert wurden. Dabei kommen beide Spielarten konfessionell begründeter Gemeindegründung vor: Gemeindegründung aufgrund der wahrgenommenen Schwäche anderer Traditionsströme, was die Glaubensauffassung und die missionarischen Bemühungen angeht. Und Gemeindegründung mit der Motivation möglichst die ganze Vielfalt und Breite inneranglikanischer Gruppierungen in einem Gebiet abzubilden. So äußert sich P2 im Sinne der ersten Begründung wie folgt:

> „[...] different churches will have different theological positions. And across the spectrum of belief there are going to be points at which a church moves from being acceptable to unacceptable for those of a different theological position. So, you know, I'm an Evangelical, I believe in the authority of the Bible. And so inevitably there will be some churches that [...] not only don't share my convictions, but therefore are preaching a different gospel. And so, in other words, that's got huge implications. If, for example, that [...] is a parish of 10.000 people, that's 10.000 people who haven't got the gospel in their midst. [...] That's a breach. So sometimes there are good reasons for planting where [...] there is a [...] different theological position, I think. A different expression of church is a kinder way of putting it, but, I think, that's just nice language, that [...] covers up the reality."[113]

P3 äußert sich hingegen im Sinne einer möglichst großen theologischen Vielfalt als Begründung für Gemeindegründungen:

> „Yes, so other ones, which are just slightly more controversial, would be that, if you got a different tradition of church, so Anglo-Catholic, or Liberal, or [...] Evangelical, whatever. So that would be a reason to say, 'Actually we want to have more variety.'"[114]

P7 benennt die möglichen negativen Auswirkungen konfessionell motivierter Gemeindegründung und sieht dadurch die Einheit der *Church of England* gefährdet:

> „[...] some congregations [...] will simply plant into another parish without consultation with the parish priest and the congregation as though they didn't exist. But [...] the people planting and the [existing] congregation are part of the Church of England. I think that's extremely damaging. It's often about a theological difference of opinion. So, they will say, 'Well, we think you're unimportant. We think your numbers are small. We think, theologically you're not [...] really cutting it. So, we will bring our people and we will do

113 Transkript 4.2., Z. 173–192.

114 Transkript 4.3., Z. 162–166. Vgl. ebenso Transkript 4.4.2., Z. 164–175.

something else to meet the needs of this area.' [...] That's very unhelpful. I think that's where a household is divided against itself."[115]

Insgesamt wurde das konfessionelle Motiv in den geführten Interviews jedoch in einem deutlich geringeren Umfang zur Begründung von Gemeindegründung herangezogen als dies für die beiden folgenden Motive der Fall war. Dies kann als Hinweis darauf gedeutet werden, dass es in der *Church of England* lediglich eine untergeordnete Rolle spielt. Zugleich könnten hier aber auch andere Faktoren, wie zum Beispiel die Auswahl der Interviewpartner, eine Rolle spielen. So ist zu vermuten, dass das konfessionelle Motiv in der Teilgruppierung der konservativen Evangelikalen, aufgrund der separatistischen Tendenzen dieser Gruppe, eine größere Rolle spielt als es in den anderen Teilen des evangelikalen Spektrums der Fall ist.[116] Es bleibt festzuhalten, dass die Vielfalt der inneranglikanischen Traditionsströme das Vorkommen dieses Motivs als Begründung für Gemeindegründung in der *Church of England* begünstigt.

10.3.2 Planting More Churches – wachstumsorientierte Begründungen für Gemeindegründung

Unter dem Stichwort „*Planting More Churches*" fasst Paas wachstumsorientierte Argumente für Gemeindegründung zusammen. Das heißt, dass das Gründen neuer Gemeinden damit begründet wird, dass dadurch in besonderer Weise evangelistische Erfolge erzielt werden können und es somit zu einem numerischen Wachstum der gesamten Kirche kommt. Paas führt diese Begründungen auf die Gemeindewachstumsbewegung und das von ihr geprägte, moderne Paradigma von Gemeindegründung zurück. Nach Paas folgt das Denken der Gemeindewachstumsbewegung dabei einem einfachen Dreischritt, der aus zwei angenommenen Voraussetzungen und einer Schlussfolgerung besteht:

1. Die theologische Voraussetzung: Das Ziel von Mission ist Gemeindewachstum.
2. Praktische Voraussetzung: Gemeindegründung ist die beste Methode um Gemeindewachstum zu generieren.
3. Strategische Schlussfolgerung: Es sollten viele neue Gemeinden gegründet werden.[117]

Die beiden ersten Punkte bedürfen nach Paas einer eingehenden Überprüfung, da es sich seiner Meinung nach um bloße Postulate handelt.

---

115 Transkript 4.7., Z. 322–336.

116 Vgl. dazu die Darstellung in ▷ Kapitel 25.5.2, Kapitel 9.1.2, Kapitel 9.2.2.

117 Vgl. Paas, Church Planting, 114.

Diese Überprüfung nimmt Paas bei der theologischen Voraussetzung durch eine Gegenüberstellung der beiden Begriffe „Kirche" und „Welt" vor.[118] Paas hält der theologischen Voraussetzung – das Ziel von Mission ist Gemeindewachstum – entgegen, dass nach dieser Auffassung die Welt langfristig zur Kirche werden müsste. Das heißt, dass es das Ziel christlicher Anstrengungen sein müsste, jeden Menschen zum christlichen Glauben zu bekehren.[119] Zwar existierten biblische Aussagen, die ein solches Verständnis auf den ersten Blick nahe legten (Phil 2,9-11), dabei handle es sich aber um eine eschatologische Verheißung. Somit läge sie in Gottes Verantwortung und entziehe sich jeglicher menschlicher Machbarkeit.[120] Darüber hinaus sei es genauso biblisch, die Position der Kirche in der Welt als die einer Minderheit zu verstehen, deren Aufgabe im Zeugnisdienst für das Evangelium bestehe, aber keinesfalls darin die gesamte Welt zur Kirche zu machen.[121] Letztlich käme es durch die theologische Voraussetzung zu einer Abwertung der Welt, welche nur noch in einem negativen Sinne als eine Sammlung „verlorener Seelen" erscheine. Dies entspreche aber nicht dem Verhältnis Gottes zur Welt.[122] Darüber hinaus sei die Kirche selbst auf das Gegenüber der Welt angewiesen. „The church can only be the church if there remains a world outside of her, challenging her, threatening her, and sometimes welcoming her."[123]

Paas spricht sich dabei nicht generell gegen gemeindliches und kirchliches Wachstum aus: „I believe that the church, if anything, must be an inviting and recruiting church. It must yearn to find new people to add to its community of worship."[124] Auch wenn Paas die Annahmen der Gemeindewachstumsbewegung nicht teilt, so sei es doch aus zwei Gründen unabdingbar, dass sich die Kirchen um die Gewinnung neuer Menschen bemühten. Zum einen bedeute es das Ende einer jeden Institution, wenn sie nicht effektive Methoden zur Gewinnung neuer Mitglieder entwickle. Und zum anderen entspräche es dem Auftrag der christlichen Gemeinden, den Glauben zu verkündigen und Menschen dazu einzuladen, diesen Glauben zu teilen.[125] Das Verfolgen dieses Auftrages resultiere aber nicht immer in Gemeindewachstum. Vielmehr könne es Bedingungen geben, unter denen Gemeinden

---

118 Im Hintergrund der hier von Paas geführten Diskussion steht die ökumenische Debatte um die Struktur der misisonarischen Gemeinden. Diese beschäftigte sich in besonderer Weise mit dem Verhältnis der Begriffe „Kirche", „Mission" und „Welt". Vgl. Paas, Church Planting, 119. Für einen Überblick, eine kritische Bewertung und die Zusammenstellung der wichtigsten Literatur vgl. Herbst, Gemeindeaufbau, 172–198.431.

119 Vgl. Paas, Church Planting, 115.

120 Vgl. Paas, Church Planting, 115f.119f.

121 Vgl. ebd., 116.

122 Vgl. ebd., 118f.

123 Ebd., 119.

124 Ebd., 120.

125 Vgl. ebd., 122.

diesem Auftrag zwar gerecht würden, aber aufgrund innerer und äußerer Umstände nicht an Zahl wüchsen, selbst dann, wenn sich ihnen ab und an neue Menschen anschlössen.[126]

Paas vollführt mit der hier dargestellten Kritik an der Gemeindewachstumsbewegung eine Gratwanderung. Er warnt vor einer missionarisch motivierten Selbstüberforderung (Die Welt muss zur Kirche werden!) und sieht die Gefahr einer missionarisch motivierten Selbstermächtigung (*Wir* müssen die Welt zur Kirche machen!). Zugleich weist er auf die Aufgabe der Kirche in der Welt hin: Sie soll Zeugin des Evangeliums sein. Sie soll von Christus reden und die Menschen zum Glauben an ihn einladen. Evangelisation wird als Zeugnisdienst verstanden, im Gegensatz zur Gemeindewachstumsbewegung aber nicht in einem automatischen Zusammenhang mit Gemeindewachstum stehend gesehen. Mit dieser Argumentation folgt er auf der einen Seite den „ökumenischen Theologen", welche in der Debatte um die Struktur der missionarischen Gemeinde, Mission im Sinne einer „Missionierung" als Irrweg deklarierten und zurückwiesen.[127] Auf der anderen Seite widersteht er anscheinend umgekehrt der Gefahr eine ebenfalls von den ökumenischen Theologen vorgenommene Verkürzung nachzuvollziehen und das göttliche Heil primär als das Erreichen eines „heilen menschlichen Miteinanders" („Schalom") zu verstehen.[128] So betont Paas die Bedeutung der Gemeinde und ihres Auftrags „Außenstehende mit dem Glauben und ihrem Gründer"[129] in Berührung zu bringen. Dies legt nahe, dass er die Gemeinde nach wie vor als eschatologische Heilsgemeinschaft versteht.[130] Eine noch größere Klarheit an diesem Punkt wäre allerdings wünschenswert gewesen.

In Bezug auf die praktische Voraussetzung sammelt Paas zunächst die Argumente, welche von der Gemeindewachstumsbewegung zur Stützung der „Praktischen Voraussetzung" vorgebracht werden. Paas fasst diese in vier Punkten zusammen:[131]

1. Gemeindegründung fördere Wachstum, da *neue* Gemeinden schneller als bestehende wüchsen. Grund hierfür sei die höhere Motivation für Evangelisation und die Bereitschaft dabei möglichst innovativ vorzugehen.

---

126 Vgl. ebd., 120.

127 Vgl. Herbst, Gemeindeaufbau, 193.

128 Vgl. ebd., 194f.

129 Vgl. Paas, Church Planting, 122.

130 So formuliert Herbst in Bezug auf ein Verständnis der Gemeinde als eschatologischer Heilsgemeinschaft: „Gemeindeaufbau im Neuen Testament ist insofern missionarisch, als es ihm darum geht, die Fernstehenden für den Glauben zu gewinnen und – mit eben solcher Dringlichkeit – sie der Gemeinschaft des Glaubens, der Hausgenossenschaft der *familia Dei* zuzuführen." Herbst, Gemeindeaufbau, 194.

131 Für die folgende Auflistung vgl. Paas, Church Planting, 125.

2. Gemeindegründung fördere Wachstum, da *kleine* Gemeinden schneller als große Gemeinden wüchsen. Kleinere Gemeinden seien zwangloser und flexibler und von einem intensiveren Gemeinschaftsgefühl geprägt, was anziehend wirke.
3. Gemeindegründung fördere Wachstum, da neue Gemeinden die Auswahl möglicher Gemeinden für religiös Interessierte erhöhten.
4. Gemeindegründung fördere Wachstum, da sie andere Gemeinden herausfordere aktiv(er) zu werden.

Nach Paas verbindet diese Argumente, dass sie davon ausgehen, dass der Schlüssel für Gemeindewachstum in der Gründung von mehr und besseren Gemeinden liegt. Das Problem als auch die Lösung für eine erfolgreiche Evangelisation wird also einseitig auf der kirchlichen Angebotsseite verortet. Außen vorgelassen bleibt, dass auch ein Mangel an Empfänglichkeit für den christlichen Glauben in einer Bevölkerung oder Bevölkerungsgruppe ein Hindernis darstellen könnte. Ein solche geringe „Nachfrage" könne nicht einfach durch eine verbesserte Angebotsstruktur überwunden werden.[132] Paas diagnostiziert, dass es gerade diese Einseitigkeit ist, die das Denken der Gemeindewachstumsbewegung attraktiv für Gemeindegründer macht. Gemeindewachstum wird dem Bereich des menschlich Verfügbaren zugeordnet. Gemeindewachstum wird dadurch „machbar".[133]

Neben dieser grundsätzlichen Kritik überprüft Paas die von der Gemeindewachstumsbewegung vorgebrachten Argumente für die Wachstum generierende Dynamik von Gemeindegründung. Dies geschieht unter Einbezug der *Religious Market Theory*[134] und empirischer Studien.[135] In der Folge kommt Paas zu einer differenzierten Bewertung der vier Argumente.

---

132 Vgl. Paas, Church Planting, 125f.

133 Vgl. Paas, Church Planting, 126. Vgl. dagegen die von Michael Herbst vorgetragene Rede von einer, auf den Gemeindeaufbau bezogenen „theonomen Reziprozität". Diese bestimmt Jesus Christus als das Subjekt des Gemeindeaufbaus und damit als Urheber für ein mögliches gemeindliches Wachstum, betont dabei aber zugleich „ein entschiedenes und gezieltes menschliches Mit-Tun". Vgl. Herbst, Gemeindeaufbau, 66f.

134 Unter dem Begriff der *Religious Market Theory* („Markt der Religionen") werden religionssoziologische Konzepte gefasst, welche unter Aufnahme des marktwirtschaftlichen Prinzips von Angebot und Nachfrage die Entwicklung von religiösen Organisationen zu erklären versuchen. So sehen zum Beispiel Roger Finke und Rodney Stark einen positiven Zusammenhang zwischen einem pluralen religiösen Angebot und einer hohen religiösen Nachfrage. Für einen Überblick vgl. Pickel, Gert: Säkularisierung, Individualisierung oder Marktmodell? Religiosität und ihre Erklärungsfaktoren im europäischen Vergleich, in: Kölner Zeitschrift für Soziologie und Sozialpsychologie 62, (2) 2010, 222. Vgl. auch Stark, Rodney / Finke, Roger: Acts of Faith. Explaining the Human Side of Religion, Berkeley, 2000.

135 Paas kann dabei zeigen, dass die in der Literatur der Gemeindewachstumsbewegung zitierten Belege oft einer wissenschaftlichen Grundlage entbehren. Dies betrifft die Erhebungsmethoden

Das erste Argument – neue Gemeinden würden schneller als bestehende Gemeinden wachsen – kann Paas aufgrund der ihm vorliegenden empirischen Daten weder belegen noch widerlegen. Zugleich kommt Paas aufgrund einer empirischen Untersuchung von Gemeindegründungen in den Niederlanden zu dem Schluss, dass mit hoher Wahrscheinlichkeit die geographische Lage und die bewusste missionarische Ausrichtung einer Gemeinde wichtigere Einflussfaktoren für das Wachstum einer Gemeinde sind als deren Alter.[136] Die geographische Lage spielt eine wichtige Rolle, da Gemeindegründungen besonders oft in Gegenden vorgenommen werden, die ein Bevölkerungswachstum vorweisen und damit von einer generellen Wachstumsdynamik profitieren können.[137] Etablierte Gemeinden hingegen weisen eine gleichmäßige Verteilung über alle geographischen Räume auf und profitieren damit im Schnitt deutlich seltener von demographischen Dynamiken.[138] Zudem gibt Paas zu bedenken, dass solche demographischen Wachstumsfaktoren lediglich für ein allgemeines Gemeindewachstum verantwortlich gemacht werden können, welches nicht per se als Konversionswachstum begriffen werden kann, sondern ebenso Transferwachstum sein wird.[139] Paas sieht an diesem Punkt eine mögliche Leistung von Gemeindegründung, da sie bestehenden Denominationen helfen könnte auf solche demographischen Verschiebungen zu reagieren.[140]

Der Grad an missionarischem Engagement hingegen könnte in der Tat ein Faktor sein, der bei Gemeindegründungen höher ausfällt, da sie ja aufgrund eines missionarischen Impetus gegründet werden und zudem auf ein gewisses Maß an Wachstum angewiesen sind, um dauerhaft bestehen zu können.[141] Zugleich ist ein hohes missionarisches Engagement nicht per se ein Merkmal von Gemeindegründungen. Auch länger bestehende Gemeinden können dieses entwickeln. Somit ist

(oft werden lediglich Gemeindeleiter um eine Einschätzung gebeten, diese dann aber als objektive Belege verwendet) als auch die Frage, was gemessen wird. So wird oftmals keine klare Unterscheidung zwischen Transfer- und Konversionswachstum getroffen und es wird auch nicht unterschieden, ob Neuhinzugekommene bereits schon einmal deutliche Berührungspunkte mit einer Kirchengemeinde hatten. Vgl. Paas, Church Planting, 153–159.

136 Vgl. ebd., 143.179.

137 Vgl. ebd., 159. Vgl. auch Bruce, Steve: Secularization and Church Growth in the United Kingdom, in: Journal of Religion in Europe 6, 2013, 279f.

138 Gemeindegründungen erfolgen überaus häufig in urbanen Räumen. Urbane Räume sind in Westeuropa generell Zuzugsgebiete und weisen damit ein stetiges Bevölkerungswachstum auf. Einen solchen Zusammenhang von demographischem und gemeindlichem Wachstum sieht auch die Studie *Church Growth in Britain*. Vgl. Paas, Church Planting, 164.175f; Goodhew, David (Hg.): Church Growth in Britain. 1980 to the Present, Ashgate Contemporary Ecclesiology Series, Farnham, 2012, 8.255.

139 Vgl. Paas, Church Planting, 159.

140 Vgl. ebd.

141 Vgl. ebd., 175f.

dies kein zwingendes Argument für Gemeindegründung, sondern gestaltet sich vielmehr als wichtige Aufgabe geistlicher (Gemeinde-)Leitung.

Zu teilweise ähnlichen Schlussfolgerungen wie Paas kommt auch Bob Jackson in seiner Analyse des Wachstums der Diözese von London in den 1990er und 2000er Jahren.[142] Seiner Ansicht nach spielen demographische Wachstumsprozesse eine ausschlaggebende Rolle für Gemeindewachstum in Gemeinden der anglikanischen Diözese von London.[143] Darüber hinaus sieht er aber auch im Instrument der Gemeindegründung selbst und in einer auf Wachstum zielenden diözesanen Strategie weitere Gemeindewachstum fördernde Faktoren.[144] Ähnlich wie Paas sieht Jackson damit die Möglichkeit, dass ein besonderes missionarisches Engagement zumindest eine Teilursache für ein mögliches Gemeindewachstum sein könnte.

Demgegenüber warnt Steve Bruce davor, das Wachstum einzelner Gemeinde(gründungen) als Nachweis für ein generelles Kirchenwachstum zu sehen. Auch er weist auf demographische Effekte hin.[145] So würde das Wachstum einzelner Gemeinden bei weitem nicht das durch Zuzug ausgelöste Bevölkerungswachstum in Großstädten ausgleichen, so dass gesamtkirchlich weiterhin von einem Schrumpfungsprozess auszugehen sei.[146] Darüber hinaus könnte das Wachstum einzelner Gemeinden auch auf Transferwachstumsprozesse zurückzuführen sein.[147]

An dieser Stelle muss auf die Ergebnisse der von der *Church Army Research Unit* durchgeführten Untersuchungen hingewiesen werden. Diese zeigen deutlich, dass die missionarischen Bemühungen von neuen Ausdrucksformen von Gemeinde und auch von klassischen Gemeindegründungen Erfolg haben, auch wenn nur ein Teil des Wachstums auf Konversionswachstum zurückzuführen ist. Dies stützt die These, dass nicht allein demographische Faktoren, sondern auch der Grad des missionarischen Engagements eine Rolle spielt.

Auch für das zweite Argument, kleinere Gemeinden wüchsen schneller als große, findet Paas keine unmittelbaren Belege. Entscheidender als die Größe sei die Art der Gemeinde. In Auseinandersetzung mit einem Argumentationsstrang der *Religious Market Theory* kommt er zum Schluss, dass es besonders konservativere Gemein-

---

142 So sank die Zahl der, auf der *electoral role* eingetragenen, Gemeindeglieder der Diözese von London von 66.000 Personen im Jahr 1978 auf 45.000 Personen im Jahr 1990, um im Jahr 2014 die Marke von 70.000 Personen zu erreichen. Vgl. Jackson, Bob: The Diocese of London and the Anglican church in London, 1980 to the present, in: Goodhew, David / Cooper, Anthony-Paul (Hg.): The Desecularisation of the City. London's Churches, 1980 to the Present, Abingdon, 2019, 263.

143 Vgl. Jackson, London, 267.270.

144 Vgl. ebd., 267–273.275f.

145 Er nennt unter anderem den generellen Zuzug in Großstädten, als auch die Immigration von Menschen aus religiöseren Kulturen. Vgl. Bruce, Secularization, 279.288f.

146 Vgl. ebd., 279f.

147 Ebd., 280.

den seien, die einen größeren Wachstumserfolg vorweisen könnten.[148] Dies liege an einer von konservativeren Gemeinden vollzogenen bewussten Abgrenzung gegenüber der sie umgebenden Kultur, welche dazu führe, dass sich Gemeindeglieder der Gemeinde gegenüber stärker verbunden fühlten und diese seltener verließen. Zugleich könnten solche Gemeinden missionarisch motivierte Gemeindeglieder vorweisen, was zumindest zu einem gewissen Wachstum durch Konversionen führen könne.[149] Allgemein sieht Paas jedoch die Wachstumschancen von theologisch konservativ ausgerichteten Gemeinden im säkularisierten Westeuropa als eher gering an.[150]

Beim dritten Argument – Gemeindegründungen erhöhen die Auswahlmöglichkeiten für religiös Interessierte und fördern dadurch Gemeindewachstum – sieht Paas die größte Stichhaltigkeit. Laut Paas stellt dies eine der überzeugenden Argumentationslinien sowohl der *Religious Market Theory* als auch der Gemeindewachstumsbewegung (*homogenous unit principle*) dar.[151] Paas gibt jedoch zu bedenken, dass dieser mögliche Effekt zugleich durch einen generellen Rückgang der Nachfrage nach organisierter Religion in Westeuropa beschränkt wird.[152]

Dem vierten Argumentationsstrang – Gemeindegründungen förderten den Wettbewerb zwischen Kirchengemeinden und führten somit zu größeren missionarischen Anstrengungen – hält Paas entgegen, dass dieser Wettbewerb genauso auch zu einem negativen Effekt im Sinne fortschreitender kirchlicher Aufsplitterung und steigender innerkirchlicher Konflikte führen könne.[153] Beide Effekte seien grundsätzlich vorstellbar.

Mit dieser sehr ambivalent ausfallenden Analyse, der von der Gemeindewachstumsbewegung vertretenen Argumente, kommt Paas zum Schluss, dass keine eindeutigen und überzeugenden Gründe dafür vorliegen, dass mit dem Gründen neuer Gemeinden zwingend größere evangelistische Erfolge einhergehen müssen. „Altogether, we may conclude that there is no theoretical foundation for the general

148 Hintergrund dieser These ist die Annahme, dass Mitglieder solcher Gemeinden generell eine größere Bindung zur Gemeinde aufweisen und missionarisch motivierter sind. Dies kann zu einer Reduktion der Zahl der Personen führen, welche die Gemeinde verlassen und eventuell auch zu einem höheren missionarischen Erfolg führen. Auch sieht Paas einen Zusammenhang zwischen einer konservativen Theologie und traditionellen Geschlechterrollen, welche zu einer größeren Anzahl von Kindern in solchen Gemeinden führe und somit zu einem „biologischen“ Gemeindewachstum. Vgl. Paas, Church Planting, 135.

149 Vgl. ebd., 143.

150 Vgl. ebd.

151 Vgl. Paas, Church Planting, 133. Diese Argumentationslinie wird auch durch die Erkenntnisse der Milieutheorie gestützt. Vgl. ▹ Kapitel 12.2, Kapitel 12.5. Beachte auch ▹ Kapitel 20.2.2.

152 Vgl. Paas, Church Planting, 143.

153 Vgl. ebd.

claim that church planting is a remedy against the decline of the church in Western Europe."[154]

Aufgrund der ihm zur Verfügung stehenden empirischen Studien, kommt Paas zudem zu folgenden Schlüssen: Grundsätzlich stellt es sich als äußerst schwierig heraus Konversionswachstum zu messen, da weder die Zahl an durchgeführten Taufen noch das generelle Wachstum von Gemeinden einen eindeutigen Hinweis auf den religiösen Hintergrund der Täuflinge, beziehungsweise der neu hinzugekommenen Gottesdienstbesucher gibt.[155] Paas fordert deshalb qualitative Untersuchungen, welche den religiösen Hintergrund von Gemeindebesuchern in Gemeindegründungen als auch in seit längerem bestehenden Gemeinden analysieren.[156] Die statistischen Belege, welche in der von Paas ausgewerteten „Gemeindegründungsliteratur" angeführt werden, stellen sich bei näherer Überprüfung meist als wertlos heraus, da sie nicht wissenschaftlichen Standards entsprechen.[157]

Zusammenfassend kommt Paas zu folgenden Schlussfolgerungen: Wenn Gemeindegründungen ein Gemeindewachstum aufweisen, dann entfällt ein großer Anteil auf den Wechsel von Personen, die bereits einen kirchlichen Hintergrund haben und stellt damit Transferwachstum dar.[158] Aus historischer Sicht wird das Gründen von Gemeinden eine Folge von Bevölkerungswachstumsprozessen oder einer zuvor erfolgten, erfolgreichen evangelistischen Arbeit gewesen sein. Dies widerspricht aber diametral der Argumentation der Gemeindegründungsbewegung, welche Gemeindegründung primär als Instrument für und nicht als Folge von Evangelisation propagiert.[159] Dort wo Gemeindegründungen einen höheren Anteil an Konversionswachstum vorweisen, scheinen Faktoren wie missionarischer Eifer und geographische Lage wichtiger zu sein als die Frage, ob es sich um eine Gemeindegründung und damit eine junge Gemeinde oder um eine etablierte Gemeinde handelt.[160] In besonders säkularisierten Gebieten Westeuropas können Gemeindegründungen oftmals nur ein sehr geringes Wachstum vorweisen.[161] Zugleich sieht Paas Hinweise darauf, dass in diesen Kontexten der Anteil des Konversionswachstums höher ist. Er begründet dies damit, dass es in diesen Kontexten generell weniger Menschen mit einem kirchlichen Hintergrund gibt und somit der Anteil des Transferwachstums geringer ausfallen muss.[162]

---

154 Ebd., 144.
155 Vgl. ebd., 146–152.178.
156 Vgl. ebd., 153f.178.
157 Vgl. ebd., 178.
158 Vgl. ebd., 157–159.178.
159 Vgl. Paas, Church Planting., 178.
160 Vgl. ebd., 175f.179.
161 Vgl. ebd. 179. Vgl. auch Schröder, Konfessionslose, 186–195.
162 Vgl. Paas, Church Planting, 179.

Paas stellt mit seiner Untersuchung die wesentlichen Argumente des wachstumsorientierten Motivs für Gemeindegründung in Frage. Es wird Aufgabe dieser Arbeit sein die von Paas gezogenen Schlussfolgerungen im Blick auf die Gemeindegründungsszene der *Church of England* zu überprüfen. Dies soll zu einem späteren Zeitpunkt erfolgen.[163]

An dieser Stelle soll aber dargestellt werden, dass wachstumsorientierte Begründungsstrukturen in der heutigen Gemeindegründungsszene der *Church of England* eine wichtige Rolle spielen. So wird in den geführten Experteninterviews mehrmals darauf verwiesen, dass Gemeindegründung eine der besten Methoden für Evangelisation darstelle: „Well, I think for us the priority is, that we are persuaded that it is the best way to reach people with the gospel."[164] Hier zeigt sich eine grundsätzliche Übereinstimmung mit der, von Paas als „Praktische Voraussetzung" bezeichneten Annahme der Gemeindewachstumsbewegung, dass Gemeindegründung die beste Methode darstelle, neues Gemeindewachstum zu generieren.

Auch die theologische Vorannahme der Gemeindegründungsbewegung – das Ziel von Mission ist Gemeindewachstum – wird in der Gemeindegründungsszene der *Church of England* geteilt. So zeigt sich bei CP1, dass das Ziel der missionarischen Aktivitäten Gemeindewachstum ist und letztlich (wenn auch nur theoretisch) jeder einzelne Mensch Teil einer Gemeinde werden sollte:

> „But I believe that planting more churches within our parish is the only way to reach the entire parish. [...] there are ten thousand people in the parish. And we limit our ability to reach it by the structures that we create for ourselves. [...] We limit the amount of people who can be part of that community by the amount of people that we can fit in that building. [...] you're gathering a hundred people on a Sunday. That's still a hundred of ten thousand. [...] Okay, what if you run four services a day, five days a week. What's that? A thousand. [...] That's great. Pat on the back you're leading your church so well: a thousand people. Out of ten thousand people in the neighbourhood? It's not just that you haven't got the ambition, but you don't have the capacity. [...] what if God wants to keep growing your church, but you don't have the structures to enable that growth? [...] So, you limit your ability to reach your neighbourhood by the structures you used to define how you do church. So, if you change the way that you structure your church, you can do justice to the size of your neighbourhood. So what if rather than carrying on starting new services in this place, in this building, in this way, which will already rule out a large number of people in the neighbourhood because of its location and because of its style and its culture, what if you could have ten, fifteen different gatherings in different

163 Vgl. dazu ▻ Kapitel 18.3.

164 Transkript 4.2., Z. 104–106. Vgl. ebenso Transkript 4.2., Z. 71–73.117–120; Transkript 4.5., Z. 49–51; Transkript 4.6., Z. 51–60.

parts of the neighbourhood? That connects more naturally with the people around there, you know. You've got two hundred and fifty streets in this neighbourhood. You've got twelve distinctive different residential areas. What if there was a gathering space in each of those twelve distinctive residential areas?"[165]

In dem zitierten Abschnitt zeigt sich geradezu paradigmatisch die dreischritthafte Logik der Gemeindewachstumsbewegung. (1) Das Ziel von Mission ist Gemeindewachstum („we limit our ability to reach it [the parish] by the structures that we create for ourselves"). (2) Dies geschieht am effektivsten durch Gemeindegründung („But I believe that planting more churches within our parish is the only way to reach the entire parish."). Weswegen es zur strategischen Schlussfolgerung kommt, dass möglichst viele Gemeinden gegründet werden sollten („what if you could have ten, fifteen different gatherings in different parts of the neighbourhoods?").

Der von CP1 geäußerte Ansatz, eine möglichst hohe Dichte an Gemeindegründungen in einem Gebiet zu erreichen, findet sich auch bei anderen Interviewpartnern.[166] Dieser Ansatz wird von Stefan Paas als *saturation planting* bezeichnet und stellte eines der ursprünglichen Motive für Gemeindegründung in der *Church of England* dar.[167] Es folgt der Annahme, dass ein größeres Angebot zu einer größeren Nachfrage führt und steht damit in enger Verbindung sowohl zum Denken der Gemeindewachstumsbewegung als auch zur *Religious Market Theory*.[168] Auch das Argument der Gemeindewachstumsbewegung, eine größere Vielfalt von Gemeindeformen fördere Gemeindewachstum, findet sich in der Gemeindegründungsszene wieder.[169] Ebenso wird die in der Gemeindewachstumsbewegung vorgebrachte Argumentation aufgegriffen, Gemeindegründungen wirkten sich im Sinne eines gesunden Wettbewerbs auch positiv auf die missionarischen Bemühungen anderer Gemeinden aus.[170] Weiter wird als Argument für Gemeindegründung die geringe Zahl an Menschen genannt, welche bereits eine Gemeinde besuchen.[171] Zudem scheint in manchen Fällen auch eine Überfüllung der vorhandenen gemeindlichen Gottesdiensträume eine Rolle zu spielen.[172]

---

165 Transkript 1.1.2., Z. 336–385.

166 Vgl. Transkript 4.2., Z. 141–157; Transkript 4.3., Z. 131–140.

167 Vgl. ▹ Kapitel 5.2.

168 Zusätzlich weisen die Interviewpartner P1, P4 und P8 auf die Untersuchungen von David Wasdell hin, welche ebenfalls den Ansatz des *saturation plantings* zu stützen scheinen. Vgl. Transkript 4.1.1., Z. 425–457; Transkript 4.4.1., Z. 219–310; Transkript 4.8., Z. 150–163. Für eine kurze Darstellung von der durch Wasdell durchgeführten Untersuchung vgl. ▹ Kapitel 5.2.

169 Vgl. Transkript 4.3., Z. 167–192.

170 Vgl. Transkript 1.3.1., Z. 1068–1091; Transkript 4.1.2., Z. 152–160; Transkript 4.8., Z. 282–290.

171 Vgl. Transkript, 1.5., Z. 1020–1022; Transkript 1.6., Z. 920–933; Transkript 4.2., Z. 104–120. 398–406.

172 Vgl. Transkript 1.1.2. 340–403; Transkript 4.4.1. Z. 334–354.

Insgesamt zeigt sich sehr deutlich, dass auch in der heutigen Gemeindegründungsszene der *Church of England* die von Paas identifizierten, auf die Gemeindewachstumsbewegung zurückzuführenden, Argumentationsstrukturen vorhanden sind.

10.3.3 Planting New Churches – Gemeindegründung als Motor für kirchliche Innovation

In Bezug auf das von ihm identifizierte spätmoderne Gemeindegründungsparadigma leitet Paas ein drittes Grundmotiv für Gemeindegründung in Westeuropa ab. Dieses kann als innovationsbegründetes Motiv bezeichnet werden, da hier Gemeindegründung[173] als Instrument kirchlicher Innovation im Raum traditioneller westeuropäischer Großkirchen verstanden wird.

Paas sieht weite Teile Westeuropas nicht nur als nach-christentümliche[174] Gesellschaften, sondern auch als nach-christliche.[175] In der Folge finden sich nach Paas besonders die Kirchen in Westeuropa in einem Klima großer Unsicherheit wieder:

> „The tragedy of rapid contextual change is that our best may become our worst overnight. Traditions and routines that have never failed us begin to work against us when cultural conditions become different. Discovering this brings great uncertainty, and it introduces

173 Die Verwendung des Begriffs „Gemeindegründung" erfolgt hier in Bezug auf Paas weiterhin im Sinne eines weiten, sehr umfassenden Verständnisses (Verständnis 5) und nicht im engeren Sinne von „klassischer" Gemeindegründung.

174 Paas benutzt hier den Begriff *Post-Christendom*. Der Begriff *Christendom* (im Deutschen wohl besser mit dem Adjektiv „christentümlich" als mit dem Nomen „Christentum" wiederzugeben) meint eine Ära engster kirchlich-staatlicher Beziehungen mit einer hohen Prägekraft für alle gesellschaftlichen Bereiche in den europäischen Ländern des Mittelalters und der frühen Neuzeit. *Post-Christendom* beziehungsweise „nach-christentümlich" bezeichnet die Entflechtung dieser kirchlich-staatlichen Verbindungen, mit welcher auch ein Rückgang der kirchlichen Prägekraft auf die jeweilige Gesellschaft einherging. Vgl. Paas, Stefan: Post-Christian, post-Christendom, and post-modern Europe: towards the interaction of missiology and the social sciences, in: Mission Studies 28, 2011, 12.14. Vgl. auch Reppenhagen, Weg, 199–207.

175 Der Begriff „nach-christlich" legt im Unterschied zum Begriff „nach-christentümlich" den Fokus nicht auf das Verhältnis von Staat und Kirche, sondern meint den Rückgang christlicher Glaubensüberzeugungen und christlicher Glaubenspraxis in der Bevölkerung. „Post-Christian societies are societies where so many individuals have declined from Christian beliefs and practices that Christians have become or becoming a minority. Also, it could signify the diminishing importance and relevance of Christian beliefs and practices on the motivational level, even if people do not leave the church formally. Where many people used to invoke Christian teachings to motivate their own behaviour and decisions, but they do not longer so, a post-Christian society is in the making." Paas, Post-Christian, 11.

us to a steep learning curve. Christianity in Europe is in such a state of uncertainty – to put it mildly."[176]

Angesichts dieser Unsicherheit setzen nun auch einige etablierte Großkirchen, wie eben zum Beispiel die *Church of England*, auf das Instrument der Gemeindegründung. Sie tun dies aber nicht mehr nur im Sinne eines Instruments für Evangelisation, sondern auch als Instrument für Innovation. Die dadurch entstehenden neuen gemeindlichen Formen werden zu „Laboratorien" der traditionellen Großkirchen, in denen nach Lösungen gesucht wird, die dem religiösen und gesellschaftlichen Wandel etwas entgegenzusetzen haben.

Auch Paas sieht Gemeindegründungen als ein mögliches Instrument kirchlicher Innovation.[177] Zugleich bedarf es nach seiner Meinung bestimmter Voraussetzungen, dass Gemeindegründungen eine wirkliche Innovationskraft entfalten können. So müssen Gemeindegründungen sich davon lösen, vorhandene Modelle von Gemeinde zu „kopieren", um eine wirkliche Innovationskraft zu entfalten.[178] Dieses Nachahmen von Modellen nennt Paas „*horizontal planning*".[179] Vielmehr brauche es eine wirkliche Sensibilität für den jeweiligen Kontext und eine Ausrichtung an diesem. „In order to be structures of expectation, young Christian communities must be sufficiently open so as to allow improvisation and creative interaction with their context."[180] Als Begründung für diese Kritik nennt Paas, dass es oft zum Import von Modellen – besonders aus dem amerikanischen Raum – käme, bei denen der Ursprungskontext kaum Übereinstimmung mit den nach-christlichen Gesellschaften Westeuropas hätte und somit nur geringe Erfolgsaussichten bestünden.[181] Zum anderen beruhten diese Erfolgsmodelle auf einem Zusammenspiel zahlreicher Faktoren. Dabei würden bei der Übertragung in einen neuen Kontext aber meist nur einige wenige dieser Faktoren als wesentlich erachtet werden, während andere Faktoren, welche zum Teil einen größeren Einfluss hätten, ignoriert würden. Damit bestünde die Gefahr, dass Faktoren als Grund für den Erfolg eines Modelles bestimmt würden, welche nicht unbedingt kausale, sondern oft nur korrelierende Zusammenhänge darstellten.[182] Ein Beispiel dafür stellt sicher der von Gemeindegründern wenig beachtete Kontext von geographischer Lage einer

176 Paas, Church Planting, 199.

177 Vgl. ebd., 200.

178 Vgl. ebd., 199.201.

179 „With horizontal planning I mean the kind of organizational planning that turns church planting into a project with a vision, a time-path, and clear and measurable goals." Paas, Church Planting, 201.

180 Ebd.

181 Vgl. ebd., 202.

182 Vgl. Paas, Church Planting, 203f.

Gemeindegründung und ihrem Wachstum dar. Wirkliche kirchliche Innovation in einem post-christlichen Europa kann nach Paas aber nur aus einer intensiven Beschäftigung mit eben diesem post-christlichen Kontext selbst entstehen.

Eine weitere Voraussetzung für ein wirklich innovatorisches Potential von Gemeindegründungen ist nach Paas die Reduktion „konfessioneller Kontrolle". Das heißt für Paas zunächst, dass sich neben dem evangelikalen Strom weitere kirchliche Traditionsströme am Gründen neuer Gemeinden beteiligen.[183] Zugleich braucht es eine Reduktion der „konfessionellen Kontrolle" (*vertical planning*)[184] von Gemeindegründungen durch deren sendende Gemeinden oder Denominationen.[185] Diese stehe einer theologischen Innovationskraft im Wege, welche in Bezug auf nach-christliche Kontexte nötig sein könnte. Geschehe dies nicht, so würde versucht mithilfe der Wiederholung der Vergangenheit, die Probleme der Gegenwart zu lösen. „If horizontal planning makes the mistake of thinking that renewal can be imported from the outside, vertical planning errs seriously in thinking that renewal means to copy the past."[186]

Als dritten Punkt gibt Paas zu bedenken, dass Gemeindegründung zwar ein innovatives Potential beinhaltet, dies aber nicht automatisch hieße, dass es dadurch zu einem Wiederaufblühen des christlichen Glaubens in Westeuropa kommen wird. Paas nennt als weitere Möglichkeiten einen langanhaltenden Übergang, in dem kein nennenswertes Wachstum möglich sein wird, oder aber weitere Schrumpfungsprozesse. Diese beinhalten auch die Möglichkeit eines Endes des europäischen Christentums, wie wir es bisher kennen: „However, with regard to European Christianity, we do not even know whether there is a next chapter. [...] Church planting for innovation may be the last spasm of the dying body of European Christianity."[187]

Die von Paas genannten Voraussetzungen und Vorbehalte stellen auch eine kritische Anfrage an das Modell der klassischen Gemeindegründung im Raum der *Church of England* dar. Denn dieses orientiert sich ja gerade an bestehenden gottesdienstzentrierten Gemeindeformen und wird meist vom evangelikal-charismatischen Spektrum der *Church of England* betrieben. Damit scheint klassische Gemeindegründung eher nicht das Innovationspotential in sich zu tragen, welches Paas allgemein mit dem Begriff Gemeindegründung verbindet. Und doch ist das innovationsbegründete Motiv für Gemeindegründung in der Gemeindegründungsszene der *Church of England* verbreitet. So zeigt die Aussage von CP3, dass klassischer Gemeindegründung – hier nur mit dem Begriff *church planting*

183 Vgl. ebd., 199.

184 „Vertical planning [...] tries to establish control by formulating clear confessional or ecclesiological outcomes of the process." Vgl. ebd., 202.

185 Vgl. ebd., 207.

186 Ebd., 212.

187 Ebd., 200.

beschrieben – ein Innovationspotential unterstellt wird, wie es auch anderen *fresh expressions of church* zugeschrieben wird:

> „I think it does give an opportunity to do things different. [...] Every organisation needs the [...] place of innovation. And I would hate to lose church planting to institutionalisation, because actually you do need the place of innovation. And innovation is hard [...] But church plants have every opportunity to do it. Fresh expressions, church plants, missional communities, they all have the opportunity to [...] push the boundaries of [...] engaging with the world, that just doesn't understand and doesn't know."[188]

Dass auch zahlreiche andere Interviewpartner auf das Innovationspotential von Gemeindegründungen hinweisen, zeigt, dass die Gemeindegründungsszene der *Church of England* dem Instrument der klassischen Gemeindegründung ein innovatives Potential zuschreibt.[189] Der damit entstehende Widerspruch zu der von Paas geäußerten Kritik an Gemeindegründung, die sich an bestehenden Modellen orientiert und konfessionell gesteuert ist, wird in einem späteren Teil der Arbeit ausführlich behandelt werden.[190] Hier sei zunächst darauf hingewiesen, dass diese unterschiedlichen Bewertungen sicherlich auch auf die unterschiedlichen Kontexte zurückzuführen sind, in denen sie formuliert werden. Paas schreibt besonders im Hinblick auf nordamerikanische evangelikale Gemeindegründer, die in Europa Gemeinden gründen und dabei nach Paas Auffassung meist wenig reflektiert Annahmen und Modelle aus Nordamerika nach Europa exportieren. Dagegen empfindet sich die Gemeindegründungsszene der *Church of England* als Teil einer von Traditionen und jahrhundertealten Strukturen geprägten Kirche. Diese traditionsbewusste Großkirche entwickelte nun in den letzten 30 Jahren – angestoßen durch die entstehende Gemeindegründungsszene und der daraus resultierenden *fresh expressions of church*-Bewegung – eine enorme ekklesiologische Offenheit und Innovationskraft. In der Folge gelang es klassische Gemeindegründungen und andere neue Ausdruckformen von Gemeinde in das traditionelle Parochialsystem zu integrieren. In anderen Worten: für eine traditionsreiche, parochial strukturierte Großkirche kann bereits die klassischste Form von Gemeindegründung innovativ wirken. Ob dieser Grad an Innovation ausreicht, um die bestehenden kirchlichen Herausforderungen zu lösen, ist eine andere Frage.[191]

---

188 Transkript 1.3.1., Z. 1090–1102.

189 Vgl. Transkript 1.5., Z. 1022–1024; Transkript 1.6., Z. 920–935; Transkript 1.7., Z. 33–35.49; Transkript 4.1.1., Z. 366–384; Transkript 4.2., Z. 1067–1073.

190 Vgl. ▹ Kapitel 18.3.

191 Vgl. für eine weiterführende Diskussion dieser Frage ▹ Kapitel 15.1.6.2, Kapitel 17.1.5, Kapitel 17.2.5, Kapitel 18.3.

10.4 Die Pluralisierung von Gemeindeformen – Zielgruppenbegründete Gemeindegründung

Neben den drei dargestellten Grundmotiven identifiziert Paas schließlich noch eine vierte Begründungsstruktur für Gemeindegründung: Das Erreichen einer bestimmten Zielgruppe. Für Paas ist es vorstellbar, dass in den pluralistischen und fragmentierten spätmodernen westlichen Gesellschaften bestimmte gesellschaftliche Gruppen jenseits der kirchlichen Einflusssphäre liegen. „No matter how many churches are present within the borders of a certain nation, it is perfectly possible in late-modern and fast-changing societies to have groups (ethically or socially) that are without meaningful contact with those churches whatsoever."[192] Trotz aller Kritik an biblischen Begründungsversuchen für Gemeindegründung sieht Paas an diesem Punkt doch zumindest eine indirekte Verbindung mit dem Missionsbefehl:

> „The rapid pluralization in these societies during the last decades requires a greater diversity of churches […]. Thus, under specific circumstances obeying the Great Commission might involve church planting within the borders of nations where many churches are available already."[193]

Dieses zielgruppenbegründete Motiv ist auch in der Gemeindegründungsszene der *Church of England* verbreitet. Insbesondere Studenten und junge Erwachsene scheinen dabei als eine, von bestehenden Gemeinden, wenig erreichte Zielgruppe in den Blick genommen zu werden.[194] Aber auch Zielgruppen, welche eher einem bestimmten gesellschaftlichen Milieu[195] entsprechen, geraten in das Blickfeld von Gemeindegründungen.[196] Der Aspekt der Zielgruppenorientierung ist in der Gemeindegründungsszene besonders mit dem Gründen von Netzwerkgemeinden verbunden, weswegen eine ausführliche Diskussion unter diesem Stichwort vorgenommen werden wird.[197] Auch die Frage nach der Einheit der Kirche, welche eine Ausrichtung auf bestimmte Zielgruppen mit sich bringt, wird dort diskutiert werden.[198]

---

192 Paas, Church Planting, 252.

193 Ebd.

194 Vgl. Transkript 1.2., Z. 14–18; Transkript 1.7. Z. 17–33.208–217; Transkript 4.5., Z. 463–467; Transkript 4.8, Z. 118–123.655–661.

195 Für eine Diskussion des Milieubegriffs vgl. ▹ Kapitel 12.2.

196 Vgl. Transkript 1.5., Z. 66–85. Beachte ebenso Transkript 1.6., Z. 1009–1015.

197 Vgl. ▹ Kapitel 12.2.

198 Vgl. ▹ Kapitel 12.5, Kapitel 12.6.

10.5 Das interpersonale Paradigma – ein umfassend theologischer Begründungsversuch von Gemeindegründung

Während die von Paas identifizierten Motive für Gemeindegründung alle einen funktionalen Charakter vorweisen, legte George Lings mit *Reproducing Churches* einen umfassenden theologischen Begründungsversuch für das Gründen von Gemeinden vor.[199] Dieser soll im Folgenden beschrieben und einer kritischen Würdigung unterzogen werden.

10.5.1 Der Entwurf

Lings These lautet, dass die Fähigkeit zur Reproduktion eines der Wesensmerkmale von Kirche darstellt.[200] Er stützt sich dabei zunächst auf eine exegetische Analyse von schöpfungs- und bundestheologischen Texten des Alten Testaments und Reich-Gottes Texten des Neuen Testaments, welche in ihrer Bildsprache die Dynamik natürlicher Vermehrung benutzen. Er sieht in diesen Texten das Thema Vermehrung als einen zentralen Punkt und leitet daraus einen Auftrag der Kirche zur Reproduktion ab.[201] Unter Rückgriff auf trinitätstheologische Überlegungen und durch eine Auseinandersetzung mit dem Inkarnationsgeschehen schließt Lings schließlich, dass diese Reproduktion „nicht-identisch" verlaufen sollte.[202] Er versteht dabei Kirche vornehmlich als Kirchengemeinde und sieht solche Reproduktionsprozesse als das „Gebären" neuer christlicher Gemeinschaften.[203] Diese sollten durch Auseinandersetzung mit ihrem jeweiligen Kontext nicht-identisch zu ihren „Muttergemeinden" sein.[204]

Lings grenzt sich in seinem Entwurf von den sonst in Gemeindegründungskreisen gebräuchlichen – und auch von ihm immer wieder verwendeten – pflanzlichen und gartenbaulichen Metaphern ab. Stattdessen verwendet er den menschlichen Fortpflanzungs- und Entwicklungsprozess als Analogie.[205] In diesem „interpersonalen Paradigma" bilden die Sendungsgemeinde und der Kontext die beiden „Eltern" einer neuen christlichen Gemeinschaft. Diese ist von Anfang an als Kirche(ngemeinde) zu begreifen, auch wenn sie zu Beginn noch nicht alle wesentlichen Merkmale einer Kirche(ngemeinde) vorweisen kann.[206] Im Vergleich zum mensch-

199 Vgl. Lings, Reproducing Churches.
200 Vgl. ebd., 11.
201 Vgl. ebd., 44.50–52.69f.
202 Vgl. ebd., 89.126f.
203 Vgl. ebd., 29.
204 Vgl. ebd., 30.
205 Vgl. Lings, Reproducing Churches, 25–32.
206 Vgl. ebd., 32.89.

lichen Entwicklungsprozess, sieht Lings diese neuen christlichen Gemeinschaften zunächst in einer Phase der Abhängigkeit von ihrer „Muttergemeinde", dann in einer Phase zunehmender Unabhängigkeit um schließlich zu einer „erwachsenen" Kirchengemeinde zu werden. In dieser Phase stünden sie dann mit ihrer „Muttergemeinde" und auch anderen Kirchengemeinden in einer von wechselseitiger Abhängigkeit geprägten Beziehung.[207]

10.5.2 Kritische Würdigung

Lings Entwurf erscheint auf der einen Seite als hilfreiche Analogie, welche helfen könnte, die zahlreichen, aber zugleich auch beschränkend wirkenden, pflanzlichen und gartenbaulichen Metaphern zu überwinden, welche in der Gemeindegründungsszene der *Church of England* in Gebrauch sind.[208] Tatsächlich ist die interpersonale Analogie ebenfalls im Sprachgebrauch der Gemeindegründungsszene vorhanden. Dies zeigt sich an der Verwendung von Begriffen wie zum Beispiel *mother church*[209] und dem öfters gewählten Vergleich des Verhältnisses von sendender und gesandter Gemeinde mit einer Eltern-Kind-Beziehung.[210] Gerade für die Beschreibung dieser Verhältnisbestimmung und des Entwicklungsprozesses von neuen Ausdrucksformen von Gemeinde kann das von Lings bestimmte interpersonale Paradigma im Sinne einer hermeneutischen Sehhilfe von großem Nutzen sein.[211]

Auf der anderen Seite erscheinen viele exegetische und systematisch-theologische Herleitungen, die Lings vornimmt, als nicht hinreichend schlüssig. Dies liegt daran, dass er zwar zahlreiche biblische Aussagen findet, welche das Thema Reproduktion in direkter oder in metaphorischer Weise zum Thema haben, aber in keiner dieser Textstellen ein direkter Bezug zu einer kirchlichen Reproduktion besteht. Vielmehr bedarf es einer größeren Anzahl an Zwischenschritten, bis es Lings gelingt, diese Verbindung herzustellen. Dies schwächt die Belastbarkeit seiner Argumentation deutlich. Man muss Lings dabei zugutehalten, dass er, im Vergleich zu zahlreichen anderen Versuchen heutige Gemeindegründungen biblisch zu begründen, auf deutlich höherem Niveau argumentiert. Und doch steht Lings am Ende in derselben

---

207 Vgl. Lings, Reproducing Churches, 29.

208 Vgl. ▷ Kapitel 11.1.

209 Vgl. Transkript 1.5., Z. 47.50.54.147.366; Transkript 4.1.1., Z. 520.522.525.1107; Transkript 4.1.2., Z. 27f.49.609; Transkript 4.2., Z. 842.

210 Vgl. Transkript, 3.3.1., Z. 555–571; Transkript 3.5., Z. 147f.; Transkript 4.2., Z. 839–848; Transkript 4.3., Z. 560–569; Transkript 4.4.1., Z. 756–768; Transkript 4.5., Z. 387–393.

211 Das hermeneutische Potential dieser Analogie hat Lings bereits an anderer Stelle demonstriert. Vgl. Lings, Maturity, 138–151.

Gefahr, die von ihm geteilten Annahmen und Ansichten in den biblischen Text hineinzulesen.[212]

Auch Stefan Paas sieht Schwächen in Lings Begründungsstruktur. Zugleich erkennt er eine besondere Stärke in Lings Vorstoß, Gemeindegründung als bipolaren Prozess zu verstehen. Dieser bipolare gemeindliche Reproduktionsprozess muss unter Einbeziehung des Heiligen Geistes als Partner die Auseinandersetzung mit der kirchlichen und theologischen Tradition auf der einen und die Auseinandersetzung mit dem jeweiligen Missionskontext auf der anderen Seite beinhalten.[213] Auch stellt Paas positiv heraus, dass Lings Rede von einer „Reproduktionsfähigkeit" die Möglichkeit beinhaltet, dass es Zeiten und Orte geben kann, wo eine Reproduktion nicht möglich oder angemessen ist.[214] Für ihn bleibt dabei aber offen, ob für Lings das Vorhandensein bereits bestehender Gemeinden ein Grund wäre, auf eine solche Reproduktion zu verzichten.[215] Lings theologischer Entwurf weist damit nicht nur einige Begründungsschwächen auf, sondern lässt auch die Frage offen, wann genau die Reproduktion von Kirchengemeinden angemessen und geboten ist und wann darauf besser verzichtet werden sollte. Paas kommt zu dem Schluss, dass eine direkt aus den biblischen Texten abgeleitete Rechtfertigung für Gemeindegründung in Gebieten, in denen bereits Kirchen und Gemeinden vorhanden sind, nicht möglich ist. „Neither in apostolic practice nor in New Testament ecclesiology is there a direct argument for church planting in late modern Belgium or Germany."[216] Vielmehr bedürfe es einer mittelbaren Begründung für eine solche Gemeindegründungspraxis. Eine solche legt Paas auch selbst vor. Sie wird im nächsten Punkt dargestellt werden.

---

212 Dies trifft besonders auf seine Auseinandersetzung mit der Apostelgeschichte zu, in der Lings in der Gefahr steht, moderne Konzepte wie zum Beispiel eine „attraktionale" Gemeindeaufbaustrategie in den Text hineinzulesen. Zudem entsteht der Eindruck, dass Lings hinter der von Paas in Abgrenzung zu McGavran getroffenen Unterscheidung zurückbleibt, dass die Missionsreisen des Paulus nicht primär als Gemeindegründungsaktivität zu verstehen sind, sondern Gemeindegründung hier eine direkte Folge erfolgreicher Evangelisation darstellt. Sie ist in der paulinischen Mission somit primär Produkt, aber nicht Instrument von Evangelisation. Bei Lings rückt das Gründen von Gemeinden hingegen in das Zentrum der Aufmerksamkeit seiner Betrachtung der Apostelgeschichte. Vgl. Lings, Reproducing Churches, 130.136f.

213 Vgl. Paas, Church Planting, 251.

214 Vgl. ebd.

215 Vgl. ebd. Da George Lings eindeutig als Promotor für klassische Gemeindegründung und *fresh expressions of church* in der *Church of England* zu identifizieren ist, kann man dies wohl getrost verneinen.

216 Paas, Church Planting, 255.

10.6 Gemeindegründung als Mittel zum Zweck – Eine mittelbare Begründungsstruktur von Gemeindegründung

Den hier dargestellten biblischen und theologischen Begründungsversuchen für Gemeindegründung stellt Paas eine eigene Begründungsstruktur entgegen. Gemeindegründung in sogenannten Pioniergebieten, in denen noch keinerlei Gemeinden bestehen, sieht er dabei als hinreichend begründet und als logische Konsequenz einer davor erfolgten Evangelisation.[217] Ihm geht es im Besonderen um eine Begründungsstruktur für Gemeindegründung in Gebieten, in denen bereits zahlreiche Gemeinden bestehen, wie dies zum Beispiel in Europa der Fall ist. In diesem Kontext sieht er Gemeindegründung als mögliche Folge anderer, theologisch klar begründeter kirchlicher „Aufgaben". „Even if church planting is not in itself a duty in every time or place, it may be an implication of our commitment to other duties."[218]

10.6.1 Der Entwurf

Als ein erstes Argument für eine solche mittelbare Begründung nennt Paas die konfessionelle Begründungsstruktur. Zwar sieht Paas diese grundsätzlich eher kritisch – konfessionell motivierte Gemeindegründung könne den ökumenischen Fortschritten der letzten Jahrzehnte zuwiderlaufen und berge das Risiko, spalterisch wirkende und Transferwachstum fördernde Formen von Gemeindegründung zu fördern – doch kann sie, gerade von protestantischer Seite, nicht gänzlich ausgeklammert werden. „After all, Protestants, from whatever denomination, should admit that their own ecclesiastical existence originated in such a decision – or, rather in a series of these decisions."[219] Zugleich ist Paas der Meinung, dass die Gründe für konfessionell motivierte Gemeindegründung in Europa kaum mehr vorhanden sind, sofern sie den Vorwurf betreffen, die vorhandenen Kirchen und Gemeinden unternähmen nichts Hinreichendes in Sachen Mission; denn, so Paas' Eindruck, die Großkirchen in Westeuropa engagierten sich zunehmend missionarisch.[220] Für Paas bleibt damit eine zweite Begründungslinie übrig, welche sich durch eine Verbindung von missiologischen und ekklesiologischen Denkfiguren ergibt.[221]

Ausgangspunkt für Paas ist dabei die Feststellung, dass Gott die Kirche in seine Mission miteinbezieht. Und zwar als eine Gemeinschaft, welche Teil der Welt ist,

217 Vgl. Paas, Church Planting, 242.256.
218 Ebd., 256.
219 Paas, Church Planting., 257.
220 Vgl. ebd.
221 Vgl. ebd., 258.

aber ihr in einem theologischen Sinne zugleich nicht mehr angehört.[222] Daraus folgt erstens, dass die Kirche als Zeugnisgemeinschaft zu verstehen ist. Zwar seien, wie wiederholt festgestellt, Evangelisation und Gemeindegründung zwei verschiedene Phasen in einem Missionsprozess, zugleich setze Evangelisation aber auch das Bestehen christlicher Gemeinschaft voraus, aus der evangelistische Bemühungen oder die Sendung von Missionaren hervorgehen könne.[223] Unter Rückbezug auf das Diktum von Lesslie Newbigin – „[...] the only hermeneutic of the gospel, is a congregation of men and women who believe it and live by it."[224] – schlussfolgert Paas zweitens, dass es gerade in den westlichen säkularisierten Gesellschaften einer zeugnisgebenden Gemeinschaft von Christen bedarf, um die herrschende Distanz zum Evangelium zu verringern oder gar zu überbrücken.[225] Damit kommt der einzelnen Kirchengemeinde eine wesentliche Aufgabe für die Mission und besonders für die Evangelisation zu.

In einem zweiten Schritt geht Paas nun darauf ein, dass gerade Neubekehrte sich oft schwer tun, sich einer bestehenden christlichen Gemeinde anzuschließen, da in einer sich immer stärker säkularisierenden Gesellschaft die Distanz zwischen bestimmten gesellschaftlichen Gruppen und den bestehenden Gemeinden immer größer werde. Die Folge von erfolgreichen evangelistischen Bemühungen sei deshalb oft, dass sich neue christliche Gemeinschaften bildeten. „The most natural consequence of successful evangelism, it seems, is the formation of a *new* community. Thus, bringing the Word of God to new groups of people may carry the seeds of a new church with it."[226]

Als einen dritten Punkt nennt Paas, dass Gemeindewachstum oft zu einer Veränderung der innergemeindlichen sozialen Dynamiken führt. Dies hat zur Folge, dass es schwerer fällt die innergemeindliche Gemeinschaft zu pflegen und Mitglieder oft eine konsumierende Haltung einnehmen, anstatt das Gemeindeleben aktiv mitzugestalten. Diese mit Gemeindewachstum verbundenen Probleme könnten dafür sprechen, Gemeinden zu teilen, statt sie immer weiter wachsen zu lassen. Gemeindegründung wäre die Folge.[227] Und viertens könne Gemeindegründung, im Sinne des innovationsbegründeten Motivs, ein Motor für kirchliche Erneuerung sein, da bei der Gründung neuer Gemeinden Ekklesiologie und Missiologie direkt

---

222 Vgl. ebd., 259.

223 Vgl. Paas, Church Planting, 259f.

224 Ausführlicher lautet das Zitat wie folgt: „How is it possible that the gospel should be credible, that people should come to believe that the power which has the last word in human affairs is represented by a man hanging on a cross? I am suggesting that the only answer, the only hermeneutic of the gospel, is a congregation of men and women who believe it and live by it." Newbigin, Gospel, 227.

225 Vgl. Paas, Church Planting, 260f.

226 Paas, Church Planting, 262. Kursive Hervorhebung aus dem Original übernommen.

227 Vgl. ebd., 262f.

auf einander bezogen würden und durch diese Spannung ein kreatives Potential frei würde. [228] „When a denomination commits itself to church planting it is constantly forced to consider profound questions of ecclesiology, mission, and contextualization."[229] Für Paas folgt aus diesen vier Punkten, dass Gemeindegründung eine theologisch verantwortbare Option auch für Gebiete sein kann, in denen bereits viele Gemeinden vorhanden sind.[230] Zugleich erneuert Paas seine Kritik an einem Verständnis von Gemeindegründung, welches diese als Wundermittel für Gemeindewachstum sieht, und an einer konfessionell begründeten Form von Gemeindegründung, welche die bereits bestehenden Gemeinden ignoriert oder sogar verurteilt.[231]

10.6.2 Kritische Würdigung

Paas nimmt mit diesen vier Punkten eine differenzierte und tragfähige Begründung für Gemeindegründung im säkularisierten Westeuropa vor. Er vermeidet eine direkte, aber unreflektierte Ableitung von Gemeindegründung aus den biblischen Texten. Dagegen wählt er als Ausgangspunkt einen missionstheologischen von der *Missio Dei* geprägten Ansatz und ordnet diesem, sich aus dem Kontext säkularer nach-christlich geprägter Gesellschaften ergebende Argumente zu. Dabei muss insbesondere das innovationsbegründete Motiv als ein gewichtiges Argument eingestuft werden. Hier zeigt gerade die *fresh expressions of church*-Bewegung in der *Church of England*, dass neue gemeindliche Formen kirchliche Innovation generieren.

Verwunderlich ist hingegen, dass Paas den, früher von ihm genannten, Punkt der zielgruppenbegründeten Gemeindegründung in seiner eigenen Begründungsstruktur nicht expliziter aufgreift. Gerade die Erkenntnisse der Milieutheorie sprechen dafür, dass dies eine der stichhaltigsten Begründungen für Gemeindegründung in den westeuropäischen Gesellschaften darstellt. Auch erscheint der Argumentationsstrang, welcher die Gemeinde als Zeugnisgemeinschaft in das Zentrum evangelistischer Bemühungen rückt, als bedenkenswert. Allerdings unterlässt es Paas, diesen Gedankengang theologisch und empirisch stärker zu untermauern, wodurch er nur eine eingeschränkte Argumentationskraft entfalten kann.

228 Vgl. ebd., 263.

229 Ebd.

230 Vgl. ebd., 264.

231 Vgl. ebd.

10.7 Fazit

Zusammenfassend lässt sich sagen, dass viele Versuche Gemeindegründung in den heutigen nach-christlichen Gesellschaften biblisch zu begründen, unter einem oft unreflektierten Umgang mit den biblischen Texten leiden und die Kontextdifferenz zwischen dem Neuen Testament und den heutigen westlichen Gesellschaften in ungenügender Weise beachten. Auch seriöseren Versuchen Gemeindegründung umfassend theologisch zu begründen mangelt es an voller Überzeugungskraft. Zugleich bleibt unbestritten, dass Gemeindegründung in Pionierkontexten als Reaktion auf eine zuvor erfolgreiche evangelistische Tätigkeit als zwingend notwendig und sinnvoll erscheint.

Für den heutigen westeuropäischen Kontext erscheinen mittelbare, das heißt funktionale Begründungsversuche am erfolgversprechendsten. Dabei muss das wachstumsorientierte Begründungsmotiv jedoch kritisch bewertet werden. Auch das konfessionelle Motiv ist zu hinterfragen. Zugleich kann ihm eine gewisse Legitimität nicht abgesprochen werden. Am überzeugendsten erscheinen die innovationsbegründeten und die zielgruppenbegründeten Motive.

In Bezug auf die Gemeindegründungsszene der *Church of England* wurde klar, dass die vier genannten funktionalen Motive auch hier vorliegen. Es wird nötig sein die tatsächlichen Leistungen klassischer Gemeindegründung in der *Church of England* in Bezug auf diese vier Motive abschließend zu bewerten.

11. Modi klassischer Gemeindegründung

Wie gezeigt wurde, kann klassische Gemeindegründung als einer von vielen Typen der *fresh expressions of church* verstanden werden. Zugleich lässt sich klassische Gemeindegründung wiederum selbst in verschiedene Typen unterteilen. Erste Kategorisierungsversuche verschiedener Gemeindegründungsprozesse gab es schon früh in der Geschichte der Gemeindegründungsszene der *Church of England*. Besonders Bob Hopkins und George Lings versuchten Ende der 1980er und zu Beginn der 1990er Jahre durch das Entwickeln von Kategorien die verschiedenen Ausprägungen von Gemeindegründung zu erfassen und zu beschreiben. Die wichtigsten der von ihnen entwickelten Kategorien sollen im Folgenden dargestellt und auf ihre Zweckmäßigkeit hin überprüft werden. Im Anschluss soll eine vereinfachte, aber Elemente der von Hopkins und Lings vorgelegten Kategorisierung aufnehmende, Einteilung von klassischer Gemeindegründung vorgestellt werden. Diese unterteilt klassische Gemeindegründung anhand verschiedener Gründungsmuster in drei verschiedene Modi.

11.1 Von Hopkins und Lings vorgenommene Kategorisierungen

Der erste Kategorisierungsvorschlag für Gemeindegründung in der *Church of England* wurde von Bob Hopkins im Jahr 1988 veröffentlicht.[1] Zu diesem Zeitpunkt sprach man lediglich von *church planting*, da die in den 1990er Jahren erfolgende Ausdifferenzierung der Gemeindegründungsszene, welche dann zur Etablierung des Begriffes *fresh expressions of church* führte, noch nicht stattgefunden hatte. Hopkins greift in seinen Kategorisierungsversuchen auf Analogien aus dem Bereich des Gartenbaus zurück. So nutzt er die im Gartenbau bestehende Unterscheidung zwischen zwei verschiedenen Fortpflanzungsarten. Dabei geschieht die Fortpflanzung mittels bestäubter Samen (*seed*) oder aber darüber, dass die Pflanze Ausläufer (*runner*) bildet.[2] Während Ausläufer eine Form von asexueller Reproduktion und damit eine Art Klon der Mutterpflanze darstellen, handelt es sich bei bestäubten Samen um sexuelle Reproduktion.[3] Diesen Unterschied nutzt Hopkins nun für die Klassifizierung von Gemeindegründungen. Als *runner* bezeichnet Hopkins Gemeindegründungen, welche in großer Nähe zur Sendungsgemeinde, das heißt zum

1 Vgl. Hopkins, Church Planting 1., 14–22.

2 Vgl. ebd., 14.

3 Vgl. ebd.

Beispiel innerhalb derselben Parochie, gegründet werden und zu dieser in einer relativen Abhängigkeit verbleiben. Sie weisen in der Gestaltung ihres Gemeinde- und Gottesdienstlebens eine hohe Ähnlichkeit zur Sendungsgemeinde auf.[4] Als *seeds* bezeichnet Hopkins Gemeindegründungen, welche in weiterer Entfernung zur Sendungsgemeinde gegründet werden und sich stärker an ihren Kontext anpassen.[5] Hopkins geht davon aus, dass *runner* eher größere Gründungsteams umfassen oder auf Gemeindeglieder zurückgreifen können, welche schon in dem Gebiet der neuen Gründung wohnen, während *seeds* eher mit kleinen Teams gegründet werden.[6]

George Lings griff dieses Kategorisierungsmodell auf, führte aber noch zwei weitere Unterkategorien ein. Sie stellen Unterformen der als *runner* bezeichneten Kategorie dar. Die erste Unterkategorie bezeichnet Lings als Aufpfropfung (*graft*).[7] Damit meint Lings den Fall, dass ein Gemeindegründungsteam sich einer bestehenden Gemeinde anschließt, welche sich in einem Schrumpfungsprozess befindet.[8] Durch das Hinzukommen des Gemeindegründungsteams soll der Schrumpfungsprozess gestoppt und in sein Gegenteil verkehrt und so die bestehende Gemeinde revitalisiert werden. Bei dem Begriff Aufpfropfung handelt es sich ebenfalls um eine Analogie aus dem Gartenbau beziehungsweise der Landwirtschaft. Als Pfropfung bezeichnet man eine Technik der Pflanzenveredelung, bei der beispielsweise bei Obstbäumen ein Zweig der einen Baumsorte in den eingeschnittenen Stamm einer anderen Baumsorte gesteckt wird, wo er mit Nährstoffen versorgt weiterwächst. In Analogie zu dieser Technik bezeichnet Lings nur solche Gemeinderevitalisierungsprozesse als *graft*, bei der das Gemeindegründungsteam kleiner als die bestehende Gottesdienstgemeinde der empfangenden Gemeinde ist. Bei einem Gemeinderevitalisierungsprozess, bei dem das von außen kommende Gemeindegründungsteam größer als die bestehende Gottesdienstgemeinde ist, spricht Lings von einer Verpflanzung (*transplant*) beziehungsweise einer Abspaltung (*splitting off*).[9] Diese stellt die zweite von Lings eingeführte Subkategorie dar.

Eine dritte, von Hopkins vorgenommene, Kategorisierung unterteilt Gemeindegründungsprozesse in *progression planting* und *pioneer planting*.[10] *Progression planting* bezeichnet Gründungsprozesse, welche auf bereits bestehenden Beziehungen der Sendungsgemeinde zum Kontext aufbauen. Das heißt, dass zum Beispiel bereits Gemeindeglieder der Sendungsgemeinde in dem Gebiet wohnen, in dem

4 Vgl. ebd.

5 Vgl. Hopkins, Church Planting 1., 14.

6 Vgl. ebd.

7 Vgl. ebd., 16.

8 Vgl. ebd., 14.

9 Vgl. ebd., 16f.

10 Vgl. ebd., 17f.

die Gemeindegründung stattfinden soll.[11] Die Gemeindegründung greift damit auf schon bestehende Anknüpfungspunkte zurück und „entwickelt" von diesen ausgehend die gemeindliche Arbeit. *Pioneer planting* bezeichnet hingegen Gründungsprozesse, in denen solche Anknüpfungspunkte nicht gegeben sind. Hier findet sich ein einzelner Gemeindegründer oder ein kleines Gründungsteam in einer Pioniersituation wieder.[12] Es wird deutlich, dass es bei den von Hopkins dargestellten Kategorien zum Teil zu Überschneidungen kommt. So fällt eine eindeutige Differenzierung des Begriffspaares *runner* und *seed* von dem Begriffspaar *progression* und *pioneer planting* schwer.

Die dargestellten, von Hopkins und Lings entwickelten, Kategorien wurden in *Breaking New Ground* (1994) aufgegriffen und dabei klarer voneinander abgegrenzt.[13] So stellen hier dann *graft* und *transplant* keine Unterkategorien zur Kategorie *runner* dar, sondern bilden vielmehr eigene Kategorien.[14] Zugleich kommt es auch zur Einführung von anderen Bezeichnungen, wie zum Beispiel *duplicate service, satellite service, daughter church, multiple congregations* und *shared buildings*.[15] Während die bisherigen Kategorien eher Unterschiede im Gründungsprozess beschreiben, also die Art und Weise der Gründung im Mittelpunkt steht, handelt es sich bei diesen neu eingeführten Begriffen um verschiedene Modelle, die das Ergebnis von Gründungsprozessen darstellen. Zugleich weisen sie in ihren Beschreibungen doch auch Überschneidungen mit den von Hopkins und Lings vorgeschlagenen, in Analogie zum Gartenbau gebildeten, Kategorien auf.

In *Mission-shaped Church* (2004) und in der Studie *The Day of Small Things* (2016) wurden die von Hopkins und Lings eingeführten Kategorien *runner, seed, graft* und *transplant*, sowie das Begriffspaar *progression* und *pioneer planting* weiter verwendet.[16] Zugleich stellen manche in *Breaking New Ground* (1994) neu eingeführten

---

11 Vgl. ebd., 17.

12 Vgl. Hopkins, Church Planting 1., 18.

13 Vgl. Harris, Ground, 6–8.

14 Vgl. ebd., 6f.

15 *Duplicate service* meint die Wiederholung des genau gleich ablaufenden Gottesdienstes am Sonntagmorgen zu einer späteren Uhrzeit. *Satellite service* bezeichnet Gottesdienstgemeinden an anderen Orten, welche aber in dauerhafter Abhängigkeit zur Hauptgemeinde stehen. Dies wird heute üblicherweise als *multiside* Modell bezeichnet. Vgl. ▹ Kapitel 13.2. Als *daughter churches* werden vor allem Gemeindegründungen der Zwischenkriegs- und Nachkriegsperiode bezeichnet, welche eine Reaktion auf neu entstehende Wohngebiete darstellten, aber kein vornehmlich missionarisches Anliegen hatten. Vgl. ▹ Kapitel 5.2. *Multiple congregations* bezeichnet in *Breaking New Ground* das Angebot von mehreren, aber unterschiedlich gestalteten Gottesdiensten im Verlauf eines Sonntages in einer Kirchengemeinde. Vgl. ▹ Kapitel 13.1. *Shared buildings* bezeichnet die Nutzung eines Kirchengebäudes durch mehrere voneinander unabhängige Kirchengemeinden Vgl. ▹ Kapitel 11.2.1. Vgl. Harris, Ground, 11–13.

16 Vgl. Cray, Mission-shaped Church, 110–115; Lings, Day, 223f.

Modelle von Gemeindegründung wie zum Beispiel die *multiple congregations* in diesen beiden jüngeren Berichten eigenständige Typen von *fresh expressions of church* dar, welche auf der gleichen Stufe wie die klassische Gemeindegründung stehen.[17]

Auch wenn die von Hopkins und Lings entwickelten Kategorisierungen in einigen für die Gemeindegründungsszene der *Church of England* wichtigen Dokumenten wiederholt Anwendung fanden, so scheint ihre Verwendung in der heutigen Gemeindegründungsszene doch eher begrenzt zu sein. Darauf weisen zumindest die geführten Experteninterviews hin. Die Unterscheidung von Gründungen nach *seed* und *runner* und auch von *progression* und *pioneer planting* wurde in den Interviews von keinem der Gemeindegründer vorgenommen und bei den Promotoren für Gemeindegründung kommen lediglich George Lings und Bob Hopkins auf diese Unterscheidungen zu sprechen.[18] Der Begriff *transplant* wird in den Experteninterviews ausschließlich von Bob Hopkins im Sinne einer eigenen Kategorie verwendet.[19] Lediglich der Begriff *graft* wird in den Experteninterviews sowohl von Bob Hopkins als auch von drei Gemeindegründern genannt.[20] Er wird dabei aber in solch einem Sinne verwendet, dass er auch die Bedeutung des Begriffs *transplant* mit einschließt. Das heißt, er wird allgemein für die Beschreibung von Gemeindegründungsprozessen verwendet, in denen sich ein Gemeindegründungsteam einer bestehenden Kirchengemeinde anschließt, um diese zu revitalisieren. Es wird aber nicht unterschieden, ob das Gemeindegründungsteam kleiner oder größer als die bestehende Gottesdienstgemeinde ist.[21] Aufgrund des qualitativen Vorgehens kann hier kein abschließendes Urteil darüber gefällt werden, wie sehr die, von Hopkins und Lings eingeführten auf Analogien zum Gartenbau beruhenden, Kategorien in der Gemeindegründungsszene wirklich in Gebrauch sind. Doch geben die geführten Experteninterviews zumindest Hinweise darauf, dass wohl lediglich der Begriff der Aufpfropfung (*graft*) eine weitere Verwendung in der Gemeindegründungsszene erfährt.

Entscheidender ist jedoch, dass die von Hopkins und Lings Ende der 1980er Jahre entwickelten Kategorien als ungeeignet erscheinen, die verschiedenen Gründungs-

---

17 Für die *multiple Sunday congregations* vgl. Cray, Mission-shaped Church, 59–62; Lings, Day, 222.

18 Vgl. Transkript 4.1.1., Z. 741–744; Transkript 4.4.1., Z. 847–874.

19 Vgl. Transkript 4.1.2., Z. 126–128. CP3 und P3 verwenden den Begriff, aber nicht im Sinne einer eigenständigen Kategorie. Vgl. Transkript 1.4., Z. 260–262; Transkript 4.3., Z. 49–53.721–723.

20 Vgl. Transkript 4.1.1., Z. 305–308; Transkript 4.1.2., Z. 45–47; Transkript 1.1.2., Z. 463–471; Transkript 1.6., Z. 49–65; Transkript 1.8., Z. 193–195.

21 So führte CP1 eine Revitalisierung durch, bei der das Gründungsteam größer als die bestehende Gottesdienstgemeinde war. Bei CP6 waren beide Gruppen ungefähr gleich groß, bei CP8 war das Gründungsteam kleiner. Vgl. Transkript 1.1.2., Z. 72–75.208f.463–471; Transkript 1.6., Z. 21–24.49–65.118–122; Transkript 1.8., Z. 20–25.175–182.193–195.

prozesse und Modelle klassischer Gemeindegründung zu beschreiben. Dies hat mehrere Gründe. Zum einen greifen Hopkins und Lings größtenteils auf Analogien aus dem Gartenbau zurück. Damit lehnen sie sich an die, zum Teil auch heute noch in der Gemeindegründungsszene gebräuchliche, mit gartenbaulichen Metaphern beladene Rhetorik an.[22] Diese hat ihren Ursprung in dem Begriff *church planting* selbst und steht darüber hinaus in Bezug zu bestimmten biblischen Texten, auf welche in der Gemeindegründungsszene gerne verwiesen wird.[23] Die von Hopkins und Lings gewählte Analogien fügen sich also in die in der Gemeindegründungsszene gebräuchliche Rhetorik ein. Durch das Bilden von Analogien begrenzen Hopkins und Lings aber zugleich die Aussagekraft ihrer gewonnenen Kategorien, da diese zu den Prozessen in der Pflanzenwelt passen müssen, denen sie entnommen sind. Dies wird zum Beispiel dadurch deutlich, dass Lings sowohl die Kategorie *runner* als auch die Kategorie *seed* weiter unterteilen muss, da die beiden Begriffe allein nicht ausreichen, die verschiedenen von ihm identifizierten Möglichkeiten zu beschreiben.[24] Ein weiteres Beispiel stellt das Modell der *City Centre Resource Churches* dar. Diese werden gerade innerhalb des HTB Netzwerkes oft in großer Distanz zur Sendungsgemeinde und mit einem eher kleinen Gründungsteam gegründet. Zugleich stellen sie wie alle klassischen Gemeindegründungen eine Nachbildung der Sendungsgemeinde dar und orientieren sich auch an deren gottesdienstzentrierter Form. Sie vereinen damit Aspekte der beiden, sich eigentlich gegenüberstehenden Kategorien *runner* und *seed*. Ein Rückgriff auf Analogien aus dem Gartenbau birgt damit die Gefahr, einschränkend zu wirken und damit eine präzise Benennung und Beschreibung von Gemeindegründungsvorgängen eher zu behindern, als zu fördern. Hinzu kommt, dass George Lings selbst eine Ablösung des von ihm mit dem Entstehen der Gemeindegründungsszene in Verbindung gebrachten gartenbaulichen Paradigmas (*horticultural paradigm*) betreibt und ein interpersonales Paradigma (*interpersonal paradigm*) etablieren möchte.[25] Folgerichtig wäre dann auch eine Ablösung der auf den Gartenbau zurückgehenden Analogien.

Daneben gibt es inhaltliche Gründe, welche für eine Aufgabe der hier besprochenen Kategorisierungen sprechen. So sind mit der Ausdifferenzierung der Gemeindegründungsszene und der Etablierung des Begriffes *fresh expressions of church* andere Differenzierungsmerkmale wichtiger geworden. Die Frage, ob es sich um ein gottesdienstzentriertes (*worship-first journey*) oder ein kontextzentriertes (*serving-first journey*) Gründungsmodell handelt, erscheint wichtiger als die Frage, ob dabei auf bestehende Anknüpfungspunkte zurückgegriffen werden kann (*progression*

22 Vgl. zum Beispiel Transkript 1.2., Z. 709–715; Transkript 1.3.1., Z. 1018–1022; Transkript 1.5., Z. 1072–1083.

23 Vgl. ▹ Kapitel 10.1.

24 Vgl. Hopkins, Church Planting 1., 16f.

25 Vgl. Lings, Reproducing Churches, 25–32. Vgl. auch die Darstellung in ▹ Kapitel 10.5.

planting) oder nicht (*pioneer planting*). Die Frage, ob ein Gründungsteam das bestehende Gemeindemodell der Sendungsgemeinde nachahmt, ist von höherer Wichtigkeit, als die Frage, in welcher räumlichen Nähe sich die Gemeindegründung zur Sendungsgemeinde befindet (*runner* und *seed*).

Es bleibt festzuhalten, dass die von Hopkins und Lings eingeführten Kategorisierungen, aufgrund ihrer begrenzend wirkenden Bildsprache, unklarer Abgrenzungen und aufgrund der inzwischen vorangeschrittenen Entwicklungen, für eine Kategorisierung von klassischen Gemeindegründungen nicht mehr als geeignet angesehen werden können. Zugleich erscheint es weiterhin als sinnvoll Kategorisierungen vorzunehmen und dadurch verschiedene Formen klassischer Gemeindegründungen voneinander zu unterscheiden und zu beschreiben. Aus diesem Grund sollen im Folgenden drei identifizierte Arten von Gemeindegründung vorgestellt werden. Sie beschreiben drei verschiedene Grundverfahren von klassischen Gemeindegründungsprozessen und werden deswegen im Folgenden als Modi – das heißt als Beschreibung der Art und Weise, wie gegründet wird – bezeichnet. In den anschließenden Kapiteln werden verschiedene Modelle von Gemeindegründung beschrieben werden. Sie stellen unterschiedliche Funktionen dar, welche von Gemeindegründungen, aber auch von bestehenden Gemeinden im kirchlichen Zusammenspiel einer *mixed economy* übernommen werden können.[26]

11.2 Drei Modi klassischer Gemeindegründung

Vor dem Hintergrund der Kritik an den etablierten Kategorien wird vorgeschlagen, folgende drei Modi von Gemeindegründung in der *Church of England* zu unterscheiden: Die Gründung, die Wiedereröffnung und die Revitalisierung. Bei der Gründung handelt es sich um das, was im allgemeinen als Gemeindegründung verstanden wird: Es kommt zur Gründung einer zuvor noch nicht bestehenden Gemeinde. Die Wiedereröffnung und die Revitalisierung stellen dagegen Sonderformen von Gemeindegründung dar, die vor allem im Kontext von parochial organisierten Großkirchen, zu denen auch die *Church of England* gehört, vorkommen.

11.2.1 Die Gründung

Als Gründung (*plant*) werden in dieser Arbeit Gemeindegründungen bezeichnet, welche die Neugründung einer zuvor nichtexistierenden Kirchengemeinde darstellen. Das heißt, dass es im Unterschied zur Wiedereröffnung nicht zur erneuten

26 Vgl. ▷ Kapitel 12, Kapitel 13, Kapitel 15.

Nutzung eines zuvor nicht mehr als Gottesdienstort gebräuchlichen Kirchengebäudes kommt. Auch schließt sich das Gründungsteam nicht, wie im Falle der Revitalisierung, einer bereits bestehenden Kirchengemeinde an. Die Gründung besitzt in den allermeisten Fällen kein eigenes Kirchengebäude.[27] Stattdessen wird teilweise auf die Mitnutzung von bereits bestehenden Kirchengebäuden zurückgegriffen, die zugleich eine andere Gemeinde als Hauptnutzer haben. Ein Beispiel hierfür stellt die Gemeindegründung Grace Church Hackney in Ostlondon dar. Sie feiert sonntagabends Gottesdienst und nutzt hierfür das Kirchengebäude der Parochialgemeinde St Anne's Hoxton.[28]

Alternativ finden die Gottesdienste und Gemeindeveranstaltungen in säkularen Gebäuden statt, welche für die jeweiligen Veranstaltungen angemietet werden. Dabei handelt es sich meist um Orte, welche über große Räume verfügen und somit für gottesdienstliche Veranstaltungen mit einer höheren Anzahl von Besuchern geeignet sind.[29] Auch treten Mischformen auf. So trifft sich die Gemeindegründung King's Cross Church in Zentrallondon für den von ihr angebotenen Morgengottesdienst in einer Schule und nutzt für zwei Gottesdienste, die am Nachmittag und am Abend stattfinden, das Kirchengebäude einer äthiopischen Gemeinde.[30] Zum Teil wird auch versucht, den Gottesdienstort an der Zielgruppe auszurichten. So trifft sich die auf Studenten ausgerichtete Gemeindegründung The Anchorage in den Räumen einer Londoner Universität.[31]

Manche Gründungen streben den Erwerb eigener Räumlichkeiten an. Andere hingegen bleiben dauerhaft ohne eigenes Gebäude. Ausschlaggebend dafür sind neben den finanziellen Möglichkeiten auch die lokalen Bedingungen. So ist es, aufgrund des angespannten Immobilienmarktes, für Gemeindegründungen in London äußerst schwierig ein eigenes Gebäude zu erwerben, während dies in an-

27 Eine Ausnahme stellen von der Kirchenleitung betriebene Gemeindegründungen in Neubaugebieten dar. Hier kommt es zum Teil zur Errichtung eines kirchlichen Gebäudes. Zugleich handelt es sich in diesen Fällen meist nicht um Gemeindegründungen mit einer missionarischen Motivation, sondern um eine Erweiterung des parochialen Netzes im Sinne einer kirchlichen Versorgungslogik. Zudem stehen heute gemeindliche Fusions- und Kirchenschließungsprozesse im Vordergrund.

28 Vgl. Transkript 1.5., Z. 748–70.

29 So wird zum Beispiel auf Schulgebäude oder städtische Gemeindezentren zurückgegriffen. Vgl. Transkript 1.5., Z. 107–117.

30 Vgl. https://www.kxc.org.uk/come, 24. Februar, 2020.

31 The Anchorage nutzt Räume im *Faith Centre* der *London School of Economics*. Beide Gemeindegründer von The Anchorage sind Universitätsseelsorger und einer von ihnen steht dem *Faith Centre* vor. Vgl. Transkript 1.4., Z. 536–541. Auch die Grace Church Hackney orientierte sich bei der Suche nach einem geeigneten Gottesdienstort an den vermuteten ästhetischen Präferenzen der Zielgruppe. Vgl. Transkript 1.5., Z. 107–117.

deren Städten und Großstädten leichter gelingt.[32] Zugleich verzichten manche Gemeindegründungen auch bewusst auf den Erwerb eines eigenen Gebäudes, um so unabhängiger zu sein. So kann beispielsweise auf ein mögliches Wachstum der Gemeinde leichter reagiert und ein größerer Versammlungsort angemietet werden. Ebenfalls können durch ein dauerhaftes Mieten von Räumlichkeiten die beim Besitz eines Gebäudes anfallenden Unterhaltskosten eingespart werden.[33] Zugleich wird der gewollte oder ungewollte Verzicht auf ein eigenes Gebäude auch als Einschränkung für die eigene Arbeit erlebt.[34] Auch kommt es vor, dass bisher genutzte Räumlichkeiten nicht mehr zur Verfügung stehen und die Gemeindegründung sehr kurzfristig vor der Herausforderung steht, einen neuen, angemessenen Versammlungsort zu finden.[35]

Sobald sich klassische Gemeindegründungen nach der Kategorie „Gründung" außerhalb der parochialen Grenzen der Sendungsgemeinde ereignen, stellt sich die Frage nach ihrem kirchenrechtlichen Status. Sie sind nun entweder auf den guten Willen des Gemeindepfarrers der jeweiligen Parochie, in der sie gegründet werden, angewiesen, oder aber sie streben einen kirchenrechtlich geregelten Status an. Hierfür steht seit 2007 das kirchenrechtliche Instrument der *Bishop's Mission Order* zur Verfügung.[36] Mit ihr kann der zuständige Bischof einer Gemeindegründung den rechtlichen Status einer Kirchengemeinde zusprechen.[37] Aber auch das kirchenrechtliche Instrument des *extra-parochial ministry* kann zum Einsatz kommen.[38] Verbleibt die Gemeindegründung jedoch innerhalb der parochialen Grenzen der Sendungsgemeinde, so kann sie im Einvernehmen mit dem Gemeindepfarrer der Parochie wirken und braucht keine zusätzliche kirchenrechtliche Absicherung. Hier stellt sich dann aber die Frage, inwieweit die Gemeindegründung überhaupt als eigenständige Gemeinde anzusehen ist. Dies wird im späteren Verlauf näher diskutiert werden. Auch gibt es den Fall, dass Funktionsstellen, wie zum Beispiel der Dienst von Universitätsseelsorgern, durch den damit einhergehenden Status *der extra-parochial ministry* bereits den kirchenrechtlichen Rahmen für das Gründen einer Gemeinde bieten.[39]

---

32 Die Network Church in Sheffield (damals noch unter dem Namen St Thomas Philadelphia) traf sich zuerst in einem Nachtclub in der Innenstadt, bevor nach einigen Jahren ein eigener Campus in einem Gewerbegebiet erworben wurde. Vgl. https://ncsheffield.org/about/abouthistory, 24. Februar 2020.

33 Vgl. Transkript 1.4., Z. 536–542; Transkript 1.5., Z. 813–816.

34 Vgl. Transkript 1.5., Z. 813–823.

35 Vgl. Transkript 1.5., Z. 736–750.

36 Vgl. MacMorran / Briden, Handbook, 28.

37 Vgl. ▹ Kapitel 25.3.4.

38 Vgl. ▹ Kapitel 9.1.3.

39 Dies ist zum Beispiel bei der Gemeindegründung für Studenten The Anchorage in London der Fall. Beide Gründer sind Universitätsseelsorger. Vgl. Transkript 1.4., Z. 7–11.523–528.777–792.

Abschließend lässt sich sagen, dass die Gründung den Vorteil birgt, dass im Unterschied zur Revitalisierung keine Rücksicht auf bereits bestehende Traditionen genommen werden muss. Hier besteht die Möglichkeit, dass der Gemeindegründer und das Gründungsteam die Form der entstehenden Gemeinde weitestgehend selbst bestimmen.[40] Als begrenzender Faktor tritt jedoch meist die Frage nach geeigneten Räumlichkeiten hinzu.

11.2.2 Die Wiedereröffnung

Die Wiedereröffnung (*reopening*) unterscheidet sich von der Gründung dadurch, dass das Gemeindegründungsteam ein zuvor für die gemeindliche Arbeit geschlossenes Kirchengebäude wiedereröffnet. Die Kirchengebäude wurden dabei meist im Rahmen von Fusionsprozessen mehrerer Parochialgemeinden und der damit verbundenen Aufgabe eines Kirchengebäudes geschlossen. Aber auch bauliche Mängel des Gebäudes können ein Grund für die Schließung sein. So eröffnete die Gemeindegründung St Luke's Kentish Town das Kirchengebäude der ehemaligen Parochie St Luke's Osney Crescent in London wieder. Dieses war zuvor 20 Jahre lang wegen eines reparaturbedürftigen Daches geschlossen gewesen.[41] Die zum Kirchengebäude gehörende Parochie war nach Schließung des Kirchengebäudes mit der benachbarten Parochie verschmolzen worden. Die Wiedereröffnung stellt damit den Umkehrprozess zur „Kirchenschließung" dar.[42]

Auch bei der Wiedereröffnung eines zuvor geschlossenen Kirchengebäudes stellt sich die Frage nach dem kirchenrechtlichen Status der Gemeindegründung. Hier werden in der Regel zwei unterschiedliche Wege verfolgt. Entweder es wird auf eine *Bishop's Mission Order* zurückgegriffen oder aber es kommt zur Bildung einer neuen Parochie. Dafür müssen dann umliegende Parochien auf Teile ihres Parochialgebietes verzichten. Die Grenzen der neu geformten Parochie stimmen dabei nicht zwangsläufig mit den ursprünglichen Grenzen, der im Zusammenhang mit der Schließung des Kirchengebäudes aufgelösten Parochie, überein. So wurde bei der Wiedereröffnung von St Luke's Kentish Town eine neue Parochie errichtet. Diese umfasst aber lediglich einige wenige Straßenzüge. Der Gemeindegründer von St Luke's beschreibt diesen Prozess wie folgt:

> „But St Luke's was closed. I mean it had been closed twenty years ago. [...] So, people would be just trying to work out what to do [...]. It was a negotiation about: how would we

40 Vgl. Transkript 1.1.2., Z. 470–481.

41 Vgl. Transkript 1.3.1., Z. 66–87.

42 Zum Begriff der Kirchenschließung vgl. De Roest, Henk: Kirchenschließung, in: Kunz, Ralph / Schlag, Thomas (Hg.): Handbuch für Kirchen- und Gemeindeentwicklung, Neukirchen-Vluyn, 2014, 416–424.

plant? Would we be a Bishop's Mission Order? Would we be a parish? If we were gonna be a parish, where would the parish boundary be? Would it just […] be around the footprint of the building or would it be an actual parish? […] But there was already a parish here. And so, when these two churches, that I'd spoke about, in the eighties and nineties closed, all the parishes […] became just one big mega-parish with one church up the road. And so, they decided that it will be a parish, which meant, I had to have a negotiation with the local parish priest. […] He wasn't […] happy about it. But he wasn't obstructive. And we sat in a pub and we had a map and the archdeacon was there as well and […] the parish priest said: 'You can have that street, and you can have that street, and you can have that street.' […] And that was it. And so, we created a new parish, which is why the parish is mostly green space and public buildings. It's not […] really many residences. It's a funny shape as well. Small parish."[43]

Auch kommt es vor, dass Kirchengebäude, die bereits veräußert worden waren, wieder zurückgekauft werden. Dies geschieht zum Beispiel im Rahmen von größeren Gemeindegründungsprozessen wie der Gründung einer *City Centre Resource Church*. So kaufte die Gemeindegründung St Swithun's Bournemouth ein ursprünglich anglikanisches Kirchengebäude zurück, welches einige Jahre zuvor geschlossen und an eine Freikirche verkauft worden war.[44] Eine weitere *City Centre Resource Church* Gründung, St Mark's Coventry, eröffnete ein Kirchengebäude wieder, welches über mehrere Jahrzehnte hinweg vom britischen Gesundheitsdienst *National Health Service* und für eine gemeinnützige Arbeit mit Flüchtlingen benutzt worden war.[45]

Die Wiedereröffnung von zuvor geschlossenen Kirchengebäuden durch Gemeindegründungen spielt besonders in der Diözese von London eine große Rolle, da es hier der angespannte Immobilienmarkt deutlich schwerer macht säkulare Gebäude zu nutzen.[46] In Zusammenhang mit der Verbreitung von Gemeindegründungen nach dem *City Centre Resource Church* Modell kam es in den letzten Jahren aber auch außerhalb Londons vermehrt zur Wiedereröffnung von Kirchengebäuden.[47]

In der Regel ist die Wiedereröffnung zuvor geschlossener Kirchengebäude jedoch mit hohen Kosten verbunden. Dies ist besonders dann der Fall, wenn an einem Gebäude erst größere Reparatur- und Renovierungsarbeiten durchgeführt werden müssen, bevor eine kirchliche Nutzung wieder möglich ist.[48] Hinzu kommt, dass

---

43 Transkript 1.3.1., Z. 246–270.

44 Vgl. Transkript, 1.7., Z. 110–125.136–145.

45 Vgl. https://www.stmarkscoventry.org/our-story, 25. Februar 2020.

46 Vgl. Transkript 4.4.1., Z. 385–396. Vgl. auch Lings, Day, 195.

47 Dies ist zum Beispiel der Fall für St Swithun's Bournemouth (jetzt unter dem Namen Love Church), St Mark's Coventry, St Werburgh's Derby und St Nicholas Bristol.

48 Vgl. Transkript 1.3.1., Z. 369–380.

die Wiedereröffnung eines lange geschlossenen Kirchengebäudes und die dafür nötigen Renovierungsarbeiten die Aufmerksamkeit des Gemeindegründers und des Gemeindegründungsteams binden und somit vom Verfolgen anderer wichtiger Zielsetzungen ablenken können. So beschreibt CP3 seine Erfahrungen mit der Wiedereröffnung von St Luke's Kentish Town wie folgt:

> „So one of the key developments for us is: when we planted the church [...] so much of my energy and life was absorbed in reopening a building, that I lost sight of why we were reopening the building. [...] Like: all my conversations were about physically reopening a space. That's where all the money went; that's all my time went; that's what the vision was: 'We gonna reopen this building.' That's what it was. So eighteen months in, I'm having conversations with our leaders and they're saying to me: 'Jon you're asking me to lead, but I don't know what I'm leading for. Why are we here?' [...] And I hadn't noticed, that I had never articulated a vision beyond 'Let's just get in the building.'"[49]

Die größten Herausforderungen dieses Modus von klassischer Gemeindegründung liegen also in den hohen Kosten und in der Gefahr, dass die Wiedereröffnung des kirchlichen Raumes andere wichtige Aspekte des Gemeindegründungsprozesses überschattet oder in den Hintergrund drängt.

Auf der anderen Seite erscheint die Wiedereröffnung eines zuvor geschlossenen Kirchengebäudes für die Kirchenleitung oft als attraktiv, da dies ein sichtbares, positives Zeichen darstellt, welches dem allgemeinen Trend kirchlicher Schrumpfungsprozesse zuwiderläuft. Auch strahlt sie über die binnenkirchliche Wahrnehmung hinaus in die weitere Gesellschaft aus und wird oftmals auch von den säkularen Medien aufgegriffen.[50]

Ist die Kirchenschließung ein äußeres Zeichen für einen zuvor erlittenen kirchlichen Vitalitätsverlust,[51] so stellt die Wiedereröffnung hingegen ein Zeichen neuer kirchlicher Vitalität dar, die weit über die betroffene Gemeinde hinaus ausstrahlt. Diese Ausstrahlung liegt vor allem darin begründet, dass die Wiedereröffnung eines länger geschlossenen Kirchengebäudes die Qualität eines kirchlichen Auferstehungserlebnisses hat. Dieses betrifft nicht das durchführende Gemeindegründungsteam oder die kirchliche Institution allein, sondern stellt ein öffentliches Ereignis dar, welches den gesamten Stadtteil mit seinen Bewohnern angeht. CP3 stellt dies wie folgt dar:

---

49 Transkript 1.3.1., Z. 644–656.

50 Vgl. zum Beispiel https://www.bbc.com/news/uk-england-39304323; https://www.bbc.com/news/uk-england-bristol-42788072, 26. August 2020.

51 Vgl. De Roest, Kirchenschließung, 416.

> „And then we got the keys back in December [...] for the building, but we'd already advertised the carol service to happen on the [...] fifteenth of December that year, I can't remember. [...] So, then we had to go in and had to make it work for a carol service four days later. [...] So, we had to put a sound system in and dust and chairs and carpet and whatever else, screen, video projector screen, People took days off work. But we did and we opened the doors for the first act of worship in there for twenty years and two hundred and fifty people showed up out of nowhere. It wasn't even well-wishes from other churches like HTB, because they had their own carol services that day. It literally was people from the community. I don't know where they came from, I don't know who they were, but they came.“[52]

Zusammenfassend lässt sich sagen, dass die Wiedereröffnung und Nutzung geschlossener Kirchengebäude vor allem in urbanen Räumen, in denen es aufgrund des angespannten Immobilienmarktes an günstigeren Alternativen mangelt, als eine sinnvolle Option erscheint. Sie ist zum Teil mit hohen Kosten verbunden und steht in der Gefahr andere wichtige Aspekte eines Gemeindegründungsprozesses in den Hintergrund zu drängen. Zugleich birgt sie den Vorteil ein sichtbares Zeichen für eine erneuerte kirchliche Präsenz zu sein und damit eine hohe öffentliche Aufmerksamkeit zu erregen.

11.2.3 Die Revitalisierung

Der dritte Modus ist die Revitalisierung. Mit diesem Begriff werden hier diejenigen Fälle von klassischer Gemeindegründung zusammengefasst, die von Hopkins und Lings mit den Begriffen *graft* und *transplant* beschrieben werden. Während die beiden Modi der Wiedereröffnung und der Gründung sich lediglich dadurch unterscheiden, ob ein zuvor für den gottesdienstlichen Gebrauch geschlossenen Kirchengebäudes genutzt wird oder nicht, weist die Revitalisierung doch deutliche Differenzen zu beiden ersteren auf. Bei ihr handelt es sich nicht um die Gründung einer neuen Kirchengemeinde. Stattdessen schließt sich ein von einer Sendungsgemeinde ausgesandtes Gemeindegründungsteam einer bereits bestehenden Kirchengemeinde an. In den meisten Fällen handelt es sich bei dieser empfangenden Gemeinde um eine Parochie, welche nur noch eine sehr kleine Gottesdienstgemeinde hat und unter Umständen von der Schließung bedroht ist. Die Revitalisierung geht in der Regel mit einer Neubesetzung der Pfarrstelle der empfangenden Gemeinde einher. Diese wird mit dem Gemeindegründer oder der Gemeindegründerin neu besetzt. Daneben kommt es auch vor, dass es zunächst zu einer normalen Neubesetzung einer Pfarrstelle in einer Gemeinde kommt und erst im weiteren

52 Transkript 1.3.1., Z. 427–446.

Verlauf ein Gründungsteam zur empfangenden Gemeinde hinzustößt. So besetzte zum Beispiel CP8 die Pfarrstelle der Parochialgemeinde St John the Baptist's in Caversham bereits 20 Monate lang, bevor eine Gruppe von Gemeindegliedern aus der Gemeinde hinzustieß, in welcher CP8 vor ihrer Ausbildung zur Geistlichen als Ehrenamtliche aktiv gewesen war.[53]

Bei der Revitalisierung stellt sich die Frage, inwieweit sie überhaupt als Gemeindegründung gewertet werden kann. Da es zu keiner Neugründung einer Gemeinde kommt, kann im Fall der Revitalisierung eigentlich nur schwer von einer Gemeinde*gründung* gesprochen werden. Und doch gibt es Gründe, warum im Rahmen der *Church of England* auch Revitalisierungsprozesse als Ausdruck klassischer Gemeindegründung verstanden werden müssen. Eines der wichtigsten Argumente stellt der Hinweis dar, dass die Gemeindegründungsszene der *Church of England* seit ihren Anfängen Revitalisierungen als eine Form des *church planting* begriffen hat. So gehen Hopkins und Lings wie selbstverständlich davon aus, dass die von Lings als *graft* und *transplant* beschriebenen Revitalisierungsprozesse bestehender Gemeinden Teil dessen sind, was in der *Church of England* unter *church planting* zu verstehen ist.[54] Diese Position wird in der Folge in allen für die Gemeindegründungsszene wichtigen Veröffentlichungen und auch in den wichtigsten empirischen Untersuchungen vertreten.[55]

Dieses inklusive Verständnis des Begriffes Gemeindegründung liegt zunächst in den Gegebenheiten der *Church of England* begründet: Durch ihre parochiale Struktur gab es eben nicht nur wie im freikirchlichen Bereich die Möglichkeit neue Gemeinden zu gründen, sondern auch die Optionen geschlossene Kirchengebäude wiederzueröffnen oder noch bestehende Kirchengemeinden vor ihrer Schließung zu retten, in dem diese revitalisiert wurden. Hier schließt ein zweiter Grund an, warum Revitalisierungsprozesse dem Begriff Gemeindegründung zugeordnet wurden: Gerade die ersten Revitalisierungen erfolgten mit großen Gründungsteams und bedeuteten für die empfangende Kirchengemeinde einen vollumfassenden Neustart. Die Gründungsteams brachten auch ihr Verständnis von Gemeindearbeit und gottesdienstlichem Leben mit, so dass es innerhalb kürzester Zeit zu einem starken Wandel innerhalb der empfangenden Gemeinde kam.[56] Blieb somit formal und

---

53 Vgl. Transkript 1.8., Z. 11–63.

54 Vgl. Hopkins, Church Planting 1., 16f.

55 Vgl. zum Beispiel Hopkins, Planting New Churches, 84–100; Harris, Ground, 6f.25–29; Cray, Mission-shaped Church, 71–73; Dadswell / Ross, Church Planting, 18.27.38.50; Lings, Day, 64–67.223f; Vivian / Dalpra, Who's there?, 59.

56 Dieses Vorgehen wird inzwischen durchaus kritisch bewertet und heute wird in den meisten Revitalisierungsprozessen ein hoher Wert auf die Beibehaltung bestehender Traditionen gelegt. Vgl. dazu die Ausführungen in ▹ Kapitel 15.2.2.1. Vgl auch die Darstellung der Revitalisierung von St Peter's Bethnal Green in ▹ Kapitel 8.3.

rechtlich die Kirchengemeinde weiter bestehen, so erfuhr das Gemeindeleben doch eine völlige Neuausrichtung.[57]

Ebenso kann darauf hingewiesen werden, dass auch die allermeisten Gesprächspartner der Experteninterviews Revitalisierungsprozesse als eine Form klassischer Gemeindegründung verstehen[58] oder zumindest eine Ähnlichkeit zwischen beiden Prozessen feststellen.[59] So betont P3 zum Beispiel die Gemeinsamkeiten zwischen der Revitalisierung und der eigentlichen Gründung, auch wenn die Kontexte verschiedene sind: „So those two things: revitalising and planting. […] We actually use the same methodology and the […] same language. But actually they are two different contexts that you're planting into."[60]

Jedoch muss die Revitalisierung von der üblichen Neubesetzung einer Pfarrstelle durch einen neuen Stelleninhaber oder eine neue Stelleninhaberin abgegrenzt werden. Denn auch diese Neubesetzung kann natürlich größere Veränderungen für das Gemeindeleben mit sich bringen. Deswegen muss neben der Neuausrichtung des Gemeindelebens, welche sich insbesondere in einer Neugestaltung des gottesdienstlichen Lebens zeigt, auch das Hinzukommen eines Gründungsteams als zweites konstituierendes Element für eine Revitalisierung betrachtet werden. Nur wenn diese beiden Elemente vorhanden sind, kann ein Revitalisierungsprozess dem Typ der klassischen Gemeindegründung zugeordnet werden. So betont P3 die Zusammengehörigkeit beider Aspekte für den Revitalisierungsprozess:

> „[…] the revitalising is […] where there is a church that's just struggling and say it's got to very low numbers. And I would say, I mean anything from […] 30 downwards is, you know, in need of something. Otherwise it will just keep on declining. And sometimes even more than that. So that's where having a team of people coming in is so important […] You need a group of people to change the culture otherwise one person on their own is gonna find it very, very difficult. You got people who get it, who gonna love that existing congregation, but you're basically doing a turn-around or a restart to bring life back to that church."[61]

Wie bereits dargestellt, unterscheiden Hopkins und Lings in ihrer Kategorisierung die beiden Begriffe *graft* und *transplant*. Beide Begriffe werden hier unter dem

57 Vgl. Perkins, Paul: Negotiations form the Planter's Perspective, in: Hopkins, Planting New Churches, 90f; Irvine, John: Planting St Barnabas, Kensington, in: Hopkins, Planting New Churches, 92–97.

58 Vgl. Transkript 1.1.2., Z. 463–484; Transkript 1.6., Z. 46–51; Transkript 1.7., Z. 756–763; Transkript 4.1.1., Z. 302–311; Transkript 4.2., Z. 45–66; Transkript 4.3., Z. 115–118; Transkript 4.5., Z. 110–127; Transkript 4.6., Z. 25–29.165–170.

59 Vgl. Transkript 1.8., Z. 887–898.908–915.

60 Transkript 4.3., Z. 154–158.

61 Transkript 4.3., Z. 118–130.

Begriff Revitalisierung zusammengefasst. Dies hat mehrere Gründe. Zum einen wurde in der Analyse der Experteninterviews klar, dass innerhalb der Gemeindegründungsszene mit großer Wahrscheinlichkeit lediglich der Begriff *graft* eine weitere Verbreitung erfahren hat und auch als Überbegriff für beide Fälle benutzt wird. Das heißt, dass damit sowohl Revitalisierungsprozesse beschrieben werden, bei denen das Gründungsteam kleiner als die bestehende Gottesdienstgemeinde ist, als auch solche, bei denen das Gründungsteam größer ist. Da dieser Begriff in der Kategorisierung von Lings und Hopkins aber eben nur für eine Unterform der Revitalisierung verwendet wird, erscheint es als sinnvoll, einen neuen Überbegriff einzuführen. Zusätzlich gilt auch für den Begriff der „Aufpfropfung" die oben geäußerte Kritik. Durch die Analogie zum Gartenbau erscheint der Begriff für eine präzise Beschreibung von Revitalisierungsprozessen als hinderlich. So kritisieren CP1 und CP6, dass die gartenbauliche Technik der Aufpfropfung eigentlich voraussetzt, dass es sich beim Stamm, in den der neue Zweig eingesetzt wird, um eine gesunde Pflanze handelt. Bei gemeindlichen Revitalisierungsprozessen versagt hier aber die Analogiebildung, da nach Wahrnehmung der Gemeindegründer die empfangende Gemeinde sich eben in einer Problemlage befindet und nur deswegen überhaupt eine Revitalisierung nötig wird.[62]

Aus den genannten Gründen scheint der Rückgriff auf andere Begriffe geboten. Dafür bieten sich Begriffe an, welche in der Gemeindegründungsszene synonym mit dem Begriff *graft* verwendet werden. In den Experteninterviews konnten die Begriffe Revitalisierung (*revitalisation*) und Partnerschaft (*partnership*) als etablierte Synonyme identifiziert werden. Der Begriff *revitalisation* und das dazugehörige Verb wurde dabei sehr viel häufiger und von mehr Interviewpartnern genutzt, als dies für den Begriff *partnership* der Fall war.[63]

Inhaltlich haben beide Begriffe verschiedene Konnotationen. Der Begriff „Partnerschaft" betont eine Zusammenarbeit auf Augenhöhe zwischen der sendenden Gemeinde und dem Gründungsteam auf der einen Seite und der empfangenden Gemeinde auf der anderen Seite. Die Gesprächspartner, welche diesen Begriff benutzen, sehen in ihm den Vorteil, dass damit gegenüber der empfangenden Gemeinde die zum Teil negativ belegten Begriffe *church planting* und *graft* vermieden

62 Vgl. Transkript 1.1.2., Z. 463–470; Transkript 1.6., Z. 51–65.

63 Von *revitalisation* oder *to revitalise* im Sinne eines Revitalisierungsprozesses sprachen insgesamt sechs Interviewpartner. Die Begriffe wurden dabei 15 Mal genutzt. Der Begriff *partnership* als Beschreibung eines Revitalisierungsprozesses wurde hingegen nur von zwei Interviewpartnern gebraucht, insgesamt aber acht Mal von ihnen genannt. Für erstere Begriffe vgl. Transkript 1.1.2., Z. 463–471; Transkript 1.6., Z. 51–65.87–90.819f.879–881; Transkript 4.1.1., Z. 323–325; Transkript 4.2., Z. 63–66.241–244.775–778.794f.; Transkript 4.3., Z. 115–120.154f.; Transkript 4.6., Z. 25–29.68–70. Für die Verwendung von *partnership* vgl. Transkript 1.6., Z. 44–50.59–61.92–97; Transkript 4.6., Z. 168–170.195–197.206f.

werden können, auch wenn sie selbst das damit beschriebene Geschehen als eine Form von Gemeindegründung verstehen.[64] Der Begriff der „Revitalisierung" stellt hingegen die Aufgabe in den Mittelpunkt, welche der Grund für die Zusammenarbeit zwischen dem Gründungsteam und der empfangenden Gemeinde ist. So drückt der Begriff Revitalisierung aus, dass es der empfangenden Gemeinde an Energie und Dynamik mangelt und sie aus eigener Kraft kaum mehr fähig ist, zu alter Stärke zurückzufinden. Sie ist auf eine Revitalisierung angewiesen, welche durch einen Neustart (*restart*) geschieht und das Gemeindeleben signifikant verändert. Dem Gründungsteam kommt dabei die entscheidende Rolle als Motor dieses Veränderungsprozesses zu.

Der Begriff der Revitalisierung erscheint damit als der präzisere der beiden Begriffe, da er die Aufgabe klar benennt und in den Mittelpunkt stellt. Der Begriff der Partnerschaft hingegen stellt das gemeinsame Miteinander in den Mittelpunkt. Er hat seinen Wert darin, dass mit ihm betont wird, dass es einer partnerschaftlichen Zusammenarbeit beider Gruppen bedarf, um eine Revitalisierung möglichst erfolgreich durchzuführen.[65] Auch kann er eine mahnende Wirkung auf das Gründungsteam haben. Denn dieses steht zum einen in der Gefahr die bestehenden Traditionen der Gemeinde als Hindernisse für den Revitalisierungsprozess zu begreifen, anstatt sie als Ressource zu nutzen. Zum anderen kann es dazu kommen, dass die bestehende Gottesdienstgemeinde durch das Gründungsteam marginalisiert wird. Dies kann besonders dann der Fall sein, wenn das Gründungsteam deutlich größer als die bestehende Gottesdienstgemeinde ist. In der Folge kann es dazu kommen, dass das Gründungsteam die von ihr gelebte Gemeindekultur der empfangenden Gemeinde aufzwingt.[66]

Auf der anderen Seite besteht die Gefahr, dass der Begriff der Partnerschaft in einer euphemistischen Weise gebraucht wird, um so die klare Benennung der oft schwierigen Veränderungsprozesse, welche mit einer Revitalisierung einhergehen, zu vermeiden.[67] Insgesamt erscheint der Begriff der Revitalisierung der präzisere Begriff zu sein und wird daher in dieser Arbeit als Bezeichnung für Gemeindegründungsprozesse benutzt werden, welche eine bestehende Gottesdienstgemeinde beinhalten.

Die mit der Verwendung des Begriffs Revitalisierung erfolgende Aufgabe der Differenzierung von Revitalisierungsprozessen in *grafts* und *transplants* kann durch eine Beschreibung der Art der Zusammenarbeit zwischen dem Gemeindegründungsteam und der empfangenden Gemeinde ersetzt werden. So zeigen sich besonders deutliche Unterschiede im Umgang mit dem sonntäglichen Gottesdienst. Hier

---

64 Vgl. Transkript 1.6., Z. 49–65; Transkript 4.6., Z. 165–170.

65 Für einen solchen auf Partnerschaft ausgelegten Prozess vgl. Transkript 1.8., Z. 61–95.

66 Vgl. Transkript 4.8., Z. 461–479. Vgl. auch ▹ Kapitel 17.1.4.

67 Vgl. ▹ Kapitel 15.1.4.

gibt es zwei Modelle. Entweder der bestehende Gottesdienst wird beibehalten und durch einen weiteren Gottesdienst ergänzt, der in der Regel der Gottesdiensttradition des hinzukommenden Gründungsteams entspricht. Oder aber es wird weiterhin nur ein Gottesdienst am Sonntag gefeiert. Dieser wird entweder um Elemente ergänzt, welche der Gottesdiensttradition des hinzukommenden Gemeindegründungsteams entsprechen, oder aber nun ganz im Stil der Tradition des Gemeindegründungsteams gefeiert. Bei diesen Entscheidungen erscheint das Verhältnis der beiden Gruppengrößen als ein wichtiger Faktor, gibt aber nicht immer zwingend das eine oder das andere Modell vor. Ist die bestehende Gottesdienstgemeinde sehr klein, so erscheint es leichter möglich den bestehenden Gottesdienst umzugestalten und Veränderungen durchzusetzen.[68] Hat die bestehende Gottesdienstgemeinde eine signifikante Größe, beziehungsweise sind beide Gruppen gleich groß, so scheint die Tendenz darin zu liegen, mittelfristig einen zweiten Gottesdienst zu etablieren, welcher der Gottesdiensttradition des Gemeindegründungsteams entspricht.[69]

Die Revitalisierung muss im Kern als gemeindlicher Veränderungsprozess begriffen werden, welcher aber in Form eines gottesdienstzentrierten Modells und in Nachbildung einer bestehenden Form von Gemeinde geschieht. Für diesen Veränderungsprozess stellen der neue Stelleninhaber und das hinzukommende Gründungsteam die treibenden Kräfte dar. Eine ausführliche Darstellung dieses Veränderungsprozesses soll an späterer Stelle erfolgen.[70] Es bleibt festzuhalten, dass Revitalisierungen einen hohen Anteil an allen klassischen Gemeindegründungen in der *Church of England* haben.[71] Besonders viele Revitalisierungen fanden bisher in London statt.[72] Viele davon stehen mit Holy Trinity Brompton in Verbindung.

Zusammenfassend lässt sich sagen, dass die Revitalisierung deutliche Unterschiede zu den anderen beiden Modi aufweist. Bei ihr steht nicht ein Gründungs-, sondern ein Veränderungsprozess im Mittelpunkt. Andererseits gleicht die Revitalisierung, sofern es zur Etablierung neuer Gottesdienste kommt, in weiten Teilen dem Gründungsprozess anderer Gemeindegründungen. Dies und der Umstand, dass die Revitalisierung in der *Church of England* von Beginn an unter dem Begriff *church planting* behandelt wurde, sprechen dafür, sie als eine Sonderform von Gemeindegründung in einem großkirchlichen Kontext zu verstehen.

---

68 Vgl. Transkript 1.1.1., Z. 309–333.

69 Vgl. Transkript 1.6., Z. 539–598; Transkript 4.6., Z. 437–445. Für den Fall, dass das hinzustoßende Gemeindegründungsteam kleiner ist als die bestehende Gottesdienstgemeinde vgl. Transkript 1.8., Z. 350–379.430–467.

70 Vgl. ▹ Kapitel 15.1.4.

71 Die Studie *The Day of Small Things* stellt fest, das 44,7 % aller untersuchten klassischen Gemeindegründungen entweder *grafts* oder *transplants* darstellen und damit, dem hier verwendeten Begriff der *Revitalisierung* zuzuordnen sind. Vgl. Lings, Day, 100.

72 Vgl. ebd., 69.

11.3 Fazit

Die hier vorgestellten Modi von Gemeindegründung stellen Orientierungskategorien dar, welche helfen können, die Besonderheiten verschiedener Gründungsprozesse zu identifizieren. Entsprechend des Kontextes der *Church of England* wird mit ihnen der Begriff der klassischen Gemeindegründung nicht auf das Entstehen neuer Gemeinden beschränkt, sondern um die Wiedereröffnung eines zuvor für das gemeindliche Leben geschlossenen Kirchengebäudes sowie um die Revitalisierung einer bestehenden Kirchengemeinde erweitert. Verbunden sind diese drei Modi durch die in der Gemeindegründungsszene der *Church of England* bestehende Übereinkunft, alle drei als Unterarten von klassischer Gemeindegründung zu verstehen. Ebenso vollziehen sich die Gründungsprozesse in ähnlicher Weise. Diese sollen im späteren Verlauf ausführlicher dargestellt werden.[73]

---

73 Vgl. ▹ Kapitel 15.

12. Gebiets- und Netzwerkorientierung als Grundorientierungen klassischer Gemeindegründung

Bei der Untersuchung klassischer Gemeindegründung lassen sich zwei grundsätzliche Orientierungen feststellen. Die Orientierung an einem Gebiet und die Orientierung an einem Netzwerk. Beide werden im Folgenden vorgestellt und deren Unterschiede diskutiert. Es ist anzumerken, dass diese Orientierungen nicht exklusiv für klassische Gemeindegründungen gelten, sondern bei allen *fresh expressions of church*-Typen zum Tragen kommen.[1] Zusätzlich muss darauf hingewiesen werden, dass es zusätzlich zu dieser Grundorientierung auch einen *fresh expressions of church*-Typ namens *network church* gibt, bei dem die Netzwerkorientierung maßgeblicher Bestandteil des missionarischen Profils ist. Gemeinden dieses Typs weisen zum Teil Überschneidungen mit klassischen Gemeindegründungen auf, da sie zum Teil auch einem gottesdienstzentrierten Ansatz folgen.[2]

12.1 Gebietsorientierte Gemeinde

Wie bereits dargestellt, bestand eines der Ursprungsmotive für klassische Gemeindegründung in der *Church of England* in der Wahrnehmung, dass bestimmte Gebiete innerhalb einer Parochie durch die bestehende gemeindliche Arbeit der Parochialgemeinde nicht oder nur ungenügend erreicht wurden (*inadequate penetration of parish*). Um Abhilfe zu schaffen, kam es zur Gründung von Gottesdienstgemeinden, die sich auf ein bestimmtes parochiales Teilgebiet bezogen.[3] Dies stellte im Wesentlichen die Ursprungsform von Gemeindegründung innerhalb der *Church of England* dar. Als Beispiel wurde bereits die Gründung von sechs Gottesdienstgemeinden in der Parochie Chester-le-Street in den 1970ern und 1980er Jahren genannt.[4]

Eine solche „gebietsorientierte" Form von Gemeindegründung folgt der Logik des Parochialsystems und stützt dieses, indem sie geographisch orientiert geschieht. Das Motiv für die Gründung von neuen Gemeinden liegt hier in der Erhöhung der

---

1 Vgl. Lings, Day, 97.

2 Vgl. Cray, Mission-shaped Church, 63.

3 Paas spricht in diesem Zusammenhang von *saturation planting*, welches auch ein wichtiger Bestandteil der DAWN Strategie war Vgl. Paas, Church Planting, 44. Vgl. ▹ Kapitel 5.5.

4 Vgl. Lings, History, 165; Walker, / Bunting: Chester-le-Street Today, 148–157.

Erreichbarkeit von Gemeinden durch geographische Nähe und ist damit dem Grundmotiv „more churches" zuzuordnen.[5] Das hier beschriebene Motiv der missionarischen Erschließung großer Parochien, war zu Beginn der 1990er Jahre und damit zur Hochzeit klassischer Gemeindegründung in der *Church of England* der häufigste Grund für anglikanische Gemeindegründungen in England.[6]

Auch in der heutigen Gemeindegründungsszene gibt es eine gebietsorientierte Form von Gemeindegründung. Nach der Studie *The Day of Small Things* ist sogar die große Mehrzahl der untersuchten klassischen Gemeindegründungen gebietsorientiert.[7] Und auch weiterhin spielt das Gründen weiterer Gottesdienstgemeinden innerhalb einer Parochie im Modus der klassischen Gemeindegründung eine Rolle.[8] Meist ist aber auch in Bezug auf verschiedene Teilgebiete der eigenen Parochie das Bewusstsein gewachsen, dass verschiedene Nachbarschaften verschiedene Formen von Gemeinde brauchen. In der Folge wird vermehrt auf andere *fresh expressions of church*-Typen zurückgegriffen und damit ein kontextzentrierterer Ansatz gewählt.[9]

Am meisten kommt es heute wohl im Rahmen von Revitalisierungsprozessen bestehender Parochien zu einer gebietsorientierten Form von Gemeindegründung. In diesen Fällen machen sich das Gemeindegründungsteam und die Gemeindegründerin oder der Gemeindegründer die Logik der Parochie zu eigen. So betont CP1 den lokalen Ansatz, der von ihm durchgeführten Revitalisierung, welcher sich auf das unmittelbare Gemeindegebiet richtet.[10] Und auch CP8 betont die Ausrichtung des Revitalisierungsprozesses auf das Parochialgebiet und die dort lebenden Personen.[11] Gerade die Revitalisierung von Parochialgemeinden zeigt dabei, dass klassische Gemeindegründung nicht von vorneherein als Konkurrenz oder Gefahr für das Parochialsystem gesehen werden kann. Vielmehr scheinen klassische Gemeindegründungen im Modus der Revitalisierung sogar eine Möglichkeit darzustellen das Parochialsystem zu stärken und zu erneuern, wenn dadurch die Schließung von Parochialgemeinden verhindert werden kann.[12]

5 Vgl. ▹ Kapitel 10.3.2. Vgl. ebenso Cray, Mission-shaped Church, 109.

6 Vgl. Lings, Time, 164–167.

7 Vgl. Lings, Day, 97.

8 Vgl. Transkript 1.1.2., Z. 331–403. Wobei hier auch die Idee der *base ecclesial communities* im Hintergrund zu stehen scheint. Vgl. Mission-shaped Church, 47–49.

9 Vgl. zum Beispiel Transkript 1.8., Z. 475–485.

10 Vgl. Transkript 1.1.1., Z. 672–687.

11 Vgl. Transkript 1.8., Z. 471–491.

12 Vgl. hier auch die Studie von Thorlby, *Love, Sweat and Tears*, welche Revitalisierungsprozesse in fünf Ostlondoner Parochialgemeinden untersucht. Thorlby kommt zum Schluss, dass die untersuchten Parochialgemeinden deutlich gestärkt aus den Revitalisierungsprozessen hervorgingen. Thorlby, Love, 85–92.

12.2 Netzwerkorientierte Gemeinden

Der Orientierung an einem Gebiet wird in der englischen Gemeindegründungsliteratur eine Orientierung an Netzwerken gegenübergestellt.[13] Der Begriff „Netzwerk“ wird dabei dem soziologischen Diskurs entnommen. Dieser identifiziert das Netzwerk als die prägende Organisationsform für die von Mobilität, Funktionalisierung, Digitalisierung und Globalisierung bestimmten westlichen Gesellschaften des 21. Jahrhunderts und spricht in Folge dessen von einer Netzwerkgesellschaft.[14] Mit dem Begriff des Netzwerkes wird dabei die Bezugsnähe von Menschen der geographischen Nähe gegenübergestellt. Die Bezugsnähe nimmt eine Vorrangstellung ein, was zu einer Veränderung des gesellschaftlichen Zusammenlebens führt. So orientiert sich das Entstehen und die Pflege zwischenmenschlicher Beziehungen weniger am Wohnort und der unmittelbaren Umgebung. Stattdessen entstehen Beziehungen entlang beruflicher und durch Freizeitaktivitäten geprägter Netzwerke. Diese verbinden Menschen mit den unterschiedlichsten Wohnorten, welche aber durch den gemeinsamen Beruf oder von ihnen geteilte Interessen in Beziehung zueinander treten.[15] Dadurch werden Nachbarschaft und Gebiet in ihrer Bedeutung für das Zusammenleben von Menschen zwar nicht ersetzt, verlieren aber angesichts der zunehmenden Orientierung an Netzwerken an Bedeutung.[16]

In der Gemeindegründungsszene und in der sich entwickelnden *fresh expressions of church*-Bewegung wurden diese gesellschaftlichen Veränderungen ab den 1990er Jahren wahrgenommen und dann in *Mission-shaped Church* ausführlich thematisiert.[17] In der Folge entwickelten sich sogenannte „Netzwerkgemeinden“ (*network-focused churches / network churches*).[18] Diese zeichnen sich durch eine Orientierung an spezifischen Zielgruppen aus, welche durch gemeinsame Interessen, eine sie verbindende Institution oder einen einheitlichen sozialen Hintergrund von anderen Gruppen unterschieden sind:

---

13 Vgl. zum Beispiel Harris, Ground, 4; Cray, Mission-shaped Church, 4–7.

14 Vgl. Castells, Manuel: Der Aufstieg der Netzwerkgesellschaft: Das Informationszeitalter. Wirtschaft. Gesellschaft. Kultur. Band 1, 2. Auflage, Springer VS, Wiesbaden, 2017, XXII. Besonderer Bedeutung kommt dabei dem Ausbau des Internets als weltweites Datennetz zu, welches den Wandel zur Netzwerkgesellschaft verstärkte und beschleunigte und auf soziale Strukturen rückwirkte: „Auf der einen Seite handelt es sich also um eine technologische Infrastruktur, die einen sozialen Wandel ermöglichte, auf der anderen um einen gesellschaftlichen Sinnhorizont, der den digitalen Technologien zum Durchbruch verhalf.“ Es handelt sich um ein „sozio-technisches“ Wechselverhältnis. Apprich, Clemens: Vernetzt – Zur Entstehung der Netzwerkgesellschaft. Transcript Verlag, Bielefeld, 2015, 15.

15 Vgl. Cray, Mission-shaped Church, 62.

16 Vgl. ebd., 5.

17 Vgl. Harris, Ground, 4; Cray, Mission-shaped Church, 4–7.

18 Vgl. Cray, Mission-shaped Church, 62–67; Lings, Day, 222.

> „Network church […] is begun to connect with people and contacts that are not defined by a geographic or parochial area, but by coherent patterns within a shared life, whether derived from work, school, a common interest, or a stage of life, or even among people who gather for a common purpose e. g. outreach to a specific group."[19]

Hier steht also ein missionarisches Anliegen im Vordergrund, welches durch die Netzwerkorientierung bedingte gesellschaftliche Veränderungen wahrnimmt und durch die Schaffung von Netzwerkgemeinden versucht, darauf zu reagieren.

Dies stellt einen wichtigen Unterschied zur Debatte um den Netzwerkbegriff in der deutschen Praktischen Theologie dar. Auch hier wird die zunehmende Bedeutung von Netzwerkstrukturen für die Gesellschaft wahrgenommen. Mit der Fünften Kirchenmitgliedschaftsuntersuchung (2012) findet sich der Netzwerkbegriff sogar im Mittelpunkt der aktuell umfassendsten empirischen Untersuchung im Bereich der evangelischen Kirche in Deutschland.[20] Im Unterschied zum englischen Kontext steht hier aber kein missionarisches Anliegen im Zentrum, sondern es geht allgemeiner um die Beschreibung von Netzwerkstrukturen innerhalb und außerhalb von Kirchengemeinden und der Kirche.[21] Die Debatte in der deutschen Praktischen Theologie beschäftigt sich also grundlegender mit dem Netzwerkbegriff, während er in der Gemeindegründungsszene und der *fresh expressions of church*-Bewegung der *Church of England* in Bezug auf ein missionarisches Anliegen verwendet wird.[22]

Eine solche Verknüpfung findet sich in der deutschen Literatur vor allem in dem kirchlichen Reformpapier *Kirche der Freiheit*.[23] Auch hier wird auf die zunehmende Bedeutung von Netzwerken für die Gesellschaft rekurriert:

> „[…] angesichts der gesellschaftlichen Mobilität ist eine primär lokale oder parochiale Lebensgestaltung heute oft an bestimmte Lebensphasen […] sowie an bestimmte Milieus oder Lebensstile gebunden. Im Vergleich dazu wächst die Zahl der Menschen und das Aus-

19 Lings, Day, 222. Im Original vorhandene Hervorhebungen wurden entfernt.

20 Vgl. Bedford-Strohm, Heinrich / Jung, Volker: Vernetzte Vielfalt. Kirche angesichts Individualisierung und Säkularisierung. Die fünfte EKD-Erhebung über Kirchenmitgliedschaft, Gütersloh, 2015.

21 Vgl. dafür zum Beispiel Nord, Ilona: Gemeinde in Netzwerken, in: Kunz, Ralph / Schlag, Thomas (Hg.): Handbuch für Kirchen- und Gemeindeentwicklung, Neukirchen-Vluyn, 2014, 409–415; Roleder, Felix / Weyel, Birgit: Vernetzte Kirchengemeinde. Analysen zur Netzwerkerhebung der V. Kirchenmitgliedschaftsunterschung der EKD, Leipzig, 2019, 4–12.21f.

22 Für eine Darstellung der deutschen praktisch-theologischen Debatte vgl. ▷ Kapitel 20.2.2.

23 Vgl. Huber, Freiheit.

maß der Lebensphasen, für die eher netzwerkartige und projektförmige Orientierungen charakteristisch sind."[24]

In Reaktion auf diese Wahrnehmung und in durchaus missionarischer Absicht wird die Stärkung und weitere Entwicklung von profil- und netzwerkorientierten Regionalgemeinden gefordert.[25] Die Begriffe Profil- und Regionalgemeinde stellen damit Äquivalente für den, in der englischen Diskussion gebrauchten, Begriff der *network church* dar. Weitere, mit der Profilgemeinde verbundene Begriffe aus der deutschen Debatte sind die Zielgruppen- und Milieuorientierung.[26] In der Folge kann auch von Zielgruppen- und Milieugemeinden gesprochen werden.

Die genannten Begriffe stellen dabei jeweils unterschiedliche, aber miteinander verbundene Aspekte in den Vordergrund. So weist der Begriff der Profilgemeinde zunächst auf eine Schwerpunktsetzung hin. Diese kann einen Aufgabenbereich gemeindlicher Arbeit betreffen: Zum Beispiel kann eine Profilgemeinde einen kirchenmusikalischen Schwerpunkt vorweisen, oder sich auf Kinder- und Jugendarbeit spezialisieren. Aber auch die Betonung einer bestimmten Frömmigkeit kann eine Kirchengemeinde zur Profilgemeinde werden lassen.[27] Doch führen gerade diese Schwerpunktsetzungen dazu, dass bestimmte Menschengruppen sich stärker, andere aber weniger stark angesprochen fühlen. Der Begriff der Regionalgemeinde betont hingegen den Aspekt, dass bestimmte Gemeinden gerade aufgrund einer Schwerpunktsetzung Menschen aus einem Bereich jenseits der eigenen parochialen Grenzen anziehen.

Der Begriff Zielgruppengemeinde stellt ein Äquivalent zur Profilgemeinde dar.[28] Allerdings liegt bei seiner Verwendung die Betonung nicht auf einem von der Gemeinde gesetzten Schwerpunkt. Vielmehr macht er deutlich, dass durch eben eine solche Schwerpunktsetzung ein bestimmter Ausschnitt der Bevölkerung – eine bestimmte Zielgruppe – in besonderem Maße erreicht werden soll.[29] Bei der

---

24 Ebd., 54.

25 Vgl. ebd., 57.

26 Vgl. Gundlach, Thies: Profilgemeinden und profilierte Gemeinden, in: Kunz, Ralph / Schlag, Thomas (Hg.): Handbuch für Kirchen- und Gemeindeentwicklung, Neukirchen-Vluyn, 2014, 310; Ratzmann, Wolfgang: Arbeit mit neuen Zielgruppen, in: Kunz, Ralph / Schlag, Thomas (Hg.): Handbuch für Kirchen- und Gemeindeentwicklung, Neukirchen-Vluyn, 2014, 425f.; Schulz, Claudia: Sozialstrukturelle Vielfalt, Lebensstile und Milieus, in: Kunz, Ralph / Schlag, Thomas (Hg.): Handbuch für Kirchen- und Gemeindeentwicklung, Neukirchen-Vluyn, 2014, 117–124.

27 Vgl. Gundlach, Profilgemeinden, 309–316.

28 Ratzmann weist daraufhin, dass der Zielgruppen-Begriff sowohl auf der gemeindlichen Ebene als auch auf der gesamtkirchlichen Ebene Anwendung findet. Vgl. Ratzmann, Arbeit, 427.

29 Der Begriff der Zielgruppe ist dabei den Wirtschaftswissenschaften, genauer dem Bereich Marketing entlehnt und bezeichnet dort „eine bestimmte Menge von Marktteilnehmern, die auf kommunikationspolitische Maßnahmen homogener reagieren als der Gesamtmarkt." Vgl. Olbrich, Rainer:

Bestimmung der Zielgruppe können die verschiedensten lebensweltlichen Aspekte eine Rolle spielen. So erfolgt eine Abgrenzung zum Beispiel anhand des Alters, des Berufsfeldes, der ästhetischen Präferenzen oder der Lebensphase.[30] Oft, aber nicht immer, ergibt sich durch die Kombination von mehreren lebensweltlichen Aspekten eine sehr klar definierte und abgegrenzte Zielgruppe. Dieser Bezug zu einer bestimmten Lebenswelt[31] wird letztlich mit dem Begriff der Milieugemeinde beschrieben.[32] Diese Bezeichnung trägt der durch die Sozialwissenschaften gewonnenen Erkenntnis Rechnung, dass moderne westliche Gesellschaften durch Ausdifferenzierungs- und Fragmentierungsprozesse geprägt sind.[33] Es wird davon ausgegangen, dass diese Prozesse zur Bildung verschiedener Gruppen in der Gesellschaft führen. Jede dieser Gruppen zeichnet sich dabei durch eine eigene Lebensweltorientierung aus, welche sie zugleich von anderen Gruppen unterscheidet.[34] Diese Gruppen werden als Milieus bezeichnet. Die unterschiedliche Lebensweltorientierung führt zu einer besonderen Nähe der Angehörigen eines Milieus untereinander und zur Distanz beziehungsweise Abgrenzung gegenüber anderen

---

Marketing. Eine Einführung in die marktorientierte Unternehmensführung, 2. Auflage, Berlin, 2006, 178. Vgl. auch Ratzmann, Arbeit, 426.

30 Ratzmann betont, dass die Zielgruppenvorstellung bereits mit der kirchlichen Zuwendung zu den Industriearbeitern im 19. Jahrhundert beginnt, auch wenn der Begriff damals noch nicht gebräuchlich war. Im Laufe der Zeit und mit zunehmender Pluralisierung der Gesellschaft gerieten immer mehr Zielgruppen in das Blickfeld kirchlicher Institutionen und Gemeinden. Vgl. Ratzmann, Arbeit, 425f.

31 Mit dem Begriff der „Lebenswelt" wird in den Sozialwissenschaften die subjektive Wahrnehmung der Umwelt durch einen Menschen bezeichnet. Diese Wahrnehmung steht in Bezug zur „Lebenslage", womit die tatsächlichen Lebensbedingungen bezeichnet werden. „Die Lebenswelt [...] ist das Ergebnis der subjektiven Wahrnehmung der zur Verfügung stehenden Lebenslage. Die Lebenswelt ist also die durch einen Menschen individuell vorgenommene Wirklichkeitskonstruktion." Kraus, Björn: Lebenswelt und Lebensweltorientierung: eine begriffliche Revision als Angebot an eine systemisch-konstruktivistische Sozialarbeitswissenschaft, in: Zeitschrift für systemische Therapie und Familientherapie 37, (2) 2006, 124f.

32 Die Ende des 20. Jahrhunderts immer stärker durch die Praktische Theologie aufgenommene, aus der Soziologie stammende Milieutheorie und die daraus abgeleitete Forderung nach einer Milieuorientierung der Kirche, kann als Fortsetzung der Zielgruppen-Thematik verstanden werden. Vgl. Ratzmann, Arbeit, 425f.

33 Vgl. Schulz, Claudia / Hauschildt, Eberhard / Kohler, Eike: Milieus praktisch. Analyse- und Planungshilfen für Kirche und Gemeinde, Göttingen, 2008, 40.

34 Vgl. Hempelmann, Heinzpeter: Gott im Milieu. Wie Sinusstudien der Kirche helfen können Menschen zu erreichen, 2. erweiterte Auflage, Gießen, 2013, 36. Prägend für diese verschiedenen Lebenswelten sind unterschiedliche Alltagsästhetiken. Diese ergeben sich aus einer Aufwertung der ästhetischen Dimension für die Lebensgestaltung und -bewältigung in einer Erlebnisgesellschaft (Gerhard Schulze), in welcher die Frage des Überlebens gelöst ist und „an deren Stelle das ‚schöne Leben' als Projekt tritt". Vgl. Grethlein, Kirchentheorie, 214. Vgl. ebenso Schulze, Gerhard: Die Erlebnisgesellschaft. Kultursoziologie der Gegenwart, 2. Auflage, Verlag, Frankfurt, 2005.

Milieus. So sind nach Flaig, Meyer und Ueltzhöfer Milieus „Gruppen mit erhöhter Binnenkommunikation und mit Distanzierungseinstellungen gegenüber anderen sozialen Gruppen."[35]

Innerhalb der beiden deutschen Großkirchen kam es in der Folge der Rezeption der Milieutheorie zu der Erkenntnis, dass durch die kirchlichen Angebote nur eine geringe Zahl, der in Deutschland identifizierbaren Milieus erreicht wird. Wolfang Huber spricht in diesem Zusammenhang von der „Milieugefangenschaft der Kirche".[36] Der Begriff Milieugemeinde hat nun zwei verschiedene Konnotationen. Er kann darauf hinweisen, dass klassische kirchliche Gemeindearbeit einer als negativ wahrgenommenen Milieuverengung unterliegt. Parochialgemeinden sind dann nicht mehr, wie oft behauptet, Gemeinden für alle und jeden. Sie sind Milieugemeinden, denn sie werden von einem bestimmten Milieu geprägt. Dies führt dazu, dass sie Menschen des gleichen oder eines angrenzenden Milieus den Zugang zu Glauben und Kirche erleichtern, anderen Milieus aber den Zugang aufgrund der Abgrenzungsbestrebungen von Milieus untereinander erschweren.

Zugleich kann der Begriff auch in umgekehrter Weise verwendet werden und Gemeinden bezeichnen, welche bewusst versuchen, ihre Arbeit auf eines der Milieus auszurichten, welche von den beiden Großkirchen wenig erreicht werden. Auch sie sind Milieugemeinden. Aber im Unterschied zu den meisten Parochien, sind sie es ganz bewusst und haben in der Folge auch ein ausgeprägtes Bewusstsein für die Begrenzungen der eigenen gemeindlichen Arbeit.[37] Auch wenn in England der Milieubegriff kaum Eingang in die missionarisch geprägte Debatte gefunden hat, so beschreibt er doch einen wichtigen Teilaspekt dessen, was die Arbeit von Netzwerkgemeinden ausmacht: Auch sie sind Milieugemeinden. Denn sie zielen ja, wie bereits oben gezeigt, auf Menschen mit gleichen, sie verbindenden, Lebens-

35 Zitiert nach: Strack, Helmut: Lebensstile / Milieus in der Kirche: Differenz der Erwartungen, der Beteiligung, der Ansprechbarkeit, in: Hermelink, Jan / Latzel, Thorsten: Kirche empirisch. Ein Werkbuch zur vierten EKD-Erhebung über Kirchenmitgliedschaft und zu anderen empirischen Studien, Gütersloh, 2008, 52.

36 Vgl. Huber, Wolfgang: „Du stellst unsere Füße auf weiten Raum". Rede zur Eröffnung der Zukunftswerkstatt am 24. September 2004 in Kassel, in: Theologische Beiträge 41, (1) 2010, 71.

37 Zugleich muss beachtet werden, dass das gezielte Errichten von Milieugemeinden nicht automatisch dazu führen muss, dass diese Gemeinden auch tatsächlich neue Menschen erreichen. Die Milieuthematik stellt lediglich einen Faktor für die beschränkte Wirksamkeit von missionarischen Bemühungen dar und nimmt nur die Angebotsseite in den Blick. Zugleich ist zu fragen, ob überhaupt eine Nachfrage nach dem gemachten Angebot – auch wenn dieses spezifisch auf ein bestimmtes Milieu abgestimmt ist – besteht. Für diesen und weitere Einwände vgl. Hauschildt, Eberhard / Kohler, Eike / Schulz, Claudia: Wider den Unsinn im Umgang mit der Milieuperspektive. In: Wege zum Menschen, 64, (1) 2012, 65–82. Beachte auch die Darstellung in vgl. ▹ Kapitel 20.2.2.

mustern: „Network church […] is begun to connect with people and contacts that are […] defined […] by coherent patterns within a shared life."[38]

Zusammenfassend lässt sich sagen, dass der englische Begriff *network church* Gemeinden meint, welche sich durch ihr spezifisches Profil von anderen Gemeinden in der Umgebung unterscheidenden und dadurch Menschen aus einem größeren Gebiet oder einer Region anziehen. Die Besucher und Gemeindeglieder dieser Gemeinde entstammen meist einer bestimmten Zielgruppe, welche sich gegebenenfalls einem oder mehreren dicht beieinander liegenden Milieus zuordnen lässt. Die Bezeichnung *network church* vereint damit Aspekte, der in der deutschen Debatte benutzten Begriffe der Profil-, Regional-, Zielgruppen- und Milieugemeinde.

Nun können sowohl parochial verfasste Gemeinden als auch nicht parochial verfasste Gemeinden eine Netzwerkorientierung aufweisen. So ist Holy Trinity Brompton im kirchenrechtlichen Sinne eine Parochialgemeinde. Doch mit ihren Gottesdiensten zieht sie Menschen aus dem gesamten Großraum Londons an. Netzwerkorientierte Gemeinden sind besonders häufig im Stadtzentrum von Großstädten, im urbanen Raum und auch in Städten anzutreffen.[39] Dies hat mehrere Gründe. Zunächst müssen sie durch ihren regionalen Charakter über eine gute Erreichbarkeit verfügen. Dafür bietet der auf das Stadtzentrum hin ausgerichtete öffentliche Nahverkehr von Großstädten die besten Voraussetzungen. Weiter sind netzwerkorientierte Gemeinden durch ihre Ausrichtung auf eine eingegrenzte Zielgruppe darauf angewiesen, dass Menschen dieser Zielgruppe in genügend großer Zahl vorhanden sind. Dies ist in Großstädten, welche über eine deutlich größere Bevölkerung und auch eine höhere Bevölkerungsdichte verfügen, am ehesten gegeben.

Umgekehrt gilt, dass ländliche Räume Gemeinden eine Profilierung erschweren. Dies liegt zum einen daran, dass Mitglieder einer spezifischen Zielgruppe wahrscheinlich nur in einer geringen Anzahl vorhanden sind. Zum anderen liegt dies darin begründet, dass die Kirchengemeinde oft eine Monopolstellung innehat, da die nächste Kirchengemeinde in einer größeren Entfernung liegt.[40] Dieses Monopol führt dazu, dass die Kirchengemeinde möglichst für alle Menschen zugänglich sein muss. Als Folge wird die Betonung eines bestimmten Frömmigkeitsprofils eher vermieden.[41] Dieses Vorgehen steht aber im Widerspruch zu den Erkenntnissen der Milieuforschung. Nach diesen erscheint das Anliegen eine möglichst breite

38 Lings, Day, 222.

39 Vgl. ebd., 135.

40 Vgl. Gundlach, Profilgemeinden, 312.

41 Lings weist daraufhin, dass es Kirchengemeinden mit einer deutlichen Betonung einer spezifischen Frömmigkeitstradition im ländlichen Raum eher schwer haben werden, einen größeren Teil der Bevölkerung zu erreichen. Vgl. Transkript 4.4.2., Z. 16–30.

Zugänglichkeit zu erreichen nur schwer umsetzbar.[42] Verbunden mit der Tatsache, dass auch auf dem Land lebende Menschen inzwischen über eine höhere Mobilität verfügen und ebenfalls durch Individualisierungsprozesse geprägt sind,[43] führt dies zu der Frage, ob nicht auch in ländlichen Räumen Profilierungsprozesse möglich und sinnvoll wären. Dieser Frage kann hier nicht weiter nachgegangen werden. Doch muss zumindest darauf hingewiesen werden, dass für Thies Gundlach Profilgemeinden vor allem eine Strategie für Ballungsräume darstellen, während für Michael Herbst und Hans-Hermann Pompe mit ihrem Konzept der „regiolokalen Kirchenentwicklung" profilierte Gemeindeformen auch im ländlichen Raum vorstellbar sind.[44]

Abschließend ist hier auf die These von Stefan Paas hinzuweisen, der davon ausgeht, dass Gemeindegründungen in urbanen Gebieten ein größeres Wachstum aufweisen können, weil sie von der allgemeinen demographischen Entwicklung profitieren.[45] Der urbane Raum ist in vielen Gesellschaften durch einen starken Zuzug gekennzeichnet, während viele ländliche Gebiete an Einwohnern verlieren.[46] Dies könnte ein zusätzlicher Grund sein, warum netzwerkorientierte Gemeindegründungen oft in Großstädten entstehen und eher selten im ländlichen Bereich.

12.3 Netzwerkorientierte Gemeinden mit Ortsbezug und Mischformen

Trotz ihrer Netzwerkorientierung stehen Netzwerkgemeinden oftmals in einem Bezug zu einem Ort. Dieser Ortsbezug weist verschiedene Dimensionen auf. So beschreibt sich die Gemeindegründung Grace Church Hackney etwa als eine „network

---

42 Nicht nur die Gesamtkirche, auch die Ortsgemeinden selbst leiden unter einer Milieuverengung. Es kann als gegeben angesehen werden, dass ein oder zwei Milieus eine Ortsgemeinde prägen und es dadurch zu einer Orientierung der gemeindlichen Arbeit am „Wertearchipel" dieser prägenden Milieus kommt. Dies führt dazu, dass Menschen mit einer anderen Milieuorientierung der Zugang zur Gemeinde erschwert wird. Vgl. Hempelmann, Heinzpeter: Grundsatzüberlegungen, in: Sellmann, Matthias / Wolanski, Caroline: Milieusensible Pastoral. Praxiserfahrungen aus kirchlichen Organisationen, Würzburg, 2013, 34; Schulz / Hauschildt / Kohler, Milieus, 86; Strack, Lebensstile, 70.

43 Vgl. Eiffler, Stadt, 88f.

44 Vgl. Herbst / Pompe, Regiolokale Kirchenentwicklung, 48–50. Für eine Darstellung des Konzepts der regiolokalen Kirchenentwicklung vgl. ▹ Kapitel 12.6. An dieser Stelle sei auch auf die Gemeindegründung The Potting Shed hingewiesen. Bei ihr handelt es sich um eine *Resource Church* im ländlichen Raum der Diözese Southwell und Nottingham, welche eine starke Netzwerkorientierung aufweist. Vgl. https://www.thepottingshedchurch.org/about-us, 12. März 2020.

45 Vgl. Paas, Church Planting, 159.

46 Vgl. Eiffler, Stadt, 97.

church with a sense of place".[47] Mit *place* ist hierbei der, von einer hohen Diversität bestimmte und von Gentrifizierung betroffene, Londoner Bezirk Hackney gemeint. Er steht symbolisch für das Lebensgefühl und damit die Lebensweltorientierung der Zielgruppe, welche die Gemeindegründung zu erreichen versucht: ein sozialliberales, intellektuelles und künstlerisch orientiertes Großstadtmilieu mit hohem ästhetischem Anspruch.[48] Der Ortsname, welcher auch Teil des Gemeindenamens ist, wird somit zum Bezugspunkt und zum verbindenden Element für die Zielgruppe der Gemeinde, auch und obwohl viele der Besucher der Gemeinde gar nicht (mehr) in diesem Stadtbezirk leben:

> „I remember somebody saying, 'Is *Grace Church Hackney* a state of mind rather than a particular place?' Particularly as quite a lot of our people, who lived in Hackney, kind of moved to other areas of the city. But nonetheless continue to identify with the [...] ethos of the borough and the ethos of the church and have continued to connect with us."[49]

Einen anderen Fall stellt die Gemeindegründung The Anchorage dar. Bei ihr handelt es sich um eine Studierendengemeinde, welche von den Universitätsseelsorgern der beiden großen Londoner Universitäten *The London School of Economics* (LSE) und *University College London* (UCL) gegründet wurde.[50] Hier stellt der Ort der Universität das verbindende Element für die Besucher der Gemeinde dar. Die Gemeindegründung feiert ihren Gottesdienst am Sonntagabend in Räumen der LSE. Die leitenden Geistlichen sind Teil des universitären Betriebes. Die Gottesdienstbesucher sind in den allermeisten Fällen Studierende der beiden Universitäten.[51]

Hier stellt der Ort der Universität den zentralen Knoten des sich bildenden Netzwerkes dar. Er hat auf die Zielgruppe eine inkludierende Wirkung, da der Versammlungsort grundsätzlich für alle Studenten vertraut und zugänglich erscheint. Zugleich geht von ihm auch eine exkludierende Wirkung aus. Es nehmen in der Regel keine Besucher an den Gottesdiensten teil, welche nicht zugleich auch Studierende der beiden Universitäten sind. Darüber hinaus sind die Studierenden lediglich während ihrer Einschreibung an einer der beiden Universitäten – für viele ist dies lediglich ein einjähriges Masterprogramm – Teil der Gemeinde.[52] The Anchorage stellt damit ein Beispiel für eine Netzwerkgemeinde dar, welche eng mit einer Institution verknüpft ist. Die Teilhabe an der Institution muss als das verbindende

47 Vgl. Transkript 1.5., Z. 398.
48 Vgl. Transkript 1.5., Z. 71–85.107–117.
49 Transkript 1.5., Z. 399–405.
50 Vgl. Transkript 1.4., Z. 7–11.
51 Vgl. Transkript 1.4., Z. 356–358.
52 Vgl. Transkript 1.4., Z. 149–152.

Element begriffen werden, wirkt zugleich aber auch als ein Ausschlusskriterium, wenn sie nicht oder nicht mehr vorhanden ist.

Einen dritten Fall stellen Mischformen aus netzwerk- und gebietsorientierten Gemeinden dar. Als Beispiele dafür können die meisten der von St Paul's Shadwell ausgegangenen Gemeindegründungen im Osten von London gelten, aber zum Beispiel auch die Gemeindegründung St Luke's Kentish Town im Norden Londons. Viele dieser Gemeinden haben gemeinsam, dass sie im Verlauf des Sonntages mehrere Gottesdienste anbieten. Dabei werden manche Gottesdienste eher von Menschen aus dem direkten räumlichen Umfeld besucht, während andere Gottesdienste eher Menschen aus einem weiteren Gebiet anziehen. Bei ersteren handelt es sich oft um Gottesdienste, welche im Zuge einer durchgeführten Revitalisierung beibehalten und weitestgehend in der ursprünglichen liturgischen Gestaltung weitergeführt wurden.[53] Bei letzteren handelt es sich oft um Gottesdienste, die auf junge Erwachsene mit höherem Bildungsabschluss zielen und oft am Abend oder am späten Vormittag nach dem eher lokal ausgerichteten Gottesdienst stattfinden.[54]

Die meisten Gottesdienstbesucher der netzwerkorientierten Gottesdienste kommen aus einem größeren Umkreis als dem unmittelbaren Parochialgebiet, zugleich aber eher selten aus dem ganzen Stadtgebiet der Metropole London. Vielmehr handelt es sich hier um Netzwerkgemeinden mit einer mittleren Reichweite, die junge mobile Menschen aus einem größeren Stadtgebiet oder einem Bezirk, wie zum Beispiel dem Londoner East End anziehen, zugleich aber nicht die Reichweite haben, wie sie bei zentral gelegenen Groß-Gemeinden wie HTB oder St Helen's Bishopsgate zu beobachten ist. Thorlby spricht deshalb von *sub-regional network churches*.[55] Im Deutschen bietet es sich an, von Netzwerk- beziehungsweise Profilgemeinden mit mittlerer Reichweite zu sprechen. Sie stellen gewiss einen Sonderfall der großen Metropolen dar, die durch ihre schiere Größe die Bildung von Netzwerkgemeinden unterschiedlicher Reichweite begünstigen.

12.4 Gebiets- und Netzwerkorientierung im Vergleich

Rein netzwerkorientierte und nicht parochial verfasste Gemeinden stehen oftmals in einem eher geringen Bezug zu außerkirchlichen örtlichen Institutionen. Bei parochial verfassten Gemeinden ist ein solcher Bezug hingegen stärker gegeben. Dieser ergibt sich aus der oftmals jahrhundertealten Geschichte der Parochie und der damit einhergehenden Verbindung zu einem bestimmten Ort. Dies schließt

53 Vgl. Thorlby, Love, 24f.35.46f.49f.58f.61.75.79.80.

54 Vgl. Transkript 1.3.2., Z. 71–92. Vgl. Thorlby, Love, 25.35.46f.49f.58f.61.75.79.80.

55 Vgl. Thorlby, Love, 35.

auch gewachsene Verbindungen mit anderen außerkirchlichen Institutionen ein, welche ebenfalls einen Bezug zu diesem Ort aufweisen. Mit beidem sind sowohl Chancen als auch Hindernisse verbunden. So werden die meisten Parochialgemeinden durch ihre Gebietsorientierung einen wesentlich höheren Anteil an Kasualien haben, da sie dafür auch von Menschen aufgesucht werden, welche nicht Teil der Kerngemeinde sind. Bei Netzwerkgemeinden hingegen beschränken sich Kasualien in den allermeisten Fällen auf die Kerngemeinde und kommen damit wesentlich seltener vor. Dies ermöglicht zum einen mehr Freiraum für die leitenden Geistlichen, zum anderen werden dadurch aber auch Kontaktmöglichkeiten eingeschränkt, welche ansonsten als Anknüpfungspunkte für eine Kommunikation des Evangeliums dienen könnten. CP5 äußert sich als Leiter einer Netzwerkgemeinde wie folgt dazu:

> „I think sometimes I envy my parish brothers and sisters who are priests, because they have opportunities within neighbourhoods, that I don't have. You know the occasional offices of baptism, weddings and funerals. Even though sometimes those can be overwhelming, but none the less they [...] can imbed you into the life of a community over a number of generations. [...] what they're able to do with long standing community institutions by virtue of being the parish church, we're not necessarily able to do, because of our [...] network nature."[56]

Damit verbunden sind zwei unterschiedliche Bezugsdynamiken, welche gebietsorientierte und netzwerkorientierte Gemeinden unterscheiden. Handelt es sich bei den gebietsorientierten Gemeinden um seit langem etablierte Parochialgemeinden, die sich durch eine hohe Stabilität und einen örtlichen Fokus auszeichnen, so haben sie meistens einen institutionellen Status erlangt. Dieser ist mit einem gewissen Maß an entgegengebrachtem Vertrauen durch die örtliche Bevölkerung verbunden. Dieses öffentliche Vertrauen, bildet eine wichtige Säule der gemeindlichen Arbeit.

Netzwerkkirchen hingegen zielen auf eine bestimmte Zielgruppe, welche sich aber meist über ein größeres Gebiet verteilt. Darum müssen sie die Aufmerksamkeit dieser Zielgruppe zunächst erlangen und beweisen, dass ihr Angebot Bedürfnisse der Zielgruppe erfüllt. Dies führt dazu, dass erfolgreiche Kommunikation, Professionalität und eine hohe Qualität der angebotenen Programme für Netzwerkgemeinden eine große Rolle spielen.[57] Im Hintergrund dieser unterschiedlichen Bezugsdynamiken steht, dass gemeindliche Profilbildung, wie sie netzwerkorientierte Gemeinden vornehmen als „‚marktnahe Handlungen' einer angebotsorientierten Kirche" verstanden werden können.[58] Sie reagieren auf die Bedürfnisse einer be-

56 Vgl. Transkript 1.5., Z. 1034–1045.
57 Vgl. hierfür Transkript 1.1.1., Z. 713–735.
58 Vgl. Gundlach, Profilgemeinden, 309f.

stimmten Zielgruppe indem sie ein auf diese Bedürfnisse abgestimmtes Angebot kreieren in der Hoffnung, dass dieses überzeugt.[59] Damit konkurrieren sie nicht nur in einem „Weltanschauungsmarkt“ um die Aufmerksamkeit der Zielgruppe, sondern auch in einem „Freizeitmarkt“. Denn in einer konsumorientierten Kultur wird letztlich alles, das heißt auch religiöse Veranstaltungen, unter dem Gesichtspunkt der Wahlmöglichkeit in Vergleich mit konkurrierende Angebote betrachtet.[60]

Auffällig ist auch, dass im Vergleich verschiedener *fresh expressions of church*-Typen der Typ der *network church* überdurchschnittlich viele Menschen mit einem kirchlichen Hintergrund anzieht.[61] Ein Grund hierfür könnte sein, dass es sich ebenfalls um ein Gemeindemodell handelt, welches oft einen gottesdienstzentrierten und damit traditionellen Ansatz von Gemeinde wählt. Dieser gottesdienstzentrierte Ansatz spricht aber wahrscheinlich besonders häufig Menschen mit einem kirchlichen Hintergrund an.[62] Es kann aber auch vermutet werden, dass die besonders von großen Netzwerkkirchen erreichte Professionalität in der Gestaltung des Gemeindelebens und die damit verbundene Qualität der angebotenen Programme, Menschen mit einem kirchlichen Hintergrund dazu bewegt, eine bisher von ihnen besuchte Gemeinde zu verlassen.[63] Eine Folge davon könnte sein, dass Netzwerkgemeinden generell einen höheren Anteil an Transferwachstum aufweisen.

12.5 Die Diskussion um das Homogenous Unit Principle und die Einheit der Kirche

In Bezug auf Netzwerkkirchen muss hier auch auf die Diskussion um das *Homogenous Unit Principle* (HUP) eingegangen werden. Vom Vater des *Church Growth Movement* Donald McGavran im Jahr 1955 eingeführt, postuliert es, dass Menschen leichter zum Christentum übertreten, wenn sie nicht zugleich sozio-kulturelle

59 Diese Marktorientierung und die Herkunft der Zielgruppen-Vorstellung aus den Wirtschaftswissenschaften birgt die Gefahr, dass diese mit einem Machbarkeitsdenken gekoppelt werden. Ratzmann weist darauf hin, dass aber Gemeindeentwicklung auf das gnädige Handeln Gottes angewiesen ist. Auch werde der „Zielgruppen-Gedanke gern dazu missbraucht, die eigenen Interessen auf eine vermeintliche Zielgruppe zu projizieren und sie dann mit deren Hilfe durchzusetzen.“ Dies und die Möglichkeit, dass eine Zielgruppenorientierung auch paternalistische Züge annehmen kann, sind laut Ratzmann weitere mögliche Gefahren dieses Ansatzes. Vgl. Ratzmann, Arbeit, 426f.

60 Vgl. Gundlach, Profilgemeinden, 310; Cray, Mission-shaped Church, 11.

61 Vgl. Dalpra / Vivian, Who's there?, 32f.

62 Vgl. Lings, Day, 90f.

63 Darauf weisen die von CP1 geschilderten Erfahrungen hin. Vgl. Transkript 1.1.1., Z. 415–434.

Grenzen überwinden müssen.[64] Als Folge schlägt McGavran vor, die gemeindliche Arbeit und auch Gemeindegründungen auf eine bestimmte Zielgruppe auszurichten. Dafür müsse auch eine geringere Diversität der Gemeinde in Kauf genommen werden.[65] Das HUP war nicht nur für die Gemeindewachstums-Bewegung prägend, sondern beeinflusste auch die Gemeindegründungsszene und die *fresh expressions of church*-Bewegung in der *Church of England.*[66] Und auch heute noch stellt die Ausrichtung auf eine bestimmte Zielgruppe gerade in netzwerkorientierten Gemeindegründungen einen wichtigen Baustein des Gemeindegründungsprozesses dar.[67]

Das von McGavran eingeführte Prinzip des HUP erfuhr von Beginn an Kritik und auch die Gemeindegründungszene und die *fresh expressions of church*-Bewegung wurden scharf dafür kritisiert, zielgruppenorientierte Gemeindeformen zu fördern.[68] Davison und Milbank argumentieren, dass homogene Gemeinden nicht in der Tradition der frühen Kirche stehen könnten, da es gerade die ersten Gemeinden gewesen wären, welche die soziale, ethnische und geschlechtsspezifische Segregation der antiken Gesellschaft überwanden und damit dem Evangelium der Versöhnung folgten.[69] Zwar sei es wichtig, kulturelle Unterschiede wahrzunehmen und wertzuschätzen, aber diese sollten unter dem Dach einer Kirchengemeinde ihren Platz finden.[70] Percy sieht das HUP als theologisch diskreditiert an und unterstellt der *fresh expressions of church*-Bewegung, dem Prinzip der homogenen Gemeinde auf verstecktem Wege wieder zum Erfolg verhelfen zu wollen.[71] Hull sieht in *Mission-shaped Church* sogar den Versuch das HUP mit Argumenten zu verteidigen, welche auch dafür genutzt werden könnten, die Idee der Apartheit zu legitimieren.[72] Insgesamt sehen die Kritiker durch das Prinzip der homogenen Gemeinden die Einheit der Kirche gefährdet, welche sich gerade in den ihrer Wahrnehmung nach heterogenen und inklusiven Parochialgemeinden am deutlichsten manifestiert.[73]

---

64 Vgl. McGavran, Donald A.: The Bridges of God. A Study in the Strategy of Missions, 3. Auflage, London, 1961, 109.

65 Vgl. Moynagh / Harrold, Context, 168f.

66 Vgl. Cray, Mission-shaped Church, 108–110; Moynagh / Harrold, Context, 168–180.

67 Vgl. Transkript 1.2., Z. 14–18; Transkript 1.3.1., Z. 753–779; Transkript 1.4., Z. 147–155; Transkript 1.5., Z. 64–85; Transkript 1.7., Z. 208–217.

68 Vgl. Harris, Ground, 2; Hull, Response, 13–16; Percy, Tricks, 38. Davison / Milbank, Parish, 75–81.

69 Besonders wichtig ist dabei der Verweis auf 1. Kor 12,13 und Gal 3,28. Vgl. Davison / Milbank, Parish, 66f.

70 Vgl. Davison / Milbank, Parish, 77f.

71 Vgl. Percy, Tricks, 38.

72 Vgl. Hull, Response, 14. Vgl. ebenso Herbst, Gemeindeaufbau, 267.

73 Vgl. Percy, Tricks, 39; Davison / Milbank, Parish, 163–168.

Nach Moynagh lässt sich in der Debatte um homogene Gemeinden (*homogeneous congregations*) auch eine dritte Sichtweise identifizieren, welche er vor allem mit Lesslie Newbigin in Verbindung bringt.[74] Neben den Befürwortern, welche das Entstehen weitestgehend homogener Gemeinden als einen Zielpunkt missionarischer Bemühungen verstehen, und den Gegnern, welche diese strikt ablehnen, findet sich hier eine Position, welche die Schaffung homogener Gemeinden als ein Provisorium versteht. Dieses müsse aufgrund eines bestimmten Missionskontextes zunächst zwar akzeptiert, zugleich aber auf dessen Überwindung hingearbeitet werden.[75]

Moynagh beleuchtet alle drei von ihm identifizierten Positionen kritisch. Den Kritikern wie Davison und Milbank wirft er vor, die traditionellen Parochialgemeinden zu romantisieren. Statt der postulierten Heterogenität wären diese viel homogener als es Davison und Milbank annähmen. Ja, diese Homogenität wäre sogar für viele Jahre allgemeinhin akzeptiert gewesen.[76] McGavran und auch dem Bericht *Mission-shaped Church* wirft Moynagh die einseitige Betonung des Homogenitätsprinzips vor, ohne hinreichend für eine Verknüpfung unterschiedlicher Gemeinden zu sorgen.[77] Gegenüber der Position, welche Homogenität als Provisorium akzeptiert, diese aber zugleich überwinden will, fragt Moynagh an, ob nicht kulturelle Unterschiede ihren eigenen Wert hätten. Und ob es in der Folge nicht eher darum gehen sollte, diese zu erhalten, anstatt sie zu überwinden.[78] Den drei vorgestellten Positionen stellt Moynagh sein eigenes Konzept der „fokussierten aber zugleich verbundenen Kirche" gegenüber.[79] Diese könne sich auf verschiedenen Ebenen ausdrücken und folgende Modelle beinhalten:[80]

- Eine Ortsgemeinde könnte mehrere, sozio-kulturell verschiedene, kleinere Gottesdienstgemeinden hervorbringen, welche sich von Zeit zu Zeit zu gemeinsamen Treffen versammeln würden.
- Sozio-kulturell unterschiedlich ausgerichtete Gemeinden eines Ortes oder einer Region könnten für missionarische oder katechetische Aktivitäten zusammenarbeiten.
- Kontextorientierte Gemeinden verschiedener Ausrichtungen könnten im Rahmen von Veranstaltungen eines nationalen Gemeindenetzwerkes zusammenkommen.

74 Vgl. Moynagh / Harrold, Context, 169.
75 Vgl. ebd.
76 Vgl. ebd., 170.
77 Vgl. ebd., 169.
78 Vgl. ebd.
79 Vgl. ebd., 171.
80 Für die folgende Auflistung vgl. ebd.

- Einzelpersonen könnten mehr als einer Gemeinde angehören und somit für Querverbindungen in sich homogener, aber voneinander verschiedener Gemeinden sorgen.

Den Vorteil dieser Konzeption sieht Moynagh darin, dass sie Homogenität und Heterogenität im Gleichgewicht behält und aufeinander bezieht.[81] Zugleich lässt sich aber fragen, ob Moynagh hier nicht einfach abbildet, was in der Realität ohnehin schon geschieht. Auch nennt er keine kirchliche Institution, welche dafür Verantwortung trägt, dass es wirklich zu einer organisierten Verbundenheit kleinerer homogener Einheiten auf einer höheren Ebene kommt.

An dieser Stelle muss deshalb auf das deutsche Konzept der regiolokalen Kirchenentwicklung als einer Spielart der *mixed economy* verwiesen werden. Sie soll in einem nächsten Schritt auf mögliche Potentiale zur Vermittlung von Vielfalt und Einheit überprüft werden.

12.6 Die regiolokale Kirchenentwicklung als Lösungsansatz für eine Einheit in Vielfalt

Die von Michael Herbst und Hans-Hermann Pompe entwickelte Konzeption der regiolokalen Kirchenentwicklung kann als eine Spielart der *mixed economy* verstanden werden. Der Begriff der *mixed economy* meint das positive Aufeinander Bezogen Sein von traditionellen und neuen Ausdrucksformen von Kirche. Dabei bewahren sie ihre Verschiedenheit, verstehen sich aber als Einheit auf gesamtkirchlicher Ebene und verrichten ihre Arbeit zum gegenseitigen Vorteil.[82] Die Konzeption der *mixed economy* muss nach Lings als „Denkrahmen" verstanden werden, welcher einen Horizont eröffnet, der das Zusammenspiel traditioneller Parochien und neuer Ausdrucksformen von Gemeinde vorstellbar macht.[83] Der Begriff stand damit in der *Church of England* eher im Hintergrund der ekklesiologischen Debatte um die *fresh expressions of church* und beschrieb nie eine gesamtkirchliche Strategie.[84]

Im Unterschied dazu stellt die regiolokale Kirchentwicklung eine Konzeption dar, die die *mixed economy* auf regionaler Ebene, zum Beispiel in einem Kirchenbezirk oder -kreis, verankert und dabei eindeutig strategische Züge aufweist. Im Fokus steht die Verknüpfung von lokaler Gemeindeentwicklung mit regionaler Kirchenentwicklung[85]

---

81 Vgl. Moynagh / Harrold, Context, 171.

82 Vgl. Lings, Economy, 16.

83 Vgl. ebd., 25.49.

84 Vgl. ebd., 24f.49.

85 Vgl. Herbst / Pompe, Kirchenentwicklung, 10.

> „Lokale Nähe der Ortsgemeinden als Stärke der evangelischen Kirche wird ergänzt durch regionale Formate für spezielle Zielgruppen, für besondere Lebenssituationen, durch Profil- oder Personalgemeinden, kirchliche Orte und Gemeinschaften, Vereine und Initiativen."[86]

Ziel ist es, geistliches Leben in einer Region gemeinsam und in Bezug zueinander zu organisieren und zu verantworten, aber zugleich lokal zu verankern.[87] Die einzelnen profilierten netzwerk- und gebietsorientierten Gemeindeformen in einer Region ergänzen, stützen und stärken sich dabei gegenseitig und erreichen in ihrem Zusammenspiel einen weiten Teil der Bevölkerung. Bewusst lassen einzelne Gemeinden den Anspruch der Vollversorgung hinter sich und konzentrieren sich dagegen auf ihre Stärken.[88] Das Ergebnis einer solchen regiolokalen Kirchenentwicklung bezeichnen Herbst und Pompe als „eine etwas unordentlichere Region".[89] Es geht ihnen also um die Entwicklung einer kirchlichen Vielfalt in einer Region und damit um Heterogenität.

Die einzelne Gemeinde, ob traditionelle Parochie, Profilgemeinde, neue Ausdrucksform von Gemeinde oder „kirchlicher Ort"[90], darf dabei ruhig etwas homogener sein. Denn sie bleibt nicht nur bei sich, sondern ist mitverantwortlich für das geistliche Leben in der Region. Sie bringt ihre Stärken ein und entlastet dadurch andere. Sie übernimmt also eine ganz spezifische Rolle im Zusammenspiel der verschiedenen Gemeinden. Homogenität und Heterogenität sind aufeinander bezogen. Organisiert und verantwortet wird diese regiolokale Kirchenentwicklung von der mittleren Leitungsebene; also der Bezirkssynode sowie dem Dekan oder der Dekanin.[91] Aber auch alle anderen Gremien eines Kirchenbezirks, wie zum Beispiel der Pfarrkonvent spielen eine wichtige Rolle. Denn gerade hier kann ein Miteinander eingeübt werden, welches von einer Haltung der Kooperation und nicht der Konkurrenz geprägt ist.[92] Damit sind im Unterschied zu Moynagh's Kon-

86 Ebd.
87 Vgl. ebd., 29.
88 Vgl. Herbst / Pompe, Kirchenentwicklung, 32.
89 Vgl. ebd., 47.
90 Mit diesem Begriff bezeichnet Uta Pohl-Patalong den, von ihr vorgeschlagenen, dritten Weg, jenseits von parochialen und nichtparochialen Strukturen. Für diesen schlägt sie eine Verbindung von Ortsgemeinde und funktionalen Diensten vor. Die dadurch entstehenden kirchlichen Orte zeichnen sich durch ein vereinsähnliches kirchliches Leben und die regelmäßige Feier von Gottesdiensten aus, übernehmen aber zugleich einen oder mehrere spezifische Schwerpunkte kirchlicher Arbeit, wie sie im Moment eher bei den funktionalen Diensten oder in Profilgemeinden angesiedelt sind. Die Kasualpraxis ist in diesem Modell am Bedarf der Menschen orientiert und grundsätzlich an jedem kirchlichen Ort möglich. Vgl. Pohl-Patalong, Ortskirche, 137–155.
91 Vgl. Herbst / Pompe, Kirchenentwicklung, 43.
92 Vgl. ebd., 30.

zeption diejenigen kirchlichen Organe klar benannt, welche in der Verantwortung stehen, das Miteinander der einzelnen eher homogeneren Ausdrucksformen zu koordinieren.

Die hier vorgestellte Konzeption verspricht, eine auf Kooperation und gemeinsam wahrgenommener Verantwortung beruhende Anwendung des *mixed economy*-Gedankens auf der Ebene eines Kirchenbezirkes zu sein. Während bei *Kirche der Freiheit* eine stärkere Wettbewerbsorientierung der Gemeinden untereinander gefordert wird,[93] betont die regiolokale Kirchenentwicklung die auf Vertrauen basierende Zusammenarbeit der einzelnen Gemeinden. Kritisch ist zu fragen, ob auf regionaler Ebene der für diese Konzeption notwendige Kulturwandel gelingen kann. Denn die regiolokale Kirchenentwicklung ist auf Kooperation und gegenseitiges Vertrauen als Ausgangsbasis für das Miteinander der einzelnen Gemeindeformen angewiesen. Inwieweit die Schaffung dieser Ausgangsbasis in einer von der Verknappung der Ressourcen betroffenen Kirchenlandschaft gelingen kann, muss sich erst noch in der Praxis erweisen. Erste Versuche einzelner deutscher Landeskirchen deuten in eine positive Richtung.[94]

12.7 Fazit

Beide hier vorgestellten Grundorientierungen klassischer Gemeindegründung tragen ein kritisch-konstruktives Potential in sich. Netzwerkorientierte Gemeinden stellen in der *Church of England* ein wichtiges Gegengewicht zu den in ihrer Grundstruktur gebietsorientierten Parochialgemeinden dar. Sie tragen das Potential in sich, Menschen den Zugang zu Kirche und damit zum christlichen Glauben zu erleichtern, deren Lebenswelt stark durch Netzwerkstrukturen geprägt ist. Zugleich sind auch weiterhin gebietsorientierte Gemeinden wichtig. Trotz der zunehmenden Netzwerkorientierung der Gesellschaft sind Raum und Ort noch immer wichtige Bezugspunkte für viele Menschen. „It is not that locality, place and territory have no significance. It is simply that they are now just one layer of the complex shape of society."[95] Hier wird besonders an die weniger mobilen Milieus zu denken sein,

93 Vgl. Huber, Freiheit, 53.

94 Herbst und Pompe verweisen hier auf die „Erprobungsräume" der Mitteldeutschen Kirche. Dabei handelt es sich um einen von der Kirchenleitung gestützten und begleiteten Innovationsprozess, welcher die Entstehung neuer Ausdrucksformen von Gemeinde und deren Einbettung in die vorhandenen kirchlichen Strukturen fördern will. Vgl. Herbst / Pompe, Kirchenentwicklung, 36f. Vgl. auch Schlegel, Thomas: „Erprobungsräume". Der Umbau der Evangelischen Kirche in Mitteldeutschland, in: Deutsches Pfarrerblatt, (2) 2018, 74–77. Auch in der Rheinischen Landeskirche ist ein ähnliches Innovationsprojekt gestartet. Vgl. https://erprobungsraeume.de, 20. März 2020.

95 Cray, Mission-shaped Church, 6.

aber auch an Menschen, die aufgrund eines bestimmten Lebensabschnittes eine stärkere Gebietsorientierung verfolgen.[96] Aber auch die gerade in Großstädten steigende Bedeutung des sozialen Nahraums, wie sie im Begriff des „Quartiers" zum Ausdruck kommt, weist daraufhin, dass gebietsorientierte Gemeinden weiterhin ihr Recht haben. Hier erscheint die Konzeption der Quartiersgemeinde, wie sie Felix Eiffler vorlegt, als eine sinnvolle Weiterentwicklung der klassischen Parochie im urbanen Raum.[97]

Ein Problem, das es zu lösen gilt, stellt dabei die (bewusste) Ausrichtung vieler Netzwerkgemeinden auf eine homogene Zielgruppe dar, welche sich zugleich in der (oft unreflektierten) Milieuverengung vieler Parochialgemeinden spiegelt. Unter den diskutierten Lösungsansätzen scheint das Konzept der regiolokalen Kirchenentwicklung am vielversprechendsten. Diese setzt auf eine bewusste Zielgruppenorientierung auf der Gemeindeebene. Die daraus resultierende, aufeinander bezogene Vielfalt der Kirche in einer Region oder in einem Kirchenbezirk ermöglicht es, einer zunehmenden Segmentierung der Gesellschaft zu begegnen und zugleich die Einheit der Kirche sowie die Grenzen überschreitende Kraft des Evangeliums zu betonen.

Insgesamt wird es darauf ankommen von einer Haltung der Ignoranz oder gar der Konkurrenz zu einer Haltung des Miteinanders zu gelangen. Dann kann das Zusammenspiel von gebiets- und netzwerkorientierten Gemeindeformen im Sinne einer „gabenorientierten Ausdifferenzierung" gelingen.[98]

---

96 Dies kann zum Beispiel Familien mit Kindern betreffen. So haben drei *fresh expressions of church*-Typen, die besonders auf Kinder ausgerichtet sind, eine überdurchschnittlich hohe Gebietsorientierung. Vgl. Lings, Day, 97.

97 Eiffler plädiert in Bezug auf den urbanen Raum für die Weiterentwicklung der klassischen Parochie zu Quartiersgemeinden und damit für die Ablösung des Parochialgebiets als Bezugspunkt großstädtischer Ortsgemeinden durch das Quartier als sozio-lokaler Größe. Vgl. Eiffler, Felix: Stadt, 418–425.474f.

98 Vgl. Gundlach, Profilgemeinden, 311.

13. Die Gründung von nichtselbstständigen Gottesdienstgemeinden als Grenzfall von klassischer Gemeindegründung

Neben dem Gründen von – von Beginn an rechtlich eigenständigen – Gemeinden kommt es in der *Church of England* auch immer wieder zur Gründung von neuen Gottesdienstgemeinden, welche für einen bestimmten Zeitraum oder aber dauerhaft Teil der Sendungsgemeinde bleiben. Dabei lassen sich die Varianten der *multiple Sunday congregations* und der *multisite church* unterscheiden. Beide Organisationsmodelle sollen im Folgenden vorgestellt werden. Im Anschluss wird diskutiert werden, inwieweit es sich hier um einen Fall von klassischer Gemeindegründung handelt.

13.1 Das multiple Sunday congregations Modell

Beim *multiple Sunday congregations* Modell handelt es sich um die Etablierung von einem oder mehreren Zweitgottesdiensten durch eine Kirchengemeinde. Diese nutzen in der Regel denselben Gottesdienstort.[1] Die neu etablierten Gottesdienste können in der Gestaltung dem normalen Gemeindegottesdienst entsprechen. *Breaking New Ground* spricht in diesem Zusammenhang von einem *duplicate service.*[2] Der Grund für die Etablierung eines solchen Gottesdienstes liegt meist in der Überfüllung des bereits angebotenen Sonntagsgottesdienstes.[3] Ein solcher Ansatz wird oft von Netzwerkgemeinden gewählt, welche nur über begrenzte Raumkapazitäten verfügen. Verbreiteter ist jedoch ein Modell, bei dem im Laufe eines Sonntages, manchmal auch eines Wochenendes, verschiedene Gottesdienste angeboten werden, die sich in ihrer Gestaltung unterscheiden.[4] Dies betrifft die gewählte Liturgie, den Musikstil, aber auch ob zum Beispiel parallel ein Kindergottesdienst angeboten wird oder nicht. Die Idee ist in diesem Fall, durch die unterschiedliche Gestaltung der Gottesdienste verschiedene Zielgruppen anzusprechen.[5] Oft findet sich dieses Modell bei größeren Netzwerkgemeinden wie zum Beispiel St Helen's Bishopsgate

1 Vgl. auch Jenkins, Gary: Multiplying Churches, Evangelism Series 84, Cambridge, 2008, 3.

2 Vgl. Harris, Ground, 11f.

3 Vgl. ebd., 11.

4 Vgl. ebd., 12f; Cray, Mission-shaped Church, 61; Lings, Day, 222.

5 Vgl. Mission-shaped Church, 61.

oder auch St Peter's Brighton.[6] Aber auch in kleineren Gemeinden kommt es zur Anwendung.[7] *Multiple Sunday congregations* finden in der großen Mehrzahl in einem wöchentlichen Rhythmus statt.[8]

13.2 Das Multisite church Modell

Dieses Organisationsmodell wird auch als *satellite services* Modell bezeichnet. Ed Stetzer und Daniel Im verstehen unter dem multiside Modell „[...] one church that has two or more locations with a shared leadership, budget, vision, and board."[9] Es handelt sich also ebenfalls um die Etablierung mehrerer Gottesdienstgemeinden, welche zu einer Kirchengemeinde gehören. Diese treffen sich jedoch an einem je eigenen Ort. Es gibt verschiedene Sub-Modelle, die sich zum Beispiel dadurch unterscheiden, ob dieselbe Predigt per Videoübertragung an den verschiedenen Gottesdienstorten eingespielt wird, oder ob sogenannte „Campus-Pastoren" diese selbst halten. Ebenso wie beim *multiple Sunday congregations* Modell werden die verschiedenen Gottesdienste und Gottesdienstorte zum Teil auch dazu genutzt durch eine unterschiedliche Gottesdienstgestaltung verschiedene Zielgruppen anzusprechen.[10] Ein prominentes Beispiel für die Umsetzung dieses Modells in der *Church of England* stellt die Gemeinde Holy Trinity Brompton dar. Sie folgt dem Campus-Pastoren Modell, das heißt die Predigten werden in der Regel nicht per Video eingespielt, sondern von Predigern und Predigerinnen in jedem Gottesdienst gehalten. Die verschiedenen Gottesdienste und Gottesdienstorte haben durch einen unterschiedlichen Gottesdienststil verschiedene Schwerpunkte. So folgen die Gottesdienste am Gottesdienstort HTB Queensgate zum Beispiel der traditionellen anglikanischen Liturgie und haben einen Schwerpunkt in traditioneller Kirchenmusik. Die übrigen Gottesdienste folgen hingegen meist einem charismatischen Gottesdienststil, sind dabei aber zum Teil auf verschiedene Altersgruppen hin ausgerichtet.[11]

---

6 So bietet St Helen's Bishopsgate vier, St. Peter's Brighton sogar fünf Gottesdienste im Laufe eines Sonntages an. Vgl. https://www.st-helens.org.uk; https://stpetersbrighton.org/sunday-services, 16. März 2020.

7 Vgl. ▹ Kapitel 8.2.2, Kapitel 12.2.

8 Vgl. Lings, Day, 105.

9 Stetzer / Im, Churches, 114.

10 Vgl. Stetzer / Im, Churches, 113–121.

11 Vgl. https://www.htb.org/services, 23. Februar, 2020. Vgl. auch Dadswell / Ross, Church Planting, 14.

Auch in Deutschland sind diese beiden Modelle unter dem Begriff der Zweitgottesdienste seit längerem etabliert.[12] Ein wesentlicher Unterschied dürfte aber darin bestehen, dass in Deutschland Zweitgottesdienste oftmals als eine Ergänzung zum „normalen" Gottesdienst am Sonntagmorgen verstanden werden, welcher weiterhin als Hauptgottesdienst betrachtet wird. Auch werden Zweitgottesdienste oftmals nicht in einem wöchentlichen Rhythmus, sondern wesentlich seltener gefeiert.[13]

13.3 Zweitgottesdienstgemeinden als Fall von klassischer Gemeindegründung?

Die Etablierung von neuen Gottesdiensten nach dem multiple *Sunday congregations* und *multisite* Modell kommt sowohl bei klassischen Gemeindegründungen als auch bei Gemeinden vor, welche klassische Gemeindegründungen initiieren. Es stellt sich die Frage, ob es sich bei der Etablierung dieser Gottesdienste selbst um einen Fall von klassischer Gemeindegründung handelt. Dabei kann zunächst das Kriterium der Gottesdienstzentriertheit als gegeben angesehen werden. Auch dürfte der Gründungsprozess einer solchen neuen Gottesdienstgemeinde eine hohe Ähnlichkeit mit dem Gründungsprozess von klassischer Gemeindegründung aufweisen. So ist die Anwendung aller drei Modi klassischer Gemeindegründung bei der Etablierung neuer Gottesdienstgemeinden vorstellbar. Entscheidend scheint hier also vielmehr die Frage zu sein, ob man von der Gründung einer neuen Gemeinde sprechen kann, oder ob es sich lediglich um die Etablierung eines neuen Gottesdienstes in einer bestehenden Gemeinde handelt.

Damit stellt sich die Frage, was eine Kirchengemeinde definiert und ab wann man von einer eigenständigen Kirchengemeinde sprechen kann. Diese Fragen wurden intensiv in Bezug auf die entstehende *fresh expressions of church*-Bewegung disku-

---

12 Vgl. Herbst, Michael: Neue Gottesdienste braucht das Land. In: Berliner Theologische Zeitschrift 17, (2) 2000, 155–176; Herbst, Michael: Neue Gottesdienste braucht das Land. Programm und Zwischenbilanz, in: Herbst, Aufbruch, 126–150.

13 Zu diesen Ergebnissen kommt die, vom Institut zur Erforschung von Evangelisation und Gemeindeentwicklung im Jahr 2006 veröffentlichte, Untersuchung von Zweitgottesdiensten in der Evangelischen Landeskirche Baden. Auch wenn damit die Ergebnisse nicht den heutigen Stand beschreiben und auf eine Landeskirche beschränkt sind, sind sie noch immer ein wichtiger Hinweis auf die Situation der Zweitgottesdienste in der evangelischen Kirche in Deutschland. Vgl. Giebel, Michael / Reppenhagen, Martin (Hg.): Studie über Zweitgottesdienste in der Evangelischen Landeskirche Baden. Auswertung 2. Fragebogen 2006, Greifswald, 2006, 26.31. Abrufbar unter https://www.a-m-d.de/fileadmin/user_upload/Material/Dokumentation/Vortraege/Reppenhagen_Zweitgottesdienste_missionarisch_2006.pdf, 16. März 2020.

tiert.[14] Da klassische Gemeindegründungen mit ihrer Gottesdienstzentriertheit einem traditionellen Modell von Kirche folgen, stellt sich bei ihnen kaum die Frage, ob sie einen legitimen Ausdruck von Kirche nach anglikanischem Verständnis darstellen. So erfüllen sie die im Lambeth-Quadrilateral vorgegebenen Merkmale von Kirche, indem sie in der Predigt Bezug auf das Wort Gottes nehmen und damit im Einklang mit den Bekenntnissen den christlichen Glauben verkündigen sowie die Feier der zwei Sakramente Taufe und Abendmahl in ihren Gottesdiensten vollziehen. Lediglich bei unautorisierten Gründungen stellt sich die Frage, ob sie auch das vierte Kriterium erfüllen und in Bezug und in Anerkennung zum historischen Episkopat stehen. Der Bezug zum zuständigen Bischof und damit dessen Anerkennung ist aber für alle neuen Gottesdienstgemeinden gegeben, welche durch eine Parochialgemeinde in ihrem eigenen Parochialgebiet gegründet werden oder aber von einer Gemeinde, die eine *Bishop's Mission Order* erhalten hat, sofern die neue Gottesdienstgemeinde die in der *Bishop's Mission Order* festgehaltenen Bestimmungen und Regelungen erfüllt und einhält.

Es geht bei der hier behandelten Frage also nicht darum, ob es sich um eine legitime Form von Kirche handelt. Vielmehr steht die Frage der Eigenständigkeit im Mittelpunkt. Handelt es sich bei den neu etablierten Gottesdiensten nach den oben genannten Modellen um eigenständige Gemeinden? Kann man folglich von Gemeindegründung sprechen? Oder handelt es sich lediglich um einen weiteren Gottesdienst, den eine bereits bestehende Kirchengemeinde anbietet? Die Frage nach der Eigenständigkeit kann in einem kirchenrechtlichen Sinne sehr klar beantwortet werden. Kirchenrechtlich handelt es sich bei den beschriebenen Fällen in der Regel nicht um eigenständige Gemeinden. Sie sind vielmehr meist Teil einer Parochialgemeinde oder aber einer *team ministry*[15]. Es stellt sich aber nun die Frage, ob neben der kirchenrechtlichen Unselbständigkeit eine Eigenständigkeit in einem ekklesiologischen Sinne vorliegen kann und nach welchen Kriterien diese beurteilt werden muss.

Mission-shaped Church schlägt hier vor, danach zu entscheiden, ob die Gottesdienstbesucher den Gottesdienst als ihre „Gemeinde“ verstehen:

> „Whether a multiple […] meeting is ‚church‘ depends in part on how those who go to view it. Do the people who attend consider it to be their main way of going to and being church? If people who attend see that time and day as ‚their church‘, then this creates a distinction from a pattern where there are various services on offer, and people choose

14 Vgl. z. B. Cray, Mission-shaped Church, 96–102; Moynagh / Harrold, Context, 104–119. Lings, Maturity, 138–151.

15 Für den Begriff der *team ministry* vgl. ▹ Kapitel 25.3.4.

which they attend on the basis of the type of service, or how their plans are working out for that day.«[16]

Das Hauptkriterium für eine ekklesiologische Eigenständigkeit ist hier also, ob es zur Bildung einer festen Gottesdienstgemeinde kommt, weil ein Kern an Menschen einen Gottesdienst stetig besucht und sich selbst als Gottesdienstgemeinde, ja als Gemeinde versteht. Wenn die Gottesdienstbesucher hingegen immer wieder andere Gottesdienstzeiten oder -orte besuchen, es also nicht zur Bildung einer stetigen Gottesdienstgemeinde kommt, sollte nicht von einer Eigenständigkeit ausgegangen werden. Ist aber ersteres der Fall, kommt es zu einer Aufwertung des einzelnen Gottesdienstangebotes gegenüber der Gesamtgemeinde. Nicht mehr die Gesamtgemeinde bildet den Hauptbezugspunkt für die Gottesdienstbesucher, sondern der eine konkrete Gottesdienstort beziehungsweise die eine konkrete Gottesdienstzeit. Damit erscheint dieses Kriterium dazu geeignet, eine gewisse Eigenständigkeit festzustellen. Zugleich erscheint die Suche nach ergänzenden Kriterien als sinnvoll.

Eine solche stellt die durch Henry Venn eingeführte *three-self-formula* dar.[17] Diese spielt in der einschlägigen Literatur eine wichtige Rolle für die Bestimmung der Eigenständigkeit und Reife von neuen Ausdrucksformen von Gemeinde.[18] Die drei Marker der Selbstleitung/Selbstverwaltung (*self-governing*), Selbstfinanzierung (*self-financing*) und Selbstverbreitung (*self-reproducing / self-propagating*) können helfen, den Grad der Eigenständigkeit einer Gottesdienstgemeinde näher zu bestimmen. Moynagh plädiert aber dafür, dass diese dem Kontext entsprechend angewandt werden müssen und nicht in einem absoluten Sinne.[19] Denn für Moynagh ist klar, dass manche neue Ausdrucksformen von Gemeinde immer in einer gewissen Abhängigkeit von traditionellen Formen von Gemeinde stehen werden: „Some [contextual churches], like youth congregations, are unlikely to be self-financing.“[20] In Bezug auf neue Ausdrucksformen von Gemeinde heißt das für ihn, dass auch eine graduelle Eigenständigkeit möglich ist: „Self-governing might not mean independence, but pooling administrative and other resources within a network of new churches.“[21] Moynagh fragt in der Folge danach, ob eine neue Ausdrucksform von Gemeinde einen angemessenen Grad von Freiheit hat.

---

16 Cray, Mission-shaped Church, 61f.

17 Vgl. die Darstellung in ▹ Kapitel 7.2.

18 Vgl. zum Beispiel Cray, Mission-shaped Church, 120–123; Moynagh / Harrold, Context, 405f. Lings, Maturity, 144.

19 Vgl. Moynagh / Harrold, Context, 406.

20 Ebd.

21 Ebd.

> „The amount of financial, administrative and other independence will vary from one context to another, and may change over time. What matters is that each church has a proper amount of responsibility, and that this is negotiated fairly."[22]

Für den hier besprochenen Fall könnten damit zum Beispiel folgende Fragen helfen, einen gewissen Grad an Eigenständigkeit zu identifizieren: Hat die Gottesdienstgemeinde eine eigene Leitung? Trifft diese Leitung eigene Entscheidungen in Bezug auf die Gottesdienstgemeinde? Trägt die Gottesdienstgemeinde sich finanziell selbst, oder wenigstens zu einem hohen Anteil? Trägt sie vielleicht sogar in höherem Maße zur Finanzierung der Arbeit der Gesamtgemeinde bei? Bildet die Gottesdienstgemeinde eigene Leitungspersonen aus? Ist sie eigenständig missionarisch tätig? Zielt sie vielleicht sogar auf die Gründung einer weiteren Gemeinde?

Daran anschließend könnten auch die Ausbildung weiterer, in den Bezug zu einer spezifischen Gottesdienstgemeinde stehender, Sozialbezüge und Geselligkeitsformen als Marker für deren Selbstständigkeit dienen. Dabei ist beispielsweise an die Bildung von Hauskreisen und Dienstgruppen, so wie an eine eigene Öffentlichkeitarbeit zu denken, die die Besonderheiten des Gottesdienstes betont.

Mit Lings ist an dieser Stelle darauf hinzuweisen, dass es zusätzlich hilfreich sein kann, den Begriff der Selbständigkeit weiter auszudifferenzieren. Vor dem Hintergrund des von ihm in die Debatte eingeführten interpersonalen Paradigmas[23] plädiert er dafür zwischen Reife, Unabhängigkeit und Gesundheit einer neuen Ausdrucksform von Gemeinde zu unterscheiden.[24] So kann es Gemeinden geben, welche in dauerhafter Abhängigkeit zu ihren Sendungsgemeinden stehen, da sie sich zum Beispiel aufgrund des Kontextes nicht vollständig selbst finanzieren können. Sie erfüllt damit nicht das Kriterium der Unabhängigkeit. Und doch kann diese Gemeinde als reife und gesunde Form von Gemeinde wahrgenommen werden. Der Begriff der Gesundheit scheint bei Lings dabei vor allem mit der Möglichkeit der Selbstvermehrung, also dem Potential neue Ausdrucksformen von Gemeinde zu gründen, verbunden zu sein.[25] Der Begriff der Reife dagegen scheint eher mit ekklesiologischen Kriterien wie den *notae ecclesiae* der Alten Kirche beziehungsweise wichtigen Markern anglikanischer Ekklesiologie verbunden zu sein.[26]

Über die dargestellten Überlegungen hinaus bietet *Mission-shaped Church* konkrete Vorschläge, wie die Eigenständigkeit von Gottesdienstgemeinden unter dem Dach einer Gesamtgemeinde gestärkt werden kann.[27] Dazu gehören

---

22 Ebd., 407f.

23 Vgl. die Darstellung in ▷ Kapitel 10.5.

24 Vgl. Lings, Maturity, 148.

25 Vgl. Lings, Maturity, 148.

26 Vgl. ebd., 143.145f.

27 Für die folgende Auflistung vgl. Cray, Mission-shaped Church, 62.

- die bewusste Ausdifferenzierung der unterschiedlichen Gottesdienste in Bezug auf ihre liturgische und musikalische Gestaltung, die sich an den Bedürfnissen einer spezifischen Zielgruppe orientieren sollte;
- die Etablierung einer anerkannten Leitung der einzelnen Gottesdienste durch dafür geeignete Personen;
- die missionarische Fokussierung der jeweiligen Gottesdienste auf eine bestimmte Zielgruppe, ein bestimmtes Gebiet oder eine soziale Not;
- die Bereitstellung spezifischer seelsorgerlicher Angebote für jeden Gottesdienst;
- die Zurückweisung der sprachlichen Hervorhebung eines einzelnen Gottesdienstes, zum Beispiel durch Bezeichnungen wie „Hauptgottesdienst" oder „normaler Gottesdienst";
- die Schaffung einer übergeordneten Leitungsebene, in welcher jede Gottesdienstgemeinde in angemessener Weise vertreten ist.

Die Autoren von *Mission-shaped Church* sind der Meinung, dass je nach Grad der Umsetzung der von ihnen vorgeschlagenen Maßnahmen auch der Grad der Wahrnehmung, dass es sich um eine eigenständige Gottesdienstgemeinde handelt, steigen wird.

13.4 Fazit

Auch wenn eine Gottesdienstgemeinde kirchenrechtlich weiterhin Teil einer bestehenden Gemeinde ist, kann sie doch einen hohen Grad an Eigenständigkeit erreichen. Die oben dargestellten Kriterien können helfen, den Grad dieser relativen Eigenständigkeit zu ermitteln. Ist dieser als hoch anzusehen, so kann durchaus die Berechtigung bestehen auch im Falle von Gottesdienstgemeinden, die im Rahmen eines *multiple Sunday congregations* oder *multiside* Modells etabliert wurden, von Fällen klassischer Gemeindegründung zu sprechen. Ebenfalls wird zu beachten sein, dass es auch zu einer graduell anwachsenden Selbständigkeit über einen längeren Zeitverlauf kommen kann, an dessen Ende dann auch die vollständige, das heißt auch rechtliche, Eigenständigkeit stehen kann.[28]

28 Vgl. Transkript 1.7., Z. 795–815.

14. Das Resource Church Modell

Das Modell der *Resource Church* beziehungsweise der *City Centre Resource Church* stellt einen neuen Typ von Gemeinde innerhalb der *Church of England* dar.[1] Es wurde in den letzten zehn Jahren entwickelt und hat inzwischen eine größere Verbreitung gefunden.[2] In den letzten fünf Jahren kommt ihm zudem ein hoher strategischer Stellenwert innerhalb der missionarischen Bemühungen der *Church of England* zu.[3] Ein Bezug des Modells der *Resource Church* zum Feld der klassischen Gemeindegründung besteht vor allem in zwei Punkten. Zum einen ist eine Kernfunktion dieses Gemeindetyps die Etablierung neuer – meist klassischer – Gemeindegründungen. Zum anderen werden *Resource Churches* besonders oft selbst gegründet, sind also zum Teil selbst Gemeindegründungen.

Trotz der zunehmenden Verbreitung des *Resource Church* Modells gibt es bisher keine wissenschaftlichen Veröffentlichungen zu diesem Thema. Die zum jetzigen Stand öffentlich vorliegenden Definitionen und Beschreibungen des *Resource Church Modells* wurden von einigen der bestimmenden Akteure dieses Konzeptes erstellt. Bei diesen handelt es sich um das *Gregory Centre for Church Multiplication* (CCX)[4] unter Leitung von Bischof Ric Thorpe und die *Resource Strategy and Development Unit* der *Church Commissioner* der *Church of England*. In einem ersten Schritt wird unter Rückgriff auf diese Quellen und unter Berücksichtigung der geführten Experteninterviews eine zusammenfassende Beschreibung des *Resource Church* Modells vorgenommen werden. In einem zweiten Schritt wird auf die Entstehung und Verbreitung des *Resource Church* Modells eingegangen werden.

---

1 In Deutschland nimmt bisher lediglich die evangelische Kirchengemeine Böhringen Bezug auf das Modell der *Resource Church*. Dabei wird als deutscher Begriff der Ausdruck „Quellgemeinde" verwendet. Vgl. Weimer, Markus: Auf dem Weg zur Quellgemeinde, in Gutmann, David u. a. (Hg.): Kirche – ja bitte! Innovative Modelle und strategische Perspektiven von gelungener Mitgliederorientierung, Neukirchen-Vluyn, 2019, 66–81.

2 Vgl. die Darstellung in ▻ Kapitel 14.2.2.

3 Dies zeigt sich zum Beispiel an den hohen Fördersummen, welche verschiedene Diözesen zur Gründung und Ernennung von *Resource Churches* im Rahmen des *Strategic Development Funding* durch die *Church Commissioner* zugesprochen bekamen. Vgl. The Church Commissioners: The Church Commissioners Annual Report 2018. Supporting the work and Mission of the Church of England, London, 2019, 16. Abrufbar unter https://www.churchofengland.org/sites/default/files/2019-05/Church%20Commissioners%20Annual%20Report%202018.pdf, 23. Februar 2020. Vgl. auch ▻ Kapitel 9.3.3.

4 Vgl. vormals *Centre for Church Planting and Growth*, http://www.centreforchurchplanting.org, 14. Mai. 2019; https://www.ccx.org.uk, 14. April 2020.

Schließlich wird in einem dritten Schritt, unter Rückgriff auf die wenigen zur Verfügung stehenden Daten, eine erste kritische Beurteilung des *Resource Church* Modell erfolgen.

Es muss beachtet werden, dass die folgende Darstellung eine Form von Gemeindegründung zu fassen versucht, welche noch am Beginn ihrer Entwicklung steht. Zukünftige Entwicklungen könnten dazu führen, dass die hier vorgenommenen Beschreibungen und Bewertungen ihre Gültigkeit verlieren.

14.1 Die Beschreibung des Resource Church Modells

Für die folgende Beschreibung wird vorgeschlagen, zwischen den Begriffen *Resource Church* (RC) und *City Centre Resource Church* (CCRC) zu unterscheiden.[5] Die *City Centre Resource Church* ist dabei als ein Sonderfall der *Resource Church* zu verstehen. Der Unterschied besteht darin, dass als Standort einer *City Centre Resource Church* das Stadtzentrum einer Großstadt oder die relative Nähe zu einem solchen angenommen wird. Der Begriff *Resource Church* dagegen ist standortunspezifisch.[6] In der Praxis wird der allgemeinere Begriff *Resource Church* oft auch für die Bezeichnung des spezielleren Falls der *City Centre Resource Church* verwendet. Auch verwenden die für das Modell vorliegenden Beschreibungen beide Begriffe undifferenziert und austauschbar.[7]

In seinem Ursprung steht das *Resource Church* Modell in enger Beziehung zu den neueren Gemeindegründungen des HTB-Netzwerkes außerhalb von London und waren anfangs selbst ausschließlich Gemeindegründungen. Inzwischen kommt es neben der Gründung neuer *Resource Churches* auch zur Ernennung bestehender Kirchengemeinden zu *Resource Churches*.[8] Darüber hinaus werden inzwischen auch *Resource Churches* ohne die Beteiligung des HTB-Netzwerkes gegründet.[9] Für die öffentliche Wahrnehmung des *Resource Church* Modells sind aber weiterhin vor

---

5 Eine weitere Variante des Begriffs *Resource Church* stellt der Ausdruck *Resourcing Church* dar. Beide Begriffe bezeichnen dasselbe.

6 So existieren inzwischen auch *Resource Churches* im ländlichen Raum. Ein Beispiel dafür stellt die Gemeindegründung The Potting Shed in der Diözese von Southwell und Nottingham dar. Vgl. https://www.thepottingshedchurch.org/about-us, 14. April 2020.

7 Vgl. dafür die unten folgende Darstellung dieser Beschreibungen.

8 Dies zeigt sich zum Beispiel in der Ernennung von 19 Kirchengemeinden zu *Resource Churches* in der Diözese von London. Diese erhalten durch ihren neuen Status die finanziellen Mittel um einen Gemeindegründer oder eine Gemeindegründerin auszubilden. Vgl. https://www.london.anglican.org/articles/london-diocese-announces-first-resource-churches/; https://www.churchtimes.co.uk/articles/2018/23-november/news/uk/london-diocese-to-fund-19-resource-churches, 14. April 2020.

9 Dies trifft zum Beispiel auf die *Resource Church* St Philip's Salford in der Diözese von Manchester zu, welche in Zusammenarbeit mit dem Gemeindenetzwerk *New Wine* im Modus der Revitalisierung ge-

allem die von der Londoner Gemeinde Holy Trinity Brompton ausgehenden und vom *Church Revitalisation Trust* (CRT) geförderten Gemeindegründungen prägend. Bei diesen handelt es sich weitestgehend um den speziellen Fall der *City Centre Resource Churches*. Das heißt, dass sie in den Zentren von Großstädten entstehen. Da für diese Arbeit das Thema Gemeindegründung von zentraler Bedeutung ist, werden im Folgenden besonders die von HTB und dem CRT initiierten *City Centre Resource Churches* im Mittelpunkt der Darstellung stehen.

14.1.1 Vorliegende Beschreibungen des Resource Church und City Centre Resource Church Modells

Im Folgenden werden die beiden bisher vorliegenden Beschreibungen des *Resource Church* Modells analysiert. Neben diesen beiden – unten dargestellten – Hauptquellen gibt es auch weitere Verweise auf das *Resource Church* Modell, welche sich zum Beispiel auf den Internetpräsenzen mancher Diözesen der *Church of England* finden lassen.[10] Diese haben jedoch meist einen zusammenfassenden Charakter und gehen nicht über die im Folgenden untersuchten Beschreibungen hinaus, so dass sie hier keine weitere Beachtung finden werden.

14.1.1.1 Die Definition des Gregory Centre for Church Multiplication

Als Ausgangspunkt für eine theoretische Beschreibung der Begriffe *Resource Church* und *City Centre Resource* Church kann eine Definition des *Gregory Centre for Church Multiplication* (CCX) dienen. Das CCX beschreibt den Begriff *Resource Church* wie folgt:[11]

> „A resource church is a church-planting church which resources other forms of mission across a city or town. Resource churches are
> - o designated a resource church by the diocesan bishop
> - o part of a diocesan strategy to evangelise a city or town and transform society

---

gründet wurde. Vgl. https://www.churchtimes.co.uk/articles/2019/22-november/comment/opinion/what-i-learned-touring-resource-churches, 14. April 2020.

10 Vgl. zum Beispiel https://www.cofe-worcester.org.uk/mission-and-ministry/resourcing-churches; https://www. winchester.anglican.org/mission-action/invest-for-growth, 14. April 2020.

11 Diese Beschreibung ist inzwischen nicht mehr online verfügbar. Vormals unter dem Namen *Centre for Church Planting and Growth* (CCPG) fungierend wurde es im Jahr 2019 in *The Gregory Centre for Church Multiplication* (CCX) umbenannt. Mit dieser Umbenennung wurde auch eine neue Onlinepräsenz eingeführt und die alte Onlinepräsenz abgeschaltet. Ein Zugriff war aber über folgenden Link am 26. Juli 2019 weiterhin möglich: http://webcache.googleusercontent.com/search?q=cache:zHevzLYm1mUJ:www.centreforchurchplanting.org/city-centre-resource-churches/+&cd=1&hl=de&ct=clnk&gl=uk&client=safari.

- o intentionally resourced to plant and revitalise churches
- o developing a pipeline of leaders for further planting
- o providing other resources for mission across a city or town."

Diese Definition sieht das Gründen von Gemeinden als zentrale Kernfunktion von *Resource Churches*. Dies wird durch den zweiten Hauptpunkt die „Förderung anderer Formen von Mission" ergänzt. Daneben sind die Entwicklung von Leitungspersonen, die Einbindung in das strategische Handeln der jeweiligen Diözese und die offizielle Ernennung zur *Resource Church* durch den Diözesanbischof wesentliche Merkmale. Die übergeordneten Ziele der *Resource Church* sind die Förderung der Evangelisierung und der Transformation der jeweiligen Großstadt oder Stadt.

In einer diese Kerndefinition rahmenden Beschreibung[12] werden als weitere Merkmale genannt, dass sie „typischerweise Menschen aus dem gesamten (Groß-)Stadtgebiet anziehen" und sich auch in ihrer Arbeit ebenfalls nicht auf ein bestimmtes Parochialgebiet, sondern auf das gesamte Stadtgebiet beziehen. Sie besitzen nicht selbst die Stärke die gesamte Großstadt „zu erreichen", haben aber zugleich die Fähigkeit durch ihre visionäre Kraft weitere Kirchengemeinden in diesen Prozess hineinzunehmen. Daneben zielt die Arbeit der *Resource Churches* auf die Unterstützung des zuständigen Bischofs, das Durchführen von Gemeindegründungen, das zur Verfügung stellen von Hilfsmitteln für die Gemeindearbeit,[13] dem Aussenden von Teams und der Entwicklung von Leitern.

Auffällig ist, dass in der Kerndefinition lediglich von „*Resource Church*" gesprochen wird, während die rahmende Beschreibung explizit den Begriff *City Centre Resource Church* verwendet. Es ist zu vermuten, dass hier keine bewusste Dif-

---

12 Diese rahmende Beschreibung lautet wie folgt: „Cities are particularly in need of larger city centre churches that fulfil a resourcing role. Typically, such a resource church will be drawing people from across all or part of the city and will have a vision to see a wide impact around the city and the practical abilities to make that happen. Even the biggest city churches cannot reach the city on their own, but they can release their capacity to energise a city vision that many other churches can get behind. City centre resource churches can do this by supporting their bishops, planting churches, releasing specialist resources, sending teams and developing leaders." http://www.centreforchurchplanting.org/city-centre-resource-churches, 14. Mai 2019. Diese Beschreibung ist inzwischen ebenso nicht mehr online verfügbar. Ein Zugriff war aber über folgenden Link am 26. Juli 2019 weiterhin möglich: http://webcache.googleusercontent.com/search?q=cache:zHevzLYm1mUJ:www.centreforchurchplanting.org/city-centre-resource-churches/+&cd=1&hl=de&ct=clnk&gl=uk&client=safari.

13 Die Homepage des *Church Revitalisation Trust* gibt einen Hinweis, was unter diesen „*specialist resources*" zu verstehen ist. Dort wird davon gesprochen, dass *City Centre Resource* Churches zu Knotenpunkten für die Verbreitung des Alpha- und des Ehe-Kurses sowie sozial-diakonischen Initiativen werden sollen. Vgl. https://crtrust.org/vision-and-mission, 14. Mai 2019.

ferenzierung vorgenommen wird, sondern die Begriffe austauschbar verwendet werden.

14.1.1.2 Die Beschreibung des Resourcing Mission Bulletin

Die zweite Quelle für die Beschreibung des *Resource Church* Modells ist ein Artikel, der in einem von der *Resource Strategy and Development Unit*[14] der *Church Commissioner* und dem *Archbishop's Council* herausgegebenen Online-Journal erschien.[15] Der Artikel stellt eine Art Zusammenfassung eines Arbeitstreffens zum Thema *City Centre Resource Church* im Jahre 2015 unter der Leitung des damaligen Bischofs von London, Richard Chartres, dar, bei dem Ric Thorpe, damals noch Berater für Gemeindegründung der Diözese von London, zum Thema referierte.[16] Der Artikel spricht sowohl von *Resource Churches* als auch von *City Centre Resource Churches*, nimmt aber keine Unterscheidung der Begriffe vor. Es werden fünf grundsätzliche Merkmale genannt, welche die Beschreibung durch das CCX bestätigen und auch ergänzen.

Als ein erstes Merkmal wird dabei genannt, dass sich eine *City Centre Resource Church* nicht an einer Parochie orientiert, sondern mit ihrer Arbeit eine Großstadt oder Stadt im Gesamten in den Blick nimmt (*City Wide Vision*).[17] Diese Ausrichtung auf ein gesamtes Stadtgebiet setzt eine besondere Form der Zusammenarbeit mit dem zuständigen Bischof voraus. Er tritt als Fürsprecher und Förderer der Arbeit der *City Centre Resource Church* auf und integriert diese in die diözesane Gesamtstrategie.[18] Der zweite Punkt lautet „eine *City Centre Resource Church* stattet andere aus" (*Resourcing others*).[19] Eine *City Centre Resource Church* wird als „größere Kirchengemeinde" beschrieben, welche durch ihre Größe die Möglichkeit hat, eine höhere Anzahl von Mitarbeitern zu beschäftigen. Diese arbeiten nicht, wie sonst bei Geistlichen üblich, als Generalisten, sondern spezialisieren sich auf bestimmte Gebiete der Gemeindearbeit und können dadurch besondere „Ressourcen" für diese entwickeln. Diese Ressourcen sollen die Nöte der Stadt in den Blick nehmen und zugleich anderen Kirchengemeinden zur Verfügung gestellt werden. Als Beispiele werden die Förderung von Ehe- und Familienleben, Schuldnerberatung, die Begleitung von ehemals Straffälligen und evangelistische Glaubenskurse

---

14 Damals noch unter dem Namen *Research and Development Unit.*

15 Vgl. City Centre Resource Churches: A guide, in: Resourcing Mission Bulletin, June 2015. Abrufbar unter http://www.churchgrowthrd.org.uk/bulletins/243, 10. Juni 2019.

16 Vgl. City Centre Resource Churches: A Guide, 1.

17 Ebd., 2.

18 „[...]the bishop can give permission and encourage the city-wide vision and mission of that church." City Centre Resource Churches: A Guide, 2.

19 Vgl. ebd.

genannt. Darüber hinaus sollen *City Centre Resource Churches* ihre Mitglieder in Dienstgemeinschaften in andere Kirchengemeinden senden können, um dort verschiedene Kurse zu veranstalten, Gottesdienste zu gestalten,[20] Zeugnisse zu geben und Vorträge zu halten.[21] Dies solle auf Gegen- und Wechselseitigkeit beruhen.[22]

Unter dem dritten Punkt „Lerngemeinschaften" (*Learning communities*) werden „große Kirchengemeinden" als potentielle Plattformen für kircheninterne Fortbildungen, aber auch für den öffentlichen Austausch über stadtrelevante Themen zwischen Persönlichkeiten des politischen, wirtschaftlichen und karikativen Bereichs verstanden.[23] Unter dem Punkt „Gründen von Gemeinden" (*Planting churches*) wird „größeren Kirchengemeinden" die Fähigkeit zugeschrieben, weitere Gemeinden zu gründen. Dies führe zu einer „Multiplikation" der missionarischen Arbeit in der ganzen Stadt und soll unter Einbezug des zuständigen Bischofs und anderer Kirchengemeinden stattfinden.[24] Das Gründen von Gemeinden erfolgt mit Hilfe von Ehrenamtlichen, welche Teil des Gemeindegründungsteams sind. Der damit einhergehende Verlust an Gemeindegliedern in der sendenden *Resource Church* werde zum Teil dadurch ausgeglichen, dass neue Gemeindeglieder und Leiter angezogen werden, welche selbst Teil einer Gemeindegründung sein möchten.[25] Partnerschaften[26] und Gemeindegründungen werden als Schlüssel zur Erneuerung „strauchelnder" Parochien verstanden.[27] Wenn dabei sozial schwächere Teile der Stadt in den Blick genommen werden, sollen andere Kirchengemeinden und Denominationen als Partner gewonnen werden.[28] Eine *Resource Church* im Stadtzentrum wird Menschen sowohl aus dem Innenstadtbereich als auch den Vororten anziehen.

In einem letzten Punkt (*Developing Leaders*) werden *City Centre Resource Churches* als Orte für die Entwicklung von haupt- und ehrenamtlichen Leitungspersonen gesehen. Sie verfügten schon allein von ihrer Größe her über mehr „Leiter" als

---

20 „Gottesdienste zu gestalten" wurde hier als Übersetzung von *„lead worship"* gewählt. *„To lead worship"* kann in einem weiten Verständnis als die Gestaltung und Leitung eines Gottesdienstes übersetzt werden. In evangelikalen und insbesondere charismatischen Kreisen wird es aber oft in einem engeren Verständnis für die Gestaltung einer musikalischen Lobpreis- bzw. Anbetungszeit verstanden. Es ist unklar, welches der beiden Verständnisse dem hier besprochenen Text zugrunde liegt.

21 Vgl. City Centre Resource Churches: A Guide, 3.

22 Vgl. ebd.

23 Vgl. City Centre Resource Churches: A Guide, 3.

24 Vgl. ebd.

25 Vgl. ebd.

26 *„Partnerships"* stellt eine weitere Bezeichnung für das Revitalisierungsmodell dar. Die Revitalisierung ist eine der drei in dieser Arbeit identifizierten Modi von Gemeindegründung. Vgl. ▹ Kapitel 11.2.3.

27 „Partnerships as well as plants can also be a key source of renewing struggling parishes using church planting methodology." City Centre Resource Churches: A Guide, 3.

28 Vgl. ebd.

andere Gemeinden und könnten durch Leiterschaftskurse die Entwicklung von Leitungskompetenzen beschleunigen.[29] Ziel soll es sein, diese Leiter für den Dienst in der ganzen Stadt auszubilden. Langfristig sollen Leiter für kontextsensible Gemeindegründungen und die transkulturelle Leitung ausgebildet werden.[30]

Die bisherigen Merkmale erscheinen generell auf das Konzept der *Resource Church* anwendbar zu sein. Das heißt sie sind standortunspezifisch. Darüber hinaus finden sich aber auch Beschreibungen, die allein für den Spezialfall der *City Centre Resource Church* zutreffend zu sein scheinen, da sie den Kontext einer Großstadt voraussetzen. Dabei handelt es sich um deren Ausrichtung auf die Zielgruppe der Studenten und jungen Erwachsenen[31] und die Nutzung eines großen Gebäudes mit großer Nähe zum Stadtzentrum einer Großstadt und zu Einrichtungen des studentischen Lebens.[32]

14.1.2 Eine zusammenfassende Beschreibung des Resource Church Modells

Durch die Verbindung der beiden oben vorgestellten, verfügbaren Darstellungen des *Resource Church* Modells lässt sich die folgende zusammenfassende Beschreibung des Modells erstellen. Den Sonderfall der *City Centre Resource Church* betreffende Teile der Beschreibung werden explizit als solche benannt werden.

Eine *Resource Church* ist eine Kirchengemeinde, welche die ihr in außerordentlichem Maß zur Verfügung stehenden Ressourcen zur Gründung von Gemeinden und zur Förderung von missionarischen Initiativen in ihrer Stadt oder Region einsetzt.

Sie zeichnet sich durch folgende Merkmale aus:

Diözesane Einbindung

(1) Sie wird vom zuständigen Diözesanbischof zur *Resource Church* ernannt, in ihrer Arbeit gefördert und verrichtet ihren Dienst in enger Abstimmung mit diesem.

(2) Sie ist Teil einer diözesanweiten Strategie zur Evangelisation und sozialen Transformation einer Stadt oder Region.

---

29 Vgl. ebd., 4.

30 Vgl. ebd.

31 Vgl. „A building near to a student hub is desirable as students are a key grouping for city centre resource churches.“, City Centre Resource Churches: A Guide, 4.

32 Vgl. „A building in a visible location near to the city centre is a hugely significant factor too. The building should ideally be large enough to seat many hundreds of people (at least 400) and have flexible space (no boxed pews!) which can be used throughout the week for other activities.“ City Centre Resource Churches: A Guide, 4.

Ausstattung mit Ressourcen

(3) Sie ist mit über das normale Maß deutlich hinausgehenden finanziellen, personellen und baulichen Ressourcen ausgestattet und verfügt über spezifische missionarische Kenntnisse und Fähigkeiten.
Für den Sonderfall der *City Centre Resource Church* umfasst dies auch die örtliche Nähe zum Stadtzentrum einer Großstadt.

Überparochiale Funktion

(4) Sie nimmt mit ihrem Dienst die gesamte Stadt oder Region in den Blick.
(5) Sie zieht durch ihre Arbeit und Veranstaltungen Menschen aus dem gesamten Stadtgebiet oder der gesamten Region an.
(6) Sie ist eine „große" Gemeinde mit einem überdurchschnittlichen Gottesdienstbesuch von mehreren hundert oder mehr Gottesdienstbesuchern pro Wochenende.

Einsatz der Ressourcen

(7) Sie gründet neue und revitalisiert bestehende Kirchengemeinden in einer Stadt oder Region und fördert die Etablierung einer diözesanen Gemeindegründungsstrategie.
(8) Sie stellt die ihr in besonderem Maße gegebenen Ressourcen anderen Kirchengemeinden zur Verfügung.
(9) Sie identifiziert und qualifiziert Menschen für die Leitung in der Kirche.
(10) Sie dient als Plattform für ein gemeinsames kirchliches Lernen und für den Austausch mit der Zivilgesellschaft.
(11) Die *City Centre Resource Church* als Sonderfall der *Resource Church* erreicht durch ihre Arbeit und Angebote überdurchschnittlich viele Studenten und junge Erwachsene.

Wie dargestellt lassen sich die in den beiden Beschreibungen gefundenen Merkmale in vier Untergruppen einteilen. Sie betonen die Einbindung der *Resource Church* in eine diözesane Gesamtstrategie, die Ausstattung der *Resource Church* mit besonderen Ressourcen, die überparochiale Ausrichtung der *Resource Church*, welche die Funktion und die Reichweite einer normalen Parochie weit übersteigt und den Einsatz der eigenen Ressourcen, welcher die eigenen Gemeindegrenzen durchbricht und auf den Kontext einer ganzen Stadt oder Region abzielt. Der letzte Punkt weist zudem darauf hin, dass *Resource Churches* eine klare Netzwerkorientierung vorweisen.

14.1.3 Die Überprüfung der Beschreibung des Resource Church Modells anhand der Experteninterviews mit Gemeindegründern und Promotoren von Gemeindegründung

Eine Überprüfung der dargestellten zusammenfassenden Beschreibungen kann durch das Heranziehen der, für diese Arbeit mit Gemeindegründern und einer -gründerin und Promotoren von Gemeindegründung geführten, Experteninterviews erfolgen. In den Interviews wurde nach dem spezielleren Fall der *City Centre Resource Church* gefragt. Zugleich können die folgenden Aussagen der Interviewpartner auch als auf das *Resource Church* Modell zutreffend gewertet werden.

Eine *City Centre Resource Church* wird als eine große Gemeinde mit Leuchtturmcharakter beschrieben, welche über die eigenen parochialen Grenzen hinaus wahrgenommen wird.[33] Sie gründet Gemeinden und tritt für das Thema Gemeindegründung werbend ein.[34] Sie ist vom zuständigen Bischof erwünscht und gefördert,[35] richtet ihre Arbeit auf das gesamte Stadtgebiet aus und zieht damit Menschen aus einem größeren Gebiet an.[36] Sie ist in überdurchschnittlicher Weise mit Ressourcen für ihre Arbeit ausgestattet und stellt eben diese in vielfältiger Weise anderen Gemeinden und der Diözese zur Verfügung.[37] Diese Aussagen bestätigen wesentliche Punkte aus den vorliegenden Darstellungen der *Resource Church.*

Neben diesen Übereinstimmungen in Bezug auf das *Resource Church* Modell, finden sich auch Aussagen der Interviewpartner, welche den spezielleren Fall der *City Centre Resource Church* beschreiben. So sollen *City Centre Resource Churches* dem häufig unterdurchschnittlichen Gottesdienstbesuch in Stadtzentren entgegenwirken.[38] Dabei soll vor allem die Zielgruppe der 18 bis 30jährigen und Studierenden in den Blick genommen werden.[39] Sie zeichnen sich durch ihre strategische Nähe zum Stadtzentrum, zu Verkehrsknotenpunkten und zu Einrichtungen des studentischen Lebens aus.[40] Auch werden *City Centre Resource Churches* als der evangelikal-charismatischen Tradition innerhalb der *Church of England* zugehörig beschrieben.[41] Sie zeichnen sich durch einen Gottesdienststil aus, der als *contem-*

---

33 Vgl. Transkript 4.3., Z. 724–735.

34 Vgl. Transkript 1.2., Z. 175–182.199–211; Transskript 4.3., Z. 749–763; Transskript 4.4.2., Z. 209–215.

35 Vgl. Transkript 1.2., Z. 14–21; Transkript 1.7., Z. 17–37.

36 Vgl. Transkript 1.2., Z. 150–162.; Transkript 1.7., Z. 476–486.

37 Vgl. Transkript 1.2.; Z. 160–175.187–199; Transkript 1.3., Z. 1154–1165; Transkript 1.7., Z. 501–516.

38 Vgl. Transkript 4.3., Z. 711–716.723f.

39 Vgl. Transkript 1.2., Z. 14–18.143–147. Vgl. ebenso Transkript 1.7., Z. 17–25.211–214.

40 Vgl. Transkript 1.2., Z. 285–293; Transkript 1.7., Z. 102–108.

41 Vgl. Transkript 1.2., Z. 143–146.

porary worship[42] bezeichnet wird.[43] Das *City Centre Resouce Church* Model hebt sich also demnach in besonderer Weise durch seine geographische Verortung und die Ausrichtung auf die Zielgruppe der jungen Erwachsenen vom *Resource Church* Modell ab.

Auch diese Punkte finden sich in der zusammenfassenden Beschreibung wieder, da dort auf einen überdurchschnittlichen Gottesdienstbesuch verwiesen wird und auch die Bedeutung der Zielgruppe der jungen Erwachsenen und Studenten herausgestellt wird.

Bei der Zuordnung des *City Centre Resource Church* Modells zum evangelikal-charismatischen Spektrum steht offensichtlich die Identifizierung des HTB Netzwerkes als treibende Kraft für die Etablierung des *City Centre Resource Church* Modells und dessen Verbreitung durch Neugründungen von *City Centre Resource Church*es im Hintergrund.

Diese Wahrnehmung hat ihre Berechtigung insofern, als dass die meisten neu gegründeten *City Centre Resouce Church*es bisher Teil des HTB Netzwerkes sind. Da nun aber auch bestehende Gemeinden zu *City Centre Resouce Church*es ernannt und diese nicht durchgehend Teil des charismatischen Spektrums sind, lässt sich diese Beschreibung nicht für alle von den Diözesen als *City Centre Resouce Church*es anerkannten Gemeinden aufrechterhalten.

Die Überprüfung anhand der geführten Experteninterviews bestätigt die oben dargestellte zusammenfassende Beschreibung des *Resource Church* Modells in wesentlichen Punkten. Somit kann diese zumindest als vorläufige Beschreibung und Definition angesehen werden. In einem nächsten Schritt wird nun auf die Verbreitung des *City Centre Resource Church* Modells durch das HTB Netzwerk eingegangen werden.

---

42 Der Begriff *contemporary worship* rekurriert auf einen Gottesdienststil, in dem die Verwendung der *contemporary worship music* im Mittelpunkt steht. Ignalls definiert den Begriff der *contemporary worship music* wie folgt: „Contemporary worship music […] refer[s] to the broad repertory of evangelical congregational song composed from the late 1960s to the late 2000s in mainstream Western popular musical styles." Ignalls, Monique Marie: Awesome in his Place: Sound, Space and Identity in Contemporary North American Evangelical Worship, Pro Quest LLC, Ann Arbor, 2008, 15. Einen Alternativbegriff stellt der Ausdruck *„praise and worship music"* dar. Im Deutschen spricht man meist von Lobpreis- und Anbetungsmusik. Vgl. Baltes, Guido: Worshipmusik im europäischen Kontext, in: Arnold u. a. (Hg.): Gottesklänge. Musik als Quelle und Ausdruck des christlichen Glaubens, 2. Auflage, Leipzig, 2014, 247–260.

43 Vgl. Transkript 1.2., Z. 143–146.

14.2 Entstehung und Verbreitung des Resource Church Modells in der Church of England

Die Entstehung und Verbreitung des *Resource Church* Modells in der *Church of England* ist eng mit einigen wichtigen Institutionen und Einzelpersonen insbesondere mit der Londoner Gemeinde Holy Trinity Brompton verbunden. Soweit es die vorliegenden Informationen erlauben, soll die Entstehung des *Resource Church* Modells hier nachgezeichnet werden. Dabei werden auch die für die Verbreitung wichtigen Promotoren genannt werden. Daran anknüpfend soll besonders auf die vom HTB Netzwerk gegründeten *Resource Churches* eingegangen und deren bisherige Verbreitung dargestellt werden.

14.2.1 Die Entstehung des Resource Church Modells und seine Promotoren

Ein wichtiger Bezugspunkt für das *Resource Church* Modell ist die Londoner Gemeinde Holy Trinity Brompton (HTB). Denn zum einen stellt sie selbst den Prototypen einer *City Centre Resource Church* dar.[44] So erscheint der oben dargestellte Katalog von Beschreibungsmerkmalen des *Resource Church* Modells weitestgehend auf Holy Trinity Brompton anwendbar.[45] Zum anderen war es HTB, welches die ersten Gemeinden dieses neuen Typs gründete und damit das Modell in der *Church of England* einführte und verbreitete.

Den ersten Schritt auf dem Weg zur formalen Entwicklung des *Resource Church* Konzepts stellt dabei die von Holy Trinity Brompton ausgehende Revitalisierung der Gemeinde St Paul's Shadwell im Jahr 2005 in Ostlondon dar. Unter der Leitung von Ric Thorpe gründete beziehungsweise revitalisierte St Paul's Shadwell in den Jahren zwischen 2010 und 2014 wiederum selbst vier andere Gemeinden

---

44 Gestützt wird diese These auch durch die Ernennung von HTB zu einer von zwei „*National Resource Churches*". Bei der anderen handelt es sich um die, dem reformiert-evangelikalen Spektrum angehörende, Kirchengemeinde St Helen's Bishopsgate, welche ebenfalls zur Diözese von London gehört. Vgl. https://www.london.anglican.org/articles/london-diocese-announces-first-resource-churches 05. Juni 2019.

45 Dafür sprechen die Zusammenarbeit mit dem jeweiligen Bischof von London in Bezug auf Gemeindegründungen und die damit gegebene diözesane Einbindung, die überdurchschnittlich hohe Ausstattung mit Ressourcen, welche sich zum Beispiel an der besonders hohen Zahl an angestellten Geistlichen zeigt, die Ausrichtung der Gemeinde als Netzwerkgemeinde, welche Menschen aus dem gesamten Großraum von London anzieht und zu einem sehr hohen Gottesdienstbesuch von mehreren Tausend Menschen an einem Sonntag führt, sowie die von der Gemeinde ausgehenden Gemeindegründungsaktivitäten und die von ihr entwickelten evangelistischen und diakonischen Programme wie zum Beispiel der Alpha Kurs oder der Ehe Kurs. Vgl. hierfür die Darstellung von Holy Trinity Brompton unter ▷ Kapitel 9.1.1.

in Ostlondon.[46] Dies stellte die bis dahin erfolgreichste Gründungsaktivität einer HTB-Netzwerkgemeinde dar. Die zuvor von Holy Trinity Brompton ausgehenden Gemeindegründungen gründeten meist selbst keine weiteren Gemeinden oder aber sie brachten in einem deutlich längeren Zeitraum lediglich ein oder zwei weitere Gemeindegründungen hervor.[47] St Paul's Shadwell wurde damit ebenso wie die Ursprungsgemeinde Holy Trinity Brompton das, was die oben analysierte *Resource Church*-Definiton des CCX als *„church planting church"* benennt: Eine Gemeinde, welche in kurzer Zeit eine große Zahl an Gemeindegründungen hervorbringt.

Beginnend mit der Revitalisierung von St Paul's Shadwell zeigte auch Holy Trinity Brompton selbst eine steigende Gründungsaktivität. Zwischen 2005 und 2014 gingen weitere neun Gemeindegründungen im Großraum von London direkt von Holy Trinity Brompton aus.[48] Hinzu kamen vier weitere von HTB ausgehende Gemeindegründungen außerhalb Londons im Zeitraum von 2009 bis 2014.[49] Diese bis dahin noch nicht vorhandene Gründungsaktivität von HTB außerhalb Londons begann mit der Revitalisierung von St Peter's Brighton im Jahr 2009. St Peter's Brighton muss dabei als erste eigentliche *(City Centre) Resource Church* angesehen werden, auch wenn das Modell zu diesem Zeitpunkt noch nicht öffentlich diskutiert worden war.[50] Ab dem Jahr 2015 liegt der Schwerpunkt der von HTB ausgehenden Gemeindegründungen dann ganz auf Gemeinden außerhalb von London.[51]

Im Januar des Jahres 2015 kam es zu besagtem Arbeitstreffen unter der Leitung des Bischof von London, bei dem Ric Thorpe das *Resource Church* Modell einer Gruppe von Bischöfen der *Church of England* vorstellte.[52] Die im Juni 2015 im *Resourcing Mission Bulletin* veröffentlichte Zusammenfassung stellt mit hoher Wahrscheinlichkeit den Zeitpunkt dar, in dem das Modell zum ersten Mal einer breiteren Öffentlichkeit vorgestellt wurde.[53] Ebenfalls im Jahr 2015 begann die offizielle Förderung von *Resource Churches* durch das *Strategic Development Funding*-Programm der *Church Commissioners*.[54] Weitere wichtige Schritte zur

46 Vgl. Thorlby, Love, 18.

47 Vgl. Abbildung 5 in ▹ Kapitel 9.1.1.

48 Vgl. Abbildung 5 in ▹ Kapitel 9.1.1.

49 Im Vergleich dazu gründete HTB zwischen 1985 und 2004 lediglich sechs Gemeinden.

50 So führt der CRT St Peter's Brighton als *City Centre Resource Church*. Vgl. https://crtrust.org/where-we-are, 15. April 2020.

51 Seit 2015 wurde mit der Revitalisierung von St John's Hackney lediglich eine Gemeinde in London von HTB ausgehend gegründet. Vgl. Abbildung 5 in ▹ Kapitel 9.1.1.

52 Vgl. City Centre Resource Churches: A Guide, 1.

53 Vgl. ebd.

54 Im Jahr 2015 wurden insgesamt 800,000 Britische Pfund an die drei *City Centre Resource Churches* St Swithun's Bournemouth, St Swithin's Lincoln und St Luke's Gas Street in Birmingham vergeben. Vgl. The Church Commissioners for England (Hg.): Investing in the Church's growth. The Church Commissioners Annual Report 2015, London 2016, 16. Diese finanzielle Förderung von *Resource*

Verbreitung des *Resource Church* Modells waren dann die Ernennung von Ric Thorpe zum Bischof von Islington im September 2015 und die damit einhergehende Gründung des *Gregory Centre for Church Multiplication*[55] sowie die Gründung des *Church Revitalisation Trust* im Jahr 2017. Beide Organisationen setzen sich maßgeblich für die Verbreitung des *Resource Church* Modells ein. Spätestens seit 2018 kommt es neben der Gründung von neuen *Resource Churches* auch zur Erhebung bestehender Gemeinden in den Status einer *Resource Church*.[56] Dieses Vorgehen löst das Modell der *Resource Church* aus der, bis dahin bestehenden, engen Verbindung mit HTB. Auch kommt es, wie schon dargestellt, nun auch zur Gründung von *Resource Churches* ohne Beteiligung von HTB. Zugleich bleibt HTB in Verbindung mit dem *Church Revitalisation Trust* der wichtigste Akteur in Bezug auf die Gründung neuer *Resource Churches*.[57]

Die Darstellung der Entstehungsgeschichte des *Resource Church* Modells zeigt, dass der Großteil der wesentlichen Promotoren für dieses neue Gemeindemodell in Bezug zu HTB stehen. Dies sind zum einen Holy Trinity Brompton unter der Leitung von Nicky Gumbel, der *Church Revitalisation Trust* unter der Leitung von Sarah Jackson, St Peter's Brighton als größte und bisher im Gründen neuer Gemeinden produktivste *City Centre Resource Church* unter der Leitung von Archie Coates und der Bischof von Islington, Ric Thorpe, mit dem *Gregory Centre for Church Multiplication*. Sie treten im Wesentlichen als Fach-, Prozess- und Beziehungspromotoren auf. Hinzu treten als Machtpromotoren jene Diözesanbischöfe, welche das Modell der *Resource Church* in ihren Diözesen fördern und die *Church Commissioner*, welche durch die Bereitstellung der nötigen Gelder die finanziellen Voraussetzungen für die Verbreitung dieses kostenintensiven Modells schaffen. Die Funktion und genaue Promotorenrolle dieser Personen und der mit ihnen verbundenen Institutionen wurde bereits eingehend beschrieben.[58]

Churches setzt sich seitdem in der Größenordnung von mehreren Hunderttausend bis zu über einer Millionen Pfund jährlich fort. Vgl. The Church Commissioners for England (Hg.): Investing in the Church's growth. The Church Commissioners Annual Report 2016, London 2017; The Church Commissioners for England (Hg.): Investing in the Church's growth. The Church Commissioners Annual Report 2017, London 2018, 12.; The Church Commissioners: Supporting the work and Mission of the Church of England. The Church Commissioners Annual Report 2018, London, 2019, 16. Alle Berichte sind abrufbar unter https://www.churchofengland.org/about/leadership-and-governance/church-commissioners/publications, 15. April 2020.

55 Vor 2019 unter dem Namen *Centre for Church Planting und Growth*.

56 Vgl. https://www.london.anglican.org/articles/london-diocese-announces-first-resource-churches; https://www.churchtimes.co.uk/articles/2018/23-november/news/uk/london-diocese-to-fund-19-resource-churches, 14. April 2020.

57 Vgl. die folgende Tabelle und Abbildung.

58 Vgl. ▹ Kapitel 9.

14.2.2 Bisherige City Centre Resource Church Gründungen durch das HTB Netzwerk

Wie beschrieben steht das Modell der *Resource Church* in seinem Ursprung in enger Verbindung mit dem HTB Netzwerk. Und weiterhin ist das HTB Netzwerk die Organisation, welche die meisten *City Centre Resource Churches* im Modus von klassischer Gemeindegründung gründet. Da in dieser Arbeit klassische Gemeindegründung den Fokus der Untersuchung bildet, sollen im Mittelpunkt der folgenden Darstellung die *City Centre Resource Churches* des HTB-Netwerkes stehen. Beruhend auf verschiedenen Angaben des *Church Revitalisation Trust* kann von 21 *City Centre Resource Churches* ausgegangen werden, welche im Zeitraum von 2009 bis 2019 in Verbindung mit HTB und dem *Church Revitalisation Trust* gegründet wurden.[59] Bei diesen handelt es sich um folgende Kirchengemeinden:

Tabelle 4 City Centre Resource Churches des HTB Netzwerkes bis 2019

#	Name	Jahr der Gründung	Modus der Gründung soweit feststellbar
1	St Peter's Brighton	2009	Revitalisierung
2	St Thomas Norwich	2013	unbekannt
3	St Swithun's Bournemouth/Love Church	2014	Wiedereröffnung
4	Holy Trinity Hastings	2014	unbekannt
5	St Swithin's Lincoln	2014	unbekannt
6	St Luke's Gas Street Birmingham	2015	Gründung
7	St George's Gateshead	2016	unbekannt
8	Trinity Church Nottingham	2016	Gründung
9	St Matthias Plymouth	2016	Revitalisierung
10	Harbour Church Portsmouth	2016	Gründung
11	St John's at Hackney, London	2016	Revitalisierung
12	St Mark's Coventry	2017	Wiedereröffnung
13	St John's Crawley	2017	Revitalisierung
14	St Werburgh's Derby	2017	Wiedereröffnung
15	St Nicholas Bristol	2018	Wiedereröffnung
16	St Mary's Southampton	2018	Revitalisierung
17	Pattern Church Swindon	2018	Gründung

59 Die Angaben des *Church Revitalisation Trust* variieren. In einer Veröffentlichung des Jahres 2019 werden insgesamt 20 *City Centre Resource Churches* genannt. Auf einer auf der Internetpräsenz des CRT veröffentlichten Karte sind jedoch lediglich 18 *City Centre Resource Churches* genannt. Dabei kommt es jeweils zu einzelnen Nennungen, welche in der anderen Quelle nicht vorhanden sind. Für die Darstellung in dieser Arbeit wurde jede Gemeinde berücksichtigt, welche mindestens in einer der beiden Quellen genannt wurde. Vgl. Church Revitalisation Trust (Hg.): CRT Magazine, 001, 2019, 10f. Abrufbar unter https://crtrust.org/news und https://crtrust.org/where-we-are, 15. April 2020.

18	St Margaret's Nottingham	2018	Revitalisierung
19	Preston Minster	2019	Revitalisierung
20	St Matt's Exeter	2019	Revitalisierung
21	St Mary's Andover	2019	Revitalisierung

Alle *City Centre Resouce Churches* sind fast ausnahmslos in Großstädten, das heißt Städten mit mehr als 100.000 Einwohnern angesiedelt, von denen die allermeisten über mehrere Hochschulen oder Universitäten verfügen.[60] Die Gründungen erfolgen in allen der drei Modi klassischer Gemeindegründung.[61] Vor Gründung der *City Centre Resource Churches* waren die jeweiligen Gemeindegründer fast ausnahmslos Teil der hauptamtlichen Mitarbeiterschaft von Holy Trinity Brompton, wenn auch zum Teil nur für ein paar Monate. Wie folgende Karte zeigt, verteilt sich der Großteil dieser *City Centre Resource Church* Gründungen auf den Süden Englands.

Abbildung 6 Geographische Verteilung der City Centre Resource Churches des HTB Netzwerkes 2019.[62]

60 Hastings liegt knapp unter dieser Marke. Bei Andover handelt es sich lediglich um eine Stadt mittlerer Größe. Vgl. https://www.hastings.gov.uk/content/my_council/transparency/equalities/pdfs/2011_Census_Equalities_Information.pdf, 12. August 2020; https://www.google.com/url?sa=t&rct=j&q=&esrc=s&source=web&cd=&ved=2ahUKEwingMW_hpXrAhWKy6QKHfdWC2cQFjAOegQIAhAB&url=https%3A%2F%2Fwww.testvalley.gov.uk%2Fassets%2Fattach%2F3921%2FAndover%2520town%2520profile%25202017.pdf&usg=AOvVaw0jSaEXSugdn1kmKditMN4h, 12. August 2020.

61 Beispiele für Wiedereröffnungen sind St Swithun's Bournemouth, St Mark's Coventry, St Werburgh's Derby und St Nicholas Bristol. Beispiele für Revitalisierungen sind St John's Crawley, Saint Mary's Southampton, St Margaret's Nottingham, Preston Minster, St Matt's Exeter und St Mary's Andover. Beispiele für Neugründungen sind Trinity Church Nottingham, Harbour Church Portsmouth und Pattern Church Swindon.

62 Die Karte zeigt die geographische Verteilung der oben genannten *City Centre Resource Churches* des HTB Netzwerkes. Die Karte wurde mit Hilfe von Google Maps erstellt.

Von den 20 *City Centre Resource Churches* außerhalb Londons haben fünf bereits wieder neue Gemeinden gegründet oder sich unter Einbeziehung anderer Parochien zu einer *multi-site* Gemeinde weiterentwickelt. Dies lässt sich wie folgt darstellen:

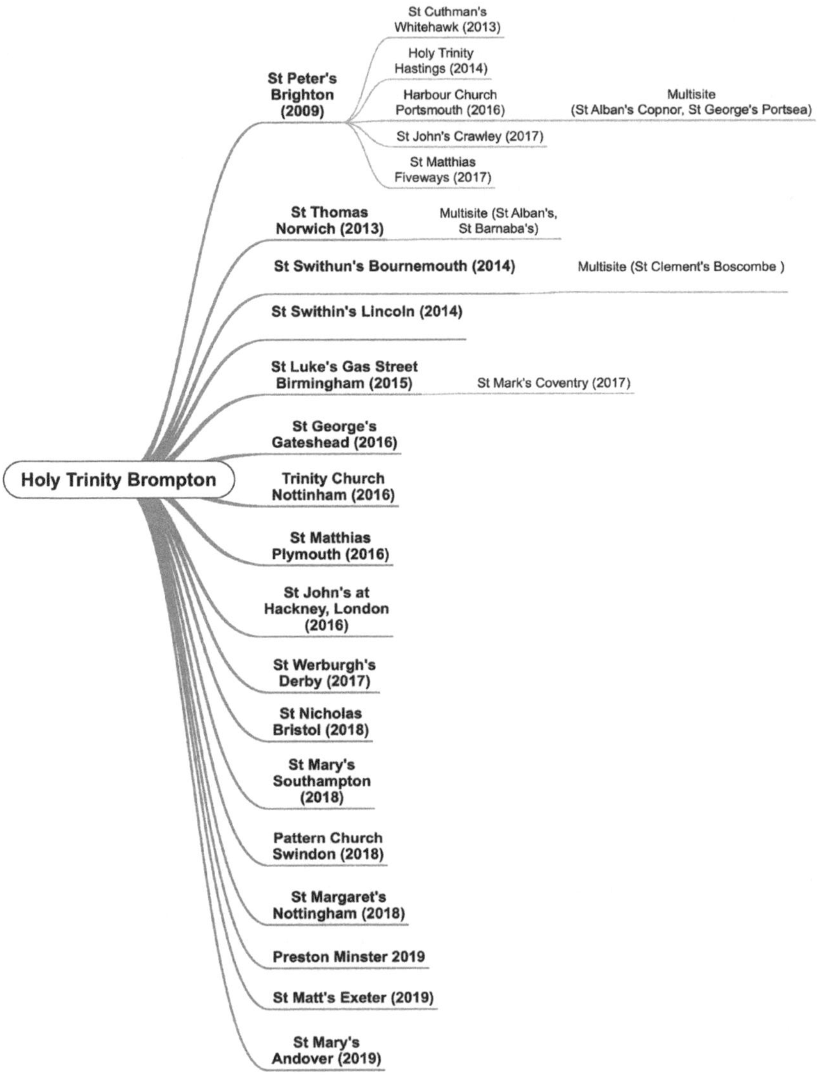

Abbildung 7 Grundungshistorie der City Centre Resource Churches des HTB Netzwerkes

14.2.3 Das Profil der City Centre Resource Churches innerhalb des HTB Netzwerkes

City Centre Resource Churches des HTB-Netzwerkes folgen in der Regel dem Modell der *multiple Sunday congregations* und zeichnen sich durch attraktionale Gottesdienste im Stil des *contemporary worship* aus.[63] Dabei ist es üblich mindestens einen familienfreundlichen Gottesdienst am Vormittag mit begleitendem Kinder- und Jugendgottesdienst und einen Gottesdienst am späten Nachmittag oder Abend mit Fokussierung auf die Zielgruppe der Studenten und jungen Erwachsenen anzubieten.[64] Neben den zum Morgengottesdienst parallel stattfindenden Gruppen für Kinder und Jugendliche, steht häufig auch ein säuglings- und kleinkinderfreundlicher Bereich im Kirchenraum oder in einem gesonderten Raum zur Verfügung. Dieses Grundmodell kann durch weitere Gottesdienste im Stil des *contemporary worship* zu anderen Zeiten am Sonntag[65] oder im Fall des *multisite*-Ansatzes an anderen Orten[66] ergänzt werden. Erfolgte die Gründung nach dem Modus der Revitalisierung, wird oft noch ein Gottesdienst am frühen Morgen im Stil der bisherigen Gottesdiensttradition angeboten, bei dem meist die wöchentliche Feier des Abendmahls im Zentrum der liturgischen Gestaltung steht.[67] Die *City Centre Resource Churches* erreichen mit ihren Gottesdiensten mehrere hundert, im Fall von St Peter's Brighton sogar über 1000 Besucher pro Sonntag.[68]

Die Gottesdienste zielen darauf ab, Besuchern ein positives Erlebnis zu bieten. Dies zeigt sich zum Beispiel durch sogenannte *welcome teams*. Bei diesen handelt es sich um ehrenamtliche Mitarbeiter der jeweiligen Gemeinde, welche die Gottesdienstbesucher oft schon vor der Kirche willkommen heißen und dabei auch

---

63 Dies wurde durch teilnehmende Beobachtungen an Gottesdiensten in den folgenden Gemeinden stichprobenhaft überprüft: Holy Trinity Brompton, St Luke's Gas Street Birmingham, St Peter's Brighton, St Mark's Coventry, Holy Trinity Brompton London.

64 Vgl. zum Beispiel St Mark's Coventry, https://www.stmarkscoventry.org/sundays-1, 04. Juni 2019.

65 Vgl. zum Beispiel St Luke's Gas Street, https://www.gasstreet.org/sundays/overview, 04. Juni 2019.

66 Vgl. zum Beispiel Harbour Church Portsmouth, https://www.harbourchurchportsmouth.org/sundays-1, 04. Juni 2019.

67 Vgl. zum Beispiel Saint Mary's Southampton, https://saintmaryschurch.org/sundays, 04. Juni 2019.

68 St Peter's Brighton weist über 1000 Gottesdienstbesucher pro Sonntag auf. Für die Harbour Church Portsmouth kommt eine Studie der Church Army Research Unit aus dem Jahr 2018 zu dem Befund, dass ein Jahr nach der Gründung bis zu 240 Gottesdienstbesucher an einem Sonntag die Gemeinde besuchen. Für St Mary's Southampton konnte in der für diese Arbeit durchgeführten Gottesdienstbefragung festgestellt werden, dass am Tag der Untersuchung 334 Gottesdienstbesucher an den beiden neu etablierten Gottesdiensten der Gemeinde teilnahmen. Vgl. Cartledge u.a., Megachurches, 125. Für die Ergebnisse der Church Army Research Unit vgl. https://www.churcharmy.org/Groups/297513/Church_Army/ms/Young_Adults_research/Harbour_Church/Harbour_Church.aspx#evidence, 15. April 2020. Für die Zahl der Gottesdienstbesucher in Saint Mary's vgl. Auswertungstabelle 10. Vgl. ▷ Kapitel 4.3.3.2, Kapitel 27.2.1.1.

meist ein Informationsblatt zum Gottesdienst, zur Gemeinde oder zu bevorstehenden Veranstaltungen überreichen. Ebenfalls händigen sie häufig eine sogenannte Kontaktkarte aus. Diese enthält Informationen über die Gemeinde und bietet den Besuchern die Möglichkeit, Interesse an einem Gespräch mit einem Mitarbeiter der Gemeinde zu bekunden. Zudem werden für die Besucher in der Regel freie Getränke vor und nach dem Gottesdienst angeboten. Der Gottesdienstraum ist für die Bedürfnisse eines Gottesdienstes im Stil des *contemporary worship* umgestaltet. Das beinhaltet die Nutzung von professionellen Licht- und Tonanlagen als auch in bestimmten Fällen den Aufbau von Bühnenelementen und das Abtrennen von Teilen des Gottesdienstraumes durch Vorhänge. Es ist üblich Kirchenbänke durch eine flexiblere Bestuhlung zu ersetzen.

Bildet der Sonntag mit seinen Gottesdiensten das attraktionale Zentrum der Gemeinde, so sichert ein System von Hauskreisen das Entstehen von verlässlichen Beziehungen zwischen einzelnen Gemeindegliedern ab.[69] Die Hauskreise stellen damit auch ein Gegengewicht zu den durch ihre Größe oft anonym wirkenden Gottesdiensten dar. Kernbestandteil der Hauskreise sind das gemeinsame Bibellesen, das Gebet und der persönliche Austausch. Manchmal wird das Hauskreissystem durch das Angebot spezifischer Interessensgruppen ergänzt, bei denen die gemeinsame Freizeitgestaltung im Mittelpunkt steht.[70]

Ein wichtiges Standbein aller *City Centre Resource Churches* bildet die kontinuierliche Durchführung von Alphakursen, welche bis zu dreimal im Jahr stattfinden. Sie werden als wichtigstes Instrument der Evangelisierung gerade auch im Gemeindegründungskontext angesehen.[71] Darüber hinaus bilden die *City Centre Resource Churches* in der Regel weitere Programme, Angebote und Kurse aus, die bestimmten Zielgruppen dienen und oft einen diakonischen Charakter haben.[72]

Die ehrenamtliche Mitarbeit von Gemeindegliedern wird durch Dienstgruppen organisiert. Mitarbeit in der Gemeinde wird als wichtiger Bestandteil der Christus-Nachfolge und zugleich als Instrument zur Förderung und Ausbildung von „Leitern" verstanden.[73] Auch ist es üblich, dass *City Centre Resource Churches*

---

69 Vgl. zum Beispiel Saint Mary's Southampton, https://saintmaryschurch.org/tables, 15. April 2020.

70 Vgl. zum Beispiel Saint Mary's Southampton, https://saintmaryschurch.org/hangouts, 04. Juni 2019.

71 Vgl. https://static1.squarespace.com/static/534bf89be4b09ed6294bf7dd/t/58fe1c075016e131e6ca0261/1493048338599/Alpha+as+Church+Planting+Tool.pdf, 04. Juni 2019.

72 Dazu zählen zum Beispiel die Nutzung von Gemeinderäumlichkeiten als Obdachlosenunterkünfte während der kalten Jahreszeit, Schuldner- und Suchtberatung, Kurse zu Ehe-, Familien- und Gesundheitsthemen, Eltern-Kind-Gruppen, die Begleitung von arbeitsuchenden jungen Erwachsenen und weitere. Vgl. zum Beispiel die Angebote von St Peter's Brighton, https://stpetersbrighton.org, 04. Juni 2019.

73 Besonderes Augenmerk kommt dabei dem Alpha Kurs zu. Vgl. z.B. die Broschüre „Alpha as a Church Planting Tool, 4. Abrufbar unter https://static1.squarespace.com/static/534bf89be4b09

Jahrespraktika anbieten, welche meist von jungen Erwachsenen vor oder nach dem Studium genutzt werden. Sie bieten die Möglichkeit den Gemeindedienst als potentielles Berufsfeld zu erkunden.[74] *City Centre Resource Churches* verfügen über ein für Kirchengemeinden der *Church of England* außergewöhnliches mediales Sendungsbewusstsein. Dies zeigt sich durch professionelles Webdesign der gemeindeeigenen Internetpräsenz, das kontinuierliche Bespielen wichtiger Plattformen im Bereich der sozialen Medien und die Veröffentlichung der sonntäglichen Predigten auf Podcast-Plattformen.[75] Auf Bannern und Schildern außerhalb des Kirchengebäudes wird zu den Gottesdiensten oder zu Alpha Kursen eingeladen.

Hinter diesen sehr vielfältigen und sehr professionell gestalteten Arbeitsfeldern der *City Centre Resource Churches* stehen eine große Zahl von voll- und teilzeitlich angestellten Hauptamtlichen und Praktikanten. Es ist üblich, dass eine *City Centre Resource Church* Gründung vom Zeitpunkt der Gründung an bereits über mehrere Hauptamtliche verfügt[76] und innerhalb der ersten Jahre weitere Mitarbeiter angestellt werden. Neben dem Gemeindegründer sind ein oder mehrere *curates, ordinands, worship leaders, children and family workers* und *church administrators* üblich.[77] *Ordinands* und *curates* werden dabei als potentielle Gemeindegründer betrachtet und für diese Aufgabe ausgebildet.

Alle durch das HTB Netzwerk gegründeten *City Centre Resource Churches* sind der evangelikal-charismatischen Strömung innerhalb der *Church of England* zuzurechnen und von einer entsprechenden Theologie geprägt. Im gemeindlichen Leben zeigt sich dies durch eine erlebnisorientierte Gottesdienstgestaltung, in der neben der Predigt besonders die „Lobpreiszeiten" und die sogenannte *„ministry time"* großen Raum einnehmen. Während letzterer wird Gottesdienstbesuchern die Gelegenheit gegeben, während des Gottesdienstes unter Handauflegung individuell für sich beten zu lassen. Zungen- und prophetische Rede sind Teil der persönlichen Spiritualität vieler Gottesdienstbesucher, werden in gewöhnlichen Gottesdiensten in den *City Centre Resource Churches* aber eher selten von den jeweiligen Liturgen ausgeübt.

Die *City Centre Resource Churches* des HTB Netzwerkes nehmen am jährlichen Sommerfestival *Focus* teil. Dabei handelt es sich um ein mehrtägiges Festival im Sü-

---

ed6294bf7dd/t/58fe1c075016e131e6ca0261/1493048338599/Alpha+as+Church+Planting+Tool.pdf, 4. Juni 2019.

74 Vgl. zum Beispiel St Luke's Gas Street Birmingham, https://www.gasstreet.org/internships, 04. Juni 2019.

75 Vgl. zum Beispiel https://saintmaryschurch.org, https://www.instagram.com/saintmaryschurch, https://www.facebook.com/saintmaryschurch, https://saintmaryschurch.org/podcast, 04. Juni 2019.

76 Vgl. Transkript 1.2., Z 497–499; Transkript 1.7., Z. 151–155; Transkript 4.5., Z. 171–180.

77 Vgl. zum Beispiel die Mitarbeiter der Love Church Bournemouth. https://www.lovechurch.org.uk/team, 15. April 2020.

den Englands, zu dem mehrere Tausend Gemeindeglieder aus dem HTB Netzwerk zusammenkommen. Das Programm bietet Gottesdienste, Seminare und Freizeitangebote für alle Altersgruppen. Zugleich dient es auch zur Ankündigung, Bewerbung und Aussendung neuer Gemeindegründungen durch das Netzwerk.[78] Daneben stellen die von HTB jährlich ausgerichtete *Leadership Conference* in der Royal Albert Hall in London und Netzwerktreffen für die Gemeindeleiter der *City Centre Resource Churches* wichtige Ankerpunkte für die Beziehungspflege innerhalb des HTB Netzwerkes dar.

14.2.4 Fazit

Die Gründung von City Centre Resource Churches durch das HTB-Netzwerk erfolgt nach dem Vorgehen der klassischen Gemeindegründung. Im Mittelpunkt des Modells steht ein attraktional ausgerichteter, gottesdienstzentrierter Ansatz, welcher durch eine charismatische, erlebnisorientierte Theologie bestimmt ist und durch die Form der Gottesdienstgestaltung an die Lebenswelt von jungen Erwachsenen und Studenten anzuknüpfen sucht. Die Gründung von *City Centre Resource Churches* erfolgt dabei bewusst in Nachahmung des als erfolgreich angesehenen Gemeindemodells von HTB, auch wenn einzelne, den örtlichen Begebenheiten entsprechende Anpassungen vorgenommen werden.[79] Insgesamt zielt das Modell damit auf den großstädtischen Kontext, in welchem die Zielgruppe der jungen Erwachsenen und Studenten in einem erhöhten Maße vorzufinden ist. Gerade in der Fokussierung auf diese Zielgruppe könnte eine wichtige Leistung des Modells, aber zugleich auch eine wesentliche Begrenzung liegen. Diese und weitere mögliche Leistungen und Begrenzungen werden im Folgenden genauer in den Blick genommen.

14.3 Die Bewertung des Resource Church Modells

Das *Resource Church Modell* ist ein neues Gemeindemodell innerhalb der *Church of England*. Zugleich erfährt es unter Einsatz hoher finanzieller Mittel in den letzten zehn Jahren eine stetige Verbreitung. Die Neuheit und zunehmende Verbreitung des Modells und der von ihm erhobene Anspruch, einen wesentlichen Beitrag zur Förderung der missionarischen Aktivitäten innerhalb der *Church of England* zu leisten, lassen es als notwendig erscheinen, das Modell einer Überprüfung zu

---

78 Vgl. https://www.churchtimes.co.uk/articles/2018/10-august/news/uk/htb-planters-seek-to-bless-the-west, 27. April 2020.

79 Vgl. Transkript 4.6., Z. 407–429.468–484.

unterziehen und es auf seine tatsächliche Leistung hin zu bewerten. Ein solcher Bewertungsversuch soll im Folgenden vorgenommen werden. Dafür werden zunächst Kriterien für eine Überprüfung des Modells aufgestellt, mit deren Hilfe unter Berücksichtigung der zur Verfügung stehenden Daten das Modell auf mögliche Leistungen und Begrenzungen hin überprüft wird.

14.3.1 Bewertungskriterien für das Resource Church Modell

Auf der Suche nach möglichen Bewertungskriterien für das *Resource Church* Modell ist zunächst nach seinem grundsätzlichen Anliegen zu fragen. Betrachtet man die vorliegenden Beschreibungen für das *Resource Church* Modell, dann erscheint das Hervorbringen von neuen Gemeindegründungen als das zentrale Anliegen des Modells. Das Gründen neuer Gemeinden durch die *Resource Churches* soll dabei in möglichst hoher Zahl erfolgen. Sie sollen zu „*church planting churches*" werden.[80] Als Hintergrund für dieses Anliegen wird die in Gemeindegründungskreisen verbreitete Idee eines *church planting movements* anzunehmen sein.[81] Zugleich fällt auf, dass in den untersuchten Beschreibungen keine hinreichende Begründungsstruktur dafür genannt wird, warum das Gründen von Gemeinden notwendig ist. In dem im *Resourcing Mission Bulletin* erschienenen Artikel wird lediglich sehr allgemein darauf hingewiesen, dass Gemeindegründungen die missionarischen Bemühungen in einer Stadt verstärken und es mithilfe von Gemeindegründungen zur Revitalisierung von „strauchelnden" Parochien kommen kann.[82] Dieses Fehlen einer ausführlichen Begründungsstruktur erinnert an die Beobachtung von Paas, dass in evangelikalen Kreisen Gemeindegründung oft als missionarische Methode *per se* verstanden wird und damit keiner weiterer Begründung bedarf.[83] Diese „Selbstevidenz" von Gemeindegründung könnte damit auch den Hintergrund für den Verzicht auf ausführliche Begründungen und Argumente für Gemeindegründung in den beiden untersuchten Beschreibungen des *Resource Church Modells* bilden.

Dieser Mangel an Begründungsstrukturen zeigt sich auch bei weiteren Punkten des *Resource Church* Modells. Zwar wird auf die „Missionsstrategie" des Paulus hingewiesen, welche auf die damaligen „Großstädte" zielte[84] und auch die große

80 Vgl. die Darstellung in ▻ Kapitel 14.1.1.1.

81 Vgl. die Darstellung in ▻ Kapitel 9.1.1.

82 Vgl. City Centre Resource Churches: A Guide, 3.

83 Vgl. die Darstellung in ▻ Kapitel 10.3.2.

84 Der Verweis auf die paulinische Missionspraxis folgt hier dem Muster, welches Murray und Paas kritisieren. Auf die Differenz zwischen dem neutestamentlichen Kontext und der Situation in England im 21. Jahrhundert wird nicht eingegangen. Vgl. die Darstellung in ▻ Kapitel 10.1.

Bedeutung des urbanen Raumes[85] für einen Großteil der Bevölkerung in England und Wales hervorgehoben.[86] Doch ergeben sich aus diesen beiden Punkten allein noch keine überzeugenden Argumente für das *Resource Church* Modell. Warum bedarf es aufgrund dieser Umstände neuer Kirchengemeinden? Warum müssen diese möglichst „große" Gemeinden sein?[87] Und warum müssen sie die Funktion übernehmen, anderen Gemeinden Ressourcen für ihren Dienst zur Verfügung zu stellen? Diese grundlegenden Fragen bleiben weitestgehend unbeantwortet. Dies zeigt, dass die bisher vorliegenden Beschreibungen des *Resource Church* Modells vor allem die Aufgaben der *Resource Churches* darstellen und zum Teil auch Hinweise darauf geben, wie eine Umsetzung aussehen könnte,[88] aber nicht ausreichend Auskunft darüber geben, warum dieses Modell überhaupt umgesetzt werden sollte.

Auf der Suche nach Bewertungskriterien für das Modell erscheint es am sinnvollsten, die in den Beschreibungen genannten möglichen Leistungen des Modells in den Blick zu nehmen. Diese finden sich in der für diese Arbeit erstellten zusammenfassenden Beschreibung unter den Punkten fünf bis elf. Zur besseren Übersichtlichkeit werden diese Punkte hier noch einmal abgebildet:

Überparochiale Funktion

(5) Eine *Resource Church* zieht durch ihre Arbeit und Veranstaltungen Menschen aus dem gesamten Stadtgebiet oder der gesamten Region an.

(6) Sie ist eine „große" Gemeinde mit einem überdurchschnittlichen Gottesdienstbesuch von mehreren hundert oder mehr Gottesdienstbesuchern pro Wochenende.

Einsatz der Ressourcen

(7) Sie gründet neue und revitalisiert bestehende Kirchengemeinden in einer Stadt oder Region und fördert die Etablierung einer diözesanen Gemeindegründungsstrategie.

(8) Sie stellt die ihr in besonderem Maße gegebenen Ressourcen anderen Kirchengemeinden zur Verfügung.

(9) Sie identifiziert und qualifiziert Menschen für die Leitung in der Kirche.

---

85 Hier finden sich Anklänge an Tim Kellers Betonung der strategischen Bedeutung der Großstädte für die evangelistische Tätigkeit der Kirche im 21. Jahrhundert. Vgl. Keller, Center Church, 88. Vgl. auch die Darstellung in Vgl. ▹ Kapitel 9.2.3.

86 Vgl. City Centre Resource Churches: A Guide, 1.

87 Vgl. ebd.

88 So nennt der Artikel im Resourcing Mission Bulletin unter dem Punkt „Resourcing others" als Beispiel: „Resource churches can equip and enable their members to visit other churches in ministry teams to help run courses, lead worship, give testimonies and talks." City Centre Resource Churches: A Guide, 3.

(10) Sie dient als Plattform für ein gemeinsames kirchliches Lernen und für den Austausch mit der Zivilgesellschaft.
(11) Die *City Centre Resource Church* als Sonderfall der *Resource Church* erreicht durch ihre Arbeit und Angebote überdurchschnittlich viele Studenten und junge Erwachsene.

Die Punkte (5) und (6) können dabei unter dem Begriff Gemeindewachstum zusammengefasst werden. Durch ihren hohen Gottesdienstbesuch könnte eine *Resource Church* zum Gesamt-Gemeindewachstum einer Stadt oder Region signifikant beitragen. Auch unter der Berücksichtigung der von Paas geäußerten Kritik gegenüber einer möglichen Ideologisierung von Gemeindewachstum,[89] könnte ein solches ein Hinweis darauf sein, dass hier eine Gemeinde erfolgreich evangelistisch tätig ist. Dafür bedarf es aber einer Qualifizierung dieses Wachstums. Es muss geklärt werden, wie sich das Verhältnis von Konversions- und Transferwachstum gestaltet. Ebenso muss geklärt werden, welche Art von Transferwachstum vorliegt. Handelt es sich um kürzlich in die Stadt oder Region gezogene Christen, welche nun eine neue Gemeinde suchen? Oder handelt es sich um Personen, die schon länger vor Ort wohnen und nun aktiv die Gemeinde wechseln?

Die Bewertung von Punkt (7) – das Gründen und Revitalisieren von Kirchengemeinden und die Etablierung einer diözesanen Gemeindegründungsstrategie – muss sich an einer allgemeinen Bewertung des Modells der klassischen Gemeindegründung orientieren. Fällt diese positiv aus, so stellt eine Kirchengemeinde, die zahlreiche Gemeindegründungen hervorbringt, tatsächlich einen Gewinn für die gesamte Kirche dar. Aber auch der gegenteilige Befund ist möglich. Da eine abschließende Bewertung der klassischen Gemeindegründung noch aussteht, wird hierauf später zurückzukommen sein.

Bei Punkt (8) – Ressourcen werden zur Verfügung gestellt – fällt zunächst eine grundsätzliche Spannung auf. So sind *Resource Churches* selbst sehr ressourcenintensive kirchliche Unternehmungen. Sie benötigen viel Personal und große Gebäude und sind damit sehr kostenintensiv. Um sich langfristig selbst tragen zu können, sind sie darauf angewiesen, möglichst viele Gemeindeglieder zu gewinnen, welche durch ihre Spenden die Arbeit tragen. Damit kommt es zu einer überaus hohen Konzentration von Ressourcen und auch Gottesdienstbesuchern in einer Gemeinde. Es stellt sich somit die Frage, ob durch diese Konzentration nicht Ressourcen gebunden werden, welche ansonsten den anderen Kirchengemeinden zur Verfügung gestellt werden könnten. Daraus ergibt sich, dass für eine positive Bewertung, durch die Bündelung der Ressourcen ein Ergebnis erzielt werden muss, welches durch eine gleichmäßige Verteilung nicht möglich wäre.

---

89 Vgl. Paas, Church Planting, 115–122.Vgl. auch die Darstellung in ▻ Kapitel 10.3.2.

Weiter stellt sich hier die Frage, in welchem Verhältnis diese Funktion der *Resource Churches* zu den auf diözesaner Ebene angesiedelten, funktionalen Diensten steht. Denn auch hier werden Ressourcen eingesetzt, um durch eine Spezialisierung auf ein Gebiet eine größere Zahl an Kirchengemeinden zu unterstützen. Treten die *Resource Churches* ergänzend zu diesen bereits vorhandenen Unterstützungsangeboten hinzu, oder treten sie mit diesen in Konkurrenz?

Eine dritte Anfrage besteht darin, ob die von den *Resource Churches* zur Verfügung gestellten Ressourcen dem entsprechen, was die betreffenden Gemeinden benötigen, beziehungsweise gerne zur Verfügung gestellt bekommen würden. An diesem Punkt werden das Verhältnis und die gegenseitige Wahrnehmung der verschiedenen Kirchengemeinden eine entscheidende Rolle spielen. Nehmen die Parochialgemeinden der Stadt oder der Region die *Resource Church* als Unterstützungsangebot für ihre eigene Arbeit wahr? Oder erscheint diese als Konkurrenz? Besteht überhaupt eine Nachfrage? Kommt es tatsächlich zu einer Vermittlung von Angebot und Nachfrage?

Durch das Identifizieren und Qualifizieren von Menschen für die Leitung in der Kirche – Punkt (9) – könnten die *Resource Churches* eine wichtige Leistung für die Kirche erbringen. So sollen zum Beispiel im Rahmen des kirchlichen Reformprogramms *Renewal and Reform* die Zahl der Pfarramtsanwärter deutlich erhöht werden.[90] Sollten *Resource Churches* tatsächlich dazu beitragen können, dass die Zahl der *ordinands* steigt und dass sich gerade auch jüngere Menschen für den Pfarrberuf entscheiden, so könnte dies einen wichtigen Beitrag für das kirchliche Leben darstellen. Das gleiche gilt für die Gewinnung und Qualifizierung ehrenamtlicher gemeindlicher Mitarbeiter. Die tatsächliche Leistung der *Resource Churches* müsste sich also zum einen daran messen lassen, ob sie einen signifikanten Beitrag dazu leisten, dass die Zahl der Pfarramtsanwärter in der *Church of England* steigt. Zum anderen daran, ob sie eine überdurchschnittlich hohe ehrenamtliche Mitarbeit der Gemeindeglieder vorweisen können und ob dies zugleich ebenfalls einen positiven Effekt auf die benachbarten Gemeinden hat, indem zum Beispiel ehrenamtliche Mitarbeiter der *Resource Church* auch dort unterstützend tätig werden.

Bei Punkt (10) gilt es, zwischen der Etablierung einer Plattform für gemeinsames kirchliches Lernen und der Etablierung einer Plattform für den Austausch mit der Zivilgesellschaft zu differenzieren. Für den ersten Punkt werden ähnliche Fragen wichtig sein, wie sie schon bei Punkt (8) diskutiert wurden. Welche Lernangebote gibt es überhaupt? Entsprechen diese dem Bedarf der anderen Gemeinden? Gelingt eine Vermittlung von Angebot und Nachfrage? Hinzu treten weitere Fragen: Welche gegenseitigen Rollenzuschreibungen bestimmen das Geschehen und beeinflussen

---

90 Vgl. https://www.churchtimes.co.uk/articles/2018/24-august/news/uk/ministry-vocations-rise-again-though-overall-figures-remain-sobering, 16. April 2020.

den Lernerfolg? Begreift sich die *Resource Church* selbst als Lernende oder tritt sie als Lehrende auf?

Bei der Funktion, eine Plattform für den Austausch mit der Zivilgesellschaft darzustellen, stellt sich die Frage, wie hier das Verhältnis der *Resource Church* zu anderen Kirchengemeinden zu bestimmen ist, welche diese Funktion bereits übernehmen. Hier ist besonders an die Kathedralen, aber auch an andere Kirchengemeinden zu denken, welche in einer besonderen öffentlichen Wahrnehmung stehen und damit schon die Funktion einer Plattform für den Austausch mit der Zivilgesellschaft zu sein ausüben. Lediglich da, wo diese Funktion noch nicht von umliegenden Kirchengemeinden übernommen wird oder aber die *Resource Churches* einen spezifischen, bisher noch nicht zur Verfügung stehenden Beitrag leisten, würden sie mit dieser Funktion eine wirkliche Leistung erzielen.

Bei Punkt (11) – die überdurchschnittlich hohe Zahl an Studenten und jungen Erwachsenen, welche durch die Angebote einer *Resource Church* erreicht werden – stellt sich zunächst die Frage, wie hoch der Anteil dieser Altersgruppe unter den Gottesdienstbesuchern tatsächlich ist. Fällt er signifikant aus, dann könnte dies eine wesentliche Leistung darstellen, da – wie bereits angemerkt wurde – diese Altersgruppe sich besonders selten der *Church of England* zugehörig fühlt.[91] Zugleich muss hier wieder nach dem kirchlichen Hintergrund gefragt werden. Handelt es sich bei den jungen Gemeindegliedern vorwiegend um Menschen mit einem kirchlichen Hintergrund oder gelingt es auch junge Erwachsene mit einem nichtkirchlichen Hintergrund anzusprechen?

Der hier erarbeitete Fragekatalog stellt eine mögliche Grundlage für ein Bewertungsverfahren des neuen gemeindlichen Modells der *Resource Church* dar. Zugleich ist zu beachten, dass bisher keine umfassenden und repräsentativen empirischen Daten in Bezug auf die *Resource Churches* vorliegen.[92] Somit erscheint eine

---

91 Vgl. die Darstellung in ▻ Kapitel 25.4.

92 Es existiert eine nicht veröffentlichte Untersuchung *der Strategy Resource and Development Unit* der *Church Commissioner*, in welcher die Gemeindegründer von fünf *City Centre Resource Churches* des HTB-Netzwerkes in Bezug auf den kirchlichen Hintergrund der Gottesdienstbesucher ihrer Gemeinden befragt wurden. Nach dieser Befragung verteilten sich die Gottesdienstbesucher auf folgende Gruppen wie folgt: 15 % *non-churched*; 19 % *de-churched*, 67 % *churched* (rundungsbedingt mehr als 100 %). Die *churched* unterteilen sich weiter in 29 % Personen, welche erst kürzlich in die Region gezogen sind und deswegen eine neue Gemeinde suchten, und 38 %, welche als lokale Gemeindewechsler anzusehen sind. Als problematisch erweist sich, dass diese Daten nicht veröffentlicht sind und damit die genaue Methodik der Untersuchung nicht nachvollzogen werden kann. Zudem stützt sich die Untersuchung anscheinend lediglich auf die Angaben der Gemeindeleiter, was die Wahrscheinlichkeit mit sich bringt – wie Dalpra und Vivian gezeigt haben – dass der Anteil der *de-* und *non-churched* von den Befragten überschätzt wird. Aufgrund dieser Mängel können die Ergebnisse in dieser Arbeit keine Beachtung finden. Naheliegender erscheint es für eine Bewertung neu gegründeter *Resource Churches*, auf die Ergebnisse der Studie *Who's There?* zurückzugreifen, da

umfassende Bewertung des *Resource Church* Modells zum jetzigen Zeitpunkt als äußerst schwierig. Da aber zugleich aufgrund der raschen Ausbreitung des Modells und des damit einhergehenden intensiven Einsatzes von Ressourcen eine solche Bewertung als dringlich erscheint, soll im Folgenden trotzdem ein erster Bewertungsversuch unternommen werden. Dabei ist zu beachten, dass dieser nur einen vorläufigen Charakter haben kann und es weiterer empirischer Untersuchungen bedarf, um zu umfassenden und repräsentativen Daten zu gelangen. Zudem wird der folgende Bewertungsversuch lediglich neu gegründete *Resource Churches* in den Blick nehmen, nicht aber bestehende Gemeinden, welche zu *Resource Churches* ernannt wurden. Dies ist zum einen dem Fokus dieser Arbeit, zum anderen den vorliegenden Daten geschuldet, welche lediglich im Kontext von neu gegründeten *Resource Churches* erhoben wurden.

Für die folgende vorläufige Bewertung wird zum einen auf zwei in einzelnen *City Centre Resource Churches* durchgeführte Gottesdienstbefragungen zurückgegriffen werden. Zum anderen werden die Ergebnisse der für diese Arbeit geführten Experteninterviews mit Gemeindepfarrern Berücksichtigung finden.

14.3.2 Die Untersuchung der Harbour Church, Portsmouth durch die Church Army Research Unit und die Gottesdienstbefragung in der City Centre Resource Church Saint Mary's, Southampton

Aus empirischer Sicht liegt in Bezug auf das *Resource Church* Modell lediglich eine von der *Church Army Research Unit* durchgeführte Fallstudie der *City Centre Resource Church* Harbour Church Portsmouth vor.[93] Da es sich um eine Einzelfallstudie handelt, können aufgrund dieser Studie keine generellen Aussagen über klassische Gemeindegründungen nach dem *Resource Church* Modell getätigt werden. Um diese unbefriedigende Datenlage zumindest etwas zu verbessern, wurde im Rahmen der hier vorliegenden Arbeit eine Gottesdienstbefragung in der *City Centre Resource Church* Saint Mary's Southampton durchgeführt, welche im Modus

---

diese Studie auch den kirchlichen Hintergrund der Gottesdienstbesucher von klassischen Gemeindegründungen (*Traditional Church Plants*) untersuchte und die Gründung von *Resource Churches* nach diesem Gemeindegründungsmodell erfolgt. Dagegen spricht aber, dass Gründungen im Modus des *Resource Church* Modells einen Sonderfall klassischer Gemeindegründung darstellen, da sie von Beginn an über außerordentliche Ressourcen verfügen und einen besonders großen Fokus auf die Zielgruppe der jungen Erwachsenen und Studenten legen. Vor diesem Hintergrund erscheint es nötig, eigene empirische Untersuchungen für Gemeindegründungen nach dem *Resource Church* Modell anzustellen und die Ergebnisse der Studie *Who's there?* als Referenzrahmen für eine Einordnung dieser Ergebnisse zu behandeln.

93 Vgl. Lings, George u. a. (Hg.): „Not as difficult as you think". Mission with young adults. Harbour Church, Church Army's Research Unit, 2018. Abrufbar unter https://www.churcharmy.org/Publisher/File.aspx?ID=201100, 17. April 2020.

der Revitalisierung gegründet worden ist.[94] Auch beide Studien zusammen ergeben noch kein repräsentatives Bild, liefern aber zumindest einige Hinweise, welche Zusammensetzung von Gottesdienstbesuchern das *City Centre Resource Church* Modell vorweisen könnte. Im Folgenden werden die wichtigsten Ergebnisse beider Untersuchungen skizziert und dann zu der Studie *Who's there?* in Bezug gesetzt, welche als Referenzrahmen dient.

Die Untersuchung in der Harbour Church durch die *Church Army Research Unit* erfolgte ein Jahr nach deren Gründung.[95] Dabei wurde mit Hilfe von Fragebögen eine einmalige, quantitativ ausgerichtete Befragung der Gottesdienstbesucher durchgeführt, welche auf dieselbe Methodik zurückgriff, die auch der Studie *Who's there?* zugrunde lag.[96] Zu diesem Zeitpunkt war die Gemeinde von einer Gründungsteamgröße von 15 Personen auf bis zu 240 Gottesdienstbesuchern an einem Sonntag gewachsen.[97]

Die durchgeführte Gottesdienstbefragung kam zu folgenden Ergebnissen: Der kirchliche Hintergrund der Gottesdienstbesucher wird mit 9 % *non-churched*, 20 % *de-churched* und 71 % *churched* angegeben.[98] Die Gruppe der *churched* unterteilt sich dabei wie folgt: 42 % der Gottesdienstbesucher sind Personen, welche zugleich eine andere Gemeinde besuchen (*blenders*), 16 % sind „Teammitglieder" der Gemeinde und 13 % haben einen kirchlichen Hintergrund, ohne dass sie dem Gemeindeteam zugeordnet werden können oder eine andere Gemeinde besuchen.[99] Bei der Altersverteilung liegt ein großer Schwerpunkt auf den 18 bis 24jährigen. 50 % der Befragten gehörten dieser Altersgruppe an. 15 % waren zwischen 25 und 29 Jahren, 10 % zwischen 30 und 34 Jahren alt. Die 35 bis 44jährigen und die 45 bis 54jährigen machten jeweils 7 % aus. Die über 54jährigen machten insgesamt 6 % aus. Kinder und Jugendliche bis 17 Jahren machten insgesamt 8 % aus.[100] Bei der Frage nach dem Bildungshintergrund gaben 46 % an, eine Universität besucht zu haben, 31 % gaben an gegenwärtig zu studieren, 21 % gaben an, nicht die Universität besucht zu haben und 2 % gaben an, eine Ausbildung absolviert zu haben.[101]

94 Vgl. ▷ Kapitel 4.3.3.2.

95 Vgl. Lings, Harbour Church, 5.

96 Vgl. Lings, George u.a. (Hg.): „Not as difficult as you think". Mission with young adults, Church Army's Research Unit, 2018, 14, abrufbar unter https://churcharmy.org/Publisher/File.aspx?ID=202434, 20. April 2020.

97 Vgl. Lings, Harbour Church, 5.

98 Vgl. Lings, Harbour Church, 8.

99 Vgl. ebd.

100 Vgl. ebd., 6.

101 Ebd.

Bei der Gottesdienstbefragung der *City Centre Resource Church* Saint Mary's,[102] welche knapp sieben Monate nach offizieller Eröffnung der *Resource Church* stattfand, wurden insgesamt 334 Gottesdienstbesucher in den beiden durch die Gründung der *City Centre Resource Church* neu eingeführten Gottesdiensten gezählt.[103] Der kirchliche Hintergrund der Besucher dieser beiden Gottesdienste verteilt sich auf 3 % *non-churched*, 16 % *de-churched* und 82 % *churched*. Die Gruppe der *churched* unterteilt sich weiter in 34 %, die zugleich eine andere Gemeinde besuchten (*blenders*), 6 % sind Teammitglieder, 16 % gaben an, erst kürzlich in die Region gezogen zu sein, und 44 % gaben an, zuvor eine andere Gemeinde der Region besucht zu haben.[104] Bei der Altersverteilung[105] stellen die 18 bis 24jährigen mit 39 % und die 25 bis 34jährigen mit 18 % die größten Gruppen dar. Auch die 45–54jährigen bilden mit 15 % eine größere Gruppe.[106] 24 % gaben an, in Vollzeit zu studieren.[107]

Im Vergleich zu den Ergebnissen der Studie *Who's there?* fällt auf, dass die Harbour Church eine leicht höhere Zahl an non-churched vorweisen kann (9 %), als es im Allgemeinen für klassische Gemeindegründungen der Fall ist (6 %).[108] Der Wert der *de-churched* ist mit 20 % fast gleich wie der in *Who's There?* ermittelte Durchschnitt bei klassischen Gemeindegründungen im Allgemeinen (19 %).[109] Damit weicht auch der Wert der *churched* nur in einem sehr geringen Maße von dem in der Studie *Who's there?* ermittelten Durchschnittswert für klassische Gemeindegründungen ab (Harbour Church: 71 %, Durchschnittswert *traditional church plants*: 75 %).[110] Saint Mary's hingegen liegt sowohl bei den *non-churched* (3 %) als auch bei den *de-churched* (16 %) etwas unter den Werten, welche in *Who's there?* für den Typ *traditional church plant* ermittelt wurden.

---

102 Für die Darstellung der Ergebnisse und der zugehörigen Auswertungstabellen vgl. ▹ Kapitel 27.2.

103 Davon gaben zehn Personen an, dem Gründungsteam anzugehören. Vgl. Auswertungstabelle 10.

104 Vgl. Auswertungstabelle 10.

105 Es muss beachtet werden, dass die Altersgruppen der unter 18jährigen in der Untersuchung deutlich unterrepräsentiert sind, da aus diesen Altersgruppen kaum Fragebögen abgegeben wurden. Der tatsächlihce Altersdurchschnitt wird demnach noch einmal niedriger sein als der im Folgenden angegebene.

106 Vgl. Auswertungstabelle 13.

107 Vgl. Auswertungstabelle 19.

108 Vgl. Dalpra / Vivian, Who's there?, 32.

109 Vgl. Dalpra / Vivian, Who's there?, 32.

110 Vgl. ebd.

Tabelle 5 Kirchlicher Hintergrund von an Gottesdienstbefragungen teilnehmenden Gottesdienstbesuchern zweier *Resource Churches* im Vergleich mit der Studie *Who's there?*[111]

Kirchlicher Hintergrund	Harbour Church	Saint Mary's	Traditional church Plants (*Who's There?*)	Fresh expressions of church gesamt (*Who's There?*)
Non-churched	9 %	3 %	6 %	21 %
De-churched	20 %	16 %	19 %	20 %
Churched	71 %	82 %	75 %	59 %

Bei der weiteren Unterteilung der Gottesdienstbesucher mit einem kirchlichen Hintergrund in Subgruppen fällt auf, dass hier die Werte stark schwanken. Während bei der Harbour Church der Anteil der Personen, welche zugleich eine andere Gemeinde besuchen (*blender*) sehr hoch ist und dem Durchschnitt aller *fresh expressions of church* entspricht, fällt dieser Wert bei Saint Mary's deutlich niedriger aus. Zugleich ist der Wert der lokalen Gemeindewechsler bei Saint Mary's mit 44 % überaus hoch. Genauere Angaben hinsichtlich einer Unterteilung in Zugezogene beziehungsweise lokale Gemeindewechsler stehen für die Harbour Church leider nicht zur Verfügung.

Tabelle 6 Kirchlicher Hintergrund nach Subgruppen von an Gottesdienstbefragungen teilnehmenden Gottesdienstbesuchern mit einem kirchlichen Hintergrund zweier *Resource Churches* im Vergleich mit der Studie *Who's there?*[112]

<table>
<tr><th>Kirchlicher Hintergrund in Subgruppen unterteilt</th><th>Harbour Church</th><th>Saint Mary's</th><th>Fresh expressions of church gesamt (Who's There?)</th></tr>
<tr><td>Blender</td><td>42 %</td><td>34 %</td><td>42 %</td></tr>
<tr><td>Teammitglieder</td><td>16 %</td><td>6 %</td><td>32 %</td></tr>
<tr><td>Zugezogene</td><td rowspan="2">13 %</td><td>16 %</td><td>10 %</td></tr>
<tr><td>Lokale Gemeindewechsler</td><td>44 %</td><td>16 %</td></tr>
</table>

Vergleicht man die Altersstruktur, dann fällt auf, dass die beiden *City Centre Resource Churches* im Bereich der jungen Erwachsenen sowohl gegenüber den *fresh expressions of church* im Allgemeinden, als auch gegenüber einer in *Who's There?* untersuchten Kontrollgruppe von Parochialgemeinden weit überdurchschnittliche Werte haben. Umgekehrt ist der Anteil der über 55jährigen in den beiden Gemeinden im Vergleich zu der Kontrollgruppe von Parochialgemeinden überaus

111 Für die aus *Who's there?* entnommenen Daten vgl. Dalpra / Vivian: Who's there?, 32.37.

112 Für die aus *Who's there?* entnommenen Daten vgl. ebd., 40.

gering. Zusammen mit dem hohen Anteil an Studierenden in beiden *City Centre Resource Churches* scheint deutlich zu werden, dass es diese Zielgruppen sind, welche von den beiden untersuchten Gemeinden in einem außerordentlichen Maß erreicht werden.

Tabelle 7 Anteil an Altersgruppen von an Gottesdienstbefragungen teilnehmenden Gottesdienstbesuchern zweier *Resource Churches* im Vergleich mit der Studie *Who's there?*[113]

Altersgruppe	Harbour Church	Saint Mary's	Fresh expressions of church gesamt (*Who's There?*)	Kontrollgruppe von Parochialgemeinden (*Who's There?*)
18–24jährige	50 %	39 %	4 %	2 %
25–34jährige	25 %	18 %	11 %	5 %
55+	6 %	11 %	22 %	65 %

14.3.2.1 Zwischenfazit

Die dargestellten Einzeluntersuchungen geben wichtige Hinweise, mit deren Hilfe eine erste, vorsichtige Bewertung des Gemeindewachstums von *Resource Churches* vorgenommen und eine Aussage über ihr tatsächliches Potential, die Zielgruppe der jungen Erwachsenen erreichen zu können, getroffen werden kann (Punkte (5), (6) und (11) der zusammenfassenden Beschreibung).

Die Verteilung des kirchlichen Hintergrundes weicht nicht signifikant von den Werten ab, welche für klassische Gemeindegründungen (*traditional church plants*) im Allgemeinen vorliegen. Wie auch *traditional church plants* im Allgemeinen weisen die untersuchten *City Centre Resource Churches* damit im Vergleich zum Durchschnittswert aller *fresh expressions of church* einen deutlich geringeren Anteil an Personen mit einem nichtkirchlichen Hintergrund auf. Dies erscheint als Hinweis darauf, dass *Resource Churches* – wie auch klassische Gemeindegründungen allgemein – im Wesentlichen die Gruppe der *churched* und *de-churched* erreichen.

Für eine weitere Aufteilung des Transferwachstums liegen nur für Saint Mary's eindeutige Zahlen vor. Hier erscheint der Wert der lokalen Gemeindewechsler mit 35 % Gesamtanteil an allen Gottesdienstbesuchern sehr hoch. Dies entspricht 77 Personen, welche angaben, zuvor einer anderen lokalen Gemeinde angehört zu haben. Sollten sich für andere *Resource Churches* ähnlich hohe Werte feststellen lassen, so erschiene die Frage berechtigt, ob damit die Gründung einer *Resource Church* nicht auch negative Effekte auf andere, umliegende Gemeinden hat. In dieser Frage erscheint eine weitere empirische Untersuchung am dringlichsten.

Als erstaunlich hoch erscheint der Anteil der 18 bis 34jährigen unter den Gottesdienstbesuchern der beiden *Resource Churches*. Zugleich ist zu beachten, dass

113 Für die aus *Who's There?* entnommenen Daten vgl. Dalpra / Vivian, Who's there?, 53.

beide Gemeinden wie dargestellt eine hohe Zahl an Gottesdienstbesuchern haben, welche entweder als Gemeindewechsler zu identifizieren sind oder zugleich eine andere Gemeinde besuchen. Dies legt den Schluss nahe, dass auch ein großer Anteil der jungen Menschen, welche die beiden *City Centre Resource Churches* besuchen anderen, lokalen Gemeinden entspringt.

Bezieht man nun die Befunde der Altersstruktur und des kirchlichen Hintergrundes aufeinander, dann erscheint eine mögliche Leistung des *Resource Church* Modells darin zu bestehen, dass junge Erwachsene, welche bereits einen kirchlichen Bezug haben oder einen solchen wieder herstellen, in den *Resource Churches* eine geistliche Heimat finden, welche ihrer Lebenswelt entspricht. Eine daraus abgeleitete These könnte lauten, dass *Resource Churches* wesentlich dazu beitragen, dass die kirchliche Verbundenheit von jungen Erwachsenen mit einem kirchlichen Hintergrund gestärkt wird.

Mögliche Gründe für die hohe Attraktivität der untersuchten *City Centre Resource Churches* für junge Erwachsene könnten in der Ausrichtung der gottesdienstlichen Gestaltung und des Gemeindelebens an ihrer Lebenswelt liegen. Ebenso könnte die erlebnisorientierte charismatische Theologie, welche sich besonders in der, die Gottesdienste prägenden, *contemporary worship music* widerspiegelt, eine Rolle spielen. Darüber hinaus könnte auch ein in den *Resource Churches* von Beginn an vorhandener, überdurchschnittlich hoher Anteil junger Erwachsener dazu führen, dass es zu einer Art sich selbst verstärkendem Effekt kommt, welche weitere Menschen dieser Personengruppe anzieht. Die Äußerungen verschiedener Interviewpartner legen nahe, dass ein solcher Effekt eine Rolle spielen könnte.[114] Für eine genaue Analyse der Gründe für einen Gemeindewechsel bedürfte es aber einer qualitativen Untersuchung, in welcher betreffende Personen genauer auf ihre Motive befragt werden. Dies stellt eine weitere Aufgabe für zukünftige Untersuchungen des *Resource Church* Modells dar.

14.3.3 Ergebnisse der Experteninterviews mit Gemeindepfarrern in Southampton im Zuge der Gründung der City Centre Resource Church Saint Mary's

Da das *Resource Church* Modell in einem engen Bezug zu den weiteren Kirchengemeinden der jeweiligen Stadt oder Region steht – „sie stellt die ihr in besonderem Maß gegebenen Resourcen anderen Gemeinden zur Verfügung“[115] – erschien es als sinnvoll, die Gemeindepfarrer bestehender Parochien in Southampton nach

114 Vgl. Transkript 1.4., Z. 59–68; Transkript 4.2., Z. 425–429. Beachte hierzu auch die Erkenntnisse der Netzwerkforschung, wie sie in ▹ Kapitel 20.2.2 dargestellt werden.

115 Vgl. ▹ Kapitel 14.1.2.

ihrem Verhältnis zu der in St Mary's neu entstehenden *City Centre Resource Church* zu befragen. Das methodische Vorgehen dieser Untersuchung wurde bereits dargestellt.[116] Im Folgenden werden nun die Ergebnisse der zwei mit den Gemeindepfarrern geführten Interviewreihen vorgestellt. Im Anschluss daran werden die sich daraus für die Bewertung des *Resource Church* Modells ergebenden Hinweise diskutiert.

14.3.3.1 Die befragten Personen

Aufgrund der Anonymisierung der Interviews können hier nur wenige Angaben gemacht werden. Bei den Interviewpartnern handelt es sich um Gemeindepfarrer bzw. -pfarrerinnen (*priest in charge / incumbent*) von Ortsgemeinden der *Church of England* in Southampton. Unter den Interviewpartnern sind beide Geschlechter vertreten.[117] Die Interviewpartner wurden darum gebeten, sich einer der folgenden Glaubenstraditionen innerhalb der *Church of England* zuzuordnen: *Anglo Catholic, Modern Catholic, Liberal Catholic, Central / Broad, Open Evangelical, Charismatic Evangelical, Conservative / Reformed Evangelical.* Die Interviewpartner ordneten sich jeweils mehr als einer Kategorie zu, so dass insgesamt folgende Glaubenstraditionen vertreten waren: *Modern Catholic, Liberal Catholic, Charismatic Evangelical, Conservative / Reformed Evangelical.*

14.3.3.2 Die Ergebnisse der ersten Interviewreihe

Die erste Interviewreihe wurde unmittelbar vor der offiziellen Gründung der *City Centre Resource Church* im September 2018 durchgeführt. Auf ihre Sicht von Gemeindegründungen innerhalb der *Church of England befragt,* vertreten die befragten Gemeindepfarrer eine je eigene Perspektive. Vicar 1[118] bekundet zwar eine grundsätzliche Offenheit gegenüber Gemeindegründungen,[119] nimmt aber zugleich eine kritisch distanzierte Grundhaltung ein. So formuliert er seine Haltung wie folgt:

> „I'd like to be convinced that it was a good thing. […] I mean, as I understand it, […] the total justification for church planting is to draw people, who are not walking the

116 Vgl. ▹ Kapitel 4.3.3.

117 Aus Gründen der Anonymisierung wird im Folgenden nur das generative Maskulinum verwendet.

118 Im Folgenden werden die Interviewpartner mit dem Titel Vicar 1, Vicar 2 und Vicar 3 benannt. Die Zahl entspricht der Reihenfolge, in der die Interviewpartner in der ersten Interviewreihe befragt wurden.

119 Vgl. Transkript 2.1., Z. 3f.

way of Jesus into the way of faith. [...] I mean, if that [...] works great. But [...] I have questions.«[120]

Vicar 2 zeigt eine grundsätzlich positive Einstellung, welche aber mit kritischen Anfragen gepaart ist. Vicar 2 drückt dies wie folgt aus:

> „I don't see it as a complete negative. I'm quite positive about it. [...] The thing that worries me about it currently is that it's all one flavour of church. It's all one [...] faith strand; one tradition. [...] But [...] overall I'm [...] you know, positive about it, I would say.“[121]

Die Haltung von Vicar 3 kann als unkritisch-positiv beschrieben werden, was sich insbesondere in der Befürwortung von weiteren Gemeindepflanzungen innerhalb der *Church of England* und in einem positiven Rekurs auf die durch Timothy Keller vertretene These zeigt, Gemeindegründungen stellten einen Motor für Gemeindewachstum dar.[122]

Allen Interviewpartnern ist gemein, dass sie die Kirchengemeinde Saint Mary's vor der Gründung der *City Centre Resource Church* als scheiternde Gemeinde wahrnehmen. Die Gottesdienstgemeinde wird als klein und Veränderungsbestrebungen kritisch gegenüberstehend beschrieben.[123] Nach Wahrnehmung der Interviewpartner gelingt es ihr nicht, mit dem außergemeindlichen Umfeld in Verbindung zu treten,[124] was auf mangelnde Ressourcen innerhalb der Gemeinde zurückgeführt wird.[125] Die Äußerungen der Interviewpartner legen eine Verortung von Saint Mary‘s im katholischen Spektrum der inneranglikanischen Glaubenstraditionen nahe.[126] Die Interviewpartner sehen Saint Mary's zugleich als eine Gemeinde mit großem Potential: Sie liegt in zentraler Lage im Stadtzentrum, welches als multiethnisch und multireligiös, aber zugleich von sozialen Problemen herausgefordert, beschrieben wird.[127] Sie weist eine geographische Nähe zu universitären Einrichtungen auf und besitzt damit gute Voraussetzungen, mit dem studentischem Leben in Verbindung zu treten. Das Kirchengebäude wird als sehr groß und ikonisch beschrieben.[128] Die Gemeinde weist eine historische Verbindung und geographische

---

120 Transkript 2.1., Z. 3f.17–21.
121 Transkript 2.2.1., Z. 3f.6–8.12f.
122 Vgl. Transkript 2.3., Z. 6f.10–25. Für die Position von Keller vgl. Keller, Tim: Why plant churches?, abrufbar unter https://www.redeemercitytocity.com/blog/why-plant-churches, 03. Dezember 2018.
123 Vgl. Transkript 2.2.1., Z. 50f.; Vgl. Transkript 2.1., Z. 183–185.
124 Vgl. Transkript 2.2.1., Z. 50–52.
125 Vgl. Transkript 2.1., Z. 145f.
126 Vgl. Transkript 2.3., Z. 53–59.
127 Vgl. Transkript 2.1., Z. 138–142.
128 Vgl. Transkript 2.3., Z. 133–136.

Nähe zum *Premier League* Fußballverein *Southampton FC* auf.[129] Die Interviewpartner unterstellen der Gemeinde in ihrer bisher bestehenden Form mangelndes Zukunftspotential[130] und sehen die Notwendigkeit einer Veränderung.[131]

Von der *City Centre Resource Church* erwarten sie,

- dass sie durch ihr Gemeindeprofil vor allem Studenten und junge Erwachsene in den 20ern und 30ern anziehen wird;[132]
- dass sie in kurzer Zeit auf mehrere hundert Gottesdienstbesucher wachsen wird, wobei ein Teil dieses Wachstums auf Transferwachstum zurückzuführen sein wird;[133]
- dass sie innerhalb weniger Jahre weitere Gemeindegründungen initiieren wird;[134]
- dass sie sich auf Arbeitsfelder spezialisieren wird, welche bisher nicht von anderen Gemeinden abgedeckt werden konnten;[135]
- dass sie eine missionale Präsenz im Stadtzentrum bilden wird;[136]
- dass hohe Qualitätsstandards die Arbeit der *City Centre Resource Church*, vor allem im Musikbereich, prägen werden;[137]
- dass andere Gemeinden durch die Etablierung der *City Centre Resource Church* selbst herausgefordert werden, missionarisch aktiv zu werden und es zu einem positiven Wettbewerb unter den Gemeinden kommen wird.[138]

Mit diesen eher neutral formulierten Erwartungen verbinden sich individuelle Hoffnungen der Interviewpartner. Diese sind unter anderem,

- dass die *City Centre Resource Church* sich in diakonischer Weise der sozialen Probleme im Stadtzentrum annehmen wird;[139]
- dass die *City Centre Resource Church* mit anderen Ortsgemeinden in ihrer Arbeit kooperieren wird und eine partnerschaftliche Zusammenarbeit möglich ist, bis hin zum Aufbau freundschaftlicher Verhältnisse auf persönlicher Ebene;[140]

---

129 Vgl. Transkript 2.3., Z. 135–138.
130 Vgl. Transkript 2.1., Z. 100f.
131 Vgl. Transkript 2.2.1., Z. 52f.
132 Vgl. Transkript 2.3., Z. 81–84.
133 Vgl. Transkript 2.1., Z. 13–17.
134 Vgl. Transkript 2.1., Z. 242–245.
135 Vgl. Transkript 2.2.1., Z. 96–99.
136 Vgl. Transkript 2.3., Z. 70–76.
137 Vgl. Transkript 2.3., Z. 102–106.
138 Vgl. Transkript 2.3., Z. 268–269.
139 Vgl. Transkript 2.1., Z. 140–144.
140 Vgl. Transkript 2.2.1., Z. 99–105; Transkript 2.3., Z. 197–200.

- dass die *City Centre Resource Church* die ihr in besonderem Maße gegebenen Ressourcen mit anderen Ortsgemeinden teilen und dadurch deren Arbeit unterstützen wird;[141]
- dass die *City Centre Resource Church* eine Eigenständigkeit gegenüber ihrer Sendungsgemeinde Holy Trinity Brompton entwickelt und damit dem Verdacht des „Empire-Building“ entgegenwirkt;[142]
- dass die Problematik des Transferwachstums erkannt und diesem entgegengewirkt wird;[143]
- dass die *City Centre Resource Church* zu einem Ort wird, der geistliche Impulse für das eigene Glaubensleben bietet.[144]

Die Äußerungen der Gemeindepfarrer hinsichtlich ihrer Bedenken gegenüber der Etablierung der *City Centre Resource Church* lassen sich in fünf Themenblöcke zusammenfassen:
(1) Bedenken aufgrund unterschiedlicher Glaubensauffassungen und Glaubensvollzüge;
(2) kritische Anfragen an das Grundkonzept der *City Centre Resource Church*;
(3) Bedenken hinsichtlich möglicher, als negativ empfundener, Haltungen des Gemeindegründers und der Mitarbeiter der *City Centre Resource Church*;
(4) Bedenken, dass die Gründung der *City Centre Resource Church* zu einer Ausweitung des innerkirchlichen Einflusses des Holy Trinity Brompton Netzwerkes führen wird;
(5) Befürchtungen, dass die *City Centre Resource Church* zu einem großen Teil von Transferwachstum profitieren und dies negative Auswirkungen auf andere Gemeinden haben wird.

Bedenken hinsichtlich der unterschiedlichen Glaubensauffassung (1) werden allein von Vicar 1 geäußert, welcher als Teil des anglokatholischen Spektrums eine geringe Nähe zur Glaubenstradition der Mitarbeiter der *City Centre Resource Church* aufweist (*Charismatic Evangelical*). Diese Ferne wird von Vicar 1 selbst so wahrgenommen und explizit formuliert.[145] Besonders deutlich wird dies durch die von Vicar 1 unterstellte Geringschätzung des Sakraments der Eucharistie in der evangelikal-charismatischen Glaubenstradition.[146] Die Bedenken äußern sich auch in Anfragen an die Haltung des Gemeindegründers gegenüber Menschen mit homosexueller

141 Vgl. Transkript 2.2.2., Z. 5–10.123–127; Transkript 2.3., Z. 457–459.
142 Vgl. Tranksript 2.2.1., Z., 69–73.
143 Vgl. Transkript 2.2.1., Z. 53–62.
144 Vgl. Transkript 2.3., Z. 102–109.
145 Vgl. Transkript 2.1., Z. 209–211.214f.
146 Vgl. Transkript 2.1., Z. 274–279.

Orientierung,[147] und in Anfragen an das Missionsverständnis der Gemeindegründung. Vicar 1 vermutet, dass für den Gemeindegründer ein „Bekehrungs-Modell" prägend sei und grenzt sich davon ab.[148] In diesem Zusammenhang ist zu nennen, dass Vicar 3 im Interview äußerte, dass seiner Wahrnehmung nach Geistliche, welche dem nicht-evangelikalem Spektrum angehören, eine ängstlichere Haltung Gemeindegründungen gegenüber an den Tag legen als Geistliche, welche sich dem evangelikalen Spektrum zurechnen.[149]

Die Anfragen an das Grundkonzept des *City Centre Resource Church* Modells (2) kritisieren die Konzentration von außerordentlichen finanziellen und personellen Ressourcen in einer Kirchengemeinde,[150] fürchten einen negativen Wettbewerb zwischen Kirchengemeinden um Gottesdienstbesucher[151] und bemängeln das Nichteinhalten parochialer Grenzen.[152] Auch wird der Anspruch hinterfragt, dass *City Centre Resource Churches* alle drei Jahre weitere Gemeinden gründen könnten, und als unrealistisch bezweifelt.[153] Grundsätzlich wird die Notwendigkeit einer Gemeindegründung evangelikal-charismatischer Prägung hinterfragt, da diese Glaubenstradition schon prominent in Southampton vertreten sei,[154] und zugleich die Fokussierung auf eine Zielgruppe im jüngeren Altersspektrum bemängelt, da dies als Ausgrenzung älterer Menschen wahrgenommen wird.[155]

Bedenken in Bezug auf mögliche Haltungen des Gemeindegründers und der Mitarbeiter der *City Centre Resource Church* (3) betreffen vor allem die Frage, ob bei der *City Centre Resource Church* eine Offenheit und Bereitschaft für die Zusammenarbeit mit den anderen Ortsgemeinden vorhanden sei und die *City Centre Resource Church* sich in die bestehenden Strukturen des Dekanats integrieren wird.[156] Damit verbunden wird die Befürchtung geäußert, dass Mitarbeiter der *City Centre Resource Church* eine Haltung der Überlegenheit an den Tag legen könnten, welche als Abwertung der bereits bestehenden ortsgemeindlichen Arbeit interpretiert werden würde.[157]

Befürchtungen, durch die Etablierung der *City Centre Resource Church* werde eine Vereinnahmung der *Church of England* durch das HTB Netzwerk vorangetrieben

147 Vgl. Transkript 2.1., Z. 214–219.
148 Vgl. Transkript 2.1., Z. 230–234.
149 Vgl. Transkript 2.3., Z. 289–296.
150 Vgl. Transkript 2.2.2., Z. 118–123.
151 Vgl. Transkript 2.2.1., Z. 127–131.
152 Vgl. Transkript 2.1., Z. 229f.
153 Vgl. Transkript 2.1., Z. 242–251.
154 Vgl. Transkript 2.1., Z. 8–13.
155 Vgl. Transkript 2.1., Z. 403–412.
156 Vgl. Transkript 2.2.1., Z. 117–119.
157 Vgl. Transkript 2.2.1., Z. 119–121.

(4), stehen im Zusammenhang mit der Wahrnehmung einer großen Homogenität der Gemeindegründung dieses Netzwerkes.[158]

Bemerkenswert ist, dass alle Interviewpartner die Möglichkeit sehen, dass andere Gemeinden Gottesdienstbesucher an die *City Centre Resource Church* verlieren werden und dieses Transferwachstum einen Teil des Gesamtwachstums der Gottesdienstgemeinde der *City Centre Resource Church* ausmachen wird (5). Jedoch kommen sie zu unterschiedlichen Bewertungen dieses Phänomens: Vicar 1 rechnet damit, dass der größte Teil der neuen Gottesdienstgemeinde auf Transferwachstum zurückzuführen sein wird.[159] Er sieht darin vor allem eine Gefahr für andere Kirchengemeinden des evangelikalen Spektrums sowohl innerhalb als auch außerhalb der *Church of England*.[160] Aus seinen Äußerungen ist implizit abzuleiten, dass er nicht mit Transferwachstum aus Gemeinden mit nicht-evangelikaler Glaubensprägung rechnet. Insgesamt bewertet Vicar 1 potentielles Transferwachstum als negativ, da es seiner Meinung nach andere Gemeinden schädige.[161] Vicar 2 geht davon aus, dass besonders junge Erwachsene und Jugendliche von anderen Gemeinden zur *City Centre Resource Church* abwandern könnten. Er bewertet diese potentielle Entwicklung ebenfalls negativ[162] und hofft darauf, dass von Seiten der *City Centre Resource Church* versucht wird, diesem Phänomen entgegenzuwirken.[163] Vicar 3 geht davon aus, dass die *City Centre Resource Church* besonders in der Anfangsphase Gottesdienstbesucher anderer Gemeinden gewinnen wird.[164] Seiner Meinung nach wird dies auch anglikanische Kirchengemeinden betreffen. Jedoch sieht er dieses Phänomen nicht als negativ, sondern als normalen Prozess in einer von Wettbewerb geprägten Situation.[165]

Vicar 1 und 3 berichten, dass eigene Gemeindeglieder zur *City Centre Resource Church* gewechselt sind. Sie stehen diesen Wechseln neutral beziehungsweise positiv gegenüber. Diese Haltungen scheinen ihren Ursprung zum einen in einer gelungenen Kommunikation zwischen den wechselnden Gemeindegliedern und den interviewten Gemeindepfarrern zu haben. Zum anderen scheint sich auch die Nachvollziehbarkeit der Wechselgründe positiv auszuwirken.[166] Interviewpartner berichten weiter, dass daneben auch ein Transfer von bisherigen Gemeindegliedern

---

158 Vgl. Transkript 2.2.1., Z. 65–71.

159 Vgl. Transkript 2.1., Z. 13–17.

160 Vgl. Transkript 2.1., Z. 359–363.

161 Vgl. Transkript 2.1., Z. 223–235.

162 Vgl. Transkript 2.2.1., Z. 105–108.

163 Vgl. Tranksript 2.2.1., Z. 53–62.

164 Vgl. Transkript 2.3., Z. 93–101.

165 Vgl. Transkript 2.3., Z. 122–124.267–269.

166 Vgl. Transkript 2.1., Z. 331. Vgl. Transkript 2.3., Z. 210–221.

von Saint Mary's zu anderen anglikanischen Kirchengemeinden erfolgte.[167] Zugleich gehen die Interviewpartner davon aus, dass es zu keinen weiteren Transfers aus ihren Gemeinden hin zur *City Centre Resource Church* kommen wird oder dies lediglich in sehr geringem Umfang passieren wird.[168] Als Begründung für diese Prognose wird zum einen die Inkongruenz des durch Gottesdienstangebot und Glaubenstradition bestimmten eigenen Gemeindeprofils im Vergleich zum Profil der *City Centre Resource Church* genannt. Dabei wird insbesondere auf die ästhetischen Aspekte der Gottesdienst- und Predigtgestaltung Bezug genommen. Zum anderen wird die von der *City Centre Resource Church* deutlich abweichende geographische und soziale Lage der eigenen Gemeinde als Grund genannt.[169] Diese Begründungen lassen vermuten, dass unter anderem den Lebensstil prägende und damit auch milieuspezifische Attribute (ästhetische Vorlieben, vorhandene oder eingeschränkte Mobilität, Orientierung am geographischen Raum oder an Netzwerken) nach Wahrnehmung der Interviewpartner für das Erfolgen oder nicht Erfolgen von Transferwachstum eine Rolle spielen. Befragt zum erwarteten Einfluss der *City Centre Resource Church* auf die eigene Arbeit als Gemeindepfarrer, sieht Vicar 1 zunächst keinen Einfluss. Zugleich betont er aber, dass sie als Gemeinde nicht stehen bleiben, sondern durch die *City Centre Resource Church* bestärkt werden, ihr eigenes Gemeindeprofil weiter zu schärfen.[170] Vicar 3 rechnet damit, dass die Etablierung der *City Centre Resource Church* ein Ansporn sein wird, die eigene missionarische Arbeit zu stärken.[171]

Alle Interviewpartner geben an, dem Gemeindegründer bereits begegnet zu sein. Dies bezieht sich im Mindesten auf eine Begegnung im Rahmen eines Pfarrkonvents des zuständigen Dekanats, bei manchen aber auch auf weitere Begegnungen.[172] Laut Vicar 1 führten die Begegnungen mit dem Gemeindegründer zu einer Verstärkung seiner Befürchtungen.[173] Vicar 2 und 3 dagegen berichten von einer positiven Wirkung dieser Begegnungen in Bezug auf ihre Einstellung gegenüber der *City Centre Resource Church*.[174]

Dies korrespondiert mit dem Eindruck, den die Interviewpartner vom Gemeindegründer und seinen Mitarbeitern haben. Vicar 2 und 3 weisen diesen vor allem

---

167 Die betreffenden Belegstellen mussten aus Gründen der Anonymisierung aus den Transkripten entfernt werden.

168 Vgl. Transkript 2.1., Z. 334; Transkript 2.2.1., Z. 109–115.

169 Vgl. Transkript 2.1., Z. 336–339; Transkript 2.2.1., Z. 18–26; Vgl. Transkript 2.3., Z. 223–225.

170 Vgl. Transkript 2.1., Z. 209–211.320–332.

171 Vgl. Transkript 2.3., Z. 228–231.

172 Vgl. Transkript 2.1., Z. 282–284; Transkript 2.2.1., Z. 152–154; Transkript 2.3., Z. 148–158.

173 Vgl. Transkript 2.1., Z. 287.

174 Vgl. Transkript 2.2.1., Z.176–185; Transkript 2.3., Z. 186–207.

positive Attribute zu („demütig", „begeistert", „ehrlich und integer", „selbstbewusst", „kompetent", „gut vernetzt"),[175] während Vicar 1 die Frage stellt, ob der Gemeindegründer überhaupt einen positiven Bezug zur bereits existierenden Gottesdienstgemeinde in Saint Mary's hat und ihm ein mangelndes Verständnis für die institutionellen Begebenheiten der *Church of England* unterstellt.[176]

Aus Sicht der Interviewpartner stellen sich die Ziele einer *City Centre Resource Church* wie folgt dar: Es ist eine Kirchengemeinde, welche innerhalb weniger Jahre auf eine Gottesdienstbesucherzahl von mehreren hundert Personen pro Sonntag wachsen soll.[177] Sie zieht durch das spezifische Profil ihrer Gottesdienste, welche sich in ihrer Gestaltung durch Lebendigkeit und ein frisches Lebensgefühl auszeichnen, besonders Studenten und junge Erwachsene an.[178] Dies soll insbesondere durch altersgerechte Gemeinschaftserlebnisse unterstützt werden. Dabei soll sie besonders Menschen ansprechen, die bisher noch nicht den christlichen Glauben teilen, bzw. keiner christlichen Gemeinde verbunden sind.[179] Sie soll als Motor für weitere Gemeindegründungen im näheren Umfeld dienen.[180] Ferner soll die *City Centre Resource Church* die missionarische Arbeit der sie umgebenden Kirchengemeinden durch das Teilen ihrer personellen, finanziellen und räumlichen Ressourcen unterstützen.[181] Zugleich soll sie sich der besonderen Nöte des eigenen innerstädtischen Kontextes zuwenden.[182] Sie soll in besonderem Maße junge Menschen für einen missionsorientieren Lebensstil begeistern und befähigen.[183] Auch soll sie die bestehende Ortsgemeinde, in welche die sie hineingegründet wird, erneuern.[184] Insgesamt soll die Arbeit der *City Centre Resource Church* eine bestehende Lücke innerhalb der vorhandenen kirchlichen Arbeit füllen und dafür ein – bisher noch nicht vorhandenes – spezifisches Gemeindeprofil[185] und eine sichtbare, missionarisch orientierte Präsenz für die *Church of England* im Stadtzentrum von Southampton ausbilden.[186] Die *City Centre Resource Church* wird zudem als von den zuständigen Bischöfen unterstützt wahrgenommen.[187] Diese

175 Vgl. Transkript 2.2.1., Z. 163–171.181–185; Transkript 2.3., Z. 186–203.
176 Vgl. Transkript 2.1., Z. 306–309.399f.
177 Vgl. Transkript 2.1., Z. 131–133.
178 Vgl. Transkript 2.2.1., Z. 136–140. Vgl. Transkript 2.3., Z. 84–93.
179 Vgl. Transkript 2.1., Z. 130–132.263f.
180 Vgl. Transkript 2.1., Z. 242–245.
181 Vgl. Transkript 2.2.1., Z. 140–148; Transkript 2.3., Z. 463–468.
182 Vgl. Transkript 2.1., Z. 132–146.
183 Vgl. Transkript 2.3., Z. 449–457.
184 Vgl. Transkript 2.2.1., Z. 134–136.
185 Vgl. Transkript 2.2.1., Z. 121–123.
186 Vgl. Transkript 2.3., Z. 138–143.
187 Vgl. Transkript 2.3., Z. 191–193.

Äußerungen der Interviewpartner decken sich zu einem großen Teil mit der durch das CCX veröffentlichten Definition.

Dazu befragt, welche Auswirkungen die *City Centre Resource Church* auf die Stadt Southampton haben wird, reagieren die Gemeindepfarrer zurückhaltend.[188] Wenn überhaupt, dann wird von einem Einfluss auf das städtische Leben im Bereich der Studenten und jungen Erwachsenen ausgegangen[189] und die Hoffnung geäußert, dass eine neue Dynamik rund um das Kirchengebäude der *City Centre Resource Church* entsteht. Vicar 2 rechnet damit, dass die Gründung der *City Centre Resource Church* zu einer generellen Erneuerung des Interesses an Kirche und Christentum beiträgt.[190] Im Hinblick auf Auswirkungen der Gründung der *City Centre Resource Church* auf andere Kirchengemeinden in Southampton sind die Interviewpartner weniger zurückhaltend. Wie bereits dargestellt, wird mit Transferwachstum hin zur *City Centre Resource Church* gerechnet. Im Zusammenhang damit stellt Vicar 3 die These auf, dass die *City Centre Resource Church* vor allem zu einer „Provokation" für zwei große freikirchliche Gemeinden im Stadtzentrum werden könnte und es zu einer Art Wettbewerb zwischen den Gemeinden kommen wird.[191]

Vicar 2 und 3 diskutieren mögliche Reaktionen kirchlich eingebundener Menschen außerhalb der *City Centre Resource Church*. Vicar 2 äußert in diesem Zusammenhang positive Erwartungen, indem er die Hoffnung hegt, dass die Etablierung der *City Centre Resource Church* zu einer Ermutigung anderer Geistlicher innerhalb und außerhalb der *Church of England* führt, und dass kein Wettbewerb um Gottesdienstbesucher entsteht.[192] Vicar 3 sieht in diesem Zusammenhang die Möglichkeit, dass die Etablierung der *City Centre Resource Church* eine glaubensstärkende Wirkung bei Geistlichen im Umfeld der *City Centre Resource Church* entfalten kann. Er rechnet aber auch mit zynischen Reaktionen, welche von Neid und Bitterkeit bestimmt werden. Dabei äußert er die These, dass Geistliche, welche nicht dem evangelikal geprägten Spektrum angehören, Gemeindegründungen ängstlicher gegenüberstehen.[193]

Dazu befragt, was ihre Akzeptanz gegenüber der *City Centre Resource Church* verstärken oder vermindern könnte, rekurrieren die Interviewpartner vor allem auf die von ihnen bereits genannten Erwartungen, Hoffnungen und Besorgnisse. So würde eine erfolgreiche Umsetzung der Vision und der Ziele der *City Centre Resource Church*, ein Vermeiden von kirchlichem Imperialismus, das Erleben von Offenheit und Großzügigkeit von Seiten der *City Centre Resource Church* und

188 Vgl. Transkript 2.1., Z. 349f.; Transkript 2.2.2., Z. 30f.; Transkript 2.3., Z.255–258.

189 Vgl. Transkript 2.1., Z. 350–354; Transkript 2.2.2., Z. 30–38; Transkript 2.3., Z. 258–265.

190 Vgl. Transkript 2.2.2., Z. 51–59.

191 Vgl. Transkript 2.3., Z. 265–269.

192 Vgl. Transkript 2.2.2., Z. 38–45.

193 Vgl. Transkript 2.3., Z. 231–243.284–296.

positive Reaktion auf Beziehungsangebote durch die Mitarbeiter der *City Centre Resource Church* die Akzeptanz der Interviewpartner verstärken.[194] Umgekehrt würden das Verletzen von parochialen Grenzen, kirchlicher Imperialismus, das Abwerben junger Gottesdienstbesucher aus anderen Kirchengemeinden, eine Abkapselung von bestehenden kirchlichen Strukturen und ein Ausbleiben des Teilens der eigenen Ressourcen mit anderen Kirchengemeinden zu einer Minderung der Akzeptanz führen.[195]

In Bezug auf eine Bewertung des Etablierungsprozesses[196] der *City Centre Resource Church* zeigen die Äußerungen der Interviewpartner ein ambivalentes Bild. Zugleich korrespondieren die einzelnen Bewertungen mit der generellen Haltung gegenüber der *City Centre Resource Church*. Während Vicar 1 den gesamten Prozess in einem negativen Licht zeichnet und insbesondere die Kommunikation durch die Kirchenleitung als gescheitert betrachtet,[197] kommt Vicar 2 zu einer zwar immer noch kritischen, aber positiveren Bewertung. Er beschreibt die Kommunikation besonders im Anfangsstadium der Planungen als unzureichend, nimmt aber eine deutliche Verbesserung in den letzten Monaten wahr. Besonders betont Vicar 2 dabei, dass bischöfliches Handeln dazu beigetragen habe, eine positivere Haltung gegenüber der *City Centre Resource Church* zu schaffen.[198] Vicar 3 äußert lediglich die Kritik, dass die *City Centre Resource Church* nicht rechtzeitig von der Kirchenleitung bei der Erstellung eines missionarischen Handlungsplanes auf Dekanatsebene berücksichtigt wurde, relativiert diese aber zugleich wieder.[199] Daneben zeigt sich Vicar 3 ausschließlich positiv und stellt insbesondere das Leitungshandeln der Bischöfe im Etablierungsprozess der *City Centre Resource Church* als wegweisendes, eine missionarische Orientierung förderndes Handeln heraus.[200] Aus Sicht aller Interviewpartner hätte vor allem eine klarere Kommunikation und eine stärkere Präsenz von Seiten der Kirchenleitung zu einem besseren Gelingen des Etablierungsprozesses beigetragen.[201]

Abschließend soll noch auf eine kritische Anmerkung gegenüber dem *City Centre Resource Church* Konzept verwiesen werden, welche durch Vicar 2 vorgetragen wird. Vicar 2 gibt zu bedenken, dass der enorme Einsatz von finanziellen Mitteln

---

194 Vgl. Transkript 2.2.2., Z. 95–99. Vgl. Transkript 2.3., Z. 399–403.

195 Vgl. Transkript 2.1., Z. 397–400; Transkript 2.2.2., Z. 102–107; Transkript 2.3., Z. 405–407.414–421.

196 Mit Etablierungsprozess ist hier die Phase der Vorbereitung der Gründung gemeint. Dabei umfasst diese das kommunikative, planende und unterstützende Handeln sowohl von Seiten der Kirchenleitung als auch von Seiten des Gemeindegründungsteams sowie der empfangenden Gemeinde.

197 Vgl. Transkript 2.1., Z. 156–160.196–201; Transkript 2.2.1., Z. 81–92; Transkript 2.2.2., Z. 67–74.

198 Vgl. Transkript 2.2.2., Z. 115–118.

199 Vgl. Transkript 2.3., Z. 353–387.

200 Vgl. Transkript 2.3., Z. 324–350.

201 Vgl. Transkript 2.1., Z. 369–371.376–381; Transkript 2.2.2., Z. 77–85.

für die *City Centre Resource Church* zu einem Gefühl der Ungleichheit bei kleinen Ortsgemeinden führen kann und den Gedanken provoziert, dass eine gleichmäßigere Verteilung des Geldes mehr Gemeinden helfen würde, ihre gemeindliche Arbeit zu verbessern. So formuliert Vicar 2 wie folgt:

> „I think the hardest thing maybe for small churches is seeing how much money is [...] being poured into it and [...] that we often kind of think, 'Well, if we had a fraction of that money, we could do an awful lot of stuff as well.' So sometimes that feels a little bit unequal."[202]

14.3.3.3 Die Ergebnisse der zweiten Interviewreihe

Nach ungefähr einem Jahr wurden die drei Interviewpartner erneut befragt. Dabei äußern alle drei Interviewpartner zunächst die Wahrnehmung, dass die neu gegründete *City Centre Resource Church* in größerem Maße gewachsen ist.[203] Auch herrscht Einigkeit darüber, dass es besonders Studenten und junge Erwachsene sind, welche von der Gemeinde erreicht werden.[204] Als weniger eindeutig erscheint, inwiefern das schnelle Wachstum auf Transferwachstum zurückzuführen ist. Vicar 1 geht zwar davon aus, dass ein Teil des Wachstums auf Transferwachstum zurückzuführen ist, geht aber nicht davon aus, dass andere Gemeinden deswegen in größerem Umfang an Gottesdienstbesuchern verloren haben.[205] Vicar 2 kommt an diesem Punkt zu keiner klaren Einschätzung.[206] Vicar 3 hingegen berichtet davon, dass es zu größeren Abwanderungsprozessen von einer anglikanischen und einer freikirchlichen Gemeinde hin zur neuen *City Centre Resource Church* gekommen wäre:

> „I am also aware that it had a significant impact on the youth ministry of larger churches in Southampton. Specifically Highfield Church, which is a large Anglican church in Portswood and Above Bar Church, which is a Free-Evangelical Church in the city centre. [...] I'm aware that their attendance [...] of young people, either in their youth ministries or just in their general congregations has gone down since the resource church was established."[207]

---

202 Transkript 2.2.2., Z. 118–123.

203 Vgl. Transkript 3.1., Z. 19–21; Transkript 3.2., Z. 6f.; Transkript 3.3., Z. 12–16.

204 Vgl. Transkript 3.1., Z. 54–61; Transkript 3.2., Z. 18–20.; Transkript 3.3., Z. 12–19.

205 Vgl. Transkript 3.1., Z. 65–70.

206 Vgl. Transkript 3.2., Z. 20–24.45–52.

207 Transkript 3.3., Z. 19–28. Vgl. auch Transkript 3.3., Z. 48–54.

Daneben sieht Vicar 1 einen weiteren Grund für das Wachstum im von der *City Centre Resource Church* angebotenen Alpha Kurs.[208]

Darauf befragt, was sie als positive Entwicklungen wahrnehmen, nennen Vicar 2 und Vicar 3, dass die *City Centre Resource Church* ihr Gebäude für Veranstaltungen des Dekanats oder der Diözese zur Verfügung stellt und damit sehr gastfreundlich auftritt.[209] Als weitere positive Entwicklungen werden die gemeindliche Arbeit mit Jugendlichen und jungen Erwachsenen, die Bemühungen der hauptamtlichen Mitarbeiter sich in die bestehenden kirchlichen Strukturen zu integrieren sowie deren Bemühungen um die bestehende, traditionelle Gottesdienstgemeinde von Saint Mary's genannt.[210] Zugleich äußert Vicar 2 in Bezug auf letzteren Punkt Bedenken, ob die bestehende, traditionell orientierte Gottesdienstgemeinde von Saint Mary's auch zu solch einem positiven Urteil kommen würde.[211] Auffällig ist, dass sich lediglich Vicar 2 und 3 in einem positiven Sinne über die Arbeit der *City Centre Resource Church* äußern. Vicar 1 sieht sich dazu nicht im Stande.[212]

Er bemängelt dagegen die mangelnde Würdigung anglikanischer Traditionen durch die *City Centre Resource Church* und den einseitigen Fokus auf eine junge Altersgruppe.[213] Er sieht sich in seiner im ersten Interview geäußerten Befürchtung bestätigt, dass die *City Centre Resource Church* ein „conversion model“ verfolgen würde und fragt sich erneut, was die Haltung der *City Centre Resource Church* in Bezug auf andere Religionsgemeinschaften und Menschen mit einer homosexuellen Orientierung ist.[214] Auch bemängelt er, dass nach seiner Wahrnehmung das Versprechen, die *City Centre Resource Church* würde sich auch in einem diakonischen Sinne im Stadtzentrum engagieren, bisher noch nicht eingelöst wurde.[215]

Auch Vicar 2 und Vicar 3 äußern sich kritisch. So sieht Vicar 2, trotz der von ihm hervorgehobenen Bemühungen der hauptamtlichen Mitarbeiter von Saint Mary's um eine Integration in die bestehenden Strukturen des Dekanats, diese Integration noch als unzureichend.[216] Damit einhergehend sieht er bei den Hauptamtlichen der *City Centre Resource Church* eine gewisse Tendenz zur Absonderung und dem Verfolgen eigener Wege.[217] Auch wird die *City Centre Resource Church* in ihrer

---

208 Vgl. Transkript 3.1., Z. 196–198.
209 Vgl. Transkript 3.2., Z. 100–103; Transkript 3.3., Z. 31–44.
210 Vgl. Transkript 3.2., Z. 7–15.18–20.59–69; Transkript 33., Z. 93–96.
211 Vgl. Transkript 3.2., Z. 62–66.
212 Vgl. Transkript 3.1., Z. 22–35.
213 Vgl. Transkript 3.1., Z. 3–21.55–61.
214 Vgl. Transkript 3.1., Z. 83–100.115–119.
215 Vgl. Transkript 3.1., Z. 59–54.
216 Vgl. Transkript 3.2., Z. 7–10.29–32.
217 Vgl. Transkript 3.2., Z. 10–11.29–32.

Leitungskultur als „männlich dominiert" wahrgenommen.[218] Diese Wahrnehmungen führt Vicar 2 auf eine evangelikal geprägte und von der Sendungsgemeinde HTB beeinflusste Gemeindekultur zurück.[219] Dagegen äußert Vicar 3, dass sich der Leiter der *City Centre Resource Church* die Mühe gemacht habe, andere Kirchengemeinden kennen zu lernen, und regelmäßig an den Pfarrkonventen teilnehme.[220] Er beschreibt diesen als „demütig" und nicht als arrogant auftretend.[221] Zugleich sieht er in ihm einen typischen Gemeindegründer aus dem HTB Netzwerk. Dies äußere sich in einer klaren Vision und dem Anliegen, bestimmte Ziele zu erreichen.[222]

Als negativen Eindruck nennt Vicar 3 das Transferwachstum, welches zu Verlusten von Gottesdienstbesuchern und Gemeindegliedern bei weniger gut mit Ressourcen ausgestatteten Gemeinden geführt habe. Zugleich schwächt er diese Kritik ab, indem er diese Abwanderungsprozesse als „natürlich" bezeichnet.[223]

Danach gefragt, inwieweit sie Saint Mary's als Gemeinde wahrnehmen, welche für andere Gemeinden zu einer „Ressource" wird, äußern sich die Interviewpartner sehr zurückhaltend. Alle Interviewpartner nehmen, neben der bereits genannten Nutzungsoption des Kirchengebäudes von Saint Mary, die Gemeinde nicht als besondere Ressource für ihre eigene beziehungsweise für die Arbeit anderer Kirchengemeinden wahr.[224] Zugleich gibt Vicar 3 zu bedenken, dass sich die *City Centre Resource Church* noch immer in einem Aufbauprozess befindet: „I would say, that perhaps the missional presence isn't quite as established as the congregation itself, because I think that the church is in a kind of forming stage."[225] Auch bleibt für Vicar 1 und 2 offen, in welchem Sinne sich Saint Mary's als *Resource Church* versteht. Beide fragen sich, ob darunter vor allem das Gründen von Gemeinden verstanden wird, oder ob es auch tatsächlich die Möglichkeit beinhaltet, Unterstützung durch Mitarbeiter der *Resource Church* für die eigene gemeindliche Arbeit zu erhalten.[226] Vicar 1 gibt zudem an, dass sich der Leiter der *City Centre Resource Church* im vertraulichen Gespräch gegenüber dem Konzept der *Resource Church* distanziert geäußert hätte.[227]

---

218 Vgl. Transkript 3.2., Z. 32–34.

219 Vgl. Transkript 3.2., Z. 11–12.32–36.

220 Vgl. Transkript 3.3., Z. 122–123.136–142.

221 Vgl. Transkript 3.3., Z. 153–156.

222 Vgl. Transkript 3.3., Z. 147–152.

223 Vgl. Transkript 3.3., Z. 48–55.

224 Vgl. Transkript 3.1., Z. 207–211; Transkript 3.2., Z. 89–103; Transkript 3.3., Z. 100–111.

225 Transkript 3.3., Z. 73–76.

226 Vgl. Transkript 3.1., Z. 227–232; Transkript 3.2., Z. 92–100.

227 Vgl. Transkript 3.1., Z. 123–127. Hier könnten ähnliche Überlegungen im Hintergrund stehen, wie sie CP7 schildert. Vgl. Transkript 1.7., Z. 491–516.

Vicar 2 nennt als weiteren Eindruck, dass *Resource Churches* im Allgemeinen eine größere Zahl an *ordinands* hervorbringen.[228] Zugleich sieht Vicar 2 hier auch eine Herausforderung, da er die *Resource Churches* von einer charismatischen Frömmigkeit und Leitungskultur geprägt sieht. Er sieht es als Herausforderung junge Menschen mit einem solchen gemeindlichen Hintergrund, welche zugleich den Pfarrberuf ergreifen wollen, in die sehr viel breitere anglikanische Tradition zu integrieren.[229] Vicar 3 sieht in Saint Mary's das Potential eine Art kathedralenartige Funktion in der Stadt zu übernehmen. Dies führt er auf die Größe und Lage des Gebäudes zurück, aber auch zugleich auf die geschickte Interaktion des HTB Netzwerkes mit Personen des öffentlichen Lebens.[230] Zugleich gibt Vicar 3 an, von Zeit zu Zeit auch selbst die Gottesdienste der *Resource Church* zu besuchen.[231]

Genannt werden muss noch die Beobachtung, dass Vicar 2 und Vicar 3 in ihren Beschreibungen der *City Centre Resource Church* Saint Mary's und deren Sendungsgemeinde Holy Trinity Brompton ökonomisch konnotierte Begriffe benutzen. Dies betrifft Wörter wie „brand“[232] und „quality product“[233].

Auch in der zweiten Interviewreihe zeigen die Interviewpartner dieselbe Grundhaltung gegenüber der *City Centre Resource Church* wie schon in der ersten Interviewreihe. Vicar 1 zeigt sich durchweg kritisch, beklagt zugleich aber zu wenig Einblick in die Arbeit der *City Centre Resource Church* zu haben, um sich ein abschließendes Urteil bilden zu können.[234] Vicar 2 nennt, wie gezeigt wurde, auch positive Eindrücke, bleibt zugleich in seiner Grundhaltung eher kritisch. Vicar 3 äußert nur vereinzelt Kritik, äußert sich ansonsten aber positiv.[235]

14.3.3.4 Die Interpretation der Ergebnisse der beiden Interviewreihen.

Eine Interpretation der dargestellten Ergebnisse muss mit der Feststellung beginnen, dass Gemeindepfarrer und -pfarrerinnen offensichtlich unterschiedliche Haltungen gegenüber der Gründung einer *City Centre Resource Church* einnehmen. In allen Interviews der ersten Interviewreihe bestand darüber hinaus ein Zusammenhang

228 Vgl. Transkript 3.2., Z. 192–196. Dies wird durch Äußerungen von P8 gestützt. Vgl. Transkript 4.8., Z. 274–277.

229 Vgl. Transkript 3.2., Z. 196–200.240–271.

230 Vgl. Transkript 3.3., Z. 213–236.

231 Vgl. Transkript 3.3., Z. 199–206.

232 Vgl. Transkript 3.3., Z. 108.

233 Vgl. Transkript 3.2., Z. 33.74; Transkript 3.3., Z. 313.

234 Vgl. Transkript 3.1., Z. 4–19.32–35.49–54.61–65.

235 Diese unterschiedlichen Grundhaltungen zeigen sich auch an den von den Interviewpartnern abgegebenen Selbsteinschätzungen ihrer grundsätzlichen Einstellung gegenüber der *City Centre Resource Church*. Vgl. Transkript 3.1., Z. 217; Transkript 3.2., Z. 222; Transkript 3.3., Z. 308.

zwischen der Einstellung gegenüber Gemeindegründungen in der *Church of England* im Allgemeinen und gegenüber der konkreten Etablierung einer *City Centre Resource Church* in Saint Mary's Southampton. Die Interviewpartner nahmen in beiden Fragen jeweils einen ähnlichen Standpunkt ein. Zu bemerken ist, dass alle Interviewpartner in ihrer Sicht auf die *City Centre Resource Church* durch die persönliche Begegnung mit dem Gemeindegründer beeinflusst worden sind und dies offen eingestehen. Bei den Interviewpartnern mit einer aufgeschlosseneren Haltung entfalteten diese Treffen eine positive Wirkung; beim Interviewpartner mit einer kritisch-distanzierten Haltung kam es zu einer Verstärkung der negativen Haltung. Hier bleibt leider unklar, wie genau Person, Haltung und Auftreten des Gemeindegründers und der weiteren Mitarbeiter einen Einfluss auf die Einstellungen und Haltungen von Gemeindepfarrern haben können. Sensibilität im Auftreten erscheint aber wohl als ein wichtiges Kriterium für ein gelingendes kollegiales Miteinander zwischen Gemeindegründern und -gründerinnen und Gemeindepfarrerinnen und -pfarrern.

Im Hinblick auf den Etablierungsprozess der *City Centre Resource Church* kann ausgesagt werden, dass dieser für Gemeindepfarrerinnen und -pfarrer einen komplexen Veränderungsprozess darstellt. Dieser geht mit Spannungen und Auseinandersetzungen einher und provoziert Erwartungen, Hoffnungen, Besorgnisse, Befürchtungen und Anfragen in der Pfarrerschaft. Es ist anzunehmen, dass dies auch für weitere kirchliche Mitarbeiter und Gemeindeglieder im Wirkungsbereich der jeweiligen *City Centre Resource Church* der Fall ist.

Die Bewertung des Etablierungsprozesses und der damit verbundenen Kommunikation weist ein ambivalentes Bild auf, zeigt aber zumindest an, dass ein solcher im Normalfall von Herausforderungen und Schwierigkeiten begleitet ist und ein außerordentliches Maß an Steuerung und Kommunikation bedarf. Inwieweit dies im konkreten Fall gelungen ist oder nicht, ist nicht Ziel dieser Untersuchung und kann auf Grundlage der erfolgten Interviews auch nicht ausgesagt werden. Es bleibt aber festzuhalten, dass von den Interviewpartnern größere Klarheit in der Kommunikation und eine stärkere Präsenz der Kirchenleitung eingefordert wurde.

Als Kernthemen für eine erfolgreiche Kommunikation wurde die Frage nach dem zeitlichen Rahmen, der frühzeitigen Benennung der die *City Centre Resource Church* leitenden Personen und der grundsätzlichen Konzeption der *City Centre Resource Church* identifiziert. Dabei ist besonders zu klären, in welchem Sinne die *City Centre Resource Church* eine Ressource für andere Gemeinden darstellen wird und wie eine Einbindung in die bestehenden kirchlichen Strukturen erfolgen soll. Diese beiden Punkte erscheinen auch ein Jahr nach Gründung der *City Centre Resource Church* für die interviewten Gemeindepfarrer als wichtige, aber zugleich ungeklärte Themen. Weiter erscheint im Falle einer Gründung im Modus der Revitalisierung die Klärung der Frage als besonders dringlich, welchen Einfluss die Etablierung der *City Centre Resource Church* auf die bereits bestehende Gottesdienstgemeinde haben wird und welche Veränderungen und Kontinuitäten deren Gemeindeleben in Zukunft bestimmen werden.

Es scheint angemessen, die Etablierung der *City Centre Resource Church* als einen größeren kirchlichen Veränderungsprozess zu verstehen, welcher über die ortsgemeindliche Ebene hinausgreift und höchster Aufmerksamkeit von Seiten der Kirchenleitung bedarf.

Aus den Interviews lassen sich in diesem Zusammenhang folgende Empfehlungen für kirchenleitendes Handeln, welches die Gründung einer *City Centre Resource Church* verfolgt, ableiten: Es erscheint ratsam diesen Prozess durch eine externe Moderation und Beratung begleiten zu lassen. Zugleich könnte es sinnvoll sein aufgrund der bisher gesammelten Erfahrungen die Etablierung eines Best Practice Modells anzustreben, welches zum Beispiel Kommunikationsstandards festlegt und spezifische Teilschritte für den Etablierungsprozess vorschlägt. Dies könnte zum Beispiel, wie im konkreten Fall erfolgt, ein im Rahmen eines Pfarrkonvents organisiertes Treffen zwischen der etablierten Pfarrerschaft und den neu hinzukommenden Mitarbeitenden der *City Centre Resource Church* umfassen.

Wie bereits dargestellt, deckt sich das Verständnis der Interviewpartner zum größten Teil mit der vom CCX veröffentlichten Definition einer *City Centre Resource Church*. Eine Spannung liegt aber im Verständnis vor, in welchem Sinne eine *City Centre Resource Church* ihre Ressourcen anderen Gemeinden zur Verfügung stellt. Dies zeigt sich in der, von den Interviewpartnern deutlich genannten, Erwartung nach personeller und finanzieller Unterstützung der eigenen gemeindlichen Arbeit durch die *City Centre Resource Church*. Dabei steht das Verständnis einer partnerschaftlichen Zusammenarbeit im Vordergrund. Zugleich bleibt für die interviewten Gemeindepfarrer unklar, ob dies eine tatsächliche Möglichkeit darstellt. Die Gemeindepfarrer fragen sich selbst, ob die eigene Erwartungshaltung mit der Sicht der *City Centre Resource Church* übereinstimmt. Oder ob die *City Centre Resource Church* ihre Funktion vor allem im Gründen und Revitalisieren von Gemeinden sieht.

Die dargestellten Unklarheiten zeigen, was an anderer Stelle bereits deutlich wurde: Dem *City Centre Resource Church* Konzept mangelt es bisher an eindeutiger Schärfe im Kern. Was ist darunter zu verstehen, wenn es in der Definition der *City Centre Resource Church* heißt: „A resource church is a church-planting church which resources other forms of mission across a city or town"?[236] Bezieht sich „recources other forms of mission" lediglich auf das Gründen und Revitalisieren weiterer Gemeinden, oder lassen sich darunter auch andere Formen, wie zum Beispiel die partnerschaftliche Zusammenarbeit und Ausstattung von lokalen Gemeinden verstehen, wie sie von den Interviewpartnern gewünscht wird? Die

236 Vgl. ▷ Kapitel 14.1.1.1.

Klärung dieser Grundfrage scheint wesentlich für einen angemessenen Einsatz des Instruments der *City Centre Resource Church*, insbesondere wenn dies die Größenordnung von 100 geplanten *City Centre Resource Churches* umfasst.[237] Hier wäre auch zu erwarten, dass von Seiten des jeweiligen *Resource Church* Leiters klar kommuniziert wird, wie er den Begriff „Resource" versteht, und was dies für den spezifischen Kontext bedeutet. Anders ausgedrückt: Mit wem will die *Resource Church* zusammenarbeiten und wie kann und soll eine solche Zusammenarbeit aussehen?

Die Interviewpartner haben eine klare Vorstellung davon, dass das Konzept der *City Centre Resource Church* darauf zielt, eine sichtbare und missionarisch orientierte Präsenz für die *Church of England* in Stadtzentren zu schaffen. Dies soll unter anderem durch Nutzung zentraler und strategisch günstig gelegener Gebäude gelingen. Diese Gebäude haben ikonischen Charakter oder ihre Nutzung stellt einen symbolischen Wert dar.[238] Dieses von Außenstehenden wahrgenommene Verständnis des *City Centre Resource Church* Konzeptes unterstreicht, dass *City Centre Resource Churches* als kirchliche „Leuchttürme" verstanden werden. Sie sollen Beispiele einer besonders gut gelingenden gemeindlichen Arbeit darstellen und durch ihre positive Außenwahrnehmung auch die Wahrnehmung der Kirche im Gesamten positiv beeinflussen. Sie üben damit eine Funktion aus, welche bei Wirtschaftsunternehmen oft von sogenannten *Flagship Stores* übernommen wird.[239]

---

237 Vgl. https://crtrust.org/vision-and-mission; 04. Dezember 2018.

238 Der symbolische Wert zeigt sich vor allem bei vormals geschlossenen Kirchengebäuden, die durch die Etablierung einer *City Centre Resource Church* wieder in ihrer kirchlichen Funktion genutzt werden. Dies trifft zum Beispiel auf die *City Centre Resource Churches* St Mark's Coventry und St Nicholas Bristol zu. Vgl. die Darstellung in ▷ Kapitel 11.2.2.

239 Die These besteht hier darin, dass *City Centre Resource Churches* durch ihre besondere finanzielle und personelle Ausstattung, ihre oft zentrale innenstädtische Lage und durch ihre Lokalisierung in Gebäuden mit ikonischem oder symbolischem Charakter eine besonders hohe Ausstrahlungs- und damit verbundene Anziehungskraft aufweisen. Diese Merkmale gleichen denen, die sogenannte *Flagship Stores* auszeichnen. Dabei handelt es sich um besonders aufwendig gestaltete Verkaufsflächen in den Innenstädten von Großstädten. Diese dienen dem jeweiligen Unternehmen zum Aufbau einer Kundenbeziehung und der positiven Darstellung der Unternehmensmarke und der durch diese repräsentierten Produkte. Ein inzwischen schon klassisches Beispiel für eine solche Markeninszenierung durch *Flagship Stores* stellen die *Apple Stores* des Technologieunternehmens Apple dar. Im kirchlichen Bereich könnte man davon sprechen, dass durch besonders sichtbare und besonders gelungene Beispiele gemeindlicher Arbeit die positive Wahrnehmung der Kirche (Unternehmen/Marke) und des von ihr verkündeten Evangeliums (Produkt) durch den potentiellen Hörer des Evangeliums (Kunde) gefördert werden sollen. Dies stellt eine Funktion dar, die wahrscheinlich auch anderen innenstädtischen Repräsentationen von Kirche, wie zum Beispiel City-Kirchen oder Kathedralen, zugeschrieben werden kann. Für eine Einführung in das Marketingkonzept des *Flagship Stores* vgl. Barth, Matthias: Flagship Stores: Zur Synthese von Marke und Architektur, in: Herbrand, Nicolai O. (Hg.): Schauplätze dreidimensionaler Markeninszenierung. Innovative Strategien und Erfolgsmodelle erlebnisorientierter Begegnungskommunikation.

Alle Interviewpartner bemerken den Netzwerkcharakter einer *City Centre Resource Church*, welcher in ihrer zielgruppenspezifischen Ausrichtung begründet liegt. Dieser wird grundsätzlich anerkannt und nicht in Frage gestellt. Zugleich beklagt Vicar 1 das Verletzen von parochialen Grenzen durch die *City Centre Resource Church*. Diese Beschwerde widerspricht jedoch der Logik des *City Centre Resource Church* Modells, da diese per Definition dazu tendieren, Menschen aus dem gesamten Stadtgebiet anzuziehen und damit die bestehenden geographischen Grenzen parochialer Arbeit unterlaufen. Es erscheint möglich, dass im konkreten Fall die Etablierung der *City Centre Resource Church* im Modus der Revitalisierung einer bestehenden Parochie den Hintergrund für die Annahme von Vicar 1 bildet, dass parochiale Grenzen durch die Arbeit der *City Centre Resource Church* nicht überschritten werden sollten. Das traditionelle Bild ortsgemeindlicher Arbeit wirkt damit fort und wird als Maßstab an die neu etablierte *City Centre Resource Church* herangetragen. Eine mögliche Lösung dieses Konfliktes könnte in einer stärkeren Kommunikation des parochieüberschreitenden Charakters der *City Centre Resource Church*-Arbeit liegen. Ein weiterer Lösungsweg könnte die Ausstellung einer *Bishop's Mission Order* für den gesamten Stadtbereich sein.

Die Darstellung der Interviewinhalte zeigt, dass einige Themenfelder eine zentrale Stellung für die Einstellung von Gemeindepfarrern gegenüber Gemeindegründungen und insbesondere gegenüber *City Centre Resource Churches* einnehmen. Zuallererst ist hier die Frage des Transferwachstums zu nennen. Alle Interviewpartner gehen in der ersten Interviewreihe davon aus, dass dies eine reale Möglichkeit darstellt. Vicar 1 und 3 berichten von erfolgtem Transferwachstum hin zur *City Centre Resource Church*. Zugleich scheint es auch Menschen zu geben, die von Saint Mary's, aufgrund der neuen Nutzung als *City Centre Resource Church*, zu anderen Gemeinden abwandern.

Bemerkenswert ist, dass die Interviewpartner ihre eigenen Gemeinden grundsätzlich nicht in der Gefahr sehen, von massiver Abwanderung hin zur *City Centre Resource Church* betroffen zu sein. Die dafür vorgebrachten Begründungen erwecken den Eindruck, dass insbesondere ästhetische Vorlieben und andere milieuspezifische Merkmale darüber entscheiden, ob Gottesdienstbesucher anderer Gemeinden es als Option sehen, sich der neuen *City Centre Resource Church* anzuschließen. Diese Merkmale umfassen ein gewisses Maß an Mobilität, eine Orientierung nicht am unmittelbaren geographischen Umfeld, sondern an Netzwerken von Gleichgesinnten und einer spezifischen ästhetischen Orientierung. Diese unterscheidet sich von der traditionellen kirchlichen Ästhetik und orientiert sich stattdessen an einer popkultureller Ästhetik, welche in den Gottesdiensten der *City Centre Resource*

Brand Parks, Museen, Flagship Stores, Messen, Events, Roadshows Stuttgart, 2008, 410. Vgl. auch Errichiello / Zschiesche, Marke, 12–14.

Church durch die liturgische und musikalische Gestaltung aufgegriffen wird. Die Interviewpartner gehen davon aus, dass diese Merkmale vor allem auf Studenten und junge Erwachsene zutreffen. Hinzu kommt, dass die Interviewpartner der Ansicht sind, dass vor allem evangelikal und charismatisch geprägte Gemeinden von Abwanderungsprozessen betroffen sind.

Für Vicar 1 und Vicar 2 scheint potentielles Transferwachstum ein wesentlicher Grund für eine negative Bewertung der *City Centre Resource Church* darzustellen, insbesondere wenn dadurch andere Gemeinden geschädigt werden. Dies zeigt an, dass eine Untersuchung und Bewertung des Phänomens „Transferwachstum" im Zusammenhang mit klassischen Gemeindegründungen von hoher Wichtigkeit ist.

Ein weiteres zentrales Themenfeld für die Haltung der Gemeindepfarrer scheint das Verständnis des Begriffs „resource" zu sein. Es scheint hier die Möglichkeit zu bestehen, durch tatsächlich erfolgende partnerschaftliche Zusammenarbeit und das Teilen von Ressourcen die positive Einstellung von Gemeindepfarrern gegenüber der *City Centre Resource Church* zu erhalten bzw. noch zu verstärken. Zugleich wurde schon angezeigt, dass in diesem Bereich zumindest auf Seiten der Gemeindepfarrer große Unklarheit herrscht, wie der Begriff *resource* tatsächlich zu verstehen ist.

Daneben scheint die Frage der Integration der *City Centre Resource Church* in die bestehenden kirchlichen Strukturen von Bedeutung. Ist man an einer möglichst reibungslosen Etablierung von *City Centre Resource Churches* interessiert, so ergeben sich aus den Interviews folgende Hinweise: Es wird besonders von Seiten der *City Centre Resource Church* darauf zu achten sein, positive Beziehungen zu Kolleginnen und Kollegen aufzubauen und Bereitschaft zur Zusammenarbeit an den Tag zu legen. Zugleich scheint es sinnvoll, nicht nur die Integration der *City Centre Resource Church* in die bestehenden Strukturen vor Augen zu haben, sondern auch Pfarrerinnen und Pfarrer und die weitere kirchliche Mitarbeiterschaft in die Arbeit der *City Centre Resource Church* zu „integrieren". Das heißt, diese Arbeit nicht als bezugslos, oder sogar in Opposition zur bisherigen Gemeindearbeit stehend darzustellen, sondern als gemeinsames Projekt des Dekanats, das dem gemeinsamen Wachstum dient und von dem alle Kirchengemeinden profitieren. Erst durch diese wechselseitige Integration wird es wohl möglich sein, eine langfristig positive Haltung der Pfarrerinnen und Pfarrer zu erreichen. Außerdem könnte durch so eine doppelte Integration vorhandenen Absonderungstendenzen von Seiten der *City Centre Resource Church* entgegengewirkt werden. Zugleich deutet sich an, dass nicht alle Pfarrerinnen und Pfarrer bereit sind, diesen Weg der doppelten Integration zu beschreiten.

Ein viertes, die Haltung der Interviewpartner beeinflussendes Themenfeld, betrifft das Verständnis von Mission. Gerade die Auswertung des Interviews mit Vicar 1 zeigt, dass die negative Konnotation eines Missionsverständnisses, welches eine mögliche Konversion zum christlichen Glauben als intendiertes Ergebnis kirchlichen Handelns anstrebt, mit einer negativen Haltung gegenüber Gemeindegründung im Allgemeinen und auch gegenüber dem *City Centre Resource Church* Modell im speziellen verbunden ist. Dies zeigt an, dass es aus kirchenleitender Sicht hilfreich sein könnte, das Thema Mission sowohl im gesamtkirchlichen Kontext als auch auf lokaler Ebene stärker in den Blick zu nehmen. Ein theologischer Austausch unter Einbezug neuerer missionstheologischer Entwicklungen scheint hier angebracht zu sein. Dabei ist zugleich der religiös-plurale Kontext der modernen westlichen Gesellschaften mit zu bedenken.

Ein letztes Themenfeld bildet sich anhand der von Vicar 2 aufgeworfenen Frage, ob der konzentrierte Einsatz von Ressourcen in einer Gemeinde als gerechtfertigt erscheint. Im Hintergrund der Anfrage steht die Annahme, dass die *City Centre Resource Church* ihre spezifische missionarische Aufgabe nur bewältigen könne, weil sie mit besonderen Ressourcen ausgestattet sei, über welche die etablierten Ortsgemeinden nicht verfügen.[240] Demgegenüber stehen die Beobachtungen von Vicar 3, welche darauf hinweisen, dass die im besonderen Maße zur Verfügung stehenden Ressourcen nicht allein das ausschlaggebende Element für den „Erfolg" der *City Centre Resource Church* darstellen. Vielmehr scheint es auch eine Frage des Stils gemeindlicher Arbeit und des gemeindlichen Habitus zu sein, welche zu Gemeindewachstum und einer hohen Zahl an jungen Gottesdienstbesuchern führen.

Die Äußerungen von Vicar 3 deuten darauf hin, dass eine auf die Zielgruppe der jungen Erwachsenen und Studenten abgestimmte gottesdienstliche Ästhetik eine besondere Rolle spielt. Auch wird das Vorhandensein einer größeren Menge an Personen aus der Zielgruppe als wichtiger Faktor genannt, da sich somit ein gemeinschaftliches Erleben und Teilhaben an der Erfahrung von Kirche zusammen mit anderen Mitgliedern derselben Altersgruppe einstellen kann. Hieran anschließend stellt sich auch die Frage, ob nicht auch die Glaubenstradition eine wesentliche Rolle spielt. Die modernen und erlebnisorientierten, von einer charismatischen Frömmigkeit geprägten Gottesdienste des HTB-Netzwerkes könnten ein wesentlicher Faktor bei der Ansprache von jungen Menschen sein. Vor dem Hintergrund dieser Überlegungen bleibt es offen, ob eine bestehende Gemeinde bei der gleichen Ausstattung mit Ressourcen ähnliche Ergebnisse in Bezug auf die Zahl und das Durchschnittsalter der Gottesdienstbesucher vorweisen könnte.

240 Vgl. Transkript 2.2.2., Z. 118–123.

14.3.3.5 Zwischenfazit

Die Ergebnisse der mit den Gemeindepfarrern geführten Experteninterviews liefern weitere Hinweise für eine Bewertung der möglichen Leistungen des *Resource Church* Modells.

Zum einen kann festgestellt werden, dass die Möglichkeit, durch Mitarbeiter der *Resource Church* in der eigenen Gemeindearbeit unterstützt zu werden, bei den interviewten Gemeindepfarrern generell auf positive Resonanz stößt. Damit würde die *City Centre Resource Church* aus ihrer Sicht einen wesentlichen Beitrag für die eigene gemeindliche Entwicklung leisten. Zugleich herrscht entschiedene Unklarheit darüber, ob und wann eine solche Form der Unterstützung tatsächlich Realität wird. Zugleich scheint dies einer der entscheidenden Punkte zu sein, an dem das *Resource Church* Modell von den Gemeindepfarrern gemessen wird. Kommt es zu keiner Unterstützung ihrer gemeindlichen Arbeit durch die *Resource Church*, dann ist diese eben keine *Resource Church,* sondern lediglich eine „große" Gemeinde. Aufgrund der geführten Experteninterviews stellt sich hier zu Recht die Frage, ob es jemals zu einer Überschneidung von „Angebot" und „Nachfrage" kommt.

Äußerungen der interviewten Gemeindepfarrer in Bezug auf das schnelle Wachstum der *City Centre Resource Church*, das Erreichen von Studenten und jungen Erwachsenen und ein mögliches Hervorbringen von einer überdurchschnittlichen Anzahl an *ordinands*, aber auch das von zwei Gemeindepfarrern diagnostizierte Transferwachstum, können nicht als Belege für tatsächliche Leistungen des *Resource Church* Modells in einem empirischen Sinne verstanden werden. Zugleich sind diese Äußerungen auch nicht von der Hand zu weisen und werden zu einem größeren Teil von den oben dargestellten empirischen Untersuchungen für zwei einzelne *Resource Churches* – darunter eben auch Saint Mary's – bestätigt.

Als ein weiterer wichtiger Ertrag der geführten Interviews müssen die herausgearbeiteten und von den Gemeindepfarrern gegenüber dem *Resource Church* Modell eingenommenen Haltungen identifiziert werden. An ihnen wird deutlich, dass das *Resource Church* Modell zumindest als ambivalent wahrgenommen wird. Anfragen stellen sich besonders an den drei Punkten des Transferwachstums, des Verständnisses von „resource" und der Konzentration von beachtlichen Ressourcen in einer Gemeinde. Es muss offenbleiben, ob die aus diesen Anfragen entstehenden kritischen Haltungen der Gemeindepfarrer einer produktiven Zusammenarbeit mit der *Resource Church* im Wege stehen und damit dem *Resource Church* Konzept insgesamt entgegenwirken.

14.3.4 Zusammenfassende Darstellung der Ergebnisse des Bewertungsversuchs

Zusammenfassend lässt sich sagen, dass die vorliegenden Einzeluntersuchungen keine umfassende und abschließende Bewertung von klassischen Gemeindegründungen nach dem *Resource Church* Modell erlauben. Sie geben aber Hinweise und zeigen Tendenzen auf. So scheint das vorhandene und durchaus beeindruckende Gemeindewachstum (Punkte (5) und (6)) möglicherweise zu einem größeren Anteil auf Transferwachstum und den Parallelbesuch mehrerer Gemeinden zurückzuführen zu sein. Eine Folge davon ist, dass andere Gemeinden einen Verlust von Gottesdienstbesuchern und Gemeindegliedern erleben. Diese gehören vermutlich größtenteils dem evangelikalen und charismatischen Spektrum der *Church of England* oder aber dem freikirchlichen Sektor an. Der Anteil von Personen mit einem kirchlichen (*churched*), ehemals kirchlichen (*de-churched*) und nichtkirchlichen Hintergrund (*non-churched*) scheint dem anderer klassischer Gemeindegründungen zu entsprechen. Aus diesen beobachteten Tendenzen ergibt sich zum einen, dass es dringend einer repräsentativen, quantitativ angelegten Studie bedarf, welche das Wachstum von klassischen Gemeindegründungen nach dem *Resource Church Modell* untersucht und dabei auch unter Einsatz qualitativer Forschung die Motivation der Gemeindewechsler erfragt. Zum anderen bedarf es einer Bewertung des Phänomens des Transferwachstums. Letzteres soll an späterer Stelle in dieser Arbeit erfolgen.[241]

In Bezug auf Punkt (8) – das zur Verfügung stellen von Ressourcen – entsteht nach Auswertung der mit den Gemeindepfarrern geführten Interviews der Eindruck, dass hier eine Diskrepanz zwischen dem Verständnis der Gemeindepfarrer und dem Verständnis von Seiten der *Resource Churches* besteht. Eine Vermittlung von Nachfrage und Angebot könnte sich als schwierig gestalten und mittelfristig zu Enttäuschungen und damit auch zu einem Vertrauensverlust führen. Es bedarf einer dringenden Klärung von Seiten der *Resource Churches*, wie der Begriff „resource“ zu verstehen ist.

Für Punkt (9) – das Identifizieren und Qualifizieren von Menschen für kirchliche Leitung – liegt ein vereinzelter Hinweis vor, dass hier eine mögliche Leistung von *Resource Churches* vorliegen könnte. Durch den hohen Anteil an jungen Gemeindegliedern und Gottesdienstbesuchern erscheint es durchaus möglich, dass es *Resource Churches* gelingt, in größerer Zahl junge Menschen für den Dienst in der Kirche zu gewinnen. Auch hier bedarf es weiterer Untersuchungen. Diese könnten zum Beispiel in Form einer Befragung, der sich aktuell auf den Dienst in der Kirche vorbereitenden *ordinands,* erfolgen.

241 Vgl. ▹ Kapitel 17.1.2, Kapitel 17.2.2.

Für Punkt (10) – das Schaffen von Plattformen für ein gemeinsames kirchliches Lernen und den Austausch mit der Zivilgesellschaft liegen keine hinreichenden Hinweise vor, ob diese Funktionen von *Resource Churches* in besonderer Weise übernommen und auch erfüllt werden. Zugleich erwecken die geführten Experteninterviews auch hier den Eindruck, dass es zumindest in Teilen der Pfarrerschaft zu widerständigen Reaktionen in Bezug auf die Etablierung von *Resource Churches* kommen könnte. Dies erscheint für den Punkt des gemeinsamen kirchlichen Lernens als eine schlechte Ausgangsbasis. Zugleich ist durchaus vorstellbar, dass gerade *City Centre Resource Churches* aufgrund ihrer oft sehr großen und zentral gelegenen Gebäude und ihrer ausgesprochen großen Gottesdienstgemeinde das Potential vorweisen, besondere Funktionen in Bezug auf den Austausch mit der Zivilgesellschaft zu übernehmen. In den geführten Experteninterviews deutet sich an, dass dies für die *City Centre Resource Church* Saint Mary's tatsächlich der Fall ist. Es bleibt die Frage bestehen, ob diese Funktion in den meisten Großstädten nicht bereits von anderen Gemeinden übernommen wird, hier also tatsächlich eine vorhandene Lücke in der kirchlichen Arbeit geschlossen werden muss.

Für Punkt (11) – das Erreichen einer überdurchschnittlich hohen Zahl von jungen Erwachsenen und Studenten – liegen durch die beiden Gottesdienstbefragungen sehr starke Hinweise vor, dass dies tatsächlich gelingt. Es erscheint als wahrscheinlich, dass hier ein wesentlicher Beitrag gerade des *City Centre Resource Church* Modells vorliegt. Zugleich muss hier einschränkend davon ausgegangen werden, dass ein größerer Teil dieser jungen Gottesdienstbesucher das Ergebnis von Transferwachstumsprozessen sein wird und sie damit bereits eine kirchliche Bindung aufweisen werden. Daran schließt sich die Frage an, ob nicht bestehende Gemeinden dadurch einen entscheidenden Verlust an jungen Menschen und damit auch an gemeindlicher Vitalität erleiden. Dies führt erneut zu der Frage, wie die Realität des Transferwachstums zu bewerten ist.

Zu den diskutierten Punkten tritt die Frage hinzu, inwieweit das Modell der *Resource Church* an den großstädtischen Kontext gebunden ist.[242] Das Modell ist aufgrund seiner Kostenintensität auf ein schnelles und hohes Gemeindewachstum angewiesen. Die dargestellte Untersuchung lässt vermuten, dass dieses zu einem höheren Anteil auf Transferwachstum beruht. Dafür erscheinen urbane Räume geeigneter als ländliche Räume, weil sie eine hohe Bevölkerungsdichte vorweisen und von einer hohen Mobilität geprägt sind. Auch hier wären weitere Studien, welche auch ländliche *Resource Churches* mit einbeziehen, wünschenswert.

Der hier vorgenommene Bewertungsversuch weist ein sehr ambivalentes Bild auf. Möglichen Leistungen von klassischen Gemeindegründungen nach dem *Resource*

---

242 Diese Frage wird auch von der Studie *The Day of Small Things* in Bezug auf die ersten *Resource Church* Gründungen des HTB-Netzwerkes aufgeworfen. Vgl. Lings, Day, 70.

Church Modell wie ein rasches Gemeindewachstum und das überdurchschnittliche Erreichen von jungen Erwachsenen stehen potentielle Gefahren, wie zum Beispiel eine durch Transferwachstum ausgelöste Schwächung anderer Gemeinden, gegenüber. Als sicherstes Ergebnis lässt sich sagen, dass es aufgrund der noch sehr mangelhaften Datenlage weiterer Untersuchungen in Bezug auf die hier dargestellten Einzelpunkte bedarf.[243]

14.4 Fazit

Beim *Resource Church* Modell handelt es sich um einen neuen Typ von Gemeinde in der *Church of England*. Ursprünglich durch das HTB-Netzwerk entwickelt und durch klassische Gemeindegründungen verbreitet, kommt es inzwischen auch zur Ernennung bereits bestehender Gemeinden zu *Resource Churches*, ebenso wie zu Gründungen von *Resource Churches*, an denen das HTB-Netzwerk nicht beteiligt ist. Zugleich zeigt sich das HTB-Netzwerk in Verbindung mit dem *Church Revitalisation Trust* immer noch für die meisten *Resource Church* Gründungen verantwortlich und ist damit für das Modell weiterhin prägend.

Das Modell der *Resource Churches* zeichnet sich durch eine überdurchschnittliche Ausstattung mit Ressourcen aus, welche in besonderer Weise dazu dienen sollen (klassische) Gemeindegründungen umzusetzen. Darüber hinaus besteht eine Fokussierung auf einem attraktionalen Ansatz von Gemeinde, was zu einer Betonung der gottesdienstlichen Angebote führt. Weiter sollen *Resource Churches* auch andere Gemeinden und die kirchliche Diözese in ihrer Arbeit unterstützen. Bei diesem Punkt bleibt aber unklar, in welcher Form dies bisher geschieht oder geschehen soll.

Im Rahmen dieser Arbeit lag der Fokus der vorangehenden Beschreibung und Untersuchung im Besonderen auf den durch das HTB Netzwerk nach dem Modell der klassischen Gemeindegründung neu gegründeten *City Centre Resource Churches*. Diese Gründungen erfolgen nach allen drei Modi klassischer Gemeindegründung und zeichnen sich durch eine hohe Netzwerkorientierung aus. Sie setzen durchweg das *multiple Sunday congregations* Modell ein und greifen zum Teil auch auf das *multisite* Modell zurück. Ein durchgeführter Bewertungsversuch zeigte, dass zurzeit nur sehr begrenzt Daten zu den *Resource Churches* vorliegen und es dringend weiterer Untersuchungen bedarf. Zugleich gibt es Hinweise, dass die durch das HTB Netzwerk gegründeten *City Centre Resource Churches* ein ausgesprochen großes Gemeindewachstum vorweisen können und weit überdurchschnittlich junge

243 Darüber hinaus ist das *Resource Church* Modell noch immer sehr jung, so dass langfristige Effekte wahrscheinlich erst in einigen Jahren überprüfbar sind.

Erwachsene und Studenten erreichen, dabei aber zugleich von Transferwachstumsprozessen profitieren. Dies und die ungeklärte Frage, inwieweit bereits bestehende Gemeinden von den *Resource Churches* in ihrer Arbeit unterstützt werden, führt zu den folgenden Anschlussfragen: Wie ist das Phänomen des Transferwachstums zu bewerten? In welchem Maße erweist sich die Konzentration von Ressourcen in einer Kirchengemeinde als eine sinnvolle Strategie? Könnte die Ernennung bestehender Gemeinden zu *Resource Churches* eine sinnvolle Alternative zur Gründung solcher Gemeinden darstellen? Diese Fragen werden im späteren Verlauf dieser Arbeit erneut aufgegriffen werden.[244]

244 Vgl. ▹ Kapitel 17.2 und Kapitel 18.

15. Der Gemeindegründungsprozess und seine Akteure

Nachdem in den letzten Kapiteln eine Typologie verschiedener Gemeindegründungsarten und -modelle entwickelt wurde, soll im Folgenden der Gemeindegründungsprozess selbst im Mittelpunkt stehen. Unter Rückgriff auf die von Michael Moynagh getroffene Unterscheidung zwischen einer *worship-first* und einer *serving-first journey* wurde bereits herausgearbeitet, dass es gerade der spezifische Gründungsprozess ist, welcher die klassische Gemeindegründung von anderen neuen Ausdrucksformen von Kirche unterscheidet.[1] Der von Moynagh modellhaft dargestellte Prozess einer gottesdienstzentrierten Form von Gemeindegründung (*worship-first journey*) erweist sich damit im Sinne eines Abgrenzungskriteriums als äußerst hilfreich. Zugleich erscheint die Darstellung von Moynagh skizzenhaft und lässt wichtige Details vermissen. So wird auf die Vorbereitungsphase kaum eingegangen und wichtige Akteure des Gründungsprozesses bleiben ungenannt.[2] Diese Unschärfe fällt in Moynaghs Entwurf nicht weiter ins Gewicht, da bei ihm die kontextzentrierte Form von Gemeindegründung im Mittelpunkt steht.[3] Da in der hier vorliegenden Untersuchung jedoch mit der klassischen Gemeindegründung eine gemeindliche Ausdrucksform untersucht wird, welche einen gottesdienstzentrierten Gründungsprozess verfolgt, bedarf es eines näheren Eingehens auf die Besonderheiten dieses gottesdienstzentrierten Gründungsprozesses.

Ziel dieses Kapitels ist deshalb eine ausführlichere Darstellung des Gründungsprozesses von klassischen Gemeindegründungen. Dabei sollen auch die jeweiligen Besonderheiten der drei identifizierten Modi von Gemeindegründung herausgearbeitet werden. Ein zweiter Schwerpunkt wird auf den verschiedenen Akteuren des Gründungsprozesses und den von ihnen eingenommenen Rollen liegen.

15.1 Der Gemeindegründungsprozess und seine Phasen

Michael Moynagh unterteilt in seinem Modell der *worship-first journey* den gottesdienstzentrierten Gemeindegründungsprozess in die drei Schritte (1) *new congregation*, (2) *events or course* und (3) *small group or deepening involvement*.[4] Der

1 Vgl. Moynagh / Harrold, Context, 206–210. Vgl. auch die Darstellung in ▻ Kapitel 6.2.2.

2 Vgl. Moynagh / Harrold, Context, 206–208.

3 Vgl. ebd., 214–220.

4 Vgl. ebd., 206.

erste Schritt markiert die Gründung einer neuen Gemeinde. Diese versucht in einem zweiten Schritt durch das Angebot von Gottesdiensten, Glaubenskursen und weiteren Veranstaltungen die Aufmerksamkeit von kirchendistanzierten Personen zu erreichen. Trifft dies auf positive Resonanz, so werden die betreffenden Personen durch Teilnahme an einer gemeindlichen Kleingruppe und durch ehrenamtliche Mitarbeit in der Gemeinde eingebunden. Mit diesem Dreischritt steht bei Moynagh vor allem die Darstellung der Gemeinde-Kontext-Beziehung im Fokus. Der eigentliche Gemeindegründungs- und Entwicklungsprozess tritt dahinter zurück. Wie bereits erwähnt, wird der Vorbereitungsprozess nur am Rande genannt und ist nicht eigentlicher Bestandteil des von Moynagh skizzierten gottesdienstzentrierten Gründungsmodells.[5]

Demgegenüber gibt es Ansätze, welche explizit diesen Gründungs- und Entwicklungsprozess in den Mittelpunkt ihrer Darstellung rücken. Dies trifft zum Beispiel auf ein von Aubrey Malphurs vorgeschlagenes Modell zu. Malphurs nutzt darin den menschlichen Geburts- und Entwicklungsprozess als Analogie für den Gründungs- und Entwicklungsprozess von Gemeindegründungen.[6] Dabei unterteilt er den Prozess in die Schritte Empfängnis, Entwicklung, Geburt, Wachstum, Mündigkeit und Fortpflanzung.[7] Der Punkt der „Geburt" markiert dabei den ersten öffentlich gefeierten Gottesdienst der Gemeindegründung.[8] „Empfängnis und Entwicklung" werden mit der Vorbereitungsphase der Gemeindegründung gleichgesetzt, während „Wachstum und Mündigkeit" die Entwicklung der Gemeinde nach ihrer offiziellen Gründung in den Blick nehmen. Der letzte Schritt „Fortpflanzung" steht für das erneute Gründen einer Gemeinde und damit die Wiederholung des Prozesses.

Die von Malphurs gewählte Analogie des menschlichen Geburts- und Entwicklungsprozesses findet auch in der Gemeindegründungsszene der *Church of England* Verwendung.[9] Sie erscheint damit zunächst als mögliche Leitkategorie für die Beschreibung des Gemeindegründungsprozesses, insbesondere, da sie eine große Nähe zu dem von George Lings eingeführten interpersonalen Paradigma von Ge-

---

5 Vgl. Moynagh / Harrold, Context, 206.

6 Vgl. Malphurs, Aubrey: Planting Growing Churches for the 21st Century. A Comprehensive Guide for New Churches and Those Desiring Renewal, 3. Auflage, Grand Rapids, 2004, 9.

7 Vgl. Malphurs, Churches, 9. Als bemerkenswert erscheint, dass Malphurs in seiner Analogie nicht noch weitere Bestandteile des menschlichen Entwicklungsprozesses, wie zum Beispiel Krankheit, Sterben und den Tod miteinbezieht. Dass diese aber als reale Möglichkeiten einer Gemeindeentwicklung bedacht werden müssen, zeigt George Lings zumindest ansatzweise. Vgl. Lings, Maturity, 148f.

8 Vgl. Malphurs, Churches, 185.

9 Vgl. Transkript 1.2., Z. 581–594; Transkript 4.1.1., Z. 397–401.

meindegründung aufweist.[10] Auf der anderen Seite erscheint der von Malphurs dargestellte Prozess und seine Unterteilung in fünf Phasen als zu linear.[11] Gerade die vorbereitenden Prozessschritte vor der offiziellen Gründung müssen eher als überlappend, denn klar zu trennend beschrieben werden. Hinzu kommt, dass die Analogiebildung mit dem menschlichen Entwicklungsprozess zwar eine hilfreiche hermeneutische Sehhilfe darstellen kann, dieser Prozess dadurch jedoch zugleich in der Gefahr steht idealisiert zu werden und eher technische Aspekte des Prozesses durch die biologischen Analogien verdeckt werden.

Für die folgende Darstellung des Gründungs- und Entwicklungsprozesses von klassischen Gemeindegründungen soll daher auf eine eigene neutralere Begriffsbildung zurückgegriffen werden. Auch wird eine Unterteilung in fünf statt in sechs Phasen vorgeschlagen. Diese werden wie folgt benannt: (1) Exploration, (2) Vorbereitung, (3) Gründung, (4) Entwicklung und (5) erneute Gründung.

Der mit diesen Phasen beschriebene Gemeindegründungs- und Entwicklungsprozess wird durch das Zusammenspiel verschiedener Akteure bestimmt und vorangetrieben. Diese umfassen die sendende Gemeinde, die gesandte Gemeinde, die empfangende Gemeinde, Bischof und Kirchenleitung, Gemeindegründungsnetzwerke und -agenturen und das Umfeld der Gemeindegründung.

Der Begriff sendende Gemeinde bezeichnet dabei eine bestehende Kirchengemeinde, welche eine Gemeindegründung durchführt. Als gesandte Gemeinde wird die Gemeindegründerin oder der Gemeindegründer und das sie in der Regel begleitende Gemeindegründungsteam beschrieben. Als empfangende Gemeinde wird die Kirchengemeinde bezeichnet, welche im Falle einer Revitalisierung einen Gemeindegründer und das ihn begleitende Gemeindegründungsteam aufnimmt. Als Umfeld der Gemeindegründung werden hier in einem engeren Sinne die im näheren Umkreis der Gemeindegründung existierenden Kirchengemeinden jedweder Konfession verstanden. In einem weiteren Sinne sind darunter aber auch Personen oder Institutionen ohne kirchlichen Bezug zu verstehen, welche in ein bedeutungsvolles Verhältnis zur Gemeindegründung treten. Im Folgenden werden nun zunächst die fünf Phasen des Gründungs- und Entwicklungsprozesses in den Blick genommen.

---

10 Vgl. Lings, Reproducing Churches, 28–32. Im Unterschied zu Lings unterlässt Malphurs den Versuch einer ausführlichen biblischen Verankerung des Konzeptes und verwendet es damit lediglich im Sinne einer hermeneutischen Sehhilfe.

11 Das ist auch die Kritik von Moynagh an dem Modell von Malphurs, wobei Moynagh den Fokus auf einen kontexzentrierten Gründungsansatz legt, welcher sich grundlegend von einem gottesdienstzentrierten Ansatz unterscheidet. Vgl. Moynagh / Harrold, Context, 222.

15.1.1 Exploration

Als Exploration wird hier die noch ergebnisoffene Erkundung einer möglichen Gemeindegründung bezeichnet. Damit eine solche Erkundung überhaupt begonnen wird, bedarf es zunächst eines, die Exploration initiierenden, Akteurs. Diesem muss das Instrument der klassischen Gemeindegründung als eine mögliche Handlungsoption bekannt sein. Voraussetzung dafür ist das Wissen um und eine positive Haltung gegenüber klassischer Gemeindegründung. Beides wird in einem besonderen Maße dort vorhanden sein, wo die Durchführung klassischer Gemeindegründungen in einem positiven Sinne erlebt wurde. Das heißt besonders in Gemeinden, welche selbst durch die Durchführung einer klassische Gemeindegründung entstanden sind oder aber in Gemeindegründungsnetzwerken und -agenturen, welche die Durchführung von klassischen Gemeindegründungen als Teil ihres eigenen Selbstverständnisses begreifen. In diesem Sinne kommt klassischen Gemeindegründungen und Gemeindegründungsnetzwerken eine besondere Rolle für die Durchführung weiterer Gemeindegründungen zu.[12]

Auslöser für den Beginn der Erkundung einer möglichen Gemeindegründung ist meist die Identifizierung einer als günstig wahrgenommenen Gelegenheit durch einen Initiator. Nach dem vom *Gregory Centre for Church Multiplication* entwickelten Schema entsteht eine solche Gelegenheit, wenn mindestens einer der vier folgenden Faktoren vorhanden ist:[13]

(1) Die Autorisierung einer potentiellen Gründung durch den zuständigen Bischof beziehungsweise die Kirchenleitung;
(2) ein als geeignet erscheinender Gemeindegründer oder eine Gemeindegründerin und gegebenenfalls ein sie begleitendes Gründungsteam;
(3) ein geeignetes Gebäude und damit zugleich ein Ort, an dem die Gemeindegründung stattfindet; dies beinhaltet implizit auch den Kontext beziehungsweise die Zielgruppe der Gemeindegründung;
(4) Ressourcen, vor allem finanzieller Natur, welche die Umsetzung der Gemeindegründung möglich machen.

---

12 Vgl. hierzu auch ▹ Kapitel 15.1.5.

13 Dieses viergliedrige Schema wird vom *Gregory Centre for Church Multiplication* als Instrument zur Überprüfung des Reifegrades einer Gründungsidee angewandt. Es findet dabei vor allem in den vom *Gregory Centre* angebotenen *Church Planting* Kursen Verwendung. Die vier Elemente werden im Original mit den Begriffen (1) *Authority*, (2) *Leader / Team*, (3) *Building / Place* und (4) *Resources* benannt. Vgl. Transkript 4.3., Z. 214–227. Vgl. ebenfalls Transkript 1.1.1., Z. 31–43; Transkript 4.5., Z. 84–90.

Abbildung 8 Bedingungsfaktoren für eine klassische Gemeindegründung
Quelle: Gregory Centre for Church Multiplication, unveröffentlichtes Kursmaterial

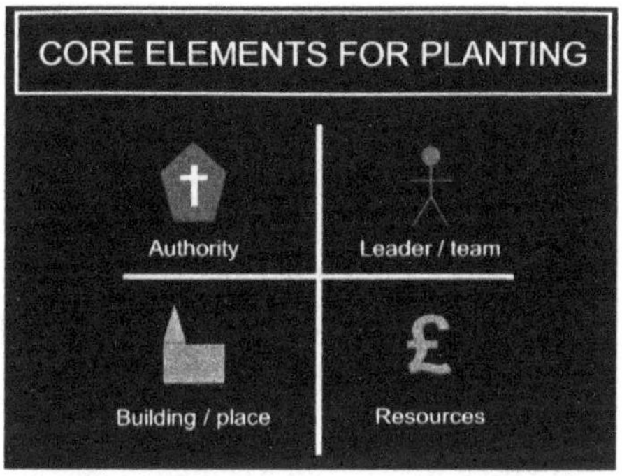

Dieses Schema besticht durch seine Einfachheit. Durch die Nennung von vier Bedingungsfaktoren stellt es eine Art Mindeststandard für klassische Gemeindegründungen in der *Church of England* auf. Dies sorgt dafür, dass ein bestimmtes Maß an Vorbereitungen getroffen und damit die Erfolgsaussichten für eine klassische Gemeindegründung wesentlich erhöht werden. Zugleich enthält es auch Schwächen, da es durch seine Fokussierung auf „harte" Faktoren sehr mechanisch erscheint und „weiche" Faktoren wie Gebet, die Erkundung des Kontextes oder die Offenheit der Zielgruppe gegenüber religiösen Angeboten nicht oder nur sehr bedingt in den Blick nimmt. In dieser Konzentration auf „harte" Faktoren zeigt sich ein Fortwirken des Managementansatzes (*managerial paradigm*), welcher die Gemeindewachstumsbewegung prägte und durch diese auch in der Gemeindegründungsszene einflussreich wurde.[14] Neben dem dargestellten Schema finden auch andere Kataloge zu erfüllender Bedingungen in der Gemeindegründungsszene der *Church of England* Verwendung, welche weiche Faktoren wie eben zum Beispiel das Gebet oder die Erkundung des Kontextes mit einbeziehen.[15]

Trotz der dargestellten Schwächen soll das viergliedrige Schema des *Gregory Centre for Church Multiplication* auch in der weiteren Darstellung Verwendung finden. Dies ist damit zu begründen, dass es die besonderen Rahmenbedingungen der *Church of England*, insbesondere die Rolle der Kirchenleitung im Gründungsprozess, berücksichtigt und zugleich eine größtmögliche Einfachheit bewahrt. Auch hat es nicht den Anspruch alle nötigen Schritte des Vorbereitungsprozesses abzubilden, sondern lediglich einen Mindeststandard an zu erfüllenden Bedingungen zu definieren. Hinzu kommt, dass es durch die Verbreitung durch das *Gregory Centre for Church Multiplication* in einer größeren Anzahl von Gemeindegründungen zur Anwendung kommt und somit zu einem gewissen Grade als anerkannter Standard innerhalb der Gemeindegründungsszene der *Church of England* vorausgesetzt

14 Vgl. Lings, Resproducing Churches, 22–25.
15 Vgl. zum Beispiel Transkript 4.2., Z. 262–325.

werden kann. Zugleich wird im Folgenden auch auf die durch das Schema nicht abgedeckten Aspekte des Vorbereitungsprozesses einzugehen sein.

Einer der häufigsten Ausgangspunkte für die Explorationsphase stellt das Vorhandensein eines geeigneten Gemeindegründers dar.[16] Dies dürfte besonders für Gemeinden der Fall sein, welche Gemeindegründung als Teil ihrer Agenda verstehen und damit aktiv nach Gelegenheiten für Gemeindegründungen suchen. So beschreibt zum Beispiel CP5 den Ausgangspunkt der von ihm durchgeführten Gründung folgendermaßen:

> „I'd been working for a church in London for about five years, but it was time to move on. It was a church in the financial district. And opportunity arose to look at a job in New York, which my wife and I explored, decided not to pursue that opportunity. But the church I worked for in London and the church we were talking to in New York mentioned to me the possibility of beginning a new church in London, which I'd never thought of before."[17]

Aber auch die Identifizierung eines geeigneten Gebäudes beziehungsweise einer geeigneten Gemeinde sind mögliche Ausgangspunkte. So berichtet zum Beispiel CP3, dass die Identifizierung des seit Jahren geschlossenen Kirchengebäudes von St. Luke's Osney Crescent als möglicher Ort für eine Gemeindegründung durch Holy Trinity Brompton zum Ausgangspunkt der von ihm durchgeführten Gemeindegründung wurde.[18] CP8 schildert den Beginn der Exploration der von ihr später durchgeführten Revitalisierung der Kirchengemeinde St John's the Baptist in Reading wie folgt:

> „I was looking to move to my first post following curacy. And I came here. Or I had a chat with Mike who was the rector. And he offered me a chance to lead a service and preach without anybody knowing why. I came and did that. And at that service I just had a [...] really strong sense of the possibilities and the potential for the church. I could see all the challenges, but just had a real sense of the potential for the church to grow. I knew that there were lots of people from Greyfriars who lived in this parish, but who always crossed [...] the river Thames to get to Greyfriars. And, you know, what if they were part of this church? So even before I started, my expectation was that we might do something like that."[19]

---

16 Vgl. Transkript 1.1.1., Z. 23–30; Transkript 1.4., Z. 92–109; Transkript 1.5., Z. 25–45; Transkript 1.6., Z. 16–21.

17 Transkript 1.5., Z. 25–32.

18 Vgl. Transkript 1.3.1., Z. 137–144.

19 Transkript 1.8., Z. 66–78.

Zugleich kann auch die Autorisierung einer Gemeindegründung am Beginn der Erkundungsphase stehen. Dies ist dann der Fall, wenn ein Bischof als Initiator einer Gemeindegründung auftritt. In der Regel geschieht dies bei größeren Gemeindegründungsprojekten, wie zum Beispiel der Gründung einer *Resource Church*. So berichten CP2 und CP7, dass der jeweilige Diözesanbischof mit dem Wunsch nach einer Gemeindegründung an Holy Trinity Brompton herantrat und die Gemeinde um die Durchführung einer Gemeindegründung bat.[20] In diesen Fällen lag somit zuerst die Autorisierung durch die Kirchenleitung vor und erst daraufhin kam es zur Identifizierung eines Gemeindegründers und eines Gebäudes für die Gemeindegründung.[21]

Von der Verfügbarkeit finanzieller Ressourcen als Ausgangspunkt für die Erkundung möglicher Gemeindegründungen kann dort die Rede sein, wo strukturelle Voraussetzungen für die Förderung von Gemeindegründungen geschaffen wurden und diese damit in einem strategischen Sinne gefördert werden. Als bestes Beispiel hierfür kann der von Holy Trinity Brompton initiierte Church Revitalisation Trust (CRT) gelten. Der CRT hat zum Ziel bis zu 100 *City Centre Resource Churches* zu gründen und wurde dafür eigens mit finanziellen und personellen Ressourcen ausgestattet.[22] Aufgrund seiner Aufgabe und mit Hilfe der ihm zur Verfügung stehenden Ressourcen, betreibt der CRT nun die „Akquise" der drei anderen Bedingungsfaktoren. Wenn dies gelingt, kann eine Gemeindegründung umgesetzt werden.

Als Initiator einer Gründung wird die Person oder Institution beschrieben, welche die Erkundung der Möglichkeit einer klassischen Gemeindegründung durch ihr Handeln anstößt. Zu diesen Initiatoren gehören kirchenleitende Personen, wie zum Beispiel ein Diözesanbischof oder andere Mitglieder der kirchlichen Leitungshierarchie.[23] Weitere wichtige Initiatoren sind die potentiellen Sendungsgemeinden, insbesondere der Gemeindepfarrer dieser Gemeinde,[24] der Gemeindegründer selbst[25] und Gemeindegründung initiierende und fördernde Institutionen wie zum Beispiel Gemeindegründungsnetzwerke oder -agenturen.[26] Jedoch kann ebenso die empfangende Gemeinde als Initiator auftreten, auch wenn es sich dabei wohl eher um

20 Vgl. Transkript 1.2., Z. 14–22; Transkript 1.7, Z. 17–37.

21 Vgl. Transkript 1.2., Z. 19–25; Transkript 1.7, Z. 35–38.102–125.

22 Vgl. Transkript 4.5., Z. 548–562.

23 Vgl. Transkript 1.2., Z. 14–22; Transkript 1.3.1., Z. 87–97; Transkript 1.7, Z. 17–37.816–831; Transkript 4.7. Z. 64f.; Transkript 4.8., Z. 233–238.

24 Vgl. Transkript 1.1.1., Z. 18–29; Transkript 1.3.1., Z. 54–59; Transkript 1.5., Z. 27–33; Transkript 4.3., Z. 259–264; Transkript 4.5., Z. 97–105; Transkript 4.7. Z. 64–74.300–312.

25 Dies ist zum Beispiel bei CP4 und CP8 der Fall. Vgl. Transkript 1.4., Z. 92–109; Transkript 1.8., Z. 66–78.

26 Vgl. Transkript 4.2., Z. 818–830.

Einzelfälle handeln mag.[27] Darüber hinaus besteht auch die Möglichkeit, dass am eigentlichen Gründungs- und Entwicklungsprozess unbeteiligte Personen Gemeindegründungen anstoßen und damit als Initiatoren zu verstehen sind.[28] Ebenfalls kann ein Gemeindegründungsprozess durch mehrere Initiatoren ausgelöst werden, welche von Beginn an zusammenarbeiten oder aber zunächst unabhängig voneinander agieren und erst im Laufe der Explorationsphase zueinander finden.[29]

Ziel der Explorationsphase ist es, das Potential einer identifizierten Gemeindegründungsmöglichkeit zu evaluieren und somit zu einer Bewertung zu gelangen, ob die noch fehlenden Bedingungsfaktoren erfüllt werden könnten. Am Ende der Explorationsphase steht der Entschluss zur Gründung oder aber die Verwerfung des Gründungsimpulses.[30] Kommt es zu einem Entschluss, eine Gemeindegründung durchzuführen, folgt der Übergang zur Vorbereitungsphase. Dabei müssen nicht bereits alle vier Bedingungsfaktoren erfüllt sein. Es muss lediglich als wahrscheinlich genug gelten, dass es zu einer Erfüllung aller Bedingungen kommt und damit die tatsächliche Gründung möglich wird. Die Erfüllung der Bedingungsfaktoren kann sich somit über die Explorationsphase hinaus auf die Vorbereitungsphase erstrecken.

Auch ist nicht festgelegt, welche Akteure den Entschluss zur Gründung fassen. Eine Entschlussfassung ist sowohl für Personen der Kirchenleitung, die sendende

27 Vgl. die Beschreibung von CP8. Diese stellt zugleich einen Sonderfall dar, da CP8 bereits Gemeindepfarrerin der empfangenden Gemeinde war und in dieser Funktion zusammen mit dem *Parochial Church Council* ihrer Gemeinde die Revitalisierung derselben anstieß. Dafür wurde eine andere Gemeinde gebeten ein Gemeindegründungsteam zur Verfügung zu stellen. CP8 übernahm innerhalb dieses Teams dann auch die Funktion der Gemeindegründerin. Vgl. Transkript 1.8., Z. 64–95.

28 Vgl. Transkript 1.1.1., Z. 86–93.

29 So schildert zum Beispiel CP1, dass parallel zu der von ihm und seiner Sendungsgemeinde ausgehenden Initiative ein Gemeindepfarrer seine Gemeinde als mögliche empfangende Gemeinde auswies und damit an Bishop Ric Thorpe herantrat. Dieser trat daraufhin im Sinne eine Beziehungspromotors auf und vermittelte die potentiell empfangende Gemeinde mit der Sendungsgemeinde von CP1. Vgl. Transkript. 1.1.1., Z. 26–36. 86–93. Dies trifft ebenso auf durch das HTB-Netzwerk und den CRT gegründete *City Centre Resource Churches* zu, da hier aktiv nach Möglichkeiten zur Gründung von *City Centre Resource Churches* gesucht wird und zugleich eine Nachfrage nach solchen Gründungen durch einige Diözesanbischöfe besteht. Das bedeutet, dass von beiden Seiten die Initiative ergriffen wird und es dann zu einer Vermittlung der Interessen kommt. Vgl. Transkript 4.5., Z. 130–146. Auch zwischen *Resource Churches* selbst, welche ja die Funktion haben weitere Gemeindegründungen zu initiieren und der Kirchenleitung, kommt es zu einer intensiven Zusammenarbeit bei der Initiierung von weiteren Gemeindegründungen. Vgl. Transkript 1.2., Z. 175–182. Wo eine Gemeinde bewusst eine Gemeindegründung initiieren möchte, wird meist ein *curate* beschäftigt, welcher als potentieller Gemeindegründer gesehen wird. Hier sind es dann meist der Gemeindepfarrer und der *curate*, welche zusammen als Initiatoren auftreten. Vgl. Transkript 1.1.1., Z. 18–29; Transkript 1.5., Z. 699–706; Transkript 1.6., Z. 17–21.

30 Vgl. Transkript 1.3.1., Z. 82–116.

Gemeinde, den Gemeindegründer oder aber auch Gemeindegründungsnetzwerke und -agenturen vorstellbar.[31] In der Regel wird es jedoch der Fall sein, dass mindestens zwei oder mehr Akteure über die Durchführung einer Gründung übereinkommen und es damit zum Entschluss der Gründung kommt. Ein Beispiel für solche Übereinkünfte ist die Vereinbarung zwischen einem Diözesanbischof und einer Sendungsgemeinde wie zum Beispiel Holy Trinity Brompton über die Gründung einer *City Centre Resource Church*. Zum Zeitpunkt dieser Vereinbarung steht zum Teil noch nicht fest, wer der Gemeindegründer sein wird und welches Gebäude, beziehungsweise welche Gemeinde als Ort der Gründung fungieren werden.[32] Der Entschluss kann aber auch zu einem späteren Zeitpunkt fallen, wenn zum Beispiel bereits drei der vier Bedingungsfaktoren erfüllt sind und somit der Gemeindegründer und der Ort der Gründung identifiziert wurden und die Autorisierung der Gemeindegründung durch die Kirchenleitung vorliegt.[33] Ist es zu dem vorläufigen Entschluss gekommen eine klassische Gemeindegründung durchzuführen, so setzt die Phase der Vorbereitung ein.

15.1.2 Vorbereitung

Im Zentrum der Vorbereitungsphase steht die Erfüllung der noch offenen Bedingungen. Dazu treten weitere Aspekte. Viele der im Folgenden dargestellten Vorbereitungen können auch bereits Teil der Explorationsphase sein. Aus diesem Grund sind die beiden Phasen der Exploration und der Vorbereitung nicht als strikt getrennte Abschnitte zu verstehen. Vielmehr erscheint die Vorbereitungsphase als eine Intensivierung der bereits in der Explorationsphase begonnenen Vorbereitungen. Dabei geht P3 davon aus, dass die Vorbereitungsphase – also der Zeitraum zwischen Entschlussfassung und offizieller Gründung – circa sechs Monate bis ein Jahr beträgt.[34] Es wird nun zunächst auf die einzelnen Bedingungsfaktoren eingegangen, bevor weitere Aspekte der Vorbereitung in den Blick genommen werden.

31 So bedurfte die Gründung der Studentengemeinde The Anchorage lediglich des Entschlusses der beiden Gründer, da diese Gründung durch den rechtlichen Rahmen ihrer Tätigkeit als Universitätsseelsorger abgedeckt war und damit keiner externen Autorisierung bedurfte. Vgl. Transkript 1.4., Z. 285–290.

32 Vgl. Transkript 4.5., Z. 130–146.

33 Vgl. Transkript 1.1.1., Z. 26–42.

34 Als ein wesentlicher zeitlicher Einflussfaktor gilt dabei, wie schnell ein geeigneter Ort für die Gründung gefunden werden kann und ob die Entschlussfassung mit der der Erfüllung des örtlichen Bedingungsfaktors zusammen fällt oder unabhängig davon geschieht. Vgl. Transkript 4.3., Z. 227–233.

15.1.2.1 Der erste Bedingungsfaktor: Autorisierung der Gründung durch die Kirchenleitung

Hat noch keine Autorisierung der geplanten Gemeindegründung stattgefunden, so muss diese nun in Gesprächen mit der Kirchenleitung eingeholt werden. Zwar werden auch Gemeindegründungen durchgeführt, ohne dass eine Autorisierung durch die Kirchenleitung vorliegt, doch handelt es sich dabei um Einzelfälle.[35] Darüber hinaus mag es Fälle geben, in welchen die Gemeindegründung innerhalb des parochialen Gebietes der Sendungsgemeinde erfolgt oder durch andere kirchenrechtliche Bestimmungen gedeckt ist.[36] In diesem Fall erfolgt die Autorisierung durch den jeweiligen *incumbent* und eine Beteiligung der Kirchenleitung erscheint nicht als notwendig.[37] Wird aber die Zustimmung der Kirchenleitung benötigt, so stimmen die interviewten Gemeindegründer und Promotoren darin überein, dass in diesem Fall dem jeweils zuständigen Bischof eine zentrale Stellung zukommt.[38]

Eine Autorisierung kann dabei über unterschiedliche Wege erfolgen. Handelt es sich um eine klassische Gemeindegründung nach dem Modus der Gründung, dann kann das Instrument der *Bishop's Mission Order* (BMO) zum Einsatz kommen, da die Gemeindegründung ansonsten auf die Zustimmung des *incumbents* angewiesen ist, in dessen Parochie die Gründung erfolgt.[39] Handelt es sich um die Wiedereröffnung einer zuvor geschlossenen Kirche, so kann sowohl eine BMO ausgestellt werden, oder aber es kommt zur Bildung einer neuen Parochie.[40] Bei einer Revitalisierung wiederum muss die Zustimmung der Gemeindeleitung erlangt werden. Da im Falle von Revitalisierungen die empfangende Gemeinde in der Regel vakant ist, treten im Normalfall die *churchwarden* und der *Parochial Church Council* als Entscheidungsträger auf.[41] Auch hier übernimmt die Kirchenleitung im Regelfall

---

35 Vgl. die Darstellung in ▹ Kapitel 9.1.2 und Kapitel 9.2.2.

36 So wie zum Beispiel bereits in Zusammenhang mit der Studentengemeinde The Anchorage geschildert. Vgl. Transkript 1.4., Z. 285–290.

37 Vgl. Transkript 4.4.1. Z. 412–438.

38 Vgl. zum Beispiel Transkript 1.3.1., Z. 229–231; Transkript 1.6., Z. 37–45; Transkript 1.8., Z. 182–187; Transkript 4.1.1., Z. 307–316; Transkript 4.3., Z. 214–221; Transkript 4.4.1., Z. 459–465; Transkript 4.5., Z. 60–71; Transkript 4.6., Z. 25–29; Transkript 4.7., 77f.

39 Für den Einsatz einer BMO im Zuge einer klassischen Gemeindegründung vgl. Transkript 4.3., Z. 139–147; Transkript 4.1.2., Z. 294–309. Für die Schwierigkeiten einer klassischen Gemeindegründung außerhalb der Parochie der Sendungsgemeinde vor der Einrichtung des Instruments der Bishop's Mission Order vgl. Transkript 1.5., Z. 137–153.176–198.

40 Auch im Falle der Einrichtung einer neuen Parochie tritt die Kirchenleitung in steuernder Funktion auf. Vgl. Transkript 1.3.1., Z. 246–269.

41 Vgl. ▹ Kapitel 25.3.5.

die Leitung der Gespräche.[42] Bischöfe setzten dabei auch ihnen zur Verfügung stehende Machtmittel ein, um eine Revitalisierung auch gegen Widerstände von Seiten der empfangenden Parochialgemeinde durchzusetzen. Dies beschreibt P7 wie folgt:

> „Well, one of the things that is given to the bishop in ordination is [...] the task of sending. So, sending ministers to proclaim the gospel. [...] Very often these parishes have no priest. It is a vacancy. And they want me to send someone, as it were made in their own image. [...] And it's my job to [...] say, ‚Well, actually no [...] I'm going to send you the person, that I think you [...] need actually supposed to the person that you're, you know, demanding.' So, I think the bishop has [...] a role in terms of guidance here."[43]

Zugleich kann der Widerstand in einer Parochie aber auch so groß sein, dass von einer Revitalisierung abgesehen wird.[44] Zusammenfassend lässt sich sagen, dass bei der Autorisierung einer klassischen Gemeindegründung der Kirchenleitung und insbesondere dem zuständigen Bischof die zentrale Rolle zukommt, da sie über die dafür notwendigen rechtlichen und strukturellen Mittel verfügen.[45]

15.1.2.2 Der zweite Bedingungsfaktor: Gemeindegründer und Gemeindegründungsteam

Der Gemeindegründer oder die Gemeindegründerin entstammen oft der sendenden Gemeinde. In den meisten Fällen sind sie als *ordinand*, *curate* oder *associate vicar* bereits seit mehreren Jahren bei dieser angestellt, bevor sie in einen Gemeindegründungsprozess involviert werden.[46] Handelt es sich um eine Gemeinde, welche aktiv eine Gemeindegründungsagenda verfolgt, so erfolgt die Anstellung des *curates* oft bereits mit dem Ziel, diesen zu einem späteren Zeitpunkt als Gemeindegründer einzusetzen.[47] Zum Teil werden Gemeindegründer auch extern,

---

42 Für einen Ausnahmefall aufgrund unbesetzter kirchlicher Ämter zum Zeitpunkt der Verhandlungen und die damit einhergehenden Schwierigkeiten vgl. Transkript 1.6., Z. 27–99.

43 Transkript 4.7., Z. 103–113. Vgl. ebenfalls Transkript 4.8., Z. 242–252.476–489.

44 Vgl. Transkript 4.6., Z. 85–91.552–559. Einen dritten Weg schildert CP1. Dabei wurde das Gründungsteam vom Bischof eingeladen, bereits in Parochialgebiet einer vakanten Kirchengemeinde tätig zu werden, ohne dass der Gemeindegründer die Stelle des Gemeindepfarrers übernahm. Nach einiger Zeit folgte dann die Einladung der vakanten Gemeinde an den Gemeindegründer die Leitung der Gemeinde zu übernehmen. Vgl. Transkript 1.1.1., Z. 36–66.218–249.

45 Vgl. Transkript 4.3., Z. 264–271.

46 Vgl. Transkript 1.1.1., Z. 18–24.; Transkript 1.3.1., Z. 54–59.516–541; Transkript 1.5., Z. 25–27.35; Transkript 1.6., Z. 16–17; Transkript 1.7., Z. 56–59; Transkript 4.1.1., Z. 330–338; Transkript 4.3., Z. 257–253; Transkript 4.4.1., Z. 354–358; Transkript 4.5., Z. 110–121.

47 Vgl. Transkript 1.3.1., Z. 54–59; Transkript 4.3., Z. 257–253.

das heißt aus anderen Gemeinden, rekrutiert oder die Gründung erfolgt ohne eine Sendungsgemeinde und ist alleinige Initiative des Gemeindegründers.[48]

Das Gemeindegründungsteam stammt ebenfalls meist aus der Sendungsgemeinde, auch wenn oft weitere Personen von außerhalb der Sendungsgemeinde hinzukommen[49] Für die Ansprache möglicher Mitglieder des Gemeindegründungsteams spielt die offizielle Ankündigung der Gemeindegründung in der Sendungsgemeinde eine wichtige Rolle. Bei diesem *vision casting* teilt der Gemeindegründer seine „Vision" von der Gründung und ruft die Zuhörer dazu auf zu prüfen, ob sie sich berufen fühlen, sich dem Gemeindegründungsteam anzuschließen. Unterstützt wird der Gemeindegründer dabei vom Gemeindepfarrer der Sendungsgemeinde.[50] CP8 beschreibt dies wie folgt:

> „So in July 2017 [...] I had discussions with the vicar David Walker at Greyfriars. He invited me to go and speak at Greyfriars and kind of cast the vision. So, I went in July 2017 and just really said: 'This is [...] the vision [...] if you like for St John's. Please could you pray about whether God might be calling you to be part of it, particularly if you live north of the river and in St John's area in particular.' So I went in July and left people to pray about it over the summer; didn't hassle people."[51]

Laut P4 erscheint es für diesen Prozess als vorteilhaft, wenn der Gemeindegründer durch eine längere Anstellung in der Sendungsgemeinde Zeit hatte Beziehungen zu Gemeindegliedern aufzubauen und dadurch bereits eine persönliche Nähe zwischen diesen und dem Gemeindegründer besteht: „Ideally the leader [...] comes to join the church long enough for them to form relationships with people who may also to be called to be part of the planting team."[52] Dieser Zusammenhang zwischen einer bereits bestehenden persönlichen Beziehung zum Gemeindegründer und der Bereitschaft ein Teil des Gemeindegründungsteams zu werden, zeigt sich auch darin, dass manche Gemeindegründer ihre Teammitglieder aus den von ihnen

---

48 Vgl. Transkript 1.4., Z. 260–270. Einen weiteren Sonderfall stellt CP8 dar, welche nach ihrer Ausbildung zur Pfarrerin in Kontakt mit der Gemeinde trat, in welcher sie vor ihrer Ausbildung Gemeindeglied war und diese darum bat, ihr ein Gründungsteam zur Verfügung zu stellen. Vgl. Transkript 4.8., Z. 61–95.

49 Dabei spielt der persönliche Kontakt zum Gemeindegründer eine wesentliche Rolle. Aber auch die Bewerbung der Gemeindegründung in anderen Gemeinden kann dazu führen, dass sich weitere Personen der Gemeindegründung anschließen. Vgl. Transkript 1.1.1., Z. 134–151; Transkript 1.2., Z. 52–67; Transkript 1.3.1., Z. 475–497; Vgl. Transkript 1.5., Z. 93–97.99–103; Vgl. Transkript 1.6., Z. 125–150.

50 Vgl. Transkript 4.6., Z. 113–133.

51 Transkript 1.8., Z. 141–149. Vgl. ebenso Transkript 1.5., Z. 59–49; Transkript 4.1.1., Z. 475–478; Transkript 4.3., Z. 273–276; Transkript 4.5., Z. 277–281.

52 Transkript 4.1.1., Z. 372–376.

in der Sendungsgemeinde geleiteten Kleingruppen rekrutieren.[53] Verschiedene Interviewpartner betonen aber, dass es zugleich eines Prüfprozesses bedarf und nicht alle Interessierten in das Gemeindegründungsteam aufgenommen werden sollten.[54]

Die Gemeindegründungsteams bestehen zum größten Teil aus Ehrenamtlichen. Bei finanziell gut ausgestatteten Gemeindegründungen sind aber bereits von Beginn an weitere hauptamtlich beschäftigte Personen Teil des Gründungsteams. Dies ist insbesondere beim *Resource Church* Modell der Fall, trifft aber auch auf andere Gemeindegründungen zu.[55] Die Teamgröße kann sich dabei erheblich unterscheiden und reicht bei den interviewten Gemeindegründern von elf bis 45 Erwachsenen.[56] Bei den *Resource Churches* scheint es der Fall zu sein, dass sich zunächst ein recht kleines Gründungsteam bildet, welches zum großen Teil aus der Sendungsgemeinde stammt. Es ist durch bereits bestehende Beziehungen zum Gemeindegründer geprägt und stellt eine Art Gründungskern dar. Während der weiteren Vorbereitungen am Gründungsort wächst dieses Team dann aber auf eine größere Personenanzahl an.[57] Wie bereits dargestellt, werden klassische Gemeindegründungen jedoch im Schnitt mit großen Gemeindegründungsteams durchgeführt.[58]

---

53 Vgl. Transkript 1.3.1., Z 475–497; Transkript 1.5., Z. 40–45. Vgl. Transkript 1.7., Z. 149–158.191–198; Transkript 1.8., Z. 141–177.

54 Vgl. Transkript 4.1.1., Z. 377–381; Transkript 4.6., Z. 133–137. Dieser Prüfprozess erfolgt sowohl von Seiten des Gemeindegründers, als auch von Seiten potentieller Teammitglieder. Gemeindegründer berichten davon, dass sich Personen dem Gründungsteam anschließen, dieses aber noch vor Gründung der Gemeinde wieder verlassen. In anderen Fällen verpflichten sie sich für den Zeitraum von einem Jahr und verlassen zum Teil die Gemeindegründung bereits wieder kurz nach deren offiziellen Gründung oder innerhalb der ersten Jahre. Vgl. Transkript 1.2., Z. 62–66; Transkript 1.6., Z. 118–122.724–732. CP1 beschreibt zudem einen Prozess, in dem ein sehr kleines Gemeindegründungsteam gesucht wurde. Dabei wurden die Mitglieder einzeln ausgewählt. Vgl. Transkript 1.1.1., Z. 103–133. Moynagh spricht in diesem Zusammenhang von *identity voyages* und meint damit individuell und gemeinschaftlich stattfindende Aushandlungsprozesse, in denen potentielle Teammitglieder mit Hilfe von Imaginationsprozessen zur Entscheidung kommen, sich einem Gemeindegründungsteam anzuschließen beziehungsweise gegebenenfalls dieses nach einiger Zeit auch wieder zu verlassen. Vgl. Moynagh / Harrold: Context, 224–244.

55 Vgl. Transkript 1.2., Z. 497–499; Transkript 1.3.1., Z. 103f.; Vgl. Transkript 1.5., Z. 545–550; Vgl. Transkript 1.6., Z. 107–109; Transkript 1.7., Z. 149–158.

56 Vgl. Transkript 1.1.1., Z. 132f.; Transkript 1.2., Z. 62–67; Transkript 1.3.1., Z. 497–498.; Vgl. Transkript 1.5., Z. 87–90; Vgl. Transkript 1.6., Z. 117–122; Transkript 1.7., Z. 149–158; Transkript 1.8, Z. 175–182.

57 So geben CP2 und CP7 an, ein Kernteam von circa 15 bis 20 beziehungsweise 11 Erwachsenen gebildet zu haben. Dies wuchs dann aber während der weiteren Vorbereitungen stetig an. Nach CP2 waren es vor offizieller Gründung der Gemeinde 35–40 Erwachsene. Vgl. Transkript 1.2., Z. 52–67; Transkript 1.7., Z. 149–158.191–209.

58 Am häufigsten ist eine Teamgröße von 20 bis 49 Personen. Es kommen aber auch Gründungsteams mit über 100 Personen vor. Vgl. Lings, Day, 124. Vgl. auch Transkript 1.1.1., Z. 112–115.

Ist das Team gefunden, so durchläuft dies einen Vorbereitungsprozess. Kern dieses Prozesses sind regelmäßige Treffen. Diese können in unterschiedlichen Rhythmen stattfinden und sich über unterschiedliche Zeiträume erstrecken.[59] Aufgrund des gottesdienstzentrierten Gründungsprozesses stehen bei ihnen oft gottesdienstliche Elemente wie Predigt, gemeinsames Gebet und auch das Singen geistlicher Lieder im Vordergrund.[60] Diese orientieren sich in der Regel an der gottesdienstlichen Tradition der Sendungsgemeinde und zeichnen das gottesdienstliche Geschehen der zu gründenden Gemeinde vor. In diesem Prozess zeigt sich die in den meisten Fällen nur bedingt reflektierte, aber meist vorhandene Erwartung der Mitglieder des Gründungsteams, dass die zu gründende Gemeinde eine Nachbildung der Sendungsgemeinde sein wird.[61]

Auch findet in der Vorbereitung zu einem gewissen Grad eine Auseinandersetzung mit dem Kontext beziehungsweise der Zielgruppe der Gemeindegründung statt. Da aber das gottesdienstzentrierte Gründungsmodell dominiert, hat dies nur sehr bedingt einen Einfluss auf die zukünftige Gestalt der Gemeindegründung. Wenn es sich aber um eine Mischform zwischen einem gottesdienstzentrierten und einem kontextzentrierten Gründungsprozess handelt oder aber die zu erreichende Zielgruppe nicht der Zielgruppe der Sendungsgemeinde entspricht, kann es zu einem Diskurs über die zukünftige Gestalt der neu zu gründenden Gemeinde kommen.[62] Wenn hingegen der gottesdienstzentrierte Ansatz im Vordergrund steht und das Gemeindemodell der Sendungsgemeinde dominiert, kommt dem Gründungsteam eher die Funktion zu, die Gemeindeform der Sendungsgemeinde nachzubilden, anstatt eine neue Form zu entwickeln.

Zusammenfassend lässt sich sagen, dass in den meisten Fällen der Gemeindegründer und ein wesentlicher Teil des Gründungsteams aus der sendenden Gemeinde stammen. Damit einher geht meist eine Nachbildung wesentlicher Aspekte des gottesdienstlichen und gemeindlichen Lebens der sendenden Gemeinde durch die gesandte Gemeinde. Die sendende Gemeinde hat damit einen wesentlichen Einfluss auf die Gestalt der Gemeindegründung.

15.1.2.3 Der dritte Bedingungsfaktor: Ort und Gebäude

Hier ist zunächst noch einmal herauszustellen, dass für klassische Gemeindegründungen aufgrund des gottesdienstzentrierten Ansatzes die Verfügbarkeit eines

59 Vgl. Transkript 1.1.2., Z. 75–85; Transkript 1.2., Z. 67–71; Transkript 1.3.1., Z. 497–504; Transkript 1.4., Z. 270–277; Transkript 1.5., Z. 56–59.157–159.

60 Vgl. Transkript 1.2., Z. 67–71; Transkript 1.3.1., Z. 412–427; Transkript 1.4., Z. 270–277; Transkript 1.5., Z. 202–213; Transkript 1.7., Z. 198–209.

61 Vgl. Transkript 4.6., Z. 126–132.471–483.

62 Vgl. Transkript 1.1.1., Z. 39–80; Transkript 1.5., Z. 40–87.

Raumes für gottesdienstliche Versammlungen eine zentrale Rolle spielt. Die Suche nach einem Ort und einem passenden Gebäude stellt deshalb einen zentralen Aspekt der Explorations- und Vorbereitungsphase dar. Wie bereits dargestellt unterscheidet sich das Verhältnis einer klassischen Gemeindegründung zu ihrem Gründungsort und Gebäude je nach ihrer Gründungsart und auch danach, ob sie eine Netzwerk- oder Gebietsorientierung verfolgt.[63] Für den Gemeindegründungsprozess gilt, dass die Identifizierung eines passenden Ortes durch verschiedene Akteure des Gemeindegründungsprozesses erfolgen kann, aber fast immer einer Abstimmung zwischen Sendungsgemeinde beziehungsweise Gemeindegründer auf der einen Seite und der Kirchenleitung auf der anderen Seite bedarf. Dies gilt sowohl für Gemeindegründung im Modus der Gründung, bei der die neu entstehende Gemeinde meist auf die Ausstellung einer *Bishop's Mission Order* angewiesen ist, als auch für Wiedereröffnungen und Revitalisierungen, welche aufgrund der in diesen Fällen genutzten Kirchengebäude nur unter Einbezug der Kirchenleitung erfolgen können. Weitere wichtige Akteure in diesem Prozess sind im Falle einer Revitalisierung die empfangende Gemeinde und generell die Kirchengemeinden, welche das kirchliche Umfeld des geplanten Gründungsortes bilden.

Der Auswahlprozess eines geeigneten Ortes und Gebäudes verläuft dabei zwischen zwei Polen. Auf der einen Seite stehen die sich aus dem angestrebten Gemeindemodell ergebenden „idealen Merkmale" eines Ortes. Diese variieren je nach Gründungsmodus und -modell. So wird eine netzwerkorientierte Gemeindegründung einen Versammlungsort bevorzugen, welcher mit (öffentlichen) Verkehrsmitteln gut zu erreichen ist.[64] Eine gebietsorientierte Gemeindegründung hingegen wird auf die Nähe zum Gemeindegründungsgebiet achten. Auch können die ästhetischen Präferenzen der Zielgruppe eine Rolle spielen.[65] Bei der Gründung einer *City Centre Resource Church* wird darauf geachtet werden, dass sich das Gebäude in der Innenstadt oder nahem Umkreis befindet, verkehrsgünstig gelegen ist und über ausreichend Kapazität verfügt, um das zu erwartende Wachstum aufzufangen.[66] Hinzu treten Aspekte der generellen Verwendbarkeit des Gebäudes für die Gemeindearbeit. Sind ein Versammlungsraum und geeignete Gruppen- und Büroräume vorhanden? Oder müssen letztere zusätzlich andersweitig gemietet werden?[67]

Auf der anderen Seite stehen die „tatsächlichen Möglichkeiten". Darunter sind die tatsächlich zur Verfügung stehenden Orte beziehungsweise Gebäude zu verstehen. Dabei kann es sich um eine vakante Gemeinde handeln, welche von einer Schließung bedroht ist und deswegen für eine Revitalisierung in Frage kommt oder

63 Vgl. ▷ Kapitel 11 und Kapitel 12.4.

64 Vgl. Transkript 1.3.1., Z. 506–512.

65 Vgl. Transkript 1.5., Z. 107–117.

66 Vgl. Transkript 1.7., Z. 102–108.

67 Vgl. Transkript 1.3.1., Z. 104–114. Vgl. auch Transkript 1.5., Z. 816–823.

aber um ein geschlossenes Kirchengebäude, welches wiedereröffnet werden könnte. Aber auch eine Schulaula oder ein Stadtteilzentrum, welche gemietet werden könnten, stellen solche „tatsächliche Möglichkeiten" dar.

Die „idealen Merkmale" müssen während der Suche nach einem geeigneten Ort beziehungsweise Gebäude mit den vorhandenen Möglichkeiten vermittelt werden. Dabei ist davon auszugehen, dass größere Gemeindegründungsprojekte, wie zum Beispiel die Etablierung einer *Resource Church*, aufgrund der ihnen zur Verfügung stehenden finanziellen Mittel und der Unterstützung durch die Kirchenleitung höhere Chancen haben, die aus ihrer Sicht „idealen Merkmale" durchzusetzen, als dies bei kleineren Gemeindegründungen der Fall ist.[68] Diese werden sich stärker an den „vorhandenen Möglichkeiten" orientieren müssen.[69]

Aufgrund dieses Umstandes kann der Ort beziehungsweise das Gebäude einer Gemeindegründung auch auf deren Gründungsart und -modell rückwirken. In anderen Worten: Die tatsächlich „vorhandenen Möglichkeiten" werden in den meisten Fällen entscheidenden Einfluss darauf haben, nach welchem Modus eine Gemeindegründung durchgeführt wird, und können auch vorgeben, ob diese eher eine Netzwerk- oder eine Gebietsorientierung verfolgt. P2 beschreibt dies wie folgt:

> „Our church planting tends to be both reactive and proactive. So for example if Bishop Ric came to me and said, 'I've got a church building here. Have you got a guy to go there?' [...] Well the answer is, 'Yes, leave it with me. We'll find someone.' [...] Because you just would. You know, you don't look a gift horse in the mouth. But if you said for example, 'We wanna reach Russian speaking people in London.' What we would say is, 'Okay where are they? Or how do we access them? [...] What would work as a pattern of ministry to get traction there?' And it may will be that you don't end up with putting a guy in an Anglican church building in, you know, north-west London."[70]

Zusammenfassend kann gesagt werden, dass „Gebäude und Ort" einen entscheidenden Faktor für den Gründungsprozess klassischer Gemeindegründungen darstellen. Die Findung eines geeigneten Gebäudes beziehungsweise Ortes erfolgt unter Vermittlung der beiden Pole „ideale Merkmale" und „tatsächliche Möglichkeiten". Dabei ist anzunehmen, dass die vorhandenen Möglichkeiten auch auf den Gründungsprozess rückwirken und diesen zu einem gewissen Grad beeinflussen. Vorliegende Daten zeigen, dass bei klassischen Gemeindegründungen das Verhältnis der Nutzung von kirchlichen Gebäuden (Kirchen und Gemeindezentren) mit

---

68 Vgl. Transkript 1.7., Z. 102–125.139–145.649–657.

69 Vgl. Transkript 1.5., Z. 107–113.738–750.816–823.

70 Transkript 4.2., Z. 818–830.

45 % und säkularen, öffentlichen Gebäuden mit 48 %, sehr ausgeglichen ist.[71] 8 % der untersuchten klassischen Gemeindegründungen nutzen sowohl kirchliche als auch säkulare Gebäude.[72]

15.1.2.4 Der vierte Bedingungsfaktor: Finanzielle und andere Ressourcen

Als Hauptquellen für die Finanzierung einer klassischen Gemeindegründung können die sendende Gemeinde, Gemeindegründungsnetzwerke und -agenturen, das Gemeindegründungsteam beziehungsweise die entstehende Gottesdienstgemeinde und Zuwendungen durch kirchliche Institutionen wie den *Strategic Development Fund* der *Church Commissioner* gelten.

Sendende Gemeinden statten ihre Gemeindegründungen oft finanziell aus, indem sie ihnen einen gewissen Geldbetrag zur Verfügung stellen oder bestimmte Ausgaben wie zum Beispiel Gehälter oder Mietausgaben für einen gewissen Zeitraum übernehmen.[73] Dies gilt zum Teil auch für Gemeindegründungsnetzwerke und -agenturen.[74] Auch erfahren klassische Gemeindegründungen teilweise andere Formen der Unterstützung durch ihre Sendungsgemeinden oder die mit ihnen verbundenen Gemeindegründungsnetzwerke. Dazu gehört etwa die Unterstützung beim Aufbau einer Internetpräsenz und der Öffentlichkeitsarbeit.[75] Zudem begleiten sie die Gemeindegründungen in beratender Weise und sorgen für die Einbindung in vorhandene Netzwerke.[76]

Für die dauerhafte Finanzierung einer klassischen Gemeindegründung übernimmt hingegen das Gründungsteam und die aus ihm hervorgehende Gottesdienstgemeinde die wesentliche Rolle. Nur wenn es der neu entstandenen Gottesdienstgemeinde nach Auslaufen der Unterstützung durch die sendende Gemeinde gelingt, durch Spenden die Ausgaben der Gemeindegründung zu decken, kann diese dauerhaft bestehen.[77] Ein gewisses Maß an Gemeindewachstum stellt damit eine wichtige Voraussetzung für die finanzielle Unabhängigkeit von Gemeindegründungen dar. Darüber hinaus erfahren einzelne Gemeindegründungen auch

---

71 Dabei ist aber für London eine wesentlich höhere Nutzung von kirchlichen Gebäuden durch klassische Gemeindegründungen anzunehmen, da hier neue Ausdrucksformen von Gemeinde generell verstärkt auf kirchliche Gebäude zurückgreifen und klassische Gemeindegründungen in London überproportional stark unter den neuen Ausdrucksformen von Gemeinde vertreten sind. Vgl. Lings, Day, 15.70.231.

72 Vgl. ebd., 231.

73 Vgl. Transkript 1.1.1., Z. 596–602; Transkript 1.2., Z. 414–423; Transkript 1.5., Z. 529–540; Transkript 1.6., Z. 424–427; Transkript 1.7., Z. 649–660; Transkript 1.8., Z. 206–211.

74 Vgl. zum Beispiel die Darstellung in ▷ Kapitel 9.1.1 und Kapitel 9.2.1.

75 Vgl. Transkript 4.6., Z. 392–399.

76 Vgl. zum Beispiel die Darstellung in ▷ Kapitel 9.1.1 und Kapitel 9.2.1.

77 Vgl. Transkript 1.5., Z. 541–552.691–698; Transkript 1.7., Z. 649–660.

finanzielle Unterstützung von Seiten kirchlicher Institutionen. Dies ist besonders dann der Fall, wenn die Diözese die Unterstützung von Gemeindegründungen verstetigt hat, wie dies zum Beispiel auf die Diözese von London zutrifft[78] oder aber die Gemeindegründung Teil der diözesanen Wachstumsstrategie ist und damit durch den *Strategic Development Funds* gefördert werden kann. Dies trifft besonders oft auf die Gründung von *Resource Churches* zu.[79]

Insgesamt bleibt festzuhalten, dass es sich bei klassischer Gemeindegründung um einen kostenintensiven Typ der neuen Ausdrucksformen von Gemeinde handelt, da fast immer ein oder mehrere Hauptamtliche finanziert werden müssen und die Gemeindegründungen auf Räumlichkeiten für die Feier von Gottesdiensten angewiesen sind. Handelt es sich um eine Wiedereröffnung, welche oft mit einer aufwändigen Renovierung des Gebäudes einhergeht, oder soll durch die Gemeindegründung eine *Resource Church* entstehen, dann steigert dies die Kosten zusätzlich. Anschubfinanzierungen für solche Großprojekte können leicht mehrere hunderttausend Pfund umfassen.[80] Zugleich ist es gerade die Form der klassischen Gemeindegründung, welche durch den Fokus auf die Etablierung einer Gottesdienstgemeinde und ihre im Vergleich zu anderen neuen gemeindlichen Ausdrucksformen überdurchschnittliche Größe das Potential hat, eine gemeindliche Arbeit mit dauerhaft hohen Ausgaben zu tragen.[81]

15.1.2.5 Weitere Aspekte der Vorbereitung

Zu diesen vier Grundbedingungen, deren Erfüllung die Explorations- und Vorbereitungsphase prägen, treten weitere Aspekte der Vorbereitung hinzu. Dazu gehört in vielen Fällen die Entwicklung eines Zeitplanes, welcher mindestens den Zeitpunkt für die offizielle Gründung der Gemeinde festlegt, aber auch weitere Punkte wie den geplanten Umzug des Gemeindegründers beinhalten kann.[82] Zum Teil geht er auch über die Gründungsphase hinaus und kann die geplanten Aktivitäten der ersten fünf Jahre nach der Gründung umfassen.[83] Dies wird meist durch eine detaillierte Finanzplanung ergänzt.[84]

---

78 Vgl. Transkript 1.4., Z. 542–558. Die Diözese von London unterstützt im Rahmen ihrer *Capital Vision 2020* die Gründung von neuen Gemeinden auch finanziell.

79 Vgl. Transkript 1.2., Z. 414–423; Transkript 1.7., Z. 649–660.

80 Vgl. Transkript 4.8., Z. 711–714.

81 Vgl. Lings, Day, 108f. Vgl. auch Transkript 4.1.2., Z. 38–44.

82 Vgl. Transkript 1.2., Z. 84–94; Transkript 1.3.1., Z. 179–181.

83 Vgl. Transkript 1.7., Z. 221–229.

84 Vgl. Transkript 1.7., Z. 85–87.222f.

Ein weiteres Element der Vorbereitungsphase kann der Besuch eines Gemeindegründungskurses oder eine andere Form der inhaltlichen Vorbereitung sein.[85] Dies betrifft meist den Gemeindegründer oder die Gemeindegründerin selbst, kann aber auch von Teilen des Gemeindegründungsteams wahrgenommen werden. Ein Beispiel hierfür ist der vom *Gregory Centre for Church Multiplication* dreimal jährlich angebotene Gemeindegründungskurs.[86] Aber auch persönliche Beratung oder die Begleitung des Gemeindegründers durch einen Mentor sind üblich.[87]

Einen weiteren Schwerpunkt der Vorbereitungsphase stellt die Erkundung des Kontexts dar. Diese beinhaltet Besuche des Gründungsortes und der näheren Umgebung durch den Gemeindegründer und Mitglieder des Gemeindegründungsteams.[88] Auch führt der Gemeindegründer in vielen Fällen Gespräche mit Gemeindepfarrern benachbarter Gemeinden und anderen als relevant empfundenen Personen.[89] Darüber hinaus finden weitere Recherchen statt und in manchen Fällen wird ein Zielgruppenprofil erstellt.[90] Das genaue Vorgehen und die Methodik in Bezug auf diese weiteren Recherchen variiert dabei von Gemeindegründer zu Gemeindegründer. Im Gemeindegründungskurs des *Gregory Centre for Church Multiplication* wird auf sieben zu erkundende Dimensionen des Kontextes hingewiesen: die (1) geographische und (2) soziale Struktur des Kontextes, (3) bestehende und Einfluss ausübende Gruppen und Organisationen, (4) zukünftige städteplanerische Entwicklungen, (5) die geschichtliche Entwicklung des Kontextes, (6) das Beziehungsnetzwerk zwischen bestehenden Kirchengemeinden, Organisationen und der lokalen Bevölkerung und (7) die Bezugspunkte des Kontextes zum christlichen Glauben. Methodisch wird die Sichtung von öffentlich oder kirchenintern zur Verfügung stehenden geographischen, soziologischen und geschichtlichen Daten und der Befragung von dem Kontext entstammenden Personen vorgeschlagen.[91] Da aber bei der klassischen Gemeindegründung die Nachbildung eines bestehenden Gemeindemodells und eine Gottesdienstorientierung überwiegen, ist der Einfluss dieser Kontexterkundung auf die künftige Gemeindegestalt begrenzt.[92]

---

85 Vgl. Transkript 1.1.1., Z. 188–211; Transkript 1.2., Z. 424–444; Transkript 1.4., Z. 105–108; Transkript 1.7., Z. 179–181; Transkript 1.8., Z. 743–747.

86 Vgl. ▻ Kapitel 9.3.1.

87 Vgl. Transkript 1.5., Z. 785–794; Transkript 1.6., Z. 886–888; Transkript 1.8., Z. 747f.

88 Vgl. Transkript 1.1.1., Z. 39–41; Transkript 1.7., Z. 72–80.174–179.

89 Vgl. Transkript 1.1.1., Z. 39–41; Transkript 1.5., Z. 71–80; Transkript 1.7., Z. 72–80.

90 Vgl. Transkript 1.5., Z. 71–85.

91 Diese sieben Dimensionen entstammen dem unveröffentlichten Kurshandbuch des Gemeindegründungskurses des *Gregory Centre for Church Multiplication*. Daneben liegen weitere Anleitungen zur Kontexterkundung in der einschlägigen Gemeindegründungsliteratur vor. Vgl. zum Beispiel Murray, Churches, 85–106; Keller, / Thompson, Handbuch, 82–91. Für eine Kontexterkundung in Bezug auf einen kontextzentrieren Gründungsansatz vgl. Moynagh / Harrold, Context, 249–267.

92 Vgl. dazu die ausführliche Darstellung in ▻ Kapitel 16.4.

Innerhalb der Vorbereitungsphase erfolgt dann auch der Umzug des Gemeindegründers und der Teammitglieder an den Ort der Gemeindegründung oder in dessen Nähe, sofern diese nicht bereits zuvor dort lebten.[93]

In Vorbereitung der offiziellen Gründung der Gemeinde kommt es auch zur öffentlichen Kommunikation der Gründung durch das Erstellen einer Internetpräsenz und die Nutzung der sozialen Medien.[94] Ziel des Prozesses ist es, im Vorfeld der offiziellen Gründung möglichst viel Aufmerksamkeit zu erzeugen, so dass der Gründungsgottesdienst von einer möglichst großen Anzahl an Personen besucht wird.[95] Darüber hinaus werden in den letzten Wochen vor dem Gründungsgottesdienst zum Teil sonntägliche Treffen abgehalten, welche bereits einen gottesdienstlichen Charakter haben und dazu dienen an der Gemeindegründung interessierte Personen zu sammeln.[96]

Abschließend ist festzuhalten, dass die Gemeindegründer und Promotoren die Explorations- und Vorbereitungsphase auch als einen geistlichen Prozess beschreiben. So betonen sie die Wichtigkeit des Gebets in der Vorbereitung und rechnen mit einem Eingreifen Gottes in diesen Prozess.[97]

Zusammenfassend erscheint die Vorbereitungsphase als eine Intensivierung der Explorationsphase, indem sie die Erfüllung der vier Bedingungen in ihren Mittelpunkt stellt. Das Ziel der Vorbereitungsphase ist die offizielle Gründung der Gemeinde durch ihren ersten öffentlichen Gottesdienst. Dieser wird durch die Kommunikation und Bewerbung der Gemeindegründung vorbereitet.

---

93 Vgl. Transkript 1.1.1., Z. 154–160; Transkript 1.2., Z. 56–60; Transkript 1.3.1., Z. 183–187.487–493; Transkript 1.5., Z. 99–103; Transkript 1.7., Z. 155–158. Handelt es sich um eine andere Stadt, dann ist es meist ein kleinerer Kreis von Leuten, welche das Gemeindegründungsteam bilden und umziehen. In den meisten Fällen setzt sich die neue Gemeinde aus Personen zusammen, welche bewusst an den neuen Ort gezogen sind und Menschen, die bereits zuvor dort lebten. In einem großstädtischen Kontext ist es oft der Fall, dass eine Gruppe von Gemeindegliedern einer größeren Netzwerkgemeinde in einem bestimmten Stadtgebiet lebt und dies der Ausgangspunkt einer Gemeindegründung bildet. Dies trifft insbesondere für die von HTB ausgehenden klassischen Gemeindegründungen in London zu. Vgl. Transkript 4.4.1., Z. 846–870. Vgl. auch Transkript 1.8., Z. 61–87.

94 Transkript 1.7., Z. 200–203.

95 Transkript 1.2., Z. 236f; Transkript 1.6., Z. 112–115.

96 Transkript 1.7., Z. 204f.

97 Vgl. Transkript 1.1.1., Z. 34f.39–41.115–133.391–396; Transkript 1.2., Z. 69–71.74–76; Transkript 1.5., Z. 151–191.781–785; Transkript 1.6., Z. 896.966–973; Transkript 1.7., Z. 72–100. 163.182–184.832–837; Transkript 1.8., Z. 153–174.334–347; Transkript 4.1.1., Z. 469–473.519–526.836–850.869–874; Transkript 4.2., Z. 309–315; Transkript 4.3., Z. 197–214; Transkript 4.4.1., Z. 317–328; Transkript 4.5., Z. 325–328; Trasnkript 4.6., Z. 306–315; Transkript 4.7., 130–145.

15.1.3 Gründung

Die offizielle Gründung einer neuen Gemeinde ist nicht als eine Phase, sondern als ein Ereignis zu beschreiben. Dieses wird gemeinhin mit dem Begriff *launch* umschrieben.[98] Die Gründung findet im Rahmen des ersten offiziellen und öffentlichen Gottesdienstes einer klassischen Gemeindegründung statt.[99] Es handelt sich dabei meist um einen Festgottesdienst, welcher zum Teil vom jeweils zuständigen Bischof mitgestaltet wird.[100] Ziel des Gottesdienstes, welcher zuvor intensiv beworben wurde, ist es eine möglichst große Menge an Menschen anzuziehen. Dies geschieht in der Hoffnung, dass ein Teil der Gottesdienstbesucher auch die folgenden Gottesdienste besucht und sich mittelfristig der neu gegründeten Gemeinde anschließt.[101] Der Gründungsgottesdienst wird gemeinhin als der Zeitpunkt erachtet, ab dem die Gemeindegründung eine offizielle Kirchengemeinde darstellt.[102] Bei einer Revitalisierung markiert dieser Gottesdienst den offiziellen Beginn der partnerschaftlichen Zusammenarbeit.[103]

15.1.4 Entwicklung

Der Fokus wird in klassischen Gemeindegründungen in den ersten Monaten nach erfolgter Gründung auf der Gestaltung der Gottesdienste liegen, da diese als „Schaufenster" der Gemeinde dienen.[104] Dabei ist damit zu rechnen, dass die meisten Menschen, welche in der Folge die Gottesdienste besuchen und nicht Teil des Gründungsteams sind, einen kirchlichen Hintergrund haben. CP2 beschreibt diese Phase wie folgt:

> „I think Sundays attract people, so we try to make Sundays as good as we possibly could. Still do. We had a big launch that tried to kind of announce we're here, gain some profile.

---

98 Vgl. zum Beispiel Transkript 4.1.1., Z. 490–505; Transkript 4.3., Z. 388.

99 Vgl. Transkript 1.2., Z. 234–237; Transkript 1.3.1., Z. 440–470; Transkript 1.7., Z. 203–209; Transkript 1.8., Z. 187–202; Transkript 4.1.1., Z. 490–505; Transkript 4.2., Z. 347–370; Transkript 4.3., Z. 388; Transkript 4.4.1., Z. 396–401; Transkript 4.5., Z. 626–641. Diesem ersten offiziellen Gottesdienst können bereits gottesdienstliche Feiern im Kreis des Gründungsteams vorangehen, die bis zu einem gewissen Grad öffentlichen Charakter haben, oder aber Testgottesdienste, welche meist an den vorangehenden Sonntagen vor dem Gründungsgottesdienst gefeiert werden und diesen zu einem gewissen Grad bereits abbilden. Vgl. Transkript 1.4., Z. 271–277; Transkript 1.5., Z. 202–213.

100 Vgl. Transkript 1.6., Z. 92–99; Transkript 1.8., Z. 187–202.

101 Vgl. Transkript 1.2., Z. 234–240.

102 Vgl. Transkript 4.2., Z. 347–370; Transkript 4.5., Z. 626–641.

103 Vgl. Transkript 1.6., Z. 92–99; Transkript 1.8., Z. 187–202.

104 Vgl. Moynagh / Harrold, Context, 206.

And now it's that we're here, people came to check us out. People new arriving to the city came to check us out, so part of it's just awareness and publicity. Part of it is people moving to the city, looking for a new church, knowing that we're there. Part of it is what we offer in terms of being contemporary. And part of it is, you know, explicitly missional, like things like Alpha. [...] So we run Alpha right from the beginning.«[105]

Weitere wichtige Bestandteile der ersten Monate sind die Durchführung von evangelistischen Kursen, wie auch von CP2 angesprochen und die dauerhafte Integration neuer Gottesdienstbesucher in die Gemeinde.[106] Für letzteres wird meist auf die Einführung eines Systems von Kleingruppen zurückgegriffen.[107]

In manchen Fällen kommt es recht bald zur Etablierung eines Zweitgottesdienstes, meist am Sonntagabend. Dies ist insbesondere dann der Fall, wenn die Zielgruppe der Studenten und jungen Erwachsenen erreicht werden soll, oder es sich um eine Revitalisierung handelt, bei der der traditionelle Gottesdienst weitgehend unverändert beibehalten wird.[108] Im weiteren Verlauf kommt es dann zur Entwicklung weiterer gemeindlicher Gruppen und Programme, insbesondere auch im diakonischen Bereich.[109] Ebenso kann es in der Nachgründungsphase zu weiteren Kontextualisierungsschritten kommen, ohne dass dabei aber das gottesdienstzentrierte Gemeindemodell aufgegeben wird.[110]

Eines der wichtigsten Ziele der Entwicklungsphase ist es die finanzielle Selbständigkeit zu erreichen.[111] Dafür ist in den meisten Fällen ein gewisses Gemeindewachstum notwendig, da die Gründungsgruppe die finanzielle Last der entstandenen Gemeinde meist nicht alleine tragen kann. Der zur Verfügung stehende Zeitraum, um die finanzielle Unabhängigkeit zu erreichen, orientiert sich dabei zum einen an dem von der Sendungsgemeinde oder anderen Institutionen zur Verfügung gestellten Startkapital beziehungsweise dem zugesagten Finanzierungszeitraum.[112] Auf der anderen Seite spielen auch die von der Gemeindegründung regelmäßig zu bedienenden Ausgaben eine Rolle. Diese variieren von Gemeindegründung zu Gemeindegründung und bestehen zum größten Teil aus Personal- und Gebäudekosten. Bleibt das nötige Gemeindewachstum aus oder beginnt es an

105 Transkript 1.2., Z. 234–245.

106 Vgl. Transkript 4.1.1., Z. 499–505.

107 Vgl. Transkript 1.5., Z. 361f.

108 Vgl. Transkript 1.3.1., Z. 447–452; Transkript 1.6., Z. 539–586; Transkript 1.7., Z. 206–217.

109 Vgl. Transkript 1.2., Z. 400–413; Transkript 1.3.1., Z. 583–593.755–779; Transkript 1.4., Z. 204–215; Transkript 1.5., Z. 647–653; Transkript 1.6., Z. 637–662; Transkript 1.7., Z. 270–296.

110 Vgl. Transkript 1.5., Z. 363–391.

111 Vgl. Transkript 1.5., Z. 691f.

112 Vgl. Transkript 1.5., Z. 535–545.691f.

einem frühen Punkt zu stagnieren, kann dies ein Grund für das Scheitern einer Gemeindegründung sein.[113]

Im Falle von Revitalisierungen stehen in der frühen Entwicklungsphase Integrations- und Veränderungsprozesse im Vordergrund. Zum einen bedarf es vertrauensbildender Maßnahmen und eines Beziehungsaufbaus zwischen der bestehenden Gottesdienstgemeinde und dem Gemeindegründungsteam. Zum anderen kommt es zu größeren Veränderungsprozessen im Gemeindeleben, indem zum Beispiel der bestehende Gottesdienst Änderungen erfährt beziehungsweise durch weitere Gottesdienste ergänzt wird oder aber ein Kleingruppensystem eingeführt wird. Dies kann zu Konflikten innerhalb der Gemeinde führen und auch dazu, dass bisherige Gemeindeglieder die Gemeinde verlassen.[114]

Oft sehen sich aber auch die Mitglieder des Gründungsteams einem für sie fremden Gemeindeleben oder Gottesdienststil ausgesetzt. Dies stellt für viele eine Herausforderung dar und kann ebenso zu Konflikten führen.[115] Für die Gemeindegründerin oder den Gemeindegründer besteht die Herausforderung darin, die Wünsche, Ansprüche und Befürchtungen beider Gruppen miteinander zu vermitteln und zugleich den Veränderungsprozess in der Gemeinde voranzutreiben. CP6 fasst diesen Integrationsprozess wie folgt zusammen:

> „And it's a very careful and difficult process of relationship building and reassurance and trust making. We went round that cycle a number of times until finally [...] we were agreed, what we were doing together and that what we were doing together was good and what we were doing together actually was fulfilling the aims that everybody had set out on."[116]

CP6 und CP8 erachten für das Gelingen dieses Vermittlungs- und Veränderungsprozesses den Aufbau von belastbaren und vertrauensvollen Beziehungen zwischen beiden Gruppen als wesentlich.[117] Hilfreich erscheint dafür die anfängliche Integration des Gründungsteams in den bereits bestehenden Gottesdienst der empfangenden Gemeinde unter Ergänzung einer gottesdienstlichen Form, welche der Gemeindetradition des Gründungsteams entspricht.[118] Darüber hinaus scheint eine klare und den Veränderungsprozess in den Mittelpunkt rückende Kommunikation von hoher Wichtigkeit.[119]

---

113 Vgl. Transkript 1.5., Z. 824–833.

114 Vgl. Transkript 1.6., Z. 445–534; Transkript 1.8., Z. 430–467.

115 Vgl. Transkript 1.6., 539–549; Transkript 1.8., Z. 383–428.

116 Transkript 1.6., Z. 270–276.

117 Vgl. Transkript 1.6., Z. 227–230; Transkript 1.8., Z. 311–317.

118 Vgl. Transkript 1.6., Z. 150–162; Transkript 1.8., Z. 357–379.438–448.

119 Vgl. Transkript 1.6., Z. 311–327; Transkript 1.8., Z. 372–379.

Insgesamt lässt sich feststellen, dass aufgrund des gottesdienstzentrierten Gründungsmodells für den Gemeindegründer oder die Gemeindegründerin mit Beginn der Entwicklungsphase verstärkt die üblichen Aufgaben eines Gemeindepfarrers in den Mittelpunkt rücken. Lag der Fokus in der Vorbereitungsphase auf der Entwicklung einer Gemeindegründungsvision und der Gewinnung eines Teams, so rückt nun der Gemeindeaufbau in den Vordergrund. Aber auch bei diesem spielt die Zusammenarbeit mit den Ehrenamtlichen, insbesondere mit dem Gründungsteam und weiteren seit der Gründung hinzugekommenen Gemeindegliedern, eine wesentliche Rolle. P4 fasst dies wie folgt zusammen:

> „I think it will be fairly similar to most of the classic roles of a vicar. So it's both providing liturgical and preaching functions. [...] Usually to be the leader of a team. [...] It's not [...] the omnicompetent priest. Because most church plants come from both the Evangelical and the Charismatic traditions within the *Church of England*. [...] The belief is really that ministry is a team thing between clergy and lay."[120]

Gelingt der Gemeindeaufbau und kommt es zu einer Stabilisierung der Finanzen, so streben viele Gemeindegründungen nach einigen Jahren selbst die Durchführung einer Gemeindegründung an.

15.1.5 Erneute Gründung

Für die meisten klassischen Gemeindegründungen dürfte es von Beginn an ein Ziel sein wiederum selbst eine oder mehrere Gemeinden zu gründen. In den durchgeführten Experteninterviews mit Gemeindegründern und einer Gemeindegründerin, gaben alle Gesprächspartner an, entweder bereits eine weitere Gemeindegründung durchgeführt zu haben oder eine solche anzustreben.[121] Dabei kommt es zur Wiederholung des hier dargestellten Prozesses und seiner Teilschritte. Der Zeitpunkt für eine erneute Gründung variiert dabei. Eine neue Gründung kann bereits innerhalb der ersten fünf Jahre nach der eigenen Gründung erfolgen, aber auch danach. Es ist damit zu rechnen, dass der Zeitpunkt zum einen davon abhängt, wie schnell die vier Bedingungsfaktoren erfüllt werden können und zum anderen mit welcher Intensität das Ziel weitere Gemeinden zu gründen verfolgt wird. Wahrscheinlich ist, dass *Resource Churches* deutlich schneller weitere Gemeindegründungen durchführen, da sie dies als Teil ihres Auftrages als Gemeinde

---

120 Transkript 4.4.1., Z. 556–565. Vgl. ebenso Transkript 1.2., Z. 597–612; Transkript 4.6., Z. 148–159.

121 Vgl. Transkript 1.1.2., Z. 317–338.401–403; Transkript 1.2., Z. 175–182.202–211; Transkript 1.3., Z. 253–256; Transkript 1.4., Z. 713–720; Transkript 1.5., Z. 349–355; Transkript 1.6., Z. 733–744; Transkript 1.7., Z.413f.; Transkript 1.8., Z. 831–846.

verstehen. Darüber hinaus sind sie mit den nötigen personellen und finanziellen Mitteln ausgestattet und es besteht die Erwartung von Seiten Dritter, wie zum Beispiel der Diözese oder der Sendungsgemeinde, dass weitere Gemeindegründungen erfolgen werden.[122]

Zum Teil werden diese Gemeindegründungen dabei in Partnerschaft mit der eigenen Sendungsgemeinde oder einer anderen Gemeinde umgesetzt. Eine solche Kooperation hilft den selbst noch in der Entwicklung befindlichen neu gegründeten Gemeinden die Lasten weiterer Gründungen zu tragen.[123] Auch kann die Durchführung einer weiteren Gemeindegründung als Einschnitt für den eigenen Gemeindeaufbau erfahren werden, welcher nicht unbedingt kompensiert werden kann. Dies ist besonders dann der Fall, wenn die das bisherige Gemeindeleben mitgestaltenden Haupt- und Ehrenamtlichen das neue Gründungsteam bilden und die Gemeinde verlassen.[124]

15.1.6 Kritische Reflexion

Der hier dargestellte Gründungsprozess klassischer Gemeindegründungen bedarf einer kritischen Reflexion. Zunächst ist festzustellen, dass der Prozess insgesamt von einer großen Linearität gekennzeichnet ist. Das ist auch dort noch der Fall, wo ein mögliches Überlappen der verschiedenen Phasen, insbesondere der Explorations- und Vorbereitungsphase, mitbedacht wird. Das Ziel des Gründungsprozesses ist und bleibt die Etablierung einer Gottesdienstgemeinde. Alle Unternehmungen der Explorations- und Vorbereitungsphase dienen diesem Ziel. Zugleich stellt der offizielle Gründungsgottesdienst den Ausgangspunkt für die Phasen der Entwicklung und der erneuten Gründung dar.[125]

Diese im Zentrum des Gründungsprozesses stehende Etablierung einer Gottesdienstgemeinde wird unter Rückgriff auf bekannte und als erfolgreich angesehene Gemeindemodelle erreicht. Kontextualisierungsvorgänge spielen bei diesem Vorgehen nur eine untergeordnete Rolle.[126] Die Fokussierung auf die Etablierung einer Gottesdienstgemeinde birgt manche Vorteile. So besteht zum Beispiel von Anfang an eine recht klare Vorstellung von der zukünftigen Gestalt der Gemeinde. Dies kann sich als vorteilhaft für die Gewinnung von Mitgliedern für das Gründungsteam erweisen, da diese davon ausgehen können, dass die Gemeindegründung eine gewisse Ähnlichkeit mit der ihnen bisher vertrauten Gemeindeform haben wird.[127]

---

122 Vgl. Transkript 2.1., Z. 199–211.

123 Vgl. Transkript 1.3.2., Z. 253–256; Transkript 1.6., Z. 1246–1259.

124 Vgl. Transkript 1.5., Z. 708–730.

125 Vgl. Transkript 4.5., Z. 626–641.

126 Vgl. die Darstellung in ▷ Kapitel 16.4.

127 Vgl. Transkript 4.6., Z. 113–132.

Auch trägt die Fokussierung auf die Gottesdienstgemeinde dazu bei, dass eine klassische Gemeindegründung recht schnell eine gewisse Stabilität und Eigenständigkeit in Fragen der Leitung und Finanzierung erreichen kann.[128]

Demgegenüber stehen Anfragen, welche sich besonders aus der vergleichsweisen geringen Orientierung des Gründungsprozesses am jeweiligen Kontext ergeben. So scheint keine Überprüfung stattzufinden, ob in der jeweiligen Zielgruppe überhaupt eine mögliche Offenheit gegenüber dem christlichen Glauben besteht und abhängig davon die Durchführung der Gemeindegründung als sinnvoll erscheint oder nicht. Anscheinend wird diese Offenheit einfach vorausgesetzt. Im Hintergrund dürfte hier die von Paas diagnostizierte, in Gemeindegründungskreisen verbreitete Annahme der „Selbstwirksamkeit" von Gemeindegründung stehen.[129] Wie schon beschrieben wird Gemeindegründung in Bezugnahme auf die Gemeindewachstumsbewegung als effektivste und universell einsetzbare Methode für eine erfolgreiche Evangelisation überhöht. Die Nachfrage nach dem Evangelium ist dabei vorausgesetzt. Dass der gesellschaftliche und religiöse Wandel hier einen Einfluss haben könnten und eine solche Nachfrage eventuell gar nicht besteht, wird in der Folge ausgeblendet.

Darüber hinaus ergeben sich zwei weitere Anfragen, die in Bezug zur vergleichsweisen geringen Orientierung am Kontext stehen. Dabei handelt es sich erstens um Anfragen aus Sicht eines kontextzentrierten Gründungsansatzes, wie er prominent von Michael Moynagh vertreten wird und zweitens müssen Einwände aus Sicht der Innovationsforschung vorgebracht werden. Denn nach Paas ist es gerade das innovationsbegründete Motiv, welches eine tragfähige Begründungsstruktur für Gemeindegründung im westeuropäischen Kontext darstellt. Da nun aber Hodgett und Bradbury einen engen Zusammenhang zwischen einer Kontextorientierung und gemeindlichen Innovationsprozessen sehen,[130] muss gefragt werden, ob nicht ein gottesdienstzentriertes Gründungsmodell solchen wünschenswerten Innovationsprozessen im Weg steht.

15.1.6.1 Anfragen aus Sicht eines kontextzentrierten Gründungsansatzes

Michael Moynagh kann als einer der prominentesten Vertreter eines kontextzentrierten Gründungsansatzes gelten. Zwar sieht er auch für das gottesdienstzentrierte Modell ein gewisses Maß an Berechtigung gegeben[131] und unterstellt insbesondere einer Verbindung von kontext- und gottesdienstzentriertem Ansatz großes Poten-

---

128 Vgl. die Darstellung in ▹ Kapitel 7.2.

129 Vgl. Paas, Church Planting, 114. Vgl. auch die Darstellung in ▹ Kapitel 10.3.2.

130 Vgl. die Darstellung in ▹ Kapitel 6.1.4.

131 Vgl. Moynagh / Harrold, Context, 207.220.

tial.[132] Zugleich favorisiert er aber in besonderer Weise das Gründen kleinerer, am Kontext orientierter christlicher Gemeinschaften als missionarische Unternehmung.[133]

Diese Präferenz für einen kontextzentrierten Ansatz ergibt sich nach Moynagh auch aus den von ihm identifizierten Schwächen eines gottesdienstzentrierten Gründungsansatzes: Nach seiner Wahrnehmung erweist sich dieser als besonders wirksam in Bezug auf Personen, welche einen kirchlichen oder vormals kirchlichen Hintergrund haben, aber nicht gegenüber Personen ohne einen kirchlichen Hintergrund.[134] Angesichts der zunehmenden Säkularisierung westlicher Gesellschaften, sieht Moynagh das kontextzentrierte Gründungsmodell als den möglicherweise angemesseneren missionarischen Ansatz.

> „As more people grow up disconnected from church, approaches that start with ‚listening' and then proceed via ‚loving and serving' and ‚building community' could well become the church-start strategy of choice, but we need more research-based evidence to become sure."[135]

Weiter unterliegt das gottesdienstzentrierte Modell der Beschränkung, dass es vor allem Menschen erreichen wird, welche Teil des Beziehungsnetzwerkes der Gottesdienstbesucher sind. Dies ist dadurch bedingt, dass es sich um einen attraktionalen Ansatz handelt, welcher darauf angewiesen ist, dass die Gottesdienstbesucher Freunde und Bekannte einladen, die Gottesdienste oder die angebotenen Glaubenskurse zu besuchen.[136] Darüber hinaus argumentiert Moynagh, dass das kontextzentrierte Modell aufgrund von theologischen Argumenten zu priorisieren sei. Der Ansatz das Hören auf den Kontext und den Dienst an demselben, an den Beginn der Gründungsprozesses zu stellen, entspreche der jesuanischen Praxis und habe auch Entsprechungen im missionarischen Vorgehen des Paulus.[137] Zugleich widerspricht sich Moynagh mit dieser Feststellung selbst. Ist es doch einer seiner exegetischen Befunde, dass sich in der Apostelgeschichte sowohl attraktionale als auch inkarnatorische Strukturen identifizieren lassen und sich diese gegenseitig bedingen.[138]

---

132 Vgl. ebd.

133 Vgl. Moynagh, Michael: Being Church, Doing Life. Creating gospel communities where life happens, Monarch Books, Oxford, 2014, 54–86. Beachte ebenso Ders., Church in Life.

134 Vgl. Moynagh / Harrold, Context, 207. Die Ergebnisse der Studien *The Day of Small Things* und *Who's there?* bestätigen diese Annahme von Moynagh. Vgl. Lings, Day, 89–92; Dalpra / Vivian, Who's there?, 32.

135 Moynagh / Harrold, Context, 220.

136 Vgl. ebd., 207.

137 Vgl. Moynagh / Harrold, Context, 6f.16–20.217.

138 Vgl. ebd., 7.

An dieser Stelle läuft dann doch auch Moynagh Gefahr, das von ihm favorisierte Vorgehen in den biblischen Text hineinzulesen und zugleich die neutestamentliche Praxis in unmittelbarer Weise als Begründungsstruktur für eine heutige Gemeindegründungspraxis zu verwenden. Beides muss kritisiert werden.[139]

Ähnlich wie Moynagh favorisiert auch Stuart Murray ein Gründungsgeschehen, welches den Kontext nicht nur beachtet, sondern die zu gründende Gemeinde in Bezug auf diesen formt. Er warnt vor einem Gründungsansatz, welcher im „Klonen" eines bestehenden Gemeindemodells besteht. Mit dem Begriff „Klonen" bezeichnet er folgendes:

> „In the context of church planting [...] cloning describes the process of replicating the structures, style, ethos, activities, and focus of one congregation in another. The location of the church may change, but its shape remains the same."[140]

Zwar sieht er auch Vorteile in einem solchen Vorgehen – den Rückgriff auf die positiven Erfahrungen der Sendungsgemeinde, die Zustimmung der Mitglieder des Gründungsteams zu einer ihnen vertrauten Form von Gemeinde – und gibt zu, dass es bei einer hohen Ähnlichkeit von Ausgangs- und Zielkontext als gerechtfertigt erscheinen mag, die vollständige Nachahmung eines bestehenden Gemeindemodells zu vollziehen, doch nennt er auch zwei gewichtige Argumente, welche gegen ein solches Vorgehen sprechen.[141] Zum einen unterschieden sich vermeintlich gleiche Kontexte bei genauerer Betrachtung oft deutlicher voneinander, als dies auf den ersten Blick der Fall zu sein scheine. In der Folge müsste zumindest über die zukünftige Gestalt der zu gründenden Gemeinde während des Gründungsprozesses ergebnisoffen nachgedacht werden.[142] Zum anderen böte jede Gemeindegründung die Gelegenheit für ein kirchliches Experimentieren.

> „Starting a new church is a glorious opportunity to ask questions and to experiment. The familiar response to new ideas – ‚we've never done it this way before' – is even less relevant than usual. In a new church, nothing has been 'done this way before.' Everything is open for debate."[143]

Murray befindet sich mit dieser Forderung, Gemeindegründung unbedingt als kirchliches Experimentierfeld zu nutzen, auf einer Linie mit Stefan Paas. Dieser

---

139 Vgl. die in ▷ Kapitel 10.1 dargestellte Kritik von Paas und Murray an solch einem Vorgehen.

140 Murray, Foundations, 120.

141 Vgl. ebd., 120f.

142 Vgl. ebd., 121.

143 Ebd.

versteht, wie bereits dargestellt, Gemeindegründung als einen potentiellen Motor für kirchliche Innovation und sieht dies als eines der überzeugendsten Argumente für Gemeindegründung im westeuropäischen Kontext.[144] Denn nach Paas finden sich die etablierten Kirchen in Westeuropa in einer Situation wieder, welche von hoher Unsicherheit geprägt ist. In einem solchen Zustand ist aus innovationstheoretischer Sicht aber gerade ein experimentelles Vorgehen der einzig sinvolle Weg und kann zu Innovationen führen, welche helfen den Zustand der Unsicherheit zu überwinden.[145] Nach Paas und Murray kann nun Gemeindegründung ein mögliches kirchliches Handlungsinstrument für ein solches experimentelles Vorgehen darstellen und kirchliche Innovationen hervorbringen. Dieses Eintreten der beiden Autoren für ein Verständnis von Gemeindegründung als kirchliches Innovationsinstrument, führt zu Anfragen an den Gründungsprozess von klassischen Gemeindegründungen aus innovationstheoretischer Sicht.

15.1.6.2 Anfragen aus innovationstheoretischer Sicht

Mit Murray und Paas stellt eine Gemeindegründung einen potentiellen kirchlichen Innovationsraum dar. In Blick auf den Gründungsprozess der klassischen Gemeindegründung stellt sich nun aber die Frage, ob dies auch hier der Fall ist oder ob durch die Nachahmung bereits bestehender Gemeindemodelle mögliche Innovationen gerade unterbunden werden. In diesem Zusammenhang ist zunächst an Paas' Forderung nach einem Verzicht auf konfessionelle und methodische („No More Models!") Kontrolle zu erinnern, welche er als *vertical* und *horizontal planning* bezeichnet.[146] Paas sieht diese Kontrolle meist von den entsprechenden Sendungsgemeinden oder Gemeindegründungsnetzwerken ausgehen, identifiziert in ihnen aber ein Innovationshemmnis, da sie die Form oder die theologische Ausrichtung der Gemeindegründung zu einem hohen Grad festlegen.[147] Der klassischen Gemeindegründung kann nun unterstellt werden, dass sie durch die im Gründungsprozess erfolgende Nachahmung eines bestehenden Gemeindemodells genau dieser konfessionellen und methodischen Kontrolle unterliegt, ja sich ihr sogar freiwillig unterzieht. Nach Paas Argumentation vermindern sich dadurch die Aussichten, dass es zu Innovationen kommt, drastisch.

Unterstützung erfährt diese Sicht durch einen Strang kirchlicher Gemeindegründung, welcher gezielt Erkenntnisse und Methoden der betriebswirtschaftlichen Innovationsforschung aufgreift. Im deutschen Raum können hier zum Beispiel die

---

144 Vgl. Paas, Church Planting, 200.

145 Vgl. ebd., 199f.; Moynagh / Harrrold, Context, 198–200. Vgl. hierzu auch die Darstellung des *Cynefin-Frameworks* in ▹ Kapitel 16.4.

146 Vgl. Paas, Church Planting, 201f. Vgl. auch die Darstellung in ▹ Kapitel 10.3.3.

147 Vgl. Paas, Church Planting, 212f.

beiden katholischen Theologen Matthias Sellmann und Florian Sobetzko genannt werden. In dem von ihnen vorgelegten *Gründer*innen Handbuch für pastorale Start-ups und Innovationsprojekte*[148] greifen sie die innovationstheoretische Unterscheidung zwischen dem *Causation*- und dem *Effectuation*-Paradigma auf.[149] Das erstere wird dem Vorgehen im klassischen Management zugeordnet. Bei diesem müssen aufgrund von vorhandenem, als relativ sicher angesehenen Wissen in Bezug auf Sachverhalte Entscheidungen getroffen werden. Der Ausdruck *Effectuation* wird hingegen mit dem Begriff des Unternehmertums beziehungsweise des *Entrepreneurships* in Verbindung gebracht und bezeichnet eine Methode, die versucht in Situationen, welche von einer hohen Ungewissheit geprägt sind, durch kleinteiliges und versuchendes Vorgehen die vorhandene Unsicherheit zu reduzieren.[150]

> „Während klassische Managementstrategien […] Vorhersagen über die Zukunft zu treffen versuchen, bei denen aus der bisherigen Entwicklung und dem Status Quo auf die Zukunft geschlossen wird („Projektion") entscheiden Entrepreneure anders. Sie versuchen, unvorhersagbare Zukunft in kleinen Schritten aktiv zu gestalten."[151]

Dieses Vorgehen nach dem *Effectuation*-Paradigma unterscheidet sich insbesondere dadurch, dass hier das Endresultat noch nicht von vorneherein feststeht, sondern erst im Laufe des Prozesses durch Zuhilfenahme der verfügbaren Mittel entsteht und dabei verschiedene Vorstufen durchlaufen kann, welche sich in ihrer Gestalt deutlich voneinander unterscheiden.[152] Sobetzko und Sellmann bringen dies auf die Formel: „Mittelorientierung vs. Zielorientierung".[153] Ein weiterer Unterschied besteht darin, dass im *Effectuation*-Paradigma weitere Akteure in den Prozess einbezogen werden, welche sich nicht primär durch ihre optimale Eignung für das Erreichen eines zuvor identifizierten Zieles wie im Management-Ansatz auszeichnen, sondern vielmehr durch ihre aktuelle Verfügbarkeit gekennzeichnet sind.[154] Eine mögliche Folge dieses Vorgehens besteht wiederum darin, dass sich die Gestalt des durch den Innovationsprozess entstandenen Produktes oder der daraus resultierenden Dienstleistung signifikant ändert. Sobetzko und Sellmann bezeichnen dieses Vorgehen als „Co-Kreation".[155]

---

148 Vgl. Sobetzko / Sellmann, Handbuch.
149 Vgl. ebd., 107.
150 Vgl. ebd.. Vgl. hierzu auch die Darstellung des Cynefin-Frameworks in ▷ Kapitel 16.4.
151 Sobetzko / Sellmann, Handbuch, 107.
152 Vgl. ebd., 112.
153 Ebd.
154 Vgl. ebd., 113f.
155 Vgl. ebd.

Mit der von Sobetzko und Sellmann aufgegriffenen und in die Debatte um das Innovationspotential von Gemeindegründungen eingeführten Unterscheidung zwischen *Causation-* und *Effectuation*-Paradigma kann argumentiert werden, dass der Gründungsprozess klassischer Gemeindegründungen eher dem *Causation*-Paradigma zuzuordnen ist. Das zu erreichende Ziel steht mit der Nachbildung einer bereits bestehenden Form von Gemeinde fest und wird durch Einsatz der dafür nötigen Mittel erreicht. Dies lässt sich zum Beispiel am Vorgehen des HTB-Netzwerkes bei der Gründung von *City Centre Resource Churches* besonders deutlich zeigen. Form – eine große Gemeinde mit attraktionalen, charismatisch orientierten Gottesdiensten in zentraler Lage in einer Großstadt – und Ziel – Gemeindewachstum, Gemeindegründung, das Erreichen von jungen Erwachsenen und Studenten und die Förderung der missionarischen Aktivitäten der umliegenden Gemeinden – stehen fest und werden durch die Bereitstellung aller dafür nötigen finanziellen und personellen Mittel erreicht.[156]

Das Vorgehen nach dem kontextzentrierten Gründungsansatz hingegen kann dem *Effectuation*-Paradigma zugeordnet werden. Denn es operiert eben nicht mit einer vor Beginn des Prozesses bereits feststehenden Form von Gemeinde, sondern entwickelt diese aus dem Kontext unter Zuhilfenahme der aktuell vorhandenen Mittel und Ressourcen heraus. Dies beinhaltet auch den Einbezug Dritter in einer Weise, welche ebenfalls mit dem Begriff „Co-Kreation“ beschrieben werden kann. Dies wird auf besondere Art an folgendem von P1.1. und P1.2. berichteten Fallbeispiel deutlich:

> „Scott MacDonald was the pioneer. And they were the only church plant in the 70s and early 80s that we knew off, that rather than starting with a vision for a worship service — even if they did good research and good community engagement, maybe plan for a year, some of them — whereas Scott MacDonald and his small team, they literally just engaged with the community. Listened, engaged with the community, build up patterns of relationship, responded to social need, which led to patterns of building community. And then after it was several years in, when they'd been beginning to disciple some of the folks, and it was one of the people who was exploring discipleship, who said: 'Couldn't we actually begin to do worship?' So that rather than the team having already got their plan. And then really interesting: Scott MacDonald's answer when that question was asked. [...] He said, 'Well, that's an interesting suggestion, what would it look like if we started some worship?' And instead of taking something off the shelf, that they had prepared, they actually asked the new converts what would appropriate worship in their context look like. And therefore it grew out of the indigenous converts rather than the pioneer team.“[157]

156 Vgl. die Darstellung in ▷ Kapitel 14.1.2 und Kapitel 14.2.3.

157 Transkript 4.1.1., Z. 193–214.

Der hier geschilderte Gemeindegründungsprozess folgt den Schritten eines kontextzentrierten Gründungsansatzes und erfüllt damit zugleich die Merkmale des aus der Innovationstheorie stammenden *Effectuation* Ansatzes.

Zusammenfassend lässt sich sagen, dass aus innovationstheoretischer Sicht begründete Zweifel an der Innovationsoffenheit des Gründungsmodells klassischer Gemeindegründungen bestehen. Diese stehen in direktem Zusammenhang mit einer geringeren Beachtung des jeweiligen Kontextes im Gründungsprozess. Aufgabe muss es deswegen im Folgenden sein, zum einen die Rolle von Kontextualisierungsprozessen beim gottesdienstzentrierten Gründungsmodell näher zu beleuchten und zum anderen zu prüfen, ob klassische Gemeindegründung weitere wichtige Leistungen beinhaltet, welche das wahrscheinlich eingeschränkte Innovationspotential ausgleichen und für einen Einsatz als kirchliches Handlungsinstrument sprechen.

15.1.7 Fazit

Der Gründungsprozess einer Gemeindegründung lässt sich insgesamt in fünf Phasen unterteilen. Die offizielle Gründung der Gemeinde erscheint als Mittel- und Wendepunkt dieses Prozesses und trennt ihn in zwei größere Abschnitte. Die Explorations- und Vorbereitungsphase sind als eigentliche Gründungsphasen zu verstehen und laufen auf den Moment der offiziellen Gemeindegründung zu. Die Entwicklungsphase und die Phase der erneuten Gründung sind als Abschnitt des Gemeindeaufbaus zu charakterisieren und folgen dem Gründungsereignis.

Abbildung 9 Gründungs- und Entwicklungsprozess klassicher Gemeindegründungen

Prägend für den Prozess einer klassischen Gemeindegründung ist die Gottesdienstzentrierung. Der gesamte Gemeindegründungsprozess erscheint als ein wichtiges, das Selbstverständnis der Gemeindegründung prägendes, Narrativ. Anfragen an den gottesdienstzentrierten Gründungprozess klassischer Gemeindegründungen sind von Seiten des kontextzentrierten Gründungsansatzes und aus innovationstheoretischer Sicht vorzubringen.

15.2 Die Akteure des Gemeindegründungsprozesses

Im Anschluss an diese ausführliche Darstellung des Gründungs- und Entwicklungsprozesses von klassischen Gemeindegründungen sollen nun die daran beteiligten Akteure gesondert betrachtet und die von ihnen im Prozess übernommenen Rollen idealtypisch zusammengefasst werden.

15.2.1 Die sendende Gemeinde

Die Sendungsgemeinde stellt einen Lern- und Ausbildungsort für den Gemeindegründer dar.[158] Sie dient als Vorbild für das gottesdienstliche und gemeindliche Leben der zu gründende Gemeinde.[159] Auch stellt sie den größten Unterstützungsfaktor für die zu gründende Gemeinde dar, indem sie diese mit einer Vielzahl an Ressourcen ausstattet, in der Fürbitte begleitet und sie zu einem gewissen Grad in die Rechenschaftspflicht nimmt.[160] Zudem entstammt in den meisten Fällen ein großer Teil des Gründungsteams der sendenden Gemeinde.

Innerhalb der Sendungsgemeinde übernehmen besonders der Gemeindepfarrer[161] und die Gemeindeleitung wichtige Funktionen bei der Durchführung einer klassischen Gemeindegründung. So stellt der Gemeindepfarrer der sendenden Gemeinde in den meisten Fällen einen gemeindeinternen Machtpromotor für Gemeindegründung dar. Er tritt werbend für ein konkretes Gemeindegründungsprojekt ein oder erhebt Gemeindegründung sogar zum Bestandteil des Leitbildes der Gemeinde.[162] Auch sorgt er für die Erfüllung nötiger Bedingungsfaktoren, indem er die Anstellung von potentiellen Gemeindegründern zum Beispiel als *curates* durchsetzt,[163] die Beziehung zur Kirchenleitung pflegt und deren Unterstützung für Gründungsprojekte gewinnt[164] und dafür Sorge trägt, dass ein Gemeindegründungsprojekt auch finanzielle Unterstützung durch die Sendungsgemeinde erhält.[165] Er steht in direkter Beziehung zum Gemeindegründer,[166] unterstützt ihn bei der Findung eines Gründungsteams sowie in der weiteren Vorbereitung[167] und

158 Vgl. Transkript 1.1.1., Z. 23–30; Transkript 4.1.2., Z. 10–23; Transkript 4.3., Z. 271f.

159 Vgl. Transkript 4.6., Z. 468–483.

160 Vgl. Transkript 4.1.2., Z. 27–37.

161 Hier dargestellte Funktionen des Gemeindepfarrers können auch von weiteren Personen der Gemeindeleitung übernommen werden. Der einfacheren Darstellung und seiner exponierten Stellung wegen wird hier lediglich der Gemeindepfarrer genannt.

162 Vgl. Transkript 1.6., Z. 113–138.

163 Vgl. Transkript 1.3.1., Z. 54–59.

164 Vgl. Transkript 4.1.2., Z. 388–412; Transkript 4.3., Z. 264–271; Transkript 4.7., Z. 303–312.

165 Vgl. zum Beispiel Transkript 1.5., Z. 712–715.

166 Vgl. Transkript 1.3.1., Z. 176–181; Transkript 1.6., Z. 938–948; Transkript 1.7., Z. 37–46.

167 Vgl. Transkript 1.6., Z. 27f.84–92; Transkript 1.8., Z. 141–143.265–272; Transkript 4.6., Z. 113–138.

fungiert zum Teil auch als eine Art Mentor.[168] In vielen Fällen bleibt er auch über den Gründungsprozess hinaus ein wichtiger Beziehungspartner für den Gemeindegründer.[169]

15.2.2 Die gesandte Gemeinde

Als gesandte Gemeinde wird hier die Gruppe der die Gemeindegründung direkt durchführenden Personen bezeichnet. Sie setzt sich im Vorbereitungsprozess aus dem Gemeindegründer und dem Gründungsteam zusammen. Auf beide wird im Folgenden getrennt eingegangen werden.

15.2.2.1 Der Gemeindegründer, die Gemeindegründerin

Zunächst ist auf die Person des Gemeindegründers beziehungsweise der Gemeindegründerin einzugehen, bevor die von ihm übernommenen Rollen und Aufgaben beschrieben werden. Innerhalb evangelikaler Gemeindegründungskreise ist die Suche nach der idealen Gemeindegründerpersönlichkeit eine häufig diskutierte Frage, welche eine Fülle von idealtypischen Beschreibungen, Testverfahren und Auswahlprozessen hervorgebracht hat.[170] Anbetracht einer daraus resultierenden Vielzahl unterschiedlichster Erwartungen und Kriterien äußert sich Stuart Murray kritisch. Zwar sieht er zum einen das Aufstellen von Kriterien für die Auswahl von Gemeindegründern und deren Anwendung als notwendig an, weist aber zugleich auf die damit verbundenen Gefahren hin.[171] So sagen zum Beispiel die dafür entwickelten Kriterien und Instrumente seiner Meinung nach mehr über das vorherrschende Verständnis von Gemeindegründung der jeweilig Verantwortlichen aus, als über die Eignung einer bestimmten Person.[172] Zudem reduzierten sie oft das weite Feld der Gemeindegründung auf einige wenige Aspekte sowie einen bestimmten Kontext und würden damit der Komplexität der Aufgabe und der Verschiedenheit der Kontexte nicht gerecht.[173]

Hier zeigen sich Parallelen zu den Erkenntnissen der Führungsforschung. Insbesondere zum Ansatz der „Eigenschaftstheorie".[174] Dieses über weite Strecken des 20. Jahrhunderts in der Forschung dominante Führungsmodell geht davon

168 Vgl. Transkript 1.6., Z. 886–890.

169 Vgl. zum Beispiel Transkript 1.1.1., Z. 165–172.

170 Vgl. Stetzer / Im, Churches, 47.49f.52–57.

171 Vgl. Murray, Planting Churches, 162f.

172 Vgl. ebd., 163f.

173 Vgl. ebd.

174 Für einen Überblick zur Eigenschaftstheorie vgl. Detje, Malte: Servant Leadership. Führen und Leiten in der Kirchengemeinde im 21. Jahrhundert, BEG 23, Göttingen, 2017, 139–141.

aus, dass erfolgreiche Führung von den richtigen (angeborenen) Eigenschaften der Führungskraft abhängt.[175] In der Folge wurde ebenfalls versucht anhand von Eigenschaftslisten Führungskräfte als solche zu identifizieren und sie in eine Führungsposition zu bringen.[176] Auch hier ergaben sich dieselben Probleme: Ein Konsens über die erforderlichen Eigenschaften einer erfolgreichen Führungsperson konnte nicht gefunden werden und die zusammengestellten Listen zeichneten sich „durch ein hohes Maß an Subjektivität und Dependenz zu kulturellen Vorstellungen ihrer Entstehungszeit aus."[177] Malte Detje weist zugleich darauf hin, dass bestimmte Aspekte der Eigenschaftstheorie weiterhin ihr Recht haben.

> „Bestimmte Eigenschaften, wie beispielsweise Extraversion und Intelligenz, korrelieren in der Regel, wenn auch nicht immer, mit Führungserfolg. In Ergänzung mit anderen Führungskonzeptionen haben die hier gewonnenen Erkenntnisse also durchaus ihren Platz."[178]

Auch innerhalb der Gemeindegründungsszene der *Church of England* herrscht keine Einigkeit über die Person oder die Eigenschaften des Gemeindegründers. Zwar können einige Promotoren die in ihren Augen wichtigen Eigenschaften eines Gemeindegründers nennen, doch überschneiden sich diese nur teilweise.[179] Andere Promotoren betonen, dass Gemeindegründer ganz unterschiedliche Persönlichkeiten haben können und sich so sehr unterscheiden, dass nur sehr wenig Verbindliches über sie ausgesagt werden kann.[180] Die unterschiedliche Ausrichtung dieser Aussagen zeigt zum einen, dass verschiedene Personen aufgrund ihrer eigenen Erfahrungen und Ansichten des Themas Gemeindegründung spezifische Eigenschaften und Merkmale als hilfreich für die Durchführung einer klassischen Gemeindegründung erachten. Zum anderen weist dieser Befund auch auf die oben genannten Begrenzungen des personen- beziehungsweise eigenschaftenzentrierten Ansatzes hin, da keine Einigkeit über einen verbindlichen Katalog von Eigenschaften herrscht. Zudem deutet sich an, dass Gemeindegründer ein sehr weites Spektrum unterschiedlicher Persönlichkeiten und Eigenschaften bedienen.

Als hilfreich erscheint hier der Rückgriff auf den Ansatz von Michael Moynagh. Auch er sieht das Erstellen von Persönlichkeits- oder Eigenschaftsprofilen bei der

175 Vgl. ebd., 139f.
176 Vgl. ebd., 140.
177 Vgl. Detje, Leadership, 140.
178 Ebd., 141.
179 Vgl. zum Beispiel Transkript 4.2., Z. 617–654; Transkript 4.5., Z. 245–257.
180 Vgl. Transkript 4.4.1., Z. 372–376; Transkript 4.6., Z. 288f. Beachte aber zugleich auch Transkript 4.6., Z. 289–305.

Suche nach dem idealen Gemeindegründer kritisch. Er betont, dass ein Gründungsgeschehen zum einen als eine Gruppenaufgabe zu verstehen ist und zum anderen ein hochkontextuelles Unterfangen darstellt.[181] Ersteres führt dazu, dass es Personen mit verschiedenen Persönlichkeitsprofilen, Eigenschaften und Fähigkeiten bedarf, welche sich ergänzen und auch ausgleichen. Letzteres bedeutet, dass es nicht einen verbindlichen Katalog von benötigten Eigenschaften geben kann, sondern unterschiedliche Gründungssituationen unterschiedliche Gründungspersönlichkeiten benötigen.[182]

Damit greift Moynagh zwei wichtige Erkenntnisse der neueren Führungsforschung auf. So sieht das Führungsmodell des *Team-Leadership*[183] Führung nicht als dyadische Beziehung zwischen einer Führungskraft und einem Geführten, sondern als Gruppengeschehen und stellt damit das Team in den Mittelpunkt.[184] Verschiedene Führungsaufgaben können von einzelnen Teammitgliedern übernommen werden.[185] Der Führungskraft kommt hier vornehmlich die Aufgabe zu, die Zusammenarbeit zu ermöglichen und zugleich ist sie für das Ergebnis dieser Zusammenarbeit verantwortlich.[186] Die Kontingenztheorie wiederum betont die Relevanz der Situation für den Führungsprozess.[187] „Nicht jede Führungskraft ist in jeder Situation effektiv. Deshalb müssen Führungskraft und Situation zusammenpassen."[188] Moynagh argumentiert damit auf Grundlage der neueren Führungsforschung und kritisiert damit zu Recht das in der Gemeindegründungsszene vorherrschende Eigenschaftsmodell.

Moynagh selbst stellt den Begriff der Berufung in den Mittelpunkt seiner Überlegungen. Er geht davon aus, dass ein potentieller Gemeindegründer einen Veränderungsprozess durchläuft, welcher eine Identitätsverschiebung zur Folge hat und an dessen Ende, je nach Prozessverlauf, die neu gefundene Identität als Gemeindegründer steht.[189] Nach Moynagh stellt dies einen inneren Erkundungs- und Imaginationsprozess dar, welcher externer Bestärkung und Bestätigung bedarf.[190] Hat die betreffende Person für sich die neue Identität eines Gemeindegründers gefunden, muss sich diese darin bewähren, dass sie von anderen anerkannt wird.

181 Vgl. Moynagh / Harrold, Context, 230f.

182 Vgl. dazu auch Transkript 4.5., Z. 273–277.

183 Für einen Überblick über den Ansatz des *Team-Leadership* vgl. Vgl. Detje, Leadership, 152f.

184 Vgl. ebd.

185 Vgl. ebd., 153.

186 Vgl. ebd., 152. Vgl. dafür auch Transkript 1.7., Z. 1038–1058.

187 Für einen Überblick über die Kontingenztheorie vgl. Detje, Leadership, 151f.

188 Ebd., 151.

189 Vgl. Moynagh / Harrold, Context, 229.

190 Vgl. ebd.

Für Moynagh besteht die ultimative Prüfung darin, ob es dem potentiellen Gemeindegründer gelingt, ein Gemeindegründungsteam um sich zu sammeln. Ist dies der Fall, so kommt es zu einer öffentlichen Bestätigung, der bis dahin vor allem persönlich empfundenen Berufung des Gemeindegründers.[191]

Neben der Person des Gründers sind die von ihm übernommenen Rollen beziehungsweise Aufgaben zu benennen. Die Interviewpartner betonen, dass er die Hauptverantwortung für die Entwicklung und Kommunikation eines Leitbildes der Gemeindegründung trägt.[192] Laut den Interviewpartnern ist es diese „Vision", welche maßgeblich dazu beiträgt, dass sich Personen dem Gründungsteam anschließen.[193] Dieses wird vom Gemeindegründer geleitet, in seinen Gaben entwickelt und in die Bewältigung der mit der Gemeindegründung verbundenen Aufgaben eingebunden.[194] Auch prägt der Gemeindegründer die „Kultur" des Gründungsteams und der daraus hervorgehenden Gemeinde.[195] Weiter ist er dafür zuständig den Kontext der Gemeindegründung zu erkunden und diesen zu berücksichtigen,[196] den Umgang mit den beschränkt zur Verfügung stehenden Ressourcen zu bewältigen[197] und im Gründungs- und Entwicklungsprozess auftretende Probleme zu lösen.[198] Auch kommt ihm die Aufgabe zu, auf verschiedene Wachstumsabschnitte der Gemeinde angemessen zu reagieren und zugleich die evangelistische Ausrichtung der Gemeindegründung zu erhalten.[199] Er muss die Beziehungen zu den benachbarten Kirchengemeinden und dem weiteren kirchlichen Umfeld pflegen.[200] Hinzu treten die üblichen Aufgaben eines Gemeindepfarrers, welche unter anderem die Rolle des Liturgen und Predigers beinhalten.[201] Schließlich liegt es meist auch in seiner Verantwortung die nächste Gemeindegründung vorzubereiten, indem er einen potentiellen Gemeindegründer identifiziert.[202]

Diese hier zusammengetragene Aufgabenliste kann als indirekte Beschreibung der nötigen Fähigkeiten verstanden werden, über welche ein Gemeindegründer für die erfolgreiche Durchführung verfügen sollte. Auch hier zeigt sich dasselbe

---

191 Vgl. ebd., 232–234.

192 Vgl. Transkript 1.3.1., Z. 699–735; Transkript 1.8., Z. 141–143; Transkript 4.3., Z. 381–400; Transkript 4.5., Z. 249–251; Transkript 4.6., Z. 222–228; Transkript 4.7., 159–161.

193 Vgl. Transkript 4.1.1., Z. 857–859; Transkript 4.2., Z. 290–294.

194 Vgl. Transkript 1.7., Z. 1055–1058; Transkript 4.1.1., Z. 782–795; Transkript 4.2., Z. 617–654; Transkript 4.3., Z. 400–407; Transkript 4.4.1., Z. 372–376;

195 Vgl. Transkript 4.2., Z. 1312–1321.

196 Vgl. Transkript 4.4.1., Z. 914–939.

197 Vgl. Transkript 4.2., Z. 413.

198 Vgl. Transkript 4.3., Z. 409–413.

199 Vgl. Transkript 4.3., Z. 413–418; Transkript 4.8., Z. 431–442.

200 Vgl. Transkript 1.7., Z. 74–79; Transkript 4.1.2., Z. 271–279.

201 Vgl. Transkript 4.1.1., Z. 710–718.720–727; Transkript 4.1.1., Z. 556–579; Transkript 1.7., 132–142.

202 Vgl. Transkript 4.4.1., Z. 571–579.

Problem wie oben: Es scheint keine eindeutige Übereinstimmung über einen Katalog von Fähigkeiten zu geben. Zwar entlastet die Rede von Fähigkeiten zunächst, denn mit dem in der Führungstheorie entwickelten Konzept der „Skill-Theorie“[203] kann nun argumentiert werden, dass die für erfolgreiche Führung nötigen Fähigkeiten erlernt werden können.[204] Zugleich stellt eine Liste von Fähigkeiten, welche scheinbar nie abgeschlossen ist, sondern immer weiter ergänzt werden kann, eine Überforderung dar. Und trotzdem hat auch dieser Ansatz, ebenso wie die Eigenschaftstheorie, sein Recht, sofern er nicht absolut gesetzt wird. Für den Gemeindegründer einer klassischen Gemeindegründung wird es hilfreich sein, bestimmte Fähigkeiten erlangt zu haben und diese im Gründungsprozess einsetzen zu können. Zugleich stellt der Gründungsprozess ein Geschehen dar, in dem das Gründungsteam eine entscheidende Rolle spielt. Wie im weiteren Verlauf noch gezeigt werden wird, besteht eine der Aufgaben des Teams darin, die limitierten Fähigkeiten und auch Eigenschaften des Gemeindegründers oder der Gemeindegründerin zu ergänzen.[205]

Die Sicht des Gemeindegründers als „Visionsträger“ und „Kulturstifter“ erinnert wiederum an die transformationale Führungstheorie.[206] Dieses Konzept zielt auf eine Veränderung beim Geführten, aber auch bei der Führungskraft selbst.[207] Die Veränderungsrichtung wird dabei durch eine Vision vorgegeben, die „die Führungskraft mit dem Geführten teilt.“[208] Die transformationale Führung steht dabei in einem gewissen Gegensatz zur transaktionalen Führung, welche auf einer Tauschbeziehung beruht. Diese besteht zum Beispiel im Tausch von Arbeitszeit gegen monetäre Entlohnung.[209] Die transformationale Führung hingegen „basiert auf einer sinnstiftenden Vision, welche die Geführten an ein höheres Ziel bindet.“[210] Bei der transformationalen Führung hat das „Charisma“ der Führungskraft eine hohe Bedeutung. „Sie ist ein Vorbild, sodass sich die Geführten mit ihr und ihrer Vision identifizieren. […] Die Führungskraft inspiriert durch Motivation und teilt mit den Geführten eine Vision.“[211] Problematisch erscheint bei der transformationalen Führung aber gerade diese Nähe zur „charismatischen Führung“ und damit zur Eigenschaftstheorie, welche sich in weiten Teilen als unzureichend erwiesen

203 Für einen Überblick über die Skill-Theorie Vgl. Detje, Leadership, 141f.

204 Vgl. ebd.

205 Vgl. hierzu besonders Transkript 4.7., Z. 182–201. Vgl. auch ▷ Kapitel 15.2.2.2.

206 Für eine Einführung in diese Konzeption vgl. Detje, Leadership, 147–151.

207 Vgl. ebd., 147.

208 Ebd.

209 Vgl. ebd., 148.

210 Ebd.

211 Ebd.

hat.[212] Auch kann transformationale Führung zu „Heldenverehrung“ führen und manipulierend eingesetzt werden.[213] Wichtig erscheint hier, dass transformationale Führung am Gemeinwohl orientiert sein muss, da sie sonst Gefahr läuft, die Geführten zu missbrauchen.[214]

In der Gemeindegründungsszene ist dieser transformationale Führungsstil von hoher Bedeutung. Dies zeigt sich in der Betonung der Wichtigkeit der Vision des Gemeindegründers für das Gewinnen eines Gemeindegründungsteams durch die Interviewpartner.[215] Zugleich bestehen auch in der Gemeindegründungsszene die mit dem transformationalen Führungsstil in Verbindung stehenden Gefahren. Potentiell erfolgreiche Gemeindegründer werden mit dem Typ des charismatischen Führers gleichgesetzt.[216] Es kann zu einer Förderung stark hierarchisch orientierter Strukturen kommen, bei denen der Gemeindegründer die Zielrichtung vorgibt, während das Gründungsteam lediglich an der Umsetzung dieses Zieles, aber nicht an der Visionsentwicklung beteiligt ist.[217] Außerdem kann es zu einer starken Inkongruenz von Vision und Anliegen des Gemeindegründungsteams mit dem Anliegen der empfangenden Gemeinde und damit zu potentiellen Konflikten zwischen beiden Gruppen kommen, wenn letztere nicht auch an einem Visionsprozess beteiligt wird.[218] Zugleich finden sich auch in der Gemeindegründungsszene Beispiele von Gemeindegründungsprozessen, in denen diese Gefahren im Gründungsprozess anscheinend reflektiert und vermieden wurden. Sowohl CP6 als auch CP8 betonen die Wichtigkeit eines Prozesses, welcher die Bildung von Vertrauen und die Verständigung über gemeinsame Ziele zwischen dem Gründungsteam und der empfangenden Gemeinde fördert.[219]

Auf theoretischer Ebene erscheint hier der Hinweis auf das Führungsmodell des *Servant Leadership*[220] als hilfreich. Dieses auf Robert Greenleaf zurückgehende Modell betont, dass die Rolle der Führungsperson zuallererst darin bestehe ein Diener

212 Vgl. ebd., 149f.

213 Vgl. ebd., 150.

214 Vgl. ebd.

215 Vgl. Transkript 1.2, Z. 464–471; Transkript 3.1.1., Z 644–665; Transkript 1.4., Z. 271–273; Transkript 1.5., Z. 45–49; Transkript 1.6., Z. 112–115.894–901; Transkript 1.7., Z. 706–708; Transkript 1.8., Z. 141–153; Transkript 4.1.1., Z. 473–477.850–867; Transkript 4.3., Z. 197–207; Transkript 4.5., Z. 249–255; Transkript 4.6., Z. 174–185.294–297. Transkript 4.7., Z. 159–161.255–258.265–267.

216 Vgl. zum Beispiel Transkript 4.5., Z. 249–255; Transkript 4.6., Z. 294–297.

217 Vgl. dafür die Kritik an solch einem Vorgehen durch CP3 und den von ihm alternativ initiierten teambasierten Visionsfindungsprozess. Vgl. Transkript 3.1.1., Z. 582f.665–736.

218 Vgl. Transkript 4.6., Z. 174–185.

219 Vgl. Transkript 1.6., Z. 270–276.309–327; Transkript 1.8., Z 84–95.141–153.301–317.

220 Für einen Überblick über diese Konzeption vgl. Detje, Leadership, 170–176.

zu sein und zwar ein Diener seines Gegenübers.[221] „Dienende Führung orientiert sich an den Bedürfnissen des Gegenübers. Servant Leadership ist nach dem *best test* dann erfolgreich, wenn das Gegenüber wächst."[222] Die Geführten sind damit nicht nur Mittel zur Zielerreichung, sondern selbst Ziel des Führungsprozesses. Eine Anwendung dieses Führungsstils scheint besonders bei Gemeindegründungen im Modus der Revitalisierung hilfreich. Ein möglicherweise vorhandenes Misstrauen auf Seiten der empfangenden Gemeinde kann durch eine am *Servant Leadership* Modell orientierte Führung abgebaut werden, wenn die Gemeindeglieder der empfangenden Gemeinde durch den Gemeindegründer in den Veränderungsprozess einbezogen werden und ihre Bedürfnisse Gehör finden.

Die folgende Äußerung von CP8 kann als illustrierendes Beispiel für ein solches Vorgehen nach dem Modell des *Servant Leadership* dienen:

> „I think they [die empfangende Gemeinde] really had a tough time to be honest. [...] So they had quite a long time without a leader. [...] So I think there were people at St John's who can look back to a time when the church flourished, but probably in the last fifteen years all sorts of things just hadn't really gone well. And so, I think, when I arrived I would say they were [...] told that they weren't measuring up really. I remember somebody saying just after I arrived [...], 'Are you gonna pull us up by our boot straps?' That's what she said. And I was saying: 'No I'm gonna love you.' [...] She looked a bit surprised. But for me, when I arrived I just felt this is a congregation that needs to be loved and needs to be encouraged and nurtured and build up."[223]

Zusammenfassend lässt sich sagen, dass die Rolle des Gemeindegründers als Führungsrolle beschrieben werden kann. Wesentliche Aspekte verschiedener Führungstheorien stehen im Hintergrund der Wahrnehmung und Formulierung dieser Führungsaufgabe durch die Interviewpartner. Sie alle weisen Chancen, aber zugleich auch Begrenzungen auf. Von besonderer Bedeutung für den Gemeindegründungsprozess dürfte der transformationale Führungsstil sein. Zugleich steht dieser in der Gefahr, den Gemeindegründer einseitig mit dem Typ des charismatischen Führers zu identifizieren und die damit verbundenen Problemlagen zu verstärken. Wichtig erscheinen deshalb die Beiträge weiterer Führungskonzepte, wie zum Beispiel des *Team-Leadership*, der Kontingenztheorie oder des *Servant Leadership*, produktiv aufzunehmen und damit das Führungsmodell der transformationalen Führung zu ergänzen.

---

221 Vgl. ebd., 172.

222 Ebd.. Kursive Hervorhebung aus dem Original übernommen.

223 Transkript 1.8., Z. 562–581.

Darüber hinaus wurde die Rolle des Gemeindegründers als zentraler Akteur des Gründungsgeschehens deutlich. Er steht im Mittelpunkt des Gründungsgeschehens und dient als Verbindungspunkt zu den anderen Akteuren. Daneben nimmt er die Rolle eines Fachpromotors ein.

15.2.2.2 Das Gründungsteam

Die Aufgabe des Gründungsteams liegt zunächst darin, dem Gründungsunternehmen Dynamik und Kraft zu verleihen. Es bildet den Kern der entstehenden Gottesdienstgemeinde und trägt damit zu deren Entstehen wesentlich bei. Die Mitglieder des Gründungsteams bringen sich als Ehrenamtliche in die Gemeindegründung mit ein und stellen dieser damit von Beginn an ein breites Spektrum an Gaben und Fähigkeiten zur Verfügung.[224] Es ist das Gründungsteam, welches die Umsetzung der im Leitbild formulierten Gründungsvision übernimmt.[225]

Auch fungiert das Gründungsteam als Träger der Kultur der sendenden Gemeinde und bestimmt damit wesentlich die Gestalt der Gemeindegründung mit.[226] Dies spielt insbesondere bei Revitalisierungen eine wichtige Rolle, da hier das Gründungsteam ein Gegengewicht zur etablierten Gottesdienstgemeinde und der von ihr getragenen Gemeindekultur darstellt. Das Gründungsteam übernimmt damit eine der tragenden Rollen für den Veränderungsprozess der empfangenden Gemeinde.[227]

Weitere wichtige Funktionen sind die Ergänzung, Begleitung und Stützung des Gemeindegründers. So stellt das Gründungsteam eine wichtige persönliche Ressource für den Gemeindegründer im herausfordernden Gründungsprozess dar.[228] Die einzelnen Teammitglieder wirken aber auch erweiternd und ausgleichend zu den begrenzten Eigenschaften und Fähigkeiten des Gemeindegründers.[229] Dies führt zu einer Erweiterung der sonst durch die Vorstellungen, Ideen und Fähigkeiten des Gemeindegründers begrenzten Handlungsmöglichkeiten.[230]

Von den Interviewpartnern wird betont, dass auch die Mitglieder des Gründungsteams eine innere Berufung empfinden sollten, an der Gemeindegründung

224 Vgl. Transkript 1.7., Z. 1042–1048; Transkript 4.3., Z. 451–456.464–471; Transkript 4.4.1., Z. 609–628; Transkript 4.6., Z. 94–104.

225 Vgl. Transkript 1.2., Z. 130–134; Transkript 1.6., Z. 140–159.

226 Vgl. Transkript 1.1.1., Z. 105–112; Transkript 1.6., Z. 468–478. Transkript 4.1.1., Z. 1047–1062; Transkript 4.8., Z. 461–490.

227 Vgl. Transkript 1.6., Z. 258–281; Transkript 1.8., Z. 596–618.901–903.

228 Vgl. Transkript 1.5., Z. 861–870; Transkript 4.1.1., Z. 829–835. Transkript 4.5., Z. 304.

229 Vgl. Transkript 1.6., Z. 279–287; Transkript 4.1.1., Z. 766–780.782–802; Transkript 4.2., Z. 290–294; Transkript 4.3., Z. 451–456.464–471.

230 Vgl. Transkript 1.7., Z. 1044–1048.

teilzunehmen.[231] Das Empfinden einer Berufung erscheint als ein wesentlicher Faktor dafür, dass viele Mitglieder von Gründungsteams bereit sind, die zum Teil mit ihrer Entscheidung einhergehenden weitreichenden biographischen Veränderungen wie zum Beispiel Orts- oder Berufswechsel für sich und ihre Familien in Kauf zu nehmen, um eine Gemeindegründung durchzuführen.[232] Zum Berufungsaspekt treten weitere Gründe hinzu, welche zur Teilnahme an einer Gemeindegründung motivieren können. Dabei handelt es sich zum Beispiel um die Hoffnung in einer Gemeindegründung das Gemeindeleben besser mitgestalten zu können, theologische Überzeugungen, welche durch das Mitwirken im Gründungsteam gestärkt werden und zur Anwendung kommen oder die Passung mit bereits anstehenden biographischen Veränderungen.[233] Insgesamt wird es sich um ein vielschichtiges Motivationsgeschehen handeln. Ebenso wie der Gemeindegründer, durchlaufen dabei auch potentielle Mitglieder des Gründungsteams einen Identitätsfindungsprozess. Bei einem positiven Ausgang steht am Ende der Entschluss zur Teilnahme an der Gemeindegründung fest.[234]

Eine kritische Anfrage besteht darin, inwieweit das Gründungsteam lediglich als „Schwungmasse" für die Durchsetzung der vom Gemeindegründer formulierten Gründungsvision dient. Kommt ihm lediglich die Rolle der Umsetzung eines feststehenden Gemeindemodells zu oder hat es einen „kreativen" Anteil an der Entwicklung dieses Gemeindemodells? Die geführten Interviews deuten darauf hin, dass es sich dabei nicht um zwei sich gegenüberstehende Pole, sondern eher um Tendenzen handelt.[235] Ein Faktor scheint dabei zu sein, wie sehr die Form der Gemeindegründung zum Beispiel durch die Anwendung eines bestimmten Modells vorgegeben ist und ob der Gemeindegründer das Gründungsteam in einen kreativen Entwicklungsprozess miteinbezieht beziehungsweise Freiraum zur Gestaltung lässt. Hier erscheint es sinnvoll grundsätzlich für einen Ansatz zu votieren, welcher das Gründungsteam an kreativen Prozessen beteiligt und nicht lediglich

231 Vgl. Transkript 1.8., Z. 141–176; Transkript 4.1.1., Z. 845–866.869–871; Transkript 4.3., Z. 477–494; Transkript 4.6., Z. 314f.

232 Vgl. Transkript 1.1.1., Z. 125–133; Transkript 4.5., Z. 325–328.

233 Vgl. Transkript 4.2., Z. 447–449.661–698; Transkript 4.4.1., Z. 634–645; Transkript 4.6., Z. 316–341.

234 Vgl. Transkript, 1.1.1., Z. 125–133; Transkript 4.8., Z. 141–177. Vgl. auch Moynagh / Harrold, Context, 232–234.236f.

235 So betont CP3 die vielen Initiativen, welche von seinem Gründungsteam im ersten Jahr nach der Gründung gestartet wurden. Er gesteht aber zugleich ein, dass er diesen Freiraum auch wieder beschneiden musste. CP2 hingegen macht deutlich, dass die von ihm verantwortete Gründung nach dem *City Centre Resource Church* Modell in der Planung nicht auf kreative Impulse aus dem Gründungsteam angewiesen war, sondern weitestgehend den durch das Modell vorgegebenen Strukturen folgte. Zugleich sieht er nun den Bedarf die Verantwortung für die Gestaltung der Gemeindearbeit in vielen Bereichen zu delegieren. Vgl. Transkript 1.2., Z. 74–83.606–612; Transkript 1.3.1.; Z 576–649.

auf die Aufgabe der Ausführung verweist. Zum einen betont dieser Ansatz das Priestertum aller Glaubenden und zum anderen beteiligt es das Gründungsteam an einer wesentlichen Leitungsaufgabe, betont also den oben dargestellten Ansatz des *Team-Leadership*.

Zusammenfassend lässt sich feststellen, dass das Gründungsteam eine zentrale Rolle in der Umsetzung der Gemeindegründung einnimmt und dem Gründungsgeschehen die eigentliche Dynamik verleiht. Somit stellt das Gründungsteam ein wesentliches Element des Handlungsinstruments der klassischen Gemeindegründung dar.[236]

15.2.2.3 Das Verhältnis von sendender und gesandter Gemeinde im Gründungs- und Entwicklungsprozess

Auf die Frage hin, welches Verhältnis zur Sendungsgemeinde besteht, nutzen viele der interviewten Gemeindegründer und Promotoren die Analogie eines jungen Erwachsenen, welcher das Elternhaus verlässt.[237] Das Elternhaus steht dabei für die sendende Gemeinde und der junge Erwachsene für die klassische Gemeindegründung. Im Anschluss an diese Analogie stellt die Durchführung einer klassischen Gemeindegründung einen Prozess von stetig wachsender Unabhängigkeit der gesandten Gemeinde gegenüber der sendenden Gemeinde dar. Das Ziel dieses Prozesses ist ein Ausgleich des zu Beginn bestehenden Beziehungsgefälles zwischen der sendenden Gemeinde und der gesandten Gemeinde. Während erstere in der Vorbereitungsphase und meist auch in den ersten Jahren der Entwicklungsphase Ressourcen zur Verfügung stellt und damit die Rolle des Gebers einnimmt, befindet sich die gesandte Gemeinde in diesen Phasen in der Empfängerrolle.[238] Erst wenn dieses Beziehungsgefälle durch die vollkommene finanzielle Unabhängigkeit der gesandten Gemeinde endet, kann eine andere Beziehung entwickelt werden. Das Ideal stellt dabei die wechselseitige Abhängigkeit dar, welche auf einem von Gleichwertigkeit geprägten Miteinander beruht.[239] Ein Beispiel für eine solche wechselseitige Abhängigkeit stellt die Beschreibung der Beziehung zur Sendungsgemeinde von CP6 dar:

> „Today there is no formal relationship with the sending church, other than we remain friends and we do meet […] three times per year with them and with the teams from

236 Vgl. Transkript 1.4., Z. 260–277.

237 Vgl. Transkript 1.1.1., Z. 174–181; Transkript 1.3.1., Z. 555–571; Transkript 1.5., Z. 147f.567f.; Transkript 4.1.1., Z. 1030–1044; Transkript 4.2., Z. 1039–1048; Transkript 4.3., Z. 560–569; Transkript 4.5., Z. 365–379; Transkript 4.6., Z. 385–399.

238 Vgl. zum Beispiel Transkript 1.8., Z. 205–211.

239 Vgl. Transkript 4.4.1., Z. 754–834. Vgl. ebenso Lings, Reproducing Churches, 29.

other churches who were also associated with planting to pray for one another. Because we're effectively local churches, who have a similar history and similar outlook and so praying together is a good thing to do.«[240]

Es wird deutlich, dass hier ein Beziehungsgeschehen auf Augenhöhe herrscht und die gegenseitige Fürbitte als Gewinn auch von der ehemaligen Sendungsgemeinde wahrgenommen wird. Ein weiteres Merkmal einer solchen Interdependenz wäre zum Beispiel die Zusammenarbeit in einem gemeindeübergreifenden Projekt, zu dem beide Gemeinden entscheidendes beisteuern. So schildert zum Beispiel CP3, dass seine Gemeindegründung in Zusammenarbeit mit der Sendungsgemeinde Holy Trinity Brompton ein weiteres Gemeindegründungsprojekt verantwortet. Dabei stellt die Gemeindegründung von CP3 den Gemeindegründer zur Verfügung, welcher bis dahin als *curate* bei der Gemeindegründung gearbeitet hat. Holy Trinity Brompton hingegen übernimmt die Finanzierung und Begleitung der Gemeindegründung.[241] Es zeigt sich an diesem Beispiel, dass hier die Tochtergemeinde Entscheidendes, nämlich den Gemeindegründer, zu einem gemeindeübergreifenden Projekt beisteuert und damit die ehemalige Sendungsgemeinde in diesem Fall auf die Zusammenarbeit mit der Tochtergemeinde angewiesen ist.

Zugleich gibt es auch Fälle, in denen das Verhältnis von sendender Gemeinde und gesandter Gemeinde nach einer Phase der Abhängigkeit in eine Phase der Unabhängigkeit übergeht und in dieser verharrt. In diesem Fall kommt es zu einer starken Reduktion der Beziehung oder gar zu einem Abbruch derselben. Dies wird zum Beispiel an der Beschreibung von CP5 deutlich:

„We kind of love our mum, but we left home. So we don't really have any contact, I think. People who know the two churches or visit the churches don't necessarily see a family likeness. So maybe that's a way putting it. […] I think it's partly because […] St Helen's doesn't seek to establish a strong network amongst its planted churches. […] I'm really grateful that they never sought to interfere or control, even though sometimes things happen, that I'm sure that […] they would disagree with. […] I think the wider network of which St Helen's is a part is probably more conservative than we are. And we sought to kind of embed ourselves in the deanery of Hackney. And we're kind of happily to be Anglican. And I've got a couple of other networks that have been significant to us.«[242]

In diesem Beispiel erscheint eine unterschiedliche theologische Ausrichtung der sendenden und der gesandten Gemeinde als ein wesentlicher Grund für eine auf

240 Transkript 1.6., Z. 1185–1191.
241 Vgl. Transkript 1.3.2., Z. 253–274.
242 Transkript 1.5., Z. 567–585.

Unabhängigkeit ausgerichtete Beziehung. Aber auch die eher schwachen Bemühungen der Sendungsgemeinde, die gesandte Gemeinde in ein Gemeindenetzwerk einzubinden, werden als Grund genannt.

Ein Gegenbeispiel für letzteres stellt die Gemeinde Holy Trinity Brompton dar, welche eine sehr starke Einbindung der von ihr gegründeten Gemeinden in das HTB Netzwerk anstrebt. Auch hier kann von einer auf wechselseitiger Abhängigkeit beruhenden Beziehung ausgegangen werden, bei der zugleich aber die besondere Stellung der äußerst großen „Muttergemeinde" bestehen bleibt. So äußert sich CP3 über die Beziehung zu HTB als Sendungsgemeinde wie folgt:

> „I would describe it in the same way I would describe what it's like when I go home to my parents. […] I'm autonomous. I'm thirty-eight years old. I pay my own bills. I pay my own food. I'm in charge of my own time. But every now and again it's nice to go home. When I go home, my mum does my laundry. And she looks after the kids and gets up with my kids sometimes […] It feels like you've been looked after, you know. And it's nice to connect back in, remember where you came from. That's how I would describe the relationship with HTB […] that I'm treated as an adult. […] I don't get a phone call from Nicky[243] saying, 'Are you running Alpha this month?' Or whatever. We are, but […] I don't do it 'cause suddenly I get a phone call. But when I come home it's nice. You know, Focus is great, because I don't have to do it myself. Someone else does that for me."[244]

Neben diesen formalen Netzwerkstrukturen können auch persönliche Beziehungen zwischen der Gemeindeleitung der sendenden und der gesandten Gemeinde oder aber auch zwischen Gemeindegliedern beider Gemeinden für eine dauerhafte Verbindung sorgen.[245]

Zusammenfassend lässt ich sagen, dass klassische Gemeindegründungen im Unterschied zu anderen neuen Ausdrucksformen von Gemeinde ihre finanzielle Unabhängigkeit recht schnell erreichen und damit das bis dahin vorherrschende Beziehungsgefälle beenden können. Wie sich die Beziehung ab diesem Punkt entwickelt, ist von verschiedenen Faktoren auf beiden Seiten abhängig. Möglich ist die Aufrechterhaltung der Beziehung in einer Form von wechselseitiger Abhängigkeit oder aber ein Beziehungsabbruch und damit die Betonung der Eigenständigkeit und Unabhängigkeit der gegründeten Gemeinde.

---

243 „Nicky" Gumbel ist der Gemeindepfarrer von Holy Tinity Brompton.

244 Transkript 1.3.1., Z. 555–571.

245 Vgl. Transkript 1.1.1., Z. 164–174.

15.2.3 Die empfangende Gemeinde

Im Fall einer Revitalisierung ist auch die empfangende Gemeinde zu den Akteuren des Gründungsprozesses zu zählen. Eine besondere Rolle nimmt dabei die Gemeindeleitung der empfangenden Gemeinde ein, welche aufgrund der in den meisten Fällen bestehenden Vakanz aus den *churchwarden* und dem *Parochial Church Council* besteht. Während der Explorations- gegebenenfalls auch während der Vorbereitungsphase stellt die Zustimmung der Gemeindeleitung zu einer Revitalisierung die Voraussetzung für die Erfüllung des Bedingungsfaktors Gebäude/Ort dar.[246] Verschiedene Gesprächspartner betonen in diesem Zusammenhang, dass eine Revitalisierung nur dann durchgeführt werden sollte, wenn diese von der empfangenden Gemeinde gewünscht ist.[247] Zugleich wurde bereits deutlich, dass der zuständige Bischof gegebenenfalls die ihm zur Verfügung stehenden Machtmittel einsetzen kann, um die Gemeindeleitung zu solch einer Zustimmung zu bewegen.

Auch wird von P6 zu bedenken gegeben, dass die Rede von „Gemeindegründung" eine abschreckende Wirkung auf die empfangende Gemeinde haben kann.[248] Ein Grundmotiv scheint dabei zu sein, dass die empfangende Gemeinde befürchtet, einer „Übernahme" ausgesetzt zu werden und in diesem Prozess Teile ihrer eigenen Identität zu verlieren.[249] Aus diesem Grund bevorzugen manche Gesprächspartner den Begriff „Partnerschaft", da dieser ein Beziehungsgeschehen auf einer Ebene zum Ausdruck bringt.[250] In der Praxis scheint es grundsätzlich der Fall zu sein, dass die Idee einer Revitalisierung von Initiatoren außerhalb der empfangenden Gemeinde ausgeht. Darüber hinaus ist aber auch vorstellbar, dass die Gemeindeleitung einer vakanten Gemeinde die Revitalisierung initiiert.

Bei der Revitalisierung stellt ebenfalls ein öffentlicher Gottesdienst den offiziellen Beginn der Unternehmung dar. Im Unterschied zu den Modi der Gründung und Wiedereröffnung, stehen bei der Revitalisierung der Beziehungsaufbau zwischen den beiden Gruppen und ein gemeindlicher Veränderungsprozess im Mittelpunkt. Dabei ist mit Widerständen aus der empfangenden Gemeinde zu rechnen, was auch dazu führen kann, dass Gemeindeglieder die Gemeinde verlassen.[251] In Folge der Revitalisierung kommt es meist zu einer Veränderung des Gottesdienstes der Gemeinde, da eine Anpassung an die Gottesdiensttradition des hinzukommenden Gründungsteams erfolgt. Alternativ werden ein oder mehrere zusätzliche

---

246 Vgl. zum Beispiel Transkript 1.1.1., Z. 255–270.

247 Vgl. Transkript 4.6., Z. 85–91; 4.7., Koll 17; Transkript 4.8., Z. 212–225.

248 Vgl. Transkript 4.6., Z. 164–170.

249 Vgl. Transkript 4.6., Z. 164–170.

250 Vgl. Transkript 1.6., Z. 46–51; Transkript 4.6., Z. 164–170.

251 Vgl. Transkript 1.1.1., Z. 293f.; Transkript 1.6., Z. 448–474; Transkript 1.8., Z. 464–467.

Gottesdienste im Verlauf des Sonntags eingeführt und damit ein *multiple Sunday congregations* Modell umgesetzt.

Insgesamt erscheint die empfangende Gemeinde als ein Akteur im Gründungsgeschehen, welcher zunächst von Seiten der Kirchenleitung während der Explorations- beziehungsweise der Vorbereitungsphase gewonnen werden muss. Nach offiziellem Beginn der Revitalisierung tritt dann das Handeln des Gemeindegründers in den Vordergrund, welcher durch ein Beziehungs- und Veränderungsmanagement die Einheit der Gemeinde wiederherstellt, Konflikte bearbeitet und den Gemeindeaufbau betreibt.

15.2.4 Bischof und Kirchenleitung

Die Rolle der Kirchenleitung insbesondere des zuständigen Bischofs im Gründungsgeschehen einer klassischen Gemeindegründung beinhaltet verschiedene Aufgaben, welche sich je nach Phase des Gründungsprozesses unterscheiden.

In der Explorations- und Vorbereitungsphase kann ein Bischof als Initiator einer klassischen Gemeindegründung auftreten, indem er potentielle Sendungsgemeinden um ihre Mitarbeit bittet.[252] Dies ist insbesondere dann der Fall, wenn klassische Gemeindegründung von Seiten der Kirchenleitung als Instrument für die Umsetzung einer diözesanen Wachstums- und Entwicklungsstrategie gesehen wird. Tritt er selbst nicht als Initiator auf, so wird er in den meisten Fällen um die Autorisierung einer geplanten Gemeindegründung gebeten werden.[253]

Auch kann ihm die Rolle zukommen, eine geplante Gemeindegründung gegenüber Widerständen, zum Beispiel in einer empfangenden Gemeinde oder in den benachbarten Gemeinden, durchzusetzen oder aber verschiedene Interessen miteinander zu vermitteln.[254] In letzterem Fall tritt er als Mediator auf. Handelt es sich um ein größeres Gemeindegründungsprojekt, wie zum Beispiel die Etablierung einer *Resource Church*, dann werden der Bischof oder andere Personen der Kirchenleitung den Gründungsprozess intensiv begleiten und beaufsichtigen.[255] Dazu gehört auch die Kommunikation des Gründungsgeschehens und der Gründungsmotivation innerhalb der Diözese. Auch wird es im Interesse der Kirchenleitung sein, die neu gegründete Gemeinde in die bestehenden kirchlichen Strukturen einzubinden und für ein wertschätzendes Miteinander der verschiedenen Kirchengemeinden einzutreten.[256] Zum Teil scheinen bei größeren Gemeindegründungsprojekten der Bischof oder andere Personen der Kirchenleitung, ihre begleitende

252 Vgl. Transkript 1.2., Z. 14–25; Transkript 1.7., Z. 17–37.

253 Vgl. Transkript 1.3.1., Z. 22–223; Transkript 1.6., Z. 44–51.

254 Vgl. Transkript 4.7., Z. 103–125; Transkript 4.8., Z. 242–252.476–489.

255 Vgl. Transkript 4.8., Z. 185–196.233–267.

256 Vgl. Transkript 4.8., Z. 558–571.

Funktion auch in der Entwicklungsphase aufrecht zu erhalten.[257] Wie bereits beschrieben, übernimmt der Bischof beziehungsweise die Kirchenleitung die Rolle eines Machtpromotors.

15.2.5 Gemeindegründungsnetzwerke und -agenturen

Gemeindegründungsnetzwerke und -agenturen treten meist in Ergänzung zum Teil aber auch als Ersatz für sendende Gemeinden auf. Ihre Rolle und die von ihnen übernommenen Aufgaben entsprechen damit der von sendenden Gemeinden, indem sie Gemeindegründungsgelegenheiten identifizieren, die Erfüllung der nötigen Bedingungsfaktoren anstreben und die Ausbildung des Gemeindegründers übernehmen. Weitere Schwerpunkte sind die dauerhafte Begleitung der Gründung und deren Einbindung in das Netzwerk. Auch hier wurde bereits herausgearbeitet, dass Gemeindegründungsnetzwerke die Rolle von Prozess- und Beziehungspromotoren übernehmen.

15.2.6 Das Umfeld

Mit Umfeld werden hier in einem engeren Sinne die benachbarten Kirchengemeinden der Gemeindegründung bezeichnet. In einem weiteren Sinne sind dies aber auch nichtkirchliche Institutionen und Personen, welche mit der Gemeindegründung in eine bedeutungsvolle Beziehung treten. Ersteres ist als kirchliches, letzteres als nicht-kirchliches Umfeld zu bezeichnen. Im Folgenden wird lediglich auf das kirchliche Umfeld eingegangen werden können.

Wie die Experteninterviews mit Gemeindepfarrern in Southampton gezeigt haben, können die Akteure des kirchlichen Umfeldes eine befürwortende oder ablehnende Haltung gegenüber der Gemeindegründung einnehmen.[258] Auch eine von Indifferenz geprägte Haltung ist möglich. Für Gemeindegründer stellen ablehnende Reaktionen des kirchlichen Umfeldes eine herausfordernde und prägende Erfahrung im Gründungsprozess dar.[259] Zugleich besteht die Möglichkeit, dass sich Einstellungen über einen längeren Zeitraum ändern und es zu einer Befriedung anfänglicher Konflikte kommt. Als wichtige Faktoren für die positive Entwicklung zwischen Umfeld und Gemeindegründung können die Befürwortung und Unterstützung der Gemeindegründung durch die Kirchenleitung, die Integration derselben in die bestehenden kirchlichen Strukturen[260] und ein das Umfeld wert-

---

257 Transkript 4.8., Z. 440–451.

258 Vgl. die Darstellung in ⊳ Kapitel 14.3.3.

259 Vgl. Transkript 1.1.1., Z. 564–579; Transkript 1.3.1., Z. 292–312; Transkript 1.5., Z. 129–151; Transkript 1.6., Z. 399–430.

260 Vgl. Transkript 1.3.1., Z. 282–286.215–239; Transkript 1.5., Z. 191–198.

schätzendes Auftreten des Gemeindegründers genannt werden.[261] Umgekehrt ist bei einem Ausbleiben dieser Faktoren mit einer negativen Entwicklung zu rechnen. Auch ist davon auszugehen, dass ein hohes Transferwachstum der Gemeindegründung, welches sich aus umliegenden Gemeinden speist, zu negativen Reaktionen im kirchlichen Umfeld führen wird.[262] Größere, mit besonderen Ressourcen ausgestattete Gemeindegründungen provozieren zudem Debatten über die Verteilung von finanziellen Mitteln im kirchlichen Umfeld.[263] Umgekehrt vermissen nicht-parochial gebundene Gemeindegründungen oft eine fehlende Anerkennung als vollwertige Kirchengemeinde durch ihr kirchliches Umfeld.[264]

Die genannten Aspekte im Verhältnis von klassischen Gemeindegründungen und kirchlichem Umfeld verweisen auf das Konzept der *mixed economy*. Es wird deutlich, dass diese einer lokalen Umsetzung durch die Akteure vor Ort bedarf. Wenn diese jedoch ausbleibt, können sich Konflikte verschärfen. Sabrina Müller fasst dies wie folgt zusammen:

> „Die Statusfrage zwischen nicht-parochialen Gemeinden und Ortsgemeinden, die unterschiedliche Verteilung der finanziellen Mittel, aber auch gegenseitige Vorwürfe des Traditionalismus und der Ignoranz von Mission und Kontext machen die *mixed economy* zu einer spannungsvollen Idee."[265]

Insgesamt erscheint das kirchliche Umfeld als ein nachgeordneter Akteur im Gründungs- und Entwicklungsprozess von klassischen Gemeindegründungen. In Einzelfällen kann ihm aber auch eine zentrale Bedeutung im Gründungsgeschehen zukommen.[266]

15.2.7 Fazit

Insgesamt lässt sich der Gründungs- und Entwicklungsprozess von klassischen Gemeindegründungen als ein komplexes Zusammenspiel verschiedener Akteure verstehen. Im Zentrum steht dabei der Gemeindegründer und das ihn begleitende Gründungsteam. Darüber hinaus sind die sendende Gemeinde, insbesondere deren Gemeindepfarrer und der zuständige Bischof beziehungsweise die Kirchenleitung

---

261 Transkript 1.3.1., Z. 215–239; Transkript 1.5., Z. 876–897; Transkript 1.6., Z. 430–445.

262 Vgl. Transkript 1.2., Z. 357–360. Vgl. hierzu die Darstellung der Ergebnisse der Experteninterviews mit Gemeindepfarrern in Southampton in ▹ Kapitel 14.3.3.

263 Vgl. Transkript 1.7., Z. 586–595.

264 Vgl. Transkript 1.5., Z. 1198–1201.

265 Müller, Geschichte, 13.

266 Vgl. Transkript 1.5., Z. 117–198.

Akteure von hoher Wichtigkeit. Sie übernehmen im Laufe der verschiedenen Phasen unterschiedliche Rollen und üben mit ihrem Handeln einen großen Einfluss auf das Gründungsgeschehen aus.

16. Klassische Gemeindegründung und Kontext

Das Grundmerkmal von klassischer Gemeindegründung ist die Nachbildung einer bestehenden Form von Gemeinde, welche mit einem gottesdienstzentrierten Gründungsmodell einhergeht. Dies wird besonders in der folgenden Aussage von P4 unterstrichen, welche zwei sich entgegenstehende Grundbewegungen von Gemeindegründung herausstellt:

> „Now looking back, part of what was diagnostic about that and became more typical of church plants was to spot a geographical area where it was either too far to come to church or […] a bit culturally different from the centre of town or something like that. And the intention was missional: to go to those areas, but to bring to it a form of church, which was already known on the assumption that this would work for those people. So, you have there two dynamics occurring which are fairly typical of church plants. One is: 'We need to go to people who […] at the moment can't come to us because they are not quite in the right place. But also, we will take to them a form of church, which we know and like and we think will work for them.' And in that sense [..] an existing form of church was literally taken up from one place and put down into another place. So, place and confidence about a way of being church already. These I think have become enduring marks of church planting."[1]

Nach P4 wird bei klassischer Gemeindegründung eine bereits bestehende Form von Gemeinde an einen neuen Ort „getragen". Dieser „Ort" ist nach dem Entstehen von netzwerkorientierten Gemeindegründungen in den 1990er Jahren nicht mehr allein räumlich zu verstehen. Auch eine bisher noch nicht in den Blick geratene Zielgruppe oder ein kirchlich bisher wenig erreichtes Milieu kann diesen neuen „Ort" darstellen. Um dieser Entwicklung Rechnung zu tragen, spricht man in der heutigen Gemeindegründungsszene und auch in der *fresh expressions of church*-Bewegung von „Kontext".[2]

Im bisherigen Verlauf dieser Arbeit wurde das Verhältnis von klassischer Gemeindegründung und dem jeweiligen Kontext immer wieder gestreift. In diesem Kapitel soll nun untersucht werden, wie genau sich klassische Gemeindegründung und Kontext zueinander verhalten. Dafür wird zunächst eine Begriffsklärung vor-

---

1 Transkript 4.4.1., Z. 125–142.

2 Ein prominentes Beispiel für dieses neue „Kontext-Bewusstsein" stellt das Standardwerk *Church for Every Context* von Michael Moynagh und Philip Harrold dar. Vgl. Moynagh / Harrold, Context.

genommen und im Anschluss überprüft, in welchem Maße man in Bezug auf klassische Gemeindegründung von einer Kontextualisierung sprechen kann.

16.1 Kontextualisierung oder Inkulturation? – Eine Begriffsklärung

Das hier untersuchte Verhältnis von Gemeindegründung und Kontext lässt sich als Problem der Kontextualisierung beziehungsweise der Inkulturation begreifen. Diese beiden Begriffe beschreiben einen Vorgang, in welchem das Evangelium von Jesus Christus mit einer bestimmten Kultur beziehungsweise einem bestimmten Kontext vermittelt wird. Beide Begriffe entspringen dem missionswissenschaftlichen Diskurs und bezeichnen im Grunde denselben Vorgang. Zugleich tragen sie aber unterschiedliche Konnotationen mit sich und sind konfessionell gefärbt.

Der Begriff der Inkulturation entstammt dem römisch-katholischen missionswissenschaftlichen Diskurs und wurde ab den 1970er Jahren gebräuchlich.[3] Er „bezeichnet den Prozeß [!] sowie das Resultat der Begegnung der christlichen Botschaft mit der Vielfalt der Kulturen."[4] Als systematisch-theologische Grundlage für den Inkulturationsgedanken dient die Christologie, insbesondere das Inkarnationsgeschehen: „Wie der universale Gott menschliche Natur annahm und sich in Jesus inkarnierte, so muß [!] auch die Botschaft des Evangeliums sich auf die menschlichen Kulturen einlassen und in sie eingehen."[5] Dabei erscheint der Begriff der Kultur nicht als neutral. Eine Theologie der Inkulturation bedenkt „nicht nur die bis zum Äußersten gehende Solidarität Gottes mit der Kultur, sondern zugleich die Unverzichtbarkeit ihres ‚Sterbens' und ‚Auferstehens', ihrer Bekehrung und Verwandlung."[6] Die Vermittlung des Evangeliums mit der Kultur beinhaltet also auch zugleich die Kritik dieser Kultur mittels des Evangeliums.

Der Ausdruck Inkulturation wird im römisch-katholischen Diskurs auch als Gegenbegriff zu älteren Bezeichnungen wie Adaption, Akkommodation oder Indigenisierung gebraucht.[7] Gemein ist diesen Begriffen, dass sie die „Überlegenheit der westlichen kulturellen Ausprägungen des Christentums" voraussetzen.[8] Im Gegensatz zu ihnen betont Inkulturation den ursprünglichen und umfassenden Charakter der Begegnung zwischen dem Evangelium und einer Kultur und wendet

---

3 Vgl. Rzepkowski, Lexikon, 208f.

4 Arens, Edmund: Art. Inkulturation. II. Systemathisch-theologisch, in: RGG 4, 4. Auflage, Tübingen, 2001, 145.

5 Ebd.

6 Ebd.

7 Vgl. Hoedemaker, Bert: Art. Inkulturation. IV. Missionswissenschaftlich, in: RGG 4, 4. Auflage, Tübingen, 2001, 147.

8 Vgl. ebd.

sich somit gegen eine unreflektierte Übertragung westlicher Ausprägungen des Christentums in andere Kulturen.[9]

Der Begriff der Kontextualisierung entstammt hingegen dem protestantischen Diskurs und wird oft in synonymer Weise mit dem Begriff der Inkulturation verwendet.[10] Zugleich gibt es auch Versuche beide Begriffe inhaltlich differenziert zu verwenden. So sieht Rzepkowski folgenden Unterschied in der Bedeutung beider Begriffe: „Inkulturation meint mehr das Eingehen auf das Wertsystem einer Gesellschaft, wobei Kontextualisierung eher die geschichtliche Ausformung und den zeitlichen Ablauf einer Kultur berücksichtigt."[11] Ob eine solche feinsinnige Unterscheidung der Begriffe wirklich sinnvoll und auch haltbar ist, erscheint aber mehr als zweifelhaft. Dies ist allein deshalb schon nicht möglich, da bereits innerhalb der beiden konfessionellen Sprachfamilien sich ein breiter Diskurs um den jeweiligen Begriff und dessen Bedeutung entwickelt hat. So stellt zum Beispiel die Frage, auf welche Art und Weise die Kontextualisierung zu erfolgen hat, auf protestantischer Seite einen wichtigen Debattenstrang dar.[12] Eine so feinsinnige Definition und Abgrenzung beider Begriffe, wie sie Rzepkowski vornimmt, wird diesen innerkonfessionellen Diskursen nicht gerecht.

In der folgenden Darstellung wird auf den Begriff der Kontextualisierung zurückgegriffen werden, da er innerhalb der Gemeindegründungsszene und auch der *fresh expressions of church*-Bewegung den häufiger verwendeten Begriff darstellt. Darüber hinaus erscheint der Begriff in der Anwendung auf die als plural und segmentiert zu beschreibenden westeuropäischen Gesellschaften angemessener, da er den Kulturbegriff umgeht und in einem neutraleren Sinne von Kontext spricht. Dies erscheint im Hinblick auf kleinteilig erscheinende gesellschaftliche Gruppierungen, welche von klassischen Gemeindegründungen als Zielgruppen in den Blick

9 Vgl. ebd.

10 Vgl. zum Beispiel Müller, Karl: Art. Inkulturation, in: Ders. / Sundermeier, Theo (Hg.): Lexikon Missions-theologischer Grundbegriffe, Berling 1987, 179.

11 Rzepkowski, Lexikon, 208f.

12 Vgl. Moynagh / Harrold, Context, 156–160; Bevans, Stephens: Models of Contextual Theology, überarbeitete und erweiterte Auflage, New York, 2002.

genommen werden, als hilfreich, da hier allenfalls von Subkulturen,[13] besser aber von verschiedenen Lebensweltorientierungen[14] gesprochen werden kann.

16.2 Hermeneutische Grundfragen

In Bezug auf das Konzept der Kontextualisierung stellt sich nun einführend die Frage nach dem Beziehungsverhältnis von Kontext (oder Kultur) und Evangelium. Die Problematik dieses Beziehungsverhältnisses kann exemplarisch durch die Frage illustriert werden, ob es nun ein Evangelium gibt oder viele Evangelien. Anders formuliert: Ist der Inhalt des Evangeliums immer derselbe und nur die Form, mit der dieser Inhalt kommuniziert wird, verändert sich je nach Kontext? Oder ist es so, dass eine Änderung der Form auch immer zugleich eine Änderung des Inhalts mit sich bringt, es also gar nicht das eine Evangelium geben kann, sondern viele verschiedene Evangelien, die in Form und Inhalt vom jeweiligen Kontext bestimmt sind? Im Folgenden sollen verschiedene Lösungsmodelle für diese Fragen diskutiert werden.

Christian Grethlein sieht das fragliche Beziehungsverhältnis durch vier Dimensionen bestimmt.[15] Er entnimmt diese Dimensionen der vom Lutherischen Weltbund veröffentlichten *Erklärung von Nairobi über Gottesdienst und Kultur*[16]. In dieser wird das Beziehungsverhältnis von Gottesdienst und Kultur untersucht und es kommt zur Bestimmung eben jener vier Dimensionen, welche Grethlein auf-

13 Der Begriff der Subkultur bezeichnet „eine gesellschaftliche Teilkultur, die sich sowohl in ihren Werten, Normen, Einstellungen, Bedürfnissen, Lebensstilen und Zeichen als auch in ihren Verhaltensstrukturen, Organisationen, Institutionen und Traditionen von einer gesellschaftlich dominierenden Hauptkultur abgrenzt." Hermsen, Edmund: Art. Subkultur, religiöse, in: RGG 7, 4. Auflage, Tübingen, 2004, 1821. Subkulturen stehen oft in einem bewussten Gegensatz zur Hauptkultur und sind ebenfalls oft von Kurzlebigkeit gekennzeichnet. Vgl. Hermsen, Subkultur, 1821f. Für eine umfänglichere Beschreibung der Pluralisierung und Segmentierung moderner westlicher Gesellschaften erscheint der Milieubegriff und das damit in Zusammenhang stehende Konzept der Lebensweltorientierung jedoch als geeigneter. Vgl. dafür weiterführend Hempelmann, Heinzpeter / Weimer, Markus: Handbuch Milieusensible Kommunikation des Evangeliums. Reflexionen, Dimensionen, Praktische Umsetzungen, Kirche und Milieu 4, Göttingen, 2020.

14 Für den Begriff der Lebenswelt vgl. die Darstellung in ▹ Kapitel 12.2.

15 Vgl. Grethlein, Kirchentheorie, 41–43.

16 Vgl. Erklärung von Nairobi über Gottesdienst und Kultur. Herausforderungen und Möglichkeiten unserer Zeit, in: Stauffer, Anita (Hg.): Christlicher Gottesdienst: Einheit in kultureller Vielfalt. Beiträge zur Gestaltung des Gottesdienstes Heute, Genf, 1996, 12–28.

nimmt und auf alle Kommunikationsmodi des Evangeliums anwendet.[17] Die vier Dimensionen sind:[18]

(1) Ein kulturübergreifendes Verhältnis: Es gibt Elemente des christlichen Glaubens, welche kulturübergreifend wirksam sind und somit in allen Kulturen rezipiert werden. Dazu gehören zum Beispiel die Taufe und das Abendmahl, das Lesen der Bibel, das Beten des Vater Unser und das Bekennen des Glaubens.
(2) Ein kontextuelles Verhältnis: Diese Dimension macht deutlich, dass die Kommunikation des Evangeliums letztlich kontextuell geschieht. So kommt es zum einen zu einer „dynamischen Äquivalenz". Auf den Gottesdienst bezogen bedeutet dies zum Beispiel: Es „werden Bestandteile des christlichen Gottesdienstes durch Elemente einer lokalen Kultur, die ihnen in Bedeutung, Wert und Funktion entsprechen, neu ausgedrückt."[19] Zum anderen kommt es zu „kreativer Assimilation". Dabei werden in einer bereichernden Funktion Bestandteile der lokalen Kultur in den jeweiligen Kommunikationsmodus des Evangeliums aufgenommen.
(3) Ein kontrakulturelles Verhältnis: Es gibt Bestandteile einer jeden Kultur, die einen sündhaften Charakter aufweisen und damit im Widerspruch zum Evangelium stehen. Hier hat das Evangelium eine konfrontierende Funktion.
(4) Ein kulturell wechselwirksames Verhältnis: Diese Dimension drückt aus, dass es zu einer wechselseitigen Bereicherung verschiedener lokaler Ausdrucksformen von Kirche kommt, indem eine lokale Ausdrucksform von Kirche kulturell geprägte Elemente einer anderen lokalen Ausdruckform in Gebrauch nimmt.[20]

Die Leistung von diesem Modell liegt darin, dass sie in differenzierter Weise das Wechselverhältnis von Evangelium – beziehungsweise der Kommunikationsmodi des Evangeliums – und Kultur beschreibt. Es wird deutlich, dass es dabei Anteile gibt, welche kulturübergreifend wirken und Anteile, welche unter den kulturellen Begebenheiten eine Transformation durchlaufen. Zugleich wird in dem von Grethlein vorgestellten Modell nicht ganz klar, ob es nun einen Kern des Evangeliums gibt, welcher, unbeschadet jeglicher Kontextualisierung, überall gleich identifizierbar ist. Grethlein nennt im Zusammenhang mit seinem Kontextualisierungsmodell zwar Formen und Praktiken wie das Vater Unser und das Lesen der Bibel, welche überall gleich vorkämen, geht aber nicht auf die inhaltliche Ebene ein. Dies erscheint aber als zwingend nötig, da das Evangelium durch seinen Charakter als „Botschaft" nicht allein über die Form bestimmt werden kann, sondern nach einer

---

17 Nach Grethlein sind dies die Modi des Lehrens und Lernens, des gemeinschaftlichen Feierns und des Helfens zum Leben. Vgl. Grethlein, Kirchentheorie, 41.

18 Für den folgenden Abschnitt über die vier Dimensionen vgl. Grethlein, Kirchentheorie, 42.

19 Erklärung von Nairobi, zitiert nach Grethlein, Kirchentheorie, 42.

20 Ein Beispiel hierfür ist die Aufnahme von kirchlichen Liedern aus anderen Kulturkreisen.

inhaltlichen Bestimmung verlangt. Grethlein bestimmt nun an anderer Stelle das Evangelium als die „Botschaft von der Nähe der Gottesherrschaft".[21] Es ist aber leider nicht eindeutig ermittelbar, ob Grethlein in dieser Formulierung den Kern seines Verständnisses des Evangeliums identifiziert und auch davon ausgeht, dass dieser Kern nun in jeder Kultur gleich zur Geltung kommt.

Dem gegenüber betont der Missionstheologe Lesslie Newbigin sehr deutlich die Tatsache, dass es eine reine, von jeglichem kulturellen Einfluss freie Interpretation des Evangeliums gar nicht geben kann:

> „Wir müssen mit der grundlegenden Tatsache beginnen, dass es so etwas wie ein reines Evangelium nicht gibt. Es gibt kein Evangelium, das nicht Bestandteil einer bestimmten Kultur ist. Die Bedeutung der einfachsten Aussage im Evangelium: ‚Jesus ist der Herr' hängt von dem Inhalt ab, den eine Kultur dem Wort ‚Herr' verleiht. [...] Das Evangelium kommt immer als das Zeugnis einer Gemeinschaft daher, die versucht, die Bedeutung des Evangeliums in einer bestimmten Lebensweise, in den Eigentumsverhältnissen, in Recht und Ordnung, in Produktion und Verbrauch und so weiter möglichst treu auszuleben."[22]

Newbigin macht also deutlich, dass es niemandem möglich ist eine inhaltliche Bestimmung des Evangleliums vorzunehmen, welche frei von jeglicher kulturellen Prägung ist. Vielmehr stehen Form und Inhalt in einer Wechselbeziehung zueinander. Und da der Inhalt des Evangeliums schon immer über eine Form vermittelt wurde, ist es uns nicht möglich den Inhalt ohne die Form zu betrachten.

Zugleich wehrt sich Newbigin auch gegen die These, es gebe damit gar nicht mehr das eine Evangelium, sondern es entstünde immer aus dem jeweiligen Kontext heraus. Hier sieht er die Gefahr, dass das Evangelium durch ein moralisches Gesetz, ein politisches Programm oder eine Kombination aus beidem ersetzt wird.[23] Demgegenüber entwickelt er eine Hermeneutik, welche die Gemeinde als Interpretin des Evangeliums in Bezug auf die jeweilige Kultur oder den jeweiligen Kontext versteht. Dafür benötigt sie allein

> „die Bibel, die Sakramente und den apostolischen Dienst. Wenn diese Bedingungen erfüllt sind, [...] dann [kann die junge Kirche] selbständig lernen, wie das Evangelium Teil ihrer eigenen Kultur wird, während sie wirkt und wächst."[24]

---

21 Vgl. Grethlein, Kirchentheorie, 37.

22 Newbigin, Lesslie: Das Evangelium in einer pluralistischen Gesellschaft, Neukirchener Verlagsgesellschaft, Neukirchen-Vluyn, 2017, 166f.

23 Vgl. Newbigin, Evangelium, 169.

24 Ebd., 170. Interessant ist hier, dass sowohl Newbigin als auch Grethlein die Bibel und die Sakramente als die kulturübergreifenden Elemente einer Evangeliumsvermittlung sehen.

Newbigin betont damit zum einen die grundsätzliche Kontextualität des Evangeliums, verneint aber vehement eine sich aus der Kontexualität ergebende Beliebigkeit. Für ihn sind es die Heilige Schrift und die Sakramente, welche als Träger des Evangeliums fungieren. Dabei sind diese in ihrem Ursprung selbst in der hebräisch-hellenistischen Kultur des 1. Jahrhunderts kontextuell gebunden und stellen damit auch nicht das reine, von jeglicher Kultur befreite Evangelium dar. Vielmehr bedürfen auch sie der Interpretation, das heißt der Kontextualisierung in Bezug auf eine spezifische Kultur oder einen Kontext.[25] Diese Interpretation hat die Gemeinde zu leisten. Zum Ausdruck kommt diese Sicht der Gemeinde als hermeneutisches Instrument durch folgendes von Newbigin formulierte Diktum:

> „How is it possible that this gospel should be credible, that people should come to believe that the power which has the last word in human affairs is represented by a man hanging on a cross? I am suggesting that the only answer, the only hermeneutic of the gospel, is a congregation of men and women who believe it and live by it."[26]

Daraus leitet sich für Newbigin zugleich ab, dass es keine „Einstimmigkeit in der Art und Weise geben [wird], in der die Kirche zu jeder Zeit und an jedem Ort versucht, das Evangelium zu ‚kontextualisieren'".[27]

Newbigins Ansatz hat seine Stärke zum einen in der Betonung des Gedankens, dass das Evangelium stets kulturell gebunden vorliegt, zum anderen aber darin, dass er die Gemeinde zur Hermeneutin des Evangeliums macht. Dies stellt ein ermächtigendes und zugleich emanzipatorisches Moment dar, welches gerade für das Priestertum aller Glaubenden eine stärkende Wirkung haben kann. Zugleich beinhaltet Newbigins Ansatz eine Spannung. Zwar lehnt er eine reine Bestimmung des Inhalts des Evangeliums aus dem Kontext ab, ermöglicht aber zugleich durch seinen gemeindezentrierten Ansatz, dass es trotzdem zu einer Vielzahl von verschiedenen inhaltlichen Bestimmungen kommen kann. Die Frage nach dem einen Evangelium bleibt damit ungelöst und wird in einer Art Streit um die Wahrheit in die Hände der Gemeinde gelegt. Newbigin verabschiedet sich damit nicht von dem Gedanken des einen Evangeliums, gesteht aber ein, dass es uns aufgrund unserer kulturellen Gebundenheit letztlich nicht möglich ist, dieses mit absoluter Gewissheit zu identifizieren.

---

25 Vgl. Newbigin, Evangelium, 167f.

26 Newbigin, Gospel, 227.

27 Newbigin, Evangelium, 170f.

16.3 „Aktive Kontextualisierung“ – ein Modell für die Umsetzung in der Praxis

Ein Modell, wie nun eine Kontextualisierung in der Praxis vonstatten gehen kann, legt Tim Keller vor.[28] Nach ihm erfolgt diese in drei Schritten. Im Ersten geht es darum, Teil einer Kultur zu werden und sich ihr anzupassen.[29] Dabei kommt es darauf an die Kultur zu verstehen und sich in größtmöglichem Maße mit ihr zu identifizieren.[30] Besondere Aufmerksamkeit sollte dabei den Hoffnungen, Abneigungen und Ängsten der Menschen gelten, die Teil dieser Kultur sind. Diese sind nämlich Ausdruck ihrer Wertevorstellungen, Glaubensüberzeugungen und Begründungsstrukturen.[31] Dabei geht es auch darum sogenannte „A beliefs“ und „B beliefs“ zu identifizieren. Als *A beliefs* bezeichnet Keller bestimmte Überzeugungen einer Kultur, welche mit bestimmten Glaubenssätzen (*A doctrines*) des christlichen Glaubens übereinstimmen.[32] *B beliefs* hingegen stellen Überzeugungen einer Kultur dar, die im Gegensatz zu bestimmten christlichen Glaubensüberzeugungen (*B doctrines*) stehen.[33]

In einem nun zweiten Schritt kommt es laut Keller darauf an, die jeweilige Kultur herauszufordern beziehungsweise zu konfrontieren. Dies geschieht, indem zunächst die Übereinstimmungen zwischen Kultur und christlichem Glauben dargestellt und betont werden, dann aber zum anderen in einem direkten Bezug zu diesen Übereinstimmungen und darauf aufbauend die Punkte adressiert werden, in denen Kultur und Evangelium voneinander abweichen.[34] Diese Konfrontation sei wichtig, da erst dadurch die Notwendigkeit einer Umkehr hin zu Jesus Christus kommuniziert würde. Diese „Konversion“ stellt in Kellers Augen jedoch den Zielpunkt einer kontextualisierten Verkündigung des Evangeliums dar.[35]

In einem dritten Schritt kommt es nun darauf an die Kreuzespredigt, welche für Keller das Zentrum der Evangeliumsverkündigung darstellt, ebenfalls in einer an den dominierenden Vorstellungen einer Kultur anknüpfenden Weise zu kommunizieren.

> „How can we make our appeal? As we saw in chapter 2, the intercanonical themes uniting the Bible are richly diverse. They speak of sin and salvation, using the language of exile

28 Vgl. Keller, Center Church, 119–132.
29 Vgl. a. a. O, 120.
30 Vgl. ebd.
31 Vgl. ebd., 120.122f.
32 Vgl. ebd., 123.
33 Vgl. ebd.
34 Vgl. ebd., 124.
35 Vgl. Keller, Center Church, 130.

and homecoming; of temple, presence, and sacrifice; of covenant and faithfulness; of kingdom and victory. When we seek to communicate the gospel to a particular culture, we will find that some of these themes resonate more deeply than others."[36]

Keller sieht es also als eine Stärke der biblischen Texte, dass sie die Evangeliumsbotschaft mit Hilfe einer Vielzahl verschiedener Themen darstellen. Es kommt nun in diesem Schritt darauf an, die Themen aufzugreifen, welche zugleich in der jeweiligen Kultur eine Relevanz haben.

Kellers Ansatz betont die Kontextualität und zugleich die Konterkulturalität des Evangeliums und hat darin seine besondere Stärke. Er betont, dass eine Kontextualisierung nur mit Hilfe eines umfassenden Verständnisses der jeweiligen Kultur einhergehen kann und macht deutlich, dass es darauf ankommt selbst Teil dieser Kultur zu werden. Darin und auch in der Suche nach schon bestehenden Übereinstimmungen zwischen Kultur und Evangelium zeigt sich, dass Keller der Kultur einen großen Wert an sich einräumt und ihr mit großer Wertschätzung begegnet. Zugleich nimmt er auch die gegenkulturelle Wirkung des Evangeliums ernst, zeigt aber einen Weg auf, wie den Teilnehmern einer Kultur diese gegenkulturelle Wirkung in einer möglichst für sie annehmbaren Weise präsentiert werden kann. Zentrum seines Evangeliumsverständnisses ist dabei das Kreuzesgeschehen, genauer die Sühnetod-Vorstellung.[37] An dieser Stelle entsteht der Eindruck, dass Keller dies als den kulturunabhängigen Kern der Evangeliumsbotschaft versteht. Damit besteht ein Widerspruch zu Newbigin, der eine solche vom Kontext losgelöste und absolute Festlegung vermeidet. Vielmehr übergibt er die Aufgabe diese Festlegung zu treffen in die Hand der jeweiligen lokalen Gemeinde. Trotz dieses Unterschieds stellt Kellers Modell einen leistungsstarken Ansatz für die praktische Umsetzung des Kontextualisierungsgedankens dar.

16.4 Kontextualisierung und klassische Gemeindegründung

Nach Michael Moynagh fordert die zunehmende Pluralisierung und Fragmentierung der westlichen Gesellschaften die Kirchen heraus, eine Kontextualisierung des Evangeliums vorzunehmen und dadurch das Evangelium von Jesus Christus den verschiedenen Subgruppen der Gesellschaft zugänglich zu machen. Dabei betrifft diese Kontextualisierung auch die Gestalt der Kirche selbst:

---

36 Ebd.

37 Vgl. Ebd., 130f.

> „Church no longer has the option, if it ever had, of relating to people as if they were all the same. It has to engage with each of them appropriately, a task that has been described as contextualization. Contextualizing the church is the attempt to be church in ways that are both faithful to Jesus and appropriate to the people the church serves."[38]

Moynagh folgt damit der Linie, welche bereits in *Mission-shaped Church* vorgezeichnet wurde und zu einem der Hauptmerkmale der *fresh expressions of church*-Bewegung wurde: Die neu entstehenden Ausdrucksformen von Gemeinde sollen in ihrer Gestalt ihrem Kontext entsprechen und so die Kommunikation des Evangeliums in diesen Kontext hinein ermöglichen.[39]

In Bezug auf die klassische Gemeindegründung stellt sich nun die Frage, inwieweit eine solche Kontextualisierung tatsächlich erfolgt. Wie bereits dargestellt, weisen zum Beispiel Bradbury und Hodgett in ihrem Modell des *pioneer spectrum* der klassischen Gemeindegründung einen Platz an dem Ende des Spektrums zu, an dem keine oder kaum eine Kontextualisierung erfolgt. Sie sehen Gemeindegründung als bloße Nachbildung einer bestehenden Form von Gemeinde.[40] Ihre daraus abgeleitete Entscheidung, klassische Gemeindegründung nicht als Teil *der fresh expressions of church* zu sehen, wurde bereits kritisiert. Auch wurde schon darauf hingewiesen, dass es auch bei klassischen Gemeindegründungen zumindest zu kleineren Anpassungen an den jeweiligen Kontext kommt. Wie weitreichend diese Kontextualisierung aber tatsächlich ist, soll nun untersucht werden.

Zunächst scheint es fraglich, dass größere und gezielt vorgenommene Anpassungen an einen Kontext wesentlicher Teil des Modells der klassischen Gemeindegründung sind. So betont P6, dass gerade die Nachbildung einer bestehenden und anscheinend erfolgreichen Form von Gemeinde an einem neuen Ort die Stärke von klassischer Gemeindegründung ausmacht:

> „And Hastings, [they] say, 'Look you've obviously got something going in Brighton. You managed to get young people. We don't have any. So, whatever it is you're doing there, why can't we have one of those in Hastings.' […] So it's definitely the sending culture that's the most important."[41]

Auch erscheint das Anliegen einer Kontextualisierung dort in den Hintergrund zu treten, wo die Form von Gemeinde, welche nachgebildet wird, besonders wirkmächtig erscheint. So beschreibt CP2, dass im Gründungsprozess der von ihm geleiteten

---

38 Moynagh / Harrold, Context, 151.

39 Vgl. die Darstellung in ▻ Kapitel 5.6 und Kapitel 6.3.

40 Vgl. Hodgett / Bradbury, Spectrum, 33.

41 Transkript 4.6., Z. 478–483.

City Centre Resource Church lediglich die nötigsten Vorbereitungen durchgeführt wurden.[42] Eine intensivere Auseinandersetzung mit dem Kontext scheint erst nach der offiziellen Gründung der Gemeinde begonnen zu haben und besonders in Bezug zu einem geplanten diakonischen Engagement zu stehen.[43] Nach P6 ist es dieses diakonische Engagement, in welchem die verschiedenen *City Centre Resource Churches* des HTB-Netzwerkes in besonderer Weise auf den jeweiligen Kontext eingehen:

> „St Peter's […] is different from HTB and Hastings is different from St Peter's. […] The values would be the same. So, you got a sense that the same things are important. But […] they're incarnational. […] They look different on the ground. And so, the things that look different are […] probably the social action. You know, for us it's homeless. For Hastings it might be refugees […] In other words, „What's the need in this town?" Rather than, 'Just do that.'"[44]

Dass gerade ein solches diakonisches Engagement der Grund für eine weiterführende Kontextualisierung sein soll, wird an folgender Äußerung von P3 deutlich:

> „[..] it might be that something happens inside the congregational church that catalyses different thinking. So for example it might be someone gets converted from a completely different background and […] you're proud that they've come to faith. But they say, 'I don't get all this. I don't understand what you're talking about.' And you love them so much, you say, 'We'll adapt.'"[45]

Ein zu diesen Aussagen passendes Beispiel aus der Praxis stellt die Network Church Sheffield dar. Dort kam es zu einer Ausdifferenzierung des gottesdienstlichen Angebotes, da, aufgrund einer durch die Gemeinde betriebenen diakonischen Arbeit mit Obdachlosen, die Nachfrage nach einem eigenen Gottesdienst für diese Zielgruppe entstand.

Grundsätzlich bestätigt P3 aber die Sicht, dass klassische Gemeindegründung nicht mit einer ausgeprägten Kontextualisierung in Verbindung gebracht wird.[46] Kommt es bei klassischen Gemeindegründungen doch zu einer intensiveren Form der Kontextualisierung, so ist dies nach P3 meist auf den Einfluss des Gemeindegründers zurückzuführen oder hängt eben damit zusammen, dass die Gemeinde-

42 Vgl. Transkript 1.2., Z. 74–83.
43 Vgl. Transkript 1.2., Z. 398–413.
44 Transkript 4.6., Z. 408–418.
45 Transkript 4.3., Z. 606–614.
46 Vgl. Transkript 4.3., Z. 599–605.

gründung eine andere Zielgruppe als die Sendungsgemeinde in den Blick nimmt.[47] Ein Beispiel hierfür stellt das von CP5 beschriebene Gründungsgeschehen dar. In diesem Fall entschied sich das Gründungsteam dafür, das kreative Milieu des Londoner East End als Zielgruppe in den Blick zu nehmen. Dies führte zu größeren Veränderungen in der Gottesdienstgestaltung der Gemeindegründung, welche sich damit auch von der Gottesdiensttradition in der Sendungsgemeinde entfernte, zu deren typischen Gottesdienstbesuchern Bankangestellte und Anwälte gehören.[48] Zugleich kam es aber nicht zu einer Abkehr vom gottesdienstzentrierten Gründungsgeschehen.

Wichtig ist allerdings der Hinweis, dass eine Kontextualisierung nicht nur über eine Anpassung der gemeindlichen Form an den Kontext erfolgen kann, sondern sich nach Keller insbesondere auch darauf erstreckt, wie das Evangelium in Bezug zu den Wertevorstellungen, Glaubensüberzeugungen und Begründungsstrukturen einer Kultur oder eines Kontextes gesetzt wird. Von einem solchen Kontextualisierungsvorgang, welcher fast in paradigmatischer Weise dem von Keller vorgeschlagenen Vorgehen folgt, berichtet CP1 wie folgt:

> „How do we respond to it [the context]? One, we listen. There's a deep sense amongst [...] the network in this neighbourhood, that we feel predominantly called to, which is this [...] White East End network. We respond by listening because there is a deep sense of being unheard, of being forgotten. Victim mindset. Both through poverty and also tragedies and the war. The government promised a lot of help and didn't bring it, because they were poor, the government didn't look after them. [...] there's no trust in authority; in any sense of formal authority, which is interesting when it comes to be part of the state church. So, we respond to it by listening and by communicating the good news of the Kingdom of God in a way, which connects with that. For example phrases like, 'The best is yet to come.' 'God hears you.' 'God has not forgotten you.' 'The glory days are ahead of you, not behind you.' [...] and also, '[...] God is close and on your side.', because a lot of people around here feel like the world is against them. 'And God probably does exist, but he wants nothing for me, and he's probably against me.' And so aspects of theology about God being real and close and on your side, really connect [...] there's real favour with. And then there are other bits of theology that also connect with this context, which are controversial but really important because they're opposite to the culture. So forgiveness is not a part of the contextual culture. Someone has wronged you? That's it. Grudges held for lifetimes; they go generations back. [...] so, some of the first things we taught here where about forgiveness, conflict, loving your enemies, loving the other. That kind of

47 Vgl. Transkript 4.3. Z. 604–618.
48 Vgl. Transkript 1.5., Z. 45–85.215–299.

thing. So [...] it's been all about learning the context and connecting our heavenly context with it in a way, which makes sense."[49]

Anhand dieses Beispiels wird deutlich, dass bei klassischen Gemeindegründungen sehr wohl eine deutliche Kontextualisierung des Evangeliums vorkommen kann. Diese liegt hier aber auf der inhaltlichen Ebene und nicht auf der Ebene der Gemeindeform, welche durch den gottesdienstzentrierten Ansatz deutlich vorgegeben ist.

Einen weiteren Einflussfaktor für Anpassungen an einem zuvor übernommenen Gemeindemodell stellt im Falle von Revitalisierungen die empfangende Gemeinde dar. Sie bildet neben dem „Umwelt"-Kontext einen weiteren eigenen Kontext, mit dem sich die gesandte Gemeinde auseinandersetzen muss. Dies kann das Vorgehen bei der Revitalisierung und die daraus entstehende Gemeinde entscheidend prägen. Insbesondere dann, wenn es zur Zusammenführung von verschiedenen Glaubenstraditionen und ihren gottesdienstlichen und gemeindlichen Ausdrucksformen kommt. Darauf weist CP6 hin:

> „Back in the beginning I was working on a model [...] of church planting that I'd observed up close at HTB as a regular member of the congregation and laterly as a staff member for eighteen months, which was first generation planting into a church where there was effectively no activity going on and bringing in a completely new thing. And moving in numbers and with some dynamism. So I didn't have a model that was specific to a revitalisation project in a scruffy community church. But I knew some of the most important church planting tasks. And certainly, the dynamism and 'can do'-attitude are very transferable between any sort of church plant. But the 'how to do this' within a setting that was already [...] a form of going [...] was something that I'd just learned on the job."[50]

An diesen Beispielen wird deutlich, dass es auch bei klassischen Gemeindegründungen zu einer Kontextualisierung kommt. Diese erfolgt aber meist innerhalb des Rahmens eines gottesdienstzentrierten Gründungsmodells und in Form einer Anpassung des von der Sendungsgemeinde vorgegebenen Gemeindemodells an den jeweiligen Kontext. Um diesen Grad an Kontextualisierung einordnen zu können, bietet es sich an, in Anlehnung an Michael Moynagh auf das *Cynefin Framework* zurückzugreifen. Moynagh versteht Gemeindegründung im Sinne einer Praxis, welche je nach Grad der Vertrautheit des jeweiligen Kontextes auf erprobte und bewährte Lösungen zurückgreifen kann oder aber neue Ansätze für

---

49 Transkript 1.1.2., Z. 38–71. Vgl. auch Transkript 1.1.1., Z. 39–80.103–112; Transkript 1.1.2.,146–161.
50 Transkript 1.6., Z. 873–886.

einen unbekannten Kontext entwickeln muss.[51] Zur Bestimmung des jeweils angemessenen Vorgehens greift Moynagh auf das von David Snowden entwickelt *Cynefin framework* zurück.[52] Dieses wurde ursprünglich als ein Modell des Wissensmanagement entwickelt. Es unterscheidet dabei vier Zustände beziehungsweise Kontexte: „Einfache Kontexte", „komplizierte Kontexte", „komplexe Kontexte" und „chaotische Kontexte". Einfache Kontexte zeichnen sich dadurch aus, dass hier für alle ersichtliche Ursache-Wirkung-Beziehungen vorherrschen.[53] Es ist einsichtig, welche Handlungen zu welchen Resultaten führen, und damit besteht die Aufgabe in der Anwendung der bewährtesten Handlungen und Praktiken.[54] Komplizierte Kontexte bestehen dann, wenn mehrere bewährte Handlungsmöglichkeiten vorliegen. In diesem Zustand besteht die Aufgabe darin, unter Analyse des Kontextes zwischen den verschiedenen Handlungsmöglichkeiten zu wählen.[55] Da in komplizierten Kontexten die Ursache-Wirkung-Beziehungen nicht mehr für jeden ersichtlich sind, bedarf es dafür des Rückgriffes auf Experten.[56] Während komplizierte Kontexte als stabile Zustände verstanden werden können, zeichnen sich komplexe Kontexte dadurch aus, dass sie meist einem Wandel unterliegen.[57] Auch gibt es hier noch keine erprobten Handlungsmöglichkeiten, auf die zurückgegriffen werden könnte. Diese müssen erst noch gefunden werden.[58] Dies geschieht meist durch die experimentelle Anwendung verschiedener Handlungsmöglichkeiten und deren Evaluation.[59] In „chaotischen Kontexten" schließlich sind keine direkten Ursache-Wirkung-Effekte mehr identifizierbar, da sich der Kontext ständig wandelt.[60] Zugleich besteht in diesen Kontexten oft eine große Dringlichkeit, so dass die Akteure zu Handlungen gedrängt werden, welche erst im Nachhinein und unter aufwändiger Evaluation auf ihre Wirksamkeit überprüft werden können.[61] Zusätzlich zu diesen vier Kontexten enthält das *Cynefin framework* einen fünften Zustand, welcher als Unordnung (*disorder*) beschrieben wird.[62] Dieser Zustand tritt dann ein, wenn nicht ersichtlich ist, welcher der vier anderen Kontexte vorliegen.[63]

---

51 Vgl. Moynagh / Harrold, Context, 199.

52 Vgl. Snowden, David J. / Boone, Mary E.: A Leader's Framework for Decision Making, in: Harvard Business Review, 2007, Reprint, 1–8.

53 Vgl. Ebd., 2.

54 Vgl. ebd.

55 Vgl. ebd., 3.

56 Vgl. ebd.

57 Vgl. ebd., 5.

58 Vgl. ebd.

59 Vgl. ebd.

60 Vgl. ebd.

61 Vgl. ebd., 5f.

62 Vgl. ebd., 4.

63 Vgl. ebd.

Wendet man nun das *Cynefin framework* auf den Fall der klassischen Gemeindegründung an, so scheint es, dass sich diese vor allem auf den Feldern einfacher und komplizierter Kontexte bewegt. Wird zum Beispiel wie im Fall von CP2 und CP7 das erprobte Modell der *City Centre Resource Church* in einem sehr ähnlichen Kontext nachgebildet, dann kann man von einem einfachen Kontext sprechen. Es erscheint für den Gemeindegründer klar ersichtlich, welche Handlungen durchgeführt und welche Programme aufgesetzt werden müssen, um die erwünschten Effekte hervorzurufen, da das Modell der *City Centre Resource Church* als die bewährteste Antwort auf den entsprechenden Kontext empfunden wird. So kann die Gründung der *City Centre Resource Church*, wie von CP2 berichtet, ohne eine sehr intensive Auseinandersetzung mit dem örtlichen Kontext erfolgen, da keine großen Anpassungen an dem Modell durchgeführt werden sollen. Dies zeigt sich auch in der folgenden Äußerung von CP7:

> „We had a launch event and then, yeah, opened the door the first Sunday. And then three weeks later we started an evening service as well for the students. […] 'Cause […] Bournemouth is a big student town. And 'students' was a big unreached people group, who we were passionate about reaching. And, you know, if you gonna do that, than you need an evening service."[64]

Zwar gesteht CP7 später ein, dass auch andere Handlungsmöglichkeiten als Reaktion auf das Anliegen Studenten erreichen zu wollen möglich gewesen wären, doch erschien die Einrichtung eines Abendgottesdienstes als die sinnvollste.[65] Die Situation wird als einfacher Kontext wahrgenommen, in welchem die Antwort als klar ersichtlich erscheint.

Zugleich kommt es auch bei klassischen Gemeindegründungen zu Situationen, in denen die Gemeindegründer verschiedene Handlungsmöglichkeiten abwägen müssen. Dabei bewegen sie sich aber meist im Rahmen vorhandener Lösungsmöglichkeiten und wählen die in ihren Augen passendste aus. Als Beispiele dafür kann die Suche nach einem dem Kontext entsprechenden diakonischen Programm gelten, von der CP2 berichtet,[66] als auch die Anpassung der gottesdienstlichen Gestaltung an die Zielgruppe, welche CP5 wie folgt beschreibt:

> „We decided to meet at 5.45 largely because we felt if you didn't have children and live in the East End, very often Saturday night was a late night. […] And so, Sunday morning wasn't necessarily the best time for younger people without kids to be coming out early. […] we

64 Transkript 1.7., Z. 206–214.

65 Vgl. Transkript 1.7., Z. 216f.

66 Vgl. Transkript 1.2., Z. 398–413.

didn't want our music just to be a very narrow snapshot of something that was happening culturally now. But rather our music should reflect two thousand years of church and non-church tradition, too. We felt our music should be of quite a high standard, I think because of [the] culturally sophisticated thing. [...] we were in a position where we had the resources to appoint a part time music director, who was very gifted and as a result began to attract musicians who were very gifted too. So we'd been able to pull of that sort of eclectic music. [...] We think the mainstream tradition of the church is to be liturgical. But also, the group of people, who we were trying to connect with, have quite well homed literary sensibilities. [...] And kind of the liturgy is well worn and well crafted and we felt would [...] engage people [.....] who were of a literary mindset. I think also that it was kind of a safety thing. If you haven't been in church for a long time or coming to church for the first time, the liturgy was there in front of you and was kind of a [...] safety net. You knew what was coming next, rather than somebody improvising or freestyling at the front sometimes uncomfortably, sometimes meant to be helpfully.“[67]

Gerade solche gottesdienstliche Anpassungen, bei gleichzeitiger Beibehaltung der Zentralstellung des Gottesdienstes für das Gemeindeleben, sind für Moynagh Ausdruck einer Auseinandersetzung mit einem komplizierten Kontext:

> „Second, there are 'complicated contexts' which, unlike simple ones, may contain several established answers. [...] There is no single way of worshipping for example, but there are principles that can be applied flexibly in different situations. Leading worship requires knowledge of these principles and skills in applying them, and may be entrusted to individuals with the necessary gifts and the training.“[68]

Dies schließt nicht aus, dass klassische Gemeindegründungen sich auch in komplexen und chaotischen Kontexten bewegen müssen,[69] doch scheinen ihre Hauptdomänen einfache und komplizierte Kontexte zu sein. Zumindest ist in exemplarischer Weise feststellbar, dass ihre Reaktion auf die wahrgenommenen Situationen mit den Reaktionen übereinstimmt, welche mit einem einfachen oder einem komplizierten Kontext assoziiert sind. Eine Kontextualisierung findet nur bedingt statt. Leitend hingegen sind die Nachbildung des Gemeindemodells der Sendungsgemeinde und das gottesdienstzentrierte Gründungsmodell. Beides folgt erprobten Handlungsmöglichkeiten. Klassische Gemeindegründungen werden demnach be-

67 Transkript 1.5., Z. 215–265. Vgl. auch Z. 45–85.265–299.

68 Moynagh / Harrold, Context, 200.

69 Vgl. dazu die Aussage von CP6 in Bezug auf die von ihm durchgeführte Revitalisierung in Transkript 1.6., Z. 873–886.

sonders dort erfolgreich zur Anwendung kommen, wo der Kontext dem Kontext der Sendungsgemeinde entspricht, oder eine hohe Ähnlichkeit zu diesem aufweist.

16.5 Fazit

Es bleibt festzuhalten, dass es bei klassischen Gemeindegründungen zu Kontextualisierungsprozessen kommt, diese aber vor allem in einer Anpassung des verfolgten Gemeindemodells an den vorgefundenen Kontext bestehen. Es handelt sich damit um eine graduelle Kontextualisierung, welche in Reaktion auf einen leicht abweichenden Kontext geschieht. Diese Kontextualisierung kann bereits in der Vorbereitungsphase erfolgen und die Gestalt der Gemeindegründung von Anfang an mitbestimmen. Sie kann aber auch nach der offiziellen Gründung durch eine Anpassung einzelner Bereiche des Gemeindelebens an den Kontext geschehen. Dabei bleibt die Gottesdienstzentrierung stets bestehen und das Gemeindemodell der Sendungsgemeinde übt weiterhin einen großen Einfluss aus.

Ein größerer Grad an Kontextualisierung wird wahrscheinlich dort erfolgen, wo sich die Zielgruppe der klassischen Gemeindegründung deutlich von der Zielgruppe der Sendungsgemeinde unterscheidet. Hier kommt es dann beispielsweise zu einem Vorgehen wie es durch Keller vorgezeichnet wurde und von CP1 in der Praxis geschildert wird: Es wird die Kultur wahrgenommen und Anknüpfungspunkte mit dem Evangelium untersucht. Zugleich kommt es darauf aufbauend zu einer Kritik der Kultur durch das Evangelium, welche eine Umkehr provoziert. Das gottesdienstzentrierte Gemeindemodell wird bei diesem Vorgehen aber nicht grundsätzlich in Frage gestellt.

Prinzipiell ist aber davon auszugehen, dass klassische Gemeindegründungen vornehmlich in Kontexten erfolgen werden, welche dem Kontext der Sendungsgemeinde entsprechen oder diesem ähneln. Dies ist im besonderen Maße für das *City Centre Resource Church* Modell anzunehmen. Eine Bewertung dieses Vorgehens von klassischen Gemeindegründungen in Bezug auf Kontextualisierung steht noch aus und wird erfolgen, wenn die Leistungen und Begrenzungen von klassischen Gemeindegründungen in den Blick genommen werden.[70]

---

70 Vgl. ▹ Kapitel 18.4.

17. Kritik und Kontroversen

Das Gründen von neuen Gemeinden und die Etablierung neuer Ausdrucksformen von Gemeinde waren von ihrem jeweiligen Beginn an in der *Church of England* umstritten. Dies zeigt sich in besonderer Weise an den Kontroversen zu Beginn der 1990er Jahre in Bezug auf unautorisierte Gemeindegründungen, welche die Erarbeitung des Berichts *Breaking New Ground* (1994) zur Folge hatten, als auch an der kritischen Rezeption des Berichts *Mission-shaped Church* (2004), welcher den Begriff der *fresh expressions of church* einführte.[1]

Inzwischen erscheinen sowohl klassische Gemeindegründungen als auch andere neue Ausdrucksformen von Gemeinde in der kirchlichen Landschaft der *Church of England* zwar als fest etabliert, doch wird weiterhin Kritik gegen sie vorgebracht. Geäußert wird diese vornehmlich von Gemeindepfarrern und Gemeindegliedern auf der lokalen Gemeindeebene, aber auch von Theologen und Theologinnen in Veröffentlichungen und Vorträgen. Auch finden innerhalb der Gemeindegründungsszene kritische Reflexionsprozesse statt. Die wichtigsten in diesen verschiedenen Diskursen vorgebrachten Kritikpunkte gegenüber klassischer Gemeindegründung werden im Folgenden dargestellt.[2] Zugleich sollen auch die wichtigsten, meist von Seiten der Gemeindegründungsszene vorgebrachten und auf diese Kritik reagierenden, Gegenargumente genannt werden. Im Anschluss an diese Darstellung wird eine Bewertung der verschiedenen Argumente beider Seiten vorgenommen.

---

1 Vgl. die Darstellung in ▹ Kapitel 5.4 und Kapitel 5.7.

2 Da ein Großteil der mit klassischer Gemeindegründung verbundenen Kontroversen im Rahmen von konkreten Gründungsprozessen auf der lokalen Gemeindeebene ausgetragen wird, erweist sich eine Erfassung der diese Debatten prägenden Kritikpunkte als herausfordernd. Für eine Darstellung der gängigsten Kritikpunkte in dieser Arbeit, muss deshalb auch auf die Darstellung derselben durch die interviewten Gemeindegründer und Promotoren für Gemeindegründer zurückgegriffen werden. Dies wird durch die von den interviewten Gemeindepfarrer geäußerte Kritik in Bezug auf die Gründung einer *City Centre Resource Church* in Southampton, sowie durch eine Auswertung der Literatur ergänzt.

17.1 Gängige Kritik gegenüber klassischer Gemeindegründung und die Gegenargumente von Seiten der Gemeindegründungsszene

17.1.1 Die bereits bestehenden Gemeinden und das Parochialsystem machen das Gründen weiterer Gemeinden überflüssig

Dieser Argumentationsstrang versammelt Einwände gegen das Gründen neuer Gemeinden, welche auf der Sichtweise beruhen, es gebe bereits genügend Kirchengemeinden. Den Hintergrund für diese Aussage bildet zum einen die Annahme, dass aufgrund des gesellschaftlichen und religiösen Wandels die Zahl an potentiellen Kirchgängern begrenzt und darüber hinaus im Rückgang befindlich ist. Die bestehenden Kirchengemeinden konkurrieren damit um eine schrumpfende Zahl potentieller Gottesdienstbesucher. Kommen nun durch klassische Gemeindegründung weitere Gemeinden hinzu, so verringert sich dadurch der Anteil der möglichen Gottesdienstbesucher in den anderen Gemeinden. CP3 fasst diesen Standpunkt wie folgt zusammen:

> „One vicar said, '[…] anyone […] knows that there is a finite number of Anglicans to be squeezed out of Kentish Town.' I mean his […] philosophy and methodology was: […] If you have four Anglican churches in Kentish Town, they each have twenty-five people. If you open another one, every other church loses five, and everyone has twenty."[3]

Zum anderen wird damit argumentiert, dass durch das Parochialsystem der *Church of England* immer eine lokale Kirchengemeinde vorhanden und damit der Zugang für alle Menschen zu einer anglikanischen Kirche gegeben sei. Das Gründen neuer Gemeinden sei also nicht notwendig. CP1 gibt diese Kritik wie folgt wieder:

> „We had critics from existing priests, who don't understand the need for church plants, because a parish has a church and therefore doesn't need another one. So it's a theology that says, 'These people in the parish already have a church that they can come to, if they want.'"[4]

Die interviewten Gemeindegründer weisen die beiden dargestellten Einwände gegen Gemeindegründung zurück. Die Sichtweise, es gebe schon genügend Kirchengemeinden, wird als fatalistisch und einer missionarischer Haltung entbehrend

---

3 Transkript 1.3.1., Z. 301–307. Vgl. ebenso Transkript 1.5., Z. 141–145; Transkript 1.6., Z. 399–404.
4 Transkript 1.1.2., Z. 564–568.

empfunden.[5] Stattdessen wird betont, dass Gemeindegründungen nicht auf Menschen zielten, welche bereits mit einer Gemeinde verbunden seien, sondern gerade auf diejenigen, bei denen dies noch nicht der Fall sei.[6] Gegenüber der Aussage, die vorhandenen Parochialgemeinden stellten einen ausreichende Versorgung und damit auch einen vorhandenen Zugang zur Kirche für die Bevölkerung dar, wird wie folgt argumentiert: Zum einen böten die vorhandenen Kirchen gar nicht die räumlichen Kapazitäten, die es ermöglichen würden, dass alle Menschen Teil einer Kirchengemeinde werden könnten[7] und zum anderen würden sie sich auch nicht ausreichend darum bemühen die Menschen zu erreichen.[8] Zudem bestünde ein nicht überwindbarer Graben zwischen traditionellen Parochien und der jüngeren Generation. Dies wird besonders an der folgenden Aussage von CP4 über zwei Parochialgemeinden deutlich:

> „Fundamentally I think, they were both churches, that didn't have a critical mass of students. So, if you turned up on a Sunday morning the likelihood is that you were one of very few people under the age of forty, very few people with your experience. I guess they [...] were quite traditional sorts of churches, where perhaps we underestimate the sort of cultural literacy, that is required to navigate that. And that actually crossing the threshold of a church in working out what you do with these books that they put in your hand and where you should sit or shouldn't sit and when you should stand up or kneel, or whatever. People may not be familiar with that. And also, obviously [...] we're increasingly entering – certainly for British students – a [...] post-Christian generation. You just have no awareness of that; no literacy of that. [...] I think maybe another dimension of that was also [...] a cultural resistance to the incorporation of new people within those congregations. And of course, no member of any congregation is going to say, 'We don't want new people, we don't want to grow.' But they may well be resistant to what that will mean in terms of the changing of their church and its culture and its ethos and so forth."[9]

Darüber hinaus werden die gängigen Argumente der Gemeindewachstumsbewegung für Gemeindegründungen angeführt:

---

5 Transkript 1.1.2., Z. 568–570.573f.; Transkript 1.3.1., Z. 308–310.

6 Transkript 1.1.1., Z. 576–579; Transkript 1.6., Z. 404–407; Transkript 4.2., Z. 396–406.

7 Dies erscheint als eine Argumentation in der Logik der Gemeindewachstumsbewegung, welche Gemeindewachstum als Ausdruck erfolgreicher missionarischer Bemühungen versteht und zum Ziel hat, dass alle Menschen Teil einer christlichen Gemeinde werden. Vgl. Paas, Church Planting, 114–120. Vgl. auch die Darstellung in ▻ Kapitel 10.3.2.

8 Vgl. Transkript 1.1.2., Z. 570f.

9 Transkript 1.4., Z. 64–86.

> „Well, I suppose I just point him to the statistics. The statistics show that new churches grow […] faster […] even if you strip out the transfer growth, […] they are seeing more new conversions and they do tend to […] have higher energy levels for mobilisation into social transformation projects and so on."[10]

In dieser ersten Kontroverse stehen sich also die Behauptung, das vorhandene Parochialsystem mit seinen Ortsgemeinden sei für die gegenwärtige kirchliche Situation ausreichend und deren gegenläufige Argumentation, die gegenwärtige Parochialstruktur benötige einer dringlichen Ergänzung durch neue Gemeindegründungen, gegenüber. Damit wird hier eine Debatte fortgesetzt, welche bereits seit dem Beginn der Ausbreitung von Gemeindegründung in der *Church of England* Ende der 1980er Jahre besteht.

17.1.2 Klassische Gemeindegründungen wachsen vor allem durch den Transfer kirchenverbundener Gemeindeglieder anderer Gemeinden

Ein an die erste Kontroverse anschließender Vorwurf besteht darin, dass das Wachstum klassischer Gemeindegründungen hauptsächlich durch Transferwachstum herbeigeführt werde. In der Folge würden benachbarte Kirchengemeinden Gemeindeglieder verlieren.[11] Die Reaktion auf diese Kritik innerhalb der Gemeindegründungsszene fällt sehr unterschiedlich aus. Zum Teil wird sie als nicht oder nur in einem sehr geringen Ausmaß zutreffend zurückgewiesen.[12] Ein größerer Teil der Interviewpartner gesteht aber ein, dass es im konkreten Fall zu Transferwachstum kam, oder aber, dass dieses bei klassischer Gemeindegründung allgemein eine ernst zu nehmende Gefahr darstellt.[13]

Zugleich werden verschiedene Einwände angeführt, welche den Vorwurf des Transferwachstums abschwächen sollen. So wird zum Beispiel vorgeschlagen das Transferwachstum zu klassifizieren. Handele es sich dabei um Christen, welche große Netzwerkgemeinden in der Innenstadt verlassen und sich stattdessen lokalen

---

10 Transkript 1.7., Z. 623–630. Vgl. auch Paas, Church Planting, 125.

11 Vgl. Transkript 1.1.1., Z. 148–151; Transkript 1.1.2., Z. 574–576; Transkript 1.2., Z. 357–360; Transkript 1.7., Z. 586; Transkript 2.1., Z. 15–17; Transkript 2.2.1., Z. 105–108; Transkript 4.6., Z. 585f.

12 Vgl. Transkript 1.1.2., Z. 574–479; Transkript 1.3.1., Z. 1074–1078; Transkript 1.4., Z. 514–520; Transkript 1.5., Z. 661–668; Transkript 1.8., Z. 654–661; Transkript 4.6., Z. 248–262.

13 Vgl. Transkript 1.2., Z. 332–340; Transkript 1.3.2., Z. 390–396; Transkript 1.6., Z. 407–418. 1207–1222; Transkript 1.7., Z. 354–377.586; Transkript 4.1.1., Z. 899–908; Transkript 4.1.2., Z. 252–267; Transkript 4.2., Z. 1102–1109.1146–1149; Transkript 4.3., Z. 840–848; Transkript 4.4.2., Z. 226–236; Transkript 4.5., Z. 582–588; Transkript 4.6., Z. 568–573.

Gemeinden an ihrem Wohnort anschließen, so sei daran nichts auszusetzen.[14] Ein anderer Argumentationsstrang geht davon aus, dass ein gewisses Maß an Transferwachstum ein natürliches Phänomen darstelle, welches gar nicht vermieden werden könne.[15] So geht CP2 davon aus, dass die Gemeindewechsler irgendwann auch zu ihrer vorigen Gemeinde gewechselt waren. Das heißt, dass die Gemeinde, welche nun Verluste beklagt, zuvor selbst von Transferwachstum profitiert hatte.[16] Andere Gemeindegründer betonen, dass auch sie Gemeindeglieder durch Transferwachstum verlieren und es damit zu einem Ausgleich kommt.[17]

Weiter wird zu bedenken gegeben, dass Gemeindeglieder und Gottesdienstbesucher Gründe für einen Gemeindewechsel haben und dass sie in ihrer Entscheidung zu respektieren sind. So formuliert CP4 zum Beispiel wie folgt:

> „I mean, when somebody says, that a church plant is 'poaching people' from their church, and I put that in inverted commas, I'm tempted to respond, 'Well, what kind of hold do you think you should have for people to attend your [...] dull church, when they actually would like their faith to be rejuvenated by attending something more dynamic and innovative and isn't this actually throwing down the gauntlet to you, which is to think about how your church needs to rearticulate the gospel afresh?'"[18]

Auf der anderen Seite betonen manche Interviewpartner, dass Transferwachstum doch weitestgehend vermieden werden sollte. So weisen P3 und P5 darauf hin, dass Gemeindegründer instruiert werden, Gemeindewechsler in ihre Herkunftsgemeinden zurückzuschicken, sofern sie nicht von dieser explizit beauftragt wurden, ein Teil der neuen Gemeindegründung zu werden.[19]

Gegenüber dieser Sicht wird zum Teil aber auch dafür argumentiert, Transferwachstum nicht nur negativ zu bewerten, sondern dieses auch als strategischen Vorteil zu begreifen. So könnten in einer neuen Gemeindegründung die Menschen gebündelt werden, welche missionarisch aktiv werden möchten, dafür aber in ihrer bisherigen Gemeinde kaum Unterstützung erfahren haben.[20]

Zusammenfassend zeigt die Analyse, dass der Vorwurf des Transferwachstums in der Gemeindegründungsszene grundsätzlich als berechtigt wahrgenommen wird. Zugleich wird aber angenommen, dass es sich dabei lediglich um einen kleinen

---

14 Vgl. Transkript 1.1.1., Z. 652–687.

15 Vgl. Transkript 1.2., Z. 359–369; Transkript 1.6., Z. 407–418.

16 Vgl. Transkript 1.2., Z. 370–379.

17 Vgl. Transkript 1.5., Z. 661–668; Transkript 1.6., Z. 1207–1222.

18 Transkript 1.4., Z. 504–513; Vgl. auch Transkript 1.3.2., Z. 390–422; Transkript 1.7., Z. 376–384.

19 Vgl Transkript 4.3., Z. 857–868; Transkript 4.5., Z. 582–600.

20 Vgl. Transkript 1.3.2., Z. 390–422. Vgl. auch Transkript 4.2., Z. 574–585.

Anteil am Gesamtwachstum von Gemeindegründungen handelt oder aber es wird die Freiheit der Menschen, ihre Gemeinde selbst zu wählen, betont.

17.1.3 Klassische Gemeindegründungen und andere neue Ausdrucksformen von Gemeinde negieren die kirchliche Tradition und wenden sich stattdessen einer Marktorientierung zu

Der Vorwurf der Marktorientierung und der damit einhergehenden Geringschätzung der kirchlichen Tradition findet sich besonders häufig in der Literatur wieder, wird aber auch auf der lokalen Gemeindeebene[21] und innerhalb der Gemeindegründungsszene selbst geäußert.[22]

Es lassen sich dabei drei Hauptkritikpunkte identifizieren: (1) die Betonung des numerischen Wachstums von Gemeinde und Kirche, (2) eine Übernahme von Leitgedanken und Methoden aus der freien Wirtschaft und (3) eine zunehmende Marktorientierung der Kirche, welche Gottesdienstbesucher als Konsumenten begreift und die Gestaltung kirchlicher Angebote an deren Wünschen ausrichtet. Diese drei Punkte zusammen bilden, den Kritikern zufolge, den Hintergrund für die ihrer Meinung nach in Gemeindegründungen vorfindliche Geringschätzung der kirchlichen Tradition.

Der Vorwurf, der unangemessenen Betonung numerischen Wachstums, wird dabei in besonders prominenter Weise von Martyn Percy vorgetragen.[23] Ähnlich wie auch Stefan Paas argumentiert er, dass Wachstum in der Zahl der Gemeindeglieder und Gottesdienstbesucher nicht unter allen Umständen ein erreichbares oder gar theologisch gerechtfertigtes Ziel für die Kirche sein kann:

> „True, our Unique Selling Point (USP) is indeed Jesus. But our Key Performance Indicators (KPI's), and drawn from the gospels, are rather mixed. It may be an abundant harvest; it may be martyrdom. It may be conversions; but it may also being hated by our friends and family for our faith. We are not, in other words, called to measure ourselves through metrics of popularity and growth. The only game in town is faithfulness.“[24]

Aber auch innerhalb der Gemeindegründungsszene gibt es vereinzelte Stimmen, welche darauf hinweisen, dass eine einseitige Fokussierung auf numerisches Wachs-

---

21 Vgl. Transkript 2.1., Z. 266–279.396–400.

22 Vgl. Transkript 1.5., Z. 230–233.1213–1228.

23 Vgl. Percy, Martyn: Thy Kingdom Come? Mission as Reception for Redeeming Evangelism in the Church of England, in: Modern Believing 60, (3) 2019, 213–226.

24 Percy, Kingdom, 216.

tum eine Gefahr für klassische Gemeindegründung darstellt. So formuliert CP5 wie folgt:

> „You probably already felt me react a little bit against it. I think because church plants have to justify their existence and have to justify that they are making an impact, there is a […] bit of an obsession with numerical growth and numbers. And the church […] plants that grow faster […] are applauded and held up as the poster children of church planting. And yeah, they're great churches. I'm not wanting to appear bitter and twisted. But I think there can be something quite dangerous about that in as much as you do begin to introduce the market economy, profit margins, those sorts of things; 'Is this worth the money that we're putting into it?' etcetera."[25]

Eine weitere Spielart der Kritik an einer Wachstumsfokussierung lautet, dass damit eine Vernachlässigung des diakonischen Engagements einhergehen würde.[26]

Die von manchen Kritikern festgestellte Ideologisierung von Wachstum wird von ihnen in enger Verbindung mit der ebenfalls diagnostizierten Orientierung an marktwirtschaftlichen Denkfiguren und Methoden gesehen. Es wird bemängelt, dass Kirche dadurch vor allem als Organisation verstanden wird, welche geformt und geleitet werden kann (*managerial approach*):

> „For some time now, I have held that one of the wrong-turns we have taken in mission and ministry is that we have assumed that the church is an organisation. That it can be managed, branded, and mobilised. Add the right three-word strap-line to a church or diocese and just watch it fizz and buzz. 'Committed to Growth'; 'Going for Growth'; 'Empowered for Mission' – it's all there. It is as though all the body of Christ needed was a short course of 'missional steroids'. Pop the pills, and watch the strength return. But the church is not an organisation suffering with a temporary blip of weakness. It is, rather, an institution. It exists not to adapt, survive and succeed; but rather to be faithful, independent of its popularity. It may be called to martyrdom, not growth. It does not need steroids. It needs holiness, truth, light; to be fed by source that alone can patiently grow the fruits of the Holy Spirit in its body. Of course, I do think churches should be organised. But I don't think they are organisations."[27]

Dieses Verständnis von Kirche als Organisation wird auch in Bezug auf klassische Gemeindegründung kritisiert: „And then I guess, lastly, because there isn't a lot of

25 Transkript 1.5., Z. 1213–1224.

26 Vgl. Transkript 4.1.1., Z. 240–250; Transkript 3.3., Z. 854–856. Beachte auch Transkript 4.8., Z. 717–722.

27 Percy, Kingdom, 215f.

theology around some of this stuff, people say it's all a bit thin, it's pragmatic, […] it's a program, it's managed, it's a managerial approach […].“[28]

In Verbindung mit diesem marktwirtschaftlichen Ansatz wiederum steht für die Kritiker eine von ihnen wahrgenommene „Konsumentenorientierung“ von Gemeindegründungen und anderen neuen Ausdrucksformen von Gemeinde.[29] Damit ist vor allem die Anpassung des gottesdienstlichen Stils und dessen Ästhetik an die Gegenwartskultur gemeint. Nach Percy ist es aber nicht die äußere Form der kirchlichen Angebote, welche einen unüberbrückbaren Graben zu den Menschen darstellt, sondern ein moralischer und theologischer Konservatismus, welchen er vor allem mit dem evangelikalen Flügel der Kirche in Verbindung bringt.[30] Zudem gefährde die Abwendung von der kirchlichen Tradition die kirchliche Erinnerungsgemeinschaft und damit die Kirche selbst.[31]

Zwar wird es in der Gemeindegründungszene als eine mögliche Gefahr gesehen, dass gottesdienstzentrierte Gründungsmodelle einer Konsumorientierung von Gottesdienstbesuchern und Gemeindegliedern Vorschub leisten,[32] zugleich wird der Vorwurf der zu großen Marktorientierung aber zurückgewiesen. Das Argument hierfür lautet, dass für das Erreichen gerade der jüngeren Generation eine Kontextualisierung der Form notwendig ist.[33] Dem Vorwurf, neue Ausdrucksformen von Gemeinde und klassische Gemeindegründung negierten die kirchliche Tradition, wird wiederum entgegengehalten, dass Gemeindegründung Teil der kirchlichen Geschichte sei. Verschiedene Formen von Gemeindegründungen hätten in den vergangenen Jahrhunderten immer wieder die *Church of England* geprägt, auch wenn die damaligen Vorgänge noch mit anderen Begriffen versehen waren.[34] Insgesamt scheint es im Rahmen dieser Kontroverse die größte grundsätzliche Differenz zwischen der Gemeindegründungsszene und ihren Kritikern zu geben.

17.1.4 Klassische Gemeindegründung ist eine Unternehmung des evangelikalen Flügels und dient vornehmlich der Selbstverbreitung dieser innerkirchlichen Strömung

Dieser Strang von Kritik an klassischer Gemeindegründung steht in Verbindung mit Vorbehalten anderer innerkirchlicher Traditionsströmungen gegenüber dem

28 Transkript 4.8., Z. 725–729. Vgl. auch Transkript 4.7., Z. 370–379.
29 Vgl. Davison / Milbank, Parish, vii; Percy, Tricks, 34f.
30 Vgl. Percy, Kingdom, 218f.
31 Vgl. Percy, Tricks, 32.
32 Vgl. Transkript 4.6., Z. 574–580.
33 Vgl. Transkript 4.8., Z. 583–589. Vgl. auch Moynagh / Harrold, Context, 158f.
34 Vgl. Transkript 1.6., Z. 1037–1057; Transkript 4.2., Z. 86–96; Transkript 4.8., Z. 163–177.

evangelikalen Flügel der *Church of England*. Er gliedert sich in die zwei folgenden Hauptvorwürfe.

Der erste Vorwurf lautet, dass von Evangelikalen getragene klassische Gemeindegründungen und andere neue Ausdrucksformen von Gemeinde oft von einer separatistischen und zugleich überheblichen Tendenz gegenüber der Gesamtkirche geprägt seien. So würden Gemeindegründungen zum Teil ohne eine hinreichende Konsultation und Autorisierung durchgeführt.[35] Zusätzlich werde die Kirche als Institution lediglich dafür ausgenutzt die eigene evangelikale Agenda durchzusetzen. Tatsächlich stünde die evangelikale Strömung der *Church of England* aber äußert kritisch gegenüber.[36] Verbunden damit sei eine unter Gemeindegründern vorherrschende Überheblichkeit, welche gegenüber den bestehenden Kirchengemeinden und ihren Bemühungen keine Wertschätzung ausdrücke. Vielmehr würden nur die eigene Theologie als evangeliumsgemäß und die eigenen missionarischen Unternehmungen als wirklich effektiv angesehen werden.[37] Ein Ausdruck dieser Wahrnehmung findet sich in der Äußerung von Vicar 2, welcher in Bezug auf die geplante Gründung einer *City Centre Resource Church* in Southampton folgende Befürchtungen äußert:

> „I suppose […] the concerns that […] I'll might have are […] it would become […] more a bit of isolated. […] And have […] this kind of […] idea of it being like really super important and doing far better than anyone else.“[38]

Der zweite Hauptvorwurf hingegen sieht klassische Gemeindegründungen als Mittel zur Verbreitung des evangelikalen Einflussbereiches innerhalb der Kirche. Dabei wird davon gesprochen, die jeweilige Gruppe würde ein kirchliches „Imperium“ errichten wollen, es käme zur „Übernahme“ von Gemeinden oder einer „Kolonisierung“ derselben.[39] Dies ist besonders dann der Fall, wenn es sich bei der Gemeindegründung um eine Revitalisierung handelt und die empfangende Gemeinde selbst nicht dem evangelikalen Spektrum angehört.[40] Auch wird dieser Vorwurf oft dann erhoben, wenn die Gemeindegründung von Holy Trinity Brompton oder einer anderen Gemeinde innerhalb des HTB-Netzwerkes ausgeht. So berichtet zum Beispiel CP6 folgendes:

35 Vgl. Transkript 4.4.2., Z. 223–225.

36 Vgl. Percy, Tricks, 35.

37 Vgl. Transkript 4.7. Z. 329–334.

38 Transkript 2.2.1., Z. 117–121.

39 Vgl. Transkript 1.6., Z. 435–440; Transkript 1.8., Z. 690–694; Transkript 4.4.2., Z. 225f; Transkript 4.7., Z. 336–339. Vgl. auch Percy, Kingdom, 216.

40 Vgl. zum Beispiel Transkript 1.8., Z. 690–697.

„And the other area where the suspicion comes [...] relates to an understanding of 'Who is behind this church? Who is behind the church plant?' And again, if you have a view of HTB, which is that you're suspicious of HTB, you think that HTB is full of money and it's been poured into other churches, not yours. Bankrolling clergy to do something. [...] There is a lot of suspicion about money."[41]

Die Interviewpartner weisen diese Vorwürfe meist zurück. So betont CP6 zum Beispiel, dass als „Enkelgemeinde" keine finanzielle Abhängigkeit von HTB bestehe und es lediglich eine finanzielle Unterstützung von der sendenden Gemeinde gab. Die Beziehung zu dieser sei aber von freundschaftlicher Verbundenheit und nicht von Abhängigkeit geprägt.[42] CP7 wehrt sich gegen den Vorwurf, Gemeindegründer des HTB-Netzwerkes würden ein überhebliches und die übrigen Kirchengemeinden geringschätzendes Verhalten an den Tag legen. Dies sei eine bloße Unterstellung, welche nicht dem tatsächlichen Auftreten entspreche.[43] P5 und P6 wiederum betonen, dass neue Gemeinden nur dort gegründet werden, wo dies von der Kirchenleitung begrüßt und autorisiert wird.[44] P7 sieht das Vorgehen des HTB-Netzwerkes als vorbildlich an, da die kirchlichen Strukturen und die Autorität der Kirchenleitung respektiert würden.[45] Und P8 betont schließlich, dass klassische Gemeindegründungen bisher zwar hauptsächlich vom evangelikalen Spektrum durchgeführt werden, aber andere Traditionsströme das Modell auch aufgreifen und durchführen könnten.[46]

Auf der anderen Seite gibt es Hinweise, welche die dargestellte Kritik zumindest in Teilen als gerechtfertigt erscheinen lassen. So sieht P2 als Vertreter des konservativen Teils des evangelikalen Spektrums bei anderen Traditionsströmungen einen Verlust der Reinheit des Evangeliums. Dies könne das Gründen von Gemeinden in Parochien, welche Teil einer anderen Traditionsströmung sind, rechtfertigen.[47] P6 hingegen gesteht ein, dass es innerhalb des Gründungsprozesses im Rahmen der Teamfindung zur Verwendung einer Rhetorik kommen kann, welche einen gewissen innerkirchlichen Imperialismus nahelegt.[48] CP4 schließlich sieht auf Seiten aller innerkirchlicher Traditionsströme gegenseitige Vorbehalte bestehen. Seiner Meinung nach besteht die Herausforderung darin, diese hinter sich zu lassen und

41 Transkript 1.6., Z. 418–429. Vgl. auch Transkript 1.7., Z. 590–595; Transkript 2.2.1., Z. 65–73.
42 Vgl. Transkript 1.6., Z. 418–429.1185–1191. Vgl. ebenso Transkript 3.1.1., Z. 555–571.
43 Vgl. Transkript 1.7., Z. 607–617.
44 Vgl. Transkript 4.5., Z. 60–67.130–146; Transkript 4.6., Z. 85–91.
45 Vgl. Transkript 4.7., Z. 300–312.
46 Vgl. Transkript 4.8., Z. 307–327.
47 Vgl. Transkript 4.2., Z. 173–192.
48 Vgl. Transkript 4.6., Z. 174–185.

in einen wertschätzenden Dialog einzutreten. Erst dann könnten die tatsächlichen Defizite und Probleme von klassischer Gemeindegründung angegangen werden:

> „And so that won't happen until there is a breaking down of suspicion on both sides. On the church planting side a suspicion that any criticism is just kind of conservatism and the protection of vested interest. […] And on the other side a perception that fresh expressions is […] just theologically incoherent and populist and fundamentally Evangelical and alien to the broader Church of England culture. We need to break down those suspicions on both sides and have a real conversation."[49]

Die hier dargestellte Kontroverse scheint vor allem Ausdruck bestehender innerkirchlicher Spannungen zwischen den verschiedenen Traditionsströmen der *Church of England* zu sein, welche sich am Beispiel der klassischen Gemeindegründung in besonderer Weise manifestieren.

17.1.5 Klassische Gemeindegründungen unterlassen eine Kontextualisierung oder nehmen diese nur in unzureichender Maße vor

Eine weitere Form der Kritik wird vor allem von Vertretern der *fresh expressions of church*-Bewegung vorgebracht. Sie kritisieren die in ihren Augen mangelhafte Kontextualisierung bei klassischen Gemeindegründungen und die damit einhergehende Nachbildung des Gemeindemodells der Sendungsgemeinde. P7 fasst diese Kritik wie folgt zusammen:

> „[…] many of the groups, that are sent from a resource church into […] a church plant […] they come with a very clear style, tradition of worship, a very clear model of how you grow a church. You know, it's- […] all programmed. They've been taught how to do it, they arrive, they set it up and it happens. […] This can often replicate groupings of people who are like us. Young, bright, perhaps, you know, of a particular sort of socio-economic, you know, grouping. […] And so, we have churches, which are not just theologically alike, but also demographically alike. […] That's fine to a certain extent, but I […] want the church always to have the range of […] people. I want it to look like the community in which it's set. […] And, I think, there's the danger, that that doesn't always happen."[50]

49 Transkript 1.4., Z. 935–943.

50 Transkript 4.7., Z 370–387. Vgl. auch Transkript 4.1.2., Z. 233–241; Transkript 4.3., Z. 593–603; Transkript 4.4.2., Z. 236–249.

Gleichzeitig wird zu bedenken gegeben, dass die Nachbildung eines erfolgreichen Gemeindemodells auch eine Stärke von klassischer Gemeindegründung sein kann, sofern diese im gleichen oder einem sehr ähnlichen Kontext erfolgt.[51] Wie bereits beschrieben, wird angemerkt, dass eine Kontextualisierung im Sinne einer dauerhaften und langfristigen Anpassung des Gemeindemodells an den Kontext auch noch nach der Gründung erfolgen kann.[52] Und schließlich erscheint die mangelnde Kontextualisierung als Gegenstück zu der als positiv wahrgenommenen Eigenschaft von klassischen Gemeindegründungen, sehr schnell eine Selbständigkeit in den Bereichen Finanzierung und Leitung zu erreichen.[53]

17.1.6 Klassische Gemeindegründungen sind ressourcenintensiv und damit nicht nachhaltig für eine von Ressourcenknappheit bedrohten Kirche

Ein letzter wichtiger Diskussionspunkt betrifft den bei klassischen Gemeindegründungen als vergleichsweise hoch empfundenen Ressourceneinsatz. Dieser ergibt sich aus dem gottesdienstzentrierten Gemeindemodell. So bedarf es in der Regel des Einsatzes eines hauptamtlichen ordinierten Geistlichen und zum Teil weiterer angestellter Mitarbeiter und eines für gottesdienstliche Versammlungen geeigneten Gebäudes. Dies macht klassische Gemeindegründung gerade im Vergleich mit anderen neuen Ausdrucksformen von Gemeinde zu einem personal- und kostenintensiven Modell.[54] Dies gilt zudem in einem besonderen Maße für die Gründung von *Resource Churches*.[55]

Vor dem Hintergrund einer drohenden innerkirchlichen Personal- und Ressourcenverknappung sieht P4 das klassische Gemeindegründungsmodell vor der Herausforderung, dass weniger komplexe Ausdrucksformen von Gemeinde sich als zukunftsfähiger erweisen könnten.[56] Vor einem ähnlichen Hintergrund fordert CP3 ein Vorgehen, welches das aus den hohen Kosten von klassischer Gemeindegründung resultierende Risiko minimiert.[57]

Als Gegenargumente werden hier vorgebracht, dass klassische Gemeindegründungen, insbesondere die *Resource Churches*, zwar zu Beginn hoher Investitionen bedürfen, dass sie aber mittelfristig im Unterschied zu anderen neuen Ausdrucksformen von Gemeinde sich meist selbst finanzieren können und damit dann auch

51 Vgl. Transkript 4.1.2., Z. 56–65.
52 Vgl. Transkript 4.3., Z. 831–834.599–618.
53 Vgl. Transkript 4.4.1., Z. 88–94.104–106.
54 Vgl. Transkript 4.2., Z. 1117–1126; Transkript 4.4.2., Z. 59–62.
55 Vgl. Transkript 4.8., Z. 252–257.711–714.
56 Vgl. Transkript 4.4.2., Z. 52–62.
57 Vgl. Transkript 1.3.2., Z. 326–373.

zur Verbesserung der finanziellen Situation von Diözesen beitragen.[58] In Hinblick auf das *Resource Church* Modell wird argumentiert, dass die zu erwartenden zusätzlichen Gemeindegründungen die hohen Kosten rechtfertigen.[59] Darüber hinaus würden die umliegenden Gemeinden und auch die gesamte Kirche, durch die von den *Resource Churches* ausgehende Unterstützung und die von ihnen entwickelten missionarischen und diakonischen Programme, profitieren.[60]

17.2 Bewertung

Im Folgenden werden die im Rahmen der sechs dargestellten Kontroversen genannten Argumente für und gegen klassische Gemeindegründung einer Bewertung unterzogen.

17.2.1 Sind weitere Gemeindegründungen wirklich überflüssig?

In Hinblick auf den ersten Kritikpunkt – die bereits bestehenden Gemeinden und das Parochialsystem machen das Gründen weiterer Gemeinden überflüssig – muss zunächst darauf hingewiesen werden, dass die bestehenden Parochialsysteme der traditionellen Großkirchen den von Fragmentierung, Individualisierung und Pluralität geprägten westlichen Gesellschaften allein nicht mehr gerecht werden.[61] Sie bedürfen einer Ergänzung durch eine Vielzahl an neuen Ausdrucksformen von Gemeinde. Dabei ist diese Ergänzung als komplementär zu verstehen: Das Parochialsystem ist auf die Ergänzung durch die neuen gemeindlichen Ausdrucksformen angewiesen, wie letztere auf die Ergänzung durch das Parochialsystem angewiesen sind.

In Bezug auf den zweiten Argumentationsstrang dieser Kontroverse kann gefordert werden, dass im Rahmen weiterer Strukturanpassungen sicherlich Gemeindefusionen und auch -schließungen nötig sind. Aber auch dies ist kein hinreichendes Argument gegen das Gründen neuer Gemeinden. Denn zum einen können diese in Form von Revitalisierungen Parochialgemeinden vor einer drohenden Schließung bewahren oder geschlossene Kirchengebäude durch Wiedereröffnungen mit neuem Leben füllen. Zum anderen sind gerade Großkirchen, welche mit Rückbau- und Anpassungsprozessen beschäftigt sind, darauf angewiesen, dass zugleich neue und

58 Vgl. Transkript 4.8., Z. 277–288.

59 Vgl. Transkript 4.8., Z. 252–267.

60 Vgl. Transkript 4.2., Z. 1029–1057; Transkript 4.8., Z. 277–290.

61 Vgl. ▹ Kapitel 12.3.

dynamische Gemeinden entstehen.[62] Dafür könnte klassische Gemeindegründung ein mögliches Instrument darstellen.[63] Für klassische Gemeindegründungen heißt das, dass sie nicht alleine wegen des bestehenden Parochialsystems oder der nötigen Strukturanpassungen als überflüssig angesehen werden können.

17.2.2 Soll und kann Transferwachstum vermieden werden?

Der zweite Kritikpunkt – klassische Gemeindegründungen wachsen vor allem durch den Transfer kirchenverbundener Gemeindeglieder anderer Gemeinden – erscheint zunächst als gerechtfertigt. Zumindest weisen die beiden Untersuchungen *The Day of Small Things* und *Who's there?* deutlich darauf hin, dass der Anteil der Gottesdienstbesucher mit einem kirchlichen Hintergrund in klassischen Gemeindegründungen deutlich höher ist als dies für andere neue Ausdrucksformen von Gemeinde der Fall ist. Zudem liefern die beiden vorliegenden Einzelfalluntersuchungen von *City Centre Resource Churches* Hinweise darauf, dass auch ein wesentlicher Teil des Wachstums von *City Centre Resource Churches* auf den Wechsel von Gottesdienstbesuchern aus anderen lokalen Gemeinden zurückzuführen sein könnte.[64] Bevor in Bezug auf diesen Kritikpunkt ein abschließendes Urteil gefällt werden kann, bedarf es aber einer Bewertung des Transferwachstumsphänomens.

Dabei fällt zunächst negativ ins Gewicht, dass die auf Transferwachstum beruhende Entwicklung von klassischen Gemeindegründungen mit hoher Wahrscheinlichkeit mit negativen Folgen für die Gemeinden verbunden ist, welche Gemeindeglieder beziehungsweise Gottesdienstbesucher verlieren. Es ist davon auszugehen, dass ein Verlust an Gemeindegliedern zugleich mit finanziellen Einbußen durch ein vermindertes Spendenaufkommen und mit einer Verminderung ehrenamtlichen Engagements einhergeht. Darüber hinaus könnten diese Abwanderungsprozesse auch einen „psychologischen" Effekt auf die Gemeinde haben und deren hauptamtliche und ehrenamtliche Mitarbeiter langfristig demotivieren.[65] Dies dürfte besonders da der Fall sein, wo in betroffenen Gemeinden zuvor wesentliche Kraftanstrengungen unternommen wurden, um zum Beispiel eine

---

62 Thomas Schlegel weist daraufhin, dass Rückbau und Aufbau zugleich, aber voneinander getrennt unternommen werden müssen, da sie verschiedenen Logiken folgen. Neue, wachsende Formen von Gemeinde sind dabei seiner Ansicht nach aus drei Gründen wichtig: (1) Der Auftrag der Kirche ist es Menschen zu erreichen. (2) Sie zeigen in exemplarischer Weise wie Kirche und Gemeinde auf ein herausforderndes Umfeld reagieren können. (3) Sie stellen Haltefaktoren gegen die Sogwirkung von negativer Stimmung in der Volkskirche dar. Vgl. Schlegel, Thomas: Umbau – Rückbau – Aufbau. Eine dialektische Verhältnisbestimmung, in: Pompe, Hans-Hermann / Stahl, Benjamin: Entdeckungen im Umbruch der Kirche, Kirche im Aufbruch 21, Leipzig, 2016, 137–154.

63 Vgl. ▹ Kapitel 18.1, Kapitel 18.2, Kapitel 18.5.

64 Vgl. ▹ Kapitel 14.3.2.1.

65 Vgl. Transkript 1.7., Z. 590–594.

gemeindliche Jugendarbeit oder Angebote für junge Erwachsene zu etablieren und diese neuen Arbeitsbereiche nun von Abwanderungsprozessen betroffen sind.[66] Darüber hinaus erscheint es als wahrscheinlich, dass die Gründung von besonders dynamisch erscheinenden Gemeinden ein Verhalten unter Gemeindegliedern begünstigt, welches sich mit dem Stichwort „Konsumorientierung“ beschreiben lässt. Dabei wechseln Menschen immer wieder die Gemeinde, sobald sie den Eindruck haben, dass sie vom Besuch einer anderen Gemeinde persönlich mehr profitieren könnten. P6 drückt dies wie folgt aus:

> „And what I've noticed here, is that the people who joined us from other churches [...] there [...] tends to be a reason why they leave their church. And that reason reveals itself about three or four years later. They then move on to the next thing. People are quite nomadic. And so I think church planting, if you're not careful, can play into that [...] consumerism.“[67]

Auf der anderen Seite muss anerkannt werden, dass die westlichen Gesellschaften als Konsumgesellschaften zu beschreiben sind. Die sie prägende Dynamik aus Angebot und Nachfrage umgreift eine Vielzahl von Lebensbereichen und prägt das menschliche Verhalten.[68] Dies führt dazu, dass bestimmte, der kapitalistischen Marktwirtschaft entspringende, Verhaltensweisen, wie die freie Wahl zwischen konkurrierenden Angeboten und der Wechsel von einem Dienstleitungsanbieter zum nächsten, von den Menschen mit einer großen Selbstverständlichkeit auf andere Lebensbereiche übertragen beziehungsweise auch dort als angemessen vorausgesetzt werden. Dies betrifft auch den religiösen Lebensbereich. Die Kirchen werden sich diesen Dynamiken nicht verschließen können, prägen sie letztlich doch in einem zu großen Maße das Verhalten der Menschen. Nicht umsonst ist der Pfarrzwang auch innerhalb der *Church of England* längst aufgehoben und die Menschen können sich ihre Kirchengemeinde frei wählen. Es bleibt festzuhalten, dass Abwanderungs- und Transferprozesse von Gemeindegliedern und Gottesdienstbesuchern letztlich nicht unterbunden werden können, sondern als Ausdruck der gesellschaftlichen Rahmenbedingungen verstanden werden müssen, welche von der Kirche nicht ignoriert werden können.[69] Dies bedeutet jedoch nicht, dass es neben einer prag-

---

66 Vgl. Transkript 3.3., Z. 17–28.261–265.

67 Transkript 4.6., Z. 574–580.

68 Für eine theologische Auseinandersetzung mit der modernen Konsumkultur vgl. Lawson, Jeremy D. / Sleasman, Michael J. / Anderson, Charles A.: The Gospel according to Safeway. The Checkout Line and the Good Life, in: Vanhoozer, Kevin J. / Anderson, Charles A. / Sleasman, Michael J. (Hg.): Everyday Theology. How to Read Cultural Texts and Interpret Trends, Grand Rapids, 2007, 63–79.

69 Vanhoozer weist darauf hin, dass die Kirche und der christliche Glaube immer eine Verbindung mit der jeweiligen Kultur eingehen und von ihr mitgeprägt werden: „It is impossible to construct a

matischen Akzeptanz nicht auch eine kirchliche Kritik an der Konsumorientierung des modernen Menschen, inklusive einer Kritik an der Übertragung eines konsumorientierten Verhaltens auf den kirchlichen Bereich, geben muss. Es erscheint aber schwer möglich dies im Modus des Verbots zu tun, indem zum Beispiel zum mittelalterlichen Pfarrzwang zurückgekehrt werden muss. Vielmehr bedarf es einer Thematisierung und Kritik von einem unreflektierten Konsumverhalten in Predigt und Seelsorge. An dieser Stelle zeigt sich die grundsätzliche Spannung von Kontextualisierungsprozessen. Inkulturation und Kontrakulturation stehen sich hier spannungsvoll gegenüber und können nicht einseitig aufgelöst werden.[70] Anders ausgedrückt: Es wird auf der einen Seite hingenommen werden müssen, dass es zu Gemeindewechseln aus zu kritisierenden Motiven kommen wird. Dies könnte letztlich nur durch die Einführung von Verboten und deren Durchsetzung durch Zwangsmittel verhindert werden. Auf der anderen Seite wird es nötig sein, dieses Verhalten in einer seelsorgerlichen Weise zu thematisieren und auch zu kritisieren und zur Umkehr aufzurufen.

In einem weiteren Schritt bedarf es einer differenzierten Analyse des Transferwachstums. So ist darauf hinzuweisen, dass lokale Gemeindewechsler nur einen Teil des Transferwachstums ausmachen. Zudem schwankt deren Zahl bei den beiden *City Centre Resource Churches*, für welche Einzelfalluntersuchungen vorliegen, deutlich. Dies kann als ein Hinweis darauf verstanden werden, dass je nach Kontext der Anteil dieses Transferwachstumstyp unterschiedlich hoch ausfällt. Hier wären weitere empirische Untersuchungen sehr hilfreich. Das über die lokalen Gemeindewechsler hinausgehende Transferwachstum von klassischen Gemeindegründungen, wie auch anderer neuer Ausdrucksformen von Gemeinde, teilt sich hingegen auf kürzlich zugezogene Personen und Personen, welche zugleich eine weitere Gemeinde besuchen, auf.[71] Bei diesen beiden Formen von Transferwachstum ist zunächst nicht von negativen Effekten für bereits bestehende Kirchengemeinden im Umfeld der Gemeindegründung auszugehen. Lediglich der mögliche Anteil an zugezogenen Personen, welche sich einer Kirchengemeinde anschließen möchten, wird aufgrund der mit der durch die neu gegründeten Gemeinde größer gewordenen Auswahl geringer ausfallen.

Auch ist darauf zu verweisen, dass klassische Gemeindegründungen zwar einen deutlich geringeren Anteil an Gottesdienstbesuchern mit einem nichtkirchlichen Hintergrund vorweisen können (6 %), als dies für den Gesamtdurchschnitt aller

---

culture-free Christianity." Vgl. Vanhoozer, Kevin J.: Introcduction: Toward a Theory of Cultural Interpetation, in: Ders / Anderson, Charles, A. / Sleasman, Michael J. (Hg.): Everyday Theology. How to Read Cultural Texts and Interpret Trends, Grand Rapids, 2007, 34.

70 Vgl. dazu die Ausführungen in ▻ Kapitel 16.2 und Kapitel 16.3.

71 Vgl. Vivian / Dalpra, Who's there?, 41.

neuen Ausdrucksformen von Kirche der Fall ist (18 %).[72] Es muss aber daran erinnert werden, dass dies im Vergleich zu der von Paas ermittelten durchschnittlichen missionarischen Effektivität westlicher Großkirchen noch immer als beachtlicher Erfolg betrachtet werden kann. Dies ist insbesondere dann der Fall, wenn man zur Kenntnis nimmt, dass die Großzahl dieser Gemeindegründungen nicht älter als zehn bis 15 Jahre sein dürfte.[73] Vor diesem Hintergrund könnte man auch die Meinung vertreten, dass ein gewisses Maß an Transferwachstum, welches auf lokale Gemeindewechsler zurückzuführen ist, als eine Art missionarischer „Kollateralschaden" in Kauf zu nehmen ist.

Aufgrund der dargelegten Argumente kann in Bezug auf den Kritikpunkt des Transferwachstums folgendes Fazit gezogen werden: Transferwachstum bildet einen wesentlichen Baustein im Entwicklungs- und Wachstumsprozess von klassischen Gemeindegründungen. Die mögliche Schädigung bestehender Kirchengemeinden, durch von klassischen Gemeindegründungen ausgelöste Transferprozesse, ist ernst zu nehmen. Aufgrund dieser Tatsachen erscheint es als überaus wichtig, bereits bei der Exploration einer möglichen Gemeindegründung, potentielle Verluste der umliegenden Gemeinden durch Transferwachstumsprozesse in den Blick zu nehmen. Wo der Eindruck entsteht, dass die umliegenden Kirchengemeinden bereits in signifikantem Maße Personen der Zielgruppe erreichen, welche auch im Blickfeld der Gemeindegründung liegt, so ist gegebenenfalls von einer klassischen Gemeindegründung abzusehen und stattdessen in die Stärkung der bereits bestehenden gemeindlichen Aktivitäten zu investieren oder aber Möglichkeiten der Kooperation zu suchen. In jedem Fall sollte mögliches Transferwachstum ein wesentlicher Gesprächspunkt bei den in der Explorations- und Vorbereitungsphase geführten Beratungsgesprächen mit der Kirchenleitung und auch den umliegenden

---

72 Der Anteil der Personen mit einem ehemals kirchlichen Hintergrund liegt mit 19 % (klassische Gemeindegründung) und 20 % (Gesamtschnitt der neuen Ausdrucksformen von Gemeinde) ungefähr gleichauf. Vgl. Dalpra / Vivian, Who's there?, 32. Bei diesem direkten Vergleich wurden Kinder, welche Angaben in der jeweiligen Ausdrucksform „aufgewachsen zu sein", nicht berücksichtigt, so dass es zu einer Abweichung von einer weiteren Darstellung der Verteilung auf Seite 37 derselben Studie kommt. Vgl. Dalpra / Vivian, Who's there?, 32.37.

73 Paas kommt zu dem Schluss, dass aufgrund der verfügbaren kirchlichen Tauf- und Eintrittsstatistiken englischer, niederländischer und deutscher Kirchen eine einzelne Kirchengemeinde dieser Kirchen mit circa 100 Mitgliedern (darunter sind wohl regelmäßige Gottesdienstbesucher zu verstehen) das Hinzukommen einer Person mit nicht-kirchlichem oder ehemals kirchlichem Hintergrund im Zeitraum von fünf bis zehn Jahren erwarten kann. Weist nun eine Gemeindegründung, welche seit 10 Jahren besteht und auf 100 Gottesdienstbesucher gewachsen ist, einen Anteil von sechs Personen mit einem nicht-kirchlichen und 19 Personen mit einem ehemals kirchlichen Hintergrund auf, dann weist diese eine mehr als zwölffach größere missionarische Effektivität als die durchschnittliche Gemeinde auf. Vgl. Paas, Church Planting, 163.

Kirchengemeinden der geplanten Gemeindegründung sein und ein gemeinsamer Umgang mit diesem Phänomen erarbeitet werden.

Darüber hinaus braucht es innerhalb der Gemeindegründungsszene ein größeres Bewusstsein, dass Transferwachstum, gerade auch durch lokale Gemeindewechsler bedingt, einen wesentlichen Anteil an der positiven Entwicklung vieler klassischer Gemeindegründungen hat. Dies sollte zur Wahrnehmung einer gewissen Verantwortung gegenüber den anderen Kirchengemeinden führen. Deren Bemühungen sollten sich nicht bereits darin erschöpfen Gemeindewechsler formal aufzufordern doch bitte wieder in ihre Ursprungsgemeinde zurückzukehren. Stattdessen werden Gespräche mit den wechselwilligen Personen und ihren jetzigen Gemeinden geführt werden müssen. Ziel dieser Gespräche sollte es sein, ein Bewusstsein über die Gründe für die Wechselabsicht bei allen Beteiligten herzustellen. Besteht die Wechselabsicht weiter fort, so wäre es wünschenswert, wenn es in der Gemeinde, welche verlassen wird, zu einer bewussten Gestaltung dieses Abschiedes durch alle Beteiligten kommt. Dies würde dazu beitragen, dass sich die betreffenden Kirchengemeinden als aktiv Handelnde verstehen können, welche nach einer längeren geistlichen Begleitung einer Person diese nun bewusst verabschieden.[74]

Zum anderen sollte der Erfolg der eigenen Gemeindegründung durch die Gemeindegründer neu bewertet werden. Es bedarf des Eingeständnisses, dass er zu einem nicht zu unterschätzenden Anteil auf der erfolgreichen Arbeit bereits bestehender Gemeinden beruht. Dies schließt auch die Parochialgemeinden ein. Ohne deren, als wenig „spektakulär“ erscheinende Kinder- und Jugendarbeit, könnten gerade die neu gegründeten *City Centre Resource Churches* nicht auf eine große Zahl an jungen Erwachsenen mit einem kirchlichen Hintergrund zurückgreifen, welche aber mit hoher Wahrscheinlichkeit ein wichtiger Bestandteil des Wachstumsprozesses eben dieser Gemeinden sind und ihnen zum Erfolg verhelfen. Die Gründung neuer, dynamischer und schnell wachsender Gemeinden, wie sie durch die Verbreitung des *City Centre Resource Church*-Modells nicht nur in Portsmouth und Southampton, sondern auch an zahlreichen anderen Orten in England entstehen, sind dann nicht als alleiniger Erfolg eines bestimmten Gemeindegründungsnetzwerkes anzusehen, sondern als Erfolg der gesamten Kirche.

Zusammenfassend kann gesagt werden, dass Transferwachstumsprozesse im Falle von klassischen Gemeindegründungen nicht zu vermeiden sein werden. Umso mehr sollte ein bewusster, verantwortungsvoller und miteinander abgestimmter Umgang mit diesem Phänomen von allen Beteiligten eingeübt und gepflegt werden.

74 Dies könnte eventuell sogar mit einer Segenshandlung verbunden werden.

17.2.3 Marktorientierung oder volkskirchliches „Weiter so!"?

In Bezug auf den dritten Vorwurf – klassische Gemeindegründungen und andere neue Ausdrucksformen von Gemeinde negieren die kirchliche Tradition und wenden sich stattdessen einer Marktorientierung zu – ist auf die drei, den Vorwurf ausmachenden Teilkritikpunkte, differenziert einzugehen. So ist zunächst grundsätzlich Paas und Percy zuzustimmen, dass klassische Gemeindegründung und auch andere neue gemeindliche Ausdrucksformen in der Gefahr stehen, einer Wachstumsideologie zu verfallen. Dies ist ernst zu nehmen und bedarf einer stetigen Reflexion. Zugleich wird es sich eine mit sehr großen Abbruch- und Schrumpfungsprozessen konfrontierte Großkirche nicht leisten können, die Frage des numerischen Wachstums völlig unbeachtet zu lassen. Letztlich sind es nämlich die engagierten Gemeindeglieder, welche den Kern des kirchlichen und gemeindlichen Lebens bilden und in vielfältiger Weise diakonisch und evangelistisch aktiv sind. So kann es nur im Eigeninteresse der Kirche liegen, Menschen dafür zu gewinnen, den christlichen Glauben in Bezug auf eine Kirchengemeinde und unter Mitgestaltung derselben zu leben. Wichtiger noch aber erscheint es, dass es dem Auftrag der Kirche und jeder Gemeinde entspricht, Zeugnis vom Evangelium Jesu Christi abzulegen und Menschen einzuladen dieses Evangelium anzunehmen und (!) sie in den Leib Christi einzugliedern.

> „‚Der Auftrag der Kirche… besteht darin, an Christi Statt und also im Dienst seines eigene Wortes und Werkes durch Predigt und Sakrament die Botschaft von der freien Gnade Gottes auszurichten an alles Volk' […] Der Gemeinde ist es aufgetragen, alle Menschen zur Umkehr zu Christus und damit zur Eingliederung in den Leib Christi einzuladen."[75]

In Bezug auf die Kritik einer Übernahme an Methoden aus der Betriebswirtschaftslehre und an einem organisatorischen Verständnis von Kirche, erscheint eine auf die negative Abgrenzung zielende Gegenüberstellung von „geistlich" und „marktwirtschaftlich" und eine kategorische Ablehnung jeglichen Rückgriffes auf Methoden und Instrumente des Managements als wenig hilfreich.[76] Vielmehr muss es um ei-

---

75 Herbst, Gemeindeaufbau, 64. Ähnlich auch Paas: „Any local church that does not care about bringing ‚outsiders' into a relationship with its faith and its Founder is ignoring a clear imperative of the New Testament. It must be underlined that ‚winning people' is a biblical concept, and that without humans who believe the gospel the church cannot fulfill its mission of witness to the kingdom of God." Paas, Church Planting, 122.

76 Auch in Deutschland existiert eine Debatte um die Nutzung von Erkenntnissen, Methoden und Instrumenten aus dem betriebswirtschaftlichen Bereich. Diese wurde vor allem in den 1990er Jahren unter dem Stichwort des „Kirchenmarketing" geführt. Ausführliche Darstellungen dieser Debatte finden sich in: Herbst, Michael: Kirche wie eine Behörde verwalten oder wie ein Unternehmen

nen sinnvollen und reflektierten Einsatz der jeweiligen Methoden und Instrumente gehen.[77] Dabei erscheint der Vergleich der Kirche mit Nonprofit-Organisationen sinnvoller als eine Orientierung an profitorientierten Unternehmen. Jedoch betreiben gerade auch Nonprofit-Organisationen ein professionelles, marktwirtschaftlich orientiertes Management und Marketing.[78]

> „Es geht nicht um die Alternative zwischen ‚geistlich' oder ‚marktwirtschaftlich', sondern darum, wie Kirche die Botschaft Gottes möglichst menschennah verkündigt und sich selbst dabei effizient organisiert. [...] In Nonprofit-Organisationen geht es wie in der Kirche darum, wie der Zweck der Organisation [...] mit optimalem Einsatz der Ressourcen erreicht wird. Dabei bedeutet ‚rational' vernünftig. Und ‚Rationalisierung' heißt entweder, ein gegebenes Ziel mit dem dazu erforderlichen Minimum an finanziellen und personellen Ressourcen zu erreichen oder mit den vorhandenen Mitteln eine größtmögliche Zielerreichung zu erlangen."[79]

Diese Perspektive erscheint gerade in einer Zeit, in der die westeuropäischen Kirchen mit einer zunehmenden Ressourcenverknappung konfrontiert sind, als besonders wichtig. Dabei bleibt natürlich zu beachten, dass es zu keiner Ökonomisierung der Kirche kommen sollte, vor der gerade Percy warnt.

> „Es ist absolut notwendig, dass die Marketingimpulse in die Theologie eingebettet werden, dass sie von der Theologie durchdrungen werden. [...] Das eigentliche geistliche Anliegen muss die Leitkategorie sein und bleiben. Dem Marketing kommt im Kirchenmanagement eine unterstützende Funktion zu."[80]

---

führen? Zur Theologie des Spirituellen Gemeindemanagements, in: Abromeit, Hans-Jürgen (Hg.): Spirituelles Gemeindemanagement. Chancen – Strategien – Beispiele, Göttingen, 2001, 82–110; Butzer-Strothmann, Kristin: Muss das Marketing vor der Kirchentür Halt machen? Spirituelles Gemeindemanagement aus betriebswirtschaftlicher Sicht, in: Abromeit, Gemeindemanangement, 31–41; Herbst, Michael: Spiritualität, Gemeindeaufbau und Marketing. Worum geht es im Spirituellen Gemeindemanagement?, in: Herbst, Michael / Eyselein, Christian (Hg.): Spirituelle Aufbrüche. Perspektiven evangelischer Glaubenspraxis, Göttingen, 2003, 178–198; Hillebrecht, Steffen W.: Einführung in eine schwierige Thematik, in: Ders. (Hg.): Kirchliches Marketing, Paderborn, 1997, 7–17. Hauschildt / Pohl-Patalong, Kirche, 185–213.

77 Für eine differenzierte Analyse der Leistungen und Begrenzungen betriebswirtschaftlicher Instrumente in Bezug auf den kirchlichen Kontext vgl. Meyns, Kirchenreform, 233–241.

78 Vgl. Laudan, Margret: Spirituelles Gemeindemanagement. Gemeinde anders leiten, in: Clausen, Matthias / Herbst, Michael / Schlegel, Thomas (Hg.): Alles auf Anfang. Missionarische Impulse für Kirche in nachkirchlicher Zeit, BEG 19, Neukirchener Verlagsgesellschaft, Neukirchen-Vluyn, 2012, 88f.

79 Laudan, Gemeindemanagement, 89. Vgl. ebenso Hauschildt / Pohl-Patalong, Kirche, 211f.

80 Laudan, Gemeindemanangement, 89.

In diesem Sinne genutzt, erscheint ein Rückgriff auf Methoden und Instrumente aus dem Nonprofit-Management für die Gesamtkirche als auch für einzelne Kirchengemeinden als überaus sinnvoll. Das von Percy geforderte volkskirchliche „Weiter so!", welches auf ein strategisches und an Kennzahlen orientiertes organisatorisches Handeln am liebsten ganz verzichten möchte,[81] erscheint anbetrachts der gravierenden Herausforderungen, denen sich Kirche zu stellen hat, als keine überzeugende Alternative.

Darüber hinaus muss, wie bereits dargestellt, mit Eberhard Hauschildt und Uta Pohl-Patalong festgestellt werden, dass Kirche aus empirischer Sicht durchaus als Organisation zu verstehen und zu bezeichnen ist.[82] Sie ist dies nicht ausschließlich. Sie ist zugleich auch mit den Begriffen Institution und Bewegung zu beschreiben. Aber es ist auch nicht möglich Kirche nicht als Organisation wahrzunehmen.[83] Ist dies aber der Fall, dann bedarf die Organisation Kirche in allen ihren Gliedern eines ihrem Zweck dienenden Managements.

Auch kann Percy entgegengehalten werden, dass die Institutionslogik, genauso wenig wie die Organisationslogik, der ursprünglichen Sozialform der Kirche entspricht. Diese war nämlich die „Bewegung".[84] Erst im Laufe der ersten Jahrhunderte wandelte sich diese Bewegung zu einer „staatsanalogen Institution", welche dann zur dominierenden Sozialform in den europäischen „christentümlichen" Gesellschaften wurde.[85] Nachdem diese Gesellschaften nun in eine nach-christentümliche Epoche eingetreten sind, verliert die Kirche in der Folge auch immer mehr den Institutionscharakter, während der Organisationscharakter an Bedeutung gewinnt.[86] Ein einseitiges Festhalten an der Kirche als Institution erscheint somit als unsachgemäß, da es eine Sozialform absolut setzt, welche in besonderer Weise mit einer geschichtlichen Epoche verbunden ist, die zu Ende gegangen ist.

In Bezug auf den Vorwurf, durch die Anpassung der liturgischen Gestaltung von Gottesdiensten an diverse Subkulturen und deren ästhetische Empfindungen käme es zu einer Gefährdung der kirchlichen Erinnerungsgemeinschaft, gilt es auf den Kontextualisierungsgedanken zurückzugreifen. Mit diesem erscheint es grundsätzlich legitim, Gemeindeformen zu entwickeln, welche in der gottesdienstlichen Gestaltung Elemente der kulturellen Umwelt aufgreifen und einbinden. Zugleich steht diese Kontextualisierung in einer Spannung zur weiteren kirchlichen Gemein-

81 Vgl. Percy, Evangelism, 215f.

82 Vgl. Hauschildt / Pohl-Patalong, Kirche, 181–185. Vgl. auch die Darstellung in ▹ Kapitel 1. und Kapitel 20.1.

83 Vgl. Hauschildt / Pohl-Patalong, Kirche, 216–219.

84 Vgl. Grethlein, Kirchentheorie, 47–49; Hauschildt / Pohl-Patalong, Kirche, 138f.

85 Vgl. Grethlein, Kirchentheorie, 47–90.121–123.

86 Vgl. Hauschildt / Pohl-Patalong, Kirche, 181–185.

schaft, für welche eine gewisse Uniformität in der gottesdienstlichen Gestaltung einen identitätsstiftenden Faktor darstellt.

> „Worship involves three ecclesial identities: with the whole body of Christ, the local Christian community and the denomination or network – the tradition – to which that community belongs. In some settings, striking a balance between local identity and the traditions's identity is especially contentious."[87]

Dies ist nach Moynagh insbesondere für die *Church of England* der Fall. Für diese treffe nämlich in besonderem Maße die theologische Formel des *lex orandi, lex credendi* zu. Für die Ausformung eines konfessionellen Selbstverständnisses war die gottesdienstliche Liturgie prägender als die bekenntnishafte Zusammenstellung von Glaubensinhalten wie sie zum Beispiel in den *39 Articles* erfolgte.[88]

Zugleich sieht Moynagh diese enge Verbindung von Liturgie und konfessioneller Identität als problematisch an. So sei diese, anbetrachts der inneranglikanischen gottesdienstlichen und liturgischen Pluralität sowohl innerhalb der *Church of England* als auch innerhalb der weltweiten anglikanischen Gemeinschaft, heutzutage gar nicht mehr gegeben.[89] Stattdessen plädiert er für einen Ansatz, welcher konfessionelle Identität nicht über das gemeinsame Vollziehen uniformer Praktiken, sondern über die Anerkennung der gemeinsamen Geschichte herstellt. Dies erlaube eine gemeinsame anglikanische Identität, biete aber zugleich genügend Raum für lokale und kontextuelle Ausdrucksformen derselben.

> „Seeing identity in terms of story takes account of how identity actually works. It allows for the reality that different people identify more strongly with different parts of the story. Thus it better accommodates diversity than is likely to be possible with, say, a set of values, which may not be universally owned. In particular, identifying with the story includes identifying with debates within that story – they are seen as important; but identity is not required to depend on belonging to one side of the debate. So differences need not raise doubts about the right of any of the protagonists to belong."[90]

Die in vielen klassischen Gemeindegründungen vorfindliche moderne Gestaltung der Gottesdienste und die damit verbundene Abweichung von der traditionellen liturgischen Gestaltung, kann somit als Ausdruck einer erfolgenden Kontextualisierung wahrgenommen werden. Sie entspricht der bereits vorfindlichen inneran-

87 Moynagh / Harrold, Context, 369.

88 Vgl. ebd.

89 Vgl. ebd., 370.

90 Moynagh / Harrold, Context, 372.

glikanischen liturgischen Pluralität und kann mit einem Ansatz, welcher konfessionelle Identität über die Anerkennung der gemeinsamen Geschichte herstellt, als Ausdruck eben dieser den Anglikanismus auszeichnenden Diversität verstanden werden.

17.2.4 Kirchlicher Imperialismus oder legitimer innerkirchlicher Wettbewerb?

Der vierte Vorwurf – klassische Gemeindegründung sei vornehmlich eine Unternehmung des evangelikalen Flügels der *Church of England*, gehe oft mit einer separatistischen und überheblichen Tendenz der Akteure einher und diene der Verbreitung der evangelikalen Strömung innerhalb der Kirche – bedarf einer Bewertung in drei Teilabschnitten.

So kann zunächst dem Urteil, klassische Gemeindegründung gehe meist von Akteuren aus, welche dem evangelikalen Spektrum angehörenden, aufgrund der vorliegenden Daten zugestimmt werden. Zugleich stellt dies allein noch nichts Negatives dar, da umgekehrt andere neue Ausdrucksformen von Gemeinde von anderen innerkirchlichen Strömungen bevorzugt werden.[91]

Der Vorwurf klassische Gemeindegründung gehe mit einer separatistischen Tendenz einher und werde von einer arroganten Haltung begleitet, mag wie bereits dargestellt,[92] in bestimmten Fällen gerechtfertigt sein. Zugleich wurde aber deutlich, dass auch Gemeindegründer negativem Verhalten von Seiten der etablierten Kirchengemeinden ausgesetzt sein können. Auch legen die geführten Experteninterviews nahe, dass sich Gemeindegründer und Gemeindegründerinnen in der Regel um die Integration in die bestehenden kirchlichen Strukturen auf der lokalen und diözesanen Ebene bemühen. Ebenso können die dargestellten Konflikte nicht per se als Argument gegen klassische Gemeindegründung verstanden werden. Vielmehr stellt eine klassische Gemeindegründung eher den Anlass dar, welcher zuvor bereits vorhandene Haltungen und Einstellungen in verstärkter Form sichtbar werden lässt. Daraus folgt, dass es eher eines innerkirchlichen Verhaltenskodexes und wenn nötig eines Konfliktmanagements in Bezug auf Gemeindegründung als der Vermeidung von klassischen Gemeindegründungen per se bedarf. Dabei sollte grundsätzlich von Seiten der Gemeindegründer die Integration in die vorhandenen kirchlichen Strukturen, die kollegiale Zusammenarbeit mit den bereits bestehenden Kirchengemeinden und die Anerkennung der Autorität der Kirchenleitung erwartet werden. Umgekehrt sollten Vertreter der bestehenden Gemeinden neue

91 Vgl. Lings, Day, 118f.

92 Vgl. ▹ Kapitel 9.1.2, Kapitel 9.2.2.

Gemeindegründungen mit einer wertschätzenden und den Dialog suchenden Haltung gegenübertreten und diese, wo immer dies als möglich und sinnvoll erscheint, unterstützen. Der Kirchenleitung kommt dabei als drittem Akteur die Rolle der Leitung und Moderation in allen fünf Phasen des Gründungsprozesses zu. Dabei sollte dieses Leitungshandeln auch ein aktives Vorgehen gegen Fehlverhalten auf beiden Seiten beinhalten.[93]

In Bezug auf den Vorwurf, klassische Gemeindegründung diene der Selbstverbreitung der evangelikalen Strömung innerhalb der *Church of England*, muss zunächst mit Paas festgestellt werden, dass die von ihm identifizierten drei Grundmotive von Gemeindegründung in der Regel vermischt vorliegen.[94] Das heißt, dass das konfessionelle Gründungsmotiv meist Teil der Gründungsmotivation sein wird. Zugleich muss dies nicht negativ gewertet werden, da dies im positiven Sinne als legitime Form der Austragung des innerkirchlichen Streits um die Wahrheit beziehungsweise die dem westeuropäischen Kontext angemessenste Form von Kirche, betrachtet werden kann. Wichtiger erscheint vielmehr, dass das Gründen von neuen Gemeinden in einer Haltung der Demut geschieht, welche die Leistungen anderer gemeindlicher und kirchlicher Akteure benennt, um die Begrenzungen der eigenen Glaubenspraxis und gemeindlichen Modelle weis und die Angewiesenheit der verschiedenen innerkirchlichen Traditionsströme aufeinander öffentlich anerkennt. Zudem bedarf es der Zusammenarbeit mit der Kirchenleitung und deren Autorisierung für jedweden Gemeindegründungsprozess.

Abschließend kann gesagt werden, dass gerade in Großkirchen wie der *Church of England* mit ihren gut ausgebildeten Strukturen, welche ein gutes Maß an gegenseitiger Abhängigkeit und Rechenschaftspflicht fördern, gute Voraussetzungen für den reflektierten und konfliktbewussten Einsatz des Instruments der klassischen Gemeindegründung vorliegen. Dies gilt auch, wenn diese durch ein konfessionelles Gründungmotiv motiviert sind.

17.2.5 Mangelnde Kontextualisierung – Stärke oder Schwäche?

Der Vorwurf der unzureichenden Kontextualisierung kann als eine Schwäche des Modells der klassischen Gemeindegründung verstanden werden. Insbesondere, wenn man davon ausgeht, dass dies dazu beiträgt, dass im Vergleich zu anderen

93 Einige Diözesen der *Church of England* haben Richtlinien für das Gründen von Gemeinden und das Etablieren weiterer neuer Ausdruckformen von Gemeinde herausgegeben, welche aber meist die Rolle der bereits bestehenden Kirchengemeinden im Umfeld der geplanten Gemeindegründung nur wenig bedenken. Vgl. zum Beispiel die Richtlinien der Diözese von Southwark: Hance, Stephen: Guidelines for Church Planting and Grafting, Strategy for Ministry, 2013. Abrufbar unter https://southwark.anglican.org/downloads/SfM/Church-Planting-Guidelines.pdf, 25. Mai 2020.

94 Vgl. Paas, Church Planting, 48.

neuen Ausdrucksformen von Gemeinde deutlich weniger Menschen mit einem nichtkirchlichen Hintergrund angesprochen werden. Desgleichen scheint der geringe Umfang an Kontextualisierung in einer wechselseitigen Beziehung zu den als Stärken zu betrachtenden Eigenschaften von klassischer Gemeindegründung zu stehen. Diese umfassen unter anderem eine äußerst schnell erreichbare Unabhängigkeit in Leitungs- und Finanzierungsfragen und eine hohe Wahrscheinlichkeit, selbst wiederum Gemeindegründungen zu initiieren. Darüber hinaus kann argumentiert werden, dass die unzureichende Kontextualisierung nur dann ein Problem darstellt, wenn sich der Zielkontext deutlich vom Ursprungskontext unterscheidet. Sind beide aber gleich oder weisen eine hohe Ähnlichkeit auf, dann erscheint eine Ausrichtung am Gemeindemodell der Sendungsgemeinde als plausibel.

Insgesamt sprechen diese Argumente zunächst für eine Erhöhung des Bewusstseins um die Stärken und Schwächen der einzelnen neuen Ausdruckformen von Gemeinde. Hierfür liefert die Studie *The Day of Small Things* die nötigen Erkenntnisse. Der Gründerin einer klassischen Gemeindegründung muss klar sein, dass sie wahrscheinlich nur zu einem geringen Anteil Menschen mit einem gänzlich nichtkirchlichen Hintergrund ansprechen wird.[95] Genauso muss dem Gründer einer Jugendkirche bewusst sein, dass diese mit einer hohen Wahrscheinlichkeit für einen langen Zeitraum, wenn nicht gar für immer, finanziell von der Sendungsgemeinde abhängig bleiben wird.[96]

Daran anschließend erscheint eine *mixed economy* neuer Gemeindeformen als sinnvoll. Das heißt, es ist für ein Mit- und Nebeneinander unterschiedlichster neuer Ausdrucksformen von Gemeinde zu votieren, welche im Zusammenspiel ihre unterschiedlichen Schwächen ausgleichen und durch ihre jeweiligen Stärken wesentliches zu einer missionarisch ausgerichteten Gemeindelandschaft beitragen können. Hier ist erneut auf das Konzept der regiolokalen Kirchenentwicklung zu verweisen, deren Stärke darin besteht, dass lokale Gemeinde- und regionale Kirchenentwicklung aufeinander bezogen werden.[97] Die Verbindung der lokalen mit der regionalen Ebene ermöglicht einen differenzierten Einsatz verschiedener Ausdrucksformen von Gemeinde, da nicht eine Kirchengemeinde oder kirchliche Traditionsströmung allein das eine von ihr bevorzugte Modell von klassischer Gemeindegründung oder neuen gemeindlichen Ausdrucksformen immer wieder erneut repliziert. Stattdessen kommt es zu einem Einbezug verschiedener, aber durch das Interesse einer missionarischen Kirchenentwicklung verbundener Akteure, welches die Auswahl der zur Verfügung stehenden und potentiell einsetzbaren Modelle neuer gemeindlicher Ausdrucksformen erhöht.

---

95 Vgl. Dalpra / Vivian, Who's there?, 32.

96 Vgl. Lings, Day, 108f.

97 Vgl. ▹ Kapitel 12.6.

Für die *Church of England* spricht dies für ein stärkeres Miteinander und eine bessere Verflechtung von Gemeindegründungsszene und übriger *fresh expressions of church*-Bewegung und die modelloffene Exploration von potentiellen Gründungsmöglichkeiten.

17.2.6 Mehr oder weniger ressourcenintensive Gemeindegründungen?

Anschließend an diesen Punkt kann auch in Bezug auf die letzte Kontroverse argumentiert werden, dass es im Sinne einer *mixed economy,* einer Mischung von mehr und weniger ressourcenintensiven neuen Ausdrucksformen von Gemeinde bedarf. Ressourcenintensive Großgemeinden haben darin ihr Recht, dass sie, durch die ihnen zur Verfügung stehenden Mittel, für die weitere Kirche sich als hilfreich erweisende, evangelistische und diakonische Programme und Ressourcen hervorbringen können. Dies zeigt sich zum Beispiel an der Entwicklung und Verbreitung des Alpha Glaubenskurses durch die Gemeinde Holy Trinity Brompton. Zugleich ist davon auszugehen, dass in Zukunft die der *Church of England* zur Verfügung stehenden Mittel geringer werden, was die Frage nach weniger ressourcenintensiven Ausdrucksformen von Gemeinde zu einer Schlüsselfrage für die Zukunftsfähigkeit der *Church of England* macht. Dies gilt insbesondere vor ihrem Anspruch „eine sichtbare christliche Präsenz in jeder Gemeinde“ sein zu wollen.[98]

17.3 Fazit

Aufgrund des gesellschaftlichen und religiösen Wandels erscheint es als dringend nötig, das traditionelle Parochialsystem um neue Ausdrucksformen von Gemeinde zu ergänzen und dabei neben den nötigen Rückbauprozessen auch in neue gemeindliche Aufbrüche zu investieren. Wird dabei das Instrument der klassischen Gemeindegründung eingesetzt, dann ist damit zu rechnen, dass dies zu einem gewissen Grad zu Transferwachstumsprozessen führen wird. Dies wird in bestimmten Fällen unvermeidbar und in Kauf zu nehmen sein. Umso mehr erscheint ein transparenter und unter allen Beteiligten abgestimmter Umgang mit dem Phänomen als unentbehrlich.

Weiter bedarf es bei aller Marktorientierung der neuen Ausdrucksformen von Gemeinde auch eine „Marktregulierung“. Darunter ist der reflektierte Einsatz von neuen gemeindlichen Ausdrucksformen von Gemeinde insbesondere der klassi-

---

98 „A Christian presence in every community“ stellt den aktuellen Leitspruch der *Church of England* dar. Vgl. https://www.churchofengland.org/faith-action/faith-action-videos/visible-christian-presence-every-community, 27. Mai 2020.

schen Gemeindegründung zu verstehen. Dies kann auch den bewussten Verzicht auf die Durchführung einer klassischen Gemeindegründung, bei gleichzeitiger Stärkung der vorhandenen gemeindlichen Arbeit oder der Etablierung einer anderen, besser den nötigen Anforderungen entsprechenden neuen Ausdrucksform von Gemeinde, beinhalten. Eine solche „Marktregulierung" ist Aufgabe der Kirchenleitung und dient der positiven Gestaltung des gemeindlichen Miteinanders in einer kirchlichen *mixed economy*. Dies beinhaltet auch das Ermutigen von Gemeinden und kirchlichen Traditionsströmen, sich an der Etablierung von klassischen Gemeindegründungen und anderen neuen Ausdrucksformen von Gemeinde zu beteiligen, welche diesen bisher kritisch oder indifferent gegenüberstehen. Durch die Beteiligung aller innerkirchlichen Traditionsströme kann die Vielfalt der entstehenden *mixed economy* zusätzlich gestärkt werden.

Dabei gilt es, das Bewusstsein für die Stärken und Schwächen der jeweiligen neuen gemeindlichen Ausdrucksformen zu erhöhen und damit das gegenseitige Verständnis zu stärken. Gelingt dies, so kann eine gemeindliche Landschaft entstehen, welche von gegenseitiger Anerkennung und Wertschätzung geprägt ist.

18. Die Leistungen und Begrenzungen des Handlungsinstrumentes klassische Gemeindegründung innerhalb der Church of England

Klassische Gemeindegründung wurde in dieser Arbeit als „die im Raum der *Church of England* stattfindende Nachbildung einer bestehenden, gottesdienstzentrierten Form von Gemeinde an einem anderen Ort oder zu einer anderen Zeit durch eine Gruppe von Christen mit dem Ziel kirchenferne Menschen zu erreichen" definiert.[1] In den vorangegangenen Kapiteln wurde zunächst auf die Geschichte klassischer Gemeindegründung in der *Church of England* eingegangen und daraufhin die gegenwärtige Verbreitung und die wichtigsten Promotoren klassischer Gemeindegründung in der *Church of England* dargestellt. Auch wurden die gängigen Begründungsstrukturen für Gemeindegründung vorgestellt und eine Typologie klassischer Gemeindegründung entwickelt. Einen Schwerpunkt bildete die Darstellung des noch neuen *Resource Church Modells*, welches zugleich einem ersten Bewertungsversuch unterzogen wurde. Es wurden der Gemeindegründungsprozess und die ihn prägenden Akteure beleuchtet und das Verhältnis von klassischer Gemeindegründung und Kontextualisierung ausgelotet. Auch wurden die wichtigsten Kontroversen in Bezug auf klassische Gemeindegründung dargestellt und die dabei von beiden Seiten vorgebrachten Argumente einer kritischen Bewertung unterzogen.

In dem nun folgenden Kapitel sollen die wesentlichen Leistungen und Begrenzungen des kirchlichen Handlungsinstruments der klassischen Gemeindegründung herausgestellt werden. Es bildet damit den Abschluss der Betrachtung von klassischer Gemeindegründung in der *Church of England* und fasst wesentliche Erkenntnisse der voran gegangenen Kapitel zusammen.

18.1 Klassische Gemeindegründung – Ein Instrument zur Förderung von Gemeindewachstum?

Eine der wesentlichen Motivationen für klassische Gemeindegründung besteht in der Absicht Menschen zu erreichen, welche nicht mehr oder noch nie Teil einer

1 Vgl. ▹ Kapitel 6.2.3.

christlichen Gemeinde waren.[2] Klassische Gemeindegründung zielt damit auf Gemeindewachstum, genauer auf Konversionswachstum. Unter Bezug auf Stefan Paas wurde dieser wachstumsfokussierte Ansatz einer grundsätzlichen theologischen Kritik unterzogen. So ist es zwar Aufgabe der Gemeinde den christlichen Glauben zu bezeugen und Menschen dazu einzuladen diesen Glauben anzunehmen, doch kann nicht davon ausgegangen werden, dass dies zu jeder Zeit und an jedem Ort auch zu einem Wachstum der Gemeinde führt.[3] Auch konnte, ebenfalls in Anschluss an Paas, gezeigt werden, dass die dem Ansatz der Gemeindegründung meist zugrundeliegenden, von der Gemeindewachstumsbewegung formulierten Annahmen einer theoretischen Überprüfung nur sehr bedingt standhalten.[4] Paas kommt zu dem Schluss, dass vor allem ein missionarischer Impetus und die geographische Lage in von Bevölkerungswachstum profitierenden Regionen wahrscheinliche Faktoren für das Wachstum von Gemeindegründungen sind.[5] Dies sind beides Faktoren, welche per se nicht nur von Gemeindegründungen allein erfüllt werden. Auch sieht er in der durch Gemeindegründungen erhöhten Auswahl verschiedener gemeindlicher Optionen tatsächlich einen plausiblen Grund für die Förderung von Gemeindewachstum.[6] Dagegen kann Paas keine stichhaltigen Belege dafür finden, dass es gerade neue und kleine Gemeinden sind, welche schneller wachsen.[7] Generell geht Paas aber davon aus, dass das Gemeindewachstum von Gemeindegründungen durch einen hohen Anteil von Transferwachstum bestimmt sein wird.[8]

Die durch die Studien *The Day of Small Things* und *Who's There?* vorliegenden Befunde machen in der Tat deutlich, dass das Wachstum von klassischen Gemeindegründungen zu einem hohen Anteil durch Transferwachstum bedingt ist und damit zu einem größeren Anteil auf das Erreichen von Personen mit einem kirchlichen Hintergrund zurückzuführen ist.[9] Der Anteil der Gemeindebesucher mit einem nichtkirchlichen Hintergrund fällt im Vergleich zu anderen neuen Ausdrucksformen von Gemeinde gering aus.[10] Zugleich erreichen klassische Gemeindegründungen doch einen relativ hohen Anteil an Personen mit einem ehemals kirchlichen Hintergrund.[11] Auch wurde festgestellt, dass klassische Gemeindegründungen ei-

2 Vgl. die Darstellung in ▹ Kapitel 10.3.2.

3 Vgl. Paas, Church Planting, 114–120. Vgl. auch die Darstellung in ▹ Kapitel 10.3.2.

4 Vgl. Paas, Church Planting, 178f. Vgl. auch die Darstellung in ▹ Kapitel 10.3.2.

5 Vgl. Paas, Church Planting, 179. Vgl. auch die Darstellung in ▹ Kapitel 10.3.2.

6 Vgl. Paas, Church Planting,143. Vgl. auch die Darstellung in ▹ Kapitel 10.4.

7 Vgl. Paas, Church Planting,143. Vgl. auch die Darstellung in ▹ Kapitel 10.3.2.

8 Vgl. Paas, Church Planting, 157–159.178.

9 Vgl. Lings, Day, 89f. Vgl. Dalpra / Vivian, Who's there?, 32.

10 Vgl. Dalpra / Vivian, Who's there?, 19.66–71; Vgl. Lings, Day, 90–92.124. Vgl. auch die Darstellung in ▹ Kapitel 7.2.

11 Vgl. Dalpra / Vivian, Who's there?, 19.66–71; Vgl. Lings, Day, 90–92.124. Vgl. auch die Darstellung in ▹ Kapitel 7.2.

nen erheblich größeren missionarischen Erfolg erzielen, als dies für ausgewählte westeuropäische Großkirchen im Gesamtschnitt der Fall ist.[12] Zudem erreichen sie eine deutlich größere Gemeindegröße als alle anderen neuen Ausdrucksformen von Gemeinde und belegen in Bezug auf die Selbständigkeit in Leitungs- und Finanzierungsfragen den vordersten, in Bezug auf das Gründen weiterer Gemeinden einen der vordersten Plätze.[13] Zugleich scheint es aus empirischer Sicht Hinweise dafür zu geben, dass klassische Gemeindegründungen besonders oft an Orten vorkommen, welche von demographischen Wachstumsprozessen geprägt sind und von dieser positiven Bevölkerungsentwicklung profitieren.[14] Die in dieser Arbeit dargestellten Einzelfallstudien lassen vermuten, dass die dargestellten empirischen Werte auch in ähnlicher Weise für die *City Centre Resource Churches* zutreffen, welche durch Nutzung des Instrumentes der klassischen Gemeindegründungen etabliert werden.[15]

Diese Zusammenfassung legt folgende Schlüsse nahe: Das evangelistische Potential von klassischen Gemeindegründungen ist vorhanden. Es liegt zwar unter dem von anderen neuen Ausdrucksformen von Gemeinde, zugleich aber deutlich über dem des gesamtkirchlichen Durchschnitts. Einschränkend gilt zu beachten, dass dies mit signifikanten Transferwachstumsprozessen einhergeht. So werden in klassischen Gemeindegründungen besonders Personen mit einem kirchlichen oder ehemals kirchlichen, aber kaum Personen mit einem nichtkirchlichen Hintergrund erreicht werden und demographisch bedingte Wachstumsprozesse eine signifikante Rolle spielen. Damit kann keineswegs die Rede davon sein, dass klassische Gemeindegründung die „effektivste evangelistische Einzelmethode" darstellt.[16]

Zugleich ist ihr Potential aber auch nicht zu verachten. So erscheint es als sinnvoll, durch die Durchführung von klassischen Gemeindegründungen, auf die demographischen Wachstumsprozesse in urbanen Räumen zu reagieren. Denn gerade die klassische Gemeindegründung stellt eine neue Ausdrucksform von Gemeinde dar, welche durch ihren gottesdienstzentrierten Gründungsprozess und das überdurchschnittlich schnelle Erreichen von gemeindlicher Selbstständigkeit und finanzieller Unabhängigkeit, mit einer hohen Effizienz gegründet beziehungsweise in gleiche oder ähnliche Kontexte hinein multipliziert werden kann.

---

12 Paas, Church Planting, 163. Vgl. auch die Darstellung in ▷ Kapitel 7.1.

13 Vgl. Lings, Day, 124. Vgl. auch die Darstellung in ▷ Kapitel 7.2.

14 Vgl. Lings, Day, 136. Vgl. auch die Darstellung in ▷ Kapitel 7.2.

15 Vgl. die Darstellung in ▷ Kapitel 14.3.2.

16 Vgl. Wagner, Peter C.: Church Planting for a Greater Harvest: A Comprehensive Guide, Eugene, 2010, 11.

18.2 Klassische Gemeindegründung – Ein Instrument zur Förderung binnenkirchlicher Diversität?

Die konfessionell motivierte Gemeindegründung, welche im Kern auf einer theologischen Kritik der bestehenden kirchlichen Verhältnisse entspringt, stellt in der Moderne ein wichtiges Motiv für das Gründen von neuen Gemeinden innerhalb des Protestantismus dar.[17] Doch gerade unter den nach-christentümlichen und nach-christlichen Bedingungen der westeuropäischen Spätmoderne[18] gilt es zu fragen, ob diese Motivation heute noch ihr Recht hat, oder nicht eher eine Begrenzung von klassischer Gemeindegründung darstellt. Dies gilt insbesondere, wenn sie innerhalb von bestehenden Großkirchen wie zum Beispiel der *Church of England* durchgeführt wird.[19] Durch eine konfessionell bestimmte Gründungsmotivation können nämlich innerkirchliche Konflikte zwischen den vorhandenen kirchlichen Traditionsströmen gefördert werden. So konnte gezeigt werden, dass bestehende Kirchengemeinden klassische Gemeindegründungen als Machtmittel eines bestimmten theologischen Traditionsstroms zur Selbstverbreitung und Durchsetzung der eigenen Agenda verstehen können und vor diesem Hintergrund klassische Gemeindegründung zum Teil scharf kritisiert wird.[20] Die dadurch entstehenden innerkirchlichen Konflikte können aber dazu führen, dass die Kirche bei der Erfüllung ihres eigentlichen Auftrags behindert wird. Begünstigt werden solche Konflikte, wenn Gemeindegründer und Gemeindegründerinnen eine als triumphalistisch oder arrogant empfundene Haltung einnehmen und seit langem bestehende kirchliche und gemeindliche Aktivitäten verbal herabwürdigen.[21] Es muss festgestellt werden: Klassische Gemeindegründung trägt auch ein negatives Potential in sich.

Und doch liegen im Bereich der konfessionell motivierten Gemeindegründung auch zwei mögliche Leistungen von klassischer Gemeindegründung vor. Zum einen kann sie zur Förderung einer binnenkirchlichen Diversität in einer Region oder an einem Ort beitragen. Ist unter den bestehenden Gemeinden bisher eine bestimmte kirchliche Traditionsströmung nicht vertreten, so kann es als sinnvoll erscheinen, das Handlungsinstrument der klassischen Gemeindegründung zu nutzen, um eine Gemeinde dieser Traditionsströmung zu etablieren. Dies kann besonders dann als eine Leistung von klassischer Gemeindegründung verstanden werden, wenn man eine theologisch begründete binnenkirchliche Diversität in Bezug auf eine sich immer pluraler gestaltende Gesellschaft versteht.

---

17 Vgl. Paas, Church Planting, 83–88. Vgl. auch die Darstellung in ▻ Kapitel 10.3.1.

18 Vgl. Paas, Post-Christian, 11.

19 Vgl. Paas, Church Planting, 105–110.

20 Vgl. die Darstellung in ▻ Kapitel 14.3.3 und Kapitel 17.1.4.

21 Vgl. zum Beispiel Transkript 4.1.2., Z. 271–279; Transkript 4.7., Z. 322–335.

Zum anderen kann klassische Gemeindegründung als ein Instrument für eine missionarische Erneuerung innerhalb einer Großkirche dienen. Gerade dort, wo ein bestehendes Parochialsystem und die dazugehörigen Gemeinden noch immer im Modus einer „Versorgungskirche“[22] operieren, kann durch die Durchführung einer klassischen Gemeindegründung in einer exemplarischen, aber gut sichtbaren Weise das Thema der Mission und insbesondere der Evangelisation auf die kirchliche Agenda gesetzt werden. In diesem Sinne kommt dann klassischer Gemeindegründung in der Tat ein disruptives Potential zu[23], aber eines, welches bestehende kirchliche Strukturen und Selbstverständnisse in einem positiven Sinne in Frage stellt und herausfordert und damit die Möglichkeit besitzt, einen innerkirchlichen Reflexions- und Entwicklungsprozess anzustoßen.

Zusammenfassend lässt sich festhalten, dass konfessionell motivierte Gemeindegründung ein negatives Potential entfalten kann, wenn diese im Modus der Herabwürdigung theologisch anders gesinnter Gemeinden und deren Aktivitäten geschieht. In einem positiven Sinne kann konfessionell motivierte Gemeindegründung zu einer Erhöhung der binnenkirchlichen Diversität beitragen und innerkirchliche Veränderungsprozesse anstoßen.

18.3 Klassische Gemeindegründung – Ein Instrument zur Förderung kirchlicher Innovation?

Nach Stefan Paas kann das innovative Potential von Gemeindegründungen als eines der überzeugendsten Argumente für das Gründen neuer Gemeinden im westlichen Europa gelten.[24] Zugleich zeichnen sich in seinen Augen Gemeindegründungen, welche bestehende Gemeindemodelle nachbilden, gerade nicht durch dieses Innovationspotential aus.[25] Dies trifft aber in besonderer Weise auf die in dieser Arbeit untersuchten klassischen Gemeindegründungen zu. Zu ähnlichen Schlüssen kommen auch Bradbury und Hodgett.[26] Dazu treten innovationstheoretisch begründete Anfragen an das Modell der klassischen Gemeindegründung. So zeigt die von Moy-

22 Vgl. Schlegel, Thomas: Von Wohlfahrtsstaat und Versorgungskirche: Das Ende einer Ära? Response zum Beitrag von Claudia Neu, in: Dünkel, Frieder / Herbst, Michael / Schlegel, Thomas (Hg.): Think Rural! Dynamiken des Wandels in peripheren ländlichen Räumen und ihre Implikationen für die Daseinsvorsorge, Wiesbaden, 2014, 125–130. Vgl. auch Herbst, Michael: Eine Perspektive der Gemeindeentwicklung in nach-volkskirchlicher Zeit, in: Bartels / Reppenhagen, Gemeindepflanzung, 37–39.

23 Vgl. Transkript 4.3., Z. 678–692.

24 Vgl. Paas, Church Planting, 200.240f. Vgl. auch die Darstellung in ▹ Kapitel 10.3.3.

25 Vgl. Paas, Church Planting, 201–213. Vgl. auch die Darstellung in ▹ Kapitel 10.3.3.

26 Vgl. Hodgett / Bradbury, Spectrum, 30–34. Vgl. auch die Darstellung in ▹ Kapitel 6.1.4.

nagh vorgenommene Einordnung von klassischer Gemeindegründung anhand des *Cynefin Frameworks*, dass als deren natürliche Domäne einfache und komplizierte Kontexte zu gelten haben.[27] Dies sind aber Kontexte, in denen es kaum innovativer Neuansätze bedarf, sondern es auf die Auswahl und richtige Anwendung bekannter Verfahren und Praktiken ankommt. Und auch die von Sellmann und Sobetzko aus der Innovationsforschung aufgegriffene Unterscheidung zwischen dem *Causation*- und *Effectuation*-Paradigma und die Zuordnung von klassischer Gemeindegründung zu ersterem stützt die These, dass klassische Gemeindegründung ein geringeres Innovationspotential als andere neue Ausdruckformen von Gemeinde beinhaltet.[28]

Auf der anderen Seite wurde deutlich, dass innovationstheoretisch zwischen der eigentlichen Neuerung (Invention) und ihrer Verbreitung (Innovation) unterschieden werden muss.[29] In diesem Sinne kann klassische Gemeindegründung als Verbreitung einer Invention geringen Grades verstanden werden, indem nämlich das auf einen bestimmten Kontext hin angepasste klassische gottesdienstzentrierte Gemeindemodell in gleichen oder ähnlichen Kontexten durch das Instrument der klassischen Gemeindegründung verbreitet wird. Innovationstheoretisch könnte man dann bei klassischer Gemeindegründung von einer „inkrementellen Innovation", in bestimmten Fällen auch von einer „Marktinnovation" sprechen.[30]

Außerdem bleibt festzuhalten, dass bei klassischer Gemeindegründung die Nachbildung eines bestehenden Gemeindemodells nicht allein die zukünftige Form der Gemeinde bestimmt. Das Gemeindemodell der Sendungsgemeinde wird, je nach Einzelfall, mehr oder weniger stark unter Berücksichtigung des Gründungskontextes verändert.[31] Es kommt also zu graduellen Anpassungen und damit potenziell auch zu kleinen Inventionen. In diesem Zusammenhang erscheint es als sinnvoll, klassische Gemeindegründungen als „soziale Innovationen"[32] zu verstehen. Denn ihnen gelingt durch Anpassung bisheriger Praktiken und Organisationsformen in einem spezifischen Kontext etwas besser als bisher.[33]

---

27 Vgl. Moynagh / Harrold, Context, 199f. Vgl. auch die Darstellung in ▹ Kapitel 16.4.

28 Vgl. Sobetzko / Sellmann, Handbuch, 107–115. Vgl. auch die Darstellung in ▹ Kapitel 15.1.6.2.

29 Vgl. Witte, Organisation, 2.4. Vgl. auch die Darstellung in ▹ Kapitel 4.3.4.1.

30 Als „inkrementelle Innovation" wird eine Neuerung bezeichnet, welche auf der Verbesserung einer bereits vorhandenen Technologie oder Praxis beruht und im selben Markt zum Einsatz kommt. Von einer „Marktinnovation" ist dann die Rede, wenn eine bekannte Technologie oder Praxis, gegebenenfalls nach dem Durchlaufen leichter Verbesserungen oder Anpassungen, auf einem neuen Markt eingesetzt wird. Vgl. Sobetzko / Sellmann, Handbuch, 64f.

31 Vgl. zum Beispiel die Darstellung in ▹ Kapitel 8.2.

32 Vgl. Zapf, Innovation, 32f. Vgl. auch die Darstellung in ▹ Kapitel 4.3.4.1.

33 Vgl. dazu auch Königer, Kolja / Schendel, Gunter / Witt, Carla J.: Vom Testfall lernen. Zur Evaluation der „Erprobungsräume" in der EKM – ein Werkstattbericht, in: Praktische Theologie 55 (1), 2020, 52–58.

Schließlich ist der weitere kirchliche Kontext zu beachten, in dem klassische Gemeindegründungen stattfinden. Auch wenn klassische Gemeindegründungen im Vergleich zu anderen neuen Ausdrucksformen von Gemeinde nur ein bedingtes Innovationspotential in Bezug auf die Gemeindeform mit sich bringen, so sind sie in Bezug auf das traditionelle Parochialsystem der *Church of England* doch als eine immense strukturelle Innovation zu bewerten. Denn wie die Darstellung der Geschichte der Gemeindegründungsszene und der *fresh expressions of church*-Bewegung in der *Church of England* gezeigt hat, kommt gerade der in den 1980er und frühen 1990er Jahren dominierenden klassischen Gemeindegründung eine entscheidende Rolle für die Ablösung der Parochie als alleiniger Gemeindeform zu, welche die folgenden Entwicklungen hin zu einer *mixed economy* und der Einführung der *Bishop's Mission Order* erst möglich machte.[34]

Es lässt sich zusammenfassend sagen, dass klassische Gemeindegründung als ein kirchliches Innovationsinstrument gelten kann. Dabei liegt aber die Innovationskraft auf der Ebene der lokalen Gemeinde im geringen, graduellen Bereich. Auf der gesamtkirchlichen Ebene hingegen geht von der klassischen Gemeindegründung gerade in Bezug auf die strukturelle Entwicklung von parochial organisierten Großkirchen eine große Innovationskraft aus.

18.4 Klassische Gemeindegründung – Ein Instrument zur Förderung einer zunehmenden Kontextualisierung?

Angesichts der zunehmenden Pluralisierung und Segmentierung westeuropäischer Gesellschaften, kommen gemeindlichen Kontextualisierungsprozessen eine hohe Bedeutung zu. In Bezug auf die sich in der *Church of England* entwickelnden neuen Ausdrucksformen von Gemeinde, ist es gerade die ihnen oftmals unterstellte Kontextsensibilität, welche große Hoffnungen weckt. Es konnte in dieser Arbeit gezeigt werden, dass klassische Gemeindegründungen zu den *fresh expressions of church* zu zählen sind. Zugleich erweist sich gerade die Frage nach dem Verhältnis von klassischer Gemeindegründung und Kontextualisierung als ein wesentliches Unterscheidungsmerkmal zu anderen neuen Ausdruckformen von Gemeinde.

Ähnlich wie auch das Innovationspotential, muss das Kontextualisierungspotential bei klassischen Gemeindegründungen als begrenzt eingeordnet werden. Die Orientierung an einem gottesdienstzentrierten Gründungsprozess und am Gemeindemodell der Sendungsgemeinde wirken einer radikal am Kontext ausgerichteten Gemeindeform entgegen. Trotzdem kommt es innerhalb des Rahmens eines gottesdienstzentrierten Ansatzes zu graduellen Kontextualisierungsprozessen

34 Vgl. die Darstellung in ▹ Kapitel 5.2, Kapitel 5.3, Kapitel 5.4.

und auch in Einzelfällen zu erheblichen Anpassungen des Gemeindemodells der Sendungsgemeinde an einen neuen Kontext.[35]

Dabei erscheint die mangelnde Ausrichtung am betreffenden Kontext zunächst nicht zwingend als eine Begrenzung, sofern die klassische Gemeindegründung im gleichen Kontext oder in einem Kontext mit einer hohen Ähnlichkeit zum Ursprungskontext der Sendungsgemeinde erfolgt. In diesem Fall kann sie sogar als eine besondere Leistung des Gründungsansatzes betrachtet werden, da die Orientierung an einem bestehenden Modell ein zielgerichtetes und von hoher Effizienz geprägtes Gründungsgeschehen erlaubt.[36]

Jedoch scheint ein Zusammenhang zwischen der nur bedingten Ausrichtung am Kontext und dem Beibehalten einer gottesdienstzentrierten Gemeindeform auf der einen Seite und dem überproportional hohen Anteil an Gemeindebesuchern mit einem kirchlichen Hintergrund und einer sehr geringen Anzahl an Gemeindebesuchern mit einem nichtkirchlichen Hintergrund auf der anderen Seite zu bestehen.[37] Dies erweist sich als eine wesentliche Begrenzung des Modells der klassischen Gemeindegründung gerade im Vergleich mit anderen neuen gemeindlichen Ausdrucksformen. Dem steht aber zugleich die schnell zu erreichende Eigenständigkeit in Fragen der Leitung, Finanzierung und Multiplikation als ein wesentlicher Vorteil gegenüber.[38] In Bezug auf einen potentiellen Einsatz des Instrumentes der klassischen Gemeindegründung wird also zwischen einer geringeren missionarischen Reichweite und einer schneller erreichbaren Eigenständigkeit der Gemeindeform abzuwägen sein.

Zusammenfassend kann gesagt werden, dass klassische Gemeindegründung nur einen vergleichsweise geringen Grad an Kontextualisierung zulässt und dies wahrscheinlich einer der Gründe darstellt, dass von diesem Modell nur eine sehr geringe Zahl an Menschen mit einem nichtkirchlichen Hintergrund erreicht wird. Klassische Gemeindegründung bedarf deshalb einer Ergänzung um kontextsensiblere Gemeindeformen. Dies gilt gerade angesichts des zunehmenden Rückgangs von Personen mit einer kirchlichen Verbundenheit in vielen westeuropäischen Gesellschaften, was zugleich dazu führt, dass die Zahl der Personen in der Bevölkerung ohne einen kirchlichen oder mit einem ehemals kirchlichen Hintergrund steigt.[39]

---

35 Vgl. die Darstellung in ▷ Kapitel 16.4.

36 Vgl. auch die Darstellung in ▷ Kapitel 15.1.6.

37 Vgl. Lings, Day, 90f.

38 Vgl. ebd., 108f.

39 Vgl. hierfür die in ▷ Kapitel 25.4 dargestellten Ergebnisse des *British Social Attitude Survey* und die Ergebnisse der V. Kirchenmitgliedschaftsuntersuchung, welche insbesondere einen Rückgang der Gruppe der Kirchenmitglieder mit einer mittleren Verbundenheit wahrnahm. Vgl. Schneider / Bedford-Strohm / Jung, Engagement, 12.113.

18.5 Klassische Gemeindegründung – Eine Alternative zu parochialen Fusionsprozessen und Kirchenschließungen?

Eine wichtige Leistung von klassischer Gemeindegründung liegt darin, dass sie mit den beiden Modi der Revitalisierung und der Wiedereröffnung Alternativen zu gemeindlichen Fusionsprozessen und Kirchenschließungen darstellt oder diese sogar rückgängig machen kann.[40] Dies ist von erheblicher Bedeutung, da gerade Großkirchen wie die *Church of England* angesichts des zunehmenden kirchlichen Schrumpfungsprozesses immer öfter vor der Frage stehen werden, wie mit Parochialgemeinden zu verfahren ist, welche nur noch über eine sehr kleine Gottesdienstgemeinde und nicht hinreichende Mittel für die Finanzierung der eigenen Gemeindearbeit verfügen. Dass hier klassische Gemeindegründung in Form der Revitalisierung und der Wiedereröffnung eine bewährte Alternative zur Gemeindefusion oder -schließung oder gar zum Verkauf kirchlicher Gebäude darstellt, macht deutlich, dass sie als ein kirchliches Handlungsinstrument verstanden werden muss, welches der Kirchenleitung neue Spielräume eröffnet.

Dies gilt umso mehr, als dass im Zuge einer Revitalisierung oder Wiedereröffnung eine Neuausrichtung der betreffenden Gemeinde auf eine bestimmte, bisher noch nicht von anderen Gemeinden erreichten Zielgruppe erfolgen kann. Dies lässt klassische Gemeindegründung als ein wichtiges strategisches Instrument für das Entstehen einer missionarisch ausgerichteten kirchlichen *mixed economy* erscheinen.[41]

Dabei obliegt der Einsatz von klassischer Gemeindegründung als Alternative zu Fusions- und Schließungsprozessen einer Begrenzung: Dieser Einsatz wird wohl vor allem auf den großstädtischen Bereich beschränkt bleiben. Dies liegt darin begründet, dass traditionelle Gemeindegründungen, aufgrund ihres hohen Anteils an Personen mit einem kirchlichen Hintergrund, darauf angewiesen sind, dass Transferwachstumsprozesse stattfinden.[42] Dieses Transferwachstum muss nicht unbedingt auf den Wechsel von Gemeindegliedern aus den direkt umliegenden Gemeinden zurückzuführen sein, sondern kann auch ein Wachstum durch kürzlich zugezogene Personen mit einem kirchlichen Hintergrund, welche nach einer neuen Gemeinde suchen, darstellen.[43] Gemeinsam ist diesen Prozessen aber, dass sie eine gewisse Grundmobilität innerhalb der Bevölkerung voraussetzen, da dies das Gemeindewachstum deutlich erleichtert. Diese Grundmobilität ist nun aber gerade

---

40 Vgl. die Darstellung in ▻ Kapitel 11.2.2 und Kapitel 11.2.3.

41 Vgl. die Darstellung in ▻ Kapitel 9.3.2.

42 Vgl. Paas, Church Planting, 143; Dalpra / Vivian, Who's there?, 32.

43 In den meisten Fällen werden wohl beide Formen von Transferwachstum vorkommen. Vgl. für die verschiedenen Transferwachstumkategorien die in ▻ Kapitel 14.3.2 dargestellten Einzelfalluntersuchungen von zwei *City Centre Resource Churches*.

im großstädtischen Kontext am höchsten.[44] Zudem profitieren die urbanen Räume in den letzten Jahren generell von einem durch Zuzug bedingten Bevölkerungswachstum.[45] Dies schließt nicht generell aus, dass klassische Gemeindegründungen auch im kleinstädtischen oder gar dörflichen Kontext eine Alternative zu gemeindlichen Fusions- oder Schließungsprozessen darstellen könnten, doch muss hier mit deutlich höheren Schwierigkeiten gerechnet werden.[46]

Wird durch den Einsatz von klassischer Gemeindegründung eine Gemeindefusion oder Kirchenschließung verhindert oder sogar eine zuvor geschlossene Kirche wiedereröffnet, so kann dies auch positive Auswirkungen auf das binnenkirchliche Klima haben. Steht dieser Vorgang doch in einem konträren Verhältnis zu den generell stattfindenden kirchlichen Schrumpfungs- und Rückbauprozessen.[47] In diesem Sinne kann klassische Gemeindegründung auch die Funktion einer „ekklesiologischen Zeichenhandlung"[48] übernehmen: Dem von einem Niedergangsszenario bestimmten innerkirchlichen Diskurs wird ein einzelner, aber exemplarischer Neuaufbruch entgegengestellt. Auch strahlt dieser Neuaufbruch über den binnenkirchlichen Bereich hinaus und wird von einer breiteren Öffentlichkeit wahrgenommen.[49] Dies stellt eine weitere, nicht zu verachtende Leistung des Handlungsinstrumentes Gemeindegründung dar und kann für einen strategischen Einsatz desselben durch die Kirchenleitung sprechen. Zugleich gilt es auch hier eine Begrenzung zu bedenken: Genauso wie neue Zuversicht und innerkirchlichen Aufbruch kann, wie bereits dargestellt, eine klassische Gemeindegründung auch innerkirchliche Konflikte provozieren.[50] Der Einsatz im Sinne einer ekklesiologischen Zeichenhandlung erweist sich damit als ambivalent.

Es bleibt festzuhalten, dass das Instrument der klassische Gemeindegründung Alternativen zu gemeindlichen Fusions- und Schließungsprozessen bietet und damit gerade für die Kirchenleitung einer Großkirche wie der *Church of England* neue

---

44 So weist Bob Jackson darauf hin, dass es in manchen Teilen Londons jedes Jahr zu einem Austausch eines Viertels, in manchen Teilen sogar bis zu eines Drittels der Bevölkerung kommt. Vgl. Jackson, London, 275.262–280.

45 Vgl. Eiffler, Stadt, 97.

46 Eine klassische Gemeindegründung wird wohl insbesondere dann im ländlichen Bereich wachsen können, wenn es ihr aufgrund einer bestimmten Profilierung gelingt, Menschen aus der ganzen Region anzuziehen.

47 Vgl. die Darstellung in ▹ Kapitel 11.2.2.

48 Der Begriff der Zeichenhandlung beschreibt Handlungen, welche der zeichenhaften Veranschaulichung einer bestimmten Botschaft dienen. Vgl. Lang, Bernhard: Art. Zeichenhandlung, in: Görg, Manfred / Lang, Bernhard (Hg.): Neues Bibel-Lexikon 3, Benziger, Düsseldorf und Zürich 2001, 1189.

49 Vgl. auch die Darstellung in ▹ Kapitel 11.2.2. Vgl. auch Transkript 1.3.1., Z. 440–444.

50 Vgl. die Darstellung in ▹ Kapitel 14.3.3.

Handlungsspielräume eröffnen kann. Darüber hinaus kann klassische Gemeindegründung als eine Art „ekklesiologische Zeichenhandlung" einen exemplarischen Neuaufbruch inmitten kirchlicher Rückbauprozesse markieren.

18.6 Klassische Gemeindegründung – Ein Instrument zur Erreichung einer Netzwerk- und Zielgruppenorientierung?

Moderne westliche Gesellschaften können als Netzwerkgesellschaften bezeichnet werden.[51] Die damit beschriebene Orientierung an netzwerkartigen Strukturen führt dazu, dass die Bezugsnähe zwischen Menschen, welche sich aus dem Teilen einer gemeinsamen Lebenswelt ergibt, an Bedeutung gewinnt. Die geographische Nähe, insbesondere der Bezug zum Wohnort, verliert hingegen an Bedeutung.[52] Diese Entwicklung stellt für die *Church of England* als auch für die Evangelischen Kirchen in Deutschland eine Herausforderung dar. Dieser ist unter anderem auf der Gemeindeebene zu begegnen. Eine mögliche Reaktion stellt die Schaffung von Netzwerk- und Zielgruppengemeinden dar, welche ihre Arbeit nicht mehr auf ein bestimmtes geographisches Gebiet, sondern auf ein bestimmtes Milieu oder eine andere gesellschaftliche Gruppierung hin ausrichten.[53]

Es konnte in dieser Arbeit gezeigt werden, dass klassische Gemeindegründung eine Möglichkeit darstellt, solche netzwerk- und zielgruppenorientierten Gemeinden zu etablieren.[54] Dies stellt insbesondere für parochial strukturierte Großkirchen wie die *Church of England* ein wichtiges Leistungsmerkmal dar. Denn es bietet die Möglichkeit, die Errichtung von Netzwerkgemeinden in einer komplementären Weise zu den bestehenden und zu einem überwiegenden Teil weiterhin einer Gebietsorientierung folgenden Parochialgemeinden durchzuführen. Damit erscheint eine Erweiterung der bisherigen gemeindlichen Struktur möglich, ohne dass das bestehende parochiale Organisationsmodell aufgelöst werden müsste.

Auch scheint die Gründung von netzwerkorientierten Gemeinden, gerade im Hinblick auf die Zielgruppe der jungen Erwachsenen, von hoher Bedeutung zu sein. So konnte gezeigt werden, dass die durch den Einsatz von klassischen Gemeindegründungen etablierten und einer Netzwerkorientierung folgenden *City Centre Resource Churches*, Saint Mary's in Southampton und Harbour Church in Portsmouth, diese Zielgruppe in einem weit überdurchschnittlichen Maße erreichen.[55] Angesichts der fast nicht vorhandenen Identifikation der Altersgruppe

---

51 Vgl. Castells, Netzwerkgesellschaft, XXII.

52 Vgl. die Darstellung in ▷ Kapitel 12.2.

53 Vgl. die Darstellung in ▷ Kapitel 12.2.

54 Vgl. die Darstellung in ▷ Kapitel 12.2.

55 Vgl. die Darstellung in ▷ Kapitel 14.3.2.

der 18 bis 24jährigen mit der *Church of England*,[56] erscheint dies als ein überaus positives Ergebnis. Zwar gilt auch hier der Vorbehalt, dass es sich bei den Gemeindegliedern in diesem Altersspektrum zu einem größeren Teil um Personen mit einem kirchlichen, beziehungsweise ehemals kirchlichen Hintergrund handeln wird, doch stellt auch deren weitere gemeindliche Einbindung einen hohen Wert für die Gesamtkirche dar.[57]

Zugleich unterliegen die dabei entstehenden Netzwerk- und Zielgruppengemeinden der Gefahr einer bewusst herbeigeführten Homogenisierung, welche mit der anzunehmenden Milieuverengung der bereits bestehenden Parochialgemeinden korrespondiert.[58] Hier bedarf es eines reflektierten Vorgehens, der steten Bemühung um eine Weitung der Gottesdienstgemeinde über eine enge Zielgruppe hinaus und der Beziehungspflege mit Gemeinden und christlichen Gemeinschaften, welche andere Netzwerke und Milieus erreichen.[59] Auch kann die regiolokale Kirchenentwicklung hier hilfreiche Impulse beisteuern.[60]

18.7 Fazit

Die vorgenommene Bewertung des Handlungsinstrumentes klassische Gemeindegründung hat gezeigt, dass in sechs Bereichen nennenswerte Leistungen vorliegen. In besonderer Weise ist dabei auf klassische Gemeindegründung als mögliche Alternative zu gemeindlichen Fusionsprozessen und Kirchenschließungen und die durch klassische Gemeindegründung mögliche Etablierung von Zielgruppen- und Netzwerkgemeinden hinzuweisen. Zudem kann klassische Gemeindegründung auch im Bereich Gemeindewachstum Leistungen vorweisen, auch wenn diese deutlich hinter der, in der Gemeindegründungsszene teilweise vorhandenen, Rhetorik zurückbleiben. Angesichts dieser Leistungen erscheint der Einsatz von klassischer Gemeindegründung im Sinne eines kirchlichen Handlungsinstrumentes in der *Church of England* als sinnvoll und kann dazu beitragen, dass gerade im kirchenleitenden Handeln neue Spielräume eröffnet werden.

Zugleich unterliegen alle diskutierten Leistungen spezifischen Begrenzungen, welche dem Handlungsinstrument der klassischen Gemeindegründung zum Teil auch einen ambivalenten Charakter verleihen. Deshalb sollte beim Einsatz dieses Handlungsinstrumentes überprüft werden, ob es das geeignete Mittel in der jeweiligen Situation und angesichts der verfolgten Ziele darstellt oder ob nicht ein anderes

---

56 Vgl. Curtis, Attitudes, 22. Vgl. auch die Darstellung in ▹ Kapitel 25.4.

57 Vgl. hierzu die Darstellung der Erkenntisse der Netzwerkforschung in ▹ Kapitel 20.2.2.

58 Vgl. die Darstellung in ▹ Kapitel 12.2, Kapitel 20.2.2. Vgl. auch Cray, Response, 15.

59 Vgl. Moynagh / Harrold, Context, 171. Vgl. Herbst / Pompe, Kirchenentwicklung, 10.

60 Vgl. Herbst / Pompe, Kirchenentwicklung, 10. Vgl. auch ▹ Kapitel 12.6.

Vorgehen, zum Beispiel die Etablierung einer anderen neuen Ausdrucksform von Gemeinde, als sinnvoller erscheint. Eine Ergänzung der klassischen Gemeindegründung durch andere neue Ausdrucksformen von Gemeinde erscheint auch gerade im Hinblick darauf als nötig, dass gottesdienstzentrierte und kontextzentrierte Gründungsmodelle große Unterschiede und damit verbunden auch verschiedene Stärken und Schwächen aufweisen.

Diese Bewertung von klassischer Gemeindegründung wirkt sich auch auf die Beurteilung des *Resource Church* Modells aus. Eine mögliche Leistung des *Resource Church* Modells stellte das Gründen von neuen und das Revitalisieren von bestehenden Kirchengemeinden dar.[61] Dies kann nun angesichts der vorgenommenen Bewertung von klassischer Gemeindegründung als ein positives Leistungsmerkmal angesehen werden. Zugleich bleiben die ebenfalls mit dem *Resource Church* Modell verbundenen Beschränkungen und Anfragen bestehen.[62]

Abschließend betrachtet stellen klassische Gemeindegründungen einen möglichen Baustein innerhalb einer missionarisch ausgerichteten kirchlichen Landschaft dar. Sie bedürfen der komplementären Ergänzung durch parochial verfasste Ortsgemeinden und andere neue Ausdrucksformen von Gemeinde. Und doch können sie in diesem Zusammenspiel einen eigenständigen und überaus wichtigen Beitrag leisten.

---

61 Vgl. die Darstellung in ▹ Kapitel 14.3.1.

62 Vgl. ▹ Kapitel 14.3.4.

Nachdem das Handlungsinstrument der klassischen Gemeindegründung und die Gemeindegründungsszene der *Church of England* im letzten Teil ausführlich dargestellt wurden, soll nun im folgenden Teil die Frage des Transfers in den deutschen landeskirchlichen Kontext in den Blick genommen werden. Dafür wird in einem ersten Kapitel schlaglichtartig dargestellt, welche Aufnahme das Konzept der klassischen Gemeindegründung in den evangelischen Landeskirchen bereits erfahren hat. In einem zweiten Schritt wird eine Einordnung des Handlungsinstrumentes der klassischen Gemeindegründung in die aktuelle kirchentheoretische Diskussion vorgenommen und anhand der in diesem Zuge dargestellten Diskurse die Relevanz von klassischer Gemeindegründung für die gegenwärtige kirchliche Situation aufgezeigt werden.

E. Klassische Gemeindegründung in der Evangelischen Kirche in Deutschland?

19. Klassische Gemeindegründung in der evangelischen Kirche in Deutschland – ein Abriss anhand dreier Veröffentlichungen

Auch in den evangelischen Landeskirchen in Deutschland entwickelte sich seit den frühen 1990er Jahren ein Interesse an Gemeindegründung oder – in einer direkteren Übersetzung aus dem Englischen – an „Gemeindepflanzung“[1].[2] Dies geschah durchaus in einem direkten Bezug zu den Entwicklungen in der *Church of England*, welche von einem missionarisch orientierten Personenkreis mit Interesse verfolgt wurden. In der Folge kam es zu einem regen Austausch: Studienreisen wurden organisiert und englische Referenten nach Deutschland eingeladen.[3] Die Arbeitsgemeinschaft missionarischer Dienste engagierte sich dabei in besonderer Weise.[4] In der Folge entwickelte sich auch in Deutschland innerhalb der evangelischen Kirche eine kleine Gemeindegründungsszene, welche versuchte dem englischen Vorbild nachzueifern, ohne – das kann als vorläufiges Fazit gesagt werden – einen ähnlichen Verbreitungsgrad zu erzielen.

Statt eine ausführliche Darstellung der Rezeption von klassischer Gemeindegründung im landeskirchlichen Kontext vorzunehmen,[5] soll hier nun vielmehr anhand dreier Veröffentlichungen die Entwicklung im deutschen Kontext schlaglichtartig zusammengefasst werden.

---

1 Beide Begriffe werden in der deutschen Debatte verwendet, wobei die Verwendung des Begriffs Gemeindepflanzung meist auf einen direkten Bezug zur Gemeindegründungsszene der *Church of England* hinweist. Vgl. zum Beispiel Knoblauch / Eickhoff / Aschoff, Gemeinde; Roschke, (Hg.): Gemeinde; Bartels / Reppenhagen, Gemeindepflanzung; Herbst, Mission bringt Gemeinde in Form.

2 Im Folgenden wird lediglich auf Gemeindegründung im Raum der Evangelischen Kirche Bezug genommen, welche in einem Bezug zur Gemeindegründungsszene der *Church of England* steht. Gemeindegründungsprozesse aufgrund von Veränderungen in der Stadtplanung oder aufgrund von Bevölkerungswachstumsprozessen werden hier nicht in den Blick genommen. Diese kommen heute nur noch vereinzelt vor, da inzwischen vor allem gemeindliche Rückbauprozesse im Sinne von Gemeindefusionen und Kirchenschließungen dominieren.

3 Hier sind an vorderster Stelle Bob und Mary Hopkins zu nennen, welche seit den 1990er Jahren immer wieder zu Seminaren und Konferenzen nach Deutschland kommen. Vgl. Roschke, Volker: Erfahrungen mit Gemeindepflanzung in Deutschland. Chancen und Grenzen, in: Bartels / Reppenhagen, Gemeindepflanzung, 104f. Vgl. ebenso Köstlin, Ulrich: Nachwort: Gemeindepflanzungen in Deutschland?, in: Hopkins, Bob: Gemeinde pflanzen. Church Planting als missionarisches Konzept, Neukirchen-Vluyn, 1996, 64.

4 Vgl. Roschke, Erfahrungen, 105.

5 Für eine ausführlichere, aber ebenfalls fragmentarische Darstellung vgl. Rother, Stadt, 23–63.

19.1 „Gemeinde gründen in der Volkskirche" (1992) – ein Hoffnungsvoller Aufbruch?

Im Jahr 1992 erschien der von Jörg Knoblauch, Klaus Eickhoff und Friedrich Aschoff herausgegebene Band *Gemeinde gründen in der Volkskirche – Modelle der Hoffnung*.[6] Er stellt die erste umfassende Auseinandersetzung mit missionarisch motivierten Gemeindegründungen in den evangelischen Landeskirchen dar. Dabei wird Gemeindegründung als eine mögliche und hoffnungsvolle Antwort auf den schon damals empfundenen Niedergang der Volkskirche gesehen. So sollen die sichtbar werdenden Schrumpfungsprozesse nüchtern, aber mutig wahrgenommen werden. Darüber hinaus will man aber einen neuen Aufbruch wagen, für den Gemeindegründung das geeignete Vehikel zu sein scheint. So schreibt Klaus Vollmer im Vorwort des Bandes:

> „Die Thematik des vor uns liegenden Buches ist sehr aktuell: Hier wird nicht über das Ende der Kirche, sondern über einen möglichen Neuanfang gesprochen. Es geht um die Frage, ob es möglich ist, daß [sic] in den bestehenden volkskirchlichen Strukturen neue Gemeinden gegründet werden können, die den Weg aus der ‚Versorgungskirche' zur ‚Unternehmenden Kirche' freimachen."[7]

Dieser hoffnungsvolle Ton bestimmt den gesamten Band. Zugleich wird eingestanden, dass man noch ganz am Anfang steht.

Als Hürden, die es dabei zu überwinden gilt, werden die volkskirchlichen Rahmenbedingungen inklusive der parochialkirchlichen Struktur identifiziert. So fragt Jörg Knoblauch in seinem Beitrag:

> „Warum gibt es noch so wenige dieser Modelle in Deutschland? Warum sind so wenige dieser Modelle wirklich überzeugend? Die Antwort kann nur sein: Wir leben tatsächlich noch in planwirtschaftlichen Verhältnissen. Noch ist die Mauer nicht gefallen. Nur ganz vorsichtig findet der Mauereinbruch statt. Die Mauer ist die Kirchensteuer. Diese hält die Kirchen unmündig. Es ist aber auch die Aufrechterhaltung der Unmündigkeit der Laien und es ist die Aufrechterhaltung der Parochiegrenzen. Alles zusammen ruft nach einem Mauerbruch."[8]

Dieser Angriff auf das Parochialsystem wird auch von anderen geteilt. So sieht auch Wolfgang Simson aufgrund der veränderten Lebensumstände der Menschen

---

6 Vgl. Knoblauch / Eickhoff / Aschoff, Gemeinde.

7 Vollmer, Klaus: Das Wort davor, in: Knoblauch / Eickhoff / Aschoff, Gemeinde, 13f.

8 Knoblauch, Jörg: Wovon reden wir überhaupt?, in: Knoblauch / Eickhoff / Aschoff, Gemeinde, 24.

in der Moderne das Ende der klassischen Parochie gekommen.[9] Es zeigt sich also, dass sich die Hoffnung mit Gemeindegründung ein Vehikel zu erneutem kirchlichen Aufbruch gefunden zu haben, mit radikalen Forderungen verbindet, welche wichtige Säulen des landeskirchlichen Systems in Frage stellen.[10]

In dem Band finden sich auch deutliche Bezüge zu der Gemeindewachstumsbewegung.[11] Es wurden sogar vier Beiträge zum Thema Gemeindegründung in der *Church of England* aufgenommen.[12] Dass zum damaligen Zeitpunkt unter Gemeindegründung beziehungsweise Gemeindepflanzung auch in Deutschland ein gottesdienstzentrierter Gründungsansatz verstanden wurde, wird in dem Nachwort von Ulrich Köstlin zur deutschen Ausgabe des von Bob Hopkins verfassten Buches *Church planting. Models for Mission in the Church of England*[13] deutlich. Köstlin schreibt:

> „Das Ziel des Pflanzens ist eine Gottesdienstgemeinde, also eine Gemeinschaft von Christen, die zu einem regelmäßigen Gottesdienst zusammenkommen, Kontakte untereinander pflegen und nach außen für jedermann offen sind. Da die heutige Gesellschaft nicht mehr homogen ist, brauchen wir verschiedene Arten von Gottesdiensten [...]. [...] der Gottesdienst [...] hat für die Gemeindepflanzer einen hohen Stellenwert, steht im Zentrum aller

---

9 Vgl. Simson, Wolfgang: Volkskirche ohne Volk? Wer gehört noch dazu?, in: Knoblauch / Eickhoff / Aschoff, Gemeinde, 34f.

10 Dies stellt eine analoge Entwicklung zu den Anfängen der Gemeindegründungsszene in der *Church of England* dar, in der radikale Stimmen ebenfalls das traditionelle Parochialsystem in Frage stellten oder zumindest ergänzende Parallelstrukturen forderten. Allen voran sind hier David Pytches und Brian Skinner zu nennen, welche ihre Position auch in einem Beitrag in *Gemeinde gründen in der Volkskirche* darstellen. Vgl. Pytches, David / Skinner, Brian: Die Parochie verhindert die Evangelisation, in: Knoblauch / Eickhoff / Aschoff, Gemeinde, 71–74. Vgl. auch Pytches, David / Skinner, Brian: The Origin and Future of Parish Structures, in: Hopkins, Planting New Churches, 209–225.

11 So nehmen zum Beispiel Jörg Knoblauch und Christian Schwarz Bezug auf Donald McGavran. Reinhold Scharnowski greift in seinem Beitrag die klassischen von der Gemeindewachstumsbewegung vertretenen Argumente für Gemeindegründung auf. Vgl. Knoblauch, Jörg: Gemeinde gründen in der Volkskirche. Ein Prozeß in 4 Schritten, in: Knoblauch / Eickhoff / Aschoff, Gemeinde, 47f.; Schwarz, Christian: Die vier wichtigsten Gründe – die vier wichtigsten Hindernisse. Ein engagiertes Votum, in: Knoblauch / Eickhoff / Aschoff, Gemeinde, 52; Scharnowski, Reinhold: Gemeindegründung oder Gemeindeerneuerung?, in: Knoblauch / Eickhoff / Aschoff, Gemeinde, 42f.

12 Vgl. Carey, George / Hopkins, Bob: Gemeindegründung in der anglikanischen Kirche, in: Knoblauch / Eickhoff / Aschoff, Gemeinde, 67–70; Pytches / Skinner, Parochie, 71–74; Cleverly, Charlie: 8 Gründe warum wir neue Gemeinden brauchen, in: Knoblauch / Eickhoff / Aschoff, Gemeinde, 79–81; Selby, Peter / Perkin, Paul / Irvine, John / Miller, Sandy: Tochtergemeinden – die Antwort auf die Herausforderung der Großstadt, in: Knoblauch / Eickhoff / Aschoff, Gemeinde, 161–164.

13 Vgl. Hopkins, Bob, Gemeinde pflanzen. Church Planting als missionarisches Konzept, Neukirchen-Vluyn, 1996.

Gemeindearbeit und ist die Quelle aller anderen Aktivitäten nach außen. Der Gottesdienst ist durch keine andere Gemeindeaktivität zu ersetzen."[14]

19.2 „Gemeinde pflanzen" (2001) – Geht die Saat jetzt endlich auf?

Im Jahr 2001 wurde von Volker Roschke der Band *Gemeinde pflanzen. Modell einer Kirche der Zukunft*[15] herausgegeben. Hier wird nun bereits im Einführungskapitel von Hartmut Bärend Bezug auf die Gemeindegründungsszene der *Church of England* genommen. Er zeigt sich dabei dankbar für die Impulse, die von der anglikanischen Gemeindegründungsszene „seit ca. zehn Jahren über viele Kanäle auch in die kirchliche Landschaft Deutschlands gekommen" sind.[16] Zugleich stellt er fest:

> „[...] wir, die wir dieses Buch konzipiert haben, [sind] davon überzeugt, dass die Kernanliegen, die diese Bewegung auszeichnen, noch lange nicht genug in unserem Land umgesetzt worden sind. Wir sind sogar der festen Meinung, dass die Zeit für die Umsetzung der Church-Planting-Bewegung in deutschen Verhältnisse erst noch kommt."[17]

Bärend sieht also noch keinen nennenswerten Erfolg von Gemeindegründung innerhalb der Landeskirchen und von einer evangelischen „Gemeindepflanzungsbewegung" kann überhaupt nicht die Rede sein. Einen möglichen Grund hierfür identifiziert er darin, dass die deutschen Landeskirchen noch immer nicht vor den gleichen Herausforderungen stehen würden, wie dies für die *Church of England* zum Entstehungszeitpunkt der Gemeindegründungsszene in den 1980er Jahren der Fall war.[18] Zugleich ist sich Bärend sicher, dass diese auch auf die evangelischen Landeskirchen in Deutschland zukommen werden. Dann werde Gemeindegründung ein bewährtes Instrument zur Reaktion darstellen:

> „Vielleicht ist das Anliegen der Church Planting-Bewegung ja nur recht einzuschätzen und zu würdigen, wenn die Krise unserer Kirche noch größer geworden ist und eine neue Sicht, ein Perspektivwechsel, eine Veränderung an Leib und Gliedern erzwungenermaßen

---

14 Köstlin, Ulrich: Nachwort: Gemeindepflanzung in Deutschland?, in: Hopkins, Gemeinde, 70f.

15 Vgl. Roschke, Gemeinde.

16 Vgl. Bärend, Hartmut: Die Gemeindepflangzungsbewegung in England – ein Signal für unsere Kirche!, in: Roschke, Gemeinde, 5.

17 Bärend, Gemeindepflanzungsbewegung, 5.

18 Bärend nennt finanzielle Probleme, einen Rückgang der Gemeindegliederzahlen und die nicht mehr aufrecht zu erhaltende flächendeckende Versorgung der Menschen durch die Kirche. Vgl. Bärend Gemeindepflanzungsbewegung, 5f.

angezeigt ist. Auch dafür lohnt sich die Herausgabe dieses Buches, damit dann eine Anleitung zum Handeln zur Verfügung steht, mit der man auch gleich arbeiten kann. Es wäre allerdings sehr schade, wenn wir erst dann lernbereit wären, wenn wir die Situation der Anglikanischen Kirche der 80er Jahre des 20. Jahrhunderts bei uns hätten."[19]

Der Einführung von Bärend folgen einzelne Praxisbeispiele von erfolgreichen und gescheiterten Gemeindegründungen innerhalb der Evangelischen Kirche,[20] sowie weitere Beiträge zu spezifischen Themen, wie zum Beispiel „Die Laien – der schlafende Riese der Volkskirche", „Der Gottesdienst – Feier der ganzen Gemeinde" und „Kirchendistanz überwinden – Konsequenzen für die Ausbildung".[21]

An der gesamten Tonalität des Bandes und den wenigen Beispielen aus der Praxis wird deutlich: Über einige wenige Beispiele hinaus, konnte missionarisch motivierte Gemeindegründung in den evangelischen Landeskirchen noch nicht Fuß fassen.

19.3 „Gemeindepflanzung" (2006) – Neue Ausdrucksformen von Gemeinde statt (klassischer) Gemeindegründung

Der 2006 erschienene Band *Gemeindepflanzung – ein Modell für die Kirche der Zukunft?*[22] versammelt die Beiträge eines im Jahr 2005 vom Greifswalder *Institut zur Erforschung von Evangelisation und Gemeindeentwicklung* veranstalteten Symposiums. Dieses fand anlässlich der 2004 in der *Church of England* erfolgten Veröffentlichung des Berichtes *Mission-shaped Church* statt. Der Sammelband ist dabei in vier Hauptteile gegliedert: (1) „Kirche und Mission", (2) „Church Planting und Mission-shaped Church als Modelle aus der Ökumene", (3) „Gemeindepflanzung im deutschen Kontext" und (4) „Die Gemeinde der Zukunft zwischen Parochie und ‚fresh expressions of church'".[23]

---

19 Bärend, Gemeindepflanzungsbewegung, 7f.

20 Darunter erfolgreiche Gemeindegründungen in Thüringen und im Westerwald und ein gescheiterter Versuch in Pforzheim. Vgl. Ranke, Stephan: Praxisbeispiel Sonneberg-Wolkenrasen. „Church Planting" in Thüringen, in: Roschke, Gemeinde, 11–20; Schleifenbaum, Werner: Praxisbeispiel Rückeroth im Westerwald, Gemeindepflanzung – Wenn es bei euch geht, geht es überall, in: Roschke, Gemeinde, 21–27; Köstlin, Ulrich: Rückblick auf den Versuch einer Gemeindepflanzung in Pforzheim, in: Roschke, Gemeinde, 35–42. Vgl. ebenfalls die Darstellung von deutschen Praxisbeispielen in Rother, Kirche, 42–50.

21 Vgl. Kotthaus, Hermann: Die Laien – der schlafende Riese der Volkskirche, in: Roschke, Gemeinde, 115–127; Birschel, Hermann: Der Gottesdienst – Feier der ganzen Gemeinde, in: Roschke, Gemeinde, 128–140; Knieling, Reiner: Kirchendistanz überwinden – Konsequenzen für die Ausbildung, in: Roschke, Gemeinde, 141–154.

22 Vgl. Bartels / Reppenhagen, Gemeindepflanzung.

23 Vgl. Bartels / Reppenhagen, Gemeindepflanzung, 11f.

Inhaltlich stellt der Band eine erste wissenschaftliche Rezeption des durch den Bericht *Mission-shaped Church* eingeführten Gedankens der *fresh expressions of church* in Deutschland dar. Dies wird besonders an den beiden Beiträgen von Michael Herbst und Steven Croft deutlich.[24] Während Herbst die wesentlichen Punkte von *Mission-shaped Church* vorstellt,[25] nimmt Steven Croft besonders die bereits in der *Church of England* anzutreffenden Beispiele von *fresh expressions of church* in den Blick.[26] Beide aber machen deutlich, dass die in *Mission-shaped Church* vorgestellten neuen Ausdrucksformen von Gemeinde den Ausdruck einer Ausweitung des traditionellen Gemeindebegriffes in Reaktion auf eine sich deutlich verändernde Gesellschaft darstellen.[27] Dies betrifft auch das Verständnis des Begriffs *church planting*, welcher für die sich immer weiter ausdifferenzierenden neuen Ausdrucksformen von Gemeinde nicht mehr passend zu sein scheint.[28] Worauf es folglich zur Begriffsneuschöpfung *fresh expression of church* kam.

Zugleich gibt der Band auch Auskunft über die Entwicklungen in Bezug auf (klassische) Gemeindegründung im Bereich der evangelischen Landeskirchen: Hier herrscht Ernüchterung. Michael Herbst hält fest:

> „Zwar gibt es seit mehr als zehn Jahren – etwa über die AMD – gute Kontakte nach England, Studienreisen, etliche Publikationen auch in deutscher Sprache. Gleichwohl hat der Gedanke des Church Planting weder im Westen noch im Osten Deutschlands wirklich Fuß fassen können. […] Gemeindepflanzungen gibt es nur an wenigen Stellen z. B. in Württemberg."[29]

Und auch Volker Roschke muss in seinem Beitrag[30] ernüchternd eingestehen:

> „Die Begeisterung für das Thema ‚Gemeinde pflanzen' war und ist seit Jahren enorm. Nur, dabei ist es geblieben! Ganz vereinzelt sind bisher in Deutschland Gemeinden aufgebrochen, um das Know-how der Anglikaner für die eigenen Gemeinden zu nutzen."[31]

---

24 Vgl. Herbst, Michael. Eine Perspektive der Gemeindeentwicklung in nach-volkskirchlicher Zeit, in: Bartels / Reppenhagen, Gemeindepflanzung, 36–67: Croft Steven: Gemeindepflanzung in der Anglikanischen Kirche. Von „Breaking New Ground" (1994) zu „Mission-shaped Church" (2004), in: Bartels / Reppenhagen, Gemeindepflanzung, 86–95.

25 Vgl. Herbst, Perspektive, 53–63.

26 Vgl. Croft, Gemeindepflanzung, 88f.

27 Vgl. Herbst, Perspektive, 60–63; Croft, Gemeindepflanzung, 89f.

28 Vgl. Herbst, Perspektive, 58.

29 Ebd., 63.

30 Vgl. Roschke, Volker: Erfahrungen mit Gemeindepflanzen in Deutschland. Chancen und Grenzen, in: Bartels / Reppenhagen, Gemeindepflanzung, 104–114.

31 Roschke, Erfahrungen, 105.

Als Gründe dafür sieht Roschke
- eine bisher nicht ausreichende Vermittlung des Gemeindepflanzungsgedankens in den Gemeinden,
- das in der Kirche vorherrschende Leitbild der Versorgungskirche, welches verhindere, dass sich ein größeres ehrenamtliches Engagement herausbilden könne,
- die flächendeckende Versorgung durch das Parochialsystem, welches zugleich die vorhandenen Ressourcen ausschöpfe,
- ein Mangel an risikofreudigen und innovativen Leitungspersönlichkeiten,
- ein fehlender finanzieller Leidensdruck aufgrund des Kirchensteuersystems
- und unzureichende Ausbildungs- und Förderungsmöglichkeiten in Bezug auf das Thema Gemeindepflanzung.[32]

Michael Herbst diagnostiziert als weitere Gründe zum einen die durchaus als berechtigt erscheinende, vorsichtige Haltung deutscher Kirchvertreter und zum anderen einen in der evangelischen Kirche vorherrschenden Strukturkonservatismus, der entgegen der verbreiteten theologischen Pluralität, die Pluralisierung der Gemeindeformen verhindere.[33]

Wie es in England durch das Erscheinen von *Mission-shaped Church* zu einer Fokusverschiebung in der innerkirchlichen Debatte weg von *traditional church planting*, hin zu den *fresh expressions of church* kam, so rückte in Folge der deutschen Rezeption von *Mission-shaped Church* auch im landeskirchlichen Diskurs klassische Gemeindegründung völlig in den Hintergrund, während die *fresh expressions of church* besonders die innerkirchliche missionarische Debatte der letzten zehn Jahre wesentlich mitbestimmten.[34] So finden sie in der wissenschaftlichen Diskussion Beachtung,[35] scheinen von einer breiteren kirchlichen Bewegung getragen zu

32 Vgl. Roschke, Erfahrungen, 106f.

33 Vgl. Herbst, Perspektive, 63.

34 Zur Etablierung der *fresh expressions of church* in den evangelischen Landeskirchen, aber auch in der katholischen Kirche trugen besonders die beiden Kongresse *Gemeinde 2.0* (2012) und *Kirche²* (2013) bei, in deren Folge das deutsche *Fresh X-Netzwerk e.V.* gegründet wurde. Vgl. Hempelmann, Heinzpeter / Herbst, Michael / Weimer, Markus (Hg.): Gemeinde 2.0. Frische Formen für die Kirche von heute, 2. Auflage, Neukirchen-Vluyn, 2013; Elhaus, Philipp / Hennecke, Christian, Stelter, Dirk / Stoltmann-Lukas, Dagmar (Hg.): Kirche². Eine ökumenische Vision, Würzburg, 2013. Vgl. auch https://www.freshexpressions.de, 3. Juli 2020.

35 Vgl. zum Beispiel Schwerpunkt Fresh Expressions of Church in: Lebendige Seelsorge 64, (1) 2013; Pompe, / Todjeras/ Witt (Hg.): Fresh X; Schwerpunkt Fresh expressions of Church – Auf Deutsch?, in: Praktische Theologie 53, (1) 2018; Grethlein, Kirchentheorie, 241–243. Hauschildt / Pohl-Patalong, Kirche, 291; Müller, Fresh Expressions of Church.

werden[36] und können sich im Unterschied zur klassischen Gemeindegründung der 1990er und der frühen 2000er Jahre doch zunehmend in der gemeindlichen Landschaft etablieren.[37]

Klassische Gemeindegründung scheint in der deutschen kirchlichen Landschaft hingegen die Domäne von Freikirchen zu sein. Zwei Beispiele sollen genannt werden: Zum einen hat die der neo-charismatischen Bewegung[38] angehörende schweizerische Freikirche *International Christian Fellowship* (ICF) durch die Durchführung klassischer Gemeindegründungen in den letzten 15 Jahren zahlreiche neue Gemeinden im schweizerischen und süddeutschen Raum, aber auch darüber hinaus etabliert.[39] Auf der anderen Seite stehen Gemeindegründungen, welche über das *City to City*-Netzwerk mit der von Tim Keller in New York gegründeten Redeemer

---

36 So sind sowohl katholische Bistümer als auch evangelische Landeskirchen und Freikirchen, sowie zahlreiche kirchliche Verbände und Netzwerke Mitglieder im deutschen *Fresh X-Netzwerk*. Vgl. https://www.freshexpressions.de/fresh-x-verstehen/netzwerk/?L=; 03. Juli 2020.

37 Der *Atlas Neue Gemeindeformen* identifiziert 211 Initiativen in insgesamt 15 Landeskirchen und zwei Bistümern. Diese lassen sich zumindest im weitesten Sinne als neue Ausdrucksformen von Gemeinde verstehen, sind sie doch überwiegend missionarisch und kontextuell orientiert. Vgl. Berneburg, Erhard / Hörsch, Daniel (Hg.): Atlas neue Gemeindeformen. Vielfalt von Kirche wird sichtbar, Midi, Berlin 2019, 22.26.31f. Ebenso fördern einzelne Landeskirchen gezielt neue Ausdrucksformen von Gemeinde. Dies ist zum Beispiel für die Evangelische Kirche in Mitteldeutschland und die Evangelische Kirche im Rheinland mit den „Erprobungsräume" genannten Förderprogrammen der Fall. Vgl. https://www.erprobungsraeume-ekm.de; https://erprobungsraeume.de, 03. Juli 2020.

38 Ein weiteres Beispiel für klassische Gemeindegründungen, welche der neo-charismatischen Bewegung zuzurechnen ist, stellen die deutschen Ableger der australischen Hillsong-Church dar. Die größte deutsche Hillsong Gemeinde befindet sich in Konstanz. Vgl. https://hillsong.com/germany/-de/konstanz, 30. Juli 2020. Für eine Einführung zur Hillsong-Church vgl. Klaver, Miranda: Church planting in the Media Age: Hillsong Church, in: Interkulturelle Theologie 44, (2) 2018, 234–246.

39 ICF nennt auf seiner Internetpräsenz jeweils 28 Gemeinden in Deutschland und der Schweiz, sowie 20 weitere Gemeinden in 10 weiteren Ländern. Vgl. https://www.icf.church/de/locations, 03. Juli 2020. Für grundsätzliche Informationen zu ICF vgl. Kunz, Ralph: Von der Zucht zur Wucht. Die Stagnation traditioneller Freikirchen und der Boom des freikirchlichen Erlebnismilieus. In: Schaaf, Susanne und Mettner, Matthias (Hg.): Religion zwischen Sinnsuche, Erlebnismarkt und Fundamentalismus. Zu Risiken und Nebenwirkungen von ICF und anderen christlichen Trendgemeinschaften, Zürich 2004, 16–22; Friess, Sonja: Marktförmige Inszenierung und leibsozialisatorische Massnahmen. Das Doppelgesicht der „International Christian Fellowship" ICF, in: Schaaf, Susanne und Mettner, Matthias (Hg.): Religion zwischen Sinnsuche, Erlebnismarkt und Fundamentalismus. Zu Risiken und Nebenwirkungen von ICF und anderen christlichen Trendgemeinschaften, Zürich, 2004, 23–29; Schlag, Thomas: Beheimatend, kontextuell, sprachfähig, solidarisch: Was man vom ICF als urbaner christlicher (Jugend-)kirche lernen kann, in: das baugerüst, Zeitschrift für Junged- und Bildungsarbeit 69 (2), 2017, 22–25; Henkel, Christian: Von charismatischen Influencern und christlichen Filterblasen. In: Forum Erwachsenenbildung 51, (2) 2018, 21–35; Niethammer, Ute: Kirche am Puls der Zeit? Besuch bei einem Gottesdienst der International Christian Fellowship in Freiburg. In: Deutsches Pfarrer Blatt 119, (2) 2019, 108–110.

Presbyterian Church verbunden sind.[40] Zu ihnen zählen zum Beispiel das *Berlin Projekt*, das *Hamburg Projekt*, *Projekt Kirche* in Berlin-Friedrichshain und einige weitere Gemeindegründungen.[41] Diese sind eher dem evangelikal-konservativem Spektrum zuzuordnen. Trotz der theologischen Unterschiede verbindet die genannten freikirchlichen Beispiele, dass sie auf das Modell der klassischen Gemeindegründung setzen und damit einen gottesdienstzentrierten Gründungsansatz verfolgen.

Beispiele für klassische Gemeindegründungen im landeskirchlichen Bereich sind hingegen eher selten zu finden. Als prominente Beispiele sollen aber die folgenden genannt werden: Die im Jahr 2000 in Berlin von Alexander Garth gegründete *Junge Kirche Berlin*, der im Jahr 2001 in Stuttgart gegründete *Jesustreff*, die ehrenamtlich geleitete klassische Gemeindegründung *GreifBar* in Greifswald (2002), die als Wiedereröffnung einer geschlossenen Kirche 2004 durchgeführte Gemeindegründung *dreisam3* in Freiburg und die im Modus der Revitalisierung durchgeführte Gemeindegründung in der *Lutherkirche* in Zwickau (2011).[42] Auch wenn darüber hinaus noch weitere Beispiele für klassische Gemeindegründung in den evangelischen Landeskirchen existieren, so bleibt doch der Eindruck bestehen, dass es sich dabei immer um Einzelfälle handelt. Es gibt weder ein dynamisches Gründungsgeschehen, wie es anhand der genannten Beispiele im freikirchlichen Bereich festgestellt werden kann, noch eine breit aufgestellte und gut vernetzte Gemeindegründungsszene, wie sie in der *Church of England* vorhanden ist. Und von einem strategischen Einsatz von klassischer Gemeindegründung durch die Kirchenleitung als Handlungsinstrument, wie es in der *Church of England* immer häufiger der Fall ist, kann in Bezug auf den deutschen Kontext auch nicht die Rede sein.

Angesichts dieser Diagnose stellt sich die Frage, warum sich klassische Gemeindegründung bisher nicht als Handlungsinstrument in den evangelischen Landeskirchen durchsetzen konnte. Neben den von Roschke und Herbst genannten Gründen liegt es nahe, aufgrund der in dieser Arbeit erfolgten Beschreibung der Gemeindegründungsszene in der *Church of England*, folgende Thesen zu ergänzen:

---

40 Vgl. https://www.citytocitydach.com; https://www.citytocityeurope.com; https://redeemercitytocity.com; 03. Juli 2020.

41 Insgesamt sind in Deutschland 17 Gemeinden und Gemeindegründungen dem Netzwerk verbunden. Vgl. https://www.citytocitydach.com, 03. Juli 2020. Für eine Annäherung an das Berlinprojekt vgl. Bittner, Ulrike: „Und wenn sich die Lebenssituation ändert, ist das o.k." Eine Untersuchung der evangelischen Kirche als Gemeinschaft unter den Bedingungen postmoderner Mobilität, Arbeiten zur Pastoraltheologie, Liturgik und Hymnologie 88, Göttingen, 2016, 211–224.

42 Vgl. http://junge-kirche-berlin.de/unsere_Geschichte.html; https://dreisam3.de/ueberd3/geschichte; https://www.greifbar.net; https://jesustreff.de/werwirsind/#jesustreff; https://www.luthergemeinde-zwickau.de/wir-ueber-uns/modellgemeinde, 03. Juli 2020.

(1) *In den evangelischen Landeskirchen mangelt es an über Sendungskapazitäten verfügende Großgemeinden in urbanen Räumen, welche eine Agenda klassischer Gemeindegründung verfolgen.*
In der *Church of England* wird diese Funktion in besonders prominenter Weise von Holy Trinity Brompton, aber auch von anderen Großgemeinden besonders in London sowie beispielsweise in Sheffield, Brighton und Leicester übernommen.

(2) *In den evangelischen Landeskirchen erfuhr klassische Gemeindegründung nicht dieselbe Aufmerksamkeit und Unterstützung durch die Kirchenleitung, wie dies in der Church of England der Fall war.*
In der *Church of England* unterstützte bereits Anfang der 1990er Jahre der damalige Erzbischof von Canterbury die Agenda der Gemeindegründungsbewegung und verhalf ihr damit zu einer breiten innerkirchlichen Anerkennung. Darüber hinaus fand sich im ehemaligen Bischof von London, Richard Chartres, ein Befürworter von klassischer Gemeindegründung, welcher die extensive Gründungstätigkeit von Holy Trinity Brompton in London überhaupt erst ermöglichte.

(3) *In den evangelischen Landeskirchen ist das evangelikal-charismatische Spektrum deutlich schwächer vertreten, als dies in der Church of England der Fall ist.*
Die Gemeindegründungszene der *Church of England* ist in besonderer Weise mit dem evangelikalen Flügel verbunden. Von besonderer Wichtigkeit sind dabei evangelikal-charismatische Gemeinden wie Holy Trinity Brompton, St Peter's Brighton oder Holy Trinity Leicester, welche als Zentren für klassische Gemeindegründung fungieren.

(4) *Die Rezeption der fresh expressions of church erfolgte in den evangelischen Landeskirchen zu einem Zeitpunkt, zu dem sich klassische Gemeindegründung als Handlungsinstrument noch nicht etabliert hatte. Klassische Gemeindegründung wurde in der Folge von der neuen Thematik der fresh expressions of church im kirchlich-missionarischen Diskurs verdrängt.*
In der *Church of England* war klassische Gemeindegründung bei Erscheinen von *Mission-shaped Church* seit etlichen Jahren fester Bestandteil des missionarischen Diskurses und durch zahlreiche Beispiele in der kirchlichen Praxis fest etabliert. Es kam zu keiner Verdrängung von klassischer Gemeindegründung durch die *fresh expressions of church*, sondern zur Einordnung von klassischer Gemeindegründung als eine von vielen neuen Ausdrucksformen von Gemeinde.

Gerade in Bezug auf die letzte These kann nun anschließend gefragt werden, ob die bisher mangelhafte Etablierung von klassischer Gemeindegründung in den evangelischen Landeskirchen überhaupt einen Verlust darstellt. Immerhin scheinen doch die *fresh expressions of church* vergleichsweise stark Fuß gefasst zu haben und somit die ganze Bandbreite von neuen Ausdrucksformen von Gemeinde, welche im Unterschied zu klassischer Gemeindegründung oft deutlich kontextbezogener agieren und damit ein größeres Potential aufweisen, Menschen mit einem nichtkirchlichen Hintergrund zu erreichen. Anders gefragt: Braucht es überhaupt noch klassische Gemeindegründung in den evangelischen Landeskirchen?

Hier soll die These vertreten werden, dass diese Frage positiv zu beantworten ist. Zur Begründung dieser These wird im folgenden Kapitel auf aktuelle praktisch-theologische und kirchliche Diskurse eingegangen und die Relevanz von klassischer Gemeindegründung im Sinne eines kirchlichen Handlungsinstrumentes für diese Diskurse herausgestellt werden.

20. Potentiale klassischer Gemeindegründung in Anbetracht kirchlicher und kirchentheoretischer Diskursfelder

Im Folgenden wird zunächst eine Einordnung des Handlungsinstrumentes der klassischen Gemeindegründung in die aktuelle kirchentheoretische Diskussion vorgenommen. Damit soll gezeigt werden, dass sich das Handlungsinstrument der klassischen Gemeindegründung in der aktuellen kirchentheoretischen Debattenlage als hoch anschlussfähig erweist. In einem zweiten Schritt werden anhand dreier aktueller kirchlicher und praktisch-theologischer Diskursfelder mögliche Potentiale klassischer Gemeindegründung für die evangelischen Landeskirchen in Deutschland dargestellt. Schließlich wird in einem dritten Schritt anhand neuer kirchenrechtlicher Entwicklung in Bezug auf den Gemeindebegriff gezeigt, dass sich innerhalb der Kirche eine wachsende Offenheit gegenüber neuen Gemeindeformen abzeichnet. Es geht also, neben einer grundsätzlichen Einordnung von klassischer Gemeindegründung in den evangelischen kirchentheoretischen Diskurs, zum einen um das Problembewältigungspotential von klassischer Gemeindegründung und zum anderen um eine sich vergrößernde Rezeptionsbereitschaft gegenüber neuen Gemeindeformen. Letzteres könnte auch klassischer Gemeindegründung zugute kommen könnte.

20.1 Klassische Gemeindegründung – Eine kirchentheoretische Einordnung

In kirchentheoretischen Entwürfen der letzten 20 Jahre gewinnt eine soziologisch bestimmte Sicht von Kirche zunehmend an Gewicht. Unter Rückgriff auf vornehmlich aus der Soziologie stammende Begriffe wie zum Beispiel Institution, Organisation und Bewegung wird versucht die gegenwärtige Gestalt der Kirche und ihre Stellung in der Gesellschaft näher zu bestimmen und dies jenseits theologisch-dogmatischer Definitionen.[1] Strittig ist dabei, welcher Begriff die gegenwärtige Situation der Kirche am besten beschreibt. Während zum Beispiel Reiner Preul ganz auf das Konzept der Institution setzte und Kirche als eine Bildungsinstitu-

1 Diese werden weiterhin bedacht, aber um eine soziologische Perspektive ergänzt. Vgl. Grethlein, Kirchentheorie, 7–17.

tion verstand,[2] wurden in jüngerer Zeit durch Jan Hermelink auf der einen und Eberhard Hauschildt und Uta Pohl-Patalong auf der anderen Seite, wesentlich differenziertere Bestimmungsversuche vorgelegt.[3]

Hermelink versteht Kirche grundsätzlich als „Organisation zur öffentlichen Inszenierung des Glaubens", welche aber durch drei weitere „organisationsrelativierende" Dimensionen ergänzt werden muss, um hinreichend bestimmt zu werden.[4] Sie ist auch als Institution, Interaktion und Inszenierung zu verstehen.[5] Die Dimension der „Institution" steht für Hermelink für die Aufnahme einer „gesellschaftlich vorgegebene[n] religiöse Kultur".[6] Mit „Interaktion" wird die Dimension von Kirche beschrieben, welche vornehmlich auf zwischenmenschlichen Begegnungen beruht und „in denen der Glaube unmittelbar ausdrücklich wird"[7]. Im Blick ist hier die „konkrete gemeinschaftliche Praxis".[8] Beispiele sind gottesdienstliche Versammlungen, seelsorgerliche, diakonische und katechetische Begegnungen.[9] Der Begriff der „Inszenierung" hingegen beschreibt das den christlichen Glauben beiläufig oder ausdrücklich darstellende Handeln von Kirche.[10] Es geht hier um zeichenhafte und symbolische auf das Evangelium verweisende Handlungen der Kirche.[11] Übergreifend ist für Hermelink jedoch der Begriff der Organisation. Er versteht dabei den Begriff weniger in einem wirtschaftlichen Sinne, in dem „die Vorstellung einer strukturierten Selbststeuerung, die sich an expliziten Zielen und Handlungsprogrammen orientiert und daraufhin Arbeitsteilung, funktionale Hierarchie und Ressourcenbeschaffung rational optimiert", leitend ist.[12] Vielmehr wird in Anschluss an Nassehi die Aufgabe von Organisationen in der Organisierung der „Möglichkeit von Abwesenheit" verstanden.[13] Dies geschieht durch „mittelbare, in-

---

2 Nach Preul sind Institutionen „regelmäßige Formen gemeinsamen menschlichen Handelns." Sie dienen der Stabilisierung, das heißt der dauerhaften Befriedigung menschlicher Bedürfnisse. Preul bestimmt die Funktion der Kirche dadurch näher, dass er sie den Bildungsinstitutionen zuordnet. Deren Aufgabe besteht im „gemeinschaftlichen oder individuellen Symbolisieren". Die Aufgabe der Kirche ist es die christliche Religion zu symbolisieren. Sie tut dies durch ihr besonders im Gottesdienst sichtbares „darstellendes Handeln". Vgl. Preul, Reiner: Kirchentheorie. Wesen, Gestalt und Funktionen der Evangelischen Kirche, Berlin, 1997, 129.134f.137.141.143.147.152.

3 Vgl. Hermelink, Jan: Kirchliche Organisation und das Jenseits des Glaubens. Eine praktisch-theologische Theorie der evangelischen Kirche, Gütersloh, 2011; Hauschildt / Pohl-Patalong, Kirche.

4 Vgl. Hermelink, Organisation, 29.

5 Vgl. ebd.

6 Vgl. ebd. 89.

7 Vgl. ebd., 29.

8 Vgl. ebd., 89.

9 Vgl. ebd., 29.

10 Vgl. ebd.

11 Vgl. ebd., 116.

12 Vgl. ebd., 90f.

13 Vgl. ebd., 92.

direkte Formen der Koordination", die im Unterschied zu unmittelbar-interaktiver Interaktion das Entstehen komplexer und funktional differenzierter Systeme ermöglicht.[14] Mit diesem sehr allgemein gefassten Verständnis erscheint dann auch Hermelinks Vorordnung des Begriffs der Organisation als sinnvoll. Kirche als Organisation ermöglicht die „öffentliche Inszenierung des Glaubens". Dies geschieht dabei aber in verschiedenen Dimensionen: Als Institution, als Interaktion und als Inszenierung.

Auch Hauschildt und Pohl-Patalong sehen die gegenwärtige Gestalt von Kirche durch mehrere einander ergänzende Begriffe präziser beschrieben. Sie sprechen von Kirche als Institution, Organisation und Bewegung. Im Unterschied zu Hermelink schlagen sie jedoch ein Hybrid-Modell vor, indem keine dieser Sozialformen dominiert, sondern sie vielmehr in einer wechselseitigen Spannung zueinander stehen, sich aber zugleich auch ergänzen. Der Begriff der Bewegung steht für sie dabei für eine Dimension von Kirche, welche mit Bezeichnungen wie Gruppe, Gemeinschaft und eben auch Bewegung zu beschreiben ist. Alle drei Begriffe „stellen drei soziale Erscheinungsformen dar, die miteinander verbunden sind, aber soziologisch auch für sich thematisiert werden können."[15] Das Konzept der Gruppe steht dabei für eine Sozialform, die von Überschaubarkeit und Interaktionsdichte geprägt ist. Der Begriff der Bewegung wird hingegen wie folgt bestimmt:

> „Der Begriff der sozialen Bewegung beschreibt einen Zusammenhang von Individuen und/oder Gruppen, die ein *Veränderungsinteresse* eint, aber *nicht notwendig weiter organisatorisch* über Rollenspezifizierungen strukturiert miteinander verbunden sind, wobei eine *hohe symbolische Integration* (mit entsprechender emotionaler Verbundenheit) besteht."[16]

Der Begriff der Gemeinschaft nimmt schließlich in den Blick, „dass eine bestimmte Art von Gemeinsamkeit gepflegt wird".[17] Für Hauschildt und Pohl-Patalong stellt die Bezeichnung „Bewegung" auch einen Überbegriff dar, der die unterschiedlichen Aspekte der drei genannten Bezeichnungen Gemeinschaft, Gruppe und eben auch Bewegung verbindet.

Von den beiden Begriffen der Institution und der Organisation ist der Begriff der Bewegung ihrer Ansicht nach nun dadurch zu unterscheiden, als dass Bewegungen eine „viel flexiblere Strukturiertheit aufweisen".[18] Zugleich machen auch

---

14 Vgl. ebd.

15 Hauschildt / Pohl-Patalong, Kirche, 138.

16 Ebd., 144. Kursive Hervorhebung aus dem Original übernommen.

17 Vgl. ebd., 138.

18 Vgl. ebd.

Bewegungen Veränderungsprozesse durch und können selbst zu Organisationen beziehungsweise Institutionen werden.[19] Die von Hauschildt und Pohl-Patalong mit den Begriffen der Gruppe, Gemeinschaft und Bewegung beschriebene Dimension von Kirche, kann wohl als Ursprungsdimension derselben verstanden werden: Es war „die Gruppe um Jesus herum", welche als frühe Keimzelle der Kirche zu gelten hat.[20] „Aus ihr wurde eine Bewegung, die immer weiter wuchs und gleichwohl bleibend sich als Gemeinschaft verstand."[21]

Der Begriff der Institution steht für Hauschildt und Pohl-Patalong im Unterschied zum Begriff der Bewegung für Stabilität und Ritualisierung. Erfolgreiche Bewegungen wandeln sich durch einen Prozess der Institutionalisierung zu Institutionen, in dem es zu einer „Gewöhnung an Abläufe, Interpretationen und Rollen der Interaktion" kommt und damit zu deren Verfestigung.[22] Diese Habitualisierung von Handlungsformen sorgt für eine Entlastung der Individuen, indem nicht eine Vielzahl von Entscheidungen immer neu getroffen werden muss.[23] Zugleich kommt es durch den höheren Organisationsgrad und die Zuweisung von spezifischen Rollen zu einer Distanzierung zwischen Individuum und Institution.[24] Darüber hinaus ist eine Institution immer auf die jeweilige Gesellschaft bezogen, ja ist als eine *„Einrichtung der Gesellschaft"* zu begreifen, da ihr „Sinn" und ihre „Rechtfertigung der jeweiligen Kultur entstammen und deren dauerhafte Beachtung die umgebende Gesellschaft sichert."[25] Kirche als Institution bildet also einen „Teil der Kultur und Gesellschaft ab" und sichert zugleich deren Stabilität.[26] Besonders deutlich war und ist dieser Zusammenhang in staatskirchlichen Verhältnissen. Zugleich sehen Hauschildt und Pohl-Patalong die Dimension der Institution auch nach Auflösung der Staatskirche in Deutschland nach Ende des Ersten Weltkrieges weiterwirken.[27]

Der institutionelle Charakter der Kirche ist in Deutschland in besonderer Weise mit dem Begriff der Volkskirche verbunden: „Im Ideal der Volkskirche dominieren diejenigen Phänomene von Kirche, die institutionellen Charakter haben."[28] Wie bereits genannt wird das Idealbild der Volkskirche dabei von der *„Analogie von Zugehörigkeit zur Kirche mit Zugehörigkeit zu einem (Staats-)Volk"* bestimmt.[29]

---

19 Vgl. ebd., 144.
20 Vgl. ebd., 138.
21 Ebd.
22 Vgl. Hauschildt / Pohl-Patalong, Kirche, 158.
23 Vgl. ebd., 159.
24 Vgl. ebd., 159f.
25 Vgl. ebd., 160. Kursive Hervorhebung aus dem Original entnommen.
26 Vgl. ebd.
27 Vgl. ebd.
28 Ebd., 163.
29 Vgl. ebd., 164.

Weitere Merkmale sind ein hoher Grad an Öffentlichkeit, ein niederschwelliger Zugang, innerkirchliche Pluralität, Anerkennung und Förderung durch Staat und Gesellschaft und der daraus resultierende Einfluss der Kirche in der Gesellschaft sowie eine flächendeckende parochiale Struktur.[30] Hauschildt und Pohl-Patalong betonen, dass es sich beim Begriff der Volkskirche nicht um eine quantitative, sondern um einen qualitative Bezeichnung handelt, für die nicht der Anteil der Kirchenmitglieder an der Bevölkerung, sondern das durch Öffentlichkeit und Pluralität geprägte Verhältnis von Kirche und Staat beziehungsweise Gesellschaft insgesamt bestimmend ist.[31] Zugleich sehen sie den Begriff als problematisch an. Zum einen kann der Begriff der Volkskirche gerade in einem quantitativen Sinne missverstanden werden. Zum anderen stellen staatlichen Privilegien und eine hohe Zugehörigkeit der Bevölkerung zur Kirche doch zumindest in einem indirekten Sinne wichtige Voraussetzungen für eine qualitativ bestimmte Konzeption der Bezeichnung „Volkskirche“ dar. Wo diese Bedingungen nicht mehr beziehungsweise nur noch zum Teil gegeben sind, wie zum Beispiel in Ostdeutschland, erscheint auch die Rede der Volkskirche als immer weniger plausibel.[32] Hauschildt und Pohl-Patalong entscheiden sich aufgrund dieses Befundes statt von Volkskirche von der „intermediären Großkirche“ zu reden.[33] Sie weisen ihr damit zugleich als eine ihrer wesentlichen Funktionen die Aufgabe der Vermittlung zwischen dem Einzelnen und der Gesellschaft, zum Beispiel in Bezug auf den Wertediskurs, zu.[34] Interessant ist nun, dass Hauschildt und Pohl-Patalong für dieses Kirchenverständnis der „Institutions-Charakter“ der Kirche keine Bedingung mehr darstellt. Er ist lediglich noch ein „die Möglichkeiten maßgeblich verstärkendes Moment.“[35] Hier deutet sich an, dass Hauschildt und Pohl-Patalong den Institutionscharakter der Kirche im Zurücktreten befindlich sehen.

Der Begriff der Organisation schließlich wird von Hauschildt und Pohl-Patalong wie folgt bestimmt: Organisationen sind „*Erscheinungen zweckrationalen Denkens und Handelns*: Um ein Ziel auf Dauer zu gewährleisten wird bewusst eine Struktur geschaffen und festgelegt und es werden daran ausgerichtet die Aktivitäten der Organisationsmitglieder und die verfügbaren Mittel koordiniert.“[36] Mitgliedschaft in Organisationen entsteht in der Regel durch eine Wahlentscheidung der Mitglieder.[37]

---

30 Vgl. ebd.

31 Vgl. ebd., 166.172.

32 Vgl. Hauschildt / Pohl-Patalong, Kirche, 172.

33 Vgl. ebd., 172f.

34 Vgl. ebd.

35 Ebd., 173.

36 Ebd., 181.

37 Vgl. ebd.

Von der Bewegung unterscheidet sich die Organisation im Wesentlichen durch ihre höhere Komplexität und einen damit einhergehenden höheren Organisationsgrad.[38] Von Institutionen, welche ebenfalls über ein hohes Maß an Komplexität und einen hohen Organisationsgrad verfügen können, unterscheidet sich die Organisation durch ihre Zielorientierung, welche ihre Strukturen und Aktivitäten bestimmt und welche gegebenenfalls auch einem flexiblen, der Zielerreichung dienenden Anpassungsprozess unterzogen werden können. Zudem muss sich die Organisation in der Regel um ihre Mitglieder bemühen, da Mitgliedschaft eben eine Wahlentscheidung darstellt. Institutionen hingegen sind von einem bewahrenden Charakter geprägt und dienen dem Erhalt habitualisierter Handlungsformen.[39] Strukturen und Aktivitäten dienen der Aufrechterhaltung dieser Handlungsformen. Zudem müssen sie sich nicht wesentlich um Mitglieder bemühen, da Mitgliedschaft auf sozialen Konventionen beruht.[40]

In den letzten Jahrzehnten ist nun in Hinblick auf die evangelische Kirche ein „Schub an Organisationswerdung" zu beobachten.[41] Das heißt, die Organisationslogik gewinnt an Gewicht, während die Institutionslogik zurücktritt.[42] Dies ist zum einen ein Phänomen, welches nicht nur die Kirche betrifft, sondern die gesamte Gesellschaft umgreift: „In der Gesellschaft hat ein Wandel von der Prädominanz der Institutionen zu den Organisationen stattgefunden. Wir leben in einer ‚Organisationsgesellschaft'."[43] Zum anderen betont der durch den gesellschaftlichen und religiösen Wandel bedingte Veränderungsdruck in besonderer Weise den Organisations-Charakter von Kirche. Denn es ist diese Dimension von Kirche, welche aufgrund ihrer Zielorientierung im Gegensatz zur Institution vergleichsweise schnell auf Veränderungen reagiert und beginnt Anpassungen innerhalb der Organisation vorzunehmen.[44]

Auch im Hinblick auf klassische Gemeindegründung ist es der Organisations-Charakter von Kirche, welcher eine Aufnahme als kirchliches Handlungsinstrument erlaubt. So übersteigt klassische Gemeindegründung die Institutionslogik und damit auch das Verständnis von Kirche als Volkskirche in mehreren Punkten und folgt stattdessen der Organisationslogik:

---

38 Vgl. ebd., 182.

39 Vgl. ebd., 159.

40 Vgl. ebd., 158.

41 Vgl. Hauschildt / Pohl-Patalong, Kirche, 216. Vgl. auch Grethlein, Kirchentheorie, 15f.201f. und Herbst, Aufbruch, 184.

42 Zugleich sehen Hauschildt und Pohl-Patalong nicht, dass eines der drei Modelle in nächster Zeit die anderen beiden vollständig verdrängt. Vielmehr gehen sie davon aus, dass das Hybrid-Modell in Form eines „dynamischen Gleichgewichts" zumindest mittelfristig weiterhin bestimmend bleiben wird. Vgl. Hauschildt / Pohl-Patalong, Kirche, 217f.

43 Ebd., 182.

44 Vgl. ebd., 183f.

- Klassische Gemeindegründung rechnet nicht mehr mit einer automatischen Sozialisation der Menschen in der Kirche, sondern bemüht sich um die aktive Gewinnung von neuen Gemeindegliedern.[45]
- Klassische Gemeindegründung stellt die Funktion des Parochialsystems als dominierende Versorgungsstruktur für die Kirchenmitglieder in Frage und sieht einen dringlichen Ergänzungsbedarf desselben durch weitere Gemeindegründungen.[46]
- Klassische Gemeindegründung gewichtet die erfolgreiche Kommunikation des Evangeliums (Zielorientierung) höher, als die Bewahrung habitualisierter Handlungsformen, woraus sich eine große Freiheit in der gottesdienstlichen Gestaltung und eine Anpassung derselben an die Lebenswelt der jeweiligen Zielgruppe ergibt.[47]
- Klassische Gemeindegründung wird in einem strategischen Sinne von der Kirchenleitung zur Erreichung des übergeordneten Organisationszieles und der Kommunikation des Evangeliums eingesetzt. Grundlegend hierfür ist ein koordinierter Mitteleinsatz.[48]

Aber nicht nur der Organisationslogik lässt sich klassische Gemeindegründung zuordnen. Ebenso besteht eine große Nähe zur Dimension der Bewegung beziehungsweise der Gruppe. So wurde zum einen deutlich, dass die Gemeindegründungsszene in der *Church of England* nicht in Impulsen der Kirchenleitung ihren Ursprung hatte, sondern aus einer Art Graswurzelbewegung entstand und zunächst eine kleine, durch das gemeinsame Anliegen der Gemeindegründung verbundene Gruppe darstellte. Sie reagierte damit auf die Wahrnehmung, dass die vorhandenen parochialen Strukturen sich zunehmend als unzureichend für die Erfüllung des kirchlichen Auftrages erwiesen. Dieser Bezug auf eine konkrete Problemlage, bei gleichzeitiger Nichtbeachtung derselben durch die jeweiligen Autoritäten, stellt ein Grundmerkmal von Bewegungen dar: „Bewegungen sind Ausdruck einer Problemlage, die die etablierten Institutionen und Organisationen nicht ausreichend wahrgenommen haben."[49]

Zusammenfassend lässt sich an diesem Punkt sagen, dass klassische Gemeindegründung sowohl zur Bewegungs- als auch zur Organisationslogik in Bezug, zugleich aber der Institutionslogik entgegen steht. Ein Einsatz des Handlungsinstruments der klassischen Gemeindegründung erscheint von daher dort möglich,

---

45 Vgl. die Darstellung in ▹ Kapitel 10.3.2.

46 Vgl. die Darstellung in ▹ Kapitel 5.4, Kapitel 5.7, Kapitel 12.2.

47 Vgl. die Darstellung in ▹ Kapitel 17.1.3, Kapitel 17.2.3.

48 Vgl. die Darstellung in ▹ Kapitel 9.3.

49 Hauschildt / Pohl-Patalong, Kirche, 144.

wo die Organisationslogik von Kirche in den Vordergrund tritt und zugleich Individuen und Gruppen sich die Idee der klassischen Gemeindegründung zu eigen machen.

Als Ausdruck der Stärkung der Organisationsdimension in der evangelischen Kirche, kann die relative Einigkeit in der kirchentheoretischen Debatte gedeutet werden, dass es weiterer Gestaltwerdungen von Kirche neben der klassischen Parochie bedarf.[50] Zugleich herrscht Uneinigkeit darüber, welche Formen genau es braucht.

Peter Bubman, Kristian Fechtner und Birgit Weyel plädieren für „Gemeinden auf Zeit".[51] Sie verstehen darunter selektive und temporäre Beteiligungsformen an Gemeinde, welche neben der als die Norm prägend verstandenen Parochialgemeinde existieren, „zugleich aber alle eine Form von Vergemeinschaftung bilden."[52] Beispiele umfassen den regelmäßige Besuch des Kirchentages, die jährliche Teilnahme an „Bikergottesdiensten", das zeitlich begrenzte Mitwirken an einem kirchliche Chorprojekt oder die Teilnahme an einer Pilgergruppenreise.[53] Das Anliegen ist es dabei den Gemeindebegriff so zu weiten, dass er über das „normative Konzept der Ortsgemeinde hinausreicht."[54] Dabei wird in besonderem Maße auf die Empirie Bezug genommen. Gerade die Kirchenmitgliedschaftsuntersuchungen hätten gezeigt, „dass es in sich konsistente Gestalten gelebter Kirchlichkeit gibt, die nicht territorialgemeindlich bestimmt sind und die fluide gemeinschaftliche Formen ausbilden."[55] Dabei betonen die Autoren aber, dass Formen von „Gemeinde auf Zeit" nicht gegen die Parochien als Formen der Ortsgemeinde auszuspielen seien. Oft stünden beide in einer organisatorischen Verbindung zueinander und könnten sich die Ortsgemeinden als eine institutionelle Basis für verschiedene „Gemeinden auf Zeit" erweisen.[56]

Uta Pohl-Patalong hingegen legte mit ihrem Konzept der kirchlichen Orte[57] einen Entwurf vor, welcher auch in den, in Zusammenarbeit mit Eberhard Hauschildt veröffentlichten, Band *Kirche* aufgenommen wurde.[58] In Anknüpfung an

---

50 Vgl. ebd., 305f.; Grethlein, Kirchentheorie, 201f.; Bubmann, Peter / Fechtner, Kristian / Weyel, Birgit: „Gemeinde auf Zeit" – Einleitende Bemerkungen zu einem kooperativen Forschungsprojekt, in: Bubmann, Peter u. a. (Hg.): Gemeinde auf Zeit. Gelebte Kirchlichkeit wahrnehmen, Stuttgart, 2019, 8f.

51 Vgl. Bubmann / Fechtner / Weyel, Gemeinde, 7–15.

52 Vgl. ebd., 8f.

53 Vgl. Bubmann / Fechtner / Weyel, Gemeinde, 8.

54 Vgl. ebd., 10.

55 Ebd., 11.

56 Vgl. ebd., 15.

57 Vgl. Pohl-Patalong, Ortskirche.

58 Vgl. Hauschildt / Pohl-Patalong, Kirche, 300–305.

Pohl-Patalongs Konzept sprechen sie sich für eine Weiterentwicklung der bestehenden kirchlichen Strukturen aus. „Ortsgemeinden setzten dabei stärker als bisher *Schwerpunkte* und entwickeln *Profile*, mit denen sie *Aufgaben für einen größeren regionalen Rahmen übernehmen.*"[59] Bisherige nichtparochiale, mit der direkten Kommunikation des Evangeliums befasste Arbeitsbereiche hingegen entwickeln ihren Chrarakter als Gemeinde, indem sie Räume für Gemeinschaftsbildung öffnen und Beteiligungsmöglichkeiten schaffen.[60] Strukturell fordern sie Kirchenmitgliedschaft nicht mehr territorial als Gemeindemitgliedschaft zu organisieren sowie die Zuweisung der Kirchensteuer neu zu regeln.[61] Kirchenmitglieder ordnen sich dann nach eigener Wahl einer Gemeinde zu.[62]

Schließlich plädieren Vertreter des missionarischen Gemeindeaufbaus, allen voran Michael Herbst, für die Errichtung neuer kontextueller und missionarisch orientierter Gemeindeformen, den *fresh expressions of church.*[63] Diese seien notwendig, da sie die Probleme des bestehenden Parochialsystems ausgleichen könnten. Während die durchschnittliche Parochie durch Pfarrzentrierung, Verwaltungsmentalität, unreflektierte Milieuverengung, dem Wandel in der Lebenswelt der Menschen und volkskirchlichen Abbrüchen leide, käme es in den *fresh expressions of church* zu einer produktiven Bearbeitung dieser Probleme. Bei ihnen stünde das Priestertum aller Glaubenden im Mittelpunkt, sie seien missionarisch orientiert, wüssten um ihre eigene Milieubegrenzung, setzten diese aber produktiv ein um neue Segmente der Gesellschaft zu erreichen, welche sonst kaum von der Kirche angesprochen werden, was sich gerade darin zeige, dass sich viele der neuen Ausdrucksformen in engen Bezug zu der Lebenswelt der Zielgruppe entwickelten. Und schließlich seien sie frei von der volkskirchlichen Versorgungslogik und müssten somit nicht die Kräfte bindende flächendeckende Versorgung leisten.[64] Die neuen Ausdrucksformen von Gemeinde sollen dabei aber in Anlehnung an die englische Rede von der *mixed economy* nicht einfach bloß zusätzlich zu den Parochialgemeinden oder gar an deren Stelle entstehen.[65] Vielmehr geht es um ein aufeinander bezogen sein von bereits bestehenden und neuen Gemeindeformen innerhalb einer Region und eine von ihnen gemeinsam verantwortete Mission. Es geht zugleich

59 Hauschildt / Pohl-Patalong, Kirche, 307. Kursive Hervorhebung aus dem Original übernommen.

60 Vgl. ebd., 308.

61 Vgl. ebd., 308f.

62 Vgl. ebd., 309.

63 Vgl. Herbst, Michael: Wir brauchen auch in Deutschland „fresh expressions of church"! in: Bartels / Reppenhagen, Gemeindepflanzung, 204–217. Herbst, Aufbruch, 171–178.

64 Vgl. Herbst, Deutschland, 211–214.

65 Vgl. Herbst, Aufbruch, 158f.

um lokale Gemeinde- und regionale Kirchenentwicklung, wie sie im Konzept der regiolokalen Kirchenentwicklung beschrieben wird.[66]

Die klassische Gemeindegründung findet nun in dieser Debatte um die Art der neuen Gemeindeformen ihren größten Anschluss in der Forderung nach neuen kontextuellen und missionarisch orientieren Gemeindeformen, wie sie von Michael Herbst vorgetragen wird. Dies liegt darin begründet, dass klassische Gemeindegründung als ein Modell der *fresh expressions of church* zu verstehen ist.[67] Sie teilt deren missionarisches Anliegen und trägt ebenfalls dazu bei, die parochiale Monokultur aufzubrechen. Zwar weist sie einen geringeren Kontextualisierungsgrad als andere neue Ausdrucksformen von Gemeinde auf, doch kommt es innerhalb des gottesdienstzentrierten Ansatzes zu kleineren kontextuellen Anpassungen.[68] Sie agiert bewusst zielgruppenspezifisch und ist dabei auf die Lebenswelt der Zielgruppe bezogen.[69] Und sie mobilisiert Ehrenamtliche, sich in die Gestaltung der neu zu gründenden Gemeinde einzubringen.[70]

Der Unterschied zu den „Gemeinden auf Zeit" besteht darin, dass klassische Gemeindegründungen wie auch die anderen neuen Ausdrucksformen von Gemeinde auf „Dauer ausgerichtet" sind.[71] Dies hängt in besonderer Weise mit dem Anliegen zusammen, die Gemeindeglieder in der Nachfolge „zu bilden" und somit wiederum das Priestertum aller Glaubenden zu stärken.[72]

Im Unterschied zu den „kirchlichen Orten" sind klassische Gemeindegründungen nicht nur Weiterentwicklungen bestehender Parochialgemeinden – dies können sie auch sein, wenn sie im Modus der Revitalisierung durchgeführt werden – oder funktionaler Dienste, sondern auch tatsächliche Neugründungen, welche jenseits bereits bestehender Strukturen entstehen.[73] Den wichtigsten Unterschied zu den „Gemeinden auf Zeit", wie auch zu den „kirchlichen Orten" liegt aber darin, dass klassische Gemeindegründungen ganz explizit missionarisch ausgerichtet sind. Es ist ihr zentrales Anliegen Menschen für den Glauben zu gewinnen, welche diesen noch nicht teilen. Bei den Gemeinden auf Zeit und den kirchlichen Orten mag es auch missionarische Erfolge geben, aber ein missionarisches Anliegen scheint bei beiden nicht der zentrale Kern zu sein.

Zusammenfassend lässt sich sagen, dass klassische Gemeindegründung in der praktisch-theologischen Debatte um die Art der gewünschten neuen Gemeinde-

66 Vgl. ebd., 118–122.158–166. Vgl. die Darstellung in ▻ Kapitel 12.6.

67 Vgl. die Darstellung in ▻ Kapitel 6.2 und Kapitel 6.3.

68 Vgl. die Darstellung in ▻ Kapitel 16.4.

69 Vgl. die Darstellung in ▻ Kapitel 12.2.

70 Vgl. die Darstellung in ▻ Kapitel 15.2.2.2.

71 Vgl. Herbst, Aufbruch, 176.

72 Vgl. ebd.

73 Vgl. die Darstellung in ▻ Kapitel 11.2.

formen die größte Anschlussmöglichkeit in der von Michael Herbst vorgebrachten Forderung eines integrativen Zusammenwirkens von neuen Ausdrucksformen von Gemeinden und bestehenden parochialen Strukturen in einer „regiolokal" ausgerichteten Kirchenentwicklung findet.

20.2 Potentiale klassischer Gemeindegründung in aktuellen kirchlichen Diskursfeldern

Nach dieser grundsätzlichen kirchentheoretischen Einordnung werden nun Potentiale des Handlungsinstrument der klassischen Gemeindegründung anhand dreier aktueller kirchlichen Diskursfelder dargestellt. Zunächst wird die neue kirchliche Aufmerksamkeit gegenüber der Zielgruppe der jungen Erwachsenen in den Blick genommen. Darauf folgt eine Betrachtung neuerer Einsichten aus der Netzwerkforschung, um mit einer Darstellung der Potentiale des Handlungsinstrumentes der klassischen Gemeindegründung in gemeindlichen Fusions- und Regionalisierungsprozessen zu schließen.

20.2.1 Die neue Aufmerksamkeit für die kirchliche Zielgruppe der jungen Erwachsenen

Innerhalb der evangelischen Kirche gibt es in den letzten Jahren ein erhöhtes Interesse an der Altersgruppe der jungen Erwachsenen. Dies zeigt sich insbesondere an den beiden Veröffentlichungen zur V. EKD-Erhebung über Kirchenmitgliedschaft (KMU5)[74] – *Engagement und Indifferenz* (2014)[75] und *Vernetzte Vielfalt* (2015)[76] – welche beide einen Schwerpunkt auf die Altersgruppe der Jugendlichen legen, dabei aber die jungen Erwachsenen noch einmal als eine eigenständige Gruppierung innerhalb der Großgruppe der Jugendlichen identifizieren.[77] Darüber hinaus sind die Forschungsarbeiten von Ulrike Bittner[78] und Rebecca John Klug[79]

74 Die V. Kirchenmitgliedschaftsuntersuchung wurde im Jahr 2012 durchgeführt. Vgl. Schneider / Bedford-Strohm / Jung, Engagement, 5.

75 Vgl. Schneider / Bedford-Strohm / Jung, Engagement.

76 Vgl. Bedford-Strohm, / Jung, Vielfalt.

77 Vgl. Pickel, Gert: Jugendliche und junge Erwachsene. Stabil im Bindungsverlust zur Kirche, in: Schneider / Bedford-Strohm / Jung, Engagement, 60–72; Pickel, Gert: Jugendliche und Religion im Spannungsfeld zwischen religiöser und säkularer Option, in: Bedford-Strohm / Jung, Vielfalt, 142–160.

78 Vgl. Bittner, Lebenssituation.

79 Vgl. John Klug, Rebecca: Kirche und Junge Erwachsene im Spannungsfeld. Kirchentheoretische Analysen und eine explorative Studie zur ekklesiologischen Qualität ergänzender Ausdrucksweisen des christlichen Glaubens, BEG 31, Göttingen, 2020.

zu nennen, welche beide aus je eigener Perspektive das Verhältnis von jungen Erwachsenen und Kirche untersuchen.

Die genannten Beiträge zeichnen sich allesamt dadurch aus, dass sie die Altersgruppe der jungen Erwachsenen gesondert betrachten und damit zwischen Jugendlichen und jungen Erwachsenen auf der einen Seite und auch zwischen jungen Erwachsenen und den folgenden Altersgruppen differenzieren.[80] Für die Abgrenzung der Gruppe der jungen Erwachsenen werden dabei verschiedene Kriterien angewandt: Junge Erwachsene werden zum einen durch die Zuweisung eines eigenen Alterssegments (21 bis 29 Jahre) von den Jugendlichen (14 bis 21 Jahren) unterschieden.[81] Zum anderen sind sie aber auch durch ihre spezifische Lebenssituation nicht mehr der „Lebensphase Jugend" zuzuordnen.[82] Während Jugendliche eine „Moratoriumsphase" durchlaufen, welche durch eine Zuwendung zu verschiedenen und zum Teil widersprüchlichen Wert- und Verhaltensmustern im Modus des „Ausprobierens" gekennzeichnet ist, erkennt man bei den jungen Erwachsenen „eine deutlich stärkere Stabilisierung der Wert-, Einstellungs- und Verhaltensmuster".[83] Die Lebensphase der jungen Erwachsenen (oder der Postadoleszenz) kann zudem als Übergangsphase ins Erwachsenenleben charakterisiert werden. Dabei gilt es psychologisch gesehen bestimmte Entwicklungsaufgaben, soziologisch gesehen bestimmte Statusübergänge zu vollziehen.[84] Dazu gehören der Auszug aus dem Elternhaus, die Berufsaufnahme, die Familiengründung und das erreichen finanzieller Selbstständigkeit. Junge Erwachsene können damit auch dadurch definiert werden, dass sie „zumindest einen, aber keinesfalls alle Übergänge ins ‚Erwachsenenleben' absolviert" haben.[85]

Die Ergebnisse der KMU5 zeigen nun, dass es sich bei den jungen Erwachsenen um die Alterskohorte der Kirchenmitglieder handelt, welche zusammen mit den Jugendlichen die geringste Verbundenheit zur Kirche vorweist.[86] Ebenso ist es die Altersgruppe, welche nach den Jugendlichen den höchsten Zustimmungswert,

80 Dem gegenüber steht zum Beispiel ein in anderen (Jugend-)Studien übliches, aber deutlich unschärferes Verständnis des Begriffs der Jugendlichen als Personen zwischen 14 und 29 Jahren. Vgl. Pickel, Junge Erwachsene, 60. Vgl. Pickel, Spannungsfeld, 145.

81 Vgl. Pickel, Junge Erwachsene, 60. Vgl. Pickel, Spannungsfeld, 145. Zwar ist eine Abgrenzung anhand des Alters weiterhin üblich, in der Forschung setzen sich aber immer mehr Definitionen durch, welche die Phase des jungen Erwachsenenseins anhand einer begonnenen, aber noch nicht vollendeten Absolvierung von Entwicklungsaufgaben beziehungsweise Statusübergängen abgrenzen. Vgl. John Klug, Junge Erwachsene, 79f.

82 Vgl. Pickel, Junge Erwachsene, 60.

83 Vgl. ebd.

84 Vgl. ebd.; Pickel, Spannungsfeld, 145. Für eine vertiefende Bestimmung des Begriffs der jungen Erwachsenen aus der Perspektive der Lebenslaufforschung vgl. John Klug, Junge Erwachsene, 39–79.

85 Vgl. Pickel, Junge Erwachsene, 60.

86 Vgl. Pickel, Spannungsfeld, 147.

in Bezug auf die Absicht aus der evangelischen Kirche „baldmöglichst" oder „in nächster" Zeit auszutreten, aufweist.[87] Auch ist es die Phase der Postadoleszenz, in der ein möglicher Kirchenaustritt seinen konkreten „Zeitpunkt" im Lebenslauf der Kirchenmitglieder hat:

> „Erkennbar wird aus den Daten […], dass die Abbruchprozesse wohl in der Phase der Postadoleszenz – also bei Verlassen des Elternhauses und dem Abschluss anderer Entwicklungsaufgaben – ihren konkreten Zeitpunkt besitzen. Wenn Menschen aus der Kirche austreten, dann anscheinend in der Phase des jungen Erwachsenseins und der Postadoleszenz – selten davor, selten danach."[88]

Dies liegt darin begründet, dass Jugendliche „unter 21 Jahren noch weitgehend über die Sozialisation und über ihre Eltern der Kirche verbunden" sind, dann aber in der folgenden bis zum 30. Lebensjahr andauernden Phase erstmals eigene Entscheidungen treffen.[89]

Als entscheidenden Faktor für diese Abbruchprozesse in der Phase der Postadoleszenz sieht Gert Pickel die mangelnde religiöse Sozialisation vieler evangelischer Kirchenmitglieder im Kinder- und Jugendalter, welche sich dann im jungen Erwachsenenalter in der Entscheidung zum Kirchenaustritt auswirkt.[90] Die durch die mangelnde religiöse Sozialisation entstehenden Effekte eines Bindungsverlustes gegenüber der Kirche und einer wachsenden religiösen „Indifferenz",[91] verstärken sich im Laufe der Generationen zunehmend:

> „Ein gutes Drittel aller Deutschen gehört keiner der beiden großen christlichen Religionsgemeinschaften an, und diese Haltung ‚vererbt' sich exponentiell. Denn nüchtern muss man sagen: Wer einmal ‚weg' ist, kommt in aller Regel nicht wieder, sondern nimmt auch noch seine Familie, später seine Kinder und Enkel mit. Die Weitergabe der ‚religiösen Nichtsozialisation' vererbt sich, die religiöse Indifferenz verfestigt sich."[92]

87 Vgl. ebd., 149.

88 Ebd., 151f.

89 Vgl. ebd., 151.

90 Vgl. Pickel, Junge Erwachsene, 66–68; Pickel, Spannungsfeld, 150. Vgl. auch Pollack, Detlef / Pickel, Gert / Spieß, Tabea: Religiöse Sozialisation und soziale Prägungen und Einflüsse, in: Bedford-Strohm / Jung, Vielfalt, 131–141.

91 Der Begriff der „Indifferenz" zielt auf die Beschreibung von „Kirchenferne" im Sinne einer zunehmenden „Beziehungslosigkeit" gegenüber der Kirche im Unterschied zu einer von „kontroverser Auseinandersetzung oder Abgrenzung" bestimmten Haltung gegenüber der Kirche. Vgl. Schneider, Nikolaus / Bedford-Strohm, Heinrich / Jung: Vorwort, in: Dies., Engagement, 3.

92 Gundlach, Handlungsherausforderungen, 132.

Zusammenfassend beschreibt Pickel die Altersgruppen der Jugendlichen und jungen Erwachsenen als „stabil im Bindungsverlust zu Kirche."[93]

Trotz dieser ernüchternden Analysen mahnt Pickel dazu, die „Bemühungen um die Jugend" nicht aufzugeben.

> „Im Gegenteil erscheint es angebracht – und dies zeigen gerade die Ergebnisse im Bereich der Sozialisation – an verschiedenen Punkten aktiv anzusetzen: z. B. bei der Wiedereinbindung nach Wanderungsprozessen, durch Angebote in der Phase der Postadoleszenz und durch Investitionen in den Bereich der religiösen Sozialisation wie auch durch soziale Integration in kirchliche und soziale Netzwerke."[94]

Genau an diesem Punkt schließen die beiden Arbeiten von Ulrike Bittner und Rebecca John Klug an. Bittner untersucht das Verhältnis von mobilen Milieus – und damit auch der besonders mobilen Altersgruppe der jungen Erwachsenen[95] – zur Kirche und fragt danach, wie die Gemeinschaftsgestalt der Kirche im Zeitalter der Mobilität ihren Ausdruck finden kann.[96] Sie zeigt anhand des Beispiels der freikirchlichen klassischen Gemeindegründung *Berlin Projekt*, dass Gemeinden das Potential haben, kirchliche, auf eine begrenzte Zeit hin angelegte Weggemeinschaften für die (jungen) mobilen Milieus[97] zu formen. Gelingt dies, so können Gemeinden dazu beitragen, dass eine vorhandene kirchliche Sozialisation während der Phase der Postadoleszenz beibehalten oder sogar gestärkt werden kann.[98] Als maßgeblich für die erfolgreiche Bildung solcher kirchlicher Weggemeinschaften werden von Bittner die von der Gemeindegründung angebotenen Hauskreise identifiziert, sowie ein Gemeindeverständnis, dass eine den individuellen Bedürfnissen angepasste und auf eine begrenzte Zeit angelegte Beteiligung der Gemeindeglieder am Gemeindeleben erlaubt.[99]

Rebecca John Klug untersucht in ihrer Forschungsarbeit, ob in Deutschland Gemeinden oder Ausdrucksformen des Glaubens mit gemeindeähnlichen Zügen existieren, welche in besonderer Weise auf junge Erwachsene hin ausgerichtet

---

93 Pickel, Junge Erwachsene, 60. Vgl. ebenso Pickel, Spannungsfeld, 150.

94 Pickel, Spannungsfeld, 160.

95 „Berufsbedingte Mobilität ist häufig an die berufliche Qualifizierung und damit an eine bestimmte Lebensphase gebunden, nämlich – im weitesten Sinne – an den Übergang ins Erwachsenenalter." Bittner, Lebenssituation, 42.

96 Vgl. ebd., 11–13.

97 Die von Bittner befragten Gemeindeglieder waren überwiegend zwischen 20 und 35 Jahre alt. Vgl. ebd., 212.

98 Vgl. ebd., 287.

99 Vgl. ebd., 220–223.287.

sind, beziehungsweise von diesen aktiv gestaltet werden.[100] Sie kommt in ihrer Untersuchung zu dem Schluss, dass in Deutschland einige „maßgeblich von jungen Erwachsenen geprägte Ausdrucksweisen des christlichen Glaubens mit ekklesiologischer Qualität" vorhanden sind, es sich dabei aber quantitativ gesehen um ein Minderheitenphänomen handelt.[101] Die von John Klug ausgewerteten Fälle sind darüber hinaus nur zum Teil im Raum der evangelischen Kirche angesiedelt, andere entstammen der katholischen Kirche oder dem freikirchlichen Spektrum.[102] Ein weiteres wichtiges Ergebnis von John Klugs Untersuchung besteht darin, dass von jungen Erwachsenen geprägte gemeindliche Formen auch „ein Gemeindeverständnis im Sinne einer aus verlässlichen Verbindungen bestehenden Gemeinschaft" aufweisen, sie zugleich aber unter organisatorischen Gesichtspunkten „weniger auf Bindung als auf unkomplizierte, fluide Ein- und Ausstiege ausgerichtet" sind.[103] „Verbindlichkeit, die zugleich von überschaubarer Dauer sein kann, mag als Paradoxon erscheinen, ist aber offensichtlich eine Form, wie sich Gemeinschaft in den von jungen Erwachsenen maßgeblich geprägten Ausdrucksformen des Glaubens ereignet."[104] Dieser von John Klug festgestellte Befund über das Bindungsverhalten junger Erwachsener in Bezug auf eine Gemeinde bestätigt die Forschungsergebnisse von Bittner in ganz wesentlichen Punkten. Darüber hinaus kommt John Klug zu dem Schluss, dass auf junge Erwachsene zielende gemeindliche Formen von diesen als „eigenverantwortliche Gestaltungsräume" wahrgenommen werden müssen und von einer lebens- und gesellschaftsrelevanten Kommunikation des Glaubens geprägt sein sollten.[105]

Gerade die Forderung nach einer „lebensrelevanten Kommunikation des Glaubens" lohnt dabei einer näheren Betrachtung. So spielt der Begriff der Relevanz gerade für die aktuelle Generation der jungen Erwachsenen eine überaus wichtige Rolle. Diese Gruppe der circa zwischen 1985 und 2000 geborenen[106] jungen Erwachsenen wird in der Generationenforschung[107] oftmals

---

100 Vgl. John Klug, Spannungsfeld, 298.

101 Vgl. John Klug, Spannungsfeld, 378.

102 Vgl. ebd., 346f.

103 Vgl. ebd., 380.

104 Ebd.

105 Vgl. ebd., 388.

106 Dabei ist die genaue zeitliche Einteilung der *Generation Y* umstritten und weicht je nach Ansatz um ein paar Jahre voneinander ab. Vgl. ebd., 84.

107 John Klug beschreibt den Unterschied zwischen der Lebenslaufforschung und der Generationenforschung wie folgt: „Während die Lebenslaufforschung sich mit der Entwicklung eines Individuums zu unterschiedlichen Zeitpunkten im Leben beschäftigt und Gruppenzuordnungen einzelner Individuen entsprechend gesellschaftlicher Entwicklungserwartungen vornimmt, die sich im Laufe des Lebens aufgrund von Entwicklungsprozessen verändern, beleuchtet die Generationenforschung gesellschaftliche Gruppen unterschiedlichen Alters, die jeweils eine für ihre Entwicklung bedeut-

als *Generation Y*[108] bezeichnet. Dabei erscheint der Name *Generation Y* zum einen als im alphabetischen Sinne logische Fortführung in Bezug auf die vorangegangene Generationenenkohorte der *Generation X*,[109] wird aber in einem zweiten Sinne zugleich als eine Metapher für das prägende Lebensgefühl dieser Generation verstanden. John Klug beschreibt dieses metaphorische Verständnis folgendermaßen:

> „Im Englischen ‚why' ausgesprochen und im Deutschen demnach mit ‚warum' wiederzugeben, wird diese Generation [Y] oft als von einer kritischen, suchenden oder auch taktierenden Frage geprägt dargestellt. In Diskussionen und Studien zur Generation Y wird dieses fragende ‚Warum?' aktuell vor allem als kritisch gegenüber Festlegungen im Allgemeinen gedeutet. Es kann durchaus egoistisch-taktierend wirken, jedoch ebenso mit einer ‚aus Unsicherheit geborene[n] Selbstbezogenheit' erklärt werden. Denn was gilt in dieser von Kurzfristigkeit, Wandel und Unübersichtlichkeit geprägten Welt als allgemeingültiges Kriterium, an dem man sich generell orientieren und auf das man sich im Zweifelsfall verlassen kann? So wird den Angehörigen der Generation Y als wesentliches Kriterium für Entscheidungen und Festlegungen der grundlegende Bezug auf sich selbst sowie die Frage ‚Was bringt es mir?' zugeschrieben – mit allen damit einhergehenden Freiheiten und Belastungen."[110]

Wenn bei aller Vorsicht vor Pauschalisierungen die Frage „Was bringt es mir?" als Beschreibung eines grundlegenden Lebensgefühls der aktuellen Generation junger Erwachsener verstanden werden kann, dann rückt für diese damit der Begriff der Relevanz in einem zugespitzten funktionalen Sinne in das Zentrum der Wahrnehmung und Bewertung der vorfindlichen Welt und damit auch von (christlicher) Religion. Das heißt, dass sich die Kirche bei dieser offensichtlich von der Spätmoderne am stärksten geprägten Generation nicht mehr auf die traditionelle Kirchenbindung verlassen kann, welche die Zugehörigkeit zur Evangelischen Kirche unhinterfragt hinnimmt. Vielmehr befindet sie sich in der Position die

same Erfahrung lebenslang vereint, sowie vor allem die Verhältnisse dieser (stabilen) Gruppen zueinander." Ebd., 81. Für eine ausführlichere Darstellung vgl. ebd., 81–85. Vgl. ebenfalls Grethlein, Kirchentheorie, 221f.

108 Der Begriff der *Generation Y* ist der am häufigsten benutze Name für die aktuelle Generation der jungen Erwachsenen. Als Alternativbezeichnungen sind auch *„Millenials"* als Anspielung auf die „um die Jahrtausendwende aufgewachsenen" oder *„Generation Me"* als die Hervorhebung einer dieser Generation unterstellten Selbstbezogenheit in Gebrauch. Für eine ausführlichere Darstellung und weitere alternative Bezeichnungen vgl. John Klug, Spannungsfeld, 85–86. Für eine ausführliche Beschreibung der *Generation Y* vgl. Hurrelmann, Klaus / Albrecht, Erik: Die heimlichen Revolutionäre. Generation Y, Weinheim, 2014.

109 Vgl. John Klug, Spannungsfeld, 86.

110 Ebd.

„Relevanz" des christlichen Glaubens für das individuelle Leben der Angehörigen dieser Generation („Was bringt es mir?") deutlich machen zu müssen. Erst wenn dies gelingt, wird der Kirchenaustritt als Handlungsmöglichkeit an Bedeutung verlieren. Entscheidend erscheint dabei die Orientierung an der Lebenswelt[111] der jungen Erwachsenen. Erst wenn die christliche Religion sich in Bezug stehend zur Lebenswelt von jungen Erwachsenen erweist, das heißt für diese Lebenswelt an Bedeutung erlangen kann, wird sie von jungen Erwachsenen als relevant erachtet werden.[112]

Nun besteht das Problem, dass sowohl die Gottesdienste, als auch das weitere Gemeindeleben durchschnittlicher landeskirchlicher Parochialgemeinden in keinem oder nur in einem sehr geringen Bezug zu der Lebenswelt von jungen Erwachsenen stehen. Vielmehr sind sie auf eher ältere Alterssegmente und deren Lebenswelt ausgerichtet und setzen eine gewisse Stabilität, das heißt ein Angekommen sein in Familie und Beruf voraus.[113] Auch in diesem Punkt könnte das Handlungsinstrument der klassischen Gemeindegründung Abhilfe schaffen. Durch das Gründen von Zielgruppengemeinden könnten eben jene von John Klug geforderten „eigenverantwortlichen Gestaltungsräume" entstehen, in der eine der Lebenswelt junger Erwachsener angemessene Kommunikation des Glaubens vollzogen wird.

Zusammenfassend lässt sich sagen, dass im praktisch-theologischen und kirchlichen Diskurs die Altersgruppe der jungen Erwachsenen eine neue Aufmerksamkeit erfährt. Sie ist neben den Jugendlichen die Altersgruppe mit der größten Distanz zur Kirche und mit der größten Austrittsbereitschaft. Zugleich markiert sie die Lebensphase, in der ein Kirchenaustritt am wahrscheinlichsten vollzogen wird. Damit sind die jungen Erwachsenen eine Altersgruppe mit besonders hoher Relevanz für die Mitgliederorganisation Kirche. Auf der anderen Seite machen die Arbeiten von

---

111 Für den Begriff der „Lebenswelt" vgl. die Darstellung in ▹ Kapitel 12.2.

112 Vgl. dazu auch die Rede von der religiösen Indifferenz, welche besonders im Zuge der KMU5 an Konjunktur gewann. Vgl. Pickel / Spieß, Indifferenz, 248–266.

113 Die Auswertung der KMU5 zeigt, dass unter den kirchlich Hochaktiven ältere Jahrgänge überrepräsentiert sind und eine positive Korrelation zwischen Gottesdienstbesuch und der Kinderzahl einer Person sowie der Dauer, die man an einem Wohnort verbracht hat besteht. Vgl. Pollack, Detlef / Laube, Martin, Liskowsky, Anne Elise: Intensive Mitgliedschaftspraxis, in: Schneider / Bedford-Strohm / Jung, Engagement, 48f. Diese Ergebnisse müssen mit Vorsicht interpretiert werden, können aber zumindest als Hinweis gedeutet werden, dass Angebote und Vergemeinschaftungsformen in evangelischen Kirchengemeinden nicht den aus ihrer Lebenswelt abgeleiteten Bedürfnissen von mobilen, kinderlosen jungen Erwachsenen entsprechen. Vielmehr stehen eher Familien im Fokus von Kirchengemeinden: „Wahrscheinlicher ist demgegenüber, dass über die Kinder mehr Anlässe zur Teilnahme an kirchlichen Veranstaltungen gegeben sind und so die Familie in eine intensivere Kirchenmitgliedschaftspraxis hineinwächst. Das Phänomen intensive Kirchenmitgliedschaft weist unverkennbar eine familienbiografische Komponente auf." Pollack / Laube / Liskowsky, Mitgliedschaftspraxis, 48f.

Bittner und John Klug deutlich, dass es Ausdrucksformen von Gemeinde geben kann, welche diese Altersgruppe ansprechen und sie in kirchliche Sozialformen einbinden. Dabei erscheinen das Angebot, Teil einer verlässlichen Gemeinschaft sein zu können und zugleich eigenständig über Nähe und Distanz sowie Dauer und Ende der eigenen Verbundenheit entscheiden zu können sowie eine lebensrelevante Kommunikation des Glaubens, als wesentliche Merkmale solcher gemeindlicher Ausdrucksformen.

Allein scheint es im Raum der evangelischen Kirche an solchen „von jungen Erwachsenen geprägten" Ausdrucksformen des christlichen Glaubens zu mangeln.[114] Dies stellt einen wesentlichen Anknüpfungspunkt für klassische Gemeindegründung dar, da mit ihr ein Handlungsinstrument vorliegt, welches es erlaubt, zielgruppenspezifische neue Ausdrucksformen von Gemeinde zu etablieren. Die Beispiele aus der *Church of England* zeigen, dass dies gerade auch in Bezug auf die Altersgruppe der jungen Erwachsenen gelingen kann. Es scheint, als ob man dort die spezifischen Bedürfnisse von jungen Erwachsenen in Bezug auf ihr Vergemeinschaftungs- und Bindungsverhalten und auch in Bezug auf eine lebensrelevante Kommunikation des Glaubens erkannt hat und dem durch eine Strategie der Gründung von speziell auf diese Altersgruppe ausgerichteten *City Centre Resource Churches* in den urbanen Zentren des Landes Rechnung trägt.[115]

Vor dem Hintergrund der geschilderten Forschungsergebnisse und des erfolgreichen Einsatzes von klassischer Gemeindegründung in England zur Etablierung von Gemeinden für die Zielgruppe der jungen Erwachsenen, erscheint damit die Einrichtung junger Erwachsenengemeinden durch Anwendung des Instrumentes der klassischen Gemeindegründung auch in Deutschland als sinnvoll. Gerade die besonderen Bedürfnisse dieser Altersgruppe in Bezug auf die Form der Vergemeinschaftung lässt sich dahingehend deuten, dass sie nur schwer in bestehende Kirchengemeinden zu integrieren sind. Darauf deuten auch weitere, durch die Anwendung der Netzwerkforschung gewonnene, Erkenntnisse aus der praktisch-theologischen Diskussion der letzten Jahre hin. Auf diese soll im Folgenden vertiefend eingegangen werden.

20.2.2 Die Erkenntnisse der Netzwerkforschung

Wie bereits schon einmal dargestellt, hat in der deutschen Praktischen Theologie seit einigen Jahren der Begriff des Netzwerkes Konjunktur.[116] Dabei kommt

114 Vgl. den Befund von John Klug: John Klug, Spannungsfeld, 378.

115 Vgl. die Darstellung in ▷ Kapitel 14.

116 Zu diesem Befund kommt auch Thomas Schlegel. Vgl. Schlegel, Thomas: Ekklesiologische Perspektiven. Kirche theologisch als ein Netzwerk begreifen, in: Hörsch, Daniel / Pompe, Hans-Hermann (Hg.): Kirche aus der Netzwerkperspektive. Metapher – Methode – Vergemeinschaftungsform,

der Netzwerk-Begriff aber in verschiedenen Verwendungsformen zum Einsatz. So wird er zum einen in einem metaphorischen Sinne gebraucht, indem Strukturen oder Systeme in Gemeinde und Kirche, welche einen netzförmigen Eindruck machen, mit dem Netzwerkbegriff belegt werden. Nicht selten ist der Begriff dabei positiv konnotiert und fungiert als eine Art „Hoffnungsbringer" in Theologie und Kirche.[117] Zugleich werden bei diesem metaphorischen Gebrauch nicht selten methodologische Überlegungen außen vor gelassen.[118]

Davon zu unterscheiden ist die aus der Soziologie stammende Netzwerktheorie, welche im Sinne einer Methode beziehungsweise eines „Werkzeugs" seit einigen Jahren in der Praktischen Theologie Einzug hält und auch bei der Durchführung der KMU5 zur Anwendung kam.[119] Daniel Hörsch und Hans-Hermann Pompe weisen darauf hin, dass es zwischen diesen beiden Verwendungsarten des Netzwerkbegriffs zu unterscheiden gilt, aber zugleich nicht die eine der anderen vorzuziehen sei. „Metapher und Methode sollte man weder verwechseln noch vermischen, aber auch nicht gegeneinander ausspielen."[120]

Thomas Schlegel bemängelt, dass oft ein, diese Unterscheidung nicht hinreichend reflektierender, Gebrauch des Netzwerkbegriffes in der Praktischen Theologie vorzufinden sei und es darüber hinaus kaum zu einer hinreichenden Klärung komme, was unter dem Netzwerkbegriff überhaupt zu verstehen ist. „Die Bedeutung [des Begriffs des Netzwerkes] wird schlicht vorausgesetzt."[121] Dem setzt Schlegel folgende

---

Kirche im Aufbruch 25, Leipzig, 2018, 33f. Zu den wichtigsten Veröffentlichungen zur Netzwerkperspektive in der Praktischen Theologie gehören die Beiträge, die in Bezug zur Netzwerkerhebung stehen, welche im Rahmen der KMU5 durchgeführt wurde. Vgl. Bedford-Strohm/ Jung, Vielfalt, 337–446; Roleder, Felix / Weyel, Birgit: Vernetzte Kirchengemeinde. Analysen zur Netzwerkerhebung der V. Kirchenmitgliedschaftsuntersuchung der EKD, Leipzig, 2019. Für weitere wichtige Veröffentlichungen mit Bezug zum Begriff des Netzwerkes vgl. Eder, Hartmut: Kirche als pastorales Netzwerk. Chancen und Konsequenzen einer operativen Kirchenkonzeption, Werkstatt Theologie 21, Berlin, 2012; Nord, Ilona: Gemeinde in Netzwerken, in: Kunz, Ralph / Schlag, Thomas (Hg.): Handbuch für Kirchen- und Gemeindeentwicklung, Neukirchen-Vluyn, 2014, 409–415; Schulz, Claudia: Kirche als Netzwerk betrachtet. Spiegelbilder einer relationalen Praktischen Theologie, in: Praktische Theologie 51, 2016, S. 140–147; Zimmer, Miriam / Sellmann, Matthias / Hucht, Barbara: Netzwerke in pastoralen Räumen. Wissenschaftliche Analysen – Fallstudien – Praktische Relevanz, Würzburg, 2017; Hörsch, Daniel / Pompe, Hans-Hermann (Hg.): Kirche aus der Netzwerkperspektive. Metapher – Methode – Vergemeinschaftungsform, Kirche im Aufbruch 25, Leipzig, 2018.

117 Vgl. Hörsch, Daniel / Pompe, Hans-Hermann: Zur Einführung, in: Dies., Netzwerkperspektive, 9.

118 Vgl. ebd., 10. Diesem Gebrauch entspricht die Rede von netzwerkorientierten klassischen Gemeindegründungen in der Gemeindegründungsszene der *Church of England*. Vgl. die Darstellung in ▹ Kapitel 12.2.

119 Vgl. Hörsch / Pompe, Einführung, 9.

120 Ebd. Vgl. ebenso Zimmer, Sellmann, Hucht, Netzwerke, 10f.

121 Schlegel Perspektiven, 34.

Definition des Netzwerkbegriffes entgegen, welche auch hier für die weitere Ausführung grundlegend sein soll: „Netzwerke sind soziale Systeme, deren Struktur einem Netz ähnelt. Die Subjekte des sozialen Handelns erscheinen als Knoten, die mittels Kanten verbunden sind.“[122] Dabei ist zu beachten, dass die Subjekte eines Netzwerkes sowohl Personen als auch Organisationen oder Teile von Organisationen sein können.[123] Konstituierend für ein Netzwerk ist die Kommunikation zwischen den Subjekten des Netzwerkes, welche auch als „Akteure“ bezeichnet werden können. Die Kommunikation kann „intensiver und häufiger oder unverbindlicher und seltener geschehen.“[124] Diese unterschiedliche Intensität und Häufigkeit von Kommunikation wird durch die Rede von starken und schwachen Verbindungen (*strong and weak ties*) im Netzwerk benannt.[125]

Der so gefasste Begriff des Netzwerkes beschreibt dabei kein neues soziales Phänomen. Die Kommunikation zwischen verschiedenen Akteuren in einem sozialen System unterliegt seit jeher einem hohen Grad an Komplexität. Vielmehr ermöglicht es die Netzwerkperspektive diesen Grad an Komplexität wahrzunehmen und darzustellen.

> „Über Netzwerke zu reden heißt dann lediglich, die Kommunikation in besonderer Form zu betrachten: nämlich systemisch und ganzheitlich in ihrer Komplexität – nicht nur monopolar, auch nicht bipolar, sondern multipolar.“[126]

Nach dieser kurzen Einführung soll nun auf einige Ergebnisse der im Rahmen der KMU5 durchgeführten Netzwerkerhebung eingegangen werden. Die Ergebnisse dieser Netzwerkerhebung können nämlich als ein Anknüpfungspunkt für das Handlungsinstrument der klassischen Gemeindegründung gedeutet werden.[127]

Bei der im Rahmen der KMU5 durchgeführten Netzwerkerhebung wurden die Kirchenmitglieder einer evangelischen, parochial verfassten Kirchengemeinde in Westdeutschland befragt.[128] Es handelt sich also lediglich um die Untersuchung eines Fallbeispiels, aus der sich demnach auch keine Repräsentativität ableiten

---

122 Ebd., 35.

123 Vgl. ebd., 36.

124 Ebd.

125 Vgl. ebd.

126 Schlegel, Perspektiven, 37.

127 Im Folgenden wird besonders auf die von Roleder und Weyel vorgenommene vertiefende Analyse der Netzwerkerhebung Bezug genommen. Vgl. Roleder / Weyel, Kirchengemeinde. Beachte ebenso Bedford-Strohm/ Jung, Vielfalt, 337–446.

128 Es wurden insgesamt 64 % der Kirchenmitglieder der Parochialgemeinde befragt. Dabei waren Kirchenmitglieder unter 14 Jahren von der Befragung ausgeschlossen. Vgl. Roleder / Weyel, Kirchengemeinde, 13.16.

lässt.[129] Zugleich betonen Roleder und Weyel, dass die untersuchte Kirchengemeinde als eine „durchschnittstypische Kirchengemeinde“ anzusehen ist und viele ihrer Eigenschaften auch für andere Kirchengemeinden charakteristisch sind.[130] Die an der Untersuchung teilnehmenden Kirchenmitglieder wurden daraufhin befragt,

- mit wem sie gemeinsam den Gottesdienst der Kirchengemeinde besuchen und wie häufig dies der Fall ist,
- mit wem und wie häufig sie sich über den Sinn des Lebens austauschen und als wie religiös sie diesen Austausch bewerten,
- an welchen Angeboten der Kirchengemeinde sie teilnehmen und welche zwischenmenschlichen Kontakte sie im Rahmen dieser Angebote wahrnehmen,
- wen sie als ihre nahestehenden, alltagsweltlichen Bezugspersonen benennen würden.[131]

Aufgrund der durch diese Befragung gesammelten Daten und den daraus konstruierbaren Netzwerken kommen Roleder und Weyel auf folgende, für die Fragestellung dieser Arbeit wichtige, Ergebnisse:

Sie erkennen eine deutlich wahrnehmbare Netzwerkhomophilie[132] in der untersuchten Kirchengemeinde in Bezug auf die unterschiedlichen Altersgruppen.[133] Das heißt, dass die befragten Personen vornehmlich mit Personen derselben Altersgruppe interagieren. Dies betrifft sowohl den persönlichen Alltag als auch Zusammenkünfte der Kirchengemeinde. „Der zwischenmenschliche, persönliche Umgang mit Angehörigen anderer Generationen ist in beiden Kontexten eher unüblich.“[134] Roleder und Weyel kommen zu dem Schluss, dass diese vor allem

---

129 Vgl. ebd., 13.

130 Vgl. ebd.

131 Vgl. ebd., 18f.

132 Mit diesem Begriff wird in der Netzwerkforschung der Umstand bezeichnet, dass Menschen mit gleichen oder ähnlichen demographischen Merkmalen häufiger miteinander interagieren: „Netzwerkhomophilie bezeichnet das verbreitete Phänomen, dass Personen, die einander in Bezug auf Merkmale wie Alter, Geschlecht und Bildung ähnlich sind, in Netzwerken häufiger interagieren, während es weniger häufig zu Kontakten zwischen Individuen an den verschiedenen Enden des demographischen Spektrums kommt.“ Roleder / Weyel, Kirchengemeinde, 26.

133 In der Untersuchung der Kirchengemeinde konnte jedoch keine besonders ausgeprägte Netzwerkhomophilie in Bezug auf das Geschlecht oder den Bildungsgrad festgestellt werden. Vgl. Roleder / Weyel, Kirchengemeinde, 27.

134 Roleder / Weyel, Kirchengemeinde, 27. Es gilt zu beachten, dass eine Netzwerkhomophilie dort auftritt, wo die Kontakte der persönlichen Wahl unterliegen. Das heißt vor allem im Freizeitverhalten und bei der Bildung von Freundschaften. Innerhalb von Familie und Verwandtschaft besteht keine Netzwerkhomophilie, da hier die Beziehungsverhältnisse selbst für den Kontakt ausschlaggebend sind. Vgl. ebd., 28f.

am Alter orientierte Netzwerkhomophilie besonders zum Nachteil für jüngere Kirchenmitglieder werden kann.

> „Angesichts des demographischen Wandels in einer insgesamt älter werdenden Gesellschaft und des Trends der Deinstitutionalisierung bzw. Säkularisierung kann die Altershomophilie ein Problem darstellen. Denn diese Trends lassen jüngere Kirchenmitglieder zunehmend in eine Minderheitenposition im Raum der Kirche rücken. Wenn jüngere Kirchenmitglieder bei kirchlichen Angeboten auf keine Bezugspersonen in einem ähnlichen Alter treffen, könnten sie weniger geneigt sein, an solchen Angeboten teilzunehmen."[135]

Diese These gewinnt dadurch an Belastbarkeit, dass Befragungen zur Kirchgangshäufigkeit zu dem Schluss kommen, dass die meisten Gottesdienstgemeinden in ihrer sonntäglichen Zusammensetzung in der Regel einen hohen Altersdurchschnitt aufweisen.[136] Im Umkehrschluss bedeutete dies, dass in einem durchschnittlichen Gottesdienst eher selten jüngere Kirchenmitglieder (29 Jahre und jünger) in größerer Zahl versammelt sein dürften. Darüber hinaus stellen Roleder und Weyel fest, dass gerade die ebenfalls homophil strukturierten privaten freundschaftlichen Alltagskontakte von Teilnehmern kirchlicher Angebote als „Rekrutierungsvehikel"[137] dienen, um neue Teilnehmer für diese Angebote anzuwerben.[138] Dies führt aber zu einer Verfestigung und Reproduktion „homogen zusammengesetzte[r] kirchlicher Vergemeinschaftungen".[139]

Die dargestellten Ergebnisse werfen für Roleder und Weyel die Frage auf, „inwieweit sich Generationengrenzen – jenseits von Familie und Verwandtschaft – im

---

135 Ebd., 48.

136 Von den für die KMU 5 befragten Personen geben 9 % der unter 30-jährigen an, mindestens einmal in der Woche den Gottesdienst zu besuchen. Bei den 45–59-jährigen sind es hingegen 24 % und bei den 60–74-jährigen sogar 32 %. Vgl. Hermelink, Jan / Koll, Julia / Hallwaß, Anne Elise: Liturgische Praxis zwischen Teilhabe und Teilnahme, in: Bedford-Strohm / Jung, Vielfalt, 94. Die von der Liturgischen Konferenz der EKD in Auftrag gegebene Kirchgangsstudie kommt zu dem Ergebnis, dass junge Erwachsene deutlich seltener und in größeren Abständen Gottesdienste besuchen, als dies für den Durchschnitt der Befragten der Fall ist. Vgl. Koll, Julia u.a. (Hg.): Kirchgangsstudie. Erste Ergebnisse, Hannover, 2019, 29f. Die Studie ist abrufbar unter https://www.liturgische-konferenz.de/download/Kirchgangsstudie%202019_Ergebnispapier_END.pdf, 04. August 2020.

137 Bei diesem Begriff handelt es sich um einen Fachbegriff aus der soziologischen Netzwerkforschung, welche die „netzwerkbasierte Rekrutierung", das heißt die Ansprache und Gewinnung von Kontakten aus dem eigenen Netzwerk für eine bestimmte Sache oder ein Anliegen beschreibt. Vgl. Roleder / Weyel, Kirchengemeinde, 50.

138 Vgl. ebd.

139 Vgl. ebd., 51.

Raum der Kirche tatsächlich überbrücken lassen."[140] Zudem sehen sie mit diesen Ergebnissen die Kirche vor enorme Herausforderungen bei der sozialen Integration der jüngeren Generationen stehen: „Was passiert, wenn die kleiner werdende Gruppe der jüngeren Generationen bei kirchlichen Zusammenkünften keine Gleichaltrigen antrifft und deshalb dort keinen sozialen Anschluss findet?"[141] Die Antwort auf diese Fragen bedenken Roleder und Weyel gleich mit, indem sie eine Studie zum Verhältnis junger Erwachsener zum Gottesdienst[142] in den Blick nehmen. Aus dieser geht hervor, dass junge Erwachsene sich wünschen, dass Angehörige ihrer Altersgruppe, „zumindest proportional zu ihrem Bevölkerungsanteil", im Gottesdienst vertreten sind.[143] Da die Realität aber als gegenteilig empfunden wird, führt dies zu einem Attraktivitätsverlust der Gottesdienste. Dieser Attraktivitätsverlust setzt aber eine Abwärtsspirale in Gang, da aufgrund der geringen Attraktivität weitere junge Erwachsene dem Gottesdienst fernbleiben dürften, was den Effekt der Überalterung des Gottesdienstes weiter verstärkt.[144]

Angesichts dieser Befunde und auch in Rückbezug auf die Milieutheorie[145] sprechen sich Roleder und Weyel für eine „reflektierte Zielgruppenspezialisierung kirchlicher Angebote" aus.[146] Diese sollte nach ihrem Befinden zugleich innergemeindlich als auch gesamtgemeindlich durch die Entwicklung von Profilgemeinden erfolgen.[147] Zugleich bedarf es neben dieser Spezialisierung auch einer Zielgruppenverknüpfung, das heißt, der Schaffung von Begegnungsflächen für die Angehörigen verschiedener kirchlicher Zielgruppen.[148] „Sollte sich die kirchliche Arbeit in Zukunft vermehrt in regionalisierten Profilgemeinden organisieren, könnten mehrere Profilgemeinden immer wieder gemeinsame Gottesdienste feiern und so die Zielgruppenverknüpfung erreichen."[149]

Roleder und Weyel kommen mit ihrer Untersuchung der Netzwerkhomophilie offensichtlich sowohl zu ähnlichen Befunden als auch zu ähnlichen Lösungsansät-

140 Ebd., 52. Mit dieser Frage schließen Roleder und Weyel an ähnliche Debatten in Bezug auf die Erkenntnisse aus der Milieutheorie und der Diskussion um das *Homogenous Unit Principle* an. Vgl. die Darstellung in ▹ Kapitel 12.5.

141 Roleder / Weyel, Kirchengemeinde, 52.

142 Vgl. Roßner, Benjamin: Das Verhältnis junger Erwachsener zum Gottesdienst: empirische Studien zur Situation in Ostdeutschland und Konsequenzen für das gottesdienstliche Handeln, Leipzig, 2005.

143 Vgl. Roßner, Verhältnis, 279. Zitiert nach Roleder / Weyel, Kirchengemeinde, 52.

144 Vgl. Roßner, Verhältnis, 283. Zitiert nach Roleder / Weyel, Kirchengemeinde, 53.

145 Für eine Einführung in die Milieutheorie vgl. die Darstellung in ▹ Kapitel 12.2.

146 Vgl. Roleder / Weyel, Kirchengemeinde, 56.

147 Vgl. ebd., 57.

148 Vgl. Roleder / Weyel, Kirchengemeinde, 57.

149 Ebd.

zen wie die kirchliche Milieuforschung:[150] Unterschiedliche Lebensalter auf der einen (Netzwerkforschung) sowie unterschiedliche Lebensweltorientierungen auf der anderen Seite (Milieuforschung), sorgen jeweils für Begegnungsbarrieren zwischen verschiedenen Generationen beziehungsweise verschiedenen Milieus. Dies gilt es anzuerkennen und durch eine Zielgruppenorientierung, bei gleichzeitig angestrebter Zielgruppenverknüpfung beziehungsweise durch ein milieuspezifisches Vorgehen, bei einer gleichzeitig angestrebten Milieuspreizung, in der kirchlichen Arbeit zu berücksichtigen.[151] Beides sind Forderungen, welche seit langem auch durch die Schule des missionarischen Gemeindeaufbaus vorgetragen werden.[152]

Auch stehen sie mit ihrem Lösungsvorschlag in unmittelbarer Nähe zu Michael Moynaghs Konzept der „fokussierten aber zugleich verbundenen Kirche."[153] Wie bereits dargestellt, wirbt Moynagh mit diesem Konzept für die Ausbildung von kontextspezifischen Kirchengemeinden, welche auf eine spezielle, meist in sich homogene Zielgruppe ausgerichtet sind. Zugleich kommt es auf unterschiedlichen kirchlichen Ebenen – von der Gemeindeebene bis hin zur nationalkirchlichen Ebene – zu Begegnung, Austausch und Zusammenarbeit zwischen den einzelnen kontextspezifischen Gemeinden.[154] Moynagh begegnet damit auch dem oft gegenüber Zielgruppen- oder milieuspezifischen Gemeinden vorgetragenen Vorwurf, diese würden die Einheit der Kirche gefährden und bestehende, als trennend empfundene Unterschiede hinnehmen, beziehungsweise sogar verstärken.[155] Moynagh bietet somit einen gut entwickelten Lösungsvorschlag für die von Roleder und Weyel angestrebte Zielgruppenverknüpfung, wie er auch in ähnlicher Weise im deutschen Kontext durch das Konzept der regiolokalen Kirchenentwicklung vorgelegt wurde.[156]

Für die von Roleder und Weyel vorgebrachte Forderung nach Zielgruppen- und Profilgemeinden stellt nun gerade klassische Gemeindegründung eine mögliche Lösung dar. Konnte doch gezeigt werden, dass klassische Gemeindegründungen ein geeignetes Vehikel für die Etablierung von zielgruppenspezifischen Gemeinden

150 Für eine Zusammenfassung der Befunde der kirchlichen Milieuforschung vgl. Hempelmann, Milieu, 55–73.

151 Unter dem Begriff der Milieuspreizung wird die Ausrichtung von kirchlichen Angeboten auf mehrere, an einander angrenzende Milieus verstanden. Vgl. Hempelmann, Milieu, 101.

152 Vgl. zum Beispiel Herbst, Gemeindeaufbau, 501–505.

153 Vgl. Moynagh / Harrold, Context, 171–179.

154 Vgl. ebd., 171. Vgl. auch die Darstellung in ▹ Kapitel 12.5.

155 In der englischen Diskussion steht dabei oft das *Homogenous Unit Principle* im Zentrum der Debatte. In Deutschland wurde dieser Vorwurf besonders im Streit um die Erkenntnisse der Milieutheorie laut. In beiden Fällen wird in besonderer Weise mit Gal 3,28 argumentiert. Vgl. Davison / Milbank, Parish, 163–168; Hauschildt, Kohler, Schulz, Unsinn, 73f.

156 Vgl. die Darstellung in ▹ Kapitel 12.6.

darstellen und diese besonders in Bezug auf die Zielgruppe der jungen Erwachsenen sehr erfolgreich sein können.[157] Gerade wenn die Altersstruktur der gewöhnlichen parochialen Sonntagsgottesdienste für die jüngere Generation ein auf sie ausschließend wirkendes Merkmal darstellt, könnte die Schaffung von Zielgruppengemeinden für junge Erwachsene durch das Handlungsinstrument der klassischen Gemeindegründung eine wesentliche Antwort darstellen. Diese könnten wie von Roleder und Weyel vorgeschlagen regional ausgerichtet sein, beziehungsweise nach der in der Gemeindegründungsszene der *Church of England* benutzten Begrifflichkeit eine „Netzwerkorientierung" vorweisen und damit das Einzugsgebiet einer ganzen Großstadt oder eines ganzen Kirchenkreises abdecken.[158] Als Vorbilder und Modelle könnten die bereits bestehenden, durch klassische Gemeindegründung entstandenen, Profilgemeinden im Raum der evangelischen Kirche dienen.[159]

Dabei wird es nicht darum gehen, für jedes Alterssegment eine eigene Gemeindeform anzubieten. Auch wird es nicht darum gehen, in jeder Gemeinde altersspezifische Gottesdienste für jedes Lebensjahrzent zu etablieren. Weder erscheint dies als ein sinnvoller Einsatz von Ressourcen, noch ist zu erwarten, dass allein durch eine Anpassung des Angebotes auch automatisch die Nachfrage steigt.[160] Doch erscheint es angesichts der hier diskutierten Erkennntisse als überaus sinnvoll in urbanen Räumen, in denen überdurchschnittlich viele Angehörige der Altersgruppe der jungen Erwachsenen leben, wenigstens einige auf dieses Altersspektrum ausgerichtete Gemeinde zu gründen. Zu denken wäre an mindestens eine solche Gemeinde in jeder deutschen Großstadt. Darüber hinaus könnten ländlichen Regionen in einer zentral gelegenen Gemeinde eine speziell auf diese Altersgruppe ausgerichtetes, durch seine Netzwerkorientierung die ganze Region erreichendes, Gottesdienstangebot etablieren. Dieses könnte dann mittelfristig zu einer eigenständigen Regionalgemeinde heranwachsen. Denn die hier dargestellten Erkenntnisse weisen darauf hin, dass es gerade die von hoher Mobilität geprägte Lebenswelt junger Erwachsener ist, für die die evangelische Kirche im Unterschied zu Familien und Senioren bisher kaum adäquate Gemeindeformen bereithält.

---

157 Vgl. die Darstellung in ▹ Kapitel 12.2 und Kapitel 14.3.2.

158 Jüngere Kirchenmitglieder lehnen das Parochialprinzip, also die Zuordnung zu einer Gemeinde aufgrund des Wohnortes, deutlich häufiger als ältere Kirchenmitglieder und sogar mehrheitlich ab. Dies heißt im Umkehrschluss, dass bei jüngeren Kirchenmitgliedern eine Offenheit für netzwerkorientierte Profilgemeinden vorhanden sein sollte. Vgl. Roleder / Weyel, Kirchengemeinde, 53f.

159 Vgl. die in ▹ Kapitel 19.3 genannten Beispiele.

160 Zugleich muss aber doch beachtet werden, „dass es ein Potenzial älterer Jugendlicher und junger Erwachsener gibt, das die Evangelische Kirche aktuell nicht abruft." Das heißt, ein besseres Angebot für diese Altersgruppe könnte durchaus auf eine positive Resonanz stoßen. Vgl. John Klug, Spannungsfeld, 387.

Zusammenfassend lässt sich sagen, dass die im Rahmen der KMU5 durchgeführte Netzwerkerhebung in Bezug auf das generationale Miteinander die Erkenntnis hervorbringt, dass die Altersstruktur vieler evangelischer Gottesdienste und anderer Gemeindeangebote auf jüngere Kirchenmitglieder eine ausschließende Wirkung haben kann. Dies legt die konsequente Zielgruppenspezialisierung gemeindlicher Arbeit bei gleichzeitiger Bemühung um eine Zielgruppenverknüpfung nahe. In Bezug auf die jüngeren Generationen und in besonderem Maße auf die Zielgruppe der jungen Erwachsenen erscheint die Gründung von netzwerkorientierten Profilgemeinden als sinnvoll. Diese könnte mit Hilfe des Handlungsinstrumentes der klassischen Gemeindegründung etabliert werden.

20.2.3 Der Einsatz von klassischer Gemeindegründung als Alternative zu Kirchenschließungen und Gemeindefusionen und in Regionalisierungsprozessen

Innerhalb der evangelischen Landeskirchen stellen gemeindliche Fusionsprozesse, Kirchenschließungen und Regionalisierungsprozesse wesentliche Strategien zur Bewältigung des kirchlichen Schrumpfungsprozesses dar. So verlor die Evangelische Kirche in Deutschland (EKD) zwischen 2014 und 2019 2.542.000 Kirchenmitglieder.[161] Im gleichen Zeitraum verringerte sich die Zahl der Kirchengemeinden in der EKD von 14.769 im Jahr 2014 auf 13.552 im Jahr 2019.[162] Dieser Rückgang um 1.217 Kirchengemeinden entspricht mehr als 8 % der Kirchengemeinden im Jahr 2014. Damit setzt sich ein Trend fort, der schon länger anhält.[163]

Ebenfalls verringert sich die Zahl der Kirchengebäude deutlich.[164] Durch den prognostizierten weiteren Mitgliederverlust und den daraus zumindest teilweise re-

---

161 Im Jahr 2014 meldete die EKD 23.255.000 Kirchenmitglieder. Im Jahr 2019 waren es noch 20.713.000. Vgl. Kirchenamt der EKD: Gezählt 2020, Evangelische Kirche in Deutschland, Hannover 2020, 8. Abrufbar unter, https://www.ekd.de/ekd_de/ds_doc/Gezaehlt_zahlen_und_fakten_2020.pdf, 16. Juli 2020; Strub, Hans: Kooperation und Fusion von Gemeinden, in: Kunz, Ralph / Schlag, Thomas (Hg.): Handbuch für Kirchen- und Gemeindeentwicklung, Neukirchen-Vluyn, 2014, 288.

162 Vgl. Kirchenamt der EKD, Gezählt 2020, 8; Strub, Kooperation, 288.

163 So verlor die Evangelische Kirche in Deutschland (EKD) zwischen 2004 und 2014 2.855.000 Kirchenmitglieder. Im gleichen Zeitraum verringerte sich die Zahl der Kirchengemeinden innerhalb der EKD von 16.356 im Jahr 2004 auf 14.769 im Jahr 2014. Dieser Rückgang um knapp 1.600 Kirchengemeinden entspricht fast 10 % aller Kirchengemeinden in Bezug auf das Jahr 2004. Vgl. Strub, Kooperation, 288.

164 Die Zahl der Kirchen und Kapellen betrug im Jahr 2004 23.624, im Jahr 2018 hingegen nur noch 20.306. Dies entspricht einem Rückgang von circa 14 %. Vgl. Kirchenamt der EKD: Evangelische Kirche in Deutschland. Zahlen und Fakten zum kirchlichen Leben 2004, Evangelische Kirche in Deutschland, Hannover 2005, 28. Abrufbar unter https://www.ekd.de/ekd_de/ds_doc/broschuere_2004_internet.pdf, 16. Juli 2020; Kirchenamt, Gezählt, 2019, 33.

sultierenden Rückgang der Kirchensteuereinnahmen[165] ist davon auszugehen, dass gemeindliche Fusionsprozesse, Kirchenschließungen und Regionalisierungsprozesse im Sinne eines kirchlichen Rückbaus auch weiterhin vonnöten sein werden.[166]

Die Strategie der Gemeindefusionen, Kirchenschließungen und Regionalisierungsprozesse basiert dabei auf der Annahme, dass dadurch Kosten gespart, Kräfte gebündelt und die Profilierung von Gemeinden vorangetrieben werden kann.[167] Diesen Annahmen stehen etliche Bedenken gegenüber. So erscheinen gemeindliche Fusionsprozesse und Kirchenschließungen oft als „emotional" aufgeladene Veränderungsprozesse, welche von allen Beteiligten eine hohe Aufmerksamkeit fordern und über einen längeren Zeitraum viele Ressourcen binden.[168] Darüber hinaus wird die Notwendigkeit solcher Prozesse oft mit ökonomischen Argumenten begründet und damit das erhoffte Einsparungspotential in den Vordergrund gestellt. Es fällt offensichtlich „nicht leicht, in den laufenden Diskussionen inhaltliche (ekklesiologische) Argumente in den Vordergrund zu stellen".[169] Strub sieht hier die Gefahr, dass durch die vermeintliche Überzeugungskraft ökonomischer Argumente ekklesiologische Prozesse in den Hintergrund geraten.[170] Und auch Christhard Ebert weist daraufhin, dass zwischen „einer inhaltlich qualifizierten Regionalentwicklung, die sich dem Auftrag der Kirche verpflichtet weiß, und einer strukturell formatierten Regionalisierung, die in der Regel nur einer strukturellen Anpassungslogik folgt", unterschieden werden muss.[171] Im Anschluss an diese Unterscheidung muss auch nach dem tatsächlichen „Mehrwert" von Fusions-, Kirchenschließungs- und Regionalisierungsprozessen gefragt werden.[172] Folgen sie einer strukturell formatierten Begründung, so dürfte dieser allein in der Anpassung der kirchlichen Strukturen an die schrumpfende Zahl der Mitglieder und den

165 Die Entwicklung der Kirchensteuer wird neben der Mitgliederentwicklung auch durch die demographische und ökonomische Entwicklung mitbestimmt. Vgl. Meyns, Kirchenreform, 21.233.

166 Die 2019 veröffentlichte *Freiburger Studie* geht für die EKD von einem Rückgang der Mitgliederzahlen um circa 50 % bis ins Jahr 2060 im Vergleich zum Basisjahr der Studie (2017) aus. Ebenso wird sich die „Kirchensteuerkraft" der evangelischen Landeskirchen um circa 50 % verringern. Vgl. Evangelische Kirche in Deutschland / Deutsche Bischofskonferenz: Langfristige Projektion der Kirchenmitglieder und des Kirchensteueraufkommen in Deutschland, Hannover und Bonn, 2019, 8.14. Abrufbar unter https://www.ekd.de/ekd_de/ds_doc/projektion-2060-ekd-vdd-factsheet-2019.pdf., 16. Juli 2020.

167 Vgl. Strub, Kooperation, 290.

168 Vgl. ebd., 291f.

169 Vgl. ebd., 292.

170 Vgl. ebd.

171 Vgl. Ebert, Christhard: Kooperation in und zwischen Netzwerken als Modus regiolokaler Kirchenentwicklung, in: Hörsch / Pompe, Netzwerkperspektive, 123.

172 Vgl. Strub, Kooperation, 292.

dadurch bedingten kleiner werdenden finanziellen Spielraum begründet sein. Letztlich geht es dabei aber weiterhin um die möglichst vollständige Aufrechterhaltung einer flächendeckenden „Versorgungs"- beziehungsweise „Betreuungskirche"[173] bei gleichzeitig knapper werdenden Ressourcen. Die Folgen sind bekannt: immer größer werdenden Parochien, die eher ganzen Regionen entsprechen, überlastete Pfarrerinnen und Pfarrer, die ihre letzten Gestaltungsspielräume verlieren und die Aufrechterhaltung einer kirchlichen Monokultur, bei der Profilierungs- und Ausdifferenzierungsprozesse unterbleiben.[174]

Demgegenüber ist für eine inhaltlich qualifizierte Regionalentwicklung zu plädieren, welche auch Gemeindefusions- und Kirchenschließungsprozesse nicht ausschließt. Zugleich folgen diese aber nicht (allein) ökonomischen Begründungen. Vielmehr stehen inhaltliche Begründungen im Vordergrund, welche sich aus Begrenzungen des Konzeptes der Ortskirchengemeinde ergeben. Diese lassen sich mit den drei Stichwörtern „Territorium", „Autarkie" und „Vollprogramm" exemplarisch darstellen:[175]

- Territorium: Ortskirchengemeinden haben ihre Stärke im Nahbereich und sind damit besonders für weniger mobile Menschen zugänglich. Zugleich organisieren viele mobile Menschen ihr Leben in der Netzwerkgesellschaft regional anhand einer gemeinsamen, von anderen geteilten Lebenswelt. Das Ortskirchengemeindeprinzip kann auf die mobilen Bevölkerungsteile eine exkludierende Wirkung haben, wenn die Angebote der Gemeinde nicht der Lebensweltorientierung der Menschen entsprechen.
- Autarkie: Lokale Kirchengemeinden tun sich mit der übergemeindlichen Zusammenarbeit schwer und neigen dazu alles selbst und möglichst allein tun zu wollen. Dabei steht das eigene Überleben im Vordergrund und das Wohlergehen der gesamten Kirche gerät aus dem Blick.
- Vollprogramm: Jede lokale Kirchengemeinde versucht eigenständig Angebote für alle erdenklichen Zielgruppen zu kreieren. Dies kann zur Überlastung und einem Mangel an Qualität führen.

Die dargestellten inhaltlichen Gründe sprechen dafür, die mittlere Ebene der Kirchenkreise und Kirchenbezirke als einen vollwertigen Ausdruck von Kirche in den Blick zu nehmen[176] und eine inhaltlich profilierte Stärkung der Region be-

173 Für eine profilierte Auseinandersetzung mit dem Kirchenbild der „Betreuungskirche" vor dem Hintergrund des kirchlichen Umgangs mit peripheren ländlichen Räumen vgl. Schlegel, Wohlfahrtsstaat, 125–130.

174 Für eine knappe Darstellung der möglichen problematischen Folgen von Regionalisierungsprozessen vgl. Herbst, Aufbruch, 116f. Vgl. auch Hauschildt / Pohl-Patalong, Kirche, 297–300.306.

175 Für die folgende Zusammenfassung vgl. Herbst, Aufbruch, 118.

176 Vgl. ebd., 114–116. Vgl. auch Strub, Kooperation, 297.

ziehungsweise des Dekanats als kirchliche Handlungsebene vorzunehmen. Diese mittlere Ebene kann durch gezieltes Handeln den Beschränkungen der Ortskirchengemeinden entgegenwirken. Ein profilierter Entwurf einer solchen inhaltlich qualifizierten Regionalisierung liegt mit der regiolokalen Kirchenentwicklung vor und wurde bereits vorgestellt.[177] Die regiolokale Kirchenentwicklung stellt nun einen weiteren Anknüpfungspunkt für klassische Gemeindegründung innerhalb der evangelischen Landeskirchen dar, was sich an den folgenden Argumenten zeigt:

Mit klassischer Gemeindegründung steht zunächst ein kirchliches Instrument zur Verfügung, welches der Kirchenleitung Handlungsmöglichkeiten eröffnet, die echte Alternativen zu Gemeindefusionen oder Kirchenschließungen darstellen. So könnte zum Beispiel in einer Großstadt, in der ein Kirchengebäude im innenstadtnahen Bereich aufgrund eines Wandels der demographischen Zusammensetzung der zugehörigen Parochie aufgegeben werden soll oder bereits geschlossen wurde, einen Ort für eine klassische Gemeindegründung darstellen. Diese könnte von einer Kirchengemeinde durchgeführt werden, welche gerade dabei ist, unter Leitung des Gemeindediakons eine netzwerkorientierte gemeindliche Arbeit mit Studenten und jungen Erwachsenen aufzubauen. Zugleich hat die Gemeinde aber durch ihre Lage am Stadtrand und der damit verbundenen schlechteren Erreichbarkeit aus anderen Stadtteilen bisher einen Standortnachteil für diese Art von Arbeit. Das Gemeindegründungsteam würde hier aus den Studenten und jungen Erwachsenen sowie dem Diakon der Gemeinde am Stadtrand gebildet werden.

Ebenso könnte in einer mittelgroßen Stadt eine von drei vorhandenen Parochialgemeinden Ort einer klassischen Gemeindegründung nach Art der Revitalisierung werden. Hier wäre als Ausgangssituation vorstellbar, dass diese Gemeinde mit einer überalterten und schrumpfenden Kerngemeinde sowie einem stetigen Mitgliederrückgang zu kämpfen hat und zudem kürzlich vakant geworden ist. Das Gründungsteam könnte dabei einer der beiden anderen Parochialgemeinden entstammen, welche eine profilierte und erfolgreiche Arbeit mit jungen Familien aufgebaut hat, inklusive monatlicher Familiengottesdienste, welche das Einzugsgebiet der gesamten Stadt umfassen. Personen, welche im Gemeindegebiet der zu revitalisierenden Gemeinde wohnen, aber die Familienarbeit der benachbarten Parochie besuchen, könnten als Gründungsteam fungieren. Als Gemeindegründerin könnte die gerade ordinierte Pfarrerin im Probedienst fungieren, welche ihr Vikariat in der benachbarten Parochie verbracht hat und dort die erfolgreiche Familienarbeit kennengelernt hat und an deren Weiteretwicklung beteiligt war. Das

177 Vgl. Herbst / Pompe, Regiolokale Kirchenentwicklung. Eberhard Hauschildt und Uta Pohl-Patalong entwerfen ebenfalls ein in vielen Teilen mit der regiolokalen Kirchenentwicklung übereinstimmendes Regionalisierungskonzept: „Kirche als Netz von Gemeinden an kirchlichen Orten". Vgl. Hauschildt / Pohl-Patalong, Kirche, 305–310.

Gemeindegründungsteam könnte nun in der von Überalterung betroffenen Kirchengemeinde eine eigene Familienarbeit aufbauen und durch den neuen Standort weitere Teilnehmer für diese gewinnen. Auf diese Weise könnte die drohende Fusion mit einer der beiden Nachbargemeinden vermieden und die Eigenständigkeit und Zukunftsfähigkeit der Gemeinde gesichert werden.

Auch könnte in einer ländlichen Region mit drei Dörfern, welche sich auf zwei Kirchengemeinden aufteilen, in der Aula der Grundschule des zentral gelegenen und als regionalem Zentrum fungierenden Großdorfes, welches aber über kein evangelisches Kirchengebäude oder einen Gottesdienstraum verfügt, eine Gottesdienstgemeinde mit einem modernen Gottesdienstprofil etabliert werden. Dies könnte in Zusammenarbeit der beiden Kirchengemeinden geschehen, welche dadurch neben ihren traditionellen Gottesdienstformaten in den beiden Dorfkirchen eine profilierte Alternative für Personen des mittleren Alterssegments und mit Bezug zur Grundschule – das heißt vor allem für Eltern mit Schulkindern – aufbauen könnten. Zu Beginn könnte der Projektcharakter dieser neuen Gottesdienstgemeinde betont werden und die Gottesdienste im monatlichen Rhythmus stattfinden. Nach einiger Zeit und einer erfolgreichen Etablierung könnten in Zusammenarbeit mit dem Kirchenbezirk Überlegungen über die Verstetigung und eine mögliche Verselbstständigung dieser neuen gemeindlichen Ausdrucksform angestrengt werden.

Schließlich könnte in einer ländlichen Region, welche aus einer Stadt als Mittelzentrum und ansonsten aus kleineren Dörfern besteht, die Gründung einer *Resource Church* – einer Quellgemeinde[178] – erwogen werden. Dies würde besonders dann als sinnvoll erscheinen, wenn in den einzelnen Dörfern eine durchgehende gottesdienstliche Versorgung nicht mehr aufrechterhalten werden kann. Hier könnte, wo dies erwünscht und möglich ist, die Feier des traditionellen agendarischen Gottesdienstes in die Verantwortung von engagierten, ehrenamtlichen Gemeindegliedern vor Ort übertragen werden, während die hauptamtlichen Stellen in der neu entstehenden Quellgemeinde in der Stadt gebündelt würden, welche als ökonomisches und politisches Zentrum als klarer Bezugspunkt für die mobile Bevölkerung fungiert. Durch eine profilierte moderne und qualitativ hochwertige Gottesdienstgestaltung könnte von der Quellgemeinde eine attraktionale Wirkung weit über die Stadtgrenzen hinaus ausgehen, so dass ein signifikantes Gemeindewachstum möglich wäre. Zugleich würde dies eventuell erlauben, nach einiger Zeit das gemeindliche Leben in einzelnen Dörfern zu reaktivieren, wenn sich herausstellt, dass aus diesen besonders viele Personen die Quellgemeinde in der Stadt besuchen und somit eine kritische Menge für ein neues gemeindliches Leben im Dorf erreicht würde.

178 Für diesen Vorschlag der Übersetzung des englischen Begriffes Quellgemeinde vgl. Weimer, Quellgemeinde, 66–81.

Eingebettet wären alle Beispiele in eine strategische Entwicklung der jeweiligen Kirchenbezirke, welche durch ein vertrauensvolles Zusammenwirken der einzelnen Kirchengemeinden und der Organe auf Kirchenbezirksebene vonstatten gehen würde. So könnte die Durchführung der beispielhaft skizzierten klassischen Gemeindegründungen auch als Chance zu einer weiteren Profilierung und Ausdifferenzierung der gemeindlichen Landschaft im Kirchenbezirk genutzt werden. Mit dieser strategischen Einbettung würde ein weiteres Merkmal des Einsatzes von klassischer Gemeindegründung in der *Church of England* aufgegriffen. Dort wird, wie dargestellt wurde, klassische Gemeindegründung gezielt von einigen Bischöfen als Handlungsinstrument in diözesanen Veränderungs- und Entwicklungsprozessen eingesetzt. Dabei nutzen die jeweiligen Bischöfe die ihnen zukommende Autorität und die ihnen zur Verfügung stehenden Machtmittel, um klassische Gemeindegründungen auch gegen Widerstände durchzusetzen.[179]

Diese auf dem episkopal geprägten Kirchenverständnis beruhende bischöfliche Durchsetzungskraft stellt dabei einen entscheidenden Unterschied zur Situation in den deutschen durchweg synodal strukturierten Landeskirchen dar.[180] So ist das Konzept der regiolokalen Kirchenentwicklung auf die Zusammenarbeit der unterschiedlichen Akteure sowohl auf der Gemeinde- als auch der Kirchenbezirksebene angewiesen und setzt dabei auf einen vertrauensvollen und von der Motivation zur Zusammenarbeit getragenen Umgang der Akteure untereinander.[181] Ob eine solche vertrauensvolle und auf dasselbe Ziel ausgerichtete Zusammenarbeit aber überhaupt erreichbar ist, stellt eine der wesentlichen Anfragen an das Konzept der regiolokalen Kirchenentwicklung dar.[182]

Zugleich scheint in Deutschland sowohl innerhalb der Praktischen Theologie, als auch in den Landeskirchen das Bewusstsein zu wachsen, dass das Parochialsystem dringend der Ergänzung um neue gemeindliche Ausdruckformen bedarf.[183] Dieser Bewusstseinswandel könnte sich als eine wichtige Voraussetzung für die Umsetzung

---

179 Vgl. die Darstellung in ▹ Kapitel 9.3.2 und Kapitel 15.2.4.

180 Vgl. die Darstellung in ▹ Kapitel 25.3.5.

181 Vgl. Herbst / Pompe, Kirchenentwicklung, 38–42.

182 So wird festgestellt, dass „viele Aspekte von regiolokaler Kirchenentwicklung […] weitgehend oder ausschließlich in der Hand lokaler Gemeinden“ liegen und dass der mittleren Leitungsebene vor allem die Aufgabe zukommt „den Rahmen für Innovation in der Region zu setzen, ihr Freiräume zu schaffen und ihre regionale Wirkung zu ermöglichen“. Der mittleren Leitungsebene wird also vor allem ein ermöglichendes Handeln zugeschrieben, aber kein „durchsetzendes“ Handeln. So entsteht der Eindruck, dass eine regiolokale Kirchenentwicklung durch den Widerstand von einzelnen Akteuren erheblich ausgebremst, wenn nicht sogar gänzlich verhindert werden könnte. Vgl. Herbst / Pompe, Kirchenentwicklung, 43.

183 Vgl. zum Beispiel Hauschildt / Pohl-Patalong, Kirche, 305–310; Grethlein, Kirchentheorie, 239–245. Die gestiegene Aufmerksamkeit für neue Gemeindeformen in den Landeskirchen zeigt sich am besten an den von der Evangelischen Kirche in Mitteldeutschland und der Rheinischen Landes-

einer regiolokalen Kirchenentwicklung darstellen. Diese neue Offenheit gegenüber nicht-parochial strukturierten Gemeindeformen schlägt sich auch in der kirchlichen Gesetzgebung nieder und soll in einem nächsten Schritt exemplarisch anhand von Beschlüssen der Synode der Evangelischen Kirche im Rheinland beleuchtet werden.

20.3 Die Öffnung des Gemeindebegriffes in der kirchlichen Gesetzgebung als Ermöglichungsraum für neue Gemeindeformen

Die Kirchenordnung der Evangelischen Kirche im Rheinland versteht unter dem Begriff der Kirchengemeinde in der Regel die Parochialgemeinde.[184] So heißt es: „Kirchengemeinde der Evangelischen Kirche im Rheinland ist die Gemeinschaft ihrer Mitglieder in der Regel in einem durch Herkommen oder Errichtungsurkunde bestimmten Gebiet."[185] Als weitere Formen werden Anstaltskirchengemeinden, welche die Kirchenleitung „bei selbstständig diakonischen Einrichtungen errichten kann" sowie Personalgemeinden genannt.[186]

Für die Personalgemeinden wurde bisher allerdings kein Kirchengesetz erlassen, welches deren Einrichtung und ihr Verhältnis zu anderen Kirchengemeinden beziehungsweise dem Kirchenkreis oder der Landeskirche regeln würde.[187] Die im Jahr 2016 von der Landessynode beauftragte „AG Gemeindeformen" sollte unter anderem diese Leerstelle schließen und erarbeitete daraufhin eine Vorlage, die von der Landessynode 2017 angenommen wurde.[188] In dieser Vorlage wird zunächst festgestellt, dass „die territorial gebildete Kirchengemeinde [...] auch in Zukunft – in Zusammenarbeit mit funktionalen Diensten – eine wesentliche Organisationsstruktur der Evangelischen Kirche im Rheinland bleiben [wird]."[189] Zugleich wird es als notwendig erachtet, Gemeindeformen zu beschreiben, welche

kirche eingerichteten Erprobungsräumen. Vgl. https://www.erprobungsraeume-ekm.de; https://erprobungsraeume.de, 17. Juli 2020.

184 Für die folgenden Ausführungen vgl. ebenfalls John Klug, Spannungsfeld, 149f.263–269.

185 Vgl. Art. 5.1. der Kirchenordnung der Evangelischen Kirche im Rheinland.

186 Vgl. Art. 12.1. und 12.2. der Kirchenordnung der Evangelischen Kirche im Rheinland.

187 Vgl. John Klug, Spannungsfeld, 264.

188 Vgl. ebd.

189 Evangelische Kirche im Rheinland: Vergnügt, erlöst, befreit. Gemeinde formen. LS 2017 Drucksache 24, 2. Abrufbar unter https://www.ekir.de/www/downloads/DS_24_Gemeinde_formen.pdf, 17. Juli 2020.

durch die Definition der Kirchenordnung bisher nicht beachtet werden.[190] „Darüber hinaus wird auch die Entwicklung neuer Gemeindeformen angestrebt."[191]

Das Dokument nennt dann im Folgenden als solche Gemeindeformen die „Personalgemeinde", „andere Gemeinden und assoziierte Gemeinden", und „kooperierende Gemeinden". Die Personalgemeinde zeichnet sich dabei dadurch aus, dass sie nicht territorial gebildet wird, ihr aber der gleiche Status wie den territorial gebildeten Kirchengemeinden zuerkannt wird.[192] Damit geht einher, dass „ihre Mitglieder die ‚Vollmitgliedschaft' in Anspruch nehmen [können] und diese Gemeindeform im Kontext der EKiR die gleichen Rechte und Pflichten [erhält], wie sie mit dem (parochial geprägten) Gemeindebegriff auch sonst verbunden sind."[193]

Andere Gemeinden werden hingegen durch eine negativ bestimmte Unterscheidung von den Parochial- und Personalgemeinden abgegrenzt. Sie zeichnen sich dadurch aus, dass sie sich „anders als Parochialgemeinden und Personalgemeinden gebildet haben."[194] John Klug schließt aus der beispielhaften Nennung von Citykirchen-Gemeinden, Studierendengemeinden und Jugendkirchengemeinden, dass mit dem Begriff der anderen Gemeinden vor allem Zielgruppengemeinden in den Blick genommen werden sollen.[195] Unter den assoziierten Gemeinden werden vor allem Migrantengemeinden und Auslandsgemeinden verstanden, zugleich sind auch die landeskirchlichen Gemeinschaften zu ihnen zu rechnen.[196] Andere und assoziierte Gemeinden stehen „kontinuierlich und in einer verbindlich definierten Struktur in Verbindung zu einer Kirchengemeinde, einem Kirchenkreis oder zur Landeskirche."[197] In Bezug auf Finanzen und Personal kann es zu unterschiedlichen Regelungen kommen, wobei die Gemeinden über einen Vertreter oder eine Vertreterin mit beratender Stimme an den Sitzungen des Leitungsgremiums der jeweils zugeordneten kirchlichen Ebene teilnehmen kann.[198] Doppelmitgliedschaften in einer anderen oder assoziierten Gemeinde sowie in einer Parochialgemeinde sind möglich.[199]

Als kooperierende Gemeinden werden das „lose Zusammenwirken von anderen Formen des Kircheseins mit Gemeinden und Kirchenkreisen" bezeichnet.[200] Fi-

190 Vgl. Evangelische Kirche im Rheinland, Gemeinde formen, 2.
191 Ebd.
192 Vgl. ebd., 3.
193 John Klug, Spannungsfeld, 264f.
194 Vgl. Evangelische Kirche im Rheinland, Gemeinde formen, 4.
195 Vgl. John Klug, Spannungsfeld, 265.
196 Vgl. Evangelische Kirche im Rheinland, Gemeinde formen, 4.
197 Evangelische Kirche im Rheinland, Gemeinde formen, 4.
198 Vgl. ebd.
199 Vgl. ebd.
200 Vgl. ebd., 5.

nanziell und personell sind kooperierende Gemeinden eigenständig und werden in kirchliche Prozesse durch Informationsaustausch einbezogen.[201]

Über diese Gemeindeformen hinaus nennt das Dokument explizit „Erprobungsräume" als ein weiteres Modell in Ergänzung zur Parochie.[202] Sie sollen als Ermöglichungsstruktur für die Entwicklung „von christlichen Gemeinschaften und ergänzenden Formen des Kircheseins jenseits der gemeindlichen und der Struktur funktionaler Dienste" dienen.[203] Dabei wird neben anderen Beispielen insbesondere auf die *fresh expressions of church* in der *Church of England* als vergleichbare Initiativen und die Erprobungsräume der Evangelischen Kirche in Mitteldeutschland Bezug genommen.[204]

Bemerkenswert an dem Dokument ist zunächst, dass es die Parochialgemeinde als „eine", aber nicht „die" wesentliche Organisationsstruktur der zukünftigen Evangelischen Kirche im Rheinland sieht. Dies wird durch die differenzierte und ausführliche Beschreibung weiterer schon heute in der Landeskirche bestehender Gemeindeformen unterstrichen. Diese Hervorhebung bereits bestehender nicht-territorial organisierter Gemeindeformen trägt dazu bei, ein Gemeindeverständnis zu relativieren, welches vor allem die Parochie als die maßgebliche Gemeindeform versteht. Diese Relativierung der Parochie, als die das Bild von Gemeinde prägende Form, lässt dann die experimentell angelegte Suche nach weiteren neuen Gemeindeformen, wie sie durch die Etablierung von Erprobungsräumen angestrebt wird, als naheliegenden Schritt erscheinen. Ist die gegenwärtige „Gemeindelandschaft" bereits als ein Miteinander verschiedener Formen zu beschreiben, so erscheint die Entwicklung potentieller neuer Gemeindeformen lediglich als weitere Pluralisierung einer bereits bestehenden Formenvielfalt.

Möglich wird die hier festgestellte Relativierung der Parochie als die das Verständnis des Begriffs Gemeinde prägende Gemeindeform durch eine theologische und historische Auseinandersetzung mit dem Begriff der Gemeinde.[205] Diese kommt zu dem Schluss, dass „die Parochie nur eine mögliche, historisch zugewachsene Ausprägung" von Gemeinde darstellt.[206]

In der Folge des hier vorgestellten Synodenbeschluss 2017 ist es in der Evangelischen Kirche im Rheinland tatsächlich zur Einrichtung von Erprobungsräumen gekommen. Damit stellt dieser Prozess in der Evangelischen Kirche im Rheinland ein Beispiel dafür dar, wie eine kirchenrechtlich vollzogene Ausweitung des

201 Vgl. ebd.

202 Vgl. ebd., 5f.

203 Vgl. ebd., 5.

204 Vgl. ebd.

205 Vgl. Evangelische Kirche im Rheinland, Gemeinde formen, 12–16.

206 Vgl. ebd., 15.

Gemeindebegriffes[207] zum Ermöglichungsraum für die Förderung neuer gemeindlicher Formen werden kann.[208] Dies betrifft auch die Durchführung von klassischen Gemeindegründungen. Diese können lediglich bei der Art der Revitalisierung auf bestehende rechtliche Formen, nämlich die Gestalt einer bestehenden Parochie zurückgreifen. Sie sind aber bei den Modi der Gründung und der Wiedereröffnungen darauf angewiesen, dass Regelungen jenseits des parochialen Gemeindeverständnisses möglich sind.

20.4 Fazit

Es konnte gezeigt werden, dass innerhalb der evangelischen Kirche neben anderen neuen Ausdrucksformen von Gemeinde auch klassische Gemeindegründungen ihr Recht haben und Entscheidendes beitragen könnten. So wurde anhand von Erkenntnissen aus Lebenslauf-, Generationen- und Netzwerkforschung deutlich, dass es innerhalb der Evangelischen Kirche gerade an geeigneten Gemeindeformen für die Zielgruppe der jungen Erwachsenen mangelt. Will die Evangelische Kirche hier neueren freikirchlichen Gemeindegründungsnetzwerken nicht gänzlich das Feld überlassen, so erscheint es als dringlich, mit Hilfe des Handlungsinstrumentes der klassischen Gemeindegründung, an der Lebenswelt von jungen Erwachsenen ausgerichtete Zielgruppengemeinden zu etablieren. Zugleich muss der Einsatz von klassischer Gemeindegründung nicht auf das Alterssegment der jungen Erwachsenen beschränkt bleiben. Auch andere Alters- und Zielgruppen können dadurch in den Blick genommen werden. Allerding erscheint die Etablierung von Gemeinden für die Zielgruppe der jungen Erwachsenen als besonders dringlich.

Darüber hinaus stellt klassische Gemeindegründung in manchen Fällen eine Handlungsalternative zu Gemeindefusionen und Kirchenschließungen dar und kann im Rahmen von regionalen Kirchenentwicklungs- und Veränderungsprozessen Entscheidendes zur Umsetzung einer regiolokalen Kirchenentwicklung beitragen. Auch konnte gezeigt werden, dass innerhalb der Evangelischen Kirche eine neue Offenheit für nicht-parochiale Gemeindeformen vorhanden ist, was

207 Die dargestellte Vorlage hält fest: „Bis in die Gegenwart kannten die Ordnungen der Landeskirchen praktisch nur die Parochie als die selbstverständliche und einzige Rechtsgestalt von (Kirchen-) Gemeinde." Evangelische Kirche im Rheinland, Gemeinde formen, 15.

208 Damit kommt es in exemplarischer Weise zur Umsetzung der Forderung von Klaus-Dieter Grunwald, Kirchenrecht auch als „ermöglichendes Recht" zu sehen, welches Freiräume gerade in Bezug auf neue Gemeindeformen schafft. Vgl. Grunwald, Klaus-Dieter: Gemeindepflanzung – ein Modell für die Kirche der Zukunft? Kommentar aus kirchenrechtlicher Perspektive, in: Bartels / Reppenhagen, Gemeindepflanzung, 127. Vgl. ebenso Mainusch, Rainer: Die kirchenrechtliche Perspektive. Netzwerke und Kirchenordnung, in: Hörsch / Pompe, Netzwerkperspektive, 98f.

grundsätzlich die Durchführung von klassischen Gemeindegründungen erleichtern sollte. Zugleich bleibt weiterhin die Frage bestehen ob innerhalb der Evangelischen Kirche in Deutschland Kirchengemeinden vorhanden sind, welche über das nötige Sendungsbewusstsein und die nötigen Sendungskapazitäten verfügen, um klassische Gemeindegründungen durchzuführen.

21. Schlusswort

In dieser Arbeit wurde deutlich, dass klassische Gemeindegründungen über nennenswerte Potentiale verfügen, aber auch zugleich Begrenzungen und Defizite aufweisen. Entgegen mancher Rhetorik stellt klassische Gemeindegründung sicherlich nicht „the single most effective evangelistic methodology under heaven"[1] dar. Zugleich sind ihre Leistungen auch nicht zu verachten, sondern können in spezifischen kirchlichen Feldern einen wichtigen Beitrag zur Bewältigung der gegenwärtigen kirchlichen Herausforderungen leisten. Dies gilt besonders dann, wenn klassische Gemeindegründung im Sinne eines kirchlichen Handlungsinstrumentes gezielt in einer komplementären Weise eingesetzt wird und damit die Stärken des Instruments voll zur Geltung kommen, während die Begrenzungen und Defizite durch andere missionarisch orientierte Handlungen ausgeglichen werden.

Die Betrachtung der Gemeindegründungsszene der *Church of England* hat gezeigt, dass es für einen solchen strategischen Einsatz zu einem Zusammenspiel verschiedener Promotoren kommen muss. So bedarf es einer Kirchenleitung, welche das Gründen von neuen Gemeinden und die Revitalisierung bestehender Gemeinden nicht nur zulässt, sondern diese aktiv fördert. Es braucht Gemeindegründungsnetzwerke, welche die nötigen Rahmenbedingungen und Strukturen schaffen, und es braucht Gemeinden, die Gemeindegründer und Gemeindegründungsteams aussenden und so Gemeindegründungen initiieren. Mit Blick auf die Entwicklung in der *Church of England* kann wohl gesagt werden, dass es gerade diese unterste Ebene, die Gemeindeebene, ist, welche den entscheidenden Faktor im Zusammenspiel der verschiedenen Promotoren darstellt. Die Kirchenleitung kann dafür sorgen, dass rechtlich abgesicherte Experimentierfelder oder „Erprobungsräume" entstehen. Netzwerke können dafür sorgen, dass sich die Idee der klassischen Gemeindegründung ausbreitet. Aber es sind letztlich die Gemeinden, die dafür Sorge tragen müssen, dass sich unter ihren Gliedern Gemeindegründer und Gemeindegründerinnen und ein sie begleitendes Gründungsteam finden lassen und diese ausgesandt werden um eine neue Gemeinde zu gründen. Dass dies auch in Deutschland geschieht, zeigen die in dieser Arbeit genannten Beispiele. Ob dies aber in einem Rahmen und in einem Umfang gelingen könnte, wie dies in der *Church of England* der Fall ist, muss an dieser Stelle offen bleiben.

---

1 Wagner, Church Planting, 11.

F. Verzeichnisse

22. Abbildungsverzeichnis

23. Tabellenverzeichnis

24. Literatur und Abkürzungsverzeichnis

24.1 Abkürzungsverzeichnis

ACPI	Anglican Church Planting Initiatives
BMO	Bishop Mission's Order
CCRC / RC	City Centre Resource Church / Resource Church
CCX	The Gregory Centre for Church Multiplication
CP1–8	Interviewter Gemeindegründer 1–8
CRT	Church Revitalisation Trust
DAWN	Diciple a Whole Nation
fxc / fxC	fresh expression of church
HTB	Holy Trinity Brompton
HUP	Homogenous Unit Principle
IEEG	Institut zur Erforschung von Evangelisation und Gemeindeentwicklung
KMUV	Fünfte Kirchenmitglieschaftsuntersuchung
LEP	Local Ecumenical Partnership
P1–8	Interviewter Promotor 1–8
PCC	Parochial Church Council
SDF	Strategic Development Funding
SHB	St Helen's Bishopsgate
TCP	traditional church plant
Vicar 1–3	Interviewte Gemeindepfarrer 1–3

Alle weiteren Abkurzungen folgen dem RGG^4-Abkurzungsverzeichnis: [1][2][3]
Redaktion der RGG^4 (Hg.): Abkürzungen Theologie und Religionswissenschaft nach RGG^4, Tübingen 2007.

---

1 Beide Abkürzungen kommen in dieser Arbeit lediglich in Zitaten und in der Darstellung der Kodiersysteme vor.

2 Beide Abkürzungen kommen in dieser Arbeit lediglich in Zitaten und in der Darstellung der Kodiersysteme vor.

3 Diese Abkürzung kommt in dieser Arbeit lediglich in Zitaten und in der Darstellung der Kodiersysteme vor.

24.2 Literatur

Allen, Roland: Missionary Methods. St Paul's or Ours? A Study of the Church in the Four Provinces, 4. Auflage, World Dominion Press, London, 1956.

Apprich, Clemens: Vernetzt – Zur Entstehung der Netzwerkgesellschaft, Transcript Verlag, Bielefeld, 2015, 15.

Arens, Edmund: Art. Inkulturation. II. Systemathisch-theologisch, in: RGG 4, 4. Auflage, Mohr Siebeck, Tübingen, 2001, 145f.

Atherstone, Andrew / Maiden, John: Anglican Evangelicalism in the Twentieth Century: Identities and Contexts, in: Dies. (Hg.): Evangelicalism and the Church of England in the Twentieth Century. Reform, Resistance and Renewal, Bodydell Press, Woodbridge, 2014, 1–47.

Atteslander, Peter: Methoden der empirischen Sozialforschung, 13. Auflage, Erich Schmidt Verlag, Berlin, 2010.

Aus der Au, Christina: Corporate Identity – Kirche als Marke, in: Kunz, Ralph / Schlag, Thomas (Hg.): Handbuch für Kirchen- und Gemeindeentwicklung, Neukirchener Verlagsgesellschaft, Neukirchen-Vluyn, 2014, 208–220.

Avis, Paul: The Identity of Anglicanism. Essentials of Anglican Ecclesiology, T&T Clark, London, 2007.

Bärend, Hartmut: Die Gemeindepflangzungsbewegung in England – ein Signal für unsere Kirche!, in: Roschke, Volker (Hg.): Gemeinde Pflanzen. Modell einer Kirche der Zukunft: Aussaat Verlag, Neukirchen-Vluyn, 2001, 5–9.

Baker, Jonny: The Pioneer Gift, in: Baker, Jonny / Ross, Cathy (Hg): The Pioneer Gift. Explorations in mission, Canterbury Press, Norwich, 2014, 1–19.

Baltes, Guido: Worshipmusik im europäischen Kontext, in: Arnold, Jochen u. a. (Hg.): Gottesklänge. Musik als Quelle und Ausdruck des christlichen Glaubens, 2. Auflage, Evangelische Verlagsanstalt, Leipzig, 2014, 247–260.

Bartels, Matthias / Reppenhagen, Martin (Hg.): Gemeindepflanzung – ein Modell für die Kirche der Zukunft?, BEG 4, Neukirchener Verlagsgesellschaft, Neukirchen-Vluyn, 2006.

Barth, Matthias: Flagship Stores: Zur Synthese von Marke und Architektur, in: Herbrand, Nicolai O. (Hg.): Schauplätze dreidimensionaler Markeninszenierung. Innovative Strategien und Erfolgsmodelle erlebnisorientierter Begegnungskommunikation. Brand Parks, Museen, Flagship Stores, Messen, Events, Roadshows, Stuttgart, 2008, 405–412.

Bebbington, David: Evangelicalism in Modern Britain. A History from the 1730s to the 1980s, Routledge, London, 1993.

Bebbington, David: The Islington Conference, in: Atherstone, Andrew / Maiden, John (Hg.): Evangelicalism and the Church of England in the Twentieth Century. Reform, Resistance and Renewal, Bodydell Press, Woodbridge, 2014, 48–67.

Bedford-Strohm, Heinrich / Jung, Volker: Vernetzte Vielfalt. Kirche angesichts Individualisierung und Säkularisierung. Die fünfte EKD-Erhebung über Kirchenmitgliedschaft, Gütersloher Verlagshaus, Gütersloh, 2015.

Berneburg, Erhard / Hörsch, Daniel (Hg.): Atlas neue Gemeindeformen. Vielfalt von Kirche wird sichtar, Midi, Berlin 2019.

Bevans, Stephens: Models of Contextual Theology, überarbeitete und erweiterte Auflage, Orbis Books, New York, 2002.

Birschel, Hermann: Der Gottesdienst – Feier der ganzen Gemeinde, in: Roschke, Volker (Hg.): Gemeinde Pflanzen. Modell einer Kirche der Zukunft, Aussaat Verlag, Neukirchen-Vluyn, 2001, 128–140.

Bittner, Ulrike: „Und wenn sich die Lebenssituation ändert, ist das o.k." Eine Untersuchung der evangelischen Kirche als Gemeinschaft unter den Bedingungen postmoderner Mobiliät, Arbeiten zur Pastoraltheologie, Liturgik und Hymnologie 88, Vandenhoeck & Ruprecht, Göttingen, 2016.

Böhm, Andreas: Theoretisches Codieren: Textanalyse in der Grounded Theory, in: Flick, Uwe / Kardorff, Ernst von / Steinke, Ines (Hg.): Qualitative Forschung. Ein Handbuch, 10. Auflage, Rowohlt Taschenbuch Verlag, Reinbek bei Hamburg, 2013, 475–485.

Bosch, David J.: Transforming Mission. Paradigm Shifts in Theology of Mission, Amercian Society of Mission Series 16, 10. Auflage, Orbis Books, Maryknoll, 1996.

Bowen, John P.: „What Happened Next?" Vincent Donovan, Thirty-five Years On, in: International Bulletin of Missionary Research 33, (2) 2009, 79–82.

Bray, Gerald: Art. Church of England in: RGG 2, 4. Auflage, Mohr Siebeck, Tübingen 1999, 365–370.

Breen, Mike: Leading Missional Communities. Rediscovering the power of living on mission together, 3 Dimension Ministries, Pawleys Island, 2013.

Brown, Andrew / Woodhead, Linda: The Church that was. How the Church of England lost the English People, Bloomsburry, London, 2016.

Bruce, Steve: Secularization and Church Growth in the United Kingdom, in: Journal of Religion in Europe 6, 2013, 273–296.

Bubmann, Peter / Fechtner, Kristian / Weyel, Birgit: „Gemeinde auf Zeit" – Einleitende Bemerkungen zu einem kooperativen Forschungsprojekt, in: Bubmann, Peter u. a. (Hg.): Gemeinde auf Zeit. Gelebte Kirchlichkeit wahrnehmen, Kohlhammer, Stuttgart, 2019, 7–15.

Butzer-Strothmann, Kristin: Muss das Marketing vor der Kirchentür Halt machen? Spirituelles Gemeindemanagement aus betriebswirtschaftlicher Sicht, in: Abromeit, Hans-Jürgen u. a. (Hg.): Spirituelles Gemeindemanangement, Chancen – Strategien – Beispiele, Vandenhoeck & Ruprecht, Göttingen, 2001, 31–41.

Castells, Manuel: Der Aufstieg der Netzwerkgesellschaft: Das Informationszeitalter. Wirtschaft. Gesellschaft. Kultur. Band 1, 2. Auflage, Springer VS, Wiesbaden, 2017.

Carey, George / Hopkins, Bob: Gemeindegründung in der anglikanischen Kirche, in: Knoblauch, Jörg / Eickhoff, Klaus / Aschoff, Friedrich (Hg.): Gemeinde gründen in der Volkskirche – Modelle der Hoffnung, Brendow, Moers, 1992, 67–70.

Cartledge, Mark J. u. a.: Megachurches and Social Engagement, Global Pentecostal and Charismatic Studies 33, Brill, Leiden, 2019.

Chapman, Mark: Anglicanism. A Very Short Introduction, Oxford University Press, Oxford, 2006.

Cleverly, Charlie: 8 Gründe warum wir neue Gemeinden brauchen, in: Knoblauch, Jörg / Eickhoff, Klaus / Aschoff, Friedrich (Hg.): Gemeinde gründen in der Volkskirche – Modelle der Hoffnung, Brendow, Moers, 1992, 79–81.

Cray, Graham u. a. (Hg.): Mission-shaped Church. Church planting and fresh expressions of church in a changing context, 2. Auflage, Church House Publishing, London, 2009.

Cray, Graham: For the Parish by Andrew Davison and Alison Milbank – A Response, in: Anvil 27, (1) 2010, 9–24.

Croft Steven: Gemeindepflanzung in der Anglikanischen Kirche. Von „Breaking New Ground“ (1994) zu „Mission-shaped Church“ (2004), in: Bartels, Matthias / Reppenhagen, Martin (Hg.): Gemeindepflanzung – ein Modell für die Kirche der Zukunft?, BEG 4, Neukirchener Verlagsgesellschaft, Neukirchen-Vluyn, 2006, 86–95.

Croft, Steven: Serving, sustaining, connecting: Patterns of ministry in the mixed economy Church, in: Ders. (Hg.): The Future of the Parish System, Church House Publishing, London, 2006.

Davison, Andrew / Milbank, Alison: For the Parish. A Critique of Fresh Expressions, SCM Press, London, 2010.

Detje, Malte: Servant Leadership. Führen und Leiten in der Kirchengemeinde im 21. Jahrhundert, BEG 23, Vandenhoeck & Ruprecht, Göttingen, 2017.

Domsgen, Michael / Schröder, Bernd: Vorwort, in: Dies. (Hg.): Kommunikation des Evangeliums. Leitbegriff der Praktischen Theologie, Arbeiten zur Praktischen Theologie 57, Evangelische Verlagsanstalt, Leipzig, 2014, 7–10.

Donovan, Vincent J.: Christianity Rediscovered, Wiederabdruck, SCM Press, London, 2001.

Ebert, Christhard / Pompe, Hans-Hermann (Hg.): Handbuch Kirche und Regionalentwicklung. Region – Kooperation – Mission, Evangelische Verlagsanstalt, Leipzig, 2014.

Ebert, Christhard: Kooperation in und zwischen Netzwerken als Modus regiolokaler Kirchenentwicklung, in: Hörsch, Daniel / Pompe, Hans-Hermann (Hg.): Kirche aus der Netzwerkperspektive. Metapher – Methode – Vergemeinschaftungsform, Kirche im Aufbruch 25, Evangelische Verlagsanstalt, Leipzig, 2018, 123–131.

Eder, Hartmut: Kirche als pastorales Netzwerk. Chancen und Konsequenzen einer operativen Kirchenkonzeption, Werkstatt Theologie 21, Lit Verlag, Berlin, 2012.

Ehrenschwendtner, Marie-Luise: Art. Lollarden, in RGG 5, 4. Auflage, Mohr Siebeck, Tübingen, 2002, 511f.

Eiffler, Felix: Kirche für die Stadt. Pluriforme urbane Gemeindeentwicklung unter den Bedingungen urbaner Segregation, BEG 29, Vandenhoeck & Ruprecht, Göttingen, 2020.

Elhaus, Philipp u. a. (Hg.): Kirche^2. Eine ökumenische Vision, Echter Verlag, Würzburg, 2013.

Errichiello, Oliver / Zschiesche, Arnd: Die Kirche als Marke stark machen. Ein Basis-Leitfaden für kirchliche Gemeinden und Organisationen, Springer Gabler, Wiesbaden, 2020.

Erklärung von Nairobi über Gottesdienst und Kultur. Herausforderungen und Möglichkeiten unserer Zeit, in: Stauffer, Anita (Hg.): Christlicher Gottesdienst: Einheit in kultureller Vielfalt. Beiträge zur Gestaltung des Gottesdienstes Heute, LWB Studien, Genf, 1996, 12–28.

Feldtkeller, Andreas: Art. Mission. II. Christentum. 2. Kirchengeschichtlich, in: RGG 5, 4. Auflage, Mohr Siebeck, Tübingen, 2002, 1275–1283.

Field, Clive D.: Has the Church of England lost the English people? Some quantitative tests, in: Theology 120, (2) 2017, 83–92.

Flick, Uwe / Kardorff, Ernst von / Steinke, Ines: 1. Was ist qualitative Forschung? Einleitung und Überblick, in: Dies. (Hg.): Qualitative Forschung. Ein Handbuch, 10. Auflage, Rowohlt Taschenbuch Verlag, Reinbeck bei Hamburg, 13–29.

Flick, Uwe: Triangulation in der qualitativen Forschung, in: Flick, Uwe / Kardorff, Ernst von / Steinke, Ines (Hg.): Qualitative Forschung. Ein Handbuch, 10. Auflage, Rowohlt Taschenbuch Verlag, Reinbek bei Hamburg, 2013, 309–318.

Freytag, Justus / Margull, Hans Jochen (Hg.): Junge Kirchen auf eigenen Wegen. Analysen und Dokumente, Neukirchener Verlag, Neukirchen-Vluyn, 1972.

Friess, Sonja: Marktförmige Inszenierung und leibsozialisatorische Massnahmen. Das Doppelgesicht der „International Christian Fellowship" ICF, in: Schaaf, Susanne und Mettner, Matthias (Hg.): Religion zwischen Sinnsuche, Erlebnismarkt und Fundamentalismus. Zu Risiken und Nebenwirkungen von ICF und anderen christlichen Trendgemeinschaften, InfoSekta, Zürich, 2004, 23–29.

Geck, Albrecht: Art. Oxford-Bewegung, in: RGG 6, 4. Auflage, Mohr Siebeck, Tübingen, 2003, 763–766.

Gemünden, Hans Georg / Walter, Achim: Beziehungspromotoren – Schlüsselpersonen für zwischenbetriebliche Innovationsprozesse, in: Hauschildt, Jürgen / Gemünden, Hans Georg (Hg.): Promotoren. Champions der Innovation, 2. erweiterte Auflage, Gabler, Wiesbaden, 1999, 113–132.

Girtler, Roland: Methoden der Feldforschung, 4. Auflage, Böhlau Verlag, Wien, 2001.

Gläser, Jochen / Laudel, Grit: Experteninterviews und qualitative Inhaltsanalyse als Instrumente rekonstruierender Untersuchungen, 4. Auflage, Verlag für Sozialwissenschaften, Wiesbaden, 2010.

Goodhew, David (Hg.): Church Growth in Britain. 1980 to the Present, Ashgate Contemporary Ecclesiology Series, Ashgate, Farnham, 2012.

Graf, Friedrich Wilhelm.: Art. Erweckung/Erweckungsbewegung, in: RGG 2, 4. Auflage, Mohr Siebeck, Tübingen, 1999, 1490–1495.

Grethlein, Christian: Art. Praktische Theologie. III. Als akademische Disziplin, in: RGG 6, 4. Auflage, Mohr Siebeck, Tübingen, 2003, Tübingen, 1563–1565.

Grethlein, Christian: Kirchentheorie. Kommunikation des Evangeliums im Kontext, Walter De Gruyter, Berlin, 2018.

Griffiths, Michael: Evangelism and Church Planting – Future Directions for Chruch Growth, in: Hill, Monica (Hg.): How to plant churches, MARC Europe, London 1984, 122–131.

Grünschloß, Andreas: Art. Missio Dei, in: RGG 5, Mohr Siebeck, Tübingen, 2002, 1271f.

Grundmann, Christoffer H.: Art. Proselyten/Proselytismus. III: Missionswissenschaftlich, in: RGG 6, 4. Auflage, Mohr Siebeck, Tübingen, 2003, 1719.

Grunwald, Klaus-Dieter: Gemeindepflanzung – ein Modell für die Kirche der Zukunft? Kommentar aus kirchenrechtlicher Perspektive, in: Bartels, Matthias / Reppenhagen, Martin (Hg.): Gemeindepflanzung — ein Modell für die Kirche der Zukunft?, BEG 4, Neukircher Verlagsgesellschaft, Neukirchen-Vluyn, 2006, 125–133.

Guder, Darrel L. (Hg.): Missional Church. A Vision fort he Sending of the Church in North America, The Gospel and our Culture Series 1, William B. Eerdmans, Grand Rapids, 1998.

Gumbel, Nicky: Telling others. The Alpha Initiative, Hachette, London, 2018.

Gundlach Thies: Handlungsherausforderungen. Erste Überlegungen zu den Ergebnissen der V. KMU, in: Schneider, Nikolaus / Bedford-Strohm, Heinrich / Jung, Volker (Hg.): Engagement und Indifferenz. Kirchenmitgliedschaft als soziale Praxis. V. EKD-Erhebung über Kirchenmitgliedschaft, Evangelische Kirche in Deutschland, Hannover, 2014, 128–132.

Harris, Patrick (Hg.): Breaking New Ground. Church Planting in the Church of England, Church House Publishing, London, 1994.

Hauschild, Wolf-Dieter: Art. Gemeinde, IV. Kirchengeschichtlich, in: RGG 3, 4. Auflage, Tübingen, Mohr Siebeck 2000, 612f.

Hauschild, Wolf-Dieter: Lehrbuch der Kirchen- und Dogmengeschichte, Band 1. Alte Kirch und Mittelalter, 5. Auflage, Gütersloher Verlagshaus, Gütersloh, 2016.

Hauschild, Wolf-Dieter: Lehrbuch der Kirchen- und Dogmengeschichte. Band 2. Reformation und Neuzeit, 4. Auflage, Gütersloher Verlagshaus, 2010.

Hauschildt, Eberhard /Kohler, Eike / Schulz, Claudia: Wider den Unsinn im Umgang mit der Milieuperspektive. In: Wege zum Menschen, 64, (1) 2012, 65–82.

Hauschildt, Eberhard / Pohl-Patalong, Uta: Kirche, Lehrbuch Praktische Theologie 4, 2. Auflage, Gütersloher Verlagshaus, Gütersloh, 2018.

Hauschildt, Jürgen / Gemünden, Hans Georg (Hg.): Promotoren. Champions der Innovation, 2. erweiterte Auflage, Gabler, Wiesbaden, 1999.

Hauschildt, Jürgen: Zur Weiterentwicklung des Promotoren-Modells, in: Ders. / Gemünden, Hans Georg (Hg.): Promotoren. Champions der Innovation, 2. erweiterte Auflage, Gabler, Wiesbaden, 1999, 255–282.

Hauschildt, Jürgen / Chakrabarti, Alok K.: Arbeitsteilung im Innovationsmanagement in: Hauschildt, Jürgen / Gemünden, Hans Georg (Hg.): Promotoren. Champions der Innovation, 2. erweiterte Auflage, Gabler, Wiesbaden, 1999, 69–87.

Hauschildt, Jürgen / Salomo, Sören / Schultz, Carsten / Kock, Alexander: Innovationsmanagement, 6. Auflage, Franz Vahlen GmbH, München, 2016.

Häuser, Götz: Einfach vom Glauben reden. Glaubenskurse als zeitgemäße Form der Glaubenslehre für Erwachsene, Neukirchener Verlag, Neukirchen-Vluyn, 2004.

Heimbrock, Hans-Günter / Meyer, Peter: Einleitung: Im Anfang ist das Staunen, in: Dinter, Astrid / Heimbrock, Hans-Günter / Söderblom, Kerstin (Hg.): Einführung in die Em-

pirische Theologie. Gelebte Religion erforschen, Vandenhoeck & Ruprecht, Göttingen, 2007,11–16.
Heimbrock, Hans-Günter / Meyer, Peter: 1. Praktische Theologie als Empirische Theologie. 1.1. Theologie, Erfahrung und empirische Forschung, in: Dinter, Astrid / Heimbrock, Hans-Günter / Söderblom, Kerstin (Hg.): Einführung in die Empirische Theologie. Gelebte Religion erforschen, Vandenhoeck & Ruprecht, Göttingen, 2007, 17–26.
Heimbrock, Hans-Günter: Empirie, Methode und Theologie, in: Dinter, Astrid / Heimbrock, Hans-Günter / Söderblom, Kerstin (Hg.): Einführung in die Empirische Theologie. Gelebte Religion erforschen, Vandenhoeck & Ruprecht, Göttingen, 2007, 42–59.
Helfferich, Cornelia: Die Qualität qualitativer Daten. Manual für die Durchführung qualitativer Interviews, 4. Auflage, VS Verlag, Wiesbaden, 2011.
Hempelmann, Heinzpeter: Gott im Milieu. Wie Sinusstudien der Kirche helfen können Menschen zu erreichen, 2. erweiterte Auflage, Brunnen Verlag, Gießen, 2013.
Hempelmann, Heinzpeter: Grundsatzüberlegungen, in: Sellmann, Matthias/Wolanski, Caroli-ne: Milieusensible Pastoral. Praxiserfahrungen aus kirchlichen Organisationen, Echter, Würzburg, 2013, 13–52.
Hempelmann, Heinzpeter / Herbst, Michael / Weimer, Markus (Hg.): Gemeinde 2.0. Frische Formen für die Kirche von heute, 2. Auflage, Neukirchener Verlagsgesellschaft, Neukirchen-Vluyn, 2013.
Hempelmann, Heinzpeter / Weimer, Markus: Handbuch Milieusensible Kommunikation des Evangeliums. Reflexionen, Dimensionen, Praktische Umsetzungen, Kirche und Milieu 4, Vandenhoeck & Ruprecht, Göttingen, 2020.
Hendriks, Jan: Gemeinde als Herberge: Kirche im 21. Jahrhundert – eine konkrete Utopie, Gütersloher Verlagshaus, Gütersloh, 2001.
Henkel, Christian: Von charismatischen Influencern und christlichen Filterblasen. In: Forum Erwachsenenbildung 51, (2) 2018, 21–35.
Herbst, Michael: Art. Hauskirche/Hauskreise, in: RGG 3, Mohr Siebeck, Tübingen, 2000, 1482.
Herbst, Michael: Kirche wie eine Behörde verwalten oder wie ein Unternehmen führen? Zur Theologie des Spirituellen Gemeindemanagements, in: Abromeit, Hans-Jürgen u. a. (Hg.): Spirituelles Gemeindemanagement. Chancen – Strategien – Beispiele, Vandenhoeck & Ruprecht, Göttingen, 2001, 82–110.
Herbst, Michael: Spiritualität, Gemeindeaufbau und Marketing. Worum geht es im Spirituellen Gemeindemanagement?, in: Herbst, Michael / Eyselein, Christian (Hg.): Spirituelle Aufbrüche. Perspektiven evangelischer Glaubenspraxis, Vandenhoeck & Ruprecht, Göttingen, 2003, 178–198.
Herbst, Michael. Eine Perspektive der Gemeindeentwicklung in nach-volkskirchlicher Zeit, in: Bartels, Matthias / Reppenhagen, Martin (Hg.): Gemeindepflanzung – ein Modell für die Kirche der Zukunft?, BEG 4, Neukirchener Verlagsgesellschaft, Neukirchen-Vluyn, 2006, 36–67.

Herbst, Michael: Wier brauchen auch in Deutschland „fresh expressions of church"! in: Bartels, Matthias / Reppenhagen, Martin (Hg.): Gemeindepflanzung – ein Modell für die Kirche der Zukunft?, BEG 4, Neukirchener Verlagsgesellschaft, Neukirchen-Vluyn, 2006, 204–217.

Herbst, Michael (Hg.): Mission bringt Gemeinde in Form. Gemeindepflanzungen und neue Ausdrucksformen gemeindlichen Lebens in einem sich wandelnden Kontext, 3. Auflage, Neukirchener Aussaat, Neukirchen-Vluyn, 2008.

Herbst, Michael: Missionarischer Gemeindeaufbau in der Volkskirche, BEG 8, 4. Auflage, Neukirchener Verlagsgesellschaft, Neukirchen-Vluyn, 2010.

Herbst, Michael: Aufbruch im Umbruch. Beiträge zu aktuellen Fragen der Kirchentheorie, BEG 24, Vandenhoeck & Ruprecht, Göttingen, 2018.

Herbst, Michael: Mixed Economy in der EKD?, in: Pastoraltheologie 109 (1), 2020, 69–90.

Herbst, Michael / Pompe, Hans-Hermann: Regiolokale Kirchenentwicklung. Wie Gemeinden vom Nebeneinander zum Miteinander kommen können, 4. Auflage, Zentrum für Mission in der Region, Dortmund, 2018.

Hermann, Maria: Warum auch noch Ökumene? Mixed Economy und die komplexe Vielfalt der Konfessionen, in: Pastoraltheologie 109, (1) 2020, 91–99.

Hermelink, Jan: Kirchliche Organisation und das Jenseits des Glaubens. Eine praktisch-theologische Theorie der evangelischen Kirche, Gütersloher Verlagshaus, Gütersloh, 2011.

Hermelink, Jan / Koll, Julia / Hallwaß, Anne Elise: Liturgische Praxis zwischen Teilhabe und Teilnahme, in: Bedford-Strohm, Heinrich / Jung, Volker (Hg.): Vernetzte Vielfalt. Kirche angesichts von Individualisierung und Säkularisierung. Die fünfte EKD-Erhebung über Kirchenmitgliedschaft, Gütersloher Verlagshaus, Gütersloh, 2015, 90–111.

Herms, Eilert: Art. Adiaphora, in RGG 1, 4. Auflage, Mohr Siebeck, Tübingen, 1998, 115–119.

Hermsen, Edmund: Art. Subkultur, religiöse, in: RGG 7, 4. Auflage, Mohr Siebeck, Tübingen, 2004, 1821.

Hill, Monica (Hg.): How to plant churches, MARC Europe, London 1984.

Hill, Monica. A Biblical Introduction, in: Dies. (Hg.): How to plant churches, MARC Europe, London 1984, 11–19.

Hillebrecht, Steffen W.: Einführung in eine schwierige Thematik, in: Ders. (Hg.): Kirchliches Marketing, Bonifatius, Paderborn, 1997, 7–17.

Hitzler, Ronald / Niederbacher, Arne: Leben in Szenen. Formen juveniler Vergemeinschaftung heute, Erlebniswelten 3, 3. Auflage, Verlag für Sozialwissenschaften, Wiesbaden, 2010.

Hitzler, Ronald / Eberle, Thomas S.: Phänomenologische Lebensweltanalyse, in: Flick, Uwe / Kardorff, Ernst von / Steinke, Ines (Hg.): Qualitative Forschung. Ein Handbuch, 10. Auflage, Rowohlt Taschenbuch Verlag, Reinbeck bei Hamburg, 2013, 109–118.

Hodgett, Tina / Bradbury, Paul: Pioneering Mission is … a spectrum, in: Anvil 34, (1) 2018, 30–34.

Hoedemaker, Bert: Art. Inkulturation. IV. Missionswissenschaftlich, in: RGG 4, 4. Auflage, Mohr Siebeck, Tübingen, 2001, 147f.

Hörsch, Daniel / Pompe, Hans-Hermann (Hg.): Region – Gestaltungsraum der Kirche. Begriffsklärungen, ekklesiologische Horizonte, Praxiserfahrungen, Evangelische Verlagsanstalt, Leipzig, 2012.

Hörsch, Daniel / Pompe, Hans-Hermann (Hg.): Kirche aus der Netzwerkperspektive. Metapher – Methode – Vergemeinschaftungsform, Kirche im Aufbruch 25, Evangelische Verlagsanstalt, Leipzig, 2018.

Hörsch, Daniel / Pompe, Hans-Hermann: Zur Einfürung in: Dies. (Hg.): Kirche aus der Netzwerkperspektive. Metapher – Methode – Vergemeinschaftungsform, Kirche im Aufbruch 25, Evangelische Verlagsanstalt, Leipzig, 2018, 7–18.

Hofmann, Beate: Sich im Glauben Bilden. Der Beitrag von Glaubenskursen zur religiösen Bildung und Sprachfähigkeit Erwachsener, Evangelische Verlagsanstalt, Leipzig, 2013.

Hopkins, Bob: Church Planting. 1. Models for Mission in the Church of England, Grove Books, Nottingham, 1988.

Hopkins, Bob: Church Planting: 2. Some experiences and challenges, Grove Books, Nottingham, 1989.

Hopkins, Bob (Hg.): Planting new Churches. Guidelines and Structures for Developing Tomorrow's Church, Eagle, Guildford, 1991.

Hopkins, Bob, Gemeinde pflanzen. Church Planting als missionarisches Konzept, Aussaat Verlag, Neukirchen-Vluyn, 1996.

Hopkins, Bob / Breen, Mike: Clusters. Creative mid-sized missional communities, 3dm ministries, 2007.

Howaldt, Jürgen / Jacobsen, Heike (Hg.): Soziale Innovation. Auf dem Weg zu einem postindustriellen Innovationsparadigma, Springer, Wiesbaden, 2010.

Huber, Wolfgang: Art. Volkskirche, in: TRE 35, Walter De Gruyter, Berlin, 2003, 249–254.

Huber, Wolfgang (Hg.): Kirche der Freiheit – Perspektiven für die evangelische Kirche im 21. Jahrhundert. Ein Impulspapier des Rates der EKD, Hannover, 2006.

Huber, Wolfgang: „Du stellst unsere Füße auf weiten Raum". Rede zur Eröffnung der Zukunftswerkstatt am 24. September 2004 in Kassel, in: Theologische Beiträge 41, (1) 2010, 68–78.

Hull, John M.: Mission-Shaped Church. A Theological Response, SCM Press, 2006, London.

Hull, John M.: Only one way to walk with God: Christian discipleship for new expressions of church, in: Nelstrop, Louise / Percy, Martyn (Hg.): Evaluating Fresh Expressions: Explorations in Emerging Church. Responses to the Changing Face of Ecclesiology in the Church of England, Canterbury Press, Norwich, 2008, 105–120.

Hull, John M.: Mission-shaped and Kingdom Focused?, in: Steven Croft (Hg.): Mission-shaped Questions: Defining issues for today's Church, Church House Publishing, London 2008, 114–132.

Hundertmark, Peter: Gemeinden Gründen! Skizzen für eine Selbstorganisation der Christgläubigen, Plöger Medien, Annweiler, 2014.

Hurrelmann, Klaus / Albrecht, Erik: Die heimlichen Revolutionäre. Generation Y, Beltz Verlag, Weinheim, 2014.

Ignalls, Monique Marie: Awesome in his Place: Sound, Space and Identity in Contemporary North American Evangelical Worship, Pro Quest LLC, Ann Arbor, 2008.

Irvine, John: Planting St Barnabas, Kensington, in: Hopkins, Bob (Hg.): Planting new Churches. Guidelines and Structures for Developing Tomorrow's Church, Eagle, Guildford, 1991, 92–97.

Jackson, Bob: The Diocese of London and the Anglican church in London, 1980 to the present, in: Goodhew, David / Cooper, Anthony-Paul (Hg.): The Desecularisation of the City. London's Churches, 1980 to the Present, Routledge, Abingdon, 2019, 262–280.

Jackson, E. M.: Art. Newbigin, in: RGG 6, 4. Auflage, Mohr Siebeck, Tübingen, 2003, 273.

Jeffrey, Robert: Art. Allen, Roland, in: RGG 1, 4. Auflage, Mohr Siebeck, Tübingen, 1998, 311f.

Jenkins, Gary: Multiplying Churches, Evangelism Series 84, Grove Books, Cambridge, 2008.

John Klug, Rebecca: Kirche und Junge Erwachsene im Spannungsfeld. Kirchentheoretische Analysen und eine explorative Studie zur ekklesiologischen Qualität ergänzender Ausdrucksweisen des christlichen Glaubens, BEG 31, Vandenheock & Ruprecht, Göttingen, 2020.

Karle, Isolde: Kirche im Reformstress, 2. Auflage, Gütersloher Verlagshaus, Gütersloh 2010.

Keller, Timothy / Thompson, J. Allen: Redeemer Church Planting Manual, Redeemer City to City, New York, 2002.

Keller, Timothy: Center Church. Doing Balanced, Gospel-Centered Ministry in Your City, Zondervan, Grand Rapids, 2012.

Keller, Timothy / Thompson, J. Allen: Handbuch zur urbanen Gemeindegründung, Brunnen, Gießen, 2018.

Kings, Graham: Canal, River and Rapids: Contemporary Evangelicalism in the Church of England, in: Anvil 20, (3) 2003, 167–184.

Klaver, Miranda: Church planting in the Media Age: Hillsong Church, in: Interkulturelle Theologie 44, (2) 2018, 234–246.

Klueting, Harm: Art. Konfessionalisierung, in: RGG 4, 4. Auflage, Mohr Siebeck, Tübingen, 2001, 1547f.

Knieling, Reiner: Kirchendistanz überwinden – Konsequenzen für die Ausbildung, in: Roschke, Volker (Hg.): Gemeinde Pflanzen. Modell einer Kirche der Zukunft: Aussaat Verlag, Neukirchen-Vluyn, 2001, 141–154.

Knoblauch, Jörg / Eickhoff, Klaus / Aschoff, Friedrich (Hg.): Gemeinde gründen in der Volkskirche – Modelle der Hoffnung, Brendow, Moers 1992.

Knoblauch, Jörg: Wovon reden wir überhaupt?, in: Ders. / Eickhoff, Klaus / Aschoff, Friedrich (Hg.): Gemeinde gründen in der Volkskirche – Modelle der Hoffnung, Brendow, Moers, 1992, 21–24.

Knoblauch, Jörg: Gemeinde gründen in der Volkskirche. Ein Prozeß in 4 Schritten, in: Ders. / Eickhoff, Klaus / Aschoff, Friedrich (Hg.): Gemeinde gründen in der Volkskirche – Modelle der Hoffnung, Brendow, Moers, 1992, 45–50.

Königer, Kolja / Schendel, Gunter / Witt, Carla J.: Vom Testfall lernen. Zur Evaluation der „Erprobungsräume" in der EKM – ein Werkstattbericht, in: Praktische Theologie 55 (1), 2020, 52–58.

Köstlin, Ulrich: Nachwort: Gemeindepflanzung in Deutschland?, in: Hopkins, Bob, Gemeinde pflanzen. Church Planting als missionarisches Konzept, Aussaat Verlag, Neukirchen-Vluyn, 1996, 64–72.

Köstlin, Ulrich: Rückblick auf den Versuch einer Gemeindepflanzung in Pforzheim, in: Roschke, Volker (Hg.): Gemeinde Pflanzen. Modell einer Kirche der Zukunft, Aussaat Verlag, Neukirchen-Vluyn, 2001, 35–42.

Kötter, Ralf: Das Land is hell und weit. Leidenschaftliche Kirche in der Mitte der Gesellschaft, 2. Auflage, EB-Verlag, Berlin, 2015.

Koll, Julia: Fresh Expressions?! Pastoraltheologische Einsichten beim Blick über den Kanal, in: Sommer, Regina / Koll, Julia (Hg.): Schwellenkunde, Einsichten und Aussichten für den Pfarrberuf im 21. Jahrhundert, Kohlhammer, Stuttgart, 219–236.

Kotthaus, Hermann: Die Laien – der schlafende Rieser der Volkskirche, in: Roschke, Volker (Hg.): Gemeinde Pflanzen. Modell einer Kirche der Zukunft, Aussaat Verlag, Neukirchen-Vluyn, 2001, 115–127.

Kraus, Björn: Lebenswelt und Lebensweltorientierung: eine begriffliche Revision als Angebot an eine systemisch-konstruktivistische Sozialarbeitswissenschaft, in: Zeitschrift für systemische Therapie und Familientherapie 37, (2) 2006, 116–129.

Kunz, Ralph: Von der Zucht zur Wucht. Die Stagnation traditioneller Freikirchen und der Boom des freikirchlichen Erlebnismilieus, in: Schaaf, Susanne / Mettner, Matthias (Hg.): Religion zwischen Sinnsuche, Erlebnismarkt und Fundamentalismus. Zu Risiken und Nebenwirkungen von ICF und anderen christlichen Trendgemeinschaften, InfoSekta, Zürich 2004, 16–22.

Lang, Bernhard: Art. Zeichenhandlung, in: Görg, Manfred / Lang, Bernhard (Hg.): Neues Bibel-Lexikon 3, Benziger, Düsseldorf und Zürich, 2001, 1189–1190.

Lange, Ernst: Kirche für andere. Dietrich Bonhoeffers Beitrag zur Frage einer verantworteten Gestalt der Kirche in der Gegenwart, in: Evangelische Theologie 27, (10) 1967, 513–546.

Laudan, Margret: Spirituelles Gemeindemanagement. Gemeinde anders leiten, in: Clausen, Matthias / Herbst, Michael / Schlegel, Thomas (Hg.): BEG 19, Neukirchener Verlagsgesellschaft, Neukirchen-Vluyn, 2012, 86–102.

Lawson, Jeremy D. / Sleasman, Michael J. / Anderson, Charles A.: The Gospel according to Safeway. The Checkout Line and the Good Life, in: Vanhoozer, Kevin J. / Anderson, Charles A. / Sleasman, Michael J. (Hg.): Everyday Theology. How to Read Cultural Texts and Interpret Trends, Baker Academic, Grand Rapids, 2007, 63–79.

Lindner, Herbert / Herpich, Roland: Kirche am Ort und in der Region. Grundlagen, Instrumente und Beispiele einer Kirchenkreisentwicklung, Kohlhammer, Stuttgart, 2010.

Lings, George: A Time to Plant – Recent Church Planting Statistics, in: Hopkins, Bob: Planting New Churches. Guidelines and Structures for Developing Tomorrow's Church, Eagle, Guildford, 1991, 161–178.

Lings, George: New Ground in Church Planting, A Personal Commentary on Breaking New Ground the Report Commissioned by the House of Bishops on Church Planting, Grove Books, Nottingham, 1994.

Lings, George: A History of Fresh Expressions and Church Planting in the Church of England, in: Goodhew, David (Hg.): Church Growth in Britain. 1980 to the Present, Contemporary Ecclesiology Series, Ashgate, Farnham, 2012, 161–178.

Lings, George: Fresh expressions growing to maturity, in: Croft, Steven (Hg.): The Future of the Parish System, Church House Publishing, London, 2006, 138–151.

Lings, George: Reproducing Churches, The Bible Reading Fellowship, Abingdon, 2017.

Lings, George: „Mixed Economy" aus Parochien und „Fresh Expressions of Church", in: Pastoraltheologie 109, (1) 2020, 19–50.

Lings, George / Murray, Stuart: Church Planting: Past, Present and Future, Nachdruck, Grove Books, Cambridge, 2008.

Lings, George / Murray, Stuart: Church Planting in the UK Since 2000. Reviewing the First Decade, Grove Books, Cambridge, 2012.

Link, Christoph: Art. Staatskirche/Staatsreligion II, in: TRE 32, Walter de Gruyter, Berlin, 2001, 66–73.

Lüders, Christian: Beobachten im Feld und Ethnographie, in: Flick, Uwe / Kardorff, Ernst von / Steinke, Ines (Hg.): Qualitative Forschung. Ein Handbuch, 10. Auflage, Rowohlt Taschenbuch Verlag, Reinbeck bei Hamburg, 2013, 384–401.

MacMorran, Kenneth / Briden, Timothy: Handbook for Churchwardens and Parochial Church Councillors, 27. Auflage, Mowbraym London, 2010.

Mädler, Inken: Ein Weg zur gegenstandsbegründeten Theoriebildung: Grounded Theory, in: Dinter, Astrid / Heimbrock, Hans-Günter / Söderblom, Kerstin (Hg.): Einführung in die Empirische Theologie. Gelebte Religion erforschen, Vandenhoeck & Ruprecht, Göttingen, 2007, 242–254.

Mainusch, Rainer: Die kirchenrechtliche Perspektive. Netzwerke und Kirchenordnung, in: Hörsch / Pompe, Kirche aus der Netzwerkperspektive. Metapher— Methode — Vergemeinschaftungsform, Kirche im Aufbruch 25, Evangelische Verlagsanstalt, Leipzig, 2018, 79–101.

Malphurs, Aubrey: Planting Growing Churches for the 21st Century. A Comprehensive Guide for New Churches and Those Desiring Renewal, 3. Auflage, Baker Books, Grand Rapids, 2004.

Margull, Hans Jochen: Mission als Strukturprinzip. Ein Arbeitsbuch zur Frage missionarischer Gemeinde, Ökumenischer Rat der Kirchen, Genf, 1965.

McGavran, Donald A.: The Bridges of God. A Study in the Strategy of Missions, 3. Auflage, World Dominion Press, London, 1961.

Merkens, Hans: Auswahlverfahren, Sampling, Fallkonstruktion, in: Flick, Uwe / Kardorff, Ernst von / Steinke, Ines (Hg.): Qualitative Forschung. Ein Handbuch, 10. Auflage, Rowohlt Taschenbuch Verlag, Reinbek bei Hamburg, 2013, 286–299.

Meyns, Christoph: Kirchenreform und betriebswirtschaftliches Denken. Modelle – Erfahrungen – Alternativen, Gütersloher Verlagshaus, Gütersloh, 2013.

Moulaert, Frank / Martinelli, Flavia / Swyngedouw, Erik / Gonzalez, Sara: Towards Alternative Model(s) of Local Innovation, in: Urban Studies. 42, (11) 2005, 1669–1990.

Monsees, Jens / Witt, Carla J. / Reppenhagen, Martin: Kurs Halten. Erfahrungen von Gemeinden und Einzelnen mit Kursen zum Glauben, Neukirchener Verlagsgesellschaft, Neukirchen-Vluyn, 2015.

Morris, Jeremy: The Spirit of Comprehension. Examining the Broad Church Synthesis in England, in: Anglican and Episcopal History 75, (3) 2006, 423–443.

Mosig, Jörg: Art. Erzbischof. IV. Anglikanisch, in: RGG 2, 4. Auflage, Mohr Siebeck, Tübingen, 1999, 1504.

Moynagh, Michael / Harrold, Philip: Church for Every Context. An Introduction to Theology and Practise, SCM Press, London, 2012.

Moynagh, Michael: Being Church, Doing Life. Creating gospel communities where life happens, Monarch Books, Oxford, 2014.

Moynagh, Michael: Missional, Contextual, Formational, Ecclesial. Toward a Theology of Fresh Exrpessions of Church, in: Moldenhauer, Christiane / Monsees, Jens (Hg.): Die Zukunft der Kirche in Europa, Vandenhoeck & Ruprecht, Göttingen, 2016, 51–58.

Moynagh, Michael: Church in Life. Innovation, Mission and Ecclesiology, SCM Press, London, 2017.

Müller, Karl: Art. Inkulturation, in: Ders. / Sundermeier, Theo (Hg.): Lexikon Missionstheologischer Grundbegriffe, Dietrich Reimer Verlag, Berlin, 1987, 176–180.

Müller, Sabrina: Fresh expressions of Church, in: Kunz, Ralph / Schlag, Thomas (Hg.): Handbuch für Kirchen- und Gemeindeentwicklung, Neukirchener Verlagsgesellschaft, Neukirchen-Vluyn, 2014, .450–458.

Müller, Sabrina: Fresh Expressions of Church. Ekklesiologische Beobachtungen und Interpretationen einer neuen kirchlichen Bewegung, TVZ Verlag, Zurich, 2016.

Müller, Sabrina: Eine kurze Geschichte der Mixed Economy of Church: kybernetische Chance oder Stolperstein?, in: Pastoraltheologie 109, (1) 2020, 5–18.

Murray, Stuart: Church Planting. Laying Foundations, Herald Press, Scottdale, 2001.

Murray, Stuart: Planting Churches in the 21st Century. A Guide for Those Who Want Fresh Perspectives and New Ideas for Creating Congregations, Herald Press, Scottdale, 2012.

Neill, Stephen: Art. Junge Kirchen, in: Ders. / Moritzen, Niels-Peter / Schrupp, Ernst (Hg.): Lexikon zur Weltmission, R. Brockhaus, Wuppertal, 1975, 253–255.

Nethöfel, Wolfgang / Bölts, Stefan (Hg.): Aufbruch in die Region. Kirchenreform zwischen Zwangsfusion und profilierter Nachbarschaft, EB Verlag, Schenefeld, 2008.

Newbigin, Lesslie: Foolishness to the Greeks: The Gospel and Western Culture, William B. Eerdmans Publishing Company, Grand Rapids, 1986.

Newbigin, Lesslie: The Gospel in a Pluralist Society, Nachdruck, William B. Eerdmans Publishing Company, Grand Rapids, 1991.

Newbigin, Lesslie: The Open Secret: An Introduction to the Theology of Mission, 2. Auflage, William B. Eerdmans Publishing Company, Grand Rapids, 1995.

Newbigin, Lesslie: The Household of God: Lectures on the Nature of Church, Wipf & Stock Publishers, Eugene, 2009.

Newbigin, Lesslie: Das Evangelium in einer pluralistischen Gesellschaft, Neukirchener Verlagsgesellschaft, Neukirchen-Vluyn, 2017.

Nichols, Aidan: The Panther and the Hind. A Theological History of Anglicanism, T&T Clark, Edinburgh, 1993.

Niethammer, Ute: Kirche am Puls der Zeit? Besuch bei einem Gottesdienst der International Christian Fellowship in Freiburg, in: Deutsches Pfarrer Blatt 119, (2) 2019, 108–110.

Olbrich, Rainer: Marketing. Eine Einführung in die marktorientierte Unternehmensführung, 2. Auflage, Springer, Berlin, 2006.

Paas, Stefan: Post-Christian, post-Christendom, and post-modern Europe: towards the interaction of missiology and the social sciences, in: Mission Studies 28, 2011, 3–25.

Paas, Stefan: Church Planting in the Secular West. Learning from the European Experience, The Gospel and our Culture Series 11, Eerdmans, Grand Rapids, 2016.

Percy, Martyn: Old tricks for new dogs? A critique of fresh expressions, in: Nelstrop, Louise / Percy, Martyn (Hg.): Evaluating Fresh Expressions: Explorations in Emerging Church. Responses to the Changing Face of Ecclesiology in the Church of England, Canterbury Press, Norwich 2008, 27–39.

Percy, Martyn: Thy Kingdom Come? Mission as Reception for Redeeming Evangelism in the Church of England, in: Modern Believing 60, (3) 2019, 213–226.

Perkins, Paul: Negotiations form the Planter's Perspective, in: Hopkins, Bob (Hg.): Planting new Churches. Guidelines and Structures for Developing Tomorrow's Church, Eagle, Guildford, 1991, 89–91.

Pickel, Gert: Säkularisierung, Individualisierung oder Marktmodell? Religiosität und ihre Erklärungsfaktoren im europäischen Vergleich, in: Kölner Zeitschrift für Soziologie und Sozialpsychologie 62, (2) 2010, 219–245.

Pickel, Gert: Jugendliche und junge Erwachsene. Stabil im Bindungsverlust zur Kirche, in: Schneider, Nikolaus / Bedford-Strohm, Heinrich / Jung, Volker (Hg.): Engagement und Indifferenz. Kirchenmitgliedschaft als soziale Praxis. V. EKD-Erhebung über Kirchenmitgliedschaft, Evangelische Kirche in Deutschland, Hannover, 2014, 60–72.

Pickel, Gert: Jugendliche und Religion im Spannungsfeld zwischen religiöser und säkularer Option, in: Bedford-Strohm, Heinrich / Jung, Volker (Hg.): Vernetzte Vielfalt. Kirche angesichts von Individualisierung und Säkularisierung. Die fünfte EKD-Erhebung über Kirchenmitgliedschaft, Gütersloher Verlagshaus, Gütersloh, 2015, 142–160.

Pohl, Dieter: Regionale Kooperation und Fusion. Ein Ratgeber für Gemeinden, Gemeindepraxis 3, Evangelische Verlagsanstalt, Leipzig, 2008.

Pohl-Patalong, Uta: Von der Ortskirche zu kirchlichen Orten. Ein Zukunftsmodell, 2. überarbeitete und erweiterte Auflage, Vandenhoeck & Ruprecht, Göttingen, 2006.

Pohl-Patalong, Uta: Parallel, confrontational oder common learning economy?, in: Pastoraltheologie 109, (1) 2020, 51–68.

Pointer, Roy: Biblical Guidelines for Church Planting from a Church Growth Perspective, in: Hill, Monica (Hg.): How to plant churches, MARC Europe, London, 1984, 20–33.

Pollack, Detlef: Die Selbstorganisationsfähigkeit der evangelischen Kirche, in: Bartels, Matthias / Reppenhagen, Martin (Hg.): Gemeindepflanzung – ein Modell für die Kirche der Zukunft?, BEG 4, Neukirchener Verlagsgesellschaft, Neukirchen-Vluyn, 2006, 115–124.

Pollack, Detlef / Laube, Martin / Liskowsky, Anne Elise: Intensive Mitgliedschaftspraxis, in: Schneider, Nikolaus / Bedford-Strohm, Heinrich / Jung, Volker (Hg.): Engagement und Indifferenz. Kirchenmitgliedschaft als soziale Praxis. V. EKD-Erhebung über Kirchenmitgliedschaft, Evangelische Kirche in Deutschland, Hannover, 2014, 43–49.

Pollack, Detlef / Pickel, Gert / Spieß, Tabea: Religiöse Sozialisation und soziale Prägungen und Einflüsse, in: Bedford-Strohm, Heinrich / Jung, Volker (Hg.): Vernetzte Vielfalt. Kirche angesichts von Individualisierung und Säkularisierung. Die fünfte EKD-Erhebung über Kirchenmitgliedschaft, Gütersloher Verlagshaus, Gütersloh, 2015, 131–141.

Pollack, Detlef / Pickel, Gert / Christof, Anja: Kirchenbindung und Religiosität im Zeitverlauf, in: Bedford-Strohm, Heinrich / Jung, Volker (Hg.): Vernetzte Vielfalt. Kirche angesichts von Individualisierung und Säkularisierung. Die fünfte EKD-Erhebung über Kirchenmitgliedschaft, Gütersloher Verlagshaus, Gütersloh, 2015, 187–207.

Pollack, Detlef / Rosta, Gergely: Bedingungsfaktoren und Muster religiösen Wandels in der Moderne: Ein multi-paradigmatisches Erklärungsmodell, in: Zeitschrift für Theoretische Soziologie 5, 2016, 214–230.

Pompe, Hans-Hermann / Todjeras, Patrick / Witt, Carla J. (Hg.): Fresh X – Frisch. Neu. Innovativ: Und es ist Kirche, Neukirchener Verlagsgesellschaft, Neukirchen-Vluyn, 2016.

Preul, Reiner: Kirchentheorie. Wesen, Gestalt und Funktionen der Evangelischen Kirche, Walter de Gruyter, Berlin, 1997.

Pytches, David / Skinner, Brian: The Origin and Future of Parish Structures, in: Hopkins, Bob (Hg.): Planting New Churches. Guidelines and Structures for Developing Tomorrow's Church, Eagle, Guildford, 1991, 209–225.

Pytches, David / Skinner, Brian: Die Parochie verhindert die Evangelisation, in: Knoblauch, Jörg / Eickhoff, Klaus / Aschoff, Friedrich (Hg.): Gemeinde gründen in der Volkskirche – Modelle der Hoffnung, Brendow, Moers 1992, 71–74.

Randall, Kelvin: Evangelicals Etcetera. Conflict and Conviction in the Church of England's Parties, Ashgate, Aldershot, 2005.

Randall, Kelvin: Are Liberals Winning? A Longitudinal Study of Clergy Churchmanship, in: Journal of Empirical Theology 30, 2017, 148–163.

Ranke, Stephan: Praxisbeispiel Sonneberg-Wolkenrasen. „Church Planting“ in Thüringen, in: Roschke, Volker (Hg.): Gemeinde Pflanzen. Modell einer Kirche der Zukunft: Aussaat Verlag, Neukirchen-Vluyn, 2001, 11–20.

Ratzmann, Wolfgang: Arbeit mit neuen Zielgruppen, in: Kunz, Ralph / Schlag, Thomas (Hg.): Handbuch für Kirchen- und Gemeindeentwicklung, Neukirchener Verlagsgesellschaft, Neukirchen-Vluyn, 2014, 425–432.

Reed, David: Art. Anglikanische Kirche. Geschichtlich und kirchenkundlich, in: RGG 1, 4. Auflage, Mohr Siebeck, Tübingen, 1998, 484–488.

Rees, Wilhelm: Art. Auxiliarbischof, in: RGG 1, 4. Auflage, Mohr Siebeck, Tübingen, 1998, 1020.

Rees, Wilhelm: Art. Suffragan/Suffraganbistum, in: RGG 7, 4. Auflage, Mohr Siebeck, Tübingen, 2004, 1841.

Reppenhagen, Martin: Auf dem Weg zu einer missionalen Kirche. Die Diskussion um die „Missional Church" in den USA, BEG 17, Neukirchener Verlagsgesellschaft, Neukirchen-Vluyn, 2011.

Richter, Philip / Francis, Leslie: Gone But Not Forgotten: Church Leaving and Returning, 2. Auflage, Darton, Longman & Todd, London, 1998.

Roes, Henk: Kirchenschließung, in: Kunz, Ralph / Schlag, Thomas (Hg.): Handbuch für Kirchen- und Gemeindeentwicklung, Neukirchener Verlagsgesellschaft, Neukirchen-Vluyn, 2014, 416–424.

Rogers, Everett: Diffusion of Innovations, 5. Auflage, Free Press, New York 2003.

Roleder, Felix / Weyel, Birgit: Vernetzte Kirchengemeinde. Analysen zur Netzwerkerhebung der V. Kirchenmitgliedschaftsunterschung der EKD, Evangelische Verlagsanstalt, Leipzig, 2019.

Roschke, Volker (Hg.): Gemeinde Pflanzen. Modell einer Kirche der Zukunft, Aussaat Verlag, Neukirchen-Vluyn, 2001.

Roschke, Volker: Erfahrungen mit Gemeindepflanzen in Deutschland. Chancen und Grenzen, in: Bartels, Matthias / Reppenhagen, Martin (Hg.): Gemeindepflanzung – ein Modell für die Kirche der Zukunft?, BEG 4, Neukirchener Verlagsgesellschaft, Neukirchen-Vluyn, 2006, 104–114.

Roßner, Benjamin: Das Verhältnis junger Erwachsener zum Gottesdienst: empirische Studien zur Situation in Ostdeutschland und Konsequenzen für das gottesdienstliche Handeln, Evangelische Verlagsanstalt, Leipzig, 2005.

Rother, Bernd: Kirche in der Stadt. Herausbildung und Chancen von Urbanen Profilgemeindschaften, Neukirchener Verlag, Neukirchen-Vluyn, 2005.

Rowell, Geoffrey / Stevenson, Kenneth / Williams, Rowan (Hg.): Love's Redeeming Work: The Anglican Quest for Holiness, Oxford University Press, Oxford, 2003.

Rzepkowski, Horst: Lexikon der Mission. Geschichte, Theologie, Ethnologie, Verlag Styria, Graz, 1992.

Saayman, Willem: Art. Bosch, in: RGG 1, 4. Auflage, Mohr Siebeck, Tübingen, 1998, 1702.

Sachs, William L.: The Transformation of Anglicanism. From state Church to gobal communion, Cambridge University Press, Cambridge, 1993.

Sautter, Jens Martin: Spiritualität lernen. Glaubenskurse als Einführung in die Gestalt christlichen Glaubens, BEG 2, 3. Auflage, Neukirchener Verlag, Neukirchen-Vluyn, 2008.

Scharnowski, Reinhold: Gemeindegründung oder Gemeindeerneuerung?, in: Knoblauch, Jörg / Eickhoff, Klaus / Aschoff, Friedrich (Hg.): Gemeinde gründen in der Volkskirche – Modelle der Hoffnung, Brendow, Moers, 1992, 41–44.

Schlegel, Thomas: Umbau – Rückbau – Aufbau. Eine dialektische Verhältnisbestimmung, in: Pompe, Hans-Hermann / Stahl, Benjamin: Entdeckungen im Umbruch der Kirche, Kirche im Aufbruch 21, Evangelische Verlagsanstalt, Leipzig, 2016, 137–154.

Schlag, Thomas: Beheimatend, kontextuell, sprachfähig, solidarisch: Was man vom ICF als urbaner christlicher (Junge-)kirche lernen kann, in: das baugerüst, Zeitschrift für Jugend- und Bildungsarbeit 69, (2) 2017, 22–25.

Schlegel, Thomas: „Erprobungsräume". Der Umbau der Evangelischen Kirche in Mitteldeutschland, in: Deutsches Pfarrerblatt, (2) 2018, 74–77.

Schleifenbaum, Werner: Praxisbeispiel Rückeroth im Westerwald, Gemeindepflanzung – Wenn es bei euch geht, geht es überall, in: Roschke, Volker (Hg.): Gemeinde Pflanzen. Modell einer Kirche der Zukunft, Aussaat Verlag, Neukirchen-Vluyn, 2001, 21–27.

Schlegel, Thomas: Ekklesiologische Perspektiven. Kirche theologisch als ein Netzwerk begreifen, in: Hörsch, Daniel / Pompe, Hans-Hermann (Hg.): Kirche aus der Netzwerkperspektive. Metapher – Methode – Vergemeinschaftungsform, Kirche im Aufbruch 25, Evangelische Verlagsanstalt, Leipzig, 2018, 33–54.

Schneider, Nikolaus / Bedford-Strohm, Heinrich / Jung, Volker (Hg.): Engagement und Indifferenz. Kirchenmitgliedschaft als soziale Praxis. V. EKD-Erhebung über Kirchenmitgliedschaft, Evangelische Kirche in Deutschland, Hannover, 2014.

Schneider, Nikolaus / Bedford-Strohm, Heinrich / Jung, Volker: Vorwort, in: Dies. (Hg.): Engagement und Indifferenz. Kirchenmitgliedschaft als soziale Praxis. V. EKD-Erhebung über Kirchenmitgliedschaft, Evangelische Kirche in Deutschland, Hannover, 2014, 2f.

Schneider, Nikolaus / Bedford-Strohm, Heinrich / Jung: Einleitung, in: Dies. (Hg.): Engagement und Indifferenz. Kirchenmitgliedschaft als soziale Praxis. V. EKD-Erhebung über Kirchenmitgliedschaft, Evangelische Kirche in Deutschland, Hannover, 2014, 4–20.

Scholtz, Christopher P.: Teilnehmende Beobachtung, in: Dinter, Astrid / Heimbrock, Hans-Günter / Söderblom, Kerstin (Hg.): Einführung in die Empirische Theologie. Gelebte Religion erforschen, Vandenhoeck & Ruprecht, Göttingen, 2007, 214–225.

Schröder, Sabine: Konfessionslose erreichen. Gemeindegründungen von freikirchlichen Initiativen seit der Wende 1989 in Ostdeutschland, Neukirchener, Neukirchen-Vluyn, 2007.

Schüssler, Michael: „Fresh X": Aufbruch in die Kirchenträume von gestern, in: Ökumenische Rundschau 65, (2) 2016, 334–344.

Schulz, Claudia: Sozialstrukturelle Vielfalt, Lebensstile und Milieus, in: Kunz, Ralph / Schlag, Thomas (Hg.): Handbuch für Kirchen- und Gemeindeentwicklung, Neukirchener Verlagsgesellschaft, Neukirchen-Vluyn, 2014, 117–124.

Schulz, Claudia: Kirche als Netzwerk betrachtet. Spiegelbilder einer relationalen Praktischen Theologie, in: Praktische Theologie 51, (3) 2016, 140–147.

Schulz, Claudia / Hauschildt, Eberhard / Kohler, Eike: Milieus praktisch. Analyse- und Planungshilfen für Kirche und Gemeinde, Vandenhoeck & Ruprecht, Göttingen, 2008.

Schulze, Gerhard: Die Erlebnisgesellschaft. Kultursoziologie der Gegenwart, Campus Verlag, Frankfurt, 2005.

Schwarz, Fritz / Schwarz, Christian: Theologie des Gemeindeaufbaus. Ein Versuch, Neukirchener Verlagsgesellschaft, Neukirchen-Vluyn, 1984.

Schwarz, Christian: Die vier wichtigsten Gründe – die vier wichtigsten Hindernisse. Ein engagiertes Votum, in: Knoblauch, Jörg / Eickhoff, Klaus / Aschoff, Friedrich (Hg.): Gemeinde gründen in der Volkskirche – Modelle der Hoffnung, Brendow, Moers, 1992, 51–57.

Schwerpunkt Fresh Expression of Church in: Lebendige Seelsorge 64, (1) 2013.

Schwerpunkt Fresh Expressions of Church - auf Deutsch? in: Praktische Theologie 53, (1) 2018.

Schwing, Eide: Gemeindegründung praktisch: Wie Gemeinden gepflanzt werden und wachsen können in Deutschland und darüber hinaus, VTR, Nürnberg, 2010.

Seitz, Manfred: Erneuerung der Gemeinde. Gemeindeaufbau und Spiritualität, 2. Auflage, Vandenhoeck & Ruprecht, Göttingen, 1991.

Selby, Peter / Perkin, Paul / Irvine, John / Miller, Sandy: Tochtergemeinden – die Antwort auf die Herausforderung der Großstadt, in: Knoblauch, Jörg / Eickhoff, Klaus / Aschoff, Friedrich (Hg.): Gemeinde gründen in der Volkskirche – Modelle der Hoffnung, Brendow, Moers, 1992, 161–164.

Shenk, Wilbert R.: Art. Anderson, Rufus, in: RGG 1, Mohr Siebeck, Tübingen, 1998, 468.

Shenk, Wilbert R.: Art. Church Growth Movement, in: RGG 2, 4. Auflage, Mohr Siebeck, Tübingen, 1999, 365.

Shenk, Wilbert R.: Art. Venn, Henry, in: RGG 8, 4. Auflage, Mohr Siebeck, Tübingen, 2005, 930f.

Simson, Wolfgang: Volkskirche ohne Volk? Wer gehört noch dazu?, in: Knoblauch, Jörg / Eickhoff, Klaus / Aschoff, Friedrich (Hg.): Gemeinde gründen in der Volkskirche – Modelle der Hoffnung, Brendow, Moers, 1992, 34–40.

Smith, Alan (Hg.).: Fresh Expressions in the Mission of the Church: Report of an Anglican-Methodist Working Party, Church House Publishing, London, 2012.

Smith, Greg / Woodhead, Linda: Religion and Brexit: populism and the Church of England, in: Religion, State & Society 46, (38) 2018, 206–223.

Snowden, David J. / Boone, Mary E.: A Leader's Framework for Decision Making, in: Harvard Business Review, 2007, Reprint, 1–8.

Sobetzko, Florian / Sellmann, Matthias: Gründer*innen Handbuch für pastorale Start-ups und Innovationsprojekte, Echter, Würzburg, 2017.

Söderblom, Kerstin: Leitfadeninterviews, in: Dinter, Astrid / Heimbrock, Hans-Günter / Söderblom, Kerstin (Hg.): Einführung in die Empirische Theologie. Gelebte Religion erforschen, Vandenhoeck & Ruprecht, Göttingen, 2007, 254–269.

Stark, Rodney / Finke, Roger: Acts of Faith. Explaining the Human Side of Religion, University of California Press, Berkeley, 2000.

Stetzer, Ed / Im, Daniel: Planting Missional Churches. Your Guide to Starting Churches that Multiply, 2. Ausgabe, B&H Academic, Nashville, 2016.

Strack, Helmut: Lebensstile / Milieus in der Kirche: Differenz der Erwartungen, der Beteiligung, der Ansprechbarkeit, in: Hermelink, Jan / Latzel, Thorsten: Kirche empirisch. Ein Werkbuch zur vierten EKD-Erhebung über Kirchenmitgliedschaft und zu anderen empirischen Studien, Gütersloher Verlagshaus, Gütersloh, 2008, 51–72.

Strub, Hans: Kooperation und Fusion von Gemeinden, in: Kunz, Ralph / Schlag, Thomas (Hg.): Handbuch für Kirchen- und Gemeindeentwicklung, Neukirchener Verlagsgesellschaft, Neukirchen-Vluyn, 2014, 288–299.

Sykes, Stephen/ Booty, John / Knight, Jonathan (Hg): The Study of Anglicanism, 2. Auflage, SPCK / Fortress Press, London / Minneapolis, 1998.

Thorlby, Tim: Love, Sweat and Tears. Church planting in east London, Research for the local church 5, Centre for Theology and Community, London, 2016.

Todjeras, Patrick: The "Emerging Church" Conversation. A Movement and a Religious Expression in Western Christianity, in: International Review of Mission 108, (2) 2019, 290–310.

Vanhoozer, Kevin J.: Introcduction: Towards a Theory of Cultural Interpetation, in: Ders. / Anderson, Charles A. / Sleasman, Michael J. (Hg.): Everyday Theology. How to Read Cultural Texts and Interpret Trends, Baker, Grand Rapids, 2007, 15–60.

Vicedom, Georg F.: Missio Dei. Einführung in eine Theologie der Mission, Kaiser, München, 1958.

Vollmer, Klaus: Das Wort davor, in: Knoblauch, Jörg / Eickhoff, Klaus / Aschoff, Friedrich (Hg.): Gemeinde gründen in der Volkskirche – Modelle der Hoffnung, Brendow, Moers, 1992, 13–15.

Wagner, C. Peter: Church Planting for a Greater Harvest: A Comprehensive Guide, Wipf and Stock, Eugene, 2010.

Walker, Geoffrey / Bunting, Ian: Twenty Years On: Chester-le-Street Today, in: Hopkins, Bob (Hg.): Planting New Churches. Guidelines and Structures for Developing Tomorrow's Church, Eagle, Guildford, 1991, 148–157.

Walton, Roger: Have we got the Missio Dei Right?, in: Epworth Review 35, (3) 2008, 39–51.

Wasdell, David: Let my People Grow. Urban Church Project Work paper No 1, 1974.

Wasdell, David: Divide and Conquer. Urban Church Project Work paper No 2, 1975.

Watling, Marlin: Start. Gemeinden gründen – von der Vision zur Wirklichkeit, SCM R. Brockhaus, Witten, 2011.

Warren, Robert: Signs of Life: How goes the Decade of Evangelism?, London, Church House, 1996.

Weimer, Markus: Auf dem Weg zur Quellgemeinde, in Gutmann, David u. a. (Hg.): Kirche – ja bitte! Innovative Modelle und strategische Perspektiven von gelungener Mitgliederorientierung, Neukirchener Verlag, Neukirchen-Vluyn, 2019, 66–81.

Wenz, Gunther: Kirche I. Zum Begriff, in: RGG 4, 4. Auflage, Mohr Siebeck, Tübingen, 2001, 997–999.

Wiesenberg, Markus: Strategische Kommunikation deutscher Großkirchen. Von kirchlicher Publizistik zur strategischen Kirchenkommunikation, Springer VS, Wiesbaden, 2019.

Winkler, Eberhard: Gemeinde zwischen Volkskirche und Diaspora. Eine Einführung in die praktisch-theologische Kybernetik, Neukirchener Verlag, Neukirchen-Vluyn, 1998.

Witte, Eberhard: Organisation für Innovationsentscheidungen. Das Promotoren-Modell, Kommission für wirtschaftlichen und sozialen Wandel 2, Otto Schwartz & Co., 1973, Göttingen.

Wohlrab-Sahr, Monika / Karstein, Uta / Schmidt-Lux, Thomas: Forcierte Säkularität. Religiöser Wandel und Generationendynamik im Osten Deutschlands, Campus, Berlin, 2011.

Wolff, Stephan: Clifford Geertz, in: Flick, Uwe / Kardorff, Ernst von / Steinke, Ines (Hg.): Qualitative Forschung. Ein Handbuch, 10. Auflage, Rowohlt Taschenbuch Verlag, Reinbek bei Hamburg, 2013, 84–96.

Wolff, Stephan: Wege ins Feld und ihre Varianten, in: Flick, Uwe / Kardorff, Ernst von / Steinke, Ines (Hg.): Qualitative Forschung. Ein Handbuch, 10. Auflage, Rowohlt Taschenbuch Verlag, Reinbek bei Hamburg, 2013, 334–349.

Yates, Timothy: Anglicans and Mission, in: Sykes, Stephen / Booty, John / Knight, Jonathan (Hg): The Study of Anglicanism, 2. Auflage, SPCK / Fortress Press, London / Minneapolis, 1998, 483–491.

Zapf, Wolfgang: Über soziale Innovation, in: Ders.: Modernisierung, Wohlfahrtsentwicklung und Transformation. Soziologische Aufsätze 1987 bis 1994, Wissenschaftszentrum Berlin für Sozialforschung, Berlin, 1994, 23–40.

Zimmer, Miriam / Sellmann, Matthias / Hucht, Barbbara: Netzwerke in pastoralen Räumen. Wissenschaftliche Analysen – Fallstudien – Praktische Relevanz, Echter Verlag, Würzburg, 2017.

Zimmermann, Johannes (Hg.): Darf Bildung missionarisch sein? Beiträge zum Verhältnis von Bildung und Mission, BEG 16, Neukirchener Verlagsgesellschaft, Neukirchen-Vluyn, 2010.

24.3 Gesetzestexte

Nichtamtliche Begründung zum Pfarrdienstgesetz der EKD vom 10.11.2010, §15, ABl. EKD S. 307.

Pfarrstellenbesetzungsgesetz vom 24.10.2007, §7, GVBl. EKiBa S. 191. Zuletzt geändert am 12.04.2014, GVBl. EKiBa S. 164.

Pfarrstellenbesetzungsgesetz vom 24.10.2007, §5, GVBl. EKiBa S. 191. Zuletzt geändert am 12.04.2014, GVBl. EKiBa S. 164.

Art. 5.1. der Kirchenordnung der Evangelischen Kirche im Rheinland.

Art. 12.1. der Kirchenordnung der Evangelischen Kirche im Rheinland.
Art. 12.2. der Kirchenordnung der Evangelischen Kirche im Rheinland.

24.4 Internetquellen

All Saints Woodford Wells, ausgesandte Gemeindegründungen, https://www.asww.org.uk/copy-of-sundays-1, 11. März 2020.

Alpha Kurs, https://www.alpha.org, 18. November 2019.

Alphas Kurs in Deutschland, https://alphakurs.de, 09. April 2020.

Analysesoftware MAXQDA Analytics Pro 2018, https://www.maxqda.de/was-ist-maxqda, 21. November 2019.

Alpha Kurs als Instrument der Mitarbeiterentwicklung, https://static1.squarespace.com/static/534bf89be4b09ed6294bf7dd/t/58fe1c075016e131e6ca0261/1493048338599/Alpha+as+Church+Planting+Tool.pdf, 04. Juni 2019.

Andover, Einwohnerzahl, https://www.google.com/url?sa=t&rct=j&q=&esrc=s&source=web&cd=&ved=2ahUKEwingMW_hpXrAhWKy6QKHfdWC2cQFjAOegQIAhAB&url=https%3A%2F%2Fwww.testvalley.gov.uk%2Fassets%2Fattach%2F3921 %2FAndover%2520town%2520profile%25202017.pdf&usg=AOvVaw0jSaEXSugdn1kmKditMN4h, 12. August 2020.

Anglican Church Planting Initiatives, https://acpi.org.uk/about, 21. Februar 2020.

Archbishop's Presidential Address – General Synod, York, http://aoc2013.brix.fatbeehive.com/articles.php/1826/archbishops-presidential-address-general-synod-york-july-2003, 13. Februar 2020.

BBC, Berichterstattung über die Wiedereröffnung von St Marks Coventry, https://www.bbc.com/news/uk-england-39304323, 26. August 2020.

BBC, Berichterstattung über die Wiederöffnung von St Nicholas Bristol, https://www.bbc.com/news/uk-england-bristol-42788072, 26. August 2020.

British Social Attitudes Survey, About, https://www.bsa.natcen.ac.uk/about/about.aspx, 30. Oktober 2019.

Centre for Church Planting and Growth, http://www.centreforchurchplanting.org, 14. Mai 2019.

Centre for Church Planting and Growth, Resource Church Definition, www.centreforchurchplanting.org/city-centre-resource-churches, 14. Mai 2019.

Church Army, Research Unit, https://churcharmy.org/Articles/516246/What_we_do/Research_Unit/Who_we_are.aspx; 23. Juli 2020.

Church Army, Research Unit, Geschichte, https://churcharmy.org/Groups/290554/Church_Army/web/Who_we_are/Our_History/Our_History.aspx, 23. Juli 2020.

Church Army's Research Unit: Church Growth Research Project. Report on Strand 3b. An analysis of fresh expressions of Church and church plants begun in the period 1992–2012, 2013, abrufbar unter https://www.churchofengland.org/sites/default/files/

2019-06/church_growth_research_fresh_expressions_-_strand_3b_oct13_-_the_report.pdf, 27. August 2020.

Church Army, Research Unit, Mission with young adults report, https://churcharmy.org/Publisher/File.aspx?ID=202434, 21. November 2019.

Church Army, Research Unit, Mission with young adults report, Case Study Harbour Church, https://www.churcharmy.org/Groups/297513/Church_Army/ms/Young_Adults_research/Harbour_Church/Harbour_Church.aspx, 21. November 2019.

Church of England, Archbishops' Council, https://www.churchofengland.org/about/leadership-and-governance/archbishops-council#na, 08. August 2020.

Church of England, Ausbildungsmodelle in der Priesterausbildung, https://www.churchofengland.org/life-events/vocations/preparing-ordained-ministry/your-pathway, 08. August 2020.

Church of England, Berufungsverfahren, vgl. https://www.churchofengland.org/life-events/vocations/preparing-ordained-ministry, 08. August 2020.

Church of England, Church Commissioners, https://www.churchofengland.org/about/leadership-and-governance/church-commissioners-england/how-we-are-governed, 07. August 2020.

Church of England, Church Commissioners, Investmentpolitik, https://www.churchofengland.org/about/leadership-and-governance/church-commissioners-england/how-we-invest, 08. August, 2020.

Church of England, Declaration of Assent, https://www.churchofengland.org/prayer-and-worship/worship-texts-and-resources/common-worship/ministry/declaration-assent, 14. Februar 2020.

Church of England, Common Fund, https://www.london.anglican.org/support/finance/common-fund, 08. August 2020.

Church of England, Curacy, https://www.churchofengland.org/more/diocesan-resources/ministry/after-ordination, 08. August 2020.

Church of England, Entwicklung der Priesterausbildung, Church Times Artikel, https://www.churchtimes.co.uk/articles/2020/17-january/comment/opinion/don-t-allow-residential-training-to-collapse, 08. August 2020.

Church of England, Entwicklung der Zahl der Pfarramtsanfänger, Church Times Artikel, https://www.churchtimes.co.uk/articles/2018/24-august/news/uk/ministry-vocations-rise-again-though-overall-figures-remain-sobering, 16. April 2020.

Church of England, Kirchliche Schulen, https://www.churchofengland.org/more/education-and-schools/church-schools-and-academies, 08. August 2020.

Church of England, Leitbild, https://www.churchofengland.org/faith-action/faith-action-videos/visible-christian-presence-every-community, 27. Mai 2020.

Church Revitalisation Trust, https://crtrust.org, 20. Februar 2020.

Church Revitalisation Trust, Leitbild 1, https://crtrust.org/about, 29. August 2020.

Church Revitalisation Trust, Leitbild 2, https://crtrust.org/vision-and-mission, 14. Mai 2019.

Church Revitalisation Trust, Karte der gegründeten City Centre Resource Churches, https://crtrust.org/where-we-are, 15. April 2020.
Church Revitalisation Trust, Kuratorium, https://crtrust.org/trustees; 06. Juni 2019.
Church Revitalisation Trust, Leitungsteam, https://www.htb.org/leadership-team, 06. Juni 2019.
Church Revitalisation Trust, Schirmherrenschaft, https://crtrust.org/patrons, 12. Juni 2020.
Church Revitalisation Trust, Zeitschrift,
CRT Magazine, 001, 2019;
CRT Magazine, 002, 2019;
CRT Magazine, 003, 2019;
Alle Ausgaben abrufbar unter https://crtrust.org/news, 15. April 2020.
Church Revitalisation Trust, Mitarbeiter, https://crtrust.org/team, 06. Juni 2019.
City Centre Resource Churches: A guide, in: Resourcing Mission Bulletin, Juni 2015, http://www.churchgrowthrd.org.uk/bulletins/243, 10. Juni 2019.
City to City Netzwerk, https://redeemercitytocity.com, 03. Juli 2020.
City to City Netzwerk, Leitbild https://redeemercitytocity.com/about, 21. Februar 2020.
City to City, Deutschland-Netzwerk, Gemeinden, https://www.citytocitydach.com, 03. Juli 2020.
City to City, Europa, https://www.citytocityeurope.com, 03. Juli 2020.
City to City UK, https://citytocityuk.com/steering-group; https://inspiresaintjames.org/staff, 21. Februar 2020.
Co-Mission, https://co-mission.org/about, 21. Februar 2020.
Co-Mission, Gemeinden, https://co-mission.org/our-churches, 24. Februar 2020.
Cracknell, Heather u.a.: A Mission-Shaped Church and Fresh Expressions 15 years on. GS 2142, The General Synod of the Church of England, 2019. Abrufbar unter https://www.churchofengland.org/sites/default/files/2019-06/GS%202142 %20Mission%20Shaped%20Church.pdf, 21. Januar 2020.
Curtis, John u. a. (Hg.): British Social Attitudes 36, The National Centre for Social Research, London, 2019. Abrufbar unter https://www.bsa.natcen.ac.uk/media/39363/bsa_36.pdf, 30. Oktober 2019.
Dadswell, David / Ross, Cathy: Church Growth Research Project: Church Planting, Oxford Centre for Ecclesiology and Practical Theology Ripon College, Cuddesdon, 2013. Abrufbar unter https://www.churchofengland.org/sites/default/files/2019-06/cgrp_church_planting_from_cgrd_website.pdf, 27. August 2020.
Dalpra, Claire / Vivian, John: Who's there? The church backgrounds of attenders in Anglican fresh expressions of church, Church Army, Sheffield, 2016. Abrufbar unter https://www.churcharmy.org.uk/Publisher/File.aspx?ID=204267, 22. Juli 2020.
Diözese von London, Capital Vision 2020, https://www.london.anglican.org/mission/capital-vision-2020/create-renew-100-worshipping-communities, 12. Juni 2020.

Diözese von London, Capital Vision, 2020, create or renew 100 worshipping communities, https://www.london.anglican.org/mission/capital-vision-2020/create-renew-100-worshipping-communities, 03. Februar 2020.

Diözese von London, Resource Churches, https://www.london.anglican.org/articles/london-diocese-announces-first-resource-churches, 05. August 2020.

Dreisam3, Gemeindegründung der Stadtmission Freiburg, https://dreisam3.de/ueberd3/geschichte, 03. Juli 2020.

Duden, Begriff „Szene", https://www.duden.de/rechtschreibung/Szene, 28. August 2019.

Encounters on the Edge, Veröffentlichungsreihe der Church Army Research Unit. Abrufbar unter https://churcharmy.org/Articles/517054/What_we_do/Research_Unit/Encounters_on_the.aspx, 08. August 2020.

Evangelische Kirche in Deutschland / Deutsche Bischofskonferenz: Langfristige Projektion der Kirchenmitglieder und des Kirchensteueraufkommen in Deutschland, Hannover und Bonn, 2019. Abrufbar unter https://www.ekd.de/ekd_de/ds_doc/projektion-2060-ekd-vdd-factsheet-2019.pdf.

Evangelischen Kirche in Mitteldeutschland, Erprobungsräume, https://erprobungsraeume.de, 20. März 2020.

Evangelische Kirche im Rheinland, Erprobungsräume, https://erprobungsraeume.de, 03. Juli 2020.

Fresh Ex-Netzwerk, e.V., https://www.freshexpressions.de, 03. Juli 2020.

Fresh Ex-Netzwerk, e.V., Mitglieder, https://www.freshexpressions.de/fresh-x-verstehen/netzwerk/?L=; 03 Juli 2020.

Fresh Expressions of Church, Merkmale https://www.freshexpressions.de/fresh-x-verstehen/faq/, 31. Januar 2020.

Focus, HTB Sommerfestival, Church Times Artikel, https://www.churchtimes.co.uk/articles/2018/10-august/news/uk/htb-planters-seek-to-bless-the-west, 27. April 2020.

Gemeindegründungen und Gemeinden des HTB Netzwerkes, https://www.htb.org/network, 20. Januar 2020.

Giebel, Michael / Reppenhagen, Martin (Hg.): Studie über Zweitgottesdienste in der Evangelischen Landeskirche Baden. Auswertung 2. Fragebogen 2006, Institut zur Erforschung von Evangelisation und Gemeindeentwicklung, Greifswald, 2006. Abrufbar unter https://www.a-m-d.de/fileadmin/user_upload/Material/Dokumentation/Vortraege/Reppenhagen_Zweitgottesdienste_missionarisch_2006.pdf, 16. März 2020.

Gillwald, Katrin: Konzepte sozialer Innovation. WZB Discussion Paper No. P 00-519, Wissenschaftszentrum Berlin für Sozialforschung, Berlin, 2000. Abrufbar unter http://hdl.handle.net/10419/50299, 06. August 2020.

Grace Church Hackney, https://www.gracechurchhackney.org.uk, 06. August 2020.

Grace Church Hackney, Diakonische Projekte https://www.gracechurchhackney.org.uk/serve, 05. August 2020.

Greifbar, Eigenständiges Werk im Pommerschen Evangelischen Kirchenkreis, https://www.greifbar.net, 03. Juli 2020.

Hance, Stephen: Guidelines for Church Planting and Grafting, Strategy for Ministry, The Diocese of Southwark, 2013. Abrufbar unter https://southwark.anglican.org/downloads/SfM/Church-Planting-Guidelines.pdf, 25. Mai 2020.

Harbour Church Portsmouth, Gottesdienste https://www.harbourchurchportsmouth.org/sundays-1, 04. Juni 2019.

Hastings, Einwohnerzahl, https://www.hastings.gov.uk/content/my_council/transparency/equalities/pdfs/2011_Census_Equalities_Information.pdf, 12. August 2020.

Hillsong, Deutschland, https://hillsong.com/germany/de/konstanz, 30. Juli 2020.

Holy Trinity Brompton, Gottesdienstorte, https://www.htb.org/services, 20. Februar 2020.

Holy Trinity Brompton, Leadership Konferenz, https://www.leadershipconference.org.uk, 20. Februar 2020.

Holy Trinity Brompton, Leiterschaftsentwicklung („Leadership pipelines"), https://alpha.org.uk/developing-young-leaders, 25. August 2020.

Holy Trinity Brompton, Netzwerk, https://www.htb.org/network, 20. Februar 2020.

Holy Trinity Brompton, Sommerfestival Focus, https://www.churchtimes.co.uk/articles/2018/10-august/news/uk/htb-planters-seek-to-bless-the-west, 20. Februar 2020.

International Christian Fellowship (ICF), Gemeinden und Gemeindegründungen https://www.icf.church/de/locations, 03. Juli 2020.

Imprint Church, Gemeindegründungen in Leicester und London, https://www.weareimprint.org/leicester, https://www.weareimprint.org/london, 11. März 2020.

Institut zur Erforschung von Evangelisation und Gemeindeentwicklung der Universität Greifswald (IEEG). Vgl. https://ieeg.uni-greifswald.de/forschung/aktuelle-forschungsprojekte/fresh-x, 31. Juli 2020.

Jesustreff Stuttgart, Gemeindegründung, https://jesustreff.de/werwirsind/#jesustreff, 03. Juli 2020.

Junge Kirche Berlin, Gemeindegründung der Stadtmission Berlin, http://junge-kirche-berlin.de/unsere_Geschichte.html, 03. Juli 2020.

Keller, Tim: Why plant churches? Abrufbar unter https://www.redeemercitytocity.com/blog/why-plant-churches, 03. Dezember 2018.

King's Cross Church, Gottesdienstorte https://www.kxc.org.uk/come, 24. Februar 2020.

Kirchenamt der EKD: Evangelische Kirche in Deutschland. Zahlen und Fakten zum kirchlichen Leben 2004, Evangelische Kirche in Deutschland, Hannover 2004. Abrufbar unter https://www.ekd.de/ekd_de/ds_doc/broschuere_2004_internet.pdf, 16. Juli 2020.

Kirchenamt der EKD: Gezählt 2020. Zahlen und Fakten zum kirchlichen Leben, Evangelische Kirche in Deutschland, Hannover 2020. Abrufbar unter https://www.ekd.de/ekd_de/ds_doc/Gezaehlt_zahlen_und_fakten_2020.pdf, 21. Juli 2020.

Koll, Julia u.a. (Hg.): Kirchgangsstudie. Erste Ergebnisse, Liturgische Konferenz, Hannover, 2019. Abrufbar unter https://www.liturgische-konferenz.de/download/Kirchgangsstudie%202019_Ergebnispapier_END.pdf, 04. August 2020.

L'Abri, religiöse Gemeinschaft, http://labri.org, 05. August 2020.

Lings, George u. a. (Hg.): The Day of Small Things. An analysis of fresh expressions of Church in 21 dioceses of the Church of England, Church's Army Research Unit, 2016. Abrufbar unter https://churcharmy.org/Publisher/File.aspx?ID=204265, 22. Juli 2020.

Lings, George u. a. (Hg.): „Not as difficult as you think". Mission with young adults. Harbour Church, Church Army's Research Unit, 2018. Abrufbar unter https://www.churcharmy.org/Publisher/File.aspx?ID=201100, 17. April 2020.

Lings, George u.a. (Hg.): „Not as difficult as you think". Mission with young adults 14, Church Army's Research Unit, 2018, abrufbar unter https://churcharmy.org/Publisher/File.aspx?ID=202434, 20. April 2020.

Love Church Bournemouth, Mitarbeitende https://www.lovechurch.org.uk/team, 15. April 2020.

Luthergemeinde Zwickau, https://www.luthergemeindezwickau.de/wir-ueber-uns/modell-gemeinde, 03. Juli 2020.

Ministry Statistics Church of England 2018, https://www.churchofengland.org/sites/default/files/2019-08/Ministry%20Statistics%202018 %20FINAL%20report.pdf, 7. Februar 2020.

Ministry Statistisc Church of England 2018, Meldung, https://www.churchofengland.org/more/media-centre/news/ministry-statistics-published, 7. Februar 2020.

Murray, Stuart, https://www.bristol-baptist.ac.uk/us/meet-the-team/teaching-staff/stuart-murray-williams, 14. Januar 2019.

National Centre for Social Research. About us, http://natcen.ac.uk/about-us/about-natcen-social-research, 30. Oktober 2019.

Geschichte der Network Church Sheffield. Vgl. https://ncsheffield.org/about/abouthistory, 20. Januar 2020.

Network Church Sheffield, https://ncsheffield.org/about/abouthistory, 21. Februar 2020.

New Wine, About, https://www.new-wine.org/about, 21. Februar 2020.

New Wine, Gemeinden, https://www.new-wine.org/find-a-church, 21. Februar 2020.

New Wine, Church Planting, https://www.new-wine.org/mission-areas/church-pioneering-planting, 21. Februar 2020.

Nye, William: A vision and narrative for Renewal and Reform, Generalsynode der Church of England, 2016. Abrufbar unter https://www.churchofengland.org/sites/default/files/2017-11/gs_2038_-_a_vision_for_renewal_and_reform.pdf, 20. Januar 2020.

Redeemer Presbyterian Church, New York City, https://www.redeemer.com/learn/about_us/redeemer_history, 21. Februar 2020.

Research and Statistic (Hg.): Church Statistics 2008/9, Church of England. Abrufbar unter https://www.churchofengland.org/sites/default/files/2019-02/2008_9church%20statistics.pdf, 30. Oktober 2018.

Research and Statistics Unit (Hg.): Ministry Statistics 2018, Church of England, 2019. Abrufbar unter https://www.churchofengland.org/sites/default/files/2019-08/Ministry%20Statistics%202018 %20FINAL%20report.pdf, 08. August 2020.

Research and Statistics Unit (Hg.): Parish Finance Statistics 2018, Church of England, London 2020. Abrufbar unter https://www.churchofengland.org/sites/default/files/2020-03/2018ParishFinanceStatistics.pdf, 08. August 2020.

Research and Statistic Unit (Hg.): Statistics for Mission 2018, Church of England, 2019. Abrufbar unter https://www.churchofengland.org/sites/default/files/2019-10/2018StatisticsForMission_0.pdf, 30. Oktober 2018.

Resource Strategy and Development Unit der Church Commissioner, https://www.churchofengland.org/about/leadership-and-governance/church-commissioners-england/how-we-are-governed/staff#na, 14. April 2020.

Resource Churches, Definition der Diözese von Winchester, https://www.winchester.anglican.org/mission-action/invest-for-growth, 14. April 2020.

Resource Churches in der Diözese von London, https://www.london.anglican.org/articles/london-diocese-announces-first-resource-churches, 05. Juni 2019.

Resoucre Churches in der Diözese von London, Artikel in der Church Times, Vgl. https://www.churchtimes.co.uk/articles/2018/23-november/news/uk/london-diocese-to-fund-19-resource-churches, 23. Februar 2020.

Resource Churches, Nationale Resource Churches, https://www.london.anglican.org/articles/london-diocese-announces-first-resource-churches 05. Juni 2019.

Ric Thorpe, Bischof von Islington, https://www.london.anglican.org/directory/ric-thorpe, 05. Juni 2019.

St Barnabas Dalston, http://www.saintbarnabasdalston.org.uk, 05. August 2020.

St Helen's Bishopsgate, Gottesdienstzeiten https://www.st-helens.org.uk, 16. März 2020.

St Luke's Gas Street, Gottesdienste, https://www.gasstreet.org/sundays/overview, 04. Juni 2019.

St Luke's Gas Street, Jahrespraktika, https://www.gasstreet.org/internships, 04. Juni 2019.

St Luke's Kentish Town, https://www.slkt.org.uk, 06. August 2020.

St Mark's Coventry, Gottesdienste, www.stmarkscoventry.org/sundays-1, 04. Juni 2019.

St Mark's Coventry, Wiedereröffnung, https://www.stmarkscoventry.org/our-story, 25. Februar 2020.

St Mary's Southampton, https://saintmaryschurch.org, 21. November 2019.

St Mary's Southampton, Social Media Präsenzen,
https://www.instagram.com/saintmaryschurch;
https://www.facebook.com;
https://saintmaryschurch.org/podcast; 04. Juni 2019.

St Mary's Southampton, Gottesdienste, https://saintmaryschurch.org/sundays, 04. Juni 2019.

St Mary's Southampton, Kleingruppen https://saintmaryschurch.org/tables, 15. April 2020.

St Mary's Southampton, Freizeitaktivitäten, https://saintmaryschurch.org/hangouts, 04. Juni 2019.

St Mellitus College, Ausbildungszentren, https://www.stmellitus.ac.uk/study-with-us/our-centres, 08. August 2020.

St Mellitus College, Geschichte, Vgl. https://www.stmellitus.ac.uk/about-us/our-history, 08. August 2020.

St Paul's Ealing, ausgesandte Gemeindegründungen und verbundene Gemeinden, https://stpaulsealing.com/community/extended-church-families, 11. März 2020.

St Peter's Bethnal Green, https://www.stpetersbethnalgreen.org, 06. August 2020.

St Peter's Brighton, sozialdiakonische Angebote https://stpetersbrighton.org, 04. Juni 2019.

St Peter's Brighton, Gottesdienstzeiten, https://stpetersbrighton.org/sunday-services, 16. März 2020.

St Philips Sheffield, www.stphilipssheffield.org/info/about-us, 21. Februar 2020.

St Thomas Crookes Sheffield, https://stthomascrookes.org/about/the-stc-story, 21. Februar 2020.

Strategic Development Funding. Guidance Note, Version 08/2018, https://www.churchofengland.org/sites/default/files/2018-08/Strategic%20Development%20Funding%20Guidance%20Note_0.pdf, 20. Januar 2020.

Strategic Development Fund, Richtlinien für Förderanträge, https://www.churchofengland.org/sites/default/files/2019-07/SDF%20-%20Guidance%20-%20July%202019_3.pdf, 24. Februar 2020.

Strategic Development Fund, Fragen und Antworten, https://www.churchofengland.org/sites/default/files/2019-11/SDF%20QA%20briefing%20-%20July%202019_4.pdf, 23. Februar 2020.

The Central Board of Finance of the Church of England (Hg.): Church Statistics, Some Facts and Figures about the Church of England, 1985. Abrufbar unter https://www.churchofengland.org/sites/default/files/2019-08/Church%20Statistics%201985.pdf, 30. Oktober 2019.

The Church Commissioners for England (Hg.):

Investing in the Church's growth. The Church Commissioners Annual Report 2015, London, 2016.

Investing in the Church's growth. The Church Commissioners Annual Report 2016, London, 2017.

Investing in the Church's growth. The Church Commissioners Annual Report 2017, London, 2018.

Supporting the work and Mission of the Church of England. The Church Commissioners Annual Report 2018, London, 2019.

Alle Berichte sind abrufbar unter https://www.churchofengland.org/about/leadership-and-governance/church-commissioners/publications, 15. April 2020.

The Church Conservation Trust, https://www.visitchurches.org.uk/what-we-do/about-us.html, 06. August 2020.

The Five Marks of Mission – Anglican Communion, http://www.anglicancommunion.org/mission/marks-of-mission.aspx, 13. Februar 2020.

The Gregory Centre for Church Multiplication, https://www.ccx.org.uk, 14. April 2020.

The Gregory Centre for Church Multiplication, Leitbild, https://www.ccx.org.uk/about, 21. Februar 2020.

The Gregory Centre for Church Multiplication, Church Planting Conference, www.ccx.org.uk/planting-conference, 23. Februar 2020.

The Gregory Centre for Church Multiplication, Church Planting Course, http://www.ccx.org.uk/plant-course, 23. Februar 2020.

The Gregory Centre for Church Multiplication, Definition "Resource Church" (Zugriff nicht mehr möglich), http://www.centreforchurchplanting.org/city-centre-resource-churches; http://webcache.googleusercontent.com/search?q=cache:zHevzLYm1mUJ:www.centreforchurchplanting.org/city-centre-resource-churches/+&cd=1&hl=de&ct=clnk&gl=uk&client=safari, 26. Juli 2019.

The Gregory Centre for Church Multiplication, School of Pioneers, http://www.ccx.org.uk/pioneer-overview 23. Februar 2020.

The House of Bishops: Church Planting and the Mission of the Church. A Statement by the House of Bishops, 2018, https://www.churchofengland.org/sites/default/files/2018-06/CHURCH%20PLANTING%20AND%20THE%20MISSION%20OF%20THE%20CHURCH%20-%20June%202018_0.pdf, 14. Februar 2020.

The Potting Shed, Gemeindegründung in der Diözese Southwell und Nottingham, https://www.thepottingshedchurch.org/about-us, 14. April 2020.

G. Anhang

Das Zusatzmaterial ist unter https://www.vandenhoeck-ruprecht-verlage.com/klassische-gemeindegruendung oder dem QR-Code abrufbar.

Das benötigte Passwort lautet: 9wHLbi